Markus Solbach, Henning Bode

**Praxiswissen Vergaberecht**

De Gruyter Praxishandbuch

Markus Solbach, Henning Bode

# Praxiswissen Vergaberecht

---

Die aktuellen Grundlagen

DE GRUYTER

**Zitiervorschlag:** *Solbach/Bode* Kap. 2 Rn. 4

**Hinweis:**
Alle Angaben in diesem Werk sind nach bestem Wissen unter Anwendung aller gebotenen Sorgfalt erstellt worden. Trotzdem kann von dem Verlag und den Autoren keine Haftung für etwaige Fehler übernommen werden.

ISBN 978-3-11-033776-1
e-ISBN (PDF) 978-3-11-033792-1
e-ISBN (EPUB) 978-3-11-038240-2

**Bibliografische Information der Deutschen Nationalbibliothek**
Die Deutsche Nationalbibliothek verzeichnet diese Publikation in der Deutschen Nationalbibliografie; detaillierte bibliografische Daten sind im Internet über http://dnb.d-nb.de abrufbar.


Einbandabbildung: sutichak/iStock/thinkstock
Datenkonvertierung/Satz: jürgen ullrich typosatz, 86720 Nördlingen
Druck: CPI books GmbH, Leck
♾ Gedruckt auf säurefreiem Papier
Printed in Germany

www.degruyter.com

# Vorwort

Das Vergaberecht ist ein Rechtsgebiet, das sich in den letzen zwei Jahrzehnten rasant entwickelt hat und dessen Bedeutung in der Zukunft noch zunehmen wird. Allerdings handelt es sich um eine nicht sonderlich übersichtlich kodifizierte und eher unsystematisch strukturierte Materie, die in der Praxis oft als schwer zugänglich, teilweise auch als lästig empfunden wird.

Wir haben in unserer beruflichen Praxis die Erfahrung gewonnen, dass bei den mit vergaberechtlichen Fragen befassten Mitarbeitern sowohl auf Auftraggeber- als auch auf Auftragnehmerseite eine beträchtliche Unsicherheit im Umgang mit diesem Rechtsgebiet besteht. Ein Grund hierfür liegt nach unserer Auffassung darin, dass häufig kein systematisches Heranführen an das Vergaberecht erfolgt, sondern dass Anwender sich im Rahmen ihrer beruflichen Tätigkeit in konkreten Arbeitsfeldern punktuelles Wissen aneignen und sich daran „entlang hangeln".

Das vorliegende Buch ist als Arbeitsbuch für die tägliche Praxis konzipiert. Zunächst werden die für das systematische Verständnis notwendigen Grundlagen und Strukturen des Vergaberechts dargestellt. Hieran schließt sich eine unmittelbar anwendungsbezogene Darstellung der aufeinander aufbauenden Phasen typischer Vergabeverfahren an. Einen Schwerpunkt bildet zunächst die zielgerichtete Vorbereitung von Vergabeverfahren, da Gestaltungsmöglichkeiten der Vergabestellen in dieser frühen Phase häufig ungenutzt bleiben. Weitere Schwerpunkte wurden auf die Phase der Angebotswertung und eine Darstellung praxisgerechter Möglichkeiten zur Fehlerheilung gelegt.

Richtschnur und Messlatte für die tägliche Anwendungspraxis ist die Rechtsprechung. Auslegungs- und Anwendungsmaxime der Gerichte wiederum sind v.a. die Vergabegrundsätze. Ihr Verständnis ermöglicht sachgerechte Entscheidungen in Zweifelsfällen. Wir haben versucht, diesem Umstand Rechnung zu tragen, indem wir uns nicht auf eine unmittelbar anwendungsbezogene Darstellung beschränkt, sondern diese mit einer systematischen Erläuterung der Grundlagen des Vergaberechts verknüpft haben.

Dieses Buch soll Auftraggebern und Auftragnehmern sowie deren Beratern die Anwendung des Vergaberechts erleichtern und für Vergabepraktiker eine Hilfe in ihrem Arbeitsalltag darstellen.

Über Anregungen, Kritik und Verbesserungsvorschläge würden wir uns freuen. Sie erreichen uns unter markus.solbach@rohwedder-partner.de.

Mainz, im März 2015 Markus Solbach und Henning Bode

# Inhaltsverzeichnis

**Kapitel 4**
**Die Auftragsarten und die anwendbaren Vorschriften im Überblick**

**Kapitel 7**
**Von der Bekanntmachung bis zur Submission**

## Kapitel 9
## Vergabeentscheidung

**Kapitel 11**
**Rahmenverträge und dynamische elektronische Verfahren – Möglichkeiten zur Vereinfachung von Beschaffungsvorgängen**

**Kapitel 12**
**Rechtsschutzmöglichkeiten der Bieter bei Vergaberechtsverstößen des Auftraggebers**

# Abkürzungsverzeichnis

| | |
|---|---|
| § | Paragraph |
| € | Euro |
| a.A. | anderer Ansicht |
| Abl. | Amtsblatt |
| Abs. | Absatz |
| AEG | Allgemeines Eisenbahngesetz |
| a.F. | alter Fassung |
| AGB | Allgemeine Geschäftsbedingungen |
| Art. | Artikel |
| ATV | Allgemeine Technische Vertragsbedingungen |
| AVR | Allgemeine Richtlinie über die öffentliche Auftragsvergabe (Richtlinie 2014/24/EU) |
| Az. | Aktenzeichen |
| Beschl. | Beschluss |
| BGB | Bürgerliches Gesetzbuch |
| BGH | Bundesgerichtshof |
| BHO | Bundeshaushaltsordnung |
| Bsp. | Beispiel |
| BT-Drucks. | Bundestagsdrucksache |
| BVerfG | Bundesverfassungsgericht |
| BVerwG | Bundesverwaltungsgericht |
| bzw. | beziehungsweise |
| ca. | circa |
| d.h. | das heißt |
| DIN | Deutsche Industrie-Norm, Deutsches Institut für Normung e.V. |
| DVGW | Deutsche Verein des Gas- und Wasserfaches e.V. |
| EG | Europäische Gemeinschaft |
| EGV | EG-Vertrag (Vertrag über die Arbeitsweise der Europäischen Union) |
| EN | Europäische Norm |
| EStG | Einkommensteuergesetz |
| etc. | et cetera |
| EU | Europäische Union |
| EuG | Gericht der Europäischen Union |
| EuGH | Gerichtshof der Europäischen Gemeinschaften |
| e.V. | eingetragener Verein |
| f. | und die folgende |
| ff. | und die folgenden |
| ggf. | gegebenenfalls |
| GWB | Gesetz gegen Wettbewerbsbeschränkungen |

| | |
|---|---|
| ibr | Immobilien- & Baurecht |
| i.V.m. | in Verbindung mit |
| | |
| HGB | Handelsgesetzbuch |
| HOAI | Honorarordnung für Architekten und Ingenieure |
| Hs. | Halbsatz |
| | |
| Kap. | Kapitel |
| KG | Kammergericht |
| | |
| lit. | Buchstabe |
| LG | Landgericht |
| | |
| max. | maximal |
| Mio. | Million(en) |
| | |
| Nr. | Nummer |
| | |
| o.Ä. | oder Ähnliche(s) |
| OLG | Oberlandesgericht |
| OVG | Oberverwaltungsgericht |
| | |
| PQ | Präqualifikation |
| | |
| RAL | Deutsches Institut für Gütesicherung und Kennzeichnung |
| RL | Richtlinie |
| Rn | Randnummer |
| Rspr. | Rechtsprechung |
| | |
| SektVO | Verordnung über die Vergabe von Aufträgen im Bereich des Verkehrs, der Trinkwasserversorgung und der Energieversorgung (Sektorenverordnung) |
| s.o. | siehe oben |
| SPNV | Schienenpersonennahverkehr |
| | |
| TRGS | Technische Regeln für Gefahrstoffe |
| | |
| u.a. | unter anderem, und andere |
| Urt. | Urteil |
| usw. | und so weiter |
| | |
| v. | vom |
| VergabeR | Zeitschrift für das gesamte Vergaberecht |
| vgl. | vergleiche |
| VgV | Vergabeverordnung |
| v.H. | von Hundert |
| VHB | Vergabe- und Vertragshandbuch für Baumaßnahmen des Bundes |
| VK | Vergabekammer |
| VKR | Vergabekoordinierungsrichtlinie |

| | |
|---|---|
| VOB/A | Vergabe- und Vertragsordnung für Bauleistungen, Teil A, Allgemeine Bestimmungen für die Vergabe von Bauleistungen |
| VOB/B | Vergabe- und Vertragsordnung für Bauleistungen, Teil B, Allgemeine Vertragsbedingungen für die Ausführung von Bauleistungen |
| VOB/C | Vergabe- und Vertragsordnung für Bauleistungen, Teil C, Allgemeine Technische Vertragsbedingungen für Bauleistungen (ATV) |
| VOF | Vergabeordnung für freiberufliche Leistungen |
| VOL/A | Vergabe- und Vertragsordnung für Leistungen, Teil A, Allgemeine Bestimmungen für die Vergabe von Leistungen |
| VOL/B | Vergabe- und Vertragsordnung für Leistungen, Teil B, Allgemeine Vertragsbedingungen für die Ausführung von Leistungen |
| VSVgV | Vergabeverordnung für die Bereiche Verteidigung und Sicherheit |
| VwGO | Verwaltungsgerichtsordnung |
| z.B. | zum Beispiel |
| Ziff. | Ziffer |
| ZPO | Zivilprozessordnung |

# Kapitel 1
# Vergaberecht – was ist das?

Der Begriff „Vergaberecht“ bezeichnet die Gesamtheit der Normen und Regeln, die bei der Vergabe öffentlicher Aufträge zu beachten sind. Das Vergaberecht stellt also Vorschriften auf für **Beschaffungsvorgänge der öffentlichen Hand** sowie die sonstige Inanspruchnahme von Leistungen durch die öffentliche Hand am Markt. Zum besseren Verständnis werden zunächst die Grundstruktur der gesetzlichen Regelungen zur öffentlichen Auftragsvergabe sowie die Entwicklung dieses Rechtsgebiets zu seiner heutigen Ausgestaltung dargestellt. 1

## A. Die Struktur des Vergaberechts im Überblick

Die Normen, die das Vergaberecht bestimmen, sind in zahlreichen Regelwerken kodifiziert. Daher stellt sich das gesamte Rechtsgebiet des Vergaberechts auf den ersten Blick unübersichtlich dar, was den Zugang zu dieser Materie und das Auffinden der für die jeweilige Fallkonstellation einschlägigen Regelungen erschwert. 2

Die **maßgeblichen Differenzierungen** richten sich nach 3
- der Art des konkreten Auftrags und
- der Höhe der Auftragssumme.

### I. Die Unterscheidung nach Auftragsarten

Bezüglich der **Art des Auftrags** wiederum unterscheidet man zwischen 4
- Bauaufträgen,
- Lieferaufträgen und Dienstleistungen sowie
- freiberuflichen Leistungen.

Für jede der vorgenannten Auftragsarten, deren Abgrenzung von einander mitunter schwierig ist,[1] gibt es eine eigene Vergabeordnung bzw. Vergabe- und Vertragsordnung: 5
- die **VOB/A**[2] (= Vergabe- und Vertragsordnung für Bauleistungen),

1 Hierzu näher insbesondere Kap. 3 Rn 65ff. sowie Kap. 4 Rn 31ff.

2 Das „A“ steht für Teil A der VOB; Teil B enthält Regeln für die Vertragsdurchführung, Teil C Allgemeine Technische Vertragsbedingungen. Auch die VOL gliedert sich in die Teile A und B.

- die **VOL/A** (= Vergabe- und Vertragsordnung für Liefer- und Dienstleistungen) sowie
- die **VOF** (= Verdingungsordnung für freiberufliche Leistungen).

6 **VOB/A und VOL/A** untergliedern sich allerdings nochmals in drei bzw. zwei **Abschnitte**, so dass auch nach einer korrekten Einordnung des zu vergebenden Auftrags als Bau- bzw. Liefer- oder Dienstleistungsauftrag noch keine abschließende Klarheit darüber besteht, welches Regelwerk genau einschlägig ist.[3] Die VOF hingegen ist nicht weiter unterteilt.

7 Hinzukommt, dass für **bestimmte Auftragsvergaben** auf den Gebieten der Trinkwasser- oder Energieversorgung oder des Verkehrs sowie in den Bereichen Verteidigung und Sicherheit **Auftragsart übergreifende Sondervorschriften** in eigenen Regelwerken existieren, nämlich in der **SektVO** (= Sektorenverordnung) und der **VSVgV** (= Vergabeverordnung für die Bereiche Verteidigung und Sicherheit). Im Geltungsbereich dieser Verordnungen wird die Bedeutung der Differenzierung nach Auftragswerten zum Teil aufgehoben.

### II. Die Unterscheidung nach dem Auftragswert

8 Die zweite sehr wichtige Differenzierung orientiert sich am jeweiligen **Auftragswert**. Der europäische Gesetzgeber hat für die einzelnen Auftragsarten – im Bereich der VOL/A nochmals untergliedert – sogenannte **Schwellenwerte** festgelegt. Werden diese bei dem jeweils zu vergebenden Auftrag überschritten, so sind die Regeln des europäischen Vergaberechts anwendbar.

9 Unterhalb der Schwellenwerte richtet sich die Vergabe öffentlicher Aufträge nach nationalem Recht. Die Regelungen unterscheiden sich im Hinblick auf das anzuwendende Verfahren, die einzelnen Verfahrensschritte und insbesondere auch den Rechtsschutz bei Verstößen gegen vergaberechtliche Vorschriften beträchtlich.

## B. Ursprung und Entwicklung des deutschen Vergaberechts

10 Ein kurzer rechtshistorischer Überblick erleichtert das Verständnis des Vergaberechts in seiner heutigen Ausgestaltung, das ausgehend von den tradierten haushaltsrechtlichen Regularien eine beträchtliche Entwicklung genommen hat.

3 Bis 2009 bestanden VOB/A und VOL/A aus vier Abschnitten, deren letzten beide durch die am 29.9.2009 in Kraft getretene Sektorenverordnung ersetzt wurden. Der VOB/A wurde jedoch ein neuer Abschnitt 3 hinzugefügt, der Bauauftragsvergaben in den Bereichen Verteidigung und Sicherheit regelt. – Näher hierzu unten Rn 23.

## I. Entstehung und Regelungsgehalt des Vergaberechts

Erste Regeln für die Vergabe öffentlicher Aufträge finden sich bereits im 17. Jahrhundert. Während damals öffentliche Aufträge u.a. im mündlichen Verfahren an den Meistbietenden versteigert wurden, setzte sich im **19. Jahrhundert** die sogenannte **Submission** durch. Dabei erfolgte eine schriftliche Aufforderung zur Abgabe eines Angebots, das schriftlich einzureichen und geheim zu halten war. Dieses Verfahren hat sich vom Grundsatz her bis heute gehalten: Noch heute gibt es bei der Vergabe von Bauaufträgen einen öffentlichen Submissionstermin, in welchem die bei dem öffentlichen Auftraggeber eingegangenen Angebote geöffnet werden. 11

In den 1920er Jahren wurde das Vergaberecht kodifiziert. Zwar kam ein nach einem Reichstagsbeschluss von 1921 vorgesehenes Reichsverdingungsgesetz nicht zu Stande, es wurde jedoch ein sogenannter **Reichsverdingungsausschuss** gegründet. Diesem Gremium gehörten Vertreter der beteiligten Kreise – also Politik, Gewerkschaften, Industrie und Handwerk – an. Seine Aufgabe bestand darin, einheitliche Regelungen für die Vergabe öffentlicher Aufträge zu schaffen. 12

Im Jahr 1926 wurde dann die VOB mit den Teilen A, B und C in der heute noch bestehenden Aufteilung vorgelegt, 10 Jahre später folgte die gleich aufgebaute VOL. Beide „Verdingungsordnungen“ legten in ihrem jeweiligen Teil A **formale Regeln für Beschaffungsvorgänge** der öffentlichen Hand fest. Bereits damals war vorgeschrieben, dass der Auftragsvergabe grundsätzlich eine **öffentliche Ausschreibung** vorangehen sollte und dass andere Verfahren (wie z. B. eine freihändige Vergabe) nur in bestimmten Ausnahmefällen zulässig sein sollten. 13

Allerdings wies das damalige Vergaberecht in wesentlichen Punkten elementare Unterschiede zu seiner heutigen Ausgestaltung auf: 14

- Das Vergaberecht war **bloßes Haushaltsrecht**, das allein den fiskalischen Interessen des Staates dienen und eine wirtschaftliche Auftragsvergabe sicherstellen sollte. Ziel war somit eine möglichst **sparsame Mittelverwendung**.
- Das Vergaberecht war nicht gesetzlich geregelt, sondern in Verwaltungsvorschriften kodifiziert, die lediglich verwaltungsinterne Bindungswirkung aufwiesen. Vergaberecht war also **staatliches Binnenrecht**.
- Dieser Binnenrechtscharakter des Vergaberechts wiederum hatte zur Folge, dass Bieter, die bei der Auftragsvergabe nicht berücksichtigt wurden, keine subjektiven Rechte auf Einhaltung der Vergaberegeln hatten. Dementsprechend gab es auch **keine Klagemöglichkeiten** gegen Vergaberechtsverstöße.

## II. Einflüsse durch den EG-Binnenmarkt

Das Zusammenwachsen Europas in der Europäischen Union, die im EG-Vertrag niedergelegten und seitdem kontinuierlich weiterentwickelten Marktfreiheiten sowie 15 der Ausbau des Binnenmarkts beeinflussten das deutsche Vergaberecht seit den 1970er Jahren entscheidend.

### 1. Erlass von „Koordinierungsrichtlinien" durch die Europäische Union

16 Ab 1971 begann die Europäische Union damit, das **Vergaberecht zu vereinheitlichen**. Um den Binnenmarkt zu regulieren und einen fairen Wettbewerb sicherzustellen, wurden die folgenden vier sogenannten Koordinierungsrichtlinien erlassen:

- Baukoordinierungsrichtlinie (BKR),
- Lieferkoordinierungsrichtlinie (LKR),
- Sektorenkoordinierungsrichtlinie (SKR)[4] sowie
- Dienstleistungskoordinierungsrichtlinie (DKR).

17 Diese Koordinierungsrichtlinien stellten vom Grundsatz her zwar keine unmittelbar geltenden Regelungen dar, waren aber als **sekundäres Gemeinschaftsrecht** für die Mitgliedstaaten bindend. Sie bedurften – wie alle europäischen Richtlinien – der Umsetzung in nationales Recht. Den Mitgliedsstaaten blieb (und bleibt) es jedoch unbenommen, in einzelnen Punkten weitergehende Regelungen zu erlassen, solange diese den europarechtlichen Vorgaben nicht wiedersprechen.

18 Die Koordinationsrichtlinien regeln insbesondere folgende wichtige Fragen in rechtlich bindender Weise:

- Ab welchen Auftragswerten („**Schwellenwerte**") gelten die europäischen vergaberechtlichen Regeln?
- Wer ist als **öffentlicher Auftraggeber** anzusehen?
- Welche **formalen Regeln** sind bei der Durchführung eines Vergabeverfahrens zwingend anzuwenden?

### 2. Die Umsetzung der Richtlinien in nationales Recht

19 Die Umsetzung der europarechtlichen Vorgaben erfolgte in Deutschland durch deren **Implementierung in die VOB/A und die VOL/A**, deren bisherigen Abschnitte 3 und 4 aufgrund der neuen Sektorenverordnung und der Überführung einiger Regelungen in die Vergabeverordnung (VgV) entfallen sind. Die VOB/A enthält nunmehr wieder einen dritten Abschnitt, welcher für (Bau-)Auftragsvergaben in den

4 Während sich der Anwendungsbereich der übrigen Koordinierungsrichtlinien aus sich selbst heraus erklärt, betrifft die SKR einen Sonderfall: Für bestimmte Auftragsbereiche, sogenannte „Sektoren" – nämlich Trinkwasserversorgung, Energieversorgung (Elektrizitäts-, Gas- und Wärmeversorgung), Verkehr sowie Telekommunikation – wurden Sonderregelungen mit weniger strikten Regulierungen erlassen. Den betroffenen öffentlichen Auftraggeber wurde eine größere Freiheit bei der Auftragsvergabe eingeräumt. Das ist bis heute so geblieben. – Näher hierzu unten Kap. 4 Rn 61 ff.

Bereichen Verteidigung und Sicherheit gilt und die neu eingeführte Vergabeverordnung für die Bereiche Verteidigung und Sicherheit umsetzt (VSVgV). Außerdem wurde die **VOF neu geschaffen**, die im Gegensatz zur VOB/A und zur VOL/A nur aus einem Abschnitt besteht und die für Vergaben oberhalb der Schwellenwerte die neue Kategorie der freiberuflichen Dienstleistungen regelt.

Es ergibt sich somit im Überblick folgende **Regelungsstruktur**: 20

- Im **ersten Abschnitt von VOB/A und VOL/A** finden sich die so genannten **Basisparagrafen**, die das rein **nationale Vergaberecht** abbilden. Ihr Anwendungsbereich beschränkt sich auf Vergaben unterhalb der Schwellenwerte. Sie beruhen also nicht auf den europarechtlichen Regelungen bzw. deren Umsetzung.
- Der **zweite Abschnitt von VOB/A und VOL/A** enthält die **„EG-Paragrafen"**, die anwendbar sind, wenn die vom EU-Gesetzgeber festgelegten Schwellenwerte überschritten werden. Es handelt sich nunmehr um ein einheitliches Regelwerk, in welchem die Basisparagrafen und die früheren „a-Paragrafen" zusammengeführt wurden.[5]
- Der neu eingefügte **dritte Abschnitt der VOB/A** stellt für die Vergabe von Bauaufträgen im Oberschwellenbereich in den Bereichen Verteidigung und Sicherheit, die bis dahin weitgehend von der Anwendung des Vergaberechts befreit waren, neue vergaberechtliche Vorschriften auf.[6]
- Die **VOF** gilt nur für Vergaben oberhalb der Schwellenwerte. Sie besteht nur aus einem Absatz. Ihr Anwendungsbereich entspricht daher dem jeweils zweiten Abschnitt von VOB/A und VOL/A.
- Die Umsetzung der SKR findet sich nunmehr in der **Sektorenverordnung** (SektVO), die nur für Auftragsvergaben im Sektorenbereich gilt und ebenso wie die VOF nur bei Überschreitung der Schwellenwerte Anwendung findet.

### 3. Vom Haushaltsrecht zum Wettbewerbsrecht

Die Umsetzung der europarechtlichen Vorgaben änderte zunächst nichts daran, 21
dass das deutsche Vergaberecht weiterhin (bloßes) Haushaltsrecht blieb. Die Einhaltung der EU-Regeln konnte somit **mangels Rechtsschutzmöglichkeiten** nicht erzwungen werden.

Die Europäische Union erließ daraufhin im Jahr 1989 die **Rechtsmittelrichtli-** 22
**nie** (RMR) und im Jahr 1992 die Sektoren-Rechtsmittelrichtlinie (SRMR). Diese sahen vor, dass durch nationale Regelungen sichergestellt werden müsse, dass nicht be-

5 Die „a-Paragrafen" enthielten die Umsetzung des EU-Vergaberechts und waren im Oberschwellenbereich zusätzlich zu den Basisparagrafen anwendbar.

6 Ergänzende Vorschriften hierzu finden sich in der VSVgV, die darüber hinaus abschließende Regelungen für die Vergabe von Liefer- und Dienstleistungsaufträgen beinhalten. Näher hierzu unten Kap. 4 Rn 78ff.

rücksichtigte Bieter – auch durch vorläufige Maßnahmen – effektiv gegen behauptete (Vergaberechts-)Verstöße vorgehen und ggf. Schadenersatzansprüche geltend machen können.

23 Nachdem der Europäische Gerichtshof einen Verstoß der „haushaltsrechtlichen Lösung" gegen die EU-Richtlinien festgestellt hatte,[7] wurden die europarechtlichen Vorgaben zum 1.1.1999 durch das **Vergaberechtsänderungsgesetz** umgesetzt und in das **Gesetz gegen Wettbewerbsbeschränkungen** (GWB) aufgenommen. Dort war nun endlich der vom EuGH geforderte Anspruch unterlegener Bieter auf die Einhaltung der europarechtlich vorgegebenen Vergaberegeln enthalten. Es wurde ein Rechtssystem begründet, das dem Schutz der Unternehmer vor Willkür im Rahmen öffentlicher Auftragsvergaben dienen sollte: Vergaberecht war für Aufträge oberhalb der Schwellenwerte zum Wettbewerbsrecht geworden.[8]

### 4. Die Normenhierarchie im Vergaberecht

24 Bei der Umsetzung der Rechtsmittelrichtlinien bediente sich der deutsche Gesetzgeber einer komplizierten **Verweisungstechnik** von der höherrangigen zur jeweils nachfolgenden Normenebene, die auch als **„Kaskadenprinzip"** bezeichnet wird. Zum Verständnis ist nochmals darauf hinzuweisen, dass sich das Kaskadenprinzip aus den europarechtlichen Vorgaben für **Auftragsvergaben im Oberschwellenbereich** ergibt, dass aber in der Praxis etwa 90% der Auftragsvergaben unterhalb der Schwellenwerte erfolgen. Für diese Auftragsvergaben gilt ausschließlich das nationale Vergaberecht.

25 Die – hauptsächlich Oberschwellenvergaben betreffende – vergaberechtliche Normenhierarchie erstreckt sich auf **vier Ebenen**; die **SektVO und die VSVgV** fügen verfügen über eine **Sonderstellung** und durchbrechen die ansonsten nach wie vor geltende Verweisungstechnik zum Teil. Die formale Struktur des Kaskadenprinzips soll nachfolgend verdeutlicht werden:

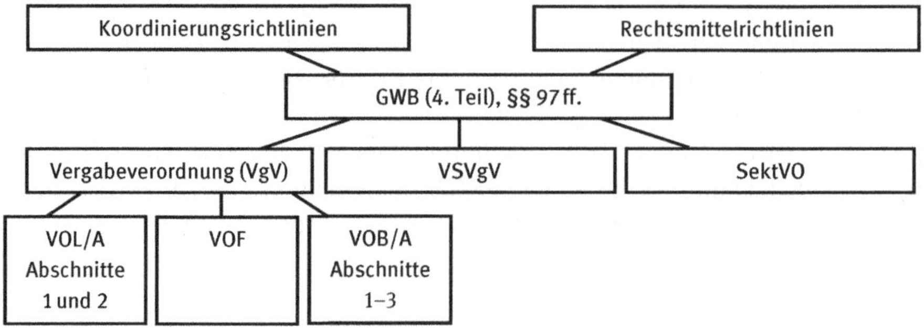


7 EuGH, Urt. v. 11.8.1995 – C-433/93.

8 Details zum Rechtsschutz finden sich in Kapitel 12.

#### a) EG-Ebene: Die Richtlinien

Die **Richtlinien** als oberste Rechtsebene enthalten die maßgeblichen europarechtlichen Rechtsquellen des Vergaberechts für Aufträge oberhalb der Schwellenwerte. Sie stellen jedoch **kein unmittelbar anwendbares Recht** dar und können daher im „Alltagsgeschäft" weitestgehend außer Betracht bleiben. 26

#### b) Gesetzesebene: Das GWB

Die oberste (national-)gesetzliche Grundlage findet sich im vierten Teil des **GWB**, 27 welcher sich wiederum in drei Teile aufgliedert:

- Regelungen zum **Vergabeverfahren** (§§ 97–101b): Dort sind die allgemeinen Grundsätze des Vergabeverfahrens, der persönliche und sachliche Anwendungsbereich des Vergaberechts sowie die einzelnen Arten der Vergabe geregelt.
- Regelungen zum **Nachprüfungsverfahren** (§§ 102–124): Dort sind in drei Unterabschnitten Einzelheiten über die Nachprüfungsbehörden, über erstinstanzliche Verfahren vor der Vergabekammer sowie über das Beschwerdeverfahren vor den Vergabesenaten der Oberlandesgerichte niedergelegt.
- Sonstige Regelungen (§§ 125–129b): Hier finden sich insbesondere wichtige Folgeregelungen zu **Schadensersatzansprüchen** der Beteiligten sowie zur **Kostentragung** für das Nachprüfungsverfahren.

Das GWB enthält somit in materiell-rechtlicher Hinsicht wichtige Regelungen über 28

- das Vergabeverfahren als solches,
- den subjektiven und objektiven **Anwendungsbereich** des Vergaberechts sowie
- die **Grundprinzipien**, an denen sich die Vergabe öffentlicher Aufträge zu orientieren hat.

Die maßgeblichen Vorschriften darüber, wie im Einzelfall das Vergabeverfahren 29 abzulaufen hat, finden sich dann im nachrangigen Recht auf der Verordnungsebene sowie in den weiter nachgeordneten Vergabe- und Vertragsordnungen.

#### c) Verordnungsebene: VgV, SektVO und VSVgV

Die **VgV** enthält – nunmehr in Verbindung mit der Anlage zu § 98 Abs. 4 GWB – 30 starre Verweisungen auf die einzelnen Vergabeordnungen VOL/A, VOB/A und VOF. Sie **stellt** gewissermaßen **die Weiche**, welcher Abschnitt welcher Vergabeverordnung für die jeweilige Bau-, Liefer- und (gewerbliche) Dienstleistung anwendbar ist. Die Vorgaben der VgV werden somit durch die Vergabe- und Vertragsordnungen weiter konkretisiert.

In der VgV finden sich wichtige Regelungen über 31

- die **Schwellenwerte** und deren Ermittlung (§§ 2 und 3),

- den **Anwendungsbereich** der einzelnen Vergabe- und Vertragsordnungen (§§ 4–6 i.V.m. der Anlage zu § 98 Abs. 4 GWB),[9]
- weitere **Verfahrensregelungen** über das Vorgehen im Vorfeld der Auftragsvergabe und bei der Nachprüfung von Vergaben.[10]

32 Die **SektVO** und die **VSVgV** enthalten Sonderregelungen für Auftragsvergaben in ihrem jeweiligen Anwendungsbereich. Sie stehen von der Normenhierarchie her auf einer Stufe mit der VgV, unterscheiden sich aber insofern von dieser, als sie **abschließende Regelungen** für Vergaben im Sektorenbereich bzw. in den Bereichen Verteidigung und Sicherheit – dort jedoch beschränkt auf Liefer- und Dienstleistungen; weitergehende Regelungen für Bauvorgaben finden sich im dritten Abschnitt der VOB/A – enthalten.

#### d) Vergabe- und Vertragsordnungen: Die VOL/A, die VOB/A und die VOF

33 **Abschnitt 2** der VOL/A und der VOB/A – die sogenannten „EG-Paragrafen" – sowie die VOF betreffen ausschließlich **Auftragsvergaben oberhalb der Schwellenwerte** und sind somit noch Ausfluss der europarechtlichen Vorgaben. In Ergänzung zu den Vorgaben des GWB und der VgV (und unter deren teilweiser Wiederholung) enthalten die Vergabe- und Vertragsordnungen **alle relevanten Verfahrensregelungen** für die Vergaben von Bauaufträgen, Liefer- und Dienstleistungsaufträgen sowie von freiberuflichen Leistungen, soweit nicht die SektVO oder die VSVgV anwendbar sind.

34 **Abschnitt 1** der VOL/A und der VOB/A enthält das **nationale Vergaberecht** für Liefer- und Dienstleistungsaufträge und Bauaufträge. Im Unterschwellenbereich bestehen **keine weiteren Regelungen**; dort können Auftraggeber und Auftragnehmer die anwendbaren Normen somit allein dem jeweils einschlägigen ersten Abschnitt für die betreffende Auftragsart entnehmen.

35 Für **freiberufliche Leistungen** existieren – wie bereits erwähnt – keine nationalen vergaberechtlichen Vorschriften; hier liegt eine bewusst in Kauf genommene **Regelungslücke für den Unterschwellenbereich** vor. Gleiches gilt für Auftragsvergaben im Sektorenbereich sowie in den Bereichen Verteidigung und Sicherheit.

36 **VOL/A, VOB/A und VOF** sind im Übrigen nicht durch den nationalen Gesetzgeber erlassen, sondern werden durch diesen in ihrer jeweils aktuellen Fassung le-

---

9 Die Regelungen über die neue Vergabeart „wettbewerblicher Dialog" wurden mit der Änderung der VgV 2010 in das GWB bzw. den 2. Abschnitt der VOB/A überführt.

10 Ausnahmetatbestände, bei denen einzelne vergaberechtliche Regelungen nicht anzuwenden sind, finden sich nunmehr in der Anlage zu § 98 Abs. 4 GWB. Dies war zuvor in §§ 9–12 VgV geregelt.

diglich **im Bundesanzeiger bekannt gemacht.**[11] Es handelt sich somit nicht um Rechtsnormen im klassischen Sinne. Allerdings ist für den **Oberschwellenbereich die Anwendung** der VOL/A, der VOB/A und der VOF durch die gesetzliche Verweisung in §§ 4–6 VgV **zwingend vorgeschrieben.**

11 Ausgearbeitet werden die VOL/A und die VOB/A seit nunmehr fast 100 Jahren in den sogenannten Vergabeausschüssen, nämlich im Deutschen Vergabe- und Vertragsausschuss für Lieferungen und Dienstleistungen (DVAL) einerseits und im Deutschen Vergabe- und Vertragsausschuss für Bauleistungen (DVA) andererseits.

# Kapitel 2
# Die Grundprinzipien des Vergaberechts – Orientierungshilfen im Vorschriftendschungel

Das Vergaberecht ist geprägt von einigen grundlegenden Prinzipien, die teils europäischen, teils nationalen Ursprungs sind. Diese Prinzipien kommen in den einzelnen Normen immer wieder zum Tragen, sie ziehen sich gewissermaßen wie ein **roter Faden** durch die vergaberechtlichen Regelungen. Hat man die Grundsätze und Prinzipien des Vergaberechts einmal verinnerlicht, erschließen sich die einzelnen Vorschriften besser – für deren **Auslegung** spielen die Grundprinzipien eine entscheidende Rolle. 1

**Praxistipp** !
Wie hilfreich eine Rückbesinnung auf die vergaberechtlichen Grundprinzipien in der täglichen Arbeit ist, kann gar nicht hoch genug veranschlagt werden. Neben ihrer Funktion als Auslegungsmaxime für die vergaberechtlichen Vorschriften dienen die Grundprinzipien als zuverlässiger **Prüfungsmaßstab** im Rahmen der **Ergebniskontrolle**: Erscheint die ermittelte Lösung für die vergaberechtliche Fragestellung auch unter den Blickwinkel der einzelnen vergaberechtlichen Grundprinzipien zutreffend oder bieten diese Anlass, noch einmal neu nachzudenken?

Nachfolgend werden die maßgeblichen vergaberechtlichen Grundsätze nebst ihrer Ausprägung in den wesentlichen vergaberechtlichen Regelungen näher dargestellt. Diese Grundprinzipien sind für Vergaben oberhalb der Schwellenwerte in **§ 97 GWB** kodifiziert. Sie gelten aber auch für nationale Vergaben unterhalb der Schwellenwerte und sind dort teilweise ebenfalls ausdrücklich aufgeführt. 2

## A. Der Wettbewerbsgrundsatz

Der Wettbewerbsgrundsatz ist in § 97 Abs. 1 GWB niedergelegt:[1] 3

> „Öffentliche Auftraggeber beschaffen Waren, Bau- und Dienstleistungen nach Maßgabe der folgenden Vorschriften **im Wettbewerb** ...“.

Es handelt sich um das elementarste Grundprinzip, das jedem Vergabeverfahren oberhalb der Schwellenwerte zugrunde liegen muss. Es leitet sich aus der im EG- 4

1 Ebenso in §§ 2 Abs. 1 Nr. 2, 2 EG Abs. 1 Nr. 2, 2 VS Abs. 1 Nr. 2 VOB/A und in §§ 2 Abs. 1 S. 1, 2 EG Abs. 1 S. 1 VOL/A, allerdings jeweils mit dem etwas relativierenden Zusatz „in der Regel“.

Vertrag enthaltenen und durch diesen gewährleisteten **Warenverkehrsfreiheit** (Marktfreiheit, Art. 23ff. EGV) ab. Diese „Grundfreiheit“ verfolgt das Ziel, möglichst vielen Wettbewerbern die Teilnahme an einem Vergabeverfahren zu eröffnen, ihnen also **freien Zugang** zum öffentlichen Beschaffungsmarkt zu verschaffen. Gleichzeitig soll hierdurch die ursprünglich haushaltsrechtliche Zielsetzung einer sparsamen Mittelverwendung erreicht werden.

5 Ausprägungen des Wettbewerbsgrundsatzes finden sich insbesondere in den folgenden Vorschriften:

### I. Der Vorrang des offenen Verfahrens

6 In §101 Abs. 7 GWB sowie in §§3 Abs. 2, 3 EG Abs. 2 VOB/A und §§3 Abs. 2, 3 EG Abs. 1 VOL/A ist der Vorrang des offenen Verfahrens – in der nationalen Terminologie der VOB/A und der VOL/A: der Öffentlichen Ausschreibung – vorgeschrieben. Grundsätzlich sollen öffentliche Aufträge öffentlich ausgeschrieben werden, und zwar in einer Weise, dass **alle interessierten Bieter** hiervon **Kenntnis** erlangen können.[2] Die Hierarchie zwischen offenem und nicht offenem Verfahren ist europarechtlich jedoch nicht zwingend vorgeschrieben und wird **neuerdings teilweise kritisch betrachtet.**[3]

7 Der Vorrang des offenen Verfahrens gilt aber **nur für VOB/A und VOL/A.** Im Anwendungsbereich der VOF, wo die Vergabe im Verhandlungsverfahren mit Teilnahmewettbewerb den Regelfall darstellt (§ 3 Abs. 1 VOF), gilt der Vorrang des offenen Verfahrens nicht. Ebenso verhält es sich im Anwendungsbereich der SektVO und der VSVgV, wo ein generelles Wahlrecht bzw. ein Wahlrecht des Auftraggebers zwischen nicht offenem Verfahren und Verhandlungsverfahren mit Teilnahmewettbewerb besteht.

### II. Pflicht zur eindeutigen und erschöpfenden Leistungsbeschreibung

8 § 7 (EG) Abs. 1 VOB/A, §§ 7 Abs. 1 und 8 EG Abs. 1 VOL/A sowie § 6 Abs. 1 VOF statuieren die Verpflichtung des Auftraggebers, eine eindeutige und erschöpfende Leis-

---

2 Näher zu den einzelnen Verfahrensarten unten in Kapitel 5.

3 So empfahl der Arbeitskreis Vergaberecht auf dem Deutschen Baugerichtstag 2010 dem Gesetzgeber, künftig eine Gleichwertigkeit der beiden Verfahrensarten vorzusehen. Das Europäische Parlament forderte in seiner Stellungnahme zur Revision der europäischen Vergaberichtlinien vom 25.10.2011 sogar, dass öffentliche Auftraggeber verstärkt das Verhandlungsverfahren wählen können sollen, um mehr Raum für Verhandlungen und Marktkonsultationen zu erhalten. Im **Richtlinienpaket der EU** zur Reform des Vergaberechts vom Februar 2014 wird die **Gleichwertigkeit zwischen Nichtoffenem und Offenem Verfahren nochmals bekräftigt.**

tungsbeschreibung aufzustellen. Fairer Wettbewerb ist nur dann gewährleistet, wenn sichergestellt ist, dass **alle potenziellen Bieter** bei der Abgabe ihrer Angebote von **gleichen Voraussetzungen** ausgehen können.

**Beispiel**
Eine Kommune schreibt Krankentransportleistungen aus. Die **Einzelheiten** der zu erbringenden Leistungen sind jedoch in den Verdingungsunterlagen **verstreut.** Sie finden sich nicht nur im Leistungsverzeichnis, sondern auch in einem „Bedarfsplan Rettungsdienst", im Angebotsformular, in den Zusätzlichen Vertragsbedingungen und in einem Qualitätsfragebogen. Die Regelungen widersprechen sich teilweise und sind **missverständlich** formuliert.
Bei einer solchen Ausschreibung müssen sich die Bieter die abgefragten Leistungen aus einer Vielzahl von Unterlagen zusammensuchen. Das **widerspricht** dem Gebot der Eindeutigkeit der Leistungsbeschreitung.[4]

### III. Verbot von Nachverhandlungen

§§ 15 Abs. 3, 15 EG Abs. 3 VOB/A sowie §§ 15 S. 2, 18 EG S. 2 VOL/A verbieten Nach- 9
verhandlungen mit den Bietern. Hierdurch soll verhindert werden, dass sich einzelne Wettbewerber durch **nachträgliche Optimierung** ihrer Angebote einen **Wettbewerbsvorteil** schaffen.

Durch das Nachverhandlungsverbot soll sichergestellt werden, dass öffentliche 10
Auftraggeber die eingegangenen Angebote so nehmen müssen, wie sie zum Submissionstermin bzw. zum Ablauf der Angebotsfrist vorliegen. Auftraggebern ist es somit **verwehrt**, durch nachträgliche Verhandlungen mit einzelnen Bietern aus deren Angeboten noch einen **besseren Preis herauszuholen** oder die angebotene **Leistung inhaltlich neu zu verhandeln.** Sie müssen sich an die von ihnen schließlich selbst mitbestimmten Verfahrensregelungen und ihre vorgenommene Definition der zu erbringenden Leistung halten.

**Beispiel**
Ein Auftraggeber schreibt die Vergabe von Reinigungsdienstleistungen aus; alleiniges Wertungskriterium ist der Preis. Nach Öffnung und Wertung der Angebote stellt er fest, dass die **eigene Kostenschätzung deutlich überschritten** wurde und nicht genügend Haushaltsmittel zur Verfügung stehen, um den Auftrag in der vorliegenden Form zu vergeben.
In einer derartigen Konstellation ist es **unzulässig**, Gespräche mit den Bietern zum Zwecke der **Reduzierung des Auftragsumfangs** und der Erörterung einer kostengünstigeren Alternative zu führen. Hierdurch würde nämlich im Nachhinein der ursprüngliche Leistungsinhalt, den die Bieter bei ihrer Kalkulation zugrunde gelegt haben, verändert.

4 Fall nach OLG Düsseldorf, Beschl. v. 7.3.2012 – Verg 82/11.

11 **Zulässig** sind nach den vorgenannten Vorschriften jedoch **Aufklärungen** über das Angebot oder über die Eignung der Bieter. Auftraggeber dürfen nachfragen, aber nicht nachverhandeln!

---

! **Praxistipp**

Auftraggeber müssen nicht selten ähnlich wie im obigen Fallbeispiel feststellen, dass Ihre Kostenschätzung zu optimistisch war und Sie den Mindestbieter wegen knapper Haushaltsmittel nicht bezuschlagen können oder wollen. Eine **Aufhebung des Vergabeverfahrens** ohne Zuschlagserteilung ist zwar immer möglich, jedoch scheitert dann die beabsichtigte Beschaffung ganz. Außerdem läuft die Vergabestelle Gefahr, mit **Schadensersatzforderungen** des Mindestbieters konfrontiert zu werden.[5]
Gegenstand von Bauvergaben ist stets eine **werkvertragliche Leistung**, bei der Vergabe von Dienstleistungen kommt dies ebenfalls häufig vor. Bei solchen Vergabeverfahren sollte als Alternative in Betracht gezogen werden, den **Zuschlag unverändert zu erteilen** und gleichzeitig eine **Teilkündigung** des Vertrags vorzunehmen. §§ 649 BGB, 8 Abs. 1 VOB/B ermöglichen dies ausdrücklich, wenn auch zum Preis zumeist recht geringer Vergütungsforderungen des Auftragnehmers für den gekündigten Leistungsteil. Die **„informelle" Abklärung** mit dem Mindestbieter vor Zuschlagserteilung, ob er im Fall einer Teilkündigung auf derartige Ansprüche verzichtet, ist vergaberechtlich unbedenklich, allerdings im Streitfall nicht sanktionierbar.
Erwägenswert ist es in solchen Fällen auch, den **Leistungsumfang zu reduzieren** und das **Vergabeverfahren zurück zu versetzen**, um den Bietern Gelegenheit zu geben, ihre Angebote neu zu kalkulieren. Geschieht dies unter Beachtung der vergaberechtlichen Grundsätze, bestehen gegen ein derartiges Vorgehen keine rechtlichen Bedenken.[6]

---

## IV. Verbot von Wettbewerbsabsprachen und Dumpingangeboten

12 Absprachen zwischen Auftraggebern und (einzelnen) Bietern führen zwangsläufig zu **Wettbewerbsverzerrungen**. Daher sind gemäß §§ 16 Abs. 1 Nr. 1d), 16 EG Abs. 1 Nr. 1d) VOB/A sowie §§ 16 Abs. 3f), 19 EG Abs. 3f) VOL/A bei der Wertung solche Angebote **auszuschließen**, die auf unzulässigen, wettbewerbsbeschränkenden Abreden beruhen.

13 Ebenfalls unzulässig – und daher auszuschließen – sind Dumpingangebote, die eine **gezielte Verdrängung** von Mitbewerbern vom Markt bezwecken.[7]

## V. Geheimwettbewerb

14 Unverzichtbar für die Einhaltung des Wettbewerbsgrundsatzes in einem Vergabeverfahren ist es sicherzustellen, dass nicht einzelne Bieter einen **Informationsvor-**

---

5 Näher zu diesem Komplex unten Kap. 9 Rn 34 ff.
6 Ausführlich hierzu nachstehend in Kap. 9 Rn 108 ff.
7 KG, Beschl. v. 7.11.2001 – KartVerg 8/01.

**sprung** vor anderen Bietern erhalten. Es muss also ein Geheimwettbewerb stattfinden, in welchem alle Bieter ihre Angebote ohne Kenntnis der Angebote und insbesondere der Angebotskalkulationen der Konkurrenten abgeben müssen. Die Vergabestelle muss die notwendigen organisatorischen **Vorkehrungen** hierfür treffen.

---

**Beispiel**
Ein Ministerium schreibt eine Dienstleistung aus. Ein Bieter stellt per E-Mail eine Rückfrage, wie ein bestimmter Passus der Leistungsbeschreibung zu verstehen sei. Die Vergabestelle beantwortet die E-Mail inhaltlich zutreffend und setzt die übrigen Firmen, welche die Ausschreibungsunterlagen bereits abgefordert hatten, der Einfachheit halber ins „cc".
Das ist unzulässig und verstößt gegen den Geheimwettbewerb. Die Bieter erfahren durch die E-Mail der Vergabestelle von einander, was das Risiko unzulässiger Preisabsprachen begründet.

---

Dieses Beispiel zeigt, dass auch ein „gut gemeintes" Verhalten des öffentlichen Auftraggebers den Geheimwettbewerb aushebeln kann. Ein solcher Verstoß ist **nicht mehr heilbar** – haben die Bieter einmal von einander Kenntnis erlangt, ist dies nicht mehr rückgängig zu machen. 15

---

**Praxistipp**
Legen Sie als Auftraggeber schon im Vorfeld fest, wie mit **Bieterrückfragen** umzugehen ist! Selbstverständlich müssen berechtigte Nachfragen beantwortet werden; im Zweifel sollte dies auch bei aus Sicht der Vergabestelle „unnötigen" Rückfragen geschehen.
Wichtig ist, dass dann, wenn die Vergabestelle wichtige Klarstellungen vornimmt oder gar zusätzliche Informationen erteilt, diese nicht nur dem nachfragenden Bieter, sondern **allen Teilnehmern** am Vergabeverfahren zur Verfügung gestellt werden. Ansonsten hätte der nachfragende Teilnehmer einen Wettbewerbsvorteil gegenüber seinen Konkurrenten. Die Beantwortung von Rückfragen kann neben einer individuellen Information an alle Verfahrensteilnehmer durch E-Mail oder Telefax z.B. auch über eine Internet-Plattform oder auf der eigenen Homepage erfolgen.

---

Problematisch ist die Teilnahme (konzern-)**verbundener Unternehmen** an demselben Vergabeverfahren. Wenn diese verbundenen Unternehmen Kenntnis von der Teilnahme des jeweils anderen Unternehmens haben, besteht eine objektiv erhöhte Gefahr und somit die **Vermutung eines Verstoßes** gegen den Geheimwettbewerb. Diese Vermutung kann vom Bieter widerlegt werden; dies muss jedoch unaufgefordert bereits mit der Abgabe des Angebots geschehen. Gelingt dies nicht, ist das Angebot auszuschließen.[8] 16

Bietern wegen eines Verstoßes gegen den Geheimwettbewerb die (weitere) Teilnahme am Vergabeverfahren zu verwehren, setzt jedoch zwingend voraus, dass die 17

**8** OLG Düsseldorf, Beschl, v. 13.4.2011 – Verg 4/11.

Vergabestelle über **gesicherte Kenntnis** der maßgeblichen Umstände verfügt.[9] Auf unsicherer Tatsachengrundlage darf eine für die teilnehmenden Bieter derart schwerwiegende Entscheidung nicht erfolgen.

---

**Beispiel**
Zwei Bieter desselben Vergabeverfahrens werden von **derselben Konzernrechtsabteilung** unterstützt. Der Rechtsabteilung obliegt gegenüber dem jeweils anderen Unternehmen des Konzerns eine **Verschwiegenheitspflicht**. Liegt ein Verstoß gegen den Geheimwettbewerb vor?
Nicht zwangsläufig! Wenn auf Bieterseite **wirksame Vorkehrungen** getroffen werden, die eine Übermittlung von Kalkulationsgrundlagen oder Angebotspreisen ausschließen, ist die **Vermutung** eines Verstoßes **entkräftet**. Zudem erhält eine Rechtsabteilung in der Regel keine Kenntnis von kalkulationsrelevanten Tatsachen, die an das jeweils andere Unternehmen weitergegeben werden könnte.[10]

---

18 Auch der Umstand, dass der Geschäftsführer der Vergabestelle gleichzeitig Geschäftsführer eines der Bieter im Vergabeverfahren ist, führt nicht zwingend zum Ausschluss dieses Bieters. Wenn z. B. durch eine **Organisationsverfügung** sichergestellt ist, dass der Geschäftsführer nicht an den Entscheidungen der Vergabestelle mitwirkt und auch keinen Zugriff auf das laufende Vergabeverfahren hat, darf der Bieter am Verfahren teilnehmen. Es gibt keine Ausschlussautomatik.[11]

## B. Das Transparenzgebot

19 Das Transparenzgebot findet sich ebenfalls in § 97 Abs. 1 GWB:[12]

> „Öffentliche Auftraggeber beschaffen Waren, Bau- und Dienstleistungen nach Maßgabe der folgenden Vorschriften im Wettbewerb und im Wege **transparenter Vergabeverfahren**".

20 Das Transparenzgebot ist eng mit dem Wettbewerbsgrundsatz verwandt und stellt ebenfalls ein elementares Grundprinzip des europäischen Vergaberechts dar. Fairer Wettbewerb kann nur stattfinden, wenn **sämtlichen Bietern** die maßgeblichen Angebots- und sonstigen **Verfahrensinformationen zugänglich** sind und wenn auch das Vergabeverfahren als solches nachvollziehbar ausgestaltet wird.

21 Auch wenn das Transparenzgebot in erster Linie dem Schutz der Bieter dienen und eine effiziente Kontrolle des Vergabeverfahrens ermöglichen soll, liegt die Be-

---

**9** VK Bund, Beschl. v. 30.11.2012 – VK 2-131/12; OLG Düsseldorf, Beschl, v. 13.4.2011 – Verg 4/11.

**10** Fall nach OLG Düsseldorf, Beschl. v. 19.9.2011 – Verg 63/11.

**11** VK Nordbayern, Beschl. v. 31.8.2011 – 21. VK-3194-24/11.

**12** Ebenso wiederum in §§ 2 Abs. 1 Nr. 1, 2 EG Abs. 1 Nr. 1, 2 VS Abs. 1 Nr. 1 VOB/A sowie in §§ 2 Abs. 1 S. 1, 2 EG Abs. 1 S. 1 VOL/A.

achtung dieses Gebots auch im **Interesse des Auftraggebers**: Je transparenter das Verfahren abläuft, desto geringer ist die Wahrscheinlichkeit von Missbräuchen und Wettbewerbsverstößen. Insofern ist das Transparenzgebot eng mit dem Wettbewerbsgrundsatz verknüpft.

---

**Beispiel**
Ein öffentlicher Auftraggeber schreibt die Lieferung von Computern, Notebooks, Faxgeräten und Druckern im Paket aus; alleiniges Wertungskriterium ist der Preis. **Nach Abgabe der Angebote** stellt er fest, dass die Haushaltslage schlechter ist als gedacht, und **reduziert den Auftragsumfang** um die Faxgeräte und die Drucker. Er wertet nur die verbleibenden Teile des Angebots der Bieter – nämlich die Preise für die Computer und die Notebooks – und will dem sich so ergebenden Mindestbieter den Zuschlag erteilen.
Dieses Vorgehen ist **unzulässig**, weil es intransparent ist und den Wettbewerb verzerrt. Die Bieter haben ihre **Kalkulation** am **Gesamtangebot** ausgerichtet. Dem kann der Auftraggeber nicht im Nachhinein durch willkürliches Streichen einzelner Angebotsteile den Boden entziehen. Er hätte zumindest allen geeigneten Bietern die Gelegenheit geben müssen, ihre Angebote zu ändern und die verbleibenden Positionen des Leistungsverzeichnisses neu zu kalkulieren.[13]

---

Insbesondere in den folgenden Regelungen hat das Transparenzgebot seinen Niederschlag gefunden: 22

## I. Bekanntmachung beabsichtigter Auftragsvergaben

Die §§ 12, 12 EG VOB/A sowie §§ 12 und 15 EG VOL/A enthalten umfangreiche Vorgaben 23 darüber, wie die **Bekanntmachung** einer beabsichtigten Auftragsvergabe zu erfolgen hat und welchen **Inhalt** sie aufweisen muss.[14] Die Bieter sollen der Bekanntmachung alle wesentlichen Umstände entnehmen können, damit sie beurteilen und entscheiden können, ob sie sich um den betreffenden Auftrag bewerben oder nicht.

## II. Pflicht zur frühzeitigen Angabe der Wertungskriterien

§ 16 EG Abs. 7 VOB/A und § 19 EG Abs. 8 VOL/A schreiben vor, dass die Vergabestel- 24 le bei der Angebotswertung nur diejenigen **Kriterien und deren Gewichtung** berücksichtigen darf, die sie in der Bekanntmachung oder in den Vergabeunterlagen bekannt gemacht hat. Im Umkehrschluss bedeutet dies, dass die Vergabestelle die Wertungskriterien, die sie ihrer Zuschlagentscheidung zugrunde legen will, und

---

13 Fallbeispiel gebildet nach OLG Düsseldorf, Beschl. v. 26.10.2010 – Verg 46/10.
14 Näher hierzu unten Kap. 7 Rn 4 ff.

ihre Gewichtung zwingend schon in der **Bekanntmachung**, spätestens aber in den **Vergabeunterlagen** angeben muss.[15] Dies ist in den EU-Formularen für elektronische Auftragsbekanntmachungen auch ausdrücklich so vorgesehen; § 9 EG Abs. 1b) und 2 VOL/A statuiert eine entsprechende Verpflichtung für die Vergabeunterlagen.

25 Die Bieter sollen **frühzeitig Kenntnis** davon erlangen, worauf der Auftraggeber bei der Angebotswertung Wert legt, um so ein möglichst optimales, auf die Bedürfnisse des Auftraggebers zugeschnittenes Angebot ausarbeiten und abgeben zu können. Es ist daher **unzulässig**, einmal bekannt gegebene Wertungskriterien **nachträglich zu ändern**. Sie dürfen lediglich in engen Grenzen konkretisiert bzw. fortgeschrieben werden.[16]

### III. Bei Bauvergaben: Öffentlicher Submissionstermin

26 § 14 (EG) VOB/A schreibt einen öffentlichen Submissionstermin für die Vergabe von Bauaufträgen vor. Danach sind die Öffnung und die Verlesung der Angebote in einem **Eröffnungstermin** durchzuführen, an dem Bieter und deren Bevollmächtige teilnehmen können. Flankierend wird die Vergabestelle verpflichtet, eine **Niederschrift** über den Submissionstermin anzufertigen. Bieter haben ein entsprechendes **Einsichtsrecht**.

27 Zweck der Regelung ist die Herstellung von Transparenz – die Bieter sollen sich vor Ort, also aus „erster Hand" darüber **informieren** können, welche anderen Bieter sich an dem Vergabeverfahren beteiligt haben und zu welchen Preisen sie die Leistung angeboten haben.

28 Bei der Vergabe von **Liefer- und Dienstleistungen** wird der Öffentlichkeitsgrundsatz hingegen durchbrochen: §§ 14 Abs. 2 Satz 2, 17 EG Abs. 2 Satz 2 VOL/A schreibt ausdrücklich vor, dass **Bieter** zur Öffnung der Angebote **nicht zuzulassen** sind. Das Transparenzgebot findet aber insofern Berücksichtigung, als der Eröffnungstermin von mindestens zwei Vertretern des Auftraggebers gemeinsam durchgeführt und dokumentiert wird.

### IV. Vorabinformation über die beabsichtigte Zuschlagserteilung

29 § 101a GWB (vormals: § 13 VgV) verpflichtet die Vergabestelle, die nicht berücksichtigten Bieter mindestens 15 Tage – bei Übersendung per E-Mail oder per Fax **min-**

15 Eine Angebotswertung unter Verwendung von **Geheimkriterien** (z.B. internen Bewertungsrichtlinien) ist in jedem Fall **unzulässig**, auch im Verhandlungsverfahren; vgl. hierzu OLG Düsseldorf, Beschl. v. 9.6.2013 – Verg 8/13; VK Südbayern, Beschl. v. 1.4.2014 – Z3-3-3194-1-03-02/14.

16 Näher hierzu VK Baden-Württemberg, Beschl. v. 10.1.2011 – 1 VK 69/10.

**destens 10 Tage** – vor der beabsichtigten Zuschlagserteilung entsprechend zu unterrichten. Diese Mitteilung muss **mindestens folgenden Inhalt** aufweisen:
- den **Namen** des Unternehmens, dessen Angebot angenommen werden soll,
- die **Gründe** für die vorgesehene Nichtberücksichtigung sowie
- den frühesten **Zeitpunkt** der Zuschlagerteilung.

Nur wenn unterlegene Bieter durch transparente Verfahrensführung von der Zuschlagsabsicht und dem frühesten Zuschlagszeitpunkt erfahren, haben sie überhaupt die Möglichkeit, hiergegen **rechtliche Schritte** einzulegen. 30

## V. Pflicht zur Dokumentation des Vergabeverfahrens

Gemäß §§ 20 (EG) VOB/A, 20 VOL/A, 24 EG VOL/A hat die Vergabestelle das Vergabeverfahren von Anfang an fortlaufend zu dokumentieren, also einen **Vergabevermerk** zu erstellen. In der VOB/A für den Ober- wie den Unterschwellenbereich sowie in der VOL/A für den Oberschwellenbereich wird zudem detailliert der **Mindestinhalt** des Vergabevermerks vorgeschrieben. Insbesondere muss die Vergabestelle ihre jeweiligen Verfahrensschritte und die getroffenen **Entscheidungen begründen.** 31

Durch diese verpflichtende Vorgabe ist die Vergabestelle gezwungen, das gesamte Vergabeverfahren Schritt für Schritt zu dokumentieren. Sinn dieser Dokumentationspflicht ist es, die Abläufe des Verfahrens transparent zu machen und eine möglichst **lückenlose** nachträgliche **Überprüfbarkeit** der Rechtmäßigkeit des Vergabeverfahrens zu ermöglichen.[17] 32

Bemerkenswert ist im Bereich der VOB/A die Gleichstellung der Unterschwellenvergaben mit den strengen Regeln des europarechtlich geprägten Oberschwellenbereichs. Hierdurch sollen im Unterschwellenbereich Vergabevermerke „zweiter Klasse" verhindert werden. Gerade im **Oberschwellenbereich** ist die Beachtung der Vorgaben der §§ 20 EG VOB/A, 24 EG VOL/A außerordentlich bedeutsam, weil ein unvollständiger, nicht ordnungsgemäßer oder gar ganz fehlender Vergabevermerk in einem vergaberechtlichen Nachprüfungsverfahren[18] dem Nachprüfungsantrag zum Erfolg verhelfen[19] und sogar zur vollständigen **Aufhebung des Vergabeverfahrens** führen kann.[20] 33

---

**17** VK Sachsen, Beschl. v. 30.4.2001 – 1/SVK/23-01, zur gleichgelagerten Situation bei VOF-Verfahren.

**18** Zu den Einzelheiten der Rechtsschutzmöglichkeiten siehe Kap. 12 Rn 71 ff.

**19** VK Südbayern, Beschl. v. 19.5.2005 – 18-04/05; VK Rheinland-Pfalz, Beschl. v. 4.5.2005 – VK 20/05.

**20** VK Südbayern, Beschl. v. 21.7.2008 – Z3-3-3194-1-23-06/08; OLG Frankfurt, Beschl. v. 9.8.2007 – 11 Verg 6/07.

## C. Der Gleichbehandlungsgrundsatz

34 Der Gleichbehandlungsgrundsatz stellt die positive Kehrseite des in Art. 12 des EG-Vertrages enthaltenen **Diskriminierungsverbots** dar. Er ist in § 97 Abs. 2 GWB verankert:

> „Die Teilnehmer in einem Vergabeverfahren sind **gleich zu behandeln**, es sei denn, eine Benachteiligung ist auf Grund dieses Gesetzes ausdrücklich geboten oder gestattet."

35 Gleichbehandlung und Chancengleichheit flankieren wie das Transparenzgebot das Wettbewerbsprinzip und stellen ebenfalls zentrale Grundsätze des europäischen Vergaberechts dar. Es versteht sich von selbst, dass ein **fairer Wettbewerb** nur dann stattfinden kann, wenn alle Bieter im gesamten Vergabeverfahren gleichbehandelt werden und diese auch sicher sein können, dass kein Mitbewerber aus rechtlich nicht vorgesehenen Gründen bevorzugt wird. Die zwingende Folge hieraus ist, dass ein Vergabeverfahren an **fairen Verfahrensmaßstäben** orientiert sein muss.

Dies erfordert, dass die Angebote aller Bieter den **gleichen Bedingungen** unterworfen sein müssen. Zudem müssen die Modalitäten des Vergabeverfahrens in der Bekanntmachung oder in den Vergabeunterlagen **klar und eindeutig formuliert** sein, damit alle Bieter sie in derselben Weise verstehen und prüfen können, ob ihre Angebote die aufgestellten Kriterien erfüllen.[21]

36 Der Gleichbehandlungsgrundsatz, der über das Diskriminierungsverbot auch in den §§ 2 Abs. 2, 2 EG Abs. 2, 2 VS Abs. 2 VOB/A, §§ 2 Abs. 1 S. 2, 2 EG Abs. 1 S. 2 VOL/A und § 2 Abs. 1 S.2, Abs. 2 VOF verankert ist, findet seine Ausprägung unter anderem in den folgenden Regelungen:

### I. Mitwirkungsverbote im Vergabeverfahren

37 § 16 VgV schließt **bestimmte Personen** im Regelfall von einer Mitwirkung im Vergabeverfahren auf Seiten des Auftraggebers aus, wenn sie gleichzeitig auf Bieterseite tätig sind. Namentlich dürfen solche Personen in einem Vergabeverfahren **nicht mitwirken**, die

- Bieter oder Bewerber sind,
- einen Bieter oder Bewerber beraten oder sonst unterstützen oder als gesetzlicher Vertreter oder nur in dem Vergabeverfahren vertreten,
- bei einem Bieter oder Bewerber entgeltlich beschäftigt oder organschaftlich tätig sind,

21 EuGH, Urt. v. 6.11.2014 – C-42/13, Rn 44: Vermeidung der Gefahr einer Günstlingswirtschaft.

- für ein in das Vergabeverfahren eingeschaltetes Unternehmen tätig sind, wenn dieses Unternehmen zugleich geschäftliche Beziehungen zum Auftraggeber und zum Bieter oder Bewerber hat, oder
- Angehörige der vorgenannten Personen sind.

Der Sinn der Regelung liegt auf der Hand: Es sollen **Wettbewerbsverzerrungen durch „Insiderkenntnisse"** oder durch enge Beziehungen bzw. Verflechtungen von Bietern zum öffentlichen Auftraggeber unterbunden und Chancengleichheit im Vergabeverfahren sichergestellt werden. 38

Ein Ausschluss der in § 16 VgV genannten Personen kann nur dann unterbleiben, wenn durch bestimmte Vorkehrungen oder aufgrund bestimmter Umstände sichergestellt ist, dass für die betroffenen Personen entgegen der Regelvermutung der Vorschrift **ausnahmsweise kein Interessenkonflikt** besteht. Das kann dann der Fall sein, wenn die Person auf Auftraggeberseite nicht in das Verfahren eingreifen kann bzw. eine Kenntniserlangung von Einzelheiten des Verfahrens ausgeschlossen ist (z. B. durch sog. „chinese walls"). 39

**Beispiel**
Eine Rechtsanwaltskanzlei nimmt die **laufende Rechtsberatung** eines Konzerns vor, aus dem sich ein Unternehmen an dem Vergabeverfahren beteiligt. Die Kanzlei möchte nun den **Auftraggeber im Vergabeverfahren** rechtlich beraten.
Das ist zulässig, weil im konkreten Fall die Voraussetzungen des § 16 VgV nicht vorliegen. Die Kanzlei ist nicht auf Bieterseite mit dem Vergabeverfahren befasst. Es existiert **keine Voreingenommenheitsvermutung.**[22]

Problematisch ist der exakte **Anwendungsbereich** des § 16 VgV. Nach richtiger – allerdings umstrittener – Auffassung gilt die Norm nicht erst mit Beginn der förmlichen Einleitung des Vergabeverfahrens durch die Bekanntmachung der beabsichtigten Auftragsvergabe. Bereits die **vorgelagerten Entscheidungen** der Vergabestelle, die bei einer Auftragsvergabe im offenen Verfahren der Bekanntmachung vorangehen, unterfallen der Regelung des § 16 VgV.[23] 40

Gerade durch die vor der Bekanntmachung erfolgende Erstellung des **Leistungsverzeichnisses**, welches den Auftragsgegenstand spezifiziert, werden wichtige Weichen gestellt. Da auf diese Weise der **Auftrag** auf bestimmte Bieter **„zugeschnitten"** werden kann, sind die in § 16 VgV genannten Personen schon vor der Erarbeitung der Ausschreibungsunterlagen auszuschließen. 41

22 Fall nach OLG Celle, Beschl. v. 8.9.2011 – 13 Verg 4/11.
23 VK Bund, Beschl. v. 24.4.2012 – VK 2-169/11; OLG Hamburg, Beschl. v. 4.11.2002 – 1 Verg 3/02; a.A. OLG Jena, Beschl. v. 8.4.2003 – 6 Verg 9/02.

**Praxistipp**
Öffentlichen Auftraggebern ist dringend anzuraten, durch **geeignete organisatorische Maßnahmen** sicherzustellen, dass gesetzlich ausgeschlossene Personen tatsächlich nicht am Vergabeverfahren – auch nicht bei dessen Vorbereitung – teilnehmen. Ansonsten droht ein vergaberechtliches **Nachprüfungsverfahren**! Wenn dort ein Verstoß gegen § 16 VgV festgestellt wird, kann dies zu einer Aufhebung der laufenden Ausschreibung führen. Es besteht insofern eine erhebliche Rechtsunsicherheit, weil § 16 VgV selbst keine Sanktionsregelung enthält; die Entscheidung hierüber liegt somit im Ermessen der Nachprüfungsinstanzen.
Daher gilt: **Im Zweifel** sollten (möglicherweise) ausgeschlossene Personen von der Mitwirkung im Vergabeverfahren **ferngehalten** werden!

## II. Die Projektantenproblematik

42 Eine ähnliche Zielrichtung wie die Mitwirkungsverbote des § 16 VgV weisen die Regelungen in § 6 Abs. 7 VOB/A und in §§ 6 Abs. 6, 6 EG Abs. 7 VOL/A auf.[24] Mit diesen Vorschriften wird insbesondere versucht, die Problematik der sog. **Projektanten** – gemeint sind hiermit vor allem Ingenieurbüros, die **planerische Vorleistungen** für die auszuschreibende Leistung erbringen[25] – in den Griff zu bekommen.

43 Danach hat der Auftraggeber, wenn er vor der Einleitung eines Vergabeverfahrens von einem Bieter oder Bewerber beraten oder sonst unterstützt wurde, sicherzustellen, dass der **Wettbewerb** durch die Teilnahme dieses Bieters oder Bewerbers **nicht verfälscht wird**. Auch hier geht es also darum, die Chancengleichheit aller Bieter oder Bewerber im Vergabeverfahren zu gewährleisten.

44 Die Anwendung der Regelungen ist schon deshalb problematisch, weil es sich bei „Beratung“ und „sonstiger Unterstützung“ um unbestimmte Rechtsbegriffe handelt, die der **Konkretisierung** bedürfen.[26] Was der Auftraggeber genau tun muss, um eine Verfälschung des Wettbewerbs zu verhindern, geht aus den vorzitierten Vorschriften nicht hervor. Es besteht jedenfalls ein **Vorrang des Informationsausgleichs** zwischen den Bietern. Nur wenn es nicht möglich ist, überlegenes Wissen Einzelner allen Bietern zur Verfügung zu stellen, darf der Projektant ausgeschlossen werden.[27]

45 Der Auftraggeber muss jedenfalls von dem betreffenden Bieter, der gleichzeitig Projektant des Auftrags war, Aufklärung verlangen. Der Projektant muss **nachvoll-**

24 Die Regelungen waren früher in §§ 4 Abs. 5, 6 Abs. 3 VgV enthalten und wurden mittlerweile in die Vergabe- und Vertragsordnungen überführt.
25 Ein wichtiger Anwendungsbereich sind komplexe ÖPP-Vorhaben, bei denen die Auftraggeber frühzeitig auf externen Sachverstand entsprechender Spezialisten angewiesen sind.
26 Näher hierzu VK Hessen, Beschl. v. 12.2.2008 – 69d VK-01/2008; VK Baden-Württemberg, Beschl. v. 13.7.2011 – 1 VK 29/11.
27 Vgl. VK Bund, Beschl. v. 12.9.2007 – VK 1-95/07.

**ziehbare Angaben** dazu machen, dass er aufgrund seiner Projektantentätigkeit **keine überlegenen Kenntnisse** erlangt hat und dass die Ausschreibung auch sonst nicht so auf ihn bzw. sein Unternehmen zugeschnitten ist, dass er als Bieter über Vorteile verfügt. Fehlen derartige Angaben bzw. gelingt ein überzeugender Nachweis nicht, ist das Angebot des betreffenden Bieters **auszuschließen.**

Bis zur Vergaberechtsreform 2009 war in der VOB/A und in der VOL/A be- 46 stimmt, dass **Sachverständige**, die der Auftraggeber im Rahmen des Vergabeverfahrens zur Mitwirkung heranzieht, weder unmittelbar noch mittelbar auf Seiten der Wettbewerber am Vergabeverfahren beteiligt sein dürfen. Dieses Postulat ist nunmehr entfallen.

### III. Die Pflicht zur „Herkunftsneutralität"

Der Gleichbehandlungsgrundsatz erstreckt sich auch auf die Herkunft der Bieter. Es 47 ist der Vergabestelle daher **untersagt**, den Bewerberkreis auf regionale Unternehmen zu beschränken oder auf sonstige Weise **ortsansässige Bieter zu bevorzugen.**

Ausländische bzw. nicht regionale Bieter dürfen auch nicht aus **vermeintlich** 48 **guten Gründen** – etwa zur Förderung der **regionalen Wirtschaftsstruktur** – diskriminiert werden. Chancengleichheit bedeutet immer auch, dass Bieter unabhängig von ihrem Sitz und ihrer Herkunft die Möglichkeit haben müssen, sich auf alle bekanntgemachten Aufträge bewerben zu können, und im Verfahren nicht schlechter gestellt werden dürfen als regionale bzw. ortsansässige Bieter. Das Aufstellen von Kriterien, die **faktisch** die vor Ort etablierten Bewerber bevorzugen, ist ebenfalls unzulässig.[28]

**Praxistipp** !
Häufig kann aber ein berechtigtes Bedürfnis des Auftraggebers an einer **Präsenz des Bieters vor Ort** während der Ausführung des Auftrags bestehen. Das ist etwa dann gegeben, wenn **kurze Reaktionszeiten** des Auftragnehmers im Bedarfsfall gegeben sind – z.B. bei Wartungs- oder Betreuungsverträgen – oder wenn bei einem großen bzw. komplexen Projekt häufige Besprechungen vor Ort stattfinden müssen. In derartigen Fällen kann es gerechtfertigt sein, schon in den Ausschreibungsunterlagen bestimmte Vorgaben zu machen, die aber transparent und sorgfältig begründet sein müssen.[29] Maßstab ist die **Erforderlichkeit** derartiger Vorgaben.[30]

28 1. VK Bund, Beschl. v. 19.7.2013 – VK 1-51/13.

29 Das ist bei einer nicht näher erläuterten Forderung nach „verstärkter Präsenz vor Ort" nicht der Fall, vgl. VK Sachsen, Beschl. v. 31.1.2007 – 1/SVK/124-06.

30 EuGH, Urt. v. 27.10.2005 – C-243/03, fordert sogar, dass eine derartige Forderung aus „zwingenden Gründen des Allgemeininteresses" gerechtfertigt sein müsse.

## IV. Verbot rein nationaler technischer Spezifikationen

49 Häufig ist es erforderlich, zur Beschreibung des gewünschten Produkts oder der geforderten Eigenschaften und Funktionen der Leistung **technische Spezifikationen** festzulegen. Ließe man es zu, dass der Auftraggeber insofern abschließend auf nationale Normen – z.B. **DIN-Vorschriften** – Bezug nimmt, wäre die Chancengleichheit ausländischer Marktteilnehmer beeinträchtigt.[31]

50 §§ 7 (EG) Abs. 4 Nr. 1 VOB/A, 8 Abs. 2 Nr. 1 VOL/A bestimmen daher, dass jede Bezugnahme auf (nationale) technische Spezifikationen mit dem Zusatz **„oder gleichwertig"** zu versehen ist. Das ermöglicht es den Bietern, auch eine von der zu Grunde gelegten technischen Spezifikation abweichende Lösung anzubieten. Die Bieter müssen jedoch gemäß §§ 7 (EG) Abs. 6 VOB/A, 8 Abs. 4 VOL/A **in ihrem Angebot** diese Gleichwertigkeit mit geeigneten Mitteln **nachweisen.**

## V. Angebotsvorteile durch Beihilfen?

51 Unter dem Gleichbehandlungsaspekt sind staatliche Beihilfen, die einzelnen Bietern gewährt werden, **problematisch.** Derartige öffentliche Zuwendungen können Bieter in die Lage versetzen, einen (deutlich) **günstigeren Preis** anzubieten als die Mitbewerber, die nicht in den Genuss einer solchen Beihilfe kommen. Hierin liegt offensichtlich ein **Wettbewerbsvorteil.**

52 Nach der Rechtsprechung des EuGH sind jedoch auch solche Bieter **zum Wettbewerb zuzulassen.** § 16 EG Abs. 8 VOB/A und § 19 Abs. 7 VOL/A sehen nunmehr vor, dass die Angebote dieser Bieter selbst dann, wenn sie ungewöhnlich niedrig sind, nur zurückgewiesen werden dürfen, wenn die Bieter nach Aufforderung innerhalb einer vom Auftraggeber gesetzten ausreichenden Frist nicht nachweisen können, dass die betreffende **Beihilfe rechtmäßig gewährt** wurde.

## VI. Weitere Ausprägungen des Gleichheitsgrundsatzes

53 Es lassen sich **zahlreiche weitere Beispiele** aus der Rechtsprechung anführen, bei welchen eine Verletzung des Diskriminierungsverbots festgestellt wurde. So darf ein Bieter nicht deshalb bevorzugt werden, weil er einen höheren Anteil an inländischen Mitarbeitern beschäftigt als seine Mitbewerber. Auftragnehmer dürften selbstverständlich auch nicht einzelne Bieter aufgrund **sachfremder Erwä-**

---

31 Der EuGH hatte bereits 1988 klargestellt, dass in derartigen Fällen eine unzulässige Diskriminierung vorliege, die gegen EU-Gemeinschaftsrecht verstoße, EuGH, Urt. v. 22.9.1988 – 45/87.

**gungen** aus dem Verfahren ausschließen, da ein solches Vorgehen **willkürlich** wäre.

Weil alle Bieter im Verfahren gleich zu behandeln sind, darf die Vergabestelle auch nicht einzelnen Bietern **Sonderrechte einräumen**. So ist es – abgesehen von den in §§ 16 Abs. 1 Nr. 1c) und Nr. 3, 16 EG Abs. 1 Nr. 1c) und Nr. 3 VOB/A ausdrücklich genannten Ausnahmefällen – **unzulässig**, einzelnen Bietern zu gestatten, die in den Vergabeunterlagen geforderten Mindestanforderungen erst nach dem festgelegten Zeitpunkt einzureichen bzw. zu erfüllen.[32] 54

Die Vergabestelle ist an die von ihr selbst gestellten Anforderungen an die Angebote gebunden und muss diese auch **einheitlich und diskriminierungsfrei** anwenden.[33] Dieser Grundsatz gilt für alle Stadien des Vergabeverfahrens. 55

## D. Die Pflicht zur Berücksichtigung mittelständischer Interessen

§ 97 Abs. 3 GWB enthält das Gebot der **Mittelstandsförderung**. Die Regelung lautet wie folgt: 56

> „Mittelständische Interessen sind bei der Vergabe öffentlicher Aufträge vornehmlich zu berücksichtigen. Leistungen sind in der Menge aufgeteilt (**Teillose**) und getrennt nach Art oder Fachgebiet (**Fachlose**) zu vergeben."

Öffentliche Auftraggeber sollen hierdurch dazu angehalten werden, bei großen Aufträgen nicht die gesamte Leistung als Paket zu vergeben, sondern diese in Fach- und Teillose **aufzuspalten**. Bislang stellte insbesondere bei Bauaufträgen die Vergabe an einen **Generalunternehmer** den Regelfall dar. Diese Lösung ist für Auftraggeber meist praktischer und „bequemer" als eine Vergabe nach Losen, da sie nur einen Vertrags- und somit Ansprechpartner haben. 57

Die **Konsequenz** dieser Praxis der Vergabestellen bestand zwangsläufig darin, dass sich um umfangreiche Aufträge nur entsprechend große Unternehmen bewerben konnten, die überhaupt in der Lage waren, ein solches Auftragsvolumen zu stemmen. Somit war der **Bieterkreis beschränkt** und für kleinere Unternehmen der Zugang zum öffentlichen Beschaffungsmarkt jedenfalls erschwert. 58

Die Neuregelung des § 97 Abs. 3 GWB dient der **Mittelstandsförderung**. Mehrere Teil- oder Fachlose dürfen nach Satz 3 der Regelung nur noch im **Ausnahmefall** zusammen vergeben werden, nämlich dann, wenn **wirtschaftliche oder technische Gründe dies erfordern**.[34] Dieser Grundsatz findet sich nunmehr auch in §§ 5 59

---

32 VK Halle, Beschl. v. 9.1.2003 – VK Hal 27/02.

33 VK Niedersachsen, Beschl. v. 17.5.2011 – VgK-10/2011.

34 In der neuen Richtlinie 2014/24/EU (Erwägungsgrund 78) wird dies jedoch gerade zum Zweck der Förderung kleiner und mittelständischer Unternehmen erheblich eingeschränkt und eine flexi-

(EG) Abs. 2 VOB/A, 2 (EG) Abs. 2 VOL/A sowie in abgeschwächter Form in § 2 Abs. 4 VOF, wonach bei der Vergabe freiberuflicher Leistungen kleinere Büroorganisationen und Berufsanfänger „angemessen beteiligt" werden sollen.

60 Das Kriterium der **Erforderlichkeit** einer einheitlichen Auftragsvergabe aus wirtschaftlichen oder technischen Gründen stellt eine beträchtliche Hürde dar. Voraussetzung hierfür ist, dass bei einer Auftragsvergabe nach Losen **„erhebliche Nachteile"** für den Auftraggeber entstünden.[35] Bloße Praktikabilitätserwägungen genügen hierfür nicht. Im Interesse einer effizienten Mittelstandsförderung wird öffentlichen Auftraggebern ein gewisser Mehraufwand zugemutet.

61 Es ist davon auszugehen, dass im Baubereich eine Auftragsvergabe an einen **Generalunternehmer** nunmehr **grundsätzlich unzulässig** ist.[36] Auftraggeber, die dies missachten, laufen jedenfalls im Oberschwellenbereich Gefahr, dass kleinere Unternehmen die Verletzung des Gebots der Fach- und Teillosvergabe im Rahmen eines Nachprüfungsverfahrens erfolgreich geltend machen.

62 Die **Grenze** wird bei sogenannten **„Splitterlosen"** gezogen, die nur einen unbedeutenden Anteil der Gesamtleistung ausmachen. Bei Teilaufträgen derart geringen Umfangs soll den Auftraggebern der Aufwand einer gesonderten Vergabe nicht zugemutet werden.

---

**Beispiel**

Ein Auftraggeber schreibt **Reinigungsdienstleistungen** aus, und zwar Unterhaltungs-, Grund- und Glasreinigung. Er bildet 5 Teillose nach Gebieten, aber keine Fachlose. Ein Bieter, der auf **Glasreinigung** spezialisiert ist, rügt, dass diese mit **separatem Fachlos** hätten ausgeschrieben werden müssen. Die Glasreinigungsarbeiten machen etwa 4% des Gesamtauftragsvolumens aus.

In einem solchen Fall liegt ein **Splitterlos** vor, das im Verhältnis zum Gesamtauftrag als unbedeutend anzusehen ist und daher nicht gesondert ausgeschrieben werden muss.

---

63 Die Grenze, ab der man von einem Splitterlos sprechen kann, dürfte in etwa bei **5% der Gesamtleistung** liegen.[37] Eine gefestigte Linie der obergerichtlichen Rechtsprechung liegt insoweit aber noch nicht vor.

---

**Praxistipp**

Öffentlichen Auftraggebern ist daher anzuraten, bei der Vorbereitung von Ausschreibungen gründlich zu prüfen, inwieweit im Hinblick auf Teilleistungen bzw. Einzelgewerke eine Fachlosbildung

blere Handhabung angeregt. Strengere nationale Regelungen bleiben den Mitgliedsstaaten aber ausdrücklich vorbehalten

35 OLG Celle, Beschl. v. 26.4.2010 – 13 Verg 4/10.

36 So ausdrücklich VG Gelsenkirchen, Urt. v. 4.4.2011 – 11 K 4198/09.

37 OLG Düsseldorf, Beschl. v. 12.1.2011 – Verg 63/10. Nach OLG Koblenz, Beschl. v. 13.6.2012 – 1 Verg 2/12, ist ein Fachlos, das 7% der Gesamtleistung ausmacht, jedenfalls kein Splitterlos mehr.

vorzunehmen ist. Sofern dies nicht erfolgen soll – sei es wegen **Vorliegens von Splitterlosen**, sei es wegen angenommener **Erforderlichkeit einer Gesamtvergabe** aus wirtschaftlichen oder technischen Gründen –, muss dies in jedem Fall im Vergabevermerk **gründlich dokumentiert** werden!

## E. Der Eignungsgrundsatz

§ 97 Abs. 4 GWB statuiert den **Eignungsgrundsatz**. Danach gilt für die Vergabe öffentlicher Aufträge folgendes: 64

> „Aufträge werden an fachkundige, leistungsfähige sowie gesetzestreue und zuverlässige Unternehmen vergeben."

Für die Auftragsvergabe **maßgebliche Eignungskriterien** sind somit 65
- Fachkunde,
- Leistungsfähigkeit,
- Gesetzestreue und
- Zuverlässigkeit.

§ 97 Abs. 4 Satz 2 GWB ermöglicht es dem Auftraggeber, **zusätzliche Anforderungen** an die sich bewerbenden Auftragnehmer zu stellen, wenn dies **durch den Auftragsgegenstand gerechtfertigt** wird und die Anforderungen im sachlichen Zusammenhang mit dem Auftragsgegenstand stehen. In Betracht kommen insofern insbesondere 66
- soziale,
- umweltbezogene sowie
- innovative

Aspekte. Weitere Voraussetzung ist, dass diese zusätzlichen „vergabefremden" Eignungskriterien sich **aus der Leistungsbeschreibung ergeben**.

Ob das Postulat, dass der Auftragnehmer ausschließlich sozialversicherungspflichtiges Personal und keine Leiharbeiter beschäftigen darf, ein zulässiges soziales Eignungskriterium darstellt, ist umstritten und dürfte vom Auftragsgegenstand abhängen.[38] Umweltbezogene Eignungskriterien spielen in der Praxis kaum eine Rolle.[39] 67

---

**38** Für eine Zulässigkeit VK Rheinland-Pfalz, Beschl. v. 31.10.2012 – VK 1-26/12; dagegen OLG Düsseldorf, Beschl. v. 17.1.2013 – VII Verg 35/12.

**39** Weitaus bedeutsamer sind hingegen umweltbezogene Zuschlagskriterien, wie sie etwa in §§ 4 Abs. 4ff., 6 Abs. 2ff. VgV aufgeführt sind. Danach müssen bei der Vergabe von Liefer- und Dienstleistungen und von Bauleistungen nunmehr **verpflichtend** der Energieverbrauch und die Umwelt-

68 Dass die Eignung der Bieter im Zentrum des Vergabeverfahrens stehen soll, liegt eigentlich schon in der Natur der Sache und ist selbstverständlicher **Ausfluss des Wettbewerbsprinzips**. Nicht geeignete Bewerber bieten keine Gewähr für eine **ordnungsgemäße Ausführung** des zu vergebenden Auftrags und sollen daher nicht zum Zuge kommen.

**Fettnapf**

Die Vergabestelle ist gehalten, die **Eignungsprüfung selbst vorzunehmen**. Eine Delegierung dieser Aufgabe auf Dritte ist nicht zulässig. Wenn die Vergabestelle von dritter Seite Informationen über eine angeblich fehlende Zuverlässigkeit oder Leistungsfähigkeit eines Bieters erhält, darf sie diese **nicht ungeprüft übernehmen** und ihrer Eignungsprüfung zugrunde legen. Vielmehr ist sie gehalten, den Bieter hierzu anzuhören und ihm Gelegenheit zur Stellungnahme zu geben.[40]

69 § 97 Abs. 4 GWB räumt Auftraggeber eine erhebliche Bandbreite an möglichen Eignungskriterien ein. Weil viele Auftraggeber aus gesellschaftspolitischen Gründen eine erhebliche Kreativität bei der Formulierung von Eignungskriterien an den Tag legten, definiert Satz 3 der Regelung nunmehr eine **klare Grenze**:

> „Andere oder **weitergehende Anforderungen** dürfen an Auftragnehmer nur gestellt werden, wenn dies **durch Bundes- oder Landesgesetz vorgesehen** ist."

70 Hintergrund dieser Regelung war die Auseinandersetzung über die von zahlreichen Auftraggebern von den Bietern geforderte **Tariftreuerklärung**, die sich über viele Jahre und durch die Instanzen hinzog. Solche Tariftreueerklärungen, wonach sich die Bieter verpflichten müssen, ihre Mitarbeiter nicht unterhalb der regional geltenden Tariflohnsätze zu beschäftigen, sind nach der Rechtsprechung des EuGH nämlich nur zulässig, wenn ein **für allgemeinverbindlich erklärter Tarifvertrag** vorliegt.[41] Die Allgemeinverbindlichkeitserklärung eines Tarifvertrags beruht wiederum auf einer bundesgesetzlichen Grundlage.[42]

auswirkungen bei der Aufstellung der Leistungsbeschreibung und bei der Ermittlung des wirtschaftlichsten Angebots berücksichtigt werden, wenn sie **„energieverbrauchsrelevante" Waren oder Geräte** zum (wesentlichen) Gegenstand haben.

**40** In einem von der VK Baden-Württemberg entschiedenen Fall (Beschl. v. 9.4.2013 – 1 VK 8/13) hatte die Vergabestelle ungeprüft die von einer Wirtschaftsauskunftei eingeholte Beurteilung („sehr schwache Bonität") übernommen und den Bieter wegen zweifelhafter finanzieller Leistungsfähigkeit ausgeschlossen. Dies hat die Vergabekammer trotz des der Vergabestelle grundsätzlich zustehenden Beurteilungsspielraums als unzureichend angesehen.

**41** Urt. v. 3.4.2008 – C 346/06.

**42** Vgl. § 5 Tarifvertragsgesetz.

**Praxistipp**

Öffentlichen Auftraggebern ist anzuraten, sich im Vorfeld einer beabsichtigten Auftragsvergabe gründlich Gedanken darüber zu machen, was der künftige Vertragspartner „können muss", um den **konkreten Auftrag** sachgerecht auszuführen. Werden die **Eignungskriterien zu lasch** gewählt, riskiert die Vergabestelle, dass auch wenig leistungsstarke Bieter als geeignet einzustufen sind. Erweist sich das Angebot eines solchen Bieters dann als das wirtschaftlichste, so muss hierauf der Zuschlag erteilt werden. Umgekehrt führt eine **zu hoch angelegte Eignungshürde** unter Umständen dazu, dass „eigentlich" hinreichend qualifizierte Bieter an dieser Hürde scheitern oder sich erst gar nicht am Vergabeverfahren beteiligen.
Es gilt daher der Grundsatz: Die Zeit, die sich der Auftraggeber für eine sorgfältige Definition der Eignungskriterien nimmt, ist in aller Regel gut investiert.[43]

## F. Der Wirtschaftlichkeitsgrundsatz

In § 97 Abs. 5 GWB gelangt der Wirtschaftlichkeitsgrundsatz deutlich zum Ausdruck: 71

> „Der Zuschlag wird auf das wirtschaftlichste Angebot erteilt."[44]

Aus dieser Regelung ergibt sich bereits, dass die **Zuschlagerteilung** nicht an eine **überlegene Eignung** eines bestimmten Bieters geknüpft werden kann; ein „Mehr an Eignung" darf **nicht berücksichtigt** werden. Ist ein Bieter auf Grundlage der bekannt gemachten Eignungskriterien als geeignet einzustufen, ist dieses Kriterium gewissermaßen „verbraucht".

Der Begriff der „Wirtschaftlichkeit" ist allerdings **nicht gleichzusetzen** mit dem 72 **„niedrigsten Preis"**, auch wenn dies in der Praxis insbesondere bei der Vergabe von Bauaufträgen häufig das allein entscheidende Zuschlagskriterium darstellt. Für die Wirtschaftlichkeit eines Angebots können aber auch andere Kriterien von Bedeutung sein. Es kommt im konkreten Fall stets darauf an, welche Zwecke der Auftraggeber mit der Auftragsvergabe verfolgt.

So ist es denkbar, dass manche Angebote eine **längerfristige Problemlösung** 73 für den Auftraggeber versprechen als andere oder dass bestimmte Produkte eine **längere Lebensdauer** aufweisen. §§ 4 Abs. 6b) und 6 Abs. 6 VgV verpflichten die Vergabestelle ohnehin, bei der Beschaffung energieverbrauchsrelevanter Waren, technischer Geräte oder Ausrüstungen **Energieverbrauch und Energieeffizienz** im Rahmen der Ermittlung des günstigsten Angebots „angemessen zu berücksichtigen".

43 Näher hierzu unten in Kap. 6 Rn 123 ff.
44 Konkrete Ausprägungen des Wirtschaftlichkeitsgrundsatzes finden sich in § 17 Abs. 6 Nr. 3 S. 2 VOB/A, § 29 Abs. 1 SektVO und § 34 Abs. 2 VSVgV.

74 Wie vorstehend unter B. II. bereits ausgeführt wurde, gebietet das **Transparenzgebot**, dass die maßgeblichen Zuschlagskriterien und deren Gewichtung den Bietern zuvor bekannt gegeben werden müssen.

**Fettnapf**
Auf die Einhaltung dieser in §§ 16 EG Abs. 7 VOB/A, 19 EG Abs. 8 VOL/A statuierten Vorgaben müssen die öffentliche Auftraggeber unbedingt achten! Nicht korrekt bekannt gegebene **Wertungskriterien** dürfen nämlich bei der Angebotswertung **nicht berücksichtigt** werden, auch wenn sie sorgfältig definiert wurden und den Bedürfnissen der Vergabestelle perfekt Rechnung tragen. In dieser Hinsicht „schlampige" Auftraggeber laufen also Gefahr, dass sie im schlimmsten Fall nur den Preis als Zuschlagskriterium nehmen dürfen, also mit dem **„billigen Jakob"** Vorlieb nehmen müssen.[45]

## G. Der Anspruch auf Rechtsschutz

75 § 97 Abs. 7 GWB statuiert zu Gunsten der Bieter für **Vergaben oberhalb der Schwellenwerte** Folgendes:

> „Die Unternehmen haben Anspruch darauf, dass der Auftraggeber die Bestimmungen über das Vergabeverfahren einhält."

76 Durch diese Regelung wird klargestellt, dass Bieter Anspruch auf **effektiven Rechtsschutz** genießen. Die vergaberechtlichen Vorschriften sollen nicht nur „abstrakt" gelten, sondern ihre Verletzung soll für die Vergabestelle auch unmittelbare Folgen haben können. Im Gegensatz zur früheren Rechtslage, als das Vergaberecht noch bloßes Haushaltsrecht war, können in ihren Rechten verletzte Bieter nun die **Einhaltung des Vergaberechts erzwingen.**

77 Durch § 97 Abs. 7 GWB werden den Bietern im Oberschwellenbereich **subjektive Rechte** eingeräumt, damit sie einen Verstoß gegen vergaberechtliche Vorschriften gerichtlich geltend machen können.[46] Die Vorschrift sagt aber noch nichts darüber aus, welche Regelungen des Vergaberechts solche subjektiven Rechte der Bieter begründen.

78 Angesichts der gesetzgeberischen Intention ist eine weite Auslegung subjektiver Bieterrechte vorzunehmen. Grundsätzlich zählen hierzu **alle Verfahrensregeln**, die

45 Die VK Bund (Beschl. v. 6.12.2013 – VK 1-103/13) hat die Anforderungen an die Vergabestellen nochmals verschärft: **Bekanntzugeben** ist das **Wertungssystem insgesamt**, also auch alle Unter- und Unter-Unter-Kriterien, Bewertungsmatrizen und Leitfäden, die in die Wertung einfließen sollen.

46 Näher zum Rechtsschutz unten Kap. 12 Rn 71 ff.

in vergaberechtlichen Vorschriften statuiert sind, wobei einzelne Ausnahmen bestehen.[47]

Darüber hinaus haben Bieter einen Anspruch darauf, dass **allgemeine rechtsstaatliche Verfahrensgrundsätze** wie z.B. Treu und Glauben und der Grundsatz des fairen Verfahrens eingehalten werden. Des Weiteren können sich Bieter auf **allgemeine vertragsrechtliche Regelungen** des BGB berufen, da das Vergabeverfahren schließlich in einen zivilrechtlichen Vertrag mündet.[48] 79

**47** Das gilt z.B. teilweise für die Regelung in § 16 EG Abs. 6 VOB/A, näher hierzu unten Kap. 12 Rn 98.

**48** Bedeutung haben diese „außer-vergaberechtlichen" Rechtsschutzmöglichkeiten in erster Linie unterhalb der Schwellenwerte, wo kein spezifischer Vergaberechtsschutz besteht.

# Kapitel 3
# Der Anwendungsbereich des Vergaberechts – für wen und für welche Fälle gilt das Vergaberecht?

Hinsichtlich des Anwendungsbereichs des Vergaberechts stellen sich zwei im Vorfeld zu klärende Fragen: 1

- **Wer** muss das Vergaberecht beachten, wer ist also als öffentlicher Auftraggeber anzusehen (= persönlicher Anwendungsbereich)?
- **In welchen Fällen** ist das Vergaberecht anzuwenden (= sachlicher Anwendungsbereich)?

Diese Fragen sind für das europarechtlich überformte Vergaberecht im GWB geregelt. Für öffentliche Auftraggeber existiert aber auch unterhalb der Schwellenwerte bindendes nationales Vergaberecht. Außerdem sind einige Sonderfälle zu beachten, bei denen die Anwendbarkeit des Vergaberechts problematisch ist. 2

## A. Der persönliche Anwendungsbereich: Öffentliche Auftraggeber

§ 98 GWB enthält einen **abschließenden Katalog**, wer als öffentlicher Auftraggeber anzusehen ist. Danach sind öffentliche Auftraggeber 3

- **Gebietskörperschaften** und deren Sondervermögen (§ 98 Nr. 1 GWB),
- **andere juristische Personen** des öffentlichen und des privaten Rechts, wenn diese im Allgemeininteresse gegründet wurden, aus Gebietskörperschaften und deren Verbänden bestehen bzw. von ihnen überwiegend finanziert werden oder diese die juristische Person beaufsichtigen oder in sonstiger Weise bestimmen (§ 98 Nr. 2 GWB),
- **Verbände**, deren Mitglieder unter § 98 Nr. 1 oder Nr. 2 GWB fallen (§ 98 Nr. 3 GWB),
- **natürliche oder juristische Personen** des Privatrechts, die auf dem Gebiet der Trinkwasser- oder Energieversorgung oder des Verkehrs **aufgrund besonderer staatlicher Lizenzen tätig** sind (§ 98 Nr. 4 GWB – „Sektorenauftraggeber"),
- Privatunternehmen, die Tiefbaumaßnahmen für bestimmte öffentliche Gebäude oder damit in Verbindung stehende Dienstleistungen und Auslobungsverfahren durchführen und von den unter § 98 Nr. 1 bis 3 GWB aufgeführten Stellen mehr als 50% der Finanzierungsmittel erhalten (§ 98 Nr. 5 GWB – **subventionierte private Auftraggeber**),
- natürliche oder juristische Personen des Privatrechts, die mit Stellen, die unter § 98 Nr. 1 bis 3 GWB fallen, einen Vertrag über eine Baukonzession abgeschlossen haben (§ 98 Nr. 6 GWB – **Baukonzessionäre**).

4 Aus dieser Aufzählung lässt sich bereits entnehmen, dass nicht nur die „klassischen“ öffentlichen Auftraggeber in den Anwendungsbereich des Vergaberechts einbezogen werden sollen, sondern dass auch privatrechtlich organisierte Personen und Unternehmen dem Vergaberecht unterworfen sein sollen, wenn diese **im Allgemeininteresse** liegende staatliche Funktionen wahrnehmen sollen und hierbei einem maßgeblichen **Einfluss staatlicher Stellen** unterliegen.

5 Das Vergaberecht definiert also nicht in einem rein formalen Sinne, wer als öffentlicher Auftraggeber anzusehen ist. Vielmehr geht es von einem **funktionalen Auftraggeberbegriff** aus.

## I. Gebietskörperschaften gemäß § 98 Nr. 1 GWB

6 Die **Gebietskörperschaften** und deren sogenannte Sondervermögen stellen den klassischen Fall des öffentlichen Auftraggebers dar. Erfasst werden neben dem Bund und den Ländern auch Städte, Gemeinden, Regierungsbezirke und Landkreise.[1]

7 **Sondervermögen** sind **rechtlich unselbständige** Teile des Vermögens der betreffenden Körperschaft, die durch Gesetz oder Satzung oder aufgrund eines Gesetzes entstanden sind und deren Zweck darin besteht, einzelne hoheitliche Aufgaben zu erfüllen. Hierunter fallen insbesondere die **kommunalen Eigenbetriebe**, die juristisch keine eigene Rechtspersönlichkeit aufweisen, sondern mit ihren Einnahmen und Ausgaben in den Haushaltsplänen der jeweiligen Körperschaften aufgeführt sind.[2]

8 Weitere Beispiele für öffentlich-rechtliche Sondervermögen sind das Bundeseisenbahnvermögen, der Investition- und Tilgungsfonds, der Restrukturierungsfonds für Kreditinstitute oder der Energie- und Klimafonds.

## II. Juristische Personen gemäß § 98 Nr. 2 GWB

9 In dieser Regelung kommt der funktionale Auftraggeberbegriff besonders deutlich zum Ausdruck. Die Regelung erfasst solche juristischen Personen des öffentlichen und des privaten Rechts, die nach ihrem **Gründungszweck im Allgemeininteresse** liegende Aufgaben nicht gewerblicher Art erfüllen. Werden diese juristischen Per-

---

1 Außerdem gehören hierzu landesspezifische Besonderheiten wie z.B. in Nordrhein-Westfalen die Landschaftsverbände als kommunale Zusammenschlüsse.

2 Häufige Anwendungsfälle sind etwa städtische Entsorgungs- oder Freizeitbetriebe, denen bestimmte kommunale Aufgaben wie die Abfallentsorgung oder der Betrieb eines Schwimmbads übertragen sind.

sonen zusätzlich **von staatlichen Stellen** gemäß § 98 Nr. 1 oder Nr. 3 GWB finanziell oder strukturell **„beherrscht“**, so sind sie den „klassischen“ öffentlichen Auftraggebern funktional gleichzustellen.

Hinter der Regelung des § 98 Nr. 2 GWB steht die Absicht, dass öffentliche Auftraggeber sich ihren Bindungen an das Vergaberecht nicht dadurch entziehen können sollen, dass sie ihre hoheitlichen Aufgaben und Tätigkeiten in anderer Rechtsform ausführen, also gewissermaßen „auslagern“. Es soll **keine Flucht ins Privatrecht** zum Zwecke der Umgehung des Vergaberechts geben. 10

Die einzelnen Kriterien des § 98 Nr. 2 GWB sind also 11
- Erfüllung im Allgemeininteresse liegender Aufgaben,
- Nichtgewerblichkeit sowie
- beherrschender Einfluss staatlicher Stellen.

Diese Kriterien sollen nachfolgend kurz dargestellt werden:

### 1. Erfüllung im Allgemeininteresse liegender öffentlicher Aufgaben

Nach der **Definition des EuGH** handelt es sich um solche Aufgaben, die auf andere Art als durch das Angebot von Waren oder Dienstleistungen auf dem Markt erfüllt werden und die der Staat aus Gründen des Allgemeininteresses selbst erbringen oder bei denen er sich einen entscheidenden Einfluss vorbehalten möchte.[3] 12

Der Gemeinbezug ist hierbei nicht auf die betreffende juristische Person gerichtet, sondern auf die zu erfüllende Aufgabe. Es werden auch solche juristischen Personen von der Regelung des § 98 Nr. 2 GWB erfasst, die ihre **Gemeinwohlaufgabe** erst **nach ihrer Gründung** übertragen bekommen und diese auch tatsächlich wahrnehmen.[4] 13

Bei juristischen Personen des öffentlichen Rechts gilt die **Regelvermutung**, dass ihr Handeln einem Allgemeininteresse dient. Bei juristischen Personen des Privatrechts ist eine **Einzelfallbetrachtung** vorzunehmen; klare Abgrenzungskriterien haben Rechtsprechung und Literatur hierzu bislang nicht entwickelt. 14

Als **Richtschnur** kann das Kriterium der **Daseinsvorsorge** dienen: Nehmen juristische Personen „klassische“ Aufgaben der Daseinsvorsorge wahr, so unterfallen sie – auch wenn die Aufgabe in privatrechtlicher Form ausgeübt wird – regelmäßig dem Anwendungsbereich des Vergaberechts. 15

Auch **kommunale Wirtschaftsunternehmen** sind in aller Regel als öffentliche Auftraggeber anzusehen, da ihre Gründung und Tätigkeit stets durch einen **öffentlichen Zweck** gerechtfertigt sein muss. Alle Gemeindeordnungen enthalten entsprechende Vorgaben. Es ist öffentlichen Auftraggebern daher verwehrt, sich durch 16

3 EuGH, Urt. v. 16.10.2003 – C-283/00.
4 EuGH, Urt. v. 12.12.2002 – C-470/99, Rn 56 und 63.

eine Verlagerung einer Aufgabe in eine privatrechtlich strukturierte Rechtspersönlichkeit dem Vergaberechtsregime zu entziehen.

### 2. Nichtgewerblichkeit

17 Die Vorgabe, dass die betreffenden Aufgaben nichtgewerblicher Art sein müssen, konkretisiert das Kriterium des Allgemeininteresses an der Aufgabenerfüllung. Entscheidend ist hierfür, ob die Aufgaben außerhalb marktmäßiger Mechanismen, also **ohne Gewinnorientierung**, ohne Orientierung an wettbewerblichen Kriterien und ohne Nachfragebezogenheit erbracht werden.

18 Je stärker das Unternehmen an **Effizienz und Wirtschaftlichkeitskriterien** ausgerichtet ist, desto mehr spricht für das Vorliegen einer **gewerblichen, vergaberechtsfreien Aufgabenerfüllung.**[5] In Zeiten, in welchen staatliche Tätigkeit immer stärker an ökonomischen Gesichtspunkten orientiert ist, erscheint dieses Kriterium allerdings nicht mehr sonderlich trennscharf.

19 Ob eine gewerbliche oder eine nichtgewerbliche Aufgabenerfüllung vorliegt, ist eine **Einzelfallfrage.** Bei deren Prüfung sind alle rechtlichen und tatsächlichen Umstände und Gegebenheiten zu prüfen. Das Vorliegen eines **Monopols** oder einer dem betreffenden Unternehmen erteilten **ausschließlichen Lizenz** haben zur Folge, dass die Aufgabenerfüllung nicht im Wettbewerb und somit nichtgewerblich stattfindet. Die betreffenden Unternehmen bzw. Konzerne sind daher als öffentliche Auftraggeber anzusehen.

20 Werden derartige **Monopole oder Lizenzen eingeschränkt** oder gar ganz aufgehoben, kann sich die Einordnung des Unternehmens als öffentlicher Auftraggeber ändern. Das Entfallen von Sonderrechten auf dem Telekommunikationssektor hat sogar dazu geführt, dass dieser Sektor aus dem Anwendungsbereich des § 98 Nr. 4 GWB herausgenommen wurde – wo (nunmehr) hinreichend Wettbewerb herrscht, sind keine vergaberechtlichen Reglementierungen mehr nötig.[6]

### 3. Beherrschender Einfluss staatlicher Stellen

21 Nach § 98 Nr. 2 GWB liegt ein solcher Einfluss vor, wenn staatliche Stellen den Auftraggeber

- überwiegend finanzieren oder
- über ihre Leitung die Aufsicht ausüben oder
- mehr als die Hälfte der Mitglieder eines ihrer zur Geschäftsführung oder zur Aufsicht berufenen Organe bestimmt haben.

---

5 EuGH, Urt. v. 10.11.1998 – C-360/96.

6 Daher ist die Deutsche Post AG seitdem kein öffentlicher Auftraggeber mehr. Anderes gilt hingegen für die DB Netz AG – im Hinblick auf die Bahninfrastruktur besteht kein Wettbewerb.

Die Aufsichtsfunktion muss es der öffentlichen Hand ermöglichen, die **Entscheidung** der kontrollierten juristischen Person **über die Auftragsvergabe zu beeinflussen**. Eine bloße Rechtsaufsicht genügt hierfür ebenso wenig wie eine lediglich nachprüfende Kontrolle.[7] 22

Auch bei diesem Kriterium ist eine **Gesamtbetrachtung** vorzunehmen: Je stärker der Einfluss der staatlichen Stellen auf die laufende Verwaltung bzw. die Betriebstätigkeit ist, desto eher ist von einem beherrschenden Einfluss auszugehen.[8] Allein der Umstand, dass eine staatliche Stelle 51% der Anteile eines gemischtwirtschaftlichen Unternehmens hält, genügt jedoch nicht zwingend, z.B. dann nicht, wenn für Gesellschafterbeschlüsse eine Drei-Viertel-Mehrheit erforderlich ist.[9] 23

Für **berufsständische Kammern** ist nach der Rechtsprechung des EuGH nunmehr davon auszugehen, dass diese **keine öffentlichen Auftraggeber** sind: Die Finanzierung der Kammern erfolgt nämlich durch die autonome Festsetzung und Erhebung von Beiträgen, was einer staatlichen Finanzierung nicht gleichstehen soll.[10] 24

#### 4. Beispiele

Als öffentliche Auftraggeber im Sinne des § 98 Nr. 2 GWB einzuordnen sind danach 25

- **Körperschaften** (Universitäten, gesetzliche Krankenkassen, bei Wirtschaftsvereinigungen wie Handwerks- und Landwirtschaftskammern nach der aktuellen Rechtsprechung des EuGH nunmehr zweifelhaft),
- **Anstalten und Stiftungen** des öffentlichen Rechts,
- Juristische Personen des Privatrechts, welche die vorgenannten Kriterien erfüllen, insbesondere auf den Gebieten der **Daseinsvorsorge**:
  - Gesundheitswesen (Krankenhäuser, Tierkörperbeseitigungsanstalten)
  - Bildung (Volkshochschulen etc.)
  - Soziales (Kindergärten, Jugendheime, Frauenhäuser etc.)

Die **Rechtsprechung** hat z.B. in den folgenden Fällen die Eigenschaft als öffentlicher Auftraggeber bejaht: 26

- Stiftung Preußischer Kulturbesitz
- Universitätskliniken[11]

---

7 EuGH, Urt. v. 1.2.2001 – C-237/99; EuGH, Urt. v. 27.2.2003 – C-373/00.
8 Vgl. hierzu auch OLG Düsseldorf, Beschl. v. 30.4.2003 – Verg 67/02, Rn 29 ff.
9 EuGH, Urt. v. 13.4.2010 – C-91/08.
10 EuGH, Urt. v. 12.9.2013 – C-526/11.
11 VK Düsseldorf, Beschl. v. 30.10.2006 – VK-44/2006-B.

- Bundeswehr-Bekleidungsgesellschaft
- Flughafenbetreiber[12]
- Parkhaus GmbH
- Betreiber öffentlicher Schwimmbäder[13]
- Wirtschaftsförderungsgesellschaft[14]
- Private Strafvollzugsanstalten[15]
- Wohnungsunternehmen und -verwaltungen in öffentlicher Trägerschaft.[16]

27 Nicht als öffentliche Auftraggeber anzusehen sind hingegen z. B.
- Kirchliche Körperschaften[17]
- Lottogesellschaften
- Öffentlich-rechtliche Sparkassen[18]
- Berufsständische Kammern, wenn diese die Beiträge ihrer Mitglieder eigenverantwortlich festsetzen dürfen.

Die rechtliche Einordnung von **Messegesellschaften** ist **einzelfallabhängig**. Soweit bei ihnen die Erwirtschaftung eines Überschusses – also eine Gewinnorientierung – im Mittelpunkt steht, sind sie gewerblich tätig und somit nicht als öffentliche Auftraggeber einzustufen.[19] Liegt der Schwerpunkt hingegen auf der regionalen Wirtschaftsförderung, ist die betreffende Messegesellschaft als öffentlicher Auftraggeber anzusehen.[20]

### III. Verbände gemäß § 98 Nr. 3 GWB

28 Unter diese Vorschrift fallen insbesondere **kommunale Zweckverbände** wie Abwasser-, Abfall- und Wasserversorgungsverbände, die ihre Hoheitsgewalt von der ihrer Mitglieder ableiten. Die Rechtsform des Verbands ist nicht von Bedeutung. Es spielt also keine Rolle, ob der Verband öffentlich-rechtlich oder privatrechtlich verfasst ist.

---

12 VK Baden-Württemberg, Beschl. v. 21.6.2005 – 1 VK 33/05.
13 VK Sachsen, Beschl. v. 9.11.2006 – 1/SVK/095-06.
14 EuGH, Urt. v. 22.5.2003 – C-18/01.
15 EuGH, Urt. v. 16.10.2003 – C-283/00.
16 Im Einzelnen streitig, vgl. OLG Karlsruhe, Urt. v. 17.4.2008 – 8 U 228/06.
17 OLG Celle, Beschl. v. 25.8.2011 – 13 Verg 5/11; VK Hessen, Beschl. v. 26.4.2006 – 69d VK-15/2006; VK Nordbayern, Beschl. v. 29.10.2001 – 320.VK-3194-35/01.
18 OLG Rostock, Beschl. v. 15.6.2005 – 17 Verg 3/05.
19 EuGH, Urt. v. 10.5.2001 – C-260/99; VK Düsseldorf, Beschl. v 21.3.2013 – VK-33/2012-L.
20 KG, Beschl. v. 27.7.2006 – 2 Verg 5/06; OLG Hamburg, Beschl. v. 25.1.2007 – 1 Verg 5/06.

## IV. Sektorenauftraggeber gemäß § 98 Nr. 4 GWB

Von dieser Regelung erfasst werden natürliche und juristische Personen des Privatrechts, wenn sie Tätigkeiten auf dem Gebiet der **Trinkwasser- oder Energieversorgung** oder des **Verkehrs** aufgrund besonderer staatlicher Lizenzen ausüben oder von Auftraggebern nach § 98 Nr. 1 bis 3 GWB beherrscht werden. Das Kriterium des **„Beherrschens"** ist hier genauso zu verstehen wie bei § 98 Nr. 2 GWB (s.o. Rn 21ff.). Der früher miterfasste Telekommunikationssektor wurde durch das Vergaberechtsmodernisierungsgesetz 2009 aus dem Anwendungsbereich des Vergaberechts herausgenommen. 29

Vom Staat verliehene besondere oder ausschließliche Rechte sind beispielsweise privilegierende Regelungen betreffend Enteignungen zugunsten des Auftraggebers, wie sie in § 22 AEG und in § 45 EnWG enthalten sind. Die daraus resultierende **marktbeherrschende Sonderstellung** rechtfertigt eine Einordnung als öffentlicher Auftraggeber. 30

Es ist möglich, dass Auftraggeber sowohl unter § 98 Nr. 2 GWB als auch unter § 98 Nr. 4 GWB fallen. Das gilt etwa für die DB Netz AG. Das **Rangverhältnis** zwischen den beiden vorgenannten Regelungen spielt aber nach dem Erlass der Sektorenverordnung **keine Rolle** mehr, da diese im Sektorenbereich für alle Arten von Auftraggebern gleichermaßen ausschließlich gilt.[21] 31

## V. Subventionierte Auftraggeber gemäß § 98 Nr. 5

Natürliche oder juristische Personen des Privatrechts und des öffentlichen Rechts sind – soweit sie nicht bereits von § 98 Nr. 2 GWB erfasst werden – als öffentliche Auftraggeber anzusehen, wenn sie bestimmte Maßnahmen durchführen, die zu **mehr als 50%** von Auftraggebern nach § 98 Nr. 1 bis 3 GWB **finanziert** werden. 32

Die hierunter fallenden Maßnahmen sind **abschließend** in § 98 Nr. 5 GWB aufgezählt. Umfasst sind 33

- Tiefbaumaßnahmen,
- Errichtung von Krankenhäusern,
- Errichtung von Sport-, Erholungs- und Freizeiteinrichtungen,
- Errichtung von Schul-, Hochschul- und Verwaltungsgebäuden,[22]
- Dienstleistungen und Auslobungsverfahren, die mit den vorgenannten Maßnahmen in Verbindung stehen.

---

21 Näheres zu den einzelnen Tätigkeiten im Sektorenbereich und den insoweit anwendbaren Vorschriften in Kapitel 4.

22 Hierzu gehören auch Studentenwohnheime, OLG München, Beschl. v. 10.11.2010 – Verg 19/10.

34 Die Regelung zielt darauf ab zu verhindern, dass öffentliche Auftraggeber sich ihren vergaberechtlichen Verpflichtungen durch **Zwischenschaltung** von durch sie subventionierten Rechtspersönlichkeiten entziehen. Für die aufgeführten Maßnahmen wird somit eine **Umgehung des Vergaberechts** ausgeschlossen.

35 Der Erhalt von Finanzierungsmitteln, der zur Anwendbarkeit des § 98 Nr. 5 GWB führt, ist **weit zu verstehen**. Maßgeblich ist, dass der betreffende Zuwendungsempfänger durch eine einmalige oder wiederkehrende Geldzuwendung **ohne marktgerechte Gegenleistung** unmittelbar subventioniert wird.[23]

---

**Fettnapf**

Auftraggeber nach § 98 Nr. 5 GWB sind im Übrigen aus einem weiteren Grund gehalten, **ganz besonders sorgfältig** auf die Einhaltung der vergaberechtlichen Regeln zu achten: Erfolgt die Auftragsvergabe nämlich rechtswidrig, kann dies unter Umständen zu einer **Rückforderung der Subvention** oder Beihilfe gemäß §§ 48, 49 VwVfG führen!

---

36 Bei Förderbaumaßnahmen enthalten die zugrunde liegenden Bewilligungsbescheide in aller Regel die **Vorgabe**, dass die Vorschriften der **VOB/A** oder der **VOL/A einzuhalten** sind. Für die Nichteinhaltung des Vergaberechts ist zumeist als **Sanktion** vorgesehen, dass der Bescheid bei schweren Vergabeverstößen (teilweise) zu widerrufen ist und die **Fördermittel (anteilig) zurückzufordern** sind.

37 Wann ein derartiger schwerer Verstoß gegen das Vergaberecht vorliegt, ist noch nicht abschließend geklärt. Sicher ist aber, dass der Grad der subjektiven Vorwerfbarkeit nicht relevant ist. Selbst bei scheinbar „harmlosen" Vergabeverstößen droht der nachträgliche Verlust der Fördermittel.[24]

### VI. Baukonzessionäre gemäß § 98 Nr. 6 GWB

38 Öffentliche Auftraggeber sind schließlich auch natürliche oder juristische Personen des Privatrechts, mit denen Auftraggeber nach § 98 Nr. 1 bis 3 GWB einen **Vertrag über eine Baukonzession** geschlossen haben. Wie bei § 98 Nr. 5 GWB handelt es sich um eine Vorschrift, die den Anwendungsbereich des Vergaberechts auf ein „eigentlich" dem Privatrecht unterfallendes Rechtssubjekt ausdehnt.

39 Der Begriff der Baukonzession ist **in § 99 Abs. 6 GWB legal definiert**. Er bezeichnet Verträge zwischen den in § 98 Nr. 6 GWB genannten Vertragspartnern über

23 BayObLG, Beschl. v. 29.10.2004 – Verg 22/04.

24 Nach der Auffassung des OVG Münster, Urt. v. 20.4.2012 – 4 A 1055/09, rechtfertigt in solchen Fällen jeder Verstoß gegen vergaberechtliche Vorschriften die Rücknahme des Bescheids und die Rückforderung der Zuwendung. Ein derartiger Automatismus ist aber zweifelhaft, vgl. BVerwG, Beschl. v. 13.2.2013 – 3 B 58/12; OVG Koblenz, Urt. v. 25.9.2012 – 6 A 10478/12.

die Erbringung von Bauleistungen, bei denen die **Gegenleistung** für die Bauarbeiten nicht in einer Vergütung, sondern in der **Einräumung eines befristeten Rechts zur Nutzung** der Anlage besteht, gegebenenfalls zuzüglich der Zahlung eines Preises.

Bei einer Baukonzession wird also die finanzielle Vergütung (überwiegend) 40
durch die Einräumung eines in der Regel zeitlich befristeten Nutzungsrechts ersetzt. Erforderlich für das Vorliegen einer Baukonzession ist aber stets, dass das **wirtschaftliche Risiko** auf den **Auftragnehmer** verlagert wird.

---

**Beispiel**
Baukonzessionen sind insbesondere dann für öffentliche Auftraggeber attraktiv, wenn einerseits eine relativ kostenintensive öffentliche Aufgabe erledigt werden muss, andererseits aber hierfür **nicht ausreichend Mittel zur Verfügung** stehen. **Typische Anwendungsfälle** sind die Errichtung oder Sanierung von (kommunalen) Schwimmbädern oder die Durchführung von **Verkehrs- und Infrastrukturprojekten** wie z. B. Parkhäusern. Vom Anwendungsbereich des § 99 Abs. 6 GWB umfasst sind aber auch in Zusammenarbeit von öffentlichen und privaten Trägern („öffentlich-private Partnerschaften", so genannte **„ÖPP-Projekte"**) zu realisierende Großprojekte wie die Errichtung von Tunnel- und Brückenbauten oder Straßenabschnitten.
Die „Schattenseite" derartiger Baukonzessionen besteht für öffentliche Auftraggeber darin, dass mit der Übertragung des wirtschaftlichen Risikos auf den Auftragnehmer notwendig ein **Verlust von direkten Einflussnahme- und Steuerungsmöglichkeiten** einhergeht. Hiergegen können sich Auftraggeber dadurch (teilweise) absichern, dass mit der Vergabe der Baukonzession zugleich vertragliche Vorgaben über die Details des Betriebs der zu errichtenden baulichen Anlage gemacht werden. Dies geschieht in der Praxis durch den Abschluss häufig sehr umfangreicher **Betreiberverträge**.

---

Die Vergabe der Baukonzession unterfällt schon nach den allgemeinen Grundsätzen 41
dem Vergaberecht. § 98 Nr. 6 GWB stuft den **Baukonzessionär** hinsichtlich der **Weitervergabe der Bauleistungen** an Dritte seinerseits als **öffentlichen Auftraggeber** ein.

**Abzugrenzen** ist der Baukonzessionär vom **Generalunternehmer**, der im 42
Rahmen eines Vergabeverfahrens einen öffentlichen Bauauftrag erhalten hat.[25] Mit der Auftragsvergabe an den Generalunternehmer ist die vergaberechtliche Seite des Verfahrens abgeschlossen. Dieser wird selbst dann nicht öffentlicher Auftraggeber, wenn er selbst eine europaweite Ausschreibung zur Vergabe der anstehenden Bauleistungen durchführt.[26]

---

25 Dazu, dass dies wegen des in § 97 Nr. 3 GWB statuierten Grundsatzes der Fach- und Teillosvergabe nach der Intention des Gesetzgebers den Ausnahmefall darstellen soll, siehe oben Kap. 2 Rn 57, 61.

26 OLG Celle, Beschl. v. 5.9.2002 – 13 Verg 9/02.

**Praxistipp**
Vergaberechtliche Sonderregelungen für Konzessionäre bestehen nach derzeitiger nationaler Rechtslage nur für den Baubereich. **Dienstleistungskonzessionäre** – also natürliche oder juristische Personen, mit denen ein öffentlicher Auftraggeber einen Vertrag über eine Dienstleistungskonzession abgeschlossen hat – werden von § 98 Nr. 6 GWB ausdrücklich **nicht erfasst.**
Diese sachlich nur schwer nachvollziehbare Differenzierung steht vor dem Aus. Nach der am 26.2.2014 in Kraft getretenen EU-Konzessionsrichtlinie, die binnen zwei Jahren in nationales Recht umgesetzt werden muss, ist eine Harmonisierung von Bau- und Dienstleistungskonzessionen vorzunehmen. Auch wenn die Einzelheiten noch unklar sind, so werden **spätestens ab 2016** auch Dienstleistungskonzessionen vergabepflichtig und Dienstleistungskonzessionäre zu **öffentlichen Auftraggebern** werden.

## B. Der sachliche Anwendungsbereich

43 Der sachliche Anwendungsbereich des Vergaberechts wird in den §§ 99, 100 GWB umschrieben: Danach muss es sich um
- öffentliche Aufträge
- oberhalb der Schwellenwerte handeln und es dürfen
- keine so genannten Bereichsausnahmen gemäß § 100 Abs. 2 GWB vorliegen.

### I. Öffentliche Aufträge

44 Der Begriff der öffentlichen Aufträge ist in § 99 Abs. 1 GWB definiert als

> „... **entgeltliche Verträge** zwischen öffentlichen Auftraggebern und Unternehmen, die **Liefer-, Bau- oder Dienstleistungen** zum Gegenstand haben, **Baukonzessionen** und Auslobungsverfahren, die zu Dienstleistungsaufträgen führen sollen.“

#### 1. Die einzelnen Auftragsarten

45 Was Liefer-, Bau- und Dienstleistungsaufträge sind, wird dann wiederum in den folgenden Absätzen 2 bis 4 des § 99 GWB näher beschrieben.
- **Lieferaufträge** sind Verträge zur Beschaffung von Waren, die insbesondere
  - Kauf oder Ratenkauf oder Leasing sowie
  - Miet- oder Pachtverträge mit oder ohne Kaufoption

  betreffen. Anderweitige **Nebenleistungen** können Bestandteil dieser Verträge sein; dies steht einer Einordnung als Lieferleistung nicht im Wege.
- **Bauaufträge** sind Verträge über die Ausführung oder die gleichzeitige Planung und Ausführung
  - eines **Bauvorhabens** oder eines **Bauwerks** für einen öffentlichen Auftraggeber, das

  - Ergebnis von Tief- oder Hochbauarbeiten ist und
  - eine wirtschaftliche oder technische Funktion erfüllen soll oder
 - einer dem Auftraggeber **unmittelbar zugutekommenden Bauleistung,** die Dritte gemäß den vom Auftraggeber genannten Erfordernissen erbringen sollen.
- Als **Dienstleistungsaufträge** gelten alle Verträge über die Erbringung von Leistungen, die weder Liefer- noch Bauaufträge darstellen.

Zum Begriff der **Baukonzession** siehe oben Rn 39. Durch die Umsetzung der Verteidigungs- und Sicherheitsrichtlinie der EU in den Absätzen 7 bis 9 des § 99 GWB sind nunmehr auch **diverse verteidigungs- und sicherheitsrelevante Aufträge** als öffentliche Aufträge anzusehen. 46

Das Vergaberecht stellt Regelungen für **Beschaffungsvorgänge** der öffentlichen Hand auf. Das hat zur Folge, dass der Begriff des öffentlichen Auftrags ebenso wie der Begriff des öffentlichen Auftraggebers **in einem funktionalen Sinne** zu verstehen ist. 47

### 2. Das Kriterium der Entgeltlichkeit

**Entgeltliche Verträge** im Sinne des § 99 Abs. 1 GWB sind solche Verträge, bei denen der Auftraggeber als Nachfrager von Gütern am Markt auftritt, an ihn im Wege des Beschaffungsvorgangs Leistungen erbracht werden und der öffentliche Auftraggeber hierfür eine Gegenleistung erbringt. 48

Die in dem Entgeltbegriff angelegte Gegenleistung setzt nicht zwangsläufig eine Geldzahlung voraus. Vielmehr ist der Entgeltbegriff weit zu fassen und deckt **jegliche Art der Vergütung** ab, die für den Auftragnehmer einen **geldwerten Vorteil** darstellt.[27] Demnach unterfällt grundsätzlich jede Art von zweiseitigen verpflichtenden Verträgen dem Vergaberecht.[28] 49

**Entscheidende Kriterien sind somit** 50
- ein **gegenseitig** verpflichtender Vertrag,
- mit **Beschaffungsbezug** auf Seiten des Auftraggebers und
- eine dem Auftragnehmer zufließende **Vergütung.**

---

**Beispiel**
Eine Gemeinde möchte ihre Kita neu streichen lassen. Ein in der Gemeinde wohnhafter Malermeister erfährt dies zufällig und bietet der Gemeinde aus Dankbarkeit für ihre vorbildliche Kinderbetreuung an, die **Kita kostenlos zu streichen.** – Dies ist ohne weiteres zulässig, da **kein entgeltliches**

---

**27** EuGH, Urt. v. 12.7.2001 – C-399/98; OLG Celle, Beschl. v. 8.9.2014 – 13 Verg 7/14; OLG Naumburg, Beschl. v. 3.11.2005 – 1 Verg 9/05.
**28** BayObLG, Beschl. v. 27.2.2003 – Verg 1/03.

**Geschäft** zustande kommt, wenn die Gemeinde das Angebot des Malermeisters annimmt. Es handelt sich somit nicht um einen öffentlichen Auftrag.
Bietet der Malermeister der Gemeinde hingegen an, dass er zwar gerne die Arbeiten umsonst verrichten möchte, die **Materialkosten** allerdings in Rechnung stellen müsse, liegt der Fall anders: Die Annahme des Angebots des Malermeisters wäre ein öffentlicher Auftrag, weil für seine **Gesamtleistung** eine **Zahlung** erfolgen soll. Dass sein Angebot wegen des Verzichts auf die Berechnung von Arbeitslohn „konkurrenzlos günstig" ist, ändert daran nichts.

51 Für die Entgeltlichkeit eines **Bauauftrags** kommt es nicht darauf an, ob das Geld vom Auftraggeber stammt oder nicht. Als „Entgelt" sind auch Einnahmen durch **Veräußerungserlöse** anzusehen, welche der Auftraggeber durch den Verkauf der errichteten Bauwerke an Dritte erzielt.[29]

52 Bei der Vergabe von **Rettungsdienstleistungen** kommt es nach der Rechtsprechung des EuGH auf die konkreten Umstände des **Einzelfalls** an: Soll der Auftragnehmer seine Vergütung unmittelbar vom öffentlichen Auftraggeber erhalten, liegt ein **entgeltlicher Vertrag** vor.[30] Anders zu beurteilen ist hingegen ein Modell, bei dem die Vergütung des Auftragnehmers durch einen Dritten (z.B. durch die Krankenkassen) erfolgt, bei welchem der Auftragnehmer sich „refinanziert". Hierbei handelt es sich um eine **Dienstleistungskonzession**.[31]

53 Der Abschluss von **Arznei- und Heilmittelverträgen** durch gesetzliche Krankenkassen ist nach dem Arzneimittelmarktneuordnungsgesetz nunmehr grundsätzlich als **öffentlicher Auftrag** anzusehen und unterfällt daher dem Vergaberecht.[32] Zuvor war in der Rechtsprechung die rechtliche Einordnung sogenannter **Rabattverträge** mit den Arzneimittel-Herstellern über eine exklusive Belieferung mit bestimmten Arzneimitteln hinsichtlich der Rechtschutzmöglichkeiten stark umstritten. Mittlerweile ist geklärt, dass Mitbewerbern der **spezifisch vergaberechtliche Rechtschutz** zur Verfügung steht.

54 Bloße **Veräußerungsvorgänge** stellen keine öffentlichen Aufträge gemäß § 99 Abs. 1 GWB dar. Veräußern öffentliche Stellen also Bestandteile des Verwaltungsvermögens oder Geschäftsanteile, welche sie an einer juristischen Person des Privatrechts halten, ist das **Vergaberecht unanwendbar**. Derartige Rechtsgeschäfte weisen aus der Perspektive des Auftraggebers **keinen beschaffungswirtschaftlichen Bezug** auf.

55 Anders liegt der Fall jedoch dann, wenn ein gemischt-wirtschaftliches Unternehmen eigens zu dem **Zweck** gegründet wird, **Leistungen für den öffentlichen Auftraggeber zu erbringen**, und Gesellschaftsanteile dieses Unternehmens dann

29 EuGH, Urt. v. 18.1.2007 – C-220/05.
30 EuGH, Urt. v. 29.4.2010 – C-160/08.
31 EuGH, Urt. v. 10.3.2011 – C-274/09.
32 VK Bund, Beschl. v. 14.6.2011 – VK 3 – 62/11; bestätigt durch OLG Düsseldorf, Beschl. v. 11.1.2012 – VII-Verg 58/11.

veräußert werden sollen.[33] Der Erwerb dieser Gesellschaftsanteile bietet dem Vertragspartner den Einstieg in eine Leistungserbringung für den öffentlichen Auftraggeber und ist somit im Ergebnis **gleichbedeutend** mit der Erlangung eines **öffentlichen Auftrags**.

**Vergaberechtsfrei möglich** ist die Gründung eines gemischten – also öffentlich-privaten – Unternehmens grundsätzlich auch dann, wenn **untergeordnete Aufträge einbezogen** werden, die mit der Unternehmensgründung **untrennbar verbunden** sind. Ist die Auftragserteilung hingegen vom Gründungsakt trennbar, handelt es sich bei einem solchen Kopplungsgeschäft in seiner Gesamtheit um einen öffentlichen Auftrag.[34] 56

---

**Beispiel**
Eine Kommune gründet gemeinsam mit einem privaten Unternehmen ein öffentlich-privates **Gemeinschaftsunternehmen** zur Erbringung von Gesundheitsleistungen. Zugleich verpflichtet sich die Kommune, während der kommenden vier Jahre Leistungen von dem neu gegründeten Gemeinschaftsunternehmen zu beziehen.
Auch in diesem Fall wird ein „eigentlich" vergaberechtlich nicht relevanter Vorgang – nämlich die Gründung des Gemeinschaftsunternehmens – **mit der Erteilung eines Auftrags** an dieses neu gegründete Unternehmen **kombiniert**. Diese Auftragserteilung ist von der Unternehmensgründung ohne weiteres trennbar, so dass insgesamt ein öffentlicher Auftrag vorliegt.

---

In derartigen Fällen hat der öffentliche Auftraggeber **zwei Optionen**: Zum einen kann er an seinem ursprünglichen **„Kombinations-Konzept"** festhalten, muss dann aber die Suche nach seinem Vertragspartner insgesamt dem Vergaberecht unterstellen. Zum anderen kann der Auftraggeber die **Gründung des Gemeinschaftsunternehmens isoliert** vergabefrei durchführen, muss dann aber den Auftrag, dessen Erlangung (nicht notwendig alleiniger) Zweck der Unternehmensgründung war, **als öffentlichen Auftrag vergeben** – mit ungewissem Ausgang des Vergabeverfahrens. 57

### 3. Sonderfall: Grundstückskaufverträge mit Bauverpflichtung

Gemeinden realisieren **Infrastrukturprojekte** häufig dadurch, dass sie einen Investor bzw. **Kooperationspartner** suchen, der kommunale Grundstücke erwirbt und anschließend einer von der Gemeinde **gewünschten Bebauung und Nutzung zuführt**. In einer Aufsehen erregenden Entscheidung, die zu großer Verunsicherung bei den Kommunen führte, untersagte das OLG Düsseldorf einer Gemeinde den geplanten freien Verkauf eines Gemeindegrundstücks, der zugleich eine für die Ge- 58

---

33 VK Thüringen, Beschl. v. 23.2.2007 – 360-4003.20-62/2007-001-G.
34 EuGH, Urt. v. 22.12.2010 – C-215/09.

meinde einklagbare Verpflichtung des Käufers vorsah, das Grundstück in einer bestimmten Art und Weise zu bebauen.[35]

59 Das OLG Düsseldorf stufte diesen Vertrag als **öffentlichen Bauauftrag** gemäß § 99 Abs. 3 GWB a.F. ein. Der beschaffungsrechtliche Bezug des Vertrags besteht darin, dass dieser gewährleisten sollte, dass ein Dritter nach den **von der Gemeinde aufgestellten städtebaulichen Erfordernissen** für deren Zwecke ein „maßgeschneidertes" Bauwerk errichtet.

60 Diese Rechtsprechung veranlasste den Gesetzgeber, **§ 99 Abs. 3 GWB** neu zu fassen. Um die als unerwünscht angesehene Rechtsfolge der Ausschreibungspflicht derartiger Verträge zu umgehen, wurde die Vorschrift dahingehend **ergänzt**, dass ein öffentlicher Bauauftrag nur noch dann vorliegen soll, wenn das Bauvorhaben oder Bauwerk **„für den öffentlichen Auftraggeber"** geplant oder errichtet werden oder wenn eine durch Dritte erbrachte Bauleistung dem Auftraggeber **„unmittelbar wirtschaftlich zugutekommen"** soll. Kaufverträge mit Bauverpflichtung sind daher nun weitgehend dem Anwendungsbereich des Vergaberechts entzogen.[36]

### 4. Die Verlängerung und die Modifizierung bestehender Verträge

61 Bei der weiteren Abwicklung eines aus einem förmlichen Vergabeverfahren hervorgegangenen **Bestandsvertrags** ist für das Vergaberecht grundsätzlich kein Raum mehr. Anders verhält es sich aber dann, wenn der Bestandsvertrag keine Wirkung mehr entfaltet bzw. **umgestaltet** werden soll.

62 So unterfallen die **Verlängerung** eines auf eine bestimmte Zeit geschlossenen Vertrags sowie die **wesentliche Modifizierung** eines vorhandenen Vertrags wiederum dem Vergaberecht. Es handelt sich bei diesen Maßnahmen nämlich jeweils um einen **neuen vergaberelevanten Akt.**[37]

---

**Beispiel**

Der Auftraggeber hatte nach Durchführung eines europaweiten Vergabeverfahrens mit dem Auftragnehmer einen **Rabattvertrag** über die Lieferung von Impfstoffen geschlossen. Der Auftragnehmer gerät in **Lieferschwierigkeiten**, so dass die Parteien eine **Ergänzungsvereinbarung** über die Lieferung von Ersatzimpfstoffen treffen. Die Ergänzungsvereinbarung enthält u.a. auch eine (neue) Preisregelung.[38]

Dieses Vorgehen ist vergaberechtswidrig. Es handelt sich um eine **unzulässige „De facto-Vergabe"**. Die Ergänzungsvereinbarung weist nämlich **wesentlich andere Merkmale** auf als der Ursprungsvertrag – der Vertragsgegenstand wurde letztlich ausgewechselt – und ist somit als Neuvergabe anzu-

---

35 Die Gemeinde hatte im Verkaufsexposé über ihre Veräußerungsabsicht gegen „Höchstgebot mit Bauverpflichtung" informiert.

36 EuGH, Urt. v. 25.3.2010 – C-451/08; OLG München, Beschl. v. 27.9.2011 – Verg 15/11.

37 VK Bund, Beschl. v. 12.11.2012 – VK 1-109/12; EuGH, Urt. v. 19.6.2008 – C-454/06.

38 Fallbeispiel gebildet nach VK Bund, Beschl. v. 12.11.2012 – VK 1-109/12.

sehen. Dass diese Neuvergabe dringlich ist, ändert am Vorliegen eines neuen öffentlichen Auftrags nichts.

Anders kann der Fall liegen, wenn bereits im Ursprungsvertrag eine hinreichend konkrete **Änderungsklausel** enthalten ist. Sofern die Änderungsklausel transparent formuliert war, ist ein **erneutes Vergabeverfahren nicht erforderlich**: Die Möglichkeit der Änderung war schließlich bereits Gegenstand des ursprünglichen Vergabeverfahrens und ist von der damaligen Vergabeentscheidung mit umfasst.[39] 63

**Praxistipp** !
Ist für Auftraggeber absehbar oder zumindest vorstellbar, dass ein vorgesehener **Auftrag in Zukunft** in inhaltlicher oder zeitlicher Hinsicht **ausgeweitet** werden soll, sollten entsprechende einseitige **Optionsrechte** in die Vergabeunterlagen aufgenommen werden. Diese Optionen sind dann bereits Bestandteil der ursprünglichen Auftragsvergabe. Von ihnen kann später im Bedarfsfall Gebrauch gemacht werden, **ohne ein erneutes Vergabeverfahren** durchführen zu müssen.
In Betracht kommt diese Gestaltungsmöglichkeit insbesondere bei der Inanspruchnahme **wiederkehrender Dienstleistungen** oder **regelmäßiger Lieferleistungen**.

Eine weitere Möglichkeit, „unnötige" Vergabeverfahren zu vermeiden, besteht für Auftraggeber bei Liefer- und Dienstleistungen darin, **Rahmenvereinbarungen** gemäß § 4 (EG) VOL/A abzuschließen. Ist eine solche Rahmenvereinbarung nach durchgeführtem Vergabeverfahren wirksam abgeschlossen worden, so ermöglicht sie für die vereinbarte Laufzeit die **vergabefreie Erteilung von Einzelaufträgen**.[40] 64

### 5. Abgrenzungen

Bei **gemischten Aufträgen**, die aus mehreren Bestandteilen bestehen, ist es häufig nicht einfach zu bestimmen, um **welche Art von Auftrag** es sich handelt. Aufträge mit mehreren Auftragsgegenständen sind z.B. Aufträge über die Lieferung und Wartung von EDV-Produkten oder über den Bau und den Betrieb eines Binnenhafens. 65

Die korrekte rechtliche **Einordnung** ist jedoch bereits **unabdingbare Voraussetzung** dafür, die einschlägige Vergabe- und Vertragsordnung zu finden. Es macht einen großen Unterschied, ob man sich im Anwendungsbereich der VOB/A, der VOL/A oder der VOF bewegt. 66

§ 99 Abs. 10–12 GWB enthält **Abgrenzungsregeln** für solche Fälle, in denen Aufträge unterschiedliche Gegenstände aufweisen oder sich auf unterschiedliche 67

**39** OLG Düsseldorf, Beschl. v. 28.7.2011 – Verg 20/11.
**40** Details hierzu später in Kap. 11 Rn 2ff.

Tätigkeiten erstrecken. Dabei gilt der Grundsatz, dass Auftragsteile, die miteinander ein untrennbares Ganzes bilden, einem einheitlichen Vergaberechtsregime unterworfen werden sollen.

#### a) § 99 Abs. 10 GWB – Abgrenzung bei unterschiedlichen Auftragsgegenständen

68 § 99 Abs. 10 GWB bestimmt, dass die Abgrenzung zwischen **Liefer- und Dienstleistungen** nach dem **Schwerpunkt des Warenwerts** erfolgt. Hier ist eine rein **quantitative Betrachtung** vorzunehmen.

69 Sollen neben **Dienstleistungen** auch **untergeordnete Bauleistungen** als Nebenarbeiten vergeben werden, so handelt es sich um einen einheitlichen Dienstleistungsauftrag; eine Einordnung des Auftrags als einheitlicher Bauauftrag scheidet aus.[41] Maßgeblich ist der **Hauptgegenstand des Auftrags**; die Abgrenzung erfolgt somit anhand eines qualitativen Kriteriums.

70 Der Begriff **„Nebenarbeiten"** ist daher **nicht schematisch** zu verstehen. Es kommt darauf an, welche wesentlichen Verpflichtungen den Auftrag als solchen prägen. Der jeweilige Wert der dabei erbrachten Einzelleistungen stellt nur ein Kriterium unter mehreren dar, die bei der Ermittlung des Hauptgegenstands zu berücksichtigen sind.[42]

#### b) § 99 Abs. 11 GWB – Abgrenzung bei unterschiedlichen Tätigkeiten

71 Nach § 99 Nr. 11 GWB gelten für einen Auftrag über die **Durchführung mehrerer Tätigkeiten** die Bestimmung für die Tätigkeit, die den **Hauptgegenstand** des Auftrags darstellt. Auch hier wird die Abgrenzung also mithilfe eines qualitativen Kriteriums vorgenommen.

72 **Bedeutung** hat diese Abgrenzung deshalb, weil die VOL/A und die VOF unterschiedlich strenge Regelungen für unterschiedliche Arten von Dienstleistungen enthalten. **Bestimmte Dienstleistungen** sind dahingehend **privilegiert**, dass nur einzelne Regelungen der VOL/A bzw. der VOF angewendet werden müssen und der Auftraggeber darüber hinaus „frei" ist.[43]

---

! **Praxistipp**

Auftraggeber sollten bei **„Mischaufträgen"**, die unterschiedliche Einzeltätigkeiten umfassen, vorab deren genaue **Zusammensetzung sorgfältig prüfen**. Auch wenn z.B. sämtliche Tätigkeiten als

---

41 EuGH, Urt. v. 26.5.2011 – C-306/08.

42 OLG Brandenburg, Beschl. v. 28.8.2012 – Verg W 19/11; EuGH, Urt. v. 21.2.2008 – C-412/04. Das OLG Düsseldorf, Beschl. v. 30.4.2014 – Verg 35/13, hat einen Auftrag, bei welchem sich der Anteil der Bauleistungen nur auf ca. 30% belief, insgesamt als Bauauftrag eingestuft.

43 Näher hierzu unten Kap. 4 Rn 14 ff., 40 ff.

Dienstleistungen nach der VOL/A zu qualifizieren sind, kann der Auftraggeber von der **Pflicht zur Beachtung** einer Vielzahl von das Vergabeverfahren betreffenden **Vorschriften frei werden**, wenn bei einer Gesamtbetrachtung die privilegierenden Leistungen den Hauptgegenstand des Auftrags ausmachen.

### c) § 99 Abs. 12 GWB – Abgrenzung bei Sektorentätigkeiten

§ 99 Abs. 12 GWB regelt das anzuwendende Vergabeverfahren für den Fall, dass Sektorentätigkeiten mit anderen Tätigkeiten zusammentreffen. Auch hier gilt der Grundsatz, dass der **Hauptgegenstand** der einzelnen Tätigkeiten maßgeblich ist. Wiederum erfolgt die Einordnung also über ein **qualitatives Abgrenzungskriterium.**[44] 73

**Beispiel**

Ein **„gebündelter" EDV-Auftrag**, mit welchem Laptops beschafft werden sollen, die zum überwiegenden Teil den Mitarbeitern der **Stadtverwaltung** und zum geringeren Teil den Mitarbeitern der **kommunalen Verkehrsbetriebe** zur Verfügung gestellt werden sollen, ist danach insgesamt nach den „normalen" Vergaberechtsregeln für Auftraggeber nach § 98 Nr. 1 GWB und nicht als privilegierter Auftrag im Sektorenbereich zu vergeben – die Sektorentätigkeiten bilden nicht den Hauptgegenstand der geplanten Beschaffung.

Wenn nicht feststellbar ist, ob Tätigkeiten im Sektorenbereich oder „normale" Tätigkeiten von Auftraggebern nach § 98 Nr. 1 bis 3 GWB den Hauptgegenstand des zu vergebenden Auftrags darstellen, so sollen die Regelungen Anwendung finden, die für Auftraggeber nach § 98 Nr. 1 bis 3 – also für die „Nicht-Sektorenauftraggeber" – gelten. **Im Zweifel** gilt somit das **strengere Vergaberechtsregime.** 74

Derselbe Grundgedanke steht hinter der Regelung in § 99 Abs. 12 Satz 2 GWB. Betrifft der Auftrag die Durchführung sowohl von Tätigkeiten im Sektorenbereich als auch von Tätigkeiten, die dem **Vergaberecht überhaupt nicht unterfallen**, ist ebenfalls der Hauptgegenstand das maßgebliche Abgrenzungskriterium. Ist ein Hauptgegenstand nicht feststellbar, gelten die Regelungen für Sektorenauftraggeber. **Im Zweifel** gelten also (zumindest) die privilegierten **Regelungen für den Sektorenbereich.** 75

### d) § 99 Abs. 13 GWB – Abgrenzung bei Aufträgen, die teilweise verteidigungs- oder sicherheitsrelevant sind

Bei Aufträgen, die zum Teil verteidigungs- oder sicherheitsrelevant sind und deren einheitliche Vergabe aus **objektiven Gründen** gerechtfertigt ist, wird dem (teilweise) 76

44 Nach der Formulierung der VK Rheinland-Pfalz sind im Ergebnis diejenigen Regelungen anzuwenden, denen das **Beschaffungsvorhaben vorrangig dient** (Beschl. v. 3.6.2013 – VK 2-10/13).

besonders sensiblen Auftragsgegenstand durch eine **weitgehende Privilegierung** Rechnung getragen: Der Auftrag darf insgesamt nach den Bestimmungen für verteidigungs- und sicherheitsrelevante Aufträge – also nach der VSVgV, bei Bauaufträgen unter zusätzlicher Heranziehung des 3. Abschnitts der VOB/A – vergeben werden.

77 Die Abgrenzung erfolgt somit nicht nach dem Hauptgegenstand des Auftrags. Dem Auftraggeber wird vielmehr gestattet, die **jeweils weniger strengen Regelungen** anzuwenden.

### II. Überschreitung der Schwellenwerte

78 § 100 Abs. 1 GWB bestimmt, dass der 4. Teil des GWB – also die §§ 97ff. – nur auf solche Aufträge anzuwenden ist, welche die jeweils festgelegten Schwellenwerte überschreiten. Die **Höhe der Auftragssumme** stellt neben der Art des konkreten Auftrags das maßgebliche **Differenzierungskriterium** für das Auffinden der einschlägigen Normen dar.

79 Hinter dieser Regelung steht die Überlegung, dass die Anwendung des europäisch überformten Vergaberechts aus wettbewerbsrechtlichen Gründen erst ab einer gewissen **Bedeutung des betreffenden Auftrags** geboten ist und dass die Bedeutung eines Auftrags sich an der Auftragssumme orientiert. Diese typisierende Festlegung trennt also die Aufträge in solche, die potenziell für Bieter **im gesamten EU-Binnenmarkt relevant** sind, und solche, denen keine grenzüberschreitende Bedeutung zukommt.[45]

80 Der maßgebliche 4. Teil des GWB regelt auch das vergaberechtliche **Nachprüfungsverfahren.** Daraus lässt sich unschwer ableiten, wie wichtig die **korrekte Bestimmung des Schwellenwerts** in Grenzfällen ist: Von ihr hängt nämlich ab, wie das konkrete Vergabeverfahren ausgestaltet werden muss und welche Sanktionen bei etwaigen Verstößen drohen. Daher ist für Auftraggeber bei der Ermittlung der Schwellenwerte **größte Sorgfalt geboten.**

81 Detaillierte Regelungen zum Schwellenwert und seiner Ermittlung finden sich in §§ 2 und 3 VgV.

#### 1. Die einzelnen Schwellenwerte

82 Die Schwellenwerte werden von der Europäischen Kommission **regelmäßig aktualisiert** und neu festgesetzt. Während die Schwellenwerte früher in der VgV aufgeführt waren (und die VgV entsprechend regelmäßig vom Gesetzgeber geändert bzw. angepasst werden musste), enthält § 2 Abs. 1 VgV nunmehr nur noch eine sog. **„dy-**

45 Diese typisierende Betrachtung ist **zwangsläufig unscharf.** Ein mittelgroßer Bauauftrag in grenznahen Regionen kann für Bauunternehmen aus angrenzenden Staaten natürlich genauso interessant sein wie für Baufirmen aus dem betreffenden Land.

**namische Verweisung**“ auf die maßgebliche **EU-Richtlinie** in der jeweils geltenden Fassung.

Die einzelnen Schwellenwerte belaufen sich nunmehr[46] auf **folgende Beträge:** 83

- Bauaufträge: 5.186.000,00 €
- Liefer- und Dienstleistungsaufträge
  - im Sektorenbereich: 414.000,00 €
  - der obersten und oberen Bundesbehörden und vergleichbarer Bundeseinrichtungen: 134.000,00 €
  - andere Liefer- und Dienstleistungsaufträge: 207.000,00 €

### 2. Die Schätzung des Auftragswertes

§ 3 VgV regelt, wie der Auftragswert in den verschiedenen Auftragskonstellationen 84
zu ermitteln ist. Die Vorschrift ist nicht in allen Punkten ohne Weiteres verständlich und soll daher – auch wegen ihrer großen praktischen Bedeutung – etwas ausführlicher dargestellt werden.

#### a) Die geschätzte Gesamtvergütung als Richtschnur

Nach § 3 Abs. 1 VgV ist bei der Schätzung des Auftragswertes von der **geschätzten** 85
**Gesamtvergütung** für die **vorgesehene Leistung** einschließlich etwaiger Prämien oder Zahlungen an Bewerber oder Bieter auszugehen. Abzustellen ist insoweit auf die Perspektive eines potenziellen Bieters.[47]

Die Schätzung der anfallenden Gesamtvergütung muss pflichtgemäß nach **ob-** 86
**jektiven Kriterien** erfolgen und muss umso genauer sein, je näher der Auftragswert dem Schwellenwert kommt.[48] Dem Auftraggeber ist ein gewisser **Prognosespielraum** zuzugestehen;[49] übertriebene Anforderungen sollen nach der Rechtsprechung an die Schätzung nicht gestellt werden.[50] **Maßgeblicher Zeitpunkt** für die Schätzung des Auftragswertes ist nach § 3 Abs. 9 VgV der Tag der **Absendung der Bekanntmachung** der beabsichtigten Auftragsvergabe oder der anderweitigen Einleitung des Vergabeverfahrens.

Im Übrigen ist die Schätzung jedoch **gerichtlich überprüfbar**. So kann kontrol- 87
liert werden, ob der Auftraggeber die **Schätzungsgrundlage ordnungsgemäß er-**

46 Nach der letzten Anpassung durch die VO (EU) Nr. 1336/2013 der Europäischen Kommission vom 13.12.2013.

47 EuGH, Urt. v. 18.1.2007 – C-220/05.

48 OLG Celle, Beschl. v. 19.8.2009 – 13 Verg 4/09.

49 OLG Celle, Beschl. v. 12.7.2007 – 13 Verg 6/07.

50 So z. B. OLG München, Beschl. v. 11.4.2013 – Verg 3/13; OLG Dresden, Beschl. v. 24.7.2012 – Verg 0002/12.

**mittelt**, insbesondere **realistische Mengen** in Ansatz gebracht hat.[51] Dadurch soll verhindert werden, dass Auftraggeber Auftragswerte künstlich „klein rechnen", um sich einem europaweiten Vergabeverfahren zu entziehen.

88 Da die voraussichtliche Gesamtvergütung maßgeblich ist, müssen Auftraggeber die **vorgesehene Gesamtleistung** ermitteln und ihrer Schätzung zugrunde legen. Daraus folgt zugleich, dass zwar Fehlertoleranzen zugestanden werden, dass dies aber dort nicht mehr in Betracht kommt, wo **wesentliche Leistungsteile** in der Kostenschätzung fehlen.[52] Außerdem ist der Auftraggeber verpflichtet, die ursprüngliche **Kostenschätzung anzupassen**, wenn sich die Schätzungsparameter aufgrund neuer Erkenntnisse geändert haben.[53]

**Fettnapf**
Auftraggeber sind schlecht beraten, wenn sie nach Bekanntwerden von **zwingenden Kostensteigerungen** durch notwendige Zusatzmaßnahmen nach dem Motto „Augen zu und durch!" an der ursprünglichen Kostenschätzung festhalten. Hat der Auftraggeber z.B. die Kosten für eine Straßenbaumaßnahme ursprünglich – objektiv korrekt – mit netto 4,8 Mio. € geschätzt und mit deren nationaler Ausschreibung nach Losen begonnen, stellt sich aber nach der Vergabe des ersten Teilauftrags durch die Einholung eines Bodengutachtens heraus, dass zusätzliche Maßnahmen mit voraussichtlichen Mehrkosten von 1 Mio. € erforderlich werden, muss der **Auftraggeber reagieren**: In einer solchen Situation kann sich der Auftraggeber nicht mehr auf die ursprüngliche Schätzung berufen, weil sich die zugrunde gelegten **Schätzparameter** als **unzutreffend** herausgestellt haben. Für die Vergabe der weiteren Lose müssen wegen der **Überschreitung des Schwellenwerts** die europarechtlich überformten Regeln für die **Oberschwellenvergaben** angewandt werden.[54]
Setzt der Auftraggeber hingegen die Vergabe nach nationalem Recht fort, läuft er Gefahr, dass er in einem von einem Bewerber eingeleiteten Nachprüfungsverfahren unterliegt, die nationale **Ausschreibung** als unzulässig **aufgehoben** wird und er das gesamte Vergabeverfahren wiederholen muss.

89 § 3 Abs. 1 Satz 1 VgV stellt klar, dass nicht nur die unmittelbar vom Auftraggeber zu leistenden Zahlungen, sondern auch etwaige **Prämien oder Zahlungen Dritter** an den Bieter oder Bewerber Bestandteil der anzusetzenden Gesamtvergütung sind. Auch solche Zuflüsse kommen dem Bieter schließlich zugute und sind im Ergebnis **Bestandteil seiner Vergütung**.

**Beispiel**
Will eine Kommune einen Auftrag zur **Altpapiersammlung** und -beseitigung vergeben, darf sie nicht lediglich die ihr voraussichtlich entstehenden Kosten bei der Ermittlung der Gesamtvergütung in Ansatz bringen. Bekanntlich refinanzieren sich die Entsorgungsunternehmer dadurch, dass sie das

51 OLG Dresden, Beschl. v. 24.7.2012 – Verg 0002/12; OLG Celle, Beschl. v. 19.8.2009 – 13 Verg 4/09.
52 OLG Düsseldorf, Beschl. v. 4.7.2001 – Verg 20/01.
53 OLG München, Beschl. v. 31.1.2013 – Verg 31/12.
54 Fallbeispiel nach OLG München, Beschl. v. 31.1.2013 – Verg 31/12.

gesammelte Altpapier an Dritte veräußern. Derartige **erwartbare Erlöse** muss die Kommune in ihre Vergütungsermittlung mit **einbeziehen.** Belaufen sich diese Erlöse auf einen Betrag, durch welchen der Schwellenwert bereits überschritten wird, muss die Kommune selbst dann ein europaweites Vergabeverfahren durchführen, wenn sie davon ausgeht, dass die zu beauftragende Altpapiersammlung für sie überhaupt keine Kosten nach sich zieht.[55]

Eine wichtige Konkretisierung enthält § 3 Abs. 1 Satz 2 VgV: Danach sind auch so genannte **Optionsrechte und Vertragsverlängerungen** in die Berechnung des Schwellenwerts **einzubeziehen.** Dadurch soll verhindert werden, dass der beabsichtigte Auftrag künstlich in einen „feststehenden" und einen (vermeintlich) optionalen Teil aufgespalten wird, um das Gesamtvolumen des Auftrags unter den Schwellenwert zu drücken. 90

Der Begriff der Option in § 3 Abs. 1 Satz 2 VgV bezeichnet das Recht, durch **einseitige Erklärung** einen Vertrag zustande zu bringen. Der Vertragspartner – hier der Bieter bzw. Auftragnehmer – bindet sich hingegen bereits fest und muss die Leistung ausführen, wenn sich der Auftraggeber für die Ausübung des Optionsrechts entscheidet. **Alle Vertragsdetails** sind bereits **geregelt**, der Auftraggeber muss nur noch „zugreifen". Da im Zusammenhang mit diesem Leistungsabruf **kein erneutes Vergabeverfahren** mehr erfolgt, ist der Wert dieser Optionen zwingend in die Ermittlung des Auftragswerts mit einzubeziehen. 91

Ein wichtiger Anwendungsfall von Optionen sind **Bedarfspositionen** bei Liefer- und Bauaufträgen. Diese Positionen sollen nach dem Willen des Auftraggebers nur dann zur Ausführung gelangen, wenn **während der Auftragsdurchführung** ein Bedarf hierfür be- oder entsteht. Da der Auftragnehmer solche im Auftrag enthaltenen Bedarfspositionen ausführen muss, wenn der Auftraggeber sie abruft, sind diese Positionen bei der Berechnung des Auftragswerts zu berücksichtigen.[56] 92

Gleich gelagert ist die Konstellation der **stufenweisen Beauftragung**, die insbesondere bei Architektenverträgen anzutreffen ist. Statt den Auftragnehmer von vornherein mit der Gesamtleistung zu beauftragen, kann der Auftraggeber **aufeinander aufbauende Leistungsabschnitte** („Stufen") definieren und sich das **einseitige Recht vorbehalten**, die weiteren Leistungsstufen abzurufen. Auch hier ist die sich ergebende Gesamtvergütung für alle Leistungsstufen maßgeblich.[57] 93

Die in § 3 Abs. 1 Satz 2 VgV als eigenständige Kategorie genannten **Vertragsverlängerungen** stellen einen Unterfall der Optionen dar, nur eben in zeitlicher Hinsicht. Erfasst sind Regelungen, die den Auftraggeber berechtigen, durch einseitige Erklärung und ohne erneutes Vergabeverfahren die Geltungsdauer des durch die Ausschreibung zustande kommenden Vertrags zu verlängern. 94

55 Fallbeispiel nach OLG Celle, Beschl. v. 5.2.2004 – 13 Verg 26/03.
56 BayObLG, Beschl. v. 18.6.2002 – Verg 8/02,
57 VK Bremen, Beschl. v. 25.9.2001 – VK 5/01.

### b) § 3 Abs. 2 VgV: Keine Trickesereien!

95 § 3 Abs. 2 VgV untersagt die **absichtliche Fehlschätzung** oder Aufteilung eines beabsichtigten (einheitlichen) Auftrages, um den Schwellenwert zu unterschreiten und den Auftrag dadurch dem Anwendungsbereich der VgV zu entziehen. Generell gilt, dass die **Stückelung** eines funktional zusammengehörenden Auftrags in mehrere Einzelaufträge **unzulässig** ist.

96 Besonders häufig stellt sich dieses Problem bei **Baumaßnahmen**, die **in mehreren Abschnitten** durchgeführt werden sollen. Die Abgrenzung, ob es sich um eine Gesamtmaßnahme oder um mehrere einzelne Maßnahmen handelt, die hinsichtlich des Auftragswerts selbständig zu betrachten sind, kann im Einzelfall schwierig sein. Die **bloß zeitversetzte Ausführung** mehrerer Bauabschnitte nimmt dem betreffenden Projekt aber jedenfalls nicht den Charakter einer Gesamtmaßnahme, für welche eine **einheitliche Schwellenwertermittlung** vorzunehmen ist.[58]

---

**Fettnapf**

Vorsicht ist für öffentliche Auftraggeber daher geboten, wenn **aus organisatorischen oder haushaltsrechtlichen Gründen** eine geplante Maßnahme in mehreren Teilabschnitten ausgeführt werden soll. Das darf nicht dazu verleiten, den vorhandenen **Gesamtzusammenhang** der Maßnahme zu ignorieren oder aus dem Blick zu verlieren.[59]

Plant der Auftraggeber z.B. eine umfangreiche Radwegsanierung und will er die hierfür erforderlichen Tiefbau- und Straßenbauleistungen aus (lediglich) organisatorischen Gründen in zwei Teilabschnitten getrennt vergeben, so ist dies natürlich möglich. Wenn aber für die Gesamtmaßnahme geschätzte Netto-Baukosten von 8 Mio. € zu veranschlagen sind, so ist der **Schwellenwert insgesamt überschritten** und ein europaweites Vergabeverfahren durchzuführen. Dem Auftraggeber ist es dann verwehrt, die beiden Teilabschnitte nur national auszuschreiben, auch wenn deren Netto-Baukosten isoliert betrachtet nur jeweils 4 Mio. € betragen.[60]

---

97 In **Zweifelsfällen** ist die Abgrenzung danach vorzunehmen, ob die getrennt zu vergebende Leistung bzw. Maßnahme eine eigene **wirtschaftliche und technische Funktion** aufweist bzw. einen eigenständigen Zweck erfüllt oder nicht.[61] Bei Straßenbaumaßnahmen ist zu prüfen, ob die einzelnen Teilabschnitte eine **eigenständige Erschließungsfunktion** aufweisen. Ist das nicht der Fall, so liegen nur Teillose einer (einheitlichen) Erschließungsmaßnahme vor.

---

58 So z.B. VK Baden-Württemberg, Beschl. v. 22.10.2002 – 1 VK 51/02.

59 Das hat der EuGH, Urt. v. 15.3.2012 – C 574/10, für die Stückelung von **Architektenverträgen** für eine einheitliche Baumaßnahme ausdrücklich klargestellt.

60 Fallbeispiel nach VK Köln, Beschl. v. 5.7.2011 – VK VOB 17/2011.

61 OLG Brandenburg, Beschl. v. 20.8.2002 – Verg W 4/02.

**Beispiel**
Der Bau einer neuen Essensanlage erfüllt eine eigenständige Funktion und kann von einem Umbau der Mensa einer Universität **sinnvoll getrennt werden**; die Nutzung der Essensanlage ist auch ohne die Mensasanierung ohne Weiteres möglich. Es handelt sich somit nicht um ein Teillos einer Gesamtbaumaßnahme, sondern um einen **eigenständigen Auftrag**. Unterschreitet der Auftragswert für den Bau der neuen Essensanlage den Schwellenwert, kann eine nationale Ausschreibung dieser Maßnahme erfolgen.[62]

Zu beachten ist, dass die Schwellenwerte sich auf den **Netto-Auftragswert** beziehen.[63] Das bedeutet, dass die anfallende Mehrwertsteuer unberücksichtigt bleiben muss. 98

### c) Sonderfall: Die Gesamtvergütung bei Bauleistungen

Für **Bauleistungen** bestimmt § 3 Abs. 5 VgV, dass neben dem Auftragswert der Bauaufträge auch der geschätzte Wert aller **Lieferleistungen zu berücksichtigen** ist, die für die Ausführung der Bauleistungen erforderlich sind und **vom Auftraggeber beigestellt** werden. Maßgeblich ist stets das gesamte Bauwerk, wobei eine **funktionale Betrachtung** vorzunehmen ist. 99

Hierunter soll nach der Rechtsprechung auch die Konstellation fallen, in welcher der Bauherr selbst die Bauleitung bzw. **Bauüberwachung übernimmt**; Baunebenkosten bzw. der Wert von Planungsleistungen gehören hingegen nicht dazu.[64] Auch bewegliche Einrichtungsgegenstände sollen nicht unter die „beigestellten Lieferleistungen“ fallen.[65] 100

Bei der Ermittlung des Wertes **eigenständiger Lieferleistungen** für ein Bauvorhaben ist deren Wert hingegen unberücksichtigt zu lassen. Die in § 3 Abs. 5 VgV aufgestellte Grundregel gilt also nicht im umgekehrten Fall.[66] 101

### d) Regelmäßige Aufträge und Daueraufträge über Liefer- und Dienstleistungen

§ 3 Abs. 3 VgV regelt, wie der Auftragswert bei regelmäßig wiederkehrenden Aufträgen oder Daueraufträgen über Liefer- oder Dienstleistungen zu ermitteln ist. Eine 102

62 So entschieden durch KG, Beschl. v. 28.9.2012 – Verg 10/12.
63 So geregelt in Art. 7 der Richtlinie 2004/18/EG.
64 VK Südbayern, Beschl. v. 3.8.2004 – 43-06/04; VK Düsseldorf, Beschl. v. 11.9.2001 – VK-19/2001-B).
65 VK Südbayern, Beschl. v. 3.8.2004 – 43-06/04. – Ob das in dieser Allgemeinheit zutrifft, erscheint zweifelhaft. Bei einem Krankenhausumbau dürften bei der anzustellenden funktionalen Betrachtung die medizinischen Einbauten und Geräte bei der Ermittlung des Auftragswerts mit zu berücksichtigen sein.
66 OLG München, Beschl. v. 28.9.2005 – Verg 19/05.

Vergabe **regelmäßiger Aufträge** liegt vor, wenn bestimmte Aufträge über einen bestimmten Zeitraum **wiederholt erbracht** werden sollen. Der Auftraggeber ruft die vereinbarte Liefer- oder Dienstleistung also im jeweiligen Bedarfsfall ab, wobei sich die Einzelaufträge der Menge nach unterscheiden können. **Beispiele** aus der Rechtsprechung sind Leistungen des maschinellen Holzeinschlags im Bereich einer Försterei oder die Lieferung von Kontrastmitteln an eine gesetzliche Krankenkasse.[67]

103 Auftraggeber können nach § 3 Abs. 3 VgV zwischen einer retrospektiven und einer prospektiven Schätzung des Auftragswerts wählen. Bei einer **retrospektiven Schätzung** nach § 3 Abs. 3 Nr. 1 VgV ist der **tatsächliche Gesamtwert** entsprechender aufeinander folgender Aufträge aus dem **vorangegangenen Haushaltsjahr** zugrunde zu legen. Voraussichtliche Änderungen bei Mengen oder Kosten während der zwölf Monate, die auf den ursprünglichen Auftrag folgen, sind dabei zu berücksichtigen.

104 Eine **retrospektive Schätzung** nach § 3 Abs. 3 Nr. 2 VgV erfolgt auf der Grundlage des **geschätzten Gesamtwertes** aufeinander folgender Aufträge. Dabei ist wiederum grundsätzlich auf einen **Zeitraum von zwölf Monaten** ab der ersten Lieferung gerechnet abzustellen, es sei denn das Haushaltsjahr ist länger als zwölf Monate. Dann ist das verlängerte Haushaltsjahr maßgeblich.

#### e) Verträge mit Laufzeit

105 Für Verträge mit bestimmter oder unbestimmter Laufzeit regelt § 3 Abs. 4 VgV, wie der Auftragswert zu ermitteln ist. Bei **zeitlich begrenzten Aufträgen** mit einer Laufzeit von bis zu 48 Monaten ist der **Gesamtwert** für die Laufzeit der Aufträge zugrunde zu legen. Handelt es sich hingegen um **Aufträge mit unbestimmter Laufzeit** oder mit einer Laufzeit von mehr als 48 Monaten, ist der 48-fache Monatswert in Ansatz zu bringen.

106 Es gilt daher folgende **Faustformel** für den Auftragswert:

- Unbefristeter Vertrag: monatliche Zahlung × 48
- Befristeter Vertrag: monatliche Zahlungen × Vertragslaufzeit, maximal × 48

---

**Beispiel**

Ein Auftraggeber möchte für einen Zeitraum von 5 Jahren 12 **Fahrzeuge** für seine Außendienstmitarbeiter **leasen**. Er schätzt die monatlichen Brutto-Leasingraten realistisch auf etwa 357,– € pro Fahrzeug.

Der Auftraggeber kann sich in diesem Beispiel auf eine **nationale Ausschreibung** beschränken. Der **Rechenweg** ist folgender:

Monatliche **Netto-Leasingrate** pro Kfz: 300,– €

Monatliche Gesamt-Nettokosten: ca. 3.600,00 € (= 300,– € × 12)

---

67 OLG Brandenburg, Beschl. v. 6.3.2012 – Verg W 15/11; VK Bund, Beschl. v. 30.8.2012 – VK 1-91/12.

Berechnungsgrundlage: **48-facher Monatswert,** § 3 Abs. 4 Nr. 2 VgV
**Gesamtsumme:** ca. 172.000,– € (= 3.600,00 € × 48)
Der maßgebliche **Schwellenwert** von EUR 207.000,00 wird also unterschritten.

### f) Rahmenvereinbarungen und dynamische elektronische Verfahren[68]

**Rahmenvereinbarungen** sind gemäß §§ 4, 4 EG VOL/A 107

> „Aufträge, die ein oder mehrere Auftraggeber an ein oder mehrere Unternehmen vergeben können, um die Bedingungen für Einzelaufträge, die während eines bestimmten Zeitraumes vergeben werden sollen, festzulegen, insbesondere über den in Aussicht genommenen Preis."

Für sie bestimmt § 3 Abs. 6 VgV, dass ihr Wert sich nach dem **geschätzten Gesamtwert aller Einzelaufträge** berechnet, die während der Laufzeit geplant sind. Anzusetzen ist insofern der **Höchstwert** der möglichen Aufträge;[69] bei einer von mehreren Auftraggebern geschlossenen Rahmenvereinbarung ist deren **gebündelter Bedarf** maßgeblich.[70]

Genauso ist der Auftragswert eines **dynamischen elektronischen Verfahrens** 108
zu bestimmen. Dieses Verfahren wird in § 101 Abs. 6 Satz 2 GWB definiert als

> „ein zeitlich befristetes ausschließlich elektronisches Vergabeverfahren zur **Beschaffung marktüblicher Leistungen**, bei denen die allgemein auf dem Markt verfügbaren Spezifikationen den Anforderungen des Auftraggebers genügen."

Geeignet ist dieses Verfahren zur Beschaffung standardisierter Leistungen, die 109
**umstandslos am Markt verfügbar** sind und keine konzeptionelle oder planerische Vorarbeit erfordern. Bei komplexeren Beschaffungsvorgängen scheidet das dynamische elektronische Verfahren daher regelmäßig aus. Ob sich dieses Verfahren, dessen Einführung für Auftraggeber mit nicht unerheblichem Organisation- und Kostenaufwand verbunden ist, in der Praxis durchsetzen wird, bleibt abzuwarten.

### g) Vergabe von Losen – Auftragswert und Gestaltungsmöglichkeiten des Auftraggebers

§ 3 Abs. 7 VgV bestimmt, dass bei einer beabsichtigten Auftragsvergabe nach Losen 110
für die Schätzung des Auftragswerts alle Lose berücksichtigt werden müssen, für die jeweils ein gesonderter Auftrag vergeben werden soll. Es ist also der **addierte Gesamtwert aller Lose** zugrunde zu legen.

---

68 Ausführlich hierzu unten in Kapitel 11.
69 VK Brandenburg, Beschl. v. 3.4.2009 – VK 8/09.
70 OLG Düsseldorf, Beschl. v. 26.7.2002 – Verg 28/02.

111 Für **Lieferaufträge** gilt dies gemäß § 3 Abs. 7 Satz 2 VgV allerdings nur, soweit sich die Lose auf **gleichartige Leistungen** beziehen. Bei Losen für nicht gleichartige Leistungen ist der Auftragswert jeweils gesondert zu bestimmen; es handelt sich um vergaberechtlich selbständige Aufträge.

**Beispiel**
Die Leistungen „Straßenreinigung, Unkrautvernichtung, Winterdienst" sind **gleichartige Leistungen**, die in einem funktionalen, räumlichen und zeitlichen Zusammenhang zueinander stehen.[71] Die Lieferung von Narkose- und Beatmungsgeräten ist hingegen im Vergleich zu der Lieferung und Einrichtung eines Schlaflabors **nicht gleichartig**, weil kein funktionaler Zusammenhang besteht.[72]

112 Für **freiberufliche Leistungen** enthält § 3 Abs. 7 Satz 3 VgV eine vergleichbare Regelung. Wird eine zu vergebende freiberufliche Leistung in mehrere **Teilaufträge derselben freiberuflichen Leistung** aufgeteilt, müssen auch hier die Werte der Teilaufträge zur Berechnung des Auftragswerts **addiert** werden.

113 Ein wichtiger Anwendungsfall ist die separate Beauftragung von **Architekten- und Ingenieurleistungen** an mehrere Auftragnehmer. Nach richtiger Auffassung sind aber Leistungen, die **verschiedenen Fachbereichen der HOAI** (= Honorarordnung für Architekten und Ingenieurleistungen) zuzuordnen sind (z.B. Gebäudeplanung, Tragwerksplanung und Technische Ausrüstung) und an verschiedene Auftragnehmer vergeben werden, **nicht gleichartig** und daher nicht Bestandteil derselben (Planungs-)Leistung. Hier ist keine Addition der einzelnen Auftragswerte vorzunehmen.[73]

114 Ist nach § 3 Abs. 7 Satz 1–3 VgV ein Gesamtwert mehrerer Lose zu bilden und überschreitet dieser den maßgeblichen EU-Schwellenwert, so ist **für jedes einzelne Los die Vergabeverordnung anwendbar**. Das ist nur konsequent: Die Bündelung der Lose bei der Ermittlung des Auftragswerts setzt sich in einem einheitlichen „Vergaberechtsschicksal" der Lose fort.

115 Die Regelung des § 3 Abs. 7 Satz 5 VgV enthält indes eine Ausnahme von dem in Satz 4 der Regelung aufgestellten Grundsatz und eröffnet Auftraggebern die **Möglichkeit**, bei Bau-, Liefer- und Dienstleistungsaufträgen **einzelne Lose national auszuschreiben**, obwohl der **Gesamtauftrag den Schwellenwert überschreitet**. Voraussetzung ist, dass

71 VK Hessen, Beschl. v. 15.2.2013 – 69d VK-50/2012.
72 VK Nordbayern, Beschl. v. 26.3.2002 – 320.VK-3194-05/02.
73 VK Schleswig-Holstein, Beschl. v. 11.1.2006 – VK-SH 28/05. – Etwas anderes gilt aber dann, wenn der Auftraggeber gerade einen **Generalplaner** beauftragen will. Wenn er selbst unterschiedliche HOAI-Leistungen zu einem Paket schnürt und dieses als solches vergeben will, macht er „eigentlich" nicht gleichartige Leistungen zu Bestandteilen „derselben" freiberuflichen Leistungen.

> „es sich um Lose handelt, deren geschätzter Wert bei Liefer- oder Dienstleistungsaufträgen unter 80.000 Euro und bei Bauleistungen unter 1 Million Euro liegt, wenn die Summe der Werte dieser Lose 20 Prozent des Gesamtwerts aller Lose nicht übersteigt."

„Übersetzt" bedeutet diese Regelung Folgendes: 116

- **Große Einzellose**, deren Wert eine bestimmte Summe überschreitet – nämlich 80.000 € bei Liefer- und Dienstleistungsaufträgen und 1 Million € bei Bauaufträgen –, unterliegen in jedem Fall dem strengen EU-Vergaberechtsregime und sind **europaweit auszuschreiben.**
- **Kleine Einzellose** unterhalb der genannten Auftragswerte können **national ausgeschrieben** werden, und zwar in einem **Kontingent von bis zu 20 Prozent** der Gesamtauftragssumme.
- Der Auftraggeber hat ein **Wahlrecht**, welche Teil- oder Fachlose er nur national ausschreiben möchte.

Dieses Wahlrecht muss der Auftraggeber allerdings **frühzeitig ausüben**, und zwar 117
spätestens in dem Zeitpunkt, in welchem er das Vergabeverfahren einleitet, also den Auftragswert schätzt und die einzelnen Lose bildet. Eine Festlegung der „privilegierten" Lose erst im Nachhinein begründet die Möglichkeit, das Vergaberecht zu umgehen. Das soll vermieden werden.[74]

---

**Praxistipp** !

Auftraggebern ist also dringend anzuraten, schon **zu Beginn des Vergabeverfahrens** zu überlegen und zu entscheiden, ob sie von der Möglichkeit, ein 20%-Kontingent kleiner Einzellose nur national auszuschreiben, Gebrauch machen wollen. Wenn das der Fall ist, sollte **sorgfältig dokumentiert** werden, **welche Einzellose** dies betreffen soll und auf welchen Betrag deren isolierter Auftragswert geschätzt wird.

Unterlässt der Auftraggeber eine solche Dokumentation, läuft er Gefahr, allein schon aus diesem Grund in einem eventuellen **Nachprüfungsverfahren** gegen die lediglich nationale Ausschreibung eines Einzelloses Schiffbruch zu erleiden.

---

## III. Keine sog. Bereichsausnahme nach § 100 Abs. 2ff. GWB

§ 100 Abs. 2 GWB statuiert durch Verweisung auf die in § 100 Abs. 3–6 und 8 GWB sowie 118
die in den 2011 neu gefassten §§ 100a bis 100c GWB aufgeführten Fälle **umfangreiche Ausnahmetatbestände**. Zahlreiche Auftrags- bzw. Vertragsarten werden dadurch von der Anwendung des 4. Teils des GWB – und somit vom Anwendungsbereich des strengen europarechtlich überformten Vergaberechts – ausgenommen.

---

74 OLG Düsseldorf, Beschl. v. 11.2.2009 – Verg 69/08.

119 Unterfällt also ein Auftrag einem dieser Ausnahmetatbestände, so besteht **keine Rechtsschutzmöglichkeit** für Bieter bzw. Unternehmen, die an der Erlangung des Auftrags interessiert sind. Wegen dieser weitreichenden Konsequenzen sind die einzelnen **Ausnahmevorschriften eng auszulegen** und nicht analogiefähig.

### 1. Allgemeine Ausnahmen nach § 100 Abs. 3–6 und 8 GWB

120 Ausgenommen vom Anwendungsbereich des Vergaberechts sind gemäß § 100 Abs. 3 GWB zunächst **Arbeitsverträge**, also Verträge mit Privatpersonen, die ihre **Tätigkeit weisungsabhängig** verrichten und in die Herrschaftssphäre des Unternehmens **eingegliedert** sind.[75] Nicht hierunter fallen Handelsvertreter- oder vergleichbare Verträge, bei denen die vorgenannten Voraussetzungen gerade nicht vorliegen.

121 Ebenfalls nicht dem Vergaberecht unterfallen nach § 100 Abs. 4 GWB Aufträge, die **Schiedsgerichts- oder Schlichtungsleistungen** – hierfür existieren zumeist besondere landesrechtliche Bestellungsregelungen – oder **Forschungs- und Entwicklungsdienstleistungen** zum Gegenstand haben, sofern diese **gemeinnützigen Zwecken** dienen und der Allgemeinheit zugänglich gemacht werden.[76]

122 Eine **Rückausnahme** besteht indes für Forschungen zum **alleinigen Gebrauch des Auftraggebers**, wenn die Forschungsergebnisse Eigentum des Auftraggebers werden und die Dienstleistung vollständig durch diesen vergütet werden. Dass zugleich die Allgemeinheit „reflexartig" – also indirekt – begünstigt wird, führt zu keiner anderen Bewertung.[77]

123 Generell unanwendbar ist der 4. Teil des GWB auch für die in § 100 Abs. 5 GWB aufgeführten **Immobiliengeschäfte**. Erfasst werden Verträge über

- den Erwerb von Grundstücken oder vorhandenen Gebäuden oder anderem unbeweglichen Vermögen,
- Mietverhältnisse für Grundstücke oder vorhandene Gebäude oder anderes unbewegliches Vermögen sowie
- Rechte an Grundstücken oder vorhandenen Gebäuden oder anderem unbeweglichem Vermögen.

124 Wenn die öffentliche Hand also ein Grundstück oder sonstigen unbewegliches Vermögen kaufen, mieten oder Rechte hieran begründen will, ist dies nicht europaweit auszuschreiben. **Öffentliche Auftraggeber** sind schließlich in aller Regel **ortsgebunden** und benötigen dort entsprechende Räumlichkeiten. Grundstücksveräußerungen durch die öffentliche Hand unterfallen nicht der Regelung des § 100 Abs. 5

75 OLG Düsseldorf, Beschl. v. 8.5.2002 – Verg 8-15/01.
76 Zu diesem Kriterium VK Südbayern, Beschl. v. 27.9.2002 – 120.3-3194-1-36-08-02.
77 OLG München, Beschl. v. 27.2.2003 – Verg 25/02.

GWB – sie unterliegen schon mangels eines entgeltlichen Beschaffungsvorgangs nicht dem Vergaberecht.

Bei **Mietverträgen** über nach den Vorgaben des Auftraggebers **zu errichtende Gebäude** kann fraglich sein, ob die Ausnahmeregelung des § 100 Abs. 5 GWB greift. Je stärker der Auftraggeber auf die Planung und Errichtung des anzumietenden Gebäudes Einfluss nimmt, desto mehr spricht für die Einordnung des Gesamtvertrags als Baukonzession oder „normaler" Bauvertrag.[78] 125

Wenn die Durchführung eines Vergabeverfahrens zwingend dazu führen würde, dass **wesentliche Sicherheitsinteressen** der Bundesrepublik Deutschland preisgegeben werden müssten, kann die Durchführung eines (europaweiten) Vergabeverfahrens nach § 100 Abs. 6 GWB ebenfalls unterbleiben. Wann wesentliche Sicherheitsinteressen betroffen sein können, ist in § 100 Abs. 7 GWB näher geregelt. 126

Schließlich gilt der 4. Teil des GWB gemäß § 100 Abs. 8 GWB nicht für bestimmte Aufträge, die zwar nicht nach § 99 Abs. 7 GWB verteidigungs- und sicherheitsrelevant sind,[79] aber aufgrund **bestimmter Geheimhaltungs- oder Sicherheitsinteressen** oder wegen **vorrangiger internationaler Verfahrensregeln** dem Anwendungsbereich des europäisch überformten Vergaberechts entzogen werden sollen. Ein wichtiger Ausnahmefall sind Geheimerklärungen für **Verschlusssachen**, § 100 Abs. 8 Nr. 1 GWB. 127

## 2. Besondere Ausnahmen für nicht sektorenspezifische und nicht verteidigungs- und sicherheitsrelevante Aufträge

§ 100a GWB enthält **weitere Ausnahmeregelungen** für Aufträge, die weder sektorenspezifisch noch verteidigungs- und sicherheitsrelevant sind. Für diese existieren weitere Spezialregelungen in §§ 100b und 100c GWB (dazu nachfolgend unter c und d). Von 100a GWB erfasst werden 128
- bestimmte Aufträge von Rundfunk- und Fernsehanstalten,
- bestimmte Finanzdienstleistungen,
- die Vergabe von Dienstleistungsaufträgen an „Monopolisten" sowie
- bestimmte Telekommunikationsdienstleistungen.

Nach § 100a Abs. 2 Nr. 1 GWB gilt dessen 4. Teil nicht für die **Programmbeschaffung und -entwicklung für Rundfunk- und Fernsehanstalten** sowie die **Ausstrahlung von Sendungen**. Aus kulturpolitischen Erwägungen sollen Auftragsvergaben in diesen Tätigkeitsbereichen der ansonsten dem Vergaberecht unter- 129

78 EuGH, Urt. v. 29.10.2009 – C-536/07.

79 Solche Aufträge unterfallen dem Anwendungsbereich der Vergaberichtlinie 2009/81/EG.

fallenden öffentlich-rechtlichen Rundfunk- und Fernsehanstalten privilegiert werden.[80]

130 Weiter ausgenommen von der Anwendung des EU-Vergaberechts sind gemäß § 100a Abs. 2 Nr. 2 GWB Aufträge über finanzielle Dienstleistungen im Zusammenhang mit **Wertpapiergeschäften** oder anderen Finanzierungsinstrumenten insbesondere zum Zwecke der **Kapitalbeschaffung öffentlicher Auftraggeber** sowie Dienstleistungen der Zentralbanken. Die **staatliche Finanzpolitik** soll wegen des vorausgesetzten besonderen Vertrauens zwischen dem Auftraggeber als Kunden und dem Finanzdienstleister nicht durch das Vergaberecht beeinflusst werden.

131 Die Vergabe von Dienstleistungsaufträgen an öffentliche Auftraggeber nach § 98 Nr. 1–3 GWB, die über ein **Ausschließlichkeitsrecht der Leistungserbringung** verfügen, wird durch § 100a Abs. 3 GWB ebenfalls vom Vergaberecht ausgeklammert. Hierunter fallen **Monopolisten**, denen durch Gesetz oder Verordnung eine exklusive Lizenz in einem bestimmten Bereich übertragen wurde. In diesen Fällen ist die Durchführung eines Vergabeverfahrens schlicht sinnlos: Zur Beauftragung des Monopolisten existiert schließlich keine Alternative.

132 § 100a Abs. 4 GWB stellt schließlich Aufträge vom EU-Vergaberecht frei, deren **Hauptzweck** es ist, die Bereitstellung oder den Betrieb öffentlicher Telekommunikationsnetze oder die **Bereitstellung von Telekommunikationsdiensten** für die Öffentlichkeit zu ermöglichen. Die Regelung korreliert damit, dass der Telekommunikationssektor, der ursprünglich insgesamt vergabefrei war, wegen des mittlerweile dort herrschenden Wettbewerbs grundsätzlich dem Vergaberecht unterstellt ist. Bestimmte Privilegierungen sollen jedoch nach dem Willen des Gesetzgebers erhalten bleiben.

### 3. Besondere Ausnahmen im Sektorenbereich

133 § 100b GWB sieht **umfangreiche zusätzliche Ausnahmetatbestände** für die Vergabe von Aufträgen im **Sektorenbereich** vor. Ist einer dieser Ausnahmetatbestände einschlägig, so ist die konkret beabsichtigte Auftragsvergabe **vollständig vergaberechtsfrei** möglich – die SektVO gilt schließlich gemäß § 1 Abs. 2 SektVO von vornherein nur für Aufträge, deren Auftragswerte die Schwellenwerte übersteigen.

134 Die Aufzählung und detaillierte Beschreibung sämtlicher Ausnahmetatbestände würde hier den Rahmen sprengen. Die wichtigsten Regelungen sollen jedoch kurz dargestellt werden.

135 § 100b Abs. 2 GWB nimmt bestimmte **Finanzdienstleistungen** – dieselben wie in § 100a Abs. 2 Nr. 1 GWB, s.o. Rn 128 – sowie die **Beschaffung von Wasser und Energie**, sofern der Auftraggeber auf dem Gebiet der Trinkwasser- bzw. Energieversorgung tätig ist, von der Anwendung des EU-Vergaberechts aus.

80 Die Vergabe von Reinigungsleistungen gehört allerdings nicht zu den programmbezogenen Einkaufstätigkeiten, EuGH, Urt. v. 13.12.2007 – C-337/06.

Die Ausnahmeregelung in § 100b Abs. 3 GWB betreffend die Vergabe von **Aufträgen an Monopolisten** entspricht der Regelung in § 100a Abs. 3 GWB. Die Interessenlage ist schließlich bei Vergaben im Sektorenbereich dieselbe. 136

Durch § 100b Abs. 4 GWB werden u.a. **Beschaffungen zu sektorenfremden Zwecken** (Nr. 1), Aufträge für Tätigkeiten außerhalb der Europäischen Union (Nr. 2) und Sektorenaufträge zur Ausübung einer Tätigkeit, die nach erfolgter Feststellung der Europäischen Kommission in Deutschland unmittelbar dem Wettbewerb ausgesetzt wird (Nr. 4), von der Anwendung des Vergaberechts freigestellt. 137

Während **Baukonzessionen** ansonsten gemäß § 99 Abs. 1 GWB Bauaufträgen gleichgestellt und als öffentliche Aufträge anzusehen sind, ist der 4. Teil des GWB auf sie im Sektorenbereich nach § 100b Abs. 5 GWB nicht anzuwenden. Dienstleistungskonzessionen sind nicht genannt – sie sind nach geltender Rechtslage keine öffentlichen Aufträge, so dass die §§ 98ff. GWB für sie ohnehin nicht gelten. 138

§ 100b Abs. 6–9 GWB klammert schließlich unter bestimmten Voraussetzungen **Aufträge** aus, welche an mit dem Auftragnehmer oder mit einem gemeinsamen Unternehmen mehrerer Auftraggeber **verbundene Unternehmen** erteilt werden. Gleiches gilt für bestimmte **wechselseitige Auftragsvergaben** zwischen **gemeinsamen Unternehmen** mehrerer Auftraggeber und den einzelnen Auftraggebern von der Anwendung des EU-Vergaberechts aus. 139

#### 4. Besondere Ausnahmen in den Bereichen Verteidigung und Sicherheit

Auch für Auftragsvergaben in den Bereichen **Verteidigung und Sicherheit** werden in § 100c GWB **diverse Ausnahmetatbestände** normiert, bei deren Vorliegen der 4. Teil des GWB nicht einschlägig ist. Das bedeutet ebenso wie bei den Ausnahmen für Aufträge im Sektorenbereich die **vollständige Vergaberechtsfreiheit** des betreffenden Auftrags – **auch** die VSVgV sowie die VOB/A VS finden nur bei Vergaben oberhalb der Schwellenwerte Anwendung (§ 1 Abs. 2 VSVgV, § 1 Abs. 2 Nr. 1 VOB/A VS). 140

Nach § 100c Abs. 2 GWB ist der 4. Teil des GWB nicht anwendbar bei 141

- Aufträgen über **Finanzdienstleistungen** jeder Art mit Ausnahme von Versicherungsdienstleistungen,
- Aufträgen zum Zweck **nachrichtendienstlicher Tätigkeiten**,
- Aufträgen im Rahmen eines **EU-weiten Kooperationsprogramms** über Forschung und Entwicklung sowie
- Aufträgen der Bundes- oder einer Landesregierung oder einer Gebietskörperschaft **bei einer anderen Regierung oder Gebietskörperschaft** eines anderen Staates über die Beschaffung von Ausrüstung oder bestimmte Bau- und Dienstleistungen.

Ebenfalls nicht dem Vergaberecht unterstellt werden nach §100c Abs. 3 GWB Auftragsvergaben **außerhalb der Europäischen Union**, einschließlich ziviler Beschaf- 142 fungen bei **Kriseneinsätzen**, sowie nach § 100c Abs. 4 GWB Aufträge, deren Vergabe besonderen Verfahrensregeln aus **bestimmten internationalen Abkommen** unterliegen.

## C. Unterhalb der Schwellenwerte: Nationales Vergaberecht

143 Erreicht der Auftragswert nicht den für den jeweiligen Auftrag maßgeblichen Schwellenwert, so unterfallen öffentliche Auftraggeber lediglich dem **nationalen Vergaberechtsregime**. Dieses ist in der **VOB/A** und der **VOL/A** zum Ausdruck gelangt. Die VOF als Vergabeordnung für freiberufliche Leistungen enthält überhaupt keine Vorgaben für Vergaben unterhalb der Schwellenwerte. Gleiches gilt für die SektVO und die VSVgV für Vergaben im Sektorenbereich und in den Bereichen Verteidigung und Sicherheit.

144 Da bei Aufträgen unterhalb der Schwellenwerte nach § 100 Abs. 1 GWB der 4. Teil des GWB nicht gilt, findet auch der spezifisch **vergaberechtliche Rechtsschutz** gemäß §§ 102 ff. GWB **keine Anwendung**. Unterhalb der Schwellenwerte stehen den Bietern daher nur **eingeschränkte Rechtsschutzmöglichkeiten** zur Verfügung.[81]

145 Diese ungleichen Rechtsschutzmöglichkeiten bei Vergaben ober- und unterhalb der Schwellenwerte hat das Bundesverfassungsgericht für **verfassungsrechtlich zulässig** erklärt.[82] Die gesetzgeberische Grundentscheidung für diese Ungleichbehandlung stößt in der Literatur allerdings **zunehmend auf Kritik**. Hier bleibt die weitere Entwicklung abzuwarten.

## D. Sonderfall: Inhouse-Vergaben

146 Idealtypisch betrachtet ist das Vergaberecht vom Grundsatz her konzipiert für Konstellationen, in denen sich ein staatlicher Auftraggeber und ein privater Auftragnehmer gegenüberstehen. Demgemäß setzt ein **öffentlicher Auftrag** nach der Definition des § 99 Abs. 1 GWB auch voraus, dass **zwei unterschiedliche Rechtssubjekte** Vertragspartner werden.

### I. Konstellation: Der Vertragsschluss des Auftraggebers mit sich selbst

147 Im Umkehrschluss bedeutet dies, dass ein öffentliche Auftraggeber in Fällen, in denen er einen **Vertrag mit sich selbst** schließt – indem er z.B. den Auftrag von einer

---

81 Näher zum Ganzen ausführlich in Kap. 12 Rn 5 ff.
82 BVerfG, Beschl. v. 13.6.2006 – 1 BvR 1160/03.

ihm unterstehenden Einrichtung oder einer eigens gegründeten Tochtergesellschaft ausführen lässt –, **keine Ausschreibung** vornehmen muss. Diese Konstellationen werden mit dem Begriff „**Inhouse-Vergabe**" bezeichnet.

Theoretisch ist die Grenzziehung klar: In dem einen Fall schließt der Auftragge- 148
ber einen Vertrag mit sich selbst ab, in dem anderen Fall mit einer anderen Person. In der Praxis ergeben sich jedoch häufig **Abgrenzungsschwierigkeiten**, wenn ein öffentlicher Auftraggeber einen Auftrag an eine Institution erteilen will, die in irgendeiner Weise in seine Organisation inkorporiert ist.

Einerseits sollen öffentlichen Auftraggebern keine Schranken im Hinblick auf 149
sein Gestaltungs- und **Organisationsermessen** auferlegt werden; sie sollen grundsätzlich frei in ihrer Entscheidung bleiben, auf welche Weise sie die ihnen obliegenden öffentlichen Aufgaben erfüllen wollen. Andererseits verlangen auch hier der Wettbewerbsgedanke und somit der **Bieterrechtsschutz** Beachtung. Es muss daher in jedem Einzelfall gründlich geprüft werden, ob die Voraussetzungen eines vergabefreien Inhouse-Geschäfts tatsächlich vorliegen.

Bislang fehlten gesetzliche Regelungen zu dieser Problematik. Jedoch hat die 150
EU kürzlich die **Allgemeine Richtlinie über die öffentliche Auftragsvergabe (AVR)** beschlossen, die der deutsche Gesetzgeber bis spätestens Anfang 2016 **in nationales Recht umsetzen** muss. Dort findet sich auch **Vorgaben** für „Öffentliche Aufträge zwischen Einrichtungen des öffentlichen Sektors", die sich weitgehend an der bestehenden Rechtsprechung des EuGH orientieren, allerdings nach wie vor bestehende Auslegungsunsicherheiten beseitigen.

## II. Vorliegen eines Inhouse-Geschäfts – die Definition des EuGH

Nachdem die Kriterien für das Vorliegen eines vergaberechtsfreien Inhouse- 151
Geschäfts auch nach den Vorgaben der EuGH-Rechtsprechung lange unscharf waren, hat der EuGH Anfang 2005 in einer Richtung weisenden Entscheidung für Klarheit gesorgt.[83] Danach hängt eine Inhouse-Vergabe von **zwei Voraussetzungen** ab:

- Der öffentliche Auftraggeber muss über die betreffende Einrichtung, welcher er einen Auftrag erteilen will, eine ähnliche Kontrolle ausüben wie über eine eigene Dienststelle („**Kontrollkriterium**").
- Die betreffende Einrichtung muss ihre Tätigkeit im Wesentlichen für die öffentliche(n) Stelle(n) verrichten, die ihre Anteile innehat bzw. innehaben („**Wesentlichkeitskriterium**").

**83** EuGH, Urt. v. 11.1.2005 – C-26/03 („Stadt Halle").

152 Diese beiden Voraussetzungen müssen **kumulativ** vorliegen. Ist auch nur eine Voraussetzung nicht erfüllt, scheidet die Annahme eines Inhouse-Geschäfts zwingend aus. Sowohl das Kontroll- als auch das Wesentlichkeitskriterium sind von der Rechtsprechung des EuGH **weiter ausdifferenziert** worden:

### 1. Das Kontrollkriterium

153 Da es sich bei vergabefreien Inhouse-Geschäften um eine Ausnahme von der grundsätzlich bestehenden Verpflichtung der Anwendung des Vergaberechts handelt, ist das Kontrollkriterium restriktiv zu handhaben.

#### a) Keine Kontrolle bei Unternehmen mit privaten Anteilseignern

154 Zwingend notwendig für die Annahme eines Inhouse-Geschäftes ist es, dass die öffentliche Hand **sämtliche Anteile** der „beherrschten" Einrichtung innehaben muss. Danach scheidet bei jeder auch noch so geringen Minderheitsbeteiligung eines privaten Unternehmens am Gesellschaftskapital der Einrichtung eine Inhouse-Vergabe aus.

155 Diese klare Haltung der Rechtsprechung ist zu begrüßen, da sie erstens eine für die Vergabepraxis wichtige **Rechtsklarheit** schafft und zweitens auch **sachgerecht** ist. Der Wettbewerbsgrundsatz gebietet, dass eine **faktische Privilegierung privater Unternehmen verhindert wird**, die sich – wenn auch nur minderheitlich – an einer in öffentlicher Trägerschaft befindlichen Gesellschaft beteiligen, um so ausschreibungsfrei an öffentliche Aufträge zu gelangen.

156 Aus dieser strikten Vorgabe des EuGH folgt, dass eine **Inhouse-Vergabe** auch dann **nicht (mehr) erfolgen kann**, wenn vor der beabsichtigten Auftragsvergabe **Anteile** eines zuvor ausschließlich in öffentlicher Hand befindlichen Unternehmens an einen privaten Dritten **veräußert werden**. Unter Umständen kann sogar bei einer kurz nach der Auftragsvergabe erfolgten Anteilsveräußerung an einen Privaten die Nachholung der ursprünglich entbehrlichen Ausschreibung notwendig werden.[84]

157 Will ein öffentlicher Auftraggeber an ein **gemischt-wirtschaftliches Unternehmen**, an dem er beteiligt ist, einen Auftrag erteilen, ist dies also nur möglich, wenn sich dieses Unternehmen nach erfolgter Ausschreibung im **Bieterwettbewerb** durchgesetzt hat. Allerdings ist bei der Ausgestaltung des Vergabeverfahrens in dieser Konstellation besonders sorgfältig auf die **Einhaltung der Vergabegrundsätze** – insbesondere des Wettbewerbsgrundsatzes und des Gleichbehandlungsgrundsatzes – zu achten. Eine Bevorzugung des gemischt-wirtschaftlichen Unternehmens hat zu unterbleiben.

---

84 EuGH, Urt. v. 10.9.2009 – C-573/07.

### b) Die Kontrolle „wie über eine eigene Dienststelle“

Präzisierend hat der EuGH formuliert, dass die erforderliche Kontrolle durch den öffentlichen Auftraggeber dann vorliegt, wenn er 158
- sowohl auf die strategischen Ziele
- als auch auf die wichtigen Entscheidungen der Einrichtung

**Einfluss nehmen** kann.[85] Der Auftraggeber muss also bei der betreffenden Einrichtung die „Fäden in der Hand halten“.

Die erforderliche Möglichkeit zur Einflussnahme durch den öffentlichen Auf- 159
traggeber ist **nicht gegeben, wenn** das zur **Geschäftsführung** bestimmte Organ der Einrichtung über **weitreichende Vollmachten** verfügt oder von der Gesellschaftermehrheit nicht hinreichend kontrolliert werden kann.[86] In derartigen Fällen kann die betreffende Einrichtung sehr viel „autarker“ agieren, als eine Dienststelle dies könnte. Eine Inhouse-Vergabe scheidet unter derartigen Voraussetzungen aus.

---

**Praxistipp** !

Ob eine Kontrolle „wie über eine eigene Dienststelle“ vorliegt, ist immer eine **Einzelfallfrage**, die aufgrund einer **Gesamtbetrachtung** der Umstände zu beantworten ist. Dabei sind z.B. die Regelungen in der Satzung oder Geschäftsordnung der Einrichtung betreffend die Wahl und Abberufung der Geschäftsführung, deren Kompetenzen sowie das Zustandekommen von Beschlüssen in der Gesellschafterversammlung in den Blick zu nehmen. Von einer vorschnellen und schematischen Beurteilung ist abzuraten!

---

Das Kontrollkriterium kann auch dann erfüllt sein, wenn die **Anteile** der Einrich- 160
tung auf **mehrere öffentliche Stellen** verteilt sind, mit denen zusammen der öffentliche Auftraggeber die Einrichtung **„im Verbund“ kontrolliert**.[87] Dies setzt jedoch voraus, dass dieser Verbund über die vorgenannten notwendigen Einflussmöglichkeiten verfügt. In der neuen AVR ist die gemeinsame Kontrolle durch mehrere Auftraggeber in Art. 12 Abs. 3 explizit geregelt und die Zulässigkeit einer vergaberechtsfreien Auftragserteilung in derartigen Konstellationen an besondere Voraussetzungen geknüpft.

### 2. Das Wesentlichkeitskriterium

Die zweite Voraussetzung für ein zulässiges Inhouse-Geschäft knüpft an die kon- 161
krete Geschäftstätigkeit des Auftragnehmers an, die **„im Wesentlichen“** für den öf-

---

**85** EuGH, Urt. v. 10.3.2005 – C-458/03.
**86** EuGH, Urt. v. 10.3.2005 – C-458/03.
**87** EuGH, Urt. v. 11.1.2005 – C-26/03, Rn 47 ff.

fentlichen Auftraggeber erfolgen muss. Wann dies der Fall ist, soll nach der Rechtsprechung des EuGH **nicht schematisch** unter Rückgriff auf einen bestimmten Prozentsatz beurteilt werden.

162 Der EuGH hat versucht, das Wesentlichkeitskriterium durch **negative Abgrenzung** dahingehend zu konkretisieren, dass die Tätigkeit des Unternehmens für sonstige Auftraggeber jedenfalls **„rein nebensächlich"** sein muss.[88] Das Unternehmen muss also **nahezu ausschließlich für den Auftraggeber** tätig sein. Einen „Fremdanteil" von zehn Prozent hat der EuGH insofern noch genügen lassen.[89]

163 Unter Umständen kann es geboten sein, hinsichtlich der konkreten Zusammensetzung der Tätigkeit des Unternehmens für sonstige Auftraggeber noch einmal zu differenzieren. So können **Fremdaufträge eines anderen öffentlichen Auftraggebers** unter Umständen bei der Ermittlung des Fremdumsatzes **außer Betracht** bleiben, wenn dieser Auftraggeber seinerseits nicht in erheblichem Umfang gewerblich am Markt tätig ist.[90]

**Beispiel**

Ein als GmbH geführtes Energieversorgungsunternehmen steht zu 100% im Eigentum einer Kommune. Das Unternehmen erzielt 9,5% seiner Umsätze außerhalb und 90,5% seiner Umsätze innerhalb des Stadtgebiets. Von diesen Umsätzen wiederum entfallen ungefähr 15% auf Privatkunden. Die Kommune will dem Unternehmen im Wege der Direktvergabe ohne Ausschreibung einen Versorgungsauftrag erteilen.[91]

Die im vorliegenden Fallbeispiel beabsichtigte **Direktvergabe ist unzulässig**, weil die Voraussetzungen für ein vergaberechtsfreies Inhouse-Geschäft nicht vorliegen. Der **Fremdanteil** der Tätigkeit des Unternehmens erfasst nämlich zum einen die Tätigkeit außerhalb des Stadtgebiets und zum anderen die Tätigkeit für Privatkunden innerhalb des Stadtgebietes und beträgt somti 9,5% + (90,5% x 15%) = **23,075%**. Damit ist die Tätigkeit des Unternehmens für sonstige (Privat-)Auftraggeber nicht mehr „rein nebensächlich".

164 Für die Zukunft ist zu beachten, dass nach Art. 12 Abs. 3b) AVR nunmehr ein Inhouse-Geschäft auch dann noch vorliegen soll, wenn der Fremdanteil der Leistungserbringung 20% nicht übersteigt.

**88** EuGH, Urt. v. 11.5.2006 – C-340/04, Rn 63.

**89** EuGH, Urt. v. 19.4.2007 – C-295/05. – Enger die Beurteilung durch das OLG Celle, wonach ein Tätigkeitsanteil von 7,5% für andere Auftraggeber bereits nicht mehr nebensächlich sein soll.

**90** So OLG Düsseldorf, Beschl. v. 28.7.2011 – Verg 20/11.

**91** Fallbeispiel nach OLG Hamburg, Beschl. v. 14.12.2010 – 1 Verg 5/10.

# E. Sonderfall: Die interkommunale Zusammenarbeit und sonstige „In-State-Geschäfte"

Eine weitere Besonderheit besteht bei Kooperationen zwischen mehreren öffentlichen Auftraggebern – so genannten „In-State-Geschäften" – und deren Hauptanwendungsfall, der **interkommunalen Zusammenarbeit**. Auch solche Verträge können dem Vergaberecht unterfallen, nämlich dann, wenn 165

- hierdurch eine **Auftragsvergabe** von einer an eine andere Kommune erfolgt und
- die betreffende Maßnahme, die beauftragt werden soll, **Marktrelevanz** aufweist.

In diesen Fällen tritt die Nachbarkommune **wie jeder andere private Bieter** am Markt auf. Der Anwendungsbereich des Vergaberechts ist daher eröffnet und eine **Direktvergabe** durch unmittelbaren Vertragsschluss mit der Nachbarkommune **unzulässig.**[92] 166

Das vorbeschriebene Problem stellt sich in der Praxis z.B. bei interkommunalen Vereinbarungen über die **Abfallentsorgung.** Will eine Gemeinde (lediglich) die **Ausführung** der ihr insofern obliegenden öffentlichen Aufgaben auf eine Nachbarkommune **übertragen**, diese also **„mandatieren"**, ist dies ohne Durchführung einer Ausschreibung nicht zulässig. Auf diesem Gebiet herrscht ein Markt, an dem auch andere private Unternehmen teilnehmen, so dass ein dem Vergaberecht unterfallender **Dienstleistungsauftrag** vorliegt.[93] 167

**Vergaberechtsfrei möglich** ist aber die Zusammenarbeit von Gebietskörperschaften bei der **Wahrnehmung** einer ihnen allen **(gemeinsam) obliegenden öffentlichen Aufgabe**[94] sowie die **Übertragung von Zuständigkeiten** auf einen (neu gegründeten) Zweckverband. Das soll nach der Rechtsprechung selbst dann gelten, wenn nicht jedes Mitglied des Zweckverbands in der Lage ist, diesen „wie eine eigene Dienststelle" zu kontrollieren.[95] 168

Art. 12 Abs. 4 AVR stellt für die Zukunft klar, dass ein zwischen mehreren öffentlichen Auftraggebern geschlossener Vertrag unter gewissen Voraussetzungen nicht in den Anwendungsbereich der Richtlinie fällt. Erforderlich ist u.a., dass mit der Zusammenarbeit **gemeinsame Ziele** verfolgt werden. 169

---

92 EuGH, Urt. v. 13.1.2005 – C-84/03. – Eine anders lautende Regelung, die im Gesetzgebungsverfahren zum Vergaberechtsmodernisierungsgesetz ins Gespräch gebracht worden war, wurde – wohl wegen offensichtlicher Europarechtswidrigkeit – verworfen.

93 EuGH, Urt. v. 13.6.2013 – C-386/11.

94 EuGH, Urt. v. 9.6.2009 – C-480/06.

95 OLG Düsseldorf, Beschl. v. 21.6.2006 – Verg 17/06.

## F. Sonderfall: Dienstleistungskonzession

170 Eine Dienstleistungskonzession liegt vor, wenn der Auftragnehmer **kein Entgelt** für die von ihm zu erbringende Dienstleistung erhält, sondern der Auftraggeber ihm stattdessen das **Recht einräumt**, die zu erbringende Leistung selbst zu nutzen bzw. **entgeltlich zu verwerten**. Die Konstellation ist insoweit mit der Baukonzession identisch; ein Unterschied besteht nur hinsichtlich des Leistungsgegenstandes.[96]

171 Voraussetzung auch für eine Dienstleistungskonzession ist eine vertragliche **Verlagerung des wirtschaftlichen Betriebsrisikos** auf den Auftragnehmer.[97] Eine vollständige Risikoübertragung ist aber nicht erforderlich; eine Beschränkung des Betriebsrisikos schließt eine Dienstleistungskonzession nicht aus.[98]

172 Die noch aktuelle nationale Rechtslage behandelt Dienstleistungskonzessionen grundlegend anders als Baukonzessionen: Während Baukonzessionen gemäß § 99 Abs. 1 GWB ausdrücklich als öffentliche Aufträge eingestuft und darüber hinaus in § 99 Abs. 6 GWB legal definiert werden, fehlt für Dienstleistungskonzessionen bislang jegliche Regelung. Das hat zur Folge, dass **Dienstleistungskonzessionen bislang vergabefrei** beauftragt werden können.

---

**Beispiel**
Die **Übertragung der Parkraumbewirtschaftung** für PKW-Parkplätze im öffentlichen Raum auf einen Privaten stellt eine Dienstleistungskonzession dar, wenn dem Privaten statt eines Entgelts für seine Leistung seitens der Kommune die Befugnis eingeräumt wird, von den Nutzern der Parkplätze Gebühren zu verlangen.
Auch die Übertragung von **Rettungsdienstleistungen** durch eine Kommune auf einen privaten Träger kann als Dienstleistungskonzession ausgestaltet werden. Voraussetzung hierfür ist jedoch, dass der private Träger keine Vergütung nach festen Sätzen erhält – dann läge ein „normaler" Dienstleistungsauftrag vor –, sondern dass er seine **Leistungen gegenüber Dritten** (= den Krankenkassen) abrechnen muss. Nur in diesem Fall liegt die für eine (Dienstleistungs-)Konzession erforderliche Verlagerung des Betriebsrisikos vor.[99]

---

173 Die in früheren europarechtlichen Richtlinien enthaltene Differenzierung zwischen vergabepflichtigen Baukonzessionen und vergabefreien Dienstleistungskonzessionen ist nunmehr durch die am 26.2.2014 in Kraft getretene **EU-Konzessionsrichtlinie** aufgehoben worden. Danach sind auch **Dienstleistungskonzessionen als öffentliche Aufträge** und Dienstleistungskonzessionäre ebenso wie die in § 98 Abs. 6 GWB bereits erfassten Baukonzessionäre als öffentliche Auftraggeber anzusehen.

---

96 Näher zu Konzessionsmodellen insgesamt oben Rn 39 ff.

97 OLG Karlsruhe, Beschl. v. 9.10.2012 – 15 Verg 12/11; OLG Jena, Beschl. v. 11.12.2009 – 9 Verg 2/08.

98 EuGH, Urt. v. 10.11.2011 – C-348/10.

99 Näher zu dieser Differenzierung instruktiv die Entscheidung EuGH, Urt. v. 10.3.2011 – C-274/09.

Diese Vorgabe muss der deutsche Gesetzgeber nun **bis spätestens 2016** in nationales Recht umsetzen.

Schon nach der jetzigen Rechtslage sind öffentliche Auftraggeber bei der Vergabe von Dienstleistungskonzessionen nicht völlig frei. Vielmehr sind sie nach der Rechtsprechung des EuGH gehalten, im Rahmen des Vergabeverfahrens die wesentlichen Grundsätze des **Diskriminierungsverbots** und des damit zusammenhängenden **Transparenzgebots zu beachten.**[100] 174

Dies bedeutet, dass öffentliche Auftraggeber auch bei Dienstleistungskonzessionen die **wesentlichen Vergaberechtsgrundsätze berücksichtigen** müssen, also keinesfalls auf jegliche Ausschreibung verzichten können. Allerdings ist es übergangenen Bietern und sonstigen Interessenten an der Dienstleistungskonzession verwehrt, bei Vergabeverstößen ein Nachprüfungsverfahren vor der Vergabekammer einzuleiten – spezifisch **vergaberechtlicher Rechtsschutz existiert** eben gerade **nicht**. 175

Es war lange umstritten, welcher Rechtsweg bei Streitigkeiten über die Vergabe von Dienstleistungskonzessionen überhaupt zur Verfügung steht.[101] Die Entscheidung des Bundesverwaltungsgericht aus dem Jahr 2007, wonach für Streitigkeiten über die Vergabe öffentlicher Aufträge unterhalb der Schwellenwerte nicht der Verwaltungsrechtsweg, sondern der **ordentliche Rechtsweg** zu den Zivilgerichten eröffnet sei, dürfte auf die **Vergabe von Dienstleistungskonzessionen** übertragbar sein. 176

Auch wenn sich die bislang vorhandene gravierende Ungleichbehandlung von Baukonzessionen einerseits und Dienstleistungskonzessionen andererseits spätestens im Jahr 2016 mit der Umsetzung der EU-Konzessionsrichtlinie in nationales Recht erledigt haben wird, wird auch nach diesem Zeitpunkt die **Abgrenzung von Bau- und Dienstleistungskonzessionen** von Bedeutung sein. Hiervon wird schließlich abhängen, welche Vergabe- und Vertragsordnung – **VOB/A oder VOL/A** – anwendbar ist. 177

Dies kann insbesondere bei **gemischten Konzessionsverträgen** Probleme aufwerfen. Beispiele hierfür sind etwa Maßnahmen an einem bereits bestehenden Bauwerk, die **sowohl Dienstleistungs- als auch Bauleistungselemente** enthalten. In diesen Fällen ist die Abgrenzung zwischen Dienstleistungs- und Baukonzession nach dem **Schwerpunkt der Maßnahme** vorzunehmen, was eine Einzelfallfrage ist. In Zukunft dürfte die Abgrenzung ebenso verlaufen wie diejenige zwischen „normalen" Bauleistungen und Dienst- bzw. Lieferleistungen in § 99 Abs. 10 GWB, wonach es auf den **Hauptgegenstand des Auftrags** ankommt.[102] 178

**100** EuGH, Urt. v. 13.4.2010 – C-91/08; Urt. v. 10.11.1998 – C-360/96.

**101** Nach Auffassung des OVG Münster, Beschl. v. 4.5.2006 – 15 E 453/06, und des OVG Koblenz, Beschl. v. 25.5.2005 – 7 B 10356/05, soll für derartige Streitigkeiten der Verwaltungsrechtsweg eröffnet sein.

**102** Näher oben Rn 68 ff.

**Beispiel**

Ein öffentlicher Auftraggeber schreibt **Planung, Bau und Betrieb einer Tank- und Raststätte** für einen Zeitraum von 30 Jahren öffentlich aus. Das Investitionsvolumen beträgt ca. 6 Mio. €, der prognostizierte Umsatz für den Betriebszeitraum von 30 Jahren ca. 30 Mio. €. Vor der anstehenden Zuschlagserteilung zieht ein nicht berücksichtigter Bieter vor die Vergabekammer und leitet ein **vergaberechtliches Nachprüfungsverfahren** ein.[103]

Der Antrag ist – nach derzeitiger Rechtslage – **unzulässig**, weil er eine **Dienstleistungskonzession** und keine Baukonzession zum Gegenstand hat. Der **Hauptgegenstand des Auftrags** bestimmt die Auftragsart: Dies ist hier der Betrieb der Anlage über einen Zeitraum von 30 Jahren und somit eine **Dienstleistung**. Der Bau der Tank- und Rastanlage ist dem gegenüber von untergeordneter Bedeutung.

103 Fallbeispiel nach OLG Karlsruhe, Beschl. v. 6.2.2013 – 15 Verg 11/12.

# Kapitel 4
# Die Auftragsarten und die anwendbaren Vorschriften im Überblick

**§ 99 GWB** führt in seinen einzelnen Absätzen mehrere **verschiedene Auftragsarten** auf, die ihrerseits in der aufgrund der Ermächtigung in § 127 GWB erlassenen **VgV näher konkretisiert** sind. Dort finden sich in den §§ 4ff. VgV Detailregelungen zu der Vergabe von Liefer- und Dienstleistungen, von freiberuflichen Dienstleistungen sowie von Bauleistungen. In der Anlage zu § 98 Abs. 4 GWB sind darüber hinaus Auftragsart übergreifend nähere Regelungen zur Vergabe von Aufträgen im Sektorenbereich enthalten. 1

Generell gilt, dass zum einen der **Auftragsgegenstand** und zum anderen der **Tätigkeitsbereich** des Auftraggebers das anwendbare **Rechtsregime bestimmen**, also darüber entscheiden, welche Verfahrensordnung – VOL/A, VOF, VOB/A, SektVO oder VSVgV – heranzuziehen ist. Die Regelungen zu den einzelnen Auftragsarten sollen nachfolgend näher dargestellt werden. 2

## A. Liefer- und Dienstleistungsaufträge – die VOL/A

### I. Der Anwendungsbereich im Überblick

**§ 4 Abs. 1 und 2 VgV** bestimmt, dass **Auftraggeber nach § 98 Nr. 1–3 GWB** – also die Gebietskörperschaften, die als öffentliche Auftraggeber anzusehenden juristischen Personen des öffentlichen wie des privaten Rechts sowie die Verbände – bei der Vergabe von **Liefer- und Dienstleistungsaufträgen** sowie bei der Durchführung von Auslobungen, die zu Dienstleistungsaufträgen führen sollen, die **VOL/A anzuwenden** haben, soweit es sich nicht um freiberufliche Dienstleistungen handelt. Für letztere gilt gemäß § 5 VgV die VOF. Da das GWB und die VgV nur Vergaben im Oberschwellenbereich erfasst, erstreckt sich diese Vorgabe zwangsläufig nur auf den 2. Abschnitt der VOL/A, die sogenannten **„EG-Paragrafen"**. 3

Den **Begriff der Lieferleistungen** definiert § 99 Abs. 2 Satz 1 GWB als 4

> „Verträge zur **Beschaffung von Waren**, die insbesondere **Kauf** oder Ratenkauf oder **Leasing, Miet- oder Pachtverhältnisse** mit und ohne Kaufoption betreffen."

Der **Begriff der Dienstleistungen** wird hingegen durch negative Abgrenzung umschrieben: Dienstleistungen sind gemäß § 99 Abs. 4 GWB alle Leistungen, die weder Lieferleistungen nach § 99 Abs. 2 GWB noch Bauleistungen nach § 99 Abs. 3 GWB sind.[1] 5

---

1 Näher zur Vergabe von Bauleistungen nachfolgend Rn 43ff.

6 Den vorgenannten Auftraggebern durch § 4 Abs. 2 VgV **für Dienstleistungsaufträge gleichgestellt** und daher insoweit ebenfalls als öffentliche Auftraggeber zu behandeln sind die **subventionierten privaten Auftraggeber nach § 98 Nr. 5 GWB.**[2] Hierunter fallen diejenigen privaten Auftraggeber, deren für ihre Vorhaben zur Verfügung stehender Haushalt sich zu mehr als 50% aus öffentlichen Mitteln speist.

7 **Ausgenommen** von dieser Regelung sind **alle Aufträge im Sektorenbereich.** Hierfür enthalten die SektVO und insbesondere die Anlage zu § 98 Nr. 4 GWB spezielle Vorschriften.[3] Ebenfalls dem Anwendungsbereich der VOL/A entzogen sind Liefer- und Dienstleistungsaufträge in den **Bereichen Verteidigung und Sicherheit**, für welche die VSVgV abschließende Spezialregelungen beinhaltet (§ 2 Abs. 1 VSVgV).

8 § 4 Abs. 3 VgV enthält eine weitere **Sonderregelung** für den **Schienen gebundenen Personennahverkehr** (§ 2 Abs. 5 AEG). Liefer- und Dienstleistungsaufträge, die den Schienenpersonennahverkehr (SPNV) betreffen, können danach in weiten Bereichen im Wege der freihändigen Vergabe erteilt werden. Öffentliche Auftraggeber können somit nach pflichtgemäßem Ermessen frei entscheiden, in welchem Verfahren sie SPNV-Aufträge vergeben.[4]

## II. Aufbau und Struktur der VOL/A

9 Nachdem durch die Sektorenverordnung eine übergreifende Spezialregelung für sämtliche Auftragsarten im Sektorenbereich geschaffen wurde, untergliedert sich die VOL/A nur noch in zwei Abschnitte.

10 **Abschnitt 1** enthält die Basisparagrafen, die rein **nationales Vergaberecht** darstellen und nur für Auftragsvergaben **unterhalb der Schwellenwerte** gelten. Alle wesentlichen Regelungen für den Ablauf von Vergabeverfahren für Liefer- und Dienstleistungen im Unterschwellenbereich finden sich dort.

11 Der **Anwendungsbereich** des Abschnitts 1 der VOL/A erstreckt sich gemäß § 1 Satz 1 VOL/A auf alle „öffentliche Aufträge über Leistungen (**Lieferungen und**

---

2 Die vergaberechtliche Befreiung der subventionierten privaten Auftraggeber bei der Vergabe von Lieferaufträgen ist relativ neu – bis zur Änderung der VgV im Jahr 2011 waren sie den Auftraggebern gemäß § 98 Nr. 1 bis 3 GWB vollständig gleichgestellt.

3 Näher zu Auftragsvergaben im Sektorenbereich nachstehend unter Rn 61 ff.

4 Die Regelung wurde vom Bund seinerzeit zur Privilegierung des damaligen Staatsunternehmens Deutsche Bahn AG geschaffen. Sie erscheint europarechtlich bedenklich, weil eine überzeugende inhaltliche Begründung dafür, dass durch § 4 Abs. 3 VgV letztlich Aufträge im Milliardenbereich einer Vergabe im Wettbewerb entzogen sind, nicht wirklich ersichtlich ist.

**Dienstleistungen)**“. Eine weitere Präzisierung erfolgt in Satz 2 durch **negative Abgrenzung**, wonach die VOL/A nicht gilt
- für Bauleistungen, die unter die VOB/A fallen und
- für freiberufliche Leistungen, deren Vergabe nach der VOF erfolgt.

**Abschnitt 2** regelt dann den Ablauf von Vergabeverfahren für Liefer- und Dienstleistungsaufträge im Oberschwellenbereich. Diese **„EG-Paragrafen“** beinhalten die Umsetzung der europarechtlichen Vorgaben aus den betreffenden Richtlinien. Ihre Regelungen sind **für den Oberschwellenbereich abschließend**; die Vorschriften aus dem Abschnitt 1 finden keine ergänzende Anwendung. 12

Der **Anwendungsbereich** des Abschnitts 2 ist in § 1 EG Abs. 1 VOL/A inhaltsgleich gefasst wie im Abschnitt 1. Allerdings enthält § 1 EG Abs. 2 und 3 VOL/A in Verbindung mit § 4 Abs. 2 VgV noch eine **zusätzliche Differenzierung für Dienstleistungen**, die an die Art der konkreten Dienstleistung anknüpft. 13

### III. Prioritäre und nicht prioritäre Dienstleistungen

Der VOL/A ist ein Anhang I angefügt, der wiederum aus zwei Teilen besteht, in welchen **Kategorien von Dienstleistungen** aufgelistet sind, die vom EU-Gesetzgeber im Hinblick auf den europäischen **Binnenmarkt** als **mehr oder weniger bedeutsam** eingestuft wurden. Für bestimmte Dienstleistungen existiert faktisch kein bzw. kaum europäischer Wettbewerb, sondern nur ein nationaler Markt. Bei letzteren wurde es nicht für erforderlich angesehen, die Auftragsvergabe den strengen europarechtlich überformten Regeln zu unterwerfen. 14

Betrifft der zu vergebende Auftrag eine Dienstleistung, die in **Teil A des Anhangs I** aufgeführt ist (so genannte **„prioritäre Dienstleistungen“**), so findet Abschnitt 2 gemäß § 1 EG Abs. 2 VOL/A uneingeschränkt Anwendung – es ist also das **„normale“ Vergaberechtsregime** zu beachten. 15

**Teil B des Anhangs I** enthält sodann diverse **vergaberechtlich privilegierte Dienstleistungen**, bei denen **nur einzelne Regelungen** des Abschnitts 2 der VOL/A **anwendbar** sind (sogenannte „nicht prioritäre Dienstleistungen“). Gemäß § 4 Abs. 2 Nr. 2 VgV sind dies 16
- die Vorgaben für die Erstellung der **Leistungsbeschreibung** (§ 8 EG VOL/A),
- die Verpflichtung des Auftraggebers, die zur Nachprüfung von Vergabeverstößen zuständige Stelle zu benennen (§ 15 EG Abs. 10 VOL/A),
- die Regelungen über die **Bekanntmachung erteilter Aufträge** (§ 23 EG VOL/A).

Allerdings bestimmt § 4 Abs. 2 Nr. 2 VgV, dass der öffentliche Auftraggeber **ergänzend** die Bestimmungen des **ersten Abschnitts der VOL/A** – also die Regelun- 17 gen für den Unterschwellenbereich – anzuwenden hat mit Ausnahme des § 7 VOL/A.[5]

18 **Prioritäre Dienstleistungen** nach Teil A sind z. B.
- Instandhaltung und Reparatur,
- finanzielle Dienstleistungen,
- Datenverarbeitung,
- Unternehmensberatung sowie
- Verlegen und Drucken gegen Vergütung.

19 Zu den **nicht prioritären Dienstleistungen** nach Teil B gehören z. B.
- Rechtsberatung,
- Unterrichtswesen und Berufsausbildung,
- Erholung, Kultur und Sport sowie
- alle sonstigen – also weder in Teil A noch in Teil B explizit genannten – Dienstleistungen.

20 Vor dem Hintergrund der Differenzierung zwischen prioritären und nicht prioritären Dienstleistungen erschließt sich auch die **Bedeutung der Regelung in § 99 Abs. 10 GWB** betreffend die Abgrenzung zwischen Liefer- und Dienstleistungsaufträgen nach dem überwiegenden Wert: Nur wenn der **Auftrag insgesamt als Dienstleistung einzustufen** ist, kommt eine vergaberechtliche Privilegierung nach Teil B des Anhangs I zur VOL/A EG überhaupt in Betracht.

**!** **Praxistipp**
Wenn eine **nicht prioritäre Dienstleistung** nach Teil B des Anhangs I der VOL/A EG Gegenstand einer beabsichtigten Auftragsvergabe ist, unterliegt der Auftraggeber somit deutlich **weniger strengen vergaberechtlichen Bindungen**. Die formalen Anforderungen sind geringer und die vorzusehenden Fristen im Vergabeverfahren sind kürzer. Öffentliche Auftraggeber können sich durch eine **sorgsame Kategorisierung** des zu vergebenden Auftrags daher unter Umständen in erheblichem Umfang **organisatorischen Aufwand ersparen** und das Verfahren insgesamt **beschleunigen**.

21 Zu beachten ist allerdings, dass die Unterscheidung zwischen prioritären und nicht prioritären Dienstleistungen **in der neuen EU-Richtlinie 2014/24/EU aufgegeben** wurde. Dieser Grundentscheidung wird der nationale Gesetzgeber im Rahmen der

5 Diese Vorschrift betrifft die Erstellung der Leistungsbeschreibung – diesbezügliche (strengere) Vorgaben hat der Auftraggeber bei Dienstleistungen nach Teil B des Anhangs I über § 8 EG VOL/A ohnehin zu beachten.

Umsetzung der Richtlinie bei der Neufassung der VOL/A EG und der VgV Rechnung tragen müssen.[6]

## B. Freiberufliche Dienstleistungen – die VOF

Gemäß § 5 VgV haben **Auftraggeber nach § 98 Nr. 1 bis 3 und 5 GWB** – also auch die subventionierten privaten Auftraggeber bei Vorhaben, die zu mehr als 50% mit öffentlichen Mitteln finanziert werden – bei der Vergabe von Aufträgen für Dienstleistungen, die im Rahmen einer freiberuflichen Tätigkeit erbracht oder im Wettbewerb mit freiberuflichen Tätigkeiten angeboten werden, die Vergabeordnung für freiberufliche Leistungen **(VOF) anzuwenden.** 22

Eine **wichtige Ausnahme** wird in § 5 Absatz 2 VgV statuiert: Freiberufliche Leistungen, die vorab **eindeutig und erschöpfend beschreibbar** sind, unterfallen nicht der VOF. Die Vergabe solcher Leistungen erfolgt daher nach den Grundsätzen der **VOL/A.** 23

### I. Der Anwendungsbereich im Überblick

Der Anwendungsbereich der VOF ist an zwei entscheidende Voraussetzungen geknüpft: 24

- Die VOF gilt nur für **nicht eindeutig und erschöpfend beschreibbare freiberufliche Leistungen** und
- die VOF ist nur auf Vergaben von Aufträgen, die den **Schwellenwert** gemäß § 2 VgV **überscheiten**, anwendbar.

Die VOF ist – im Gegensatz zur VOL/A – nicht in mehrere Abschnitte unterteilt, sondern enthält ausschließlich Regelungen für Vergaben oberhalb der Schwellenwerte. Wird der Schwellenwert bei freiberuflichen Leistungen nicht erreicht, so ist demnach die VOF auch nicht anwendbar. In diesem Fall unterliegt der Auftraggeber keinen spezifisch vergaberechtlichen Bindungen. 25

Wie die VOL/A ist auch die VOF **nicht für Vergaben im Sektorenbereich anwendbar**, weil insofern die SektVO eine abschließende Spezialregelung darstellt. Gleiches gilt für Aufträge in den Bereichen **Verteidigung und Sicherheit**, welche ausschließlich nach den Vorschriften der VSVgV vergeben werden. 26

---

6 Art. 10 der vorgenannten Richtlinie enthält allerdings einige generelle Ausnahmetatbestände für bestimmte Dienstleistungskategorien. Außerdem ist für soziale und einige besondere Dienstleistungen ein deutlich erhöhter Schwellenwert von 750.000,00 € vorgesehen (Art. 4d), Art. 74 mit Anhang XIV).

## II. Die „freiberuflichen Leistungen"

27 Unabdingbare Voraussetzung für die Anwendbarkeit der VOF ist, dass der zu vergebende Auftrag eine freiberufliche Leistung betrifft. Was freiberufliche Leistungen sind, ist **in der VOF nicht ausdrücklich geregelt**.

28 Der EuGH hat einige **Kriterien** herausgearbeitet, durch welche freiberufliche Leistungen definiert werden. Danach sind freiberufliche Tätigkeiten solche, die u.a.
- einen ausgesprochen **intellektuellen Charakter** aufweisen,
- eine **hohe Qualifikation** verlangen,
- in der Regel einer strengen **berufsständischen Regelung** unterliegen und
- deren **Ausübung stark persönlich geprägt** ist und eine große Selbständigkeit bei der Vornahme der beruflichen Handlungen voraussetzt.[7]

29 Ergänzend kann zur Konkretisierung auf den Katalog in § 18 Abs. 1 Nr. 1 Satz 2 des **Einkommensteuergesetzes** (EStG) zurückgegriffen werden. Dort findet sich folgende **Definition**, die zwischen **Tätigkeitsberufen** und **Katalogberufen** unterscheidet:

> Zu den freiberuflichen Leistungen gehören die selbständig ausgeübte wissenschaftliche, künstlerische, schriftstellerische, unterrichtende oder erziehende Tätigkeit, die selbständige Berufstätigkeit der Ärzte, Zahnärzte, Tierärzte, Rechtsanwälte, Notare, Patentanwälte, Vermessungsingenieure, Ingenieure, Architekten, Handelschemiker, Wirtschaftsprüfer, Steuerberater, beratenden Volks- und Betriebswirten, vereidigten Buchprüfer, Steuerbevollmächtigten, Heilpraktiker, Dentisten, Krankengymnasten, Journalisten, Bildberichterstatter, Dolmetscher, Übersetzer, Lotsen u.ä. Berufe."[8]

30 **Keine freiberuflichen Leistungen** sind solche Tätigkeiten, die ihrer Natur nach ausschließlich durch Gewerbetreibende erbracht werden wie z.B. die Tätigkeit von Medienagenturen (in Abgrenzung zu freiberuflich tätigen Bildberichterstattern). Derartige Dienstleistungen unterliegen der VOLA.

## III. Die Abgrenzung zwischen VOF und VOL/A

31 Wie den korrespondierenden Regelungen in § 5 Abs. 2 VgV, § 1 Abs. 1 VOF und §§ 1 EG Abs. 1 S. 2, 1 S. 2 VOL/A zu entnehmen ist, besteht das maßgebliche Abgren-

---

7 EuGH, Urt. v. 11.10.2001 – C-267/99.

8 Dazu, was **„ähnliche Berufe"** zu den in der Aufzählung in § 18 Abs. 1 Nr. 1 Satz 2 EStG genannten Tätigkeiten sind, existiert eine Einstufung des Bundesministeriums der Finanzen (BMF-Schreiben v. 22.10.2004 – IV B 2-S 2246-3/04), wonach z.B. auch medizinische Fußpfleger, Logopäden und Rettungsassistenten freiberufliche Tätigkeiten ausüben.

zungskriterium in der **Beschreibbarkeit der Leistung**. Ist die Leistung eindeutig und erschöpfend beschreibbar, so findet ausschließlich die VOL/A Anwendung.

Wann eine Leistung „eindeutig und erschöpfend" beschreibbar ist, ist aufgrund der **begrifflichen Unschärfe** dieses Kriteriums schwierig zu umgrenzen. Die Abgrenzung ist aber deshalb von erheblicher Bedeutung, weil sich die **VOF und die VOL/A strukturell deutlich unterscheiden**. Ein Vergabeverfahren nach der VOF läuft völlig anders ab als ein Vergabeverfahren, auf welches die VOL/A anzuwenden ist. 32

Während die **VOL/A** – ebenso wie die VOB/A – vom Grundsatz her einen **Vorrang der öffentlichen Ausschreibung** (bzw. des offenen Verfahrens bei Vergaben im Oberschwellenbereich) enthält (§§ 3 EG Abs. 1 Satz 1, 3 Abs. 2 Satz 1 VOL/A), sind Leistungen nach der **VOF** ebenfalls im leistungsbezogenen Wettbewerb, allerdings gemäß § 3 Abs. 1 VOF im **Verhandlungsverfahren mit vorherigem Teilnahmewettbewerb** zu vergeben. 33

Charakteristisch für Verhandlungsverfahren ist es, dass der Auftraggeber nach Abschluss des Teilnahmewettbewerbs, zu dem öffentlich aufzufordern ist, einzelne **Bieter auswählt**, um mit diesen über die **Auftragsbedingungen zu verhandeln**. Beim offenen Verfahren hingegen sind Verhandlungen mit den Bietern generell unzulässig; der Auftraggeber muss die von ihm gewünschte Leistung in der Ausschreibung konkret definieren und die daraufhin eingehenden Angebote so nehmen, wie sie von den Bietern abgegeben werden. 34

Diese **„Sonderregelung"** für freiberufliche Leistungen beruht darauf, dass wegen der fehlenden eindeutigen und erschöpfenden Beschreibbarkeit die **Ausschreibung der Leistung im Detail kaum möglich**, jedenfalls nicht sinnvoll ist – die Erstellung einer Leistungsbeschreibung setzt schließlich eine beschreibbare Leistung voraus.[9] Der Auftraggeber soll daher in solchen Fällen – wenn auch mit vorheriger öffentlicher Aufforderung zur Teilnahme – anhand der von ihm selbst aufgestellten Kriterien **nach pflichtgemäßem Ermessen frei darüber entscheiden** dürfen, wen er für die zu vergebende freiberufliche Leistung als geeignet erachtet und mit wem er in die eigentlichen Auftragsverhandlungen „einsteigen" will. 35

In der vergaberechtlichen Literatur finden sich verschiedene – mehr oder weniger überzeugende – Vorschläge, wie eine **Abgrenzung** zwischen eindeutig und erschöpfend beschreibbaren Leistungen und solchen Leistungen, bei denen dies nicht der Fall ist, vorgenommen werden kann. Die Rechtsprechung stellt überwiegend darauf ab, ob die vom Auftraggeber gewünschte **Lösung** in den wesentlichen Punkten **feststeht oder** nicht oder ob er zur Ausarbeitung der optimalen Lösung gerade 36

9 Statt einer Leistungsbeschreibung hat der Auftraggeber im Geltungsbereich der VOF jedoch eine „Aufgabenbeschreibung" zu erstellen, die gemäß § 6 Abs. 1 VOF „klar und eindeutig" sein muss, damit alle Bieter sie im gleichen Sinne verstehen können – eine selbstverständliche Ausprägung des Transparenzgebots.

das „**gestalterisch-schöpferische Potenzial**" des Auftraggebers benötigt[10] bzw. der Auftragnehmer zur Entwicklung der Lösung **eigene Ideen entwickelt** und umsetzt.[11]

37 Als **Faustregel** kann gelten: Wenn das **Leistungsbild** – also das, was der Auftragnehmer konkret tun soll – vertraglich **nicht hinreichend bestimmt spezifiziert** werden, sondern nur die zu lösende Aufgabe konkret beschrieben werden kann, ist die betreffende Dienstleistung nach der **VOF** zu vergeben.

38 Daraus resultiert, dass **Architekten- und Ingenieurleistungen** regelmäßig als der **VOF** unterfallende freiberufliche Leistungen einzustufen sind: Sie sind – jedenfalls im Hinblick auf die zu erstellenden Planungen – geistig-schöpferischer Art und lassen sich im Allgemeinen nicht abschließend beschreiben.[12] Bei einer **isolierten Vergabe der Objektüberwachung** gemäß der Leistungsphase 8 der Leistungsbilder nach §§ 33ff., 41ff. HOAI ist jedoch grundsätzlich die **VOL/A** anzuwenden, weil die dem Architekten/Ingenieur in diesem Rahmen obliegenden Leistungen ohne Weiteres eindeutig beschrieben werden können.[13]

39 Die VOF ist nach einhelliger Rechtsprechung auch auf die Vergabe von **Projektsteuerungsleistungen** anwendbar.[14]

**Beispiel**

Ein Auftraggeber schreibt **Rechtsberatungsleistungen** für die **Prozessvertretung** in 1.400 Klageverfahren **im Offenen Verfahren** nach der VOL/A aus. Er schließt das Angebot der mindestbietenden Kanzlei wegen eines offenbaren Missverhältnisses zwischen Angebotspreis und zu erbringender Leistung gemäß § 16 Abs. 6 VOL/A von der Wertung aus.

Das Vorgehen der Vergabestelle ist **rechtswidrig**, weil die Vergabe nach der **VOF** hätte durchgeführt werden müssen. Auch die anwaltliche Prozessführung ist nicht vorab eindeutig und erschöpfend beschreibbar, sondern dieser wohnt – auch bei standardisierten Fällen bzw. Sachverhalten – ein geistig-schöpferisches Element inne.[15]

## IV. Prioritäre und nicht prioritäre freiberufliche Leistungen

40 Ebenso wie die VOL/A unterscheidet die VOF in ihrem Anhang I, Teil A und B, zwischen prioritären und nicht prioritären Leistungen. Die dortigen Leistungskataloge

10 So z.B. OLG München, Beschl. v. 28.4.2006 – Verg 6/06.

11 OLG Frankfurt, Beschl. v. 8.5.2012 – 11 Verg 2/12.

12 VK Südbayern, Beschl. v. 31.10.2002 – 42-10/02.

13 VK Sachsen, Beschl. v. 29.6.2001 – 1-SVK-31/01. – Es sprechen gute Gründe dafür, auch eine isolierte Vergabe von Architektenleistungen nach dem Leistungsbild der Leistungsphasen 5 bis 9 der HOAI der VOL/A zu unterwerfen, weil die zu erbringenden Leistungen in der HOAI detailliert beschrieben sind, vgl. VK Arnsberg, Beschl. v. 9.4.2002 – VK 3-03/02.

14 Statt vieler OLG München, Beschl. v. 19.12.2013 – Verg 12/13.

15 Fallbeispiel nach OLG Düsseldorf, Beschl. v. 2.1.2012 – VII-Verg 70/11.

entsprechen denen im Anhang I der VOL/A EG, so dass auf die vorstehenden Ausführungen verwiesen werden kann.[16]

Nur auf die in Teil A des Anhangs I aufgeführten Leistungen ist die VOF vollumfänglich anwendbar. Unterfällt die zu vergebende Leistung hingegen der Aufzählung in Teil B, so muss der Auftraggeber gemäß § 1 Abs. 3 VOF wiederum nur folgende Einzelregelungen beachten: 41

- die Vorgaben über die Aufgabenbeschreibung (§ 6 Abs. 2 bis 7 VOF) und
- die Regelungen über die Bekanntmachung der erfolgten Auftragserteilung (§ 14 VOF).

Auch diese Differenzierung wird im Zuge der Umsetzung der neuen EU-Richtlinie 2014/24/EU und der in diesem Zusammenhang anstehenden Neufassung der VOF und der VgV aufgegeben werden müssen. 42

## C. Bauleistungen – die VOB/A

### I. Der Anwendungsbereich im Überblick

§ 6 Abs. 1 VgV regelt, dass **Auftraggeber nach § 98 Nr. 1 bis 3, 5 und 6 GWB** – also sämtliche öffentliche Auftraggeber mit Ausnahme der Sektorenauftraggeber nach § 98 Abs. 4 GWB – bei der Vergabe von **Bauaufträgen und Baukonzessionen** die VOB/A anzuwenden haben. Ebenso wie bei der VOL/A erstreckt sich diese Vorgabe auf den **2. Abschnitt der VOB/A**, da GWB und VgV nur im **Oberschwellenbereich** gelten. 43

Im Vergleich zur VOL/A und zur VOF wird der **Anwendungsbereich** der VOB/A durch die Bezugnahme auf Auftraggeber nach § 98 Nr. 6 GWB **auf die Baukonzessionäre erweitert.** Es sollen nicht nur die Konzessionsgeber bei der Vergabe von Baukonzessionen an Konzessionsnehmer, sondern auch letztere bei der **Vergabe von Unteraufträgen** an das Vergaberecht gebunden sein. 44

Die Unterwerfung auch der Baukonzessionäre unter die vergaberechtlichen Regeln ist **folgerichtig**: Dadurch wird verhindert, dass bei der Vergabe von Bauleistungen durch die Zwischenschaltung eines Baukonzessionärs das Vergaberecht komplett umgangen werden kann. Allerdings sind weder die Baukonzessionsgeber noch die Baukonzessionäre den vergaberechtlichen Regelungen in vollem Umfang unterworfen. 45

**16** Oben Rn 14 ff.

## II. Die Einschränkung des Anwendungsbereichs bei Baukonzessionen

46 Die VOB/A enthält im Hinblick auf Baukonzessionen **Sonderregelungen**, und zwar sowohl für die Vergabe der Baukonzession selbst als auch für die Vergabe von (Unter-)Aufträgen durch Baukonzessionäre. Dadurch wird den Besonderheiten dieser Auftragsart Rechnung getragen.

### 1. Einschränkungen bei der Vergabe von Baukonzessionen

47 Nach der Definition in §§ 99 Abs. 6 GWB, 22 EG VOB/A sind Baukonzessionen Verträge über die Vergabe von Bauaufträgen, bei denen die **Gegenleistung** für die Bauarbeiten statt in einem Entgelt in dem befristeten **Recht auf Nutzung** der baulichen Anlage, gegebenenfalls zuzüglich der Zahlung eines Preises besteht.[17] **§ 22 EG Abs. 2 VOB/A** trifft eine Sonderregelung für die Vergabe derartiger Baukonzessionen.

48 Nach § 22 EG Abs. 2 Nr. 1 VOB/A müssen öffentliche Auftraggeber bei der Vergabe von Bauaufträgen oberhalb der EU-Schwellenwerte

- die Bestimmungen der §§ 1 bis 21 des **Abschnitts 1 der VOB/A** – also die Regelungen für den Unterschwellenbereich – **sinngemäß** und
- aus Abschnitt 2 der VOB/A – also den EG-Paragrafen – lediglich die Regelungen nach den Nummern 2 bis 4 dieses Absatzes

anwenden.

49 § 22 EG Abs. 2 Nr. 2 bis 4 VOB/A verpflichtet öffentliche Auftraggeber insofern, die **beabsichtigte Vergabe** der Baukonzession nach den in § 12 EG Abs. 2 VOB/A aufgestellten „normalen" Regeln für den Oberschwellenbereich **bekanntzumachen** und eine Bewerbungsfrist von **mindestens 52 Kalendertagen**, gerechnet vom Tag der Absendung der Bekanntmachung an, vorzusehen.

50 Die Vergaben von Baukonzessionen werden also ähnlich wie die „nicht prioritären" Dienstleistungen nach der VOL/A und der VOF dahingehend **privilegiert**, dass von den strengen „EU-Regeln" des 2. Abschnitts der VOB/A nur die Vorschriften über die Bekanntmachung und die Einhaltung einer Mindest-Bewerbungsfrist gelten und im Übrigen die Regeln des nationalen Vergaberechts aus dem Abschnitt 1 der VOB/A anwendbar sind.

### 2. Einschränkungen bei der Auftragsvergabe durch Baukonzessionäre

51 Die Erstreckung des Vergaberechts auf **Baukonzessionäre**, die als **private Unternehmen** ansonsten keine öffentlichen Auftraggeber sind und daher dem Vergabe-

17 Näher hierzu oben Kap. 3 Rn 39 ff.

recht normalerweise nicht unterliegen, wird durch § 6 Abs. 1 Hs. 2 VgV **für den Oberschwellenbereich erheblich eingeschränkt**: Anwendbar sind nur diejenigen Regelungen, die konkret auf diese Auftraggeber Bezug nehmen.[18]

Gemäß § 22 EG Abs. 3 VOB/A müssen Baukonzessionäre lediglich sämtliche Vorschriften über die **Bekanntmachung** beabsichtigter Bauvergaben beachten sowie (im Vergleich zu sonstigen europaweit ausgeschriebenen Bauaufträgen verkürzte) **Bewerbungs- und Angebotsfristen** als Mindestfristen einhalten. 52

## III. Die von der VOB/A erfassten Aufträge

**Bauaufträge** sind in § 99 Abs. 3 GWB sowie wortgleich in § 1 EG VOB/A definiert als Verträge über die **Ausführung** oder die gleichzeitige **Planung und Ausführung** 53
- eines **Bauvorhabens oder eines Bauwerkes** für den öffentlichen Auftraggeber, das
  - Ergebnis von Tief- oder Hochbauarbeiten ist und
  - eine wirtschaftliche oder technische Funktion erfüllen soll
- oder einer dem Auftraggeber unmittelbar wirtschaftlich zugutekommenden **Bauleistung durch Dritte** gemäß den vom Auftraggeber genannten Erfordernissen.

Die Differenzierung zwischen „Bauvorhaben“ und „Bauwerk“, die auf die in den EU-Richtlinien verwendete Terminologie zurückgeht, führt nicht wirklich weiter. Hilfreicher ist die in **§ 1 VOB/A** für den Unterschwellenbereich vorgenommene konkretisierende Umschreibung des Begriffs **„Bauleistung“** als 54

> „Arbeiten jeder Art, durch die eine bauliche Anlage hergestellt, instand gehalten, geändert oder beseitigt wird.“

Die Begriffe „Bauwerk“ und „Bauleistung“ sind weit auszulegen. Bei der Neuerrichtung baulicher Anlagen gehören hierzu auch die für die Funktionsfähigkeit des Gebäudes notwendigen technischen Anlagen und die zur bestimmungsgemäßen Gebäudenutzung erforderliche Erstausstattung mit Mobiliar, insbesondere wenn hierbei Montagearbeiten zu erbringen sind.[19] 55

Als Bauleistungen anzusehen sind aber auch auf eine bauliche Anlage bezogene **Einzelmaßnahmen** wie z.B. Abbruch-, Erd- und Gerüstarbeiten oder die Instal- 56

**18** Baukonzessionäre, die ohnehin als öffentliche Auftraggeber gemäß § 98 Nr. 1 bis 3 und 5 GWB einzustufen sind, unterfallen in vollem Umfang dem 2. Abschnitt der VOB/A. Solche Auftraggeber sollen durch ihre (zusätzliche) Stellung als Baukonzessionäre nicht vergaberechtlich privilegiert werden.

**19** VK Brandenburg, Beschl. v. 30.5.2007 – 1 VK 15/07.

lation von Beleuchtungsanlagen für Straßen. Eine beispielhafte, nicht abschließende Aufzählung findet sich in **Anhang I der Vergabekoordinierungsrichtlinie.**[20]

57 Zu beachten ist jedoch, dass die Bauleistung nicht lediglich untergeordnete „Nebenarbeiten" von Dienstleistungen darstellen dürfen, weil der Auftrag in diesem Fall gemäß § 99 Abs. 10 GWB insgesamt als Dienstleistungsauftrag einzustufen ist.[21]

### IV. Aufbau und Struktur der VOB/A

58 Der Aufbau der VOB/A entspricht im Wesentlichen dem der VOL/A. Ihr **Abschnitt 1** enthält die Vorschriften zum **nationalen Vergaberecht, Abschnitt 2** die Regelungen für Vergaben **oberhalb der EU-Schwellenwerte.** Insofern kann auf die vorstehenden Ausführungen unter A. II. verwiesen werden.

59 Eine Besonderheit stellt der neue Abschnitt 3 der VOB/A dar, welcher **Sonderregelungen** für Bauaufträge oberhalb der Schwellenwerte in den Bereichen **Verteidigung und Sicherheit** enthält. Hierauf wird nachfolgend im Rahmen eines kurzen Überblicks über die VSVgV näher eingegangen.

## D. Tätigkeits- und bereichsbezogene Sonderregelungen

60 Es wurde eingangs bereits dargestellt, dass die Vergabe von Aufträgen, die bestimmte **(Sektoren-)Tätigkeiten** öffentlicher Auftraggeber betreffen, und Auftragsvergaben in den Bereichen **Verteidigung und Sicherheit** nicht nach den allgemeinen Vorschriften in den Vergabe- und Vertragsordnungen VOB/A, VOL/A und VOF erfolgen. Vielmehr existieren mit der SektVO und der VSVgV **auftragsartübergreifende Sonderregelungen.**

### I. Auftragsvergaben bei Sektorentätigkeiten – die SektVO

#### 1. Der Anwendungsbereich im Überblick

61 Gemäß § 1 Abs. 1 SektVO gilt diese Verordnung für Auftraggeber nach § 98 Nr. 1 bis 4 GWB und trifft nähere Bestimmungen über die Vergabe von Aufträgen im Zusammenhang mit Sektorentätigkeiten. „**Sektorentätigkeiten**" sind nach der Definition in § 1 Abs. 1 Satz 2 SektVO Tätigkeiten auf den Gebieten

---

**20** Richtlinie 2004/18/EG vom 31.3.2004.

**21** Näher hierzu oben in Kap. 3 Rn 68 ff.

- der Trinkwasserversorgung,
- der Energieversorgung sowie
- des Verkehrs.

Der bis vor einigen Jahren noch miterfasste **Telekommunikationssektor** ist mittlerweile vom Vergaberecht **befreit**, weil in diesem Bereich in Europa inzwischen hinreichender privater Wettbewerb herrscht, so dass hier kein Regelungsbedarf mehr gesehen wurde. 62

Die SektVO stellt eine umfassende und **abschließende Regelung für alle Auftragsvergaben** im Sektorenbereich dar, und zwar unabhängig davon, ob es sich um Bau-, Liefer- oder Dienstleistungen oder freiberufliche Tätigkeiten handelt. Ein (ergänzender) Rückgriff auf die VOB/A, die VOL/A oder die VOF ist versperrt. 63

Eine **Ausnahme** gilt gemäß §1 Abs.3 SektVO für **verteidigungs- und sicherheitsrelevante Aufträge** gemäß §99 Abs.7 GWB. Auch wenn derartige Aufträge Sektorentätigkeiten betreffen, gilt nicht die SektVO, sondern ausschließlich die **VSVgV**. 64

Eine weitere **Abgrenzungsregelung für „Mischaufträge"** enthält § 99 Abs. 12 GWB. Bei Aufträgen, die sowohl Sektorentätigkeiten als auch „normale" Nicht-Sektorentätigkeiten umfassen, kommt es auf den **Hauptgegenstand des Auftrags** an. Lässt sich dieser nicht sicher feststellen, ist **im Zweifel nicht die SektVO** – und somit das strengere Vergaberechtsregime – anwendbar.[22] 65

Die SektVO setzt die europarechtliche Richtlinie 2004/17/EG in nationales Recht um und gilt daher nach §1 Abs. 2 SektVO **nur im Oberschwellenbereich**. Diese Regelung enthält eine **dynamische Verweisung** auf die jeweils gültige europarechtliche Festsetzung der Schwellenwerte. Das hat zur Folge, dass es auch im Anwendungsbereich der SektVO für die Schwellenwertermittlung auf die Differenzierung zwischen Bauleistungen einerseits und Liefer- und Dienstleistungen andererseits ankommt. 66

Für Aufträge **unterhalb der Schwellenwerte** existieren keine vergaberechtlichen Vorschriften. Daher unterliegen öffentliche Auftraggeber bei einer Auftragsvergabe im Sektorenbereich in diesem Fall **keinen spezifisch vergaberechtlichen Bindungen**. Haushaltsrechtliche Bindungen bleiben jedoch unberührt. 67

## 2. Die „Zwitterstellung" der SektVO

Die SektVO ist auf Grundlage der gesetzlichen Ermächtigung in § 127 Abs. 2 GWB als **Rechtsverordnung** erlassen worden, ist also ebenso wie die VgV auf der Verordnungsebene anzusiedeln. Da die VgV nach deren § 2 Abs. 2 im Sektorenbereich explizit nicht gilt, enthält die SektVO **einige allgemeine Regelungen** z.B. über die Schätzung des Auftragswerts (§ 2 SektVO). 68

22 Näher hierzu oben Kap. 3 Rn 73ff.

69 Gleichzeitig enthält die SektVO aufgrund ihres abschließenden Regelungsgehalts **sämtliche Einzelvorschriften** betreffend das Vergabeverfahren. Die Hierarchie zwischen VgV und konkretisierenden Vergabe- und Vertragsordnungen existiert im Sektorenbereich nicht, das **Kaskadenprinzip**[23] wird somit hier **durchbrochen.**

### 3. Die einzelnen Sektorentätigkeiten

70 Welche Tätigkeiten auf den Gebieten Trinkwasserversorgung, Energie und Verkehr als Sektorentätigkeiten anzusehen sind, wird in der **Anlage zu § 98 Nr. 4 GWB** in recht unübersichtlicher Weise näher **beschrieben.**

71 Für die Bereiche **Trinkwasserversorgung und Energie** – in der Anlage zu § 98 Nr. 4 GWB nochmals unterteilt in Elektrizitäts- und Gasversorgung einerseits und Wärmeversorgung andererseits – wird maßgeblich an das **Bereitstellen und Betreiben fester Netze** zum Zwecke der Versorgung der Allgemeinheit angeknüpft. Die Sektorentätigkeit im Bereich **Verkehr** erstreckt sich auf die **Bereitstellung und den Betrieb** von Flughäfen, Häfen und anderen Verkehrsendeinrichtungen sowie sonstigen **Infrastruktureinrichtungen** insbesondere für Schienen- und Straßenverkehr sowie das allgemeine Erbringen von Verkehrsleistungen.

72 **„Sektorenfremde" Tätigkeiten** von Sektorenauftraggebern nach § 98 Nr. 4 GWB werden unter bestimmten Voraussetzungen jedoch ausgenommen, so dass eine Vergabe von Aufträgen für derartige Tätigkeiten nicht der SektVO, sondern den **allgemeinen vergaberechtlichen Regeln** unterfällt.

### 4. Besonderheiten und Ausnahmen

73 Im Gegensatz zur früheren Rechtslage nimmt die SektVO keine Differenzierungen nach der Person des Auftraggebers vor. **Nicht-Sektorenauftraggeber und Sektorenauftraggeber** werden nunmehr **einheitlichen Regelungen** unterworfen, soweit sie Aufträge im Zusammenhang mit Sektorentätigkeiten vergeben. Erforderlich ist insofern lediglich, dass der Beschaffungsvorgang der Ausübung einer Sektorentätigkeit dient.

**Beispiel**

Ein Auftrag über die **Innenreinigung von Stadtbahnen und Omnibussen** dient unmittelbar dem Betrieb des öffentlichen Personennahverkehrs und weist daher den erforderlichen Zusammenhang mit der Sektorentätigkeit „Verkehr" auf.[24]

23 Siehe hierzu oben Kap. 1 Rn 24 f.

24 Fallbeispiel nach VK Niedersachsen, Beschl. v. 5.11.2010 – VgK-54/10.

Die vor Inkrafttreten der SektVO vorhandene Differenzierung nach den jeweiligen Sektorentätigkeiten wurde abgeschafft. Stattdessen wird nun – in Angleichung an die VOL/A und die VOF – in § 4 SektVO unter Verweisung auf den Anhang 1 eine Unterscheidung zwischen **prioritären und nicht prioritären Dienstleistungen** vorgenommen.[25] 74

Bestimmte in Teil B des Anhangs 1 zur SektVO aufgeführte Dienstleistungen sind auch im Sektorenbereich (zusätzlich) **privilegiert**: Bei der Vergabe von Aufträgen für derartige Dienstleistungen muss der Auftraggeber wiederum **nur die Bestimmungen** über die Erstellung des Leistungsverzeichnisses bzw. die **technischen Anforderungen** sowie über die **Bekanntmachung erteilter Aufträge** beachten. Der Katalog der privilegierten Dienstleistungen im Anwendungsbereich der SektVO entspricht im Übrigen vollständig demjenigen im Anwendungsbereich der VOL/A und der VOF. 75

Eine wichtige **Ausnahmeregelung** trifft § 3 SektVO: Aufträge zur Ermöglichung einer **Sektorentätigkeit** sollen dann nicht in den Anwendungsbereich der SektVO fallen, wenn die Sektorentätigkeit auf Märkten mit freiem Zugang unmittelbar dem Wettbewerb ausgesetzt ist, auf diesem Gebiet also bereits ein **ausreichender Wettbewerb vorhanden** ist. Voraussetzung ist eine verbindliche Feststellung durch die **EU-Kommission**, welche diese auf einen entsprechenden Antrag des Auftraggebers oder des Bundesministeriums für Wirtschaft und Technologie trifft. Das nähere Verfahren regelt § 3 Abs. 2–7 SektVO. 76

Diese Ausnahmeregelung beruht auf der Annahme, dass dann, wenn sich faktisch und rechtlich bereits in ausreichendem Maße ein Wettbewerb auf dem betreffenden Gebiet herausgebildet hat, zusätzliche **vergaberechtliche Reglementierungen** zur Schaffung bzw. Absicherung dieses Wettbewerbs **nicht mehr erforderlich** sind.[26] § 3 SektVO hält jedenfalls ein Instrumentarium bereit, um auf solche Konstellationen **flexibel reagieren** zu können. 77

**Beispiel**
Für deutsche Auftraggeber hat die EU-Kommission bislang **eine derartige Befreiung ausgesprochen**, nämlich für die Erzeugung und den Großhandel mit **Strom aus konventionellen Quellen**. Kommunale Unternehmen sind nunmehr nicht mehr verpflichtet, öffentliche Aufträge betreffend die Errichtung, den Betrieb oder die Wartung konventioneller Stromerzeugungsanlagen – also z.B. Gas- oder Kohlekraftwerke – auszuschreiben.

25 Näher hierzu oben Rn 14 ff.
26 Ob diese Annahme zutrifft, erscheint einigermaßen zweifelhaft.

## II. Auftragsvergaben in den Bereichen Verteidigung und Sicherheit – die VSVgV

78 Die VSVgV wurde auf Grundlage der gesetzlichen Ermächtigung in § 127 Abs. 8 GWB erlassen; durch sie wurden europarechtliche Vorgaben umgesetzt. Durch diese **Rechtsverordnung**, die hinsichtlich ihrer Struktur und der Normenhierarchie der SektVO gleichgelagert ist, werden besonderen Anforderungen an die **Versorgungs- und Informationssicherheit** bei Auftragsvergaben in besonders „sensiblen" Bereichen Rechnung getragen.

### 1. Der Anwendungsbereich im Überblick

79 § 1 Abs. 1 VSVgV erklärt diese Verordnung für die Vergabe von **verteidigungs- oder sicherheitsrelevanten Aufträgen** nach § 99 Abs. 7 GWB für anwendbar, und zwar für **alle öffentlichen Auftraggeber** in Sinne des § 98 GWB. Die VSVgV gilt hingegen **nicht für Aufträge**, die **gemäß § 100 Abs. 3–6 GWB** nach den allgemeinen Ausnahmen oder **gemäß § 100c GWB** nach den spezifischen Ausnahmen für die Bereiche Verteidigung und Sicherheit dem Anwendungsbereich des Vergaberechts von vornherein entzogen sind.

80 § 99 Abs. 7 GWB definiert bestimmte Arten von Aufträgen, die als verteidigungs- und sicherheitsrelevant eingestuft werden. Die VSVgV ist anwendbar, wenn der **Auftragsgegenstand** mindestens **eine der vier folgenden Leistungen** umfasst:

- **Lieferung** von **Militärausrüstung** (§ 99 Abs. 8 GWB),
- **Lieferung von Ausrüstung** in Rahmen eines sog. **Verschlusssachenauftrags** (§ 99 Abs. 9 GWB),
- **Bauleistungen, Lieferungen und Dienstleistungen** in unmittelbarem Zusammenhang mit derartiger Ausrüstung **in allen Phasen ihres Lebenszyklus**,
- **Bau- und Dienstleistungen** speziell für **militärische Zwecke und Verschlusssachenaufträge.**

81 Die VSVgV stellt gemäß ihrem § 2 Abs. 1 nur für sicherheits- und verteidigungsrelevante **Liefer- oder Dienstleistungsaufträge** eine umfassende und **abschließende Regelung** dar. Ein (ergänzender) Rückgriff auf die VOL/A oder die VOF ist dadurch versperrt. Nach § 2 Abs. 2 VSVgV sind für die Vergabe von sicherheits- und verteidigungsrelevanten **Bauaufträgen** hingegen nur einzelne Regelungen der VSVgV und **im Übrigen Abschnitt 3 der VOB/A** anwendbar.

82 Eine **Abgrenzungsregelung für „Mischaufträge"** findet sich in § 99 Abs. 13 GWB. Aufträge, die zum Teil verteidigungs- und sicherheitsrelevant sind, werden **einheitlich** nach den weniger strengen Regeln der **VSVgV** vergeben, sofern dies aus objektiven Gründen gerechtfertigt ist. Unterfällt in einer derartigen Konstellation der nicht verteidigungs- und sicherheitsrelevante Auftragsteil weder der SektVO noch der VgV, so ist eine Vergabe des gesamten Auftrags vergabefrei möglich.

Ebenso wie die SektVO gilt auch die VSVgV **nur im EU-Oberschwellenbereich**; sie enthält in § 1 Abs. 2 SektVO eine **dynamische Verweisung** auf die jeweilige europarechtliche Festsetzung der Schwellenwerte. Unterhalb der Schwellenwerte unterliegt der Auftraggeber bei verteidigungs- und sicherheitsrelevanten Aufträgen keinen vergaberechtlichen Bindungen. 83

### 2. Sonderfall: Verteidigungs- und sicherheitsrelevante Bauaufträge

Gemäß § 2 Abs. 2 VSVgV gilt diese Vorordnung bei der Vergabe verteidigungs- und sicherheitsrelevanter Bauaufträge nur teilweise. Sämtliche **Regelungen über das Vergabeverfahren** in Teil 2 der **VSVgV** sind **unanwendbar**. Insofern enthält der Abschnitt 3 der VOB/A die maßgeblichen Verfahrensregelungen. 84

Die VSVgV durchbricht also nur für verteidigungs- und sicherheitsrelevante Liefer- und Dienstleistungsaufträge das Kaskadenprinzip, weil nur insoweit auch die Vorschriften über das Vergabeverfahren anwendbar sind und die VSVgV somit ein abschließendes Regelwerk darstellt. Die Verfahrensregeln für verteidigungs- und sicherheitsrelevante Bauaufträge werden hingegen **in die VOB/A „ausgelagert"**. 85

Hintergrund dieser Regelung ist der Umstand, dass sich die Vergabeverfahren für Bauaufträge einerseits und Liefer- und Dienstleistungsaufträge andererseits **strukturell deutlich unterscheiden**. Es erschien dem Verordnungsgeber daher sachgerecht, die Verfahrensregeln für verteidigungs- und sicherheitsrelevante Bauaufträge an die **sachnahen Bestimmungen** für „normale" Bauvergaben im Oberschwellenbereich anzulehnen und demnach auch in der **VOB/A** in einem separaten Abschnitt zu verankern. 86

### 3. Prioritäre und nicht prioritäre Dienstleistungen

Ebenso wie die VgV, die VOL/A, die VOF und die SektVO unterscheidet § 5 VSVgV zwischen prioritären und nicht prioritären Dienstleistungen. Nur bei ersteren ist die VSVgV vollständig anwendbar. Die **nicht prioritären Dienstleistungen** sind wiederum dahingehend **privilegiert**, dass nur Bestimmungen über die Leistungsbeschreibung und technische Anforderungen (§ 15 VSVgV) sowie über die Bekanntmachung erteilter Aufträge (§ 35 VSVgV) Anwendung finden. 87

Die VSVgV enthält allerdings selbst keinen Anhang, in welchem die jeweiligen Dienstleistungskataloge aufgelistet sind, sondern verweist auf die **Anhänge I und II der Richtlinie 2009/81/EG**. In der Sache ergeben sich aber keine großen Unterschiede, weil sich die vorgenannten Anhänge I und II und die Teile A und B der Anhänge zur VgV, zur VOL/A, zur VOF und zur SektVO weitgehend gleichen.[27] 88

---

27 Unterschiede bestehen insbesondere insoweit, als die verkehrsbezogenen Dienstleistungen in den Bereichen Eisenbahnen und Schifffahrt sowie Neben- und Hilfstätigkeiten des Verkehrs im Anwendungsbereich der VSVgV zu den prioritären Dienstleistungen gehören.

# Kapitel 5
# Die Verfahrensarten im Überblick – wie gelangt der öffentliche Auftraggeber zu seinem Vertragspartner?

Sowohl oberhalb als auch unterhalb der Schwellenwerte gibt es **drei „klassische“ korrespondierende Verfahrensarten**: Im Oberschwellenbereich wird unterschieden wird zwischen **dem offenen Verfahren, dem nicht offenen Verfahren und dem Verhandlungsverfahren**; in der Terminologie des nationalen Vergaberechts spricht man von **Öffentlicher Ausschreibung, Beschränkter Ausschreibung und Freihändiger Vergabe**. 1

Seit dem ÖPP-Beschleunigungsgesetz[1] aus dem Jahr 2005 ist für Vergaben oberhalb der Schwellenwerte als vierte Vergabeart der **wettbewerbliche Dialog** hinzugekommen. Die zulässigen **Verfahrensarten** werden in **§ 101 Abs. 1 GWB abschließend aufgeführt** – wegen der Formstrenge des Vergaberechts sind Abweichungen oder Erweiterungen unzulässig. 2

## A. Der Grundsatz – Vorrang des offenen Verfahrens bzw. der öffentlichen Ausschreibung

### I. Die Regelung im Oberschwellenbereich

Das Offene Verfahren, welches der öffentlichen Ausschreibung im nationalen Vergaberecht unterhalb der Schwellenwerte entspricht, stellt den vom Normgeber **für die VOL/A und die VOB/A** intendierten **Regelfall der öffentlichen Auftragsvergabe** dar. § 101 Abs. 7 Satz 1 GWB stellt dies für den Oberschwellenbereich unmissverständlich klar: 3

> „Öffentliche Auftraggeber haben das offene Verfahren anzuwenden, es sei denn, auf Grund dieses Gesetzes ist etwas anderes gestattet.“

Von diesem Regelfall werden in § 101 Abs. 7 Satz 2 und 3 GWB für die im Sektorenbereich tätigen Auftraggeber sowie für die Vergabe verteidigungs- und sicherheitsrelevanter Aufträge **Ausnahmen** statuiert: 4

– Auftraggeber, die auf dem Gebiet der Trinkwasser- oder Energieversorgung oder des Verkehrs – also im **Sektorenbereich** – tätig sind, können zwischen dem offe-

---

1 Gesetz zur Beschleunigung der Umsetzung von Öffentlich Privaten Partnerschaften und zur Verbesserung gesetzlicher Rahmenbedingungen der Öffentlich Privaten Partnerschaften vom 1.9.2005.

nen Verfahren, dem nicht offenen Verfahren und dem Verhandlungsverfahren **frei wählen**.

- Auftraggeber, die **verteidigungs- und sicherheitsrelevante Aufträge** vergeben, haben ein Wahlrecht zwischen dem nicht offenen Verfahren und dem Verhandlungsverfahren; das **offene Verfahren findet nicht statt**.

5 Im Anwendungsbereich der **VOF** gilt der Vorrang des offenen Verfahrens nicht. Nach § 3 Abs. 1 VOF stellt vielmehr das **Verhandlungsverfahren** mit vorheriger öffentlicher Aufforderung zur Teilnahme (Teilnahmewettbewerb) das **Regelverfahren** dar. Der Grund besteht darin, dass ein offenes oder nicht offenes Verfahren mit umfangreicher Leistungsbeschreibung für die Vergabe freiberuflicher Leistungen ungeeignet ist. Diese Leistungen zeichnen sich ja gerade dadurch aus, dass sie nicht vorab eindeutig und erschöpfend beschrieben werden können.

6 § 101 Abs. 2 GWB – ebenso § 3 EG Abs. 1 Nr. 1 VOB/A; die VOL/A enthält in ihrem Abschnitt 2 keine entsprechende Regelung – definiert **offene Verfahren** als

> „Verfahren, bei denen eine **unbeschränkte Anzahl** von Unternehmen öffentlich zur Abgabe von Angeboten aufgefordert wird."

Das offene Verfahren soll also **allen Interessenten offenstehen** und ihnen eine Angebotsabgabe ermöglichen, ohne dass der Auftraggeber eine Vorauswahl treffen oder den Bieterkreis in sonstiger Weise beschränken kann.

7 Das offene Verfahren weist also unter allen Verfahrensarten die **größte Publizität** auf und ermöglicht somit einen größeren Wettbewerb als die übrigen Verfahrensarten. In einem offenen Verfahren wird den wichtigsten Vergabeprinzipien – nämlich dem **Wettbewerbsgrundsatz** und dem **Transparenzgebot** – am besten Rechnung getragen.

8 Vor diesem Hintergrund ist es nachvollziehbar, dass der deutsche Gesetzgeber das offene Verfahren zum Regelverfahren bestimmt hat. Ein **Abweichen** hiervon ist nur unter bestimmten (recht engen) Voraussetzungen zulässig und in jedem Fall **begründungspflichtig**. Die einzelnen **Ausnahmetatbestände** werden nachstehend im Rahmen der übrigen Verfahrensarten erörtert werden.

9 Der Vorrang des offenen Verfahrens auch gegenüber dem nicht offenen Verfahren ist jedoch **europarechtlich nicht vorgeschrieben**. Auch das im Februar 2014 beschlossene EU-Richtlinienpaket bewertet das offene und das nicht offene Verfahren als gleichwertig. Es bleibt abzuwarten, ob die bisherige nationale Regelung bei der anstehenden Neufassung des Vergaberechts zur Umsetzung der Richtlinien beibehalten oder verändert wird.

### II. Die Regelung im Unterschwellenbereich

Auch im nationalen Vergaberecht gilt der **Vorrang der Öffentlichen Ausschreibung**. Während § 3 Abs. 1 Satz 1 VOL/A die Definition des § 101 Abs. 2 GWB für das offene Verfahren wörtlich wiederholt, statuiert § 3 Abs. 1 Satz 1 VOB/A, dass Bauaufträge bei Öffentlicher Ausschreibung 10

- im vorgeschriebenen Verfahren
- nach öffentlicher Aufforderung
- einer unbeschränkten Zahl von Unternehmen
- zur Einreichung von Angeboten

vergeben werden.

Ein **Absehen** von der öffentlichen Ausschreibung von Aufträgen ist auch im Unterschwellenbereich nur **ausnahmsweise** zulässig, nämlich soweit die Eigenart der Leistung oder **besondere Umstände** eine Abweichung rechtfertigen (§ 3 Abs. 2 VOB/A) bzw. begründete Ausnahmefälle vorliegen (§ 3 Abs. 2 VOL/A). Die einzelnen Ausnahmetatbestände werden dann in den folgenden Absätzen der VOB/A und der VOL/A im Einzelnen aufgelistet. 11

Die VOL/A und die VOB/A enthalten in ihren Abschnitten 1 und 2 eine jeweils **abschließende Aufzählung von Ausnahmetatbeständen**, bei deren Vorliegen der öffentliche Auftraggeber von der Durchführung eines offenen Verfahrens bzw. einer Öffentlichen Ausschreibung absehen kann. Aufgrund der **Hierarchie der Verfahrensarten** hat der Auftraggeber dann grundsätzlich „zumindest" das nicht offene Verfahren bzw. die Beschränkte Ausschreibung zu wählen, weil diese dem offenen Verfahren bzw. der Öffentlichen Ausschreibung recht nahe kommen und so den Vergabegrundsätzen weitgehend Rechnung tragen. 12

## B. Die Beschränkung des Bieterkreises – das nicht offene Verfahren bzw. die Beschränkte Ausschreibung

### I. Die Zulässigkeit des nicht offenen Verfahrens im Oberschwellenbereich

Die im zweiten Abschnitt der VOL/A und der VOB/A für bestimmte Konstellationen eröffneten Möglichkeiten, dass öffentliche Auftraggeber Aufträge im nicht offenen Verfahren vergeben können (nicht: müssen!), weisen zwar dieselbe „Stoßrichtung" auf, unterscheiden sich aber doch in Einzelheiten, so dass sie getrennt voneinander dargestellt werden sollen. 13

### 1. Das nicht offene Verfahren

14 Auch für diese Verfahrensart findet sich im 4. Teil des GWB eine **Legaldefinition.** Nach § 101 Abs. 3 GWB wird bei nicht offenen Verfahren

> „öffentlich zur Teilnahme, aus dem Bewerberkreis sodann eine beschränkte Anzahl von Unternehmen zur Angebotsabgabe aufgefordert."

15 Im Oberschwellenbereich erfordert ein nicht offenes Verfahren somit immer einen **Teilnahmewettbewerb** – hieran kann sich jeder Interessent beteiligen. Allerdings erfolgt eine **vorgelagerte Prüfung der Eignung** der Bieter, bei welcher bereits einige Bieter „ausgesiebt" werden. Das nicht offene Verfahren ist also im Gegensatz zum offenen Verfahren ein **zweistufiges Verfahren.**

16 Nur die **geeignetsten Bewerber**, die sich in dem vorgelagerten Bieterwettbewerb durchgesetzt haben (bzw. vom Auftraggeber entsprechend eingestuft wurden), dürfen überhaupt **Angebote abgeben.** Dadurch wird die Zahl der eingehenden Angebote reduziert und wird der **Aufwand für den Auftraggeber** entsprechend **verringert.** Im Gegenzug wird „chancenlosen" Bietern im offenen Verfahren eine unter Umständen sehr aufwändige Angebotserstellung erspart.

17 **§ 3 EG Abs. 5 Satz 3 VOL/A sowie § 6 EG Abs. 2 Nr. 2 VOB/A** bestimmen, dass der Auftraggeber **mindestens fünf Bieter** zur Angebotsabgabe auffordern muss. Diese Regelung ist für öffentliche Auftraggeber zwingend anzuwenden; sie ist Ausfluss einer entsprechenden europarechtlichen Vorgabe.[2]

### 2. Die Ausnahmetatbestände der VOL/A

18 § 3 EG Abs. 2a) bis d) VOL/A erklärt ein nicht offenes Verfahren für zulässig, wenn

- die **Leistung nach ihrer Eigenart** – insbesondere wegen erforderlicher außergewöhnlicher Eignung – nur von einem **beschränkten Kreis von Unternehmen** in geeigneter Weise ausgeführt werden kann,
- das offene Verfahren für den Auftraggeber oder die Bewerber einen **unverhältnismäßigen Aufwand** verursachen würde,
- ein offenes Verfahren **kein wirtschaftliches Ergebnis gehabt** hat oder
- ein offenes Verfahren **aus anderen Gründen unzweckmäßig** ist.

19 Die **gesetzgeberische Intention** erschließt sich jeweils unschwer. Hinter dem Ausnahmetatbestand in Buchstabe a) steht die Überlegung, dass ein offenes Verfahren dann entbehrlich erscheint, wenn der Wettbewerb im konkreten Fall wegen der Eigenart der zu vergebenden Leistung von vornherein begrenzt ist. In dieser Konstel-

---

2 § 44 Abs. 3 Unterabs. 2 S. 2 und 3 der Vergabekoordinierungsrichtlinie (VKR).

lation würde die Durchführung eines offenen Verfahrens **keinen Zuwachs an Wettbewerb** nach sich ziehen.

20 Des Weiteren soll **Auftraggebern und Bietern** gemäß der Regelung unter Buchstabe b) **nicht zugemutet werden**, einen Aufwand betreiben zu müssen, der nicht oder kaum in einem vernünftigen Verhältnis zum Beschaffungsgegenstand bzw. zum Interesse an einer Auftragserteilung steht. Die Vorschrift soll einerseits bewirken, dass nicht sämtliche Interessenten zu Bewerbungszwecken ein arbeits- und kostenintensives vollständiges Angebot erstellen müssen, sondern nur ein beschränkter Bieterkreis, wie er sich nach der vorgelagerten Eignungsprüfung ergibt. Andererseits soll auch der **Verfahrensaufwand** beim Auftraggeber **in Grenzen gehalten** werden. Auch wenn es sich um eine Ausnahmevorschrift handelt, ist aus Gründen der Verfahrensökonomie eine **großzügige Auslegung** geboten.

---

**Praxistipp** !
Auftraggeber sollten die Möglichkeit einer Verfahrensvereinfachung gemäß § 3 EG Abs. 2b) VOL/A insbesondere **bei komplexen Vergabegegenständen** im Blick haben. Eine **Teilnahme** an einem offenen Verfahren kann **aus Bietersicht unattraktiv** sein, wenn der Aufwand für die Kalkulation und Erstellung des Angebots im Hinblick auf die unbeschränkte Anzahl der potenziellen Mitbewerber einerseits und auf die Vorteile im Fall einer Auftragserlangung andererseits nicht lohnenswert erscheint. Die eigentlich maximal wettbewerbsfördernde Verfahrensart des offenen Verfahrens kann also unter Umständen Bieter von der Teilnahme abhalten!
**Anhaltspunkte** können z.B. der **Umfang der Leistungsbeschreibung** oder des Pflichtenhefts, ein vermutlich erheblicher Aufwand oder faktische Unsicherheiten bei der Angebotskalkulation sowie ein den Schwellenwert nur knapp überschreitender Auftragswert – und eine daraus resultierend möglicherweise nur **geringe Gewinnmarge** – sein.

---

21 Buchstabe c) der Vorschrift setzt voraus, dass das **offene Verfahren** aus **vom Auftraggeber nicht zu vertretenden Gründen** gescheitert ist und daher **aufgehoben** werden musste. Das kann der Fall sein, wenn nur formunwirksame und daher auszuschließende Angebote oder Angebote mit einem unangemessen hohen Preis eingereicht wurden.[3] In einer solchen Konstellation soll der Auftraggeber nicht noch einmal den Aufwand eines offenen Verfahrens schultern müssen.

22 Die Unzweckmäßigkeit des offenen Verfahrens **„aus anderen Gründen“** gemäß Buchstabe d) stellt einen **Auffangtatbestand** dar. Dieser greift etwa dann ein, wenn

---

3 Ein „unangemessen hoher“ Angebotspreis liegt aber dann nicht vor, wenn die Kostenschätzung des Auftraggebers aus von diesem zu vertretenden Gründen zu niedrig war – dann war nämlich die Kostenschätzung „unangemessen niedrig“, der Angebotspreis hingegen realistisch.

die Auftragsvergabe **objektiv**[4] **so dringlich** ist, dass die etwas längeren Fristen des offenen Verfahrens nicht eingehalten werden können. Eine vom Auftraggeber selbst verschuldete vermeintliche Dringlichkeit genügt allerdings nicht, weil es Auftraggeber dann selbst in der Hand hätten, allein durch langes Zuwarten das offene Verfahren umgehen zu können.

**Beispiel**
Ein öffentlicher Auftraggeber schreibt Reinigungsdienstleistungen zweimal europaweit im offenen Verfahren aus. **Beide Ausschreibungen** hebt der Auftraggeber jedoch wieder auf – einmal nach Einleitung eines **Nachprüfungsverfahrens** wegen fehlender Losaufteilung, ein zweites Mal nach Feststellung von **Vergabefehlern.**[5]
In einer solchen Situation ist es dem Auftraggeber verwehrt, dieselben Leistungen in einem „dritten Versuch" im beschleunigten nichtoffenen Verfahren auszuschreiben. Die **„Dringlichkeit"**, auf die sich die Vergabestelle beruft, hat diese nämlich durch die Einleitung der beiden vergaberechtswidrigen Vergaben **selbst verursacht**, sodass sie sich hierauf nicht berufen kann.

### 3. Die Ausnahmetatbestände der VOB/A

23 § 3 EG Abs. 3 VOB/A statuiert ebenfalls vier Ausnahmetatbestände, bei denen von der Durchführung eines offenen Verfahrens abgesehen werden kann. Diese **entsprechen nahezu vollständig denjenigen der VOL/A**, so dass auf die vorstehenden Ausführungen verwiesen werden kann.

24 Das „Unverhältnismäßigkeits-Kriterium" gemäß § 3 EG Abs. 2b) VOL/A ist in § 3 EG Abs. 3 Nr. 1 VOB/A allerdings modifiziert. Voraussetzung ist hier, dass

> „eine **Bearbeitung des Angebots** wegen der Eigenart der Leistung einen **außergewöhnlich hohen Aufwand** erfordert."

25 Es wird also einzig darauf abgestellt, ob der entstehende Aufwand aus Bietersicht außergewöhnlich hoch und daher unverhältnismäßig wäre; der beim Auftraggeber anfallende Aufwand bleibt für diese Regelung außer Betracht.

**Praxistipp**
Der beim Bieter entstehende „außergewöhnlich hohe Aufwand" kann allerdings gerade daraus resultieren, dass der **Auftraggeber** an die Abgabe von Angeboten **erhebliche Anforderungen stellt.** In diesem Fall sollten Auftraggeber die Regelung des **§ 8 EG Abs. 8 Satz 2 und 3 VOB/A** im Blick haben. Danach müssen Auftraggeber, wenn sie vom Bieter die Ausarbeitung von Entwürfen, Plänen,

4 Der Vergabestelle steht insofern kein Beurteilungsspielraum zur Verfügung. Das Vorliegen einer objektiven Dringlichkeit ist behördlich und **gerichtlich voll überprüfbar**; die subjektive Einschätzung des Auftraggebers ist irrelevant.

5 Fallbeispiel nach OLG Düsseldorf, Beschl. v. 29.2.1012 – Verg 75/11.

Zeichnungen, statischen Berechnungen, Mengenberechnungen fordern, **für alle Bieter** eine einheitliche **angemessene Entschädigung festsetzen**. Diese Entschädigung ist jedem Bieter zu gewähren, der fristgerecht ein ordnungsgemäßes Angebot einreicht.
Auftraggeber können somit in solchen Fällen den Umfang von Entschädigungsansprüchen der Bieter steuern, indem sie den Kreis der Bieter, die zur Angebotsabgabe aufgefordert werden, begrenzen. Verursachen Auftraggeber also selbst durch von ihnen gestellte Anforderungen einen entschädigungspflichtigen hohen Aufwand auf Seiten der Bieter, liegt es in ihrem **eigenen Interesse**, sorgfältig zu prüfen, ob die Voraussetzungen für ein **Absehen vom offenen Verfahren** vorliegen.

26 Ein für Bieter unverhältnismäßig hoher Bearbeitungsaufwand kommt bei Nichtvorliegen der Voraussetzungen gemäß § 8 EG Abs. 8 Satz 2 und 3 VOB/A – etwa bei großen und **komplexen Bauvorhaben** – in Betracht. Als Beispiel aus der Rechtsprechung kann der Bau einer mechanischen biologischen Restabfallbehandlungsanlage[6] angeführt werden.

## II. Die Zulässigkeit der Beschränkten Ausschreibung im Unterschwellenbereich

27 Die in der VOL/A und in der VOB/A wiederum abschließend aufgeführten Ausnahmetatbestände entsprechen im Wesentlichen den Regelungen im Oberschwellenbereich. Besonderheiten bestehen jedoch im Bereich der VOB/A.

### 1. Die Beschränkte Ausschreibung

28 Strukturell entspricht die Beschränkte Ausschreibung dem offenen Verfahren im Oberschwellenbereich. Es besteht jedoch ein grundlegender **Unterschied**: Während im offenen Verfahren ein Teilnahmewettbewerb – also eine europaweite Bekanntmachung des zu vergebenden Auftrags – verpflichtend ist, gibt es im Unterschwellenbereich die Beschränkte Ausschreibung **mit und ohne Teilnahmewettbewerb**.

29 **§ 3 Abs. 1 Satz 2 VOL/A** postuliert, dass bei Beschränkten Ausschreibungen **„in der Regel“** öffentlich zur Teilnahme aufgefordert und aus dem Bewerberkreis dann eine beschränkte Anzahl von Unternehmen zur Angebotsabgabe aufgefordert werden soll. **§ 3 Abs. 1 Satz 2 VOB/A** formuliert dies noch zurückhaltender: Nach dieser Vorschrift soll **„gegebenenfalls“** ein öffentlicher Teilnahmewettbewerb vorgeschaltet werden.

30 Die in der VOL/A und der VOB/A vorgenommene Differenzierung ist praktisch von großer Bedeutung, da bei unterbleibendem öffentlichem Teilnahmewettbewerb **keinerlei Bekanntmachung** der beabsichtigten Auftragsvergabe erfolgt und nur

---

6 OLG Schleswig, Beschl. v. 6.7.1999 – 6 U Kart 22/99.

diejenigen Bieter überhaupt hiervon erfahren, die der Auftraggeber zur Angebotsabgabe auffordert.

31 Ebenso wie im Oberschwellenbereich postulieren die **VOL/A und die VOB/A** für die Vergabe von Liefer- und Dienstleistungen sowie von Bauleistungen eine Mindestanzahl zu beteiligender Bieter, allerdings nur als Soll-Vorgabe. Gemäß § 3 Abs. 1 Satz 4 VOL/A und § 6 Abs. 2 Nr. 2 VOB/A sollen **mehrere, grundsätzlich mindestens drei (geeignete) Bewerber** zur Angebotsabgabe aufgefordert werden.

---

**!** **Praxistipp**
Auftraggeber tun sich in aller Regel **keinen Gefallen, den Bieterkreis klein zu halten.** Ganz abgesehen davon, dass sowohl bei Bauvergaben als auch bei der Vergabe von Liefer- und Dienstleistungen der Wettbewerb die Regel sein soll (§§ 2 Abs. 1 VOL/A, 2 Abs. 1 Nr. 2 VOB/A) und eine Angebotsaufforderung stets (weitgehend) derselben Bieter vergaberechtlich ohnehin grundsätzlich unzulässig ist, begrenzen Auftraggeber hierdurch ohne Not den (Preis-)Wettbewerb.

---

### 2. Die Ausnahmetatbestände der VOL/A

#### a) Die Beschränkte Ausschreibung mit Teilnahmewettbewerb

32 Gemäß § 3 Abs. 3 VOL/A ist eine Beschränkte Ausschreibung mit Teilnahmewettbewerb in zwei Fällen zulässig, nämlich wenn
- die **Leistung nach ihrer Eigenart** nur von einem **beschränkten Kreis von Unternehmen** in geeigneter Weise ausgeführt werden kann, besonders wenn außergewöhnliche Eignung erforderlich ist oder
- eine Öffentliche Ausschreibung **aus anderen Gründen** (z.B. Dringlichkeit, Geheimhaltung) **unzweckmäßig** ist.

33 Die VOL/A greift hier also zwei der vier Ausnahmetatbestände aus dem Oberschwellenbereich – insbesondere den Auffangtatbestand der „Unzweckmäßigkeit" – auf und formuliert inhaltlich entsprechende Regelungen: Auch im Unterschwellenbereich muss in diesen Fällen durch eine **öffentliche Bekanntmachung** allen potenziellen Interessenten die Teilnahme am Wettbewerb ermöglicht werden.

#### b) Die Beschränkte Ausschreibung ohne Teilnahmewettbewerb

34 Eine Beschränkte Ausschreibung ohne Teilnahmewettbewerb ist nach § 3 Abs. 4 VOL/A zulässig, wenn
- eine Öffentliche Ausschreibung **kein wirtschaftliches Ergebnis** gehabt hat oder
- die Öffentliche Ausschreibung für den Auftraggeber oder die Bewerber einen **unverhältnismäßig großen Aufwand** verursachen würde.

Diese Regelung erfasst die beiden anderen bereits für den Oberschwellenbereich anerkannten Ausnahmetatbestände. Die Formulierung, dass gemäß § 3 Abs. 1 Satz 2 VOL/A der Teilnahmewettbewerb bei Beschränkten Ausschreibungen die Regel sein soll, deutet darauf hin, dass die Ausnahmetatbestände des § 3 Abs. 4 VOL/A **restriktiv auszulegen** sind. Das ist auch bei der im Rahmen der Verhältnismäßigkeitsprüfung bei § 3 Abs. 4 lit. b) vorzunehmenden Abwägung zu berücksichtigen. 35

Daraus, dass in den beiden vorgenannten Fällen eine Beschränkte Ausschreibung „zulässig" ist, folgt im Übrigen, dass es dem Auftraggeber selbstverständlich vorbehalten ist, einen **„freiwilligen" Teilnahmewettbewerb** durchzuführen. Die Entscheidung hierüber liegt im freien Ermessen des Auftraggebers. 36

### 3. Die Ausnahmetatbestände der VOB/A

Die diesbezüglichen Regelungen der VOB/A entsprechen denjenigen in der VOL/A nur teilweise. Ein bedeutender Unterschied liegt insbesondere darin, dass eine Beschränkte Ausschreibung ohne Teilnahmewettbewerb zulässig ist, wenn der Auftragswert bestimmte Beträge nicht überschreitet. Aufgrund dieser **Pauschalierungen** ist eine weitere **Einzelfallprüfung entbehrlich.** 37

#### a) Die Beschränkte Ausschreibung mit Teilnahmewettbewerb

Nach § 3 Abs. 4 VOB/A ist eine Beschränkte Ausschreibung mit Teilnahmewettbewerb zulässig, wenn 38

- die Leistung nach ihrer Eigenart – insbesondere wegen **besonderer erforderlicher Zuverlässigkeit oder Leistungsfähigkeit** – nur von einem beschränkten Kreis von Unternehmern in geeigneter Weise ausgeführt werden kann oder
- wenn die **Bearbeitung des Angebots** wegen der Eigenart der Leistung einen **außergewöhnlich hohen Aufwand** erfordert.

Diese Regelung **unterscheidet sich** in mehrerlei Hinsicht von der Parallelvorschrift in **§ 3 Abs. 3 VOL/A**: Zum einen wird in § 3 Abs. 4 Nr. 1 VOB/A die besondere erforderliche Zuverlässigkeit oder Leistungsfähigkeit (= Eignung) noch weiter ausdifferenziert, indem „Erfahrung, technische Einrichtungen oder fachkundige Arbeitskräfte" als Regelbeispiele angeführt werden. Es muss also objektiv ein **außergewöhnliches „Know-How"** für die Ausführung der vorgesehenen Leistung zwingend erforderlich sein. 39

Zum anderen wird der **unzumutbar hohe Aufwand** der Angebotsbearbeitung, der zu einem Absehen von einer Öffentlichen Ausschreibung berechtigt, in § 3 Abs. 4 Nr. 2 VOB/A wie schon im Oberschwellenbereich ausschließlich an die **„Eigenart der Leistung"** gekoppelt; eine zusätzliche Abwägung mit dem zu erreichenden Vorteil oder dem Auftragswert muss nicht stattfinden. Der Sinn der Regelung besteht wiederum darin, durch die der Angebotsabgabe **vorgelager-** 40

**te Eignungsprüfung** den Bewerbungsaufwand „chancenloser“ Bieter zu begrenzen.[7]

### b) Die Beschränkte Ausschreibung ohne Teilnahmewettbewerb

41 Die Regelungen in § 3 Abs. 3 Nr. 2 und 3 VOB/A greifen bereits bekannte Ausnahmetatbestände auf. Sie ermöglichen bei einer Beschränkten Ausschreibung ein Absehen von der Durchführung eines Teilnahmewettbewerbs, wenn

- eine Öffentliche Ausschreibung **kein annehmbares** (= kein wirtschaftliches) **Ergebnis** gehabt hat oder
- die Öffentliche Ausschreibung aus anderen Gründen (z.B. Dringlichkeit, Geheimhaltung) **unzweckmäßig** ist.

42 Im Unterschied zu der vorgenannten Vorschrift erfordert die „bloße“ Unzweckmäßigkeit einer Öffentlichen Ausschreibung im Geltungsbereich der VOL/A die Durchführung eines Teilnahmewettbewerbs. Die VOB/A erachtet dies nicht für nötig.

43 Ohne Vorbild in der VOL/A ist die Regelung in § 3 Abs. 3 Nr. 1 VOB/A, wonach **feste Wertgrenzen** definiert werden:[8] Unterschreitet der Auftragswert die betreffenden Beträge, so kann ohne Weiteres beschränkt ausgeschrieben werden. Es wird also eine **pauschale Regelvermutung** aufgestellt, dass sich bis zu bestimmten Auftragssummen der mit einer Öffentlichen Ausschreibung sowie der mit der Durchführung eines (allgemeinen) Teilnahmewettbewerbs bei einer Beschränkten Ausschreibung entstehende **Aufwand nicht lohnt.**

44 Beschränkte Ausschreibung ohne Teilnahmewettbewerb ist danach zulässig, wenn der **Netto-Auftragswert** der Bauleistung folgende Beträge nicht übersteigt:

- 50.000 € für **Ausbaugewerke** (ohne Energie- und Gebäudetechnik), Landschaftsbau und Straßenausstattung,
- 150.000 € für **Tief-, Verkehrswege- und Ingenieurbau,**
- 100.000 € für **alle übrigen Gewerke.**

---

**!** **Praxistipp**

Auftraggeber müssen aber die Regelung des **§ 19 Abs. 5 VOB/A** beachten, wonach sie **ab einem Netto-Auftragswert von 25.000 €** auch bei fehlender Verpflichtung zur Durchführung eines Teilnahmewettbewerbs Unternehmen auf Internetportalen oder in ihren Beschaffungsprofilen über beabsichtigte Beschränkte Ausschreibungen schon **„fortlaufend informieren“** müssen. Diese Regelung sorgt für zusätzliche Transparenz und ermöglicht es Bietern, auch ohne förmlichen Teilnahmewettbewerb von der beabsichtigten Auftragsvergabe Kenntnis zu erlangen und sich ggf. um die

---

7 Auch für den Unterschwellenbereich statuiert die korrespondierende Regelung in § 8 Abs. 8 VOB/A eine Verpflichtung zum angemessenen **Aufwendungsersatz**, wenn der Bieter mit dem Angebot aufwändige Ausarbeitungen vorlegen soll.

8 Diese Regelung wurde mit der Vergaberechtsreform 2009 in die VOB/A eingeführt.

Auftragserlangung zu bemühen. Subjektive Rechte werden hierdurch für die nicht an der Beschränkten Ausschreibung beteiligten Bieter freilich nicht begründet.
Da **Verstöße** gegen § 19 Abs. 5 VOB/A **keinen Sanktionen** unterliegen, wird die Vorschrift in aller Regel von öffentlichen Auftraggebern nicht beachtet. Sie läuft daher in der Praxis bislang weitgehend leer.

## C. Größtmöglicher Spielraum für den Auftraggeber – das Verhandlungsverfahren bzw. die Freihändige Vergabe

Das Verhandlungsverfahren bzw. die Freihändige Vergabe **unterscheiden sich** 45
**gravierend** von den vorbeschriebenen Verfahrensarten des offenen und des nicht offenen Verfahrens sowie der Öffentlichen und der Beschränkten Ausschreibung: Während dort von den Bietern – teilweise nach einer vorgezogenen Eignungsprüfung – in jedem Fall ein „fixes" Angebot abzugeben ist, welches vom Auftraggeber in der vorliegenden Form gewertet werden muss,[9] **ermöglichen** das Verhandlungsverfahren bzw. die freihändige Vergabe **echte Verhandlungen** mit den Bietern.

### I. Die Zulässigkeit des Verhandlungsverfahrens im Oberschwellenbereich

#### 1. Das Verhandlungsverfahren

§ 101 Abs. 5 GWB definiert Verhandlungsverfahren als 46

> „Verfahren, bei denen sich der Auftraggeber **mit oder ohne vorherige öffentliche Aufforderung** zur Teilnahme **an ausgewählte Unternehmen** wendet, um mit einem oder mehreren **über die Auftragsbedingungen zu verhandeln.**"

Das Verhandlungsverfahren ist also genauso wie das nicht offene Verfahren ein 47
**zweistufiges Vergabeverfahren.** In einem ersten Verfahrensschritt erfolgt auch hier eine Bewerberauswahl im Wege einer **vorgelagerten Eignungsprüfung.** Allerdings ist nicht in jedem Fall ein Teilnahmewettbewerb erforderlich („mit oder ohne vorherige öffentliche Aufforderung"). Da auch beim Verhandlungsverfahren der Wettbewerbsgrundsatz und das Transparenzgebot Geltung beanspruchen, ist ein Absehen von einer öffentlichen Teilnahmeaufforderung nur in engen Ausnahmefällen zulässig. Der **Teilnahmewettbewerb** ist der **Regelfall.**

9 Gewisse Modifizierungen ergeben sich aus der Verpflichtung (§ 16 [EG] Abs. 1 Nr. 3 VOB/A) bzw. der Möglichkeit (§§ 19 EG Abs. 2, 16 Abs. 2 VOL/A), fehlende Nachweise nachzufordern, sowie aus der zulässigen Aufklärung des Angebotsinhalts nach §§ 18 EG, 15 VOL/A bzw. § 15 (EG) VOB/A. Zu einer inhaltlichen Änderung der Angebote dürfen diese Maßnahmen aber in keinem Fall führen.

48 Der Auftraggeber kann nach Belieben und bis kurz vor der Zuschlagerteilung mit allen ausgewählten Bewerbern über den **gesamten Leistungsinhalt** und über **alle Preise** verhandeln. Diese Flexibilität macht das Verhandlungsverfahren bzw. die Freihändige Vergabe gerade im Vergleich mit der Formstrenge der übrigen (Regel-)Verfahrensarten für öffentliche Auftraggeber enorm attraktiv.

49 Aus dem letztgenannten Umstand ergibt sich aber zugleich, dass das **Verhandlungsverfahren** nach der vergaberechtlichen Systematik im Anwendungsbereich der VOL/A und der VOB/A den absoluten **Ausnahmefall** darstellt. Daher werden dort entsprechend **hohe Hürden** für die Anwendbarkeit dieses Verfahrens aufgestellt.

50 Die Festlegung der zulässigen Verfahrensart(en) im **Anwendungsbereich der VOF, der SektVO und der VSVgV** ist aus unterschiedlichen Gründen **abweichend** von den vergaberechtlichen Hauptanwendungsfällen der VOL/A- und der VOB/A-Vergaben geregelt. Bei „Bereichsvergaben" nach der SektVO und der VSVgV beruht die „großzügigere", weniger förmliche Regelung auf den **tätigkeits- bzw. bereichsbezogenen Besonderheiten**, welche der Verordnungsgeber zugunsten der dort tätigen öffentlichen Auftraggeber angenommen hat. Die Einzelheiten werden nachfolgend unter D. gesondert behandelt.

51 Bei der **VOF** hingegen resultiert die Bestimmung des Verhandlungsverfahrens als **einzig zulässige Vergabeart** aus der **Besonderheit des Leistungsgegenstands**, der gleichzeitig das Abgrenzungskriterium zur VOL/A darstellt. Die VOF ist schließlich nur auf die Vergabe freiberuflicher Dienstleistungen anwendbar, die **nicht vorab eindeutig und erschöpfend beschrieben** werden können.

### 2. Das Verhandlungsverfahren als Regelverfahren – Vergaben nach der VOF

#### a) Erste Stufe: Vorgeschalteter öffentlicher Teilnahmewettbewerb

52 **§ 3 Abs. 1 VOF** bestimmt, dass Aufträge im **Verhandlungsverfahren mit** vorheriger öffentlicher Aufforderung zur Teilnahme (**Teilnahmewettbewerb**) vergeben werden. Andere Verfahrensarten sind im Anwendungsbereich der VOF aus den vorgenannten Gründen unzulässig; ein EU-weiter Aufruf zur Teilnahme ist aus Wettbewerbs- und Transparenzgründen grundsätzlich geboten.

53 § 3 Abs. 4 VOF ermöglicht es öffentlichen Auftraggeber jedoch, bei Vorliegen bestimmter, abschließend aufgelisteter Sachverhalte von der **Durchführung** eines öffentlichen **Teilnahmewettbewerbs ausnahmsweise abzusehen**. Dies ist in folgenden Fällen zulässig:

- Der Auftrag kann aus **technischen oder künstlerischen Gründen** oder aufgrund des Schutzes von Ausschließlichkeitsrechten zwingend **nur von einer bestimmten Person ausgeführt** werden.
- Dem Verhandlungsverfahren ist ein zuvor ordnungsgemäß bekanntgemachter **Wettbewerb gemäß §§ 15ff. VOF vorangegangen**, nach dessen Bestimmun-

gen der Auftrag an den Gewinner oder zumindest einen Preisträger des Wettbewerbs[10] vergeben werden muss.

- Der Verzicht auf einen Teilnahmewettbewerb ist aus **dringlichen, zwingenden Gründen** unbedingt erforderlich, soweit keine vom Auftraggeber selbst verursachte Dringlichkeit vorliegt.
- Es handelt sich um **Zusatzleistungen**, die bei der ursprünglichen Auftragsvergabe **nicht vorhersehbar** war, sofern die Leistung nicht vom Hauptauftrag trennbar oder für dessen Vollendung unbedingt erforderlich ist und der Gesamtwert der zusätzlichen Dienstleistungen sich auf **maximal 50% des Hauptauftrags** beläuft (echte „Nachträge").
- In bestimmten Konstellationen bei der **Wiederholung gleichartiger Leistungen** an den ursprünglich beauftragten Auftragnehmer.

---

**Beispiel**

Eine Großstadt beabsichtigt die Errichtung einer neuen Feuerwehrgerätehalle und vergibt die erforderlichen **Architektenleistungen** nach der VOF. Nach Fertigstellung der Entwurfsplanung durch den Architekten wünscht der mittlerweile neu gewählte Stadtrat die **Realisierung eines geänderten Planungskonzepts.** Die Entwurfsplanung muss erneut gefertigt werden.

Ein Zusatzauftrag gemäß § 3 Abs. 4d) VOF liegt hier schon deshalb nicht vor, weil eine gewünschte Planungsänderung kein „unvorhergesehenes Ereignis" darstellt. Jedoch ist die anstehende Neufertigung der Entwurfsplanung als eine **Wiederholung einer gleichartigen Leistung** im Sinne des § 3 Abs. 4e) VOF anzusehen, so dass der diesbezügliche Auftrag ohne neues Vergabeverfahren an den bereits beauftragten Architekten erteilt werden kann.

---

§ 3 Abs. 4 VOF ist als **Ausnahmevorschrift eng auszulegen.**[11] Den Auftraggeber trifft im Streitfall die Beweislast dafür, dass die Tatbestandsvoraussetzungen der Vorschrift auch tatsächlich gegeben waren und ein Verzicht auf die Durchführung eines Teilnahmewettbewerbs zulässig war. Die Gründe hierfür sind zu dokumentieren. 54

### b) Zweite Stufe: Die eigentlichen Verhandlungen

§ 3 Abs. 2 VOF enthält eine nähere Regelung über die mögliche Abwicklung eines Verhandlungsverfahrens. Das Verhandlungsverfahren kann wiederum in aufeinander folgende **Phasen aufgeteilt** werden, um die **Zahl der Angebote** sukzessive **zu verringern**. Dies ermöglicht dem Auftraggeber ein „Abschichten" der Angebote während der laufenden Verhandlungen. Vergleichbare Regelungen finden sich in §§ 3 EG Abs. 6 VOL/A, 3 EG Abs. 6 Nr. 2 VOB/A. 55

---

10 Die Wettbewerbsregeln dürfen nicht vorsehen, dass zwingend der Gewinner des Wettbewerbs den Auftrag erhalten wird – die Preisgerichtsentscheidung darf das anschließende Verhandlungsverfahren hinsichtlich der Bewerberauswahl nicht vollständig präjudizieren; vgl. z.B. 3. VK Bund, Beschl. v. 11.9.2009 – VK 3-157/09.

11 VK Brandenburg, Beschl. v. 12.5.2004 – VK 8/04.

56 Voraussetzung für ein solches Vorgehen ist jedoch, dass dieses Selektionieren der Angebote anhand von **Zuschlagskriterien** vorgenommen wird, die der Auftraggeber zuvor in der Bekanntmachung oder **spätestens in den Vergabeunterlagen angegeben** hat. Für die Bewerber soll schon mit Beginn der Verhandlungen klar sein, worauf es dem Auftraggeber bei der Auswahl der verhandelten Angebote ankommt.

57 Der **Auftraggeber** ist also unter Wahrung der vergaberechtlichen Grundsätze **weitgehend frei** darin, wie er das Verhandlungsverfahren ausgestalten will. Er ist allerdings gemäß § 3 Abs. 3 VOF gehalten, den ausgewählten Bewerbern den weiteren Ablauf des Verfahrens schon bei der Aufforderung zur Verhandlung mitzuteilen. **§ 11 VOF** enthält insofern einige **formale Vorgaben**, auch zum Mindestinhalt der Aufforderung an die ausgewählten Bewerber.

### 3. Das Verhandlungsverfahren als „Ausnahme von der Ausnahme" – VOL/A und VOB/A

58 Stellt bereits das nicht offene Verfahren bei einer der VOL/A oder der VOB/A unterfallenden Auftragsvergabe eine begründungsbedürftige Ausnahme vom offenen Verfahren als Regelverfahren dar, so ist das Verhandlungsverfahren nur unter noch engeren Voraussetzungen zulässig.

#### a) Die Ausnahmetatbestände der VOL/A

59 Die VOL/A kennt im Oberschwellenbereich Verhandlungsverfahren mit und ohne Teilnahmewettbewerb. Ein Verzicht auf eine öffentliche Aufforderung zur Teilnahme kommt danach nur in besonderen Konstellationen in Betracht, die bei der VOB/A unterfallenden Bauaufträgen größtenteils keine Entsprechung finden.

##### aa) Das Verhandlungsverfahren mit Teilnahmewettbewerb

60 Gemäß § 3 EG Abs. 3a) bis c) VOL/A dürfen Auftraggeber **nur dann** Aufträge im Verhandlungsverfahren mit vorheriger öffentlicher Aufforderung zur Teilnahme vergeben, wenn

- in einem offenen oder nicht offenen Verfahren oder einem wettbewerblichen Dialog **alle eingegangenen Angebote ausgeschlossen** werden mussten, sofern die ursprünglichen Bedingungen des Auftrags **nicht grundlegend geändert** wurden,
- es sich um Aufträge handelt, die ihrer Natur nach oder wegen der damit verbundenen Risiken die **vorherige Festlegung eines Gesamtpreises nicht zulassen** oder
- die **Festlegung der vertraglichen Spezifikation** – also die genaue Beschreibung der vom Auftragnehmer konkret zu erbringenden Leistung – aufgrund der

Eigenart der Dienstleistungsaufträge, insbesondere bei geistig-schöpferischen Versicherungs- und Finanzdienstleistungen, für den Auftraggeber objektiv **nicht hinreichend genau möglich** ist, um den Auftrag im Wege des offenen oder nicht offenen Verfahrens vergeben zu können.

Ob die vorgenannten Ausnahmetatbestände greifen, ist jeweils anhand einer Be- 61
trachtung des **konkreten Einzelfalls** zu prüfen. Dabei ist ein **strenger Maßstab** anzulegen und eine enge Auslegung geboten.[12]

---

**Beispiel**

Ein Ausnahmefall nach **Buchstabe a)** liegt regelmäßig dann vor, wenn nach der (rechtmäßigen) Aufhebung eines offenen oder nicht offenen Verfahrens die **Leistungsbeschreibung sowie die Eignungs- und Zuschlagskriterien unverändert** bleiben,[13] aber auch wenn (lediglich) eine Vertragsbedingung aufgehoben wird, die alle Bewerber des vorangegangenen (gescheiterten) Verfahrens gleichermaßen belastet hat. Werden hingegen die Zuschlagskriterien geändert und zudem erstmals Nebenangebote zugelassen, handelt es sich um grundlegende Änderungen der Auftragsbedingungen; ein Verhandlungsverfahren ist dann ausgeschlossen.[14]

„Ihrer Natur nach" nicht sinnvoll im offenen oder nicht offenen Verfahren vergeben werden kann etwa die Erstellung einer **hoch komplexen IT-Anwendung**, die bislang auf dem Markt noch nicht angeboten wird und zudem auf unterschiedliche Bedürfnisse mehrerer beteiligter Behörden zugeschnitten werden muss. Hier kann objektiv keine vorherige exakte Festlegung der zu erbringenden Dienstleistung erfolgen; es kann somit auch keine Leistungsbeschreibung erstellt werden, anhand derer Bieter ihre Angebote kalkulieren könnten. Derartige Aufträge unterfallen daher der vorgenannten Ausnahmevorschrift nach **Buchstabe b)**.

---

Auf den ersten Ausnahmetatbestand des § 3 EG Abs. 3a) VOL/A können sich Auftragge- 62
ber nur berufen, wenn die vorangegangene **Ausschreibung rechtmäßig aufgehoben** wurde. Außerdem darf dem Auftraggeber das Scheitern der Ausschreibung nicht aufgrund seines eigenen Verhaltens – etwa durch unerfüllbare Anforderungen in den Ausschreibungsbedingungen – zuzurechnen sein.

Im Fall des Buchstabens a) dürfen Auftraggeber **von einem Teilnahmewett-** 63
**bewerb absehen**, wenn sie in das Verhandlungsverfahren **alle geeigneten Bieter**, die in dem vorangegangenen offenen oder nicht offenen Verfahren form- und fristgerechte Angebote abgegeben hatten, **einbeziehen**. Daraus folgt, dass bei der Neuvergabe im Verhandlungsverfahren **keine erneute Eignungsprüfung** stattfindet.

§ 3 EG Abs. 5 VOL/A schreibt vor, dass bei Verhandlungsverfahren mit Teilnah- 64
mewettbewerb **mindestens drei Unternehmen** zur Angebotsabgabe aufgefordert werden müssen. Auch wenn es in der Regelung nicht zum Ausdruck gelangt, sind **Auftraggeber verpflichtet, die Mindestanzahl** der Bewerber, die sie nach dem

---

**12** EuG, Urt. v. 15.1.2013 – T-54/11.

**13** 1. VK Sachsen, Beschl. v. 7.1.2008 – 1/SVK/077-07.

**14** 1. VK Sachsen, Beschl. v. 5.6.2012 – 1/SVK/012-12.

Teilnahmewettbewerb zur Angebotsabgabe auffordern wollen, bereits **in der Bekanntmachung anzugeben.**[15]

### bb) Das Verhandlungsverfahren ohne Teilnahmewettbewerb

65 § 3 EG Abs. 4a) bis j) VOL/A listet eine **Vielzahl von Ausnahmetatbeständen** auf, bei denen auch im Verhandlungsverfahren von der Durchführung eines Teilnahmewettbewerbs abgesehen werden darf. Dies ist in folgenden Fällen zulässig, wobei die **z.T. umfangreichen Detailregelungen** nachfolgend zusammenfassend wiedergegeben werden:

- In einem offenen oder nicht offenen Verfahren sind **keine oder keine wirtschaftlichen Angebote abgegeben** worden und die ursprünglichen Bedingungen des Auftrags werden **nicht grundlegend geändert**;
- Beschaffung von Waren ausschließlich zu Forschungs-, Entwicklungs- und vergleichbaren Zwecken;
- der Auftrag kann aus **technischen oder künstlerischen Gründen** oder aufgrund des Schutzes von Ausschließlichkeitsrechten (z.B. Patent-, Urheberrecht) zwingend **nur von einem bestimmten Unternehmen ausgeführt** werden;
- der Verzicht auf einen Teilnahmewettbewerb ist aus **dringlichen, zwingenden Gründen** unbedingt erforderlich, soweit keine vom Auftraggeber selbst verursachte Dringlichkeit vorliegt;[16]
- **zusätzliche Lieferungen des ursprünglichen Unternehmers**, die einen (näher definierten) unmittelbaren Bezug zu von diesem bereits gelieferten Waren aufweisen, wenn ein Wechsel des Auftragnehmers aus technischen Gründen nicht (sinnvoll) möglich wäre;
- **Zusatzleistungen**, die bei der ursprünglichen Auftragsvergabe **nicht vorhersehbar** waren, sofern die Leistung nicht vom Hauptauftrag trennbar oder für dessen Vollendung unbedingt erforderlich ist und der Gesamtwert der zusätzlichen Dienstleistungen sich auf **maximal 50% des Hauptauftrags** beläuft (echte „Nachträge“);
- in bestimmten Konstellationen bei der **Wiederholung gleichartiger Leistungen** durch den ursprünglich beauftragten Auftragnehmer;

---

15 Dies resultiert aus einer Vorgabe in Art. 44 Abs. 3 VKR.

16 Diese in § 4 EG Abs. 4d) VOL/A enthaltene Ausnahmeregelung ist **sehr eng auszulegen**: Die Dringlichkeit muss objektiv **unvorhersehbar** und die kurzfristige Auftragsvergabe zur Vermeidung schwerer Schäden für das Gemeinwohl **unaufschiebbar** sein. Zudem muss ein Kausalzusammenhang zwischen Unvorhersehbarkeit und Unaufschiebbarkeit bestehen. Die EU-Kommission hat gegenüber dem Bundesministerium für Wirtschaft und Energie (BMWi) auf die gebotene strenge Handhabung des Ausnahmetatbestands explizit hingewiesen; vgl. Rundschreiben des BMWi zum Verhandlungsverfahren ohne Teilnahmewettbewerb vom 9.1.2015 – IB6 – 270100/14 u. 270100/15.

- dem Verhandlungsverfahren ist ein zuvor ordnungsgemäß bekanntgemachter **Wettbewerb gemäß § 3 EG Abs. 8 VOL/A vorangegangen**, nach dessen Bestimmungen der Auftrag an den Gewinner oder zumindest einen Preisträger des Wettbewerbs[17] vergeben werden muss;
- Kauf von Waren auf einer **Warenbörse**;
- **besonders günstige Gelegenheitskäufe** nach einer Geschäftsaufgabe des Lieferanten oder von Insolvenzverwaltern oder Liquidatoren.

Die vorgenannten, wiederum abschließend aufgeführten und eng auszulegenden Ausnahmetatbestände enthalten neben einigen **„lieferungsspezifischen" Regelungen** sämtliche Fallkonstellationen, die auch im Anwendungsbereich der VOF einen Verzicht auf einen dem Verhandlungsverfahren vorgeschalteten Teilnahmewettbewerb rechtfertigen können. 66

**Praxistipp** !

Die Tatbestandsvoraussetzung in § 3 EG Abs. 4a) VOL/A, dass „keine wirtschaftlichen Angebote" abgegeben worden sein dürfen, ist nur dann erfüllt, wenn sämtliche Angebote ein **objektiv unangemessenes Preis-Leistungs-Verhältnis** aufweisen. Auftraggeber können sich nicht „einfach" darauf berufen, dass die Angebotspreise (deutlich) von der ursprünglichen Kostenschätzung abweichen bzw. die finanziellen Mittel nicht ausreichen.

Da die Vergabestelle darlegungs- und beweisbelastet für das Nichtvorliegen wirtschaftlicher Angebote ist, sollten Auftraggeber vor einem vorschnellen Übergang in das Verhandlungsverfahren ohne Teilnahmewettbewerb die zugrunde liegende **Kostenschätzung überprüfen und aktualisieren.** Maßgeblich ist in jedem Fall der aktuelle Wert der zu vergebenden Leistung, sodass zwischenzeitliche Kostensteigerungen bei der Bewertung mit zu berücksichtigen sind.[18]

Für Verhandlungsverfahren ohne Teilnahmewettbewerb sieht die VOL/A im Übrigen **keine Mindestanzahl** der zur Angebotsabgabe aufzufordernden Unternehmen vor. Dennoch ist es Auftraggebern anzuraten, auch in diesem Fall mindestens drei Angebote geeigneter Unternehmen einzuholen, um dem Wettbewerbsgrundsatz Rechnung zu tragen und einen effektiven Preiswettbewerb zu erhalten. 67

### b) Die Ausnahmetatbestände der VOB/A

Auch die VOB/A unterscheidet im Oberschwellenbereich zwischen Verhandlungsverfahren mit und ohne vorgeschalteten Teilnahmewettbewerb. Die jeweiligen Ausnahmetatbestände entsprechen in vielen Punkten denen der VOL/A, im Detail unterscheiden sich die Regelungen jedoch. 68

17 Eine vollständige Präjudizierung des anschließenden Verhandlungsverfahrens hinsichtlich der Bewerberauswahl durch die Preisgerichtsentscheidung ist unzulässig, s.o. 10.

18 Vgl. VK Baden-Württemberg, Beschl. v. 26.9.2008 – 1 VK 33/08.

#### aa) Das Verhandlungsverfahren mit Teilnahmewettbewerb

69 Nach § 3 EG Abs. 4 Nr. 1–3 VOB/A ist das Verhandlungsverfahren mit Teilnahmewettbewerb nur dann zulässig,

- wenn ein offenes Verfahren oder ein nicht offenes Verfahren wegen **nicht annehmbarer Angebote** aufgehoben wurde und die ursprünglichen **Vertragsunterlagen nicht grundlegend geändert** wurden,
- wenn die betroffenen Bauvorhaben nur **Forschungs-, Versuchs- oder Entwicklungszwecken** dienen und keine Rentabilitätserwartungen bestehen und
- wenn die Leistung ausnahmsweise **nicht eindeutig und erschöpfend beschrieben** werden kann, so dass eine einwandfreie Preisermittlung zur Vereinbarung einer festen Vergütung nicht möglich ist.

70 Die Formulierung insbesondere des ersten Ausnahmetatbestands ist wenig gelungen. Unter „**nicht annehmbaren Angeboten**" sind solche Angebote zu verstehen, die den Ausschreibungsbedingungen nicht entsprechen und daher **auszuschließen** sind. Hiervon erfasst sind nicht nur die formalen Ausschlussgründe der ersten Wertungsstufe nach § 16 EG Abs. 1 VOB/A, sondern **auch Angebotsausschlüsse wegen fehlender Eignung** (zweite Wertungsstufe, § 16 EG Abs. 2 VOB/A) **oder unangemessener Preise** (dritte Wertungsstufe, § 16 EG Abs. 6 VOB/A).[19]

71 Die Regelungen in § 3 EG Abs. 4 VOB/A entsprechen somit im Wesentlichen der Parallelvorschrift in § 3 EG Abs. 3 VOL/A. Ein inhaltlicher Unterschied besteht insoweit, als das Vorliegen des Ausnahmetatbestands nach § 3 EG Abs. 4 Nr. 2 VOB/A im Rahmen der VOL/A sogar einen Verzicht auf die Durchführung eines Teilnahmewettbewerbs rechtfertigt.

72 Die in § 3 EG Abs. 3 Nr. 1 VOL/A enthaltene „**Rückausnahme**", wonach bei Einbeziehung der geeigneten Bieter aus dem vorangegangenen (gescheiterten) Vergabeverfahren von einem Teilnahmewettbewerb abgesehen werden kann, findet sich **separat geregelt** in § 3 EG Abs. 5 Nr. 1 VOB/A.

73 Auch bei der Vergabe von Bauaufträgen im Verhandlungsverfahren mit Teilnahmewettbewerb sind nach § 6 EG Abs. 2 Nr. 3 VOB/A **mindestens drei Bewerber** zu Verhandlungen aufzufordern, sofern die Anzahl der geeigneten Bewerber nicht geringer ist. Die gewünschte Mindestzahl an Bewerbern muss der Auftraggeber wiederum **in der Bekanntmachung mitteilen**. Unterlässt er dies, muss er alle geeigneten Bewerber an den Verhandlungen beteiligen.

74 Im Übrigen kann auf die obigen Ausführungen in Rn 61ff. verwiesen werden.

---

19 OLG Düsseldorf, Beschl. v. 6.10.2010 – VII-Verg 44/10. – Näher zur Angebotswertung unten in Kap. 8.

#### bb) Das Verhandlungsverfahren ohne Teilnahmewettbewerb

§ 3 EG Abs. 5 VOB/A listet – ähnlich wie die Parallelvorschrift in § 3 EG Abs. 4 VOL/A 75
und mit großen inhaltlichen Überschneidungen zu den dortigen Regelungen – **zahlreiche Fallkonstellationen** als Ausnahmetatbestände auf, in denen von einem Teilnahmewettbewerb abgesehen werden kann. Die Auftraggeber können also **nach pflichtgemäßem Ermessen** ihnen geeignet erscheinende Bieter zur Angebotsabgabe auffordern. Das Verhandlungsverfahren ohne öffentliche Vergabebekanntmachung ist danach (nur) zulässig,

- wenn **im Fall des § 3 EG Abs. 4 Nr. 1 VOB/A** in das Verhandlungsverfahren **alle geeigneten Bieter** aus dem vorausgegangenen Verfahren **einbezogen** werden,
- wenn bei einem offenen oder einem nicht offenen Verfahren **keine Angebote** bzw. Bewerbungen abgegeben wurden oder alle **Angebote aus formalen Gründen auszuschließen** waren und die Vergabeunterlagen nicht grundlegend geändert wurden,
- wenn die Arbeiten aus **technischen oder künstlerischen Gründen** oder aufgrund des Schutzes von Ausschließlichkeitsrechten (z.B. Patent- oder Urheberrechten) zwingend **nur von einem bestimmten Unternehmen ausgeführt** werden können,
- wenn der Verzicht auf einen Teilnahmewettbewerb aus **dringlichen, nicht dem Auftraggeber zurechenbaren zwingenden Gründen** unbedingt erforderlich ist und die vorgeschriebenen Fristen des § 10 EG Abs. 1–3 VOB/A nicht eingehalten werden können,
- wenn **Zusatzleistungen** vergeben werden sollen, die bei der ursprünglichen Auftragsvergabe **nicht vorhersehbar** waren, sofern die Leistungen nicht vom Hauptauftrag trennbar oder für dessen Vollendung unbedingt erforderlich sind und der Gesamtwert der zusätzlichen Bauleistungen sich auf **maximal 50% des Hauptauftrags** beläuft (echte „Nachträge"),
- wenn in bestimmten Konstellationen **gleichartige Bauleistungen** durch den ursprünglich beauftragten Auftragnehmer **wiederholt** werden sollen.

Zu beachten ist, dass die **beiden letztgenannten Tatbestände** gemäß § 3 EG 76
Abs. 5 Nr. 6 VOB/A nur für die Vergabe von Aufträgen „mit einem **Auftragswert nach § 1 EG Abs. 2 Nr. 2 VOB/A**" anwendbar sind. Erfasst werden somit alle **Einzellose** mit einem Auftragswert von **mehr als 1 Million Euro** sowie alle kleineren Einzellose, die nicht dem national auszuschreibenden 20 Prozent-Kontingent unterfallen.[20]

---

20 Näher hierzu oben in Kap. 3 Rn 115 ff.

## II. Die Zulässigkeit der Freihändigen Vergabe im Unterschwellenbereich

### 1. Die Freihändige Vergabe

77 Ebenso wie das Verhandlungsverfahren im Oberschwellenbereich stellt die Freihändige Vergabe als deren Pendant im Unterschwellenbereich nach der Systematik der VOL/A und VOB/A die **„Ausnahme von der Ausnahme"** dar. Die Wahl dieser Verfahrensart ist **besonders begründungsbedürftig.**

78 Während sich § 3 Abs. 1 Satz 3 VOB/A auf die Definition beschränkt, dass bei Freihändiger Vergabe Bauleistungen **ohne förmliches Verfahren** vergeben werden, umschreibt § 3 Abs. 1 Satz 3 VOL/A Freihändige Vergaben als Verfahren, bei denen sich die Auftraggeber **grundsätzlich an mehrere ausgewählte Unternehmen** wenden, um mit einem oder mehreren über die **Auftragsbedingungen zu verhandeln.** Hieran wird bereits deutlich, dass eine Freihändige Vergabe dem Auftraggeber eine **beträchtliche Freiheit** und eine hohe Flexibilität bei der Ausgestaltung der Auftragsvergabe verschafft.

**Fettnapf**

Dies bedeutet aber nicht, dass Auftraggeber bei einer Freihändigen Vergabe im Unterschwellenbereich „machen können, was sie wollen". Vielmehr bleiben Auftraggeber bei allen eingeräumten Freiheiten auch bei dieser Vergabeart an die **vergaberechtlichen Grundsätze** gebunden.

Das bedeutet z.B., dass Auftraggeber für eine **transparente Verfahrensgestaltung** sorgen und das **Diskriminierungsverbot** beachten müssen. Verstöße hiergegen machen das Vergabeverfahren rechtswidrig und können Ansprüche übergangener Bewerber begründen.

Insbesondere im Geltungsbereich der VOB/A ist bei **finanziell geförderten Baumaßnahmen** im Blick zu behalten, dass die Allgemeinen Nebenbestimmungen zum Fördermittelbescheid in aller Regel die Einhaltung der vergaberechtlichen Vorschriften fordern. Ein zu „laxer" Umgang mit dem Freihändigen Verfahren kann **zu Vergabeverstößen verleiten** und eine **Rückforderung von Fördermitteln** rechtfertigen.

79 Die einzelnen **Ausnahmetatbestände**, deren Vorliegen eine Freihändige Vergabe von Aufträgen gestattet, **unterscheiden sich z.T. beträchtlich** zwischen Ober- und Unterschwellenbereich sowie zwischen VOL/A und VOB/A. So entfällt im Unterschwellenbereich die Differenzierung nach durchzuführendem bzw. verzichtbarem Teilnahmewettbewerb. Nach den dortigen Vorgaben ist bei einer Freihändigen Vergabe – so sie denn zulässig ist – ein **Teilnahmewettbewerb entbehrlich**, kann aber natürlich freiwillig durchgeführt werden.[21]

21 § 3 Abs. 1 Satz 3 VOL/A stellt dies dem Auftraggeber ausdrücklich frei („mit oder auch ohne Teilnahmewettbewerb"); die VOB/A erwähnt einen (fakultativen) Teilnahmewettbewerb gar nicht.

## 2. Die Ausnahmetatbestände der VOL/A

§ 3 Abs. 4 VOL/A listet insgesamt 12 z.T. recht detailreiche Fallkonstellationen auf, in welchen eine Freihändige Vergabe zulässig ist. Die wichtigsten Ausnahmetatbestände sollen nachstehend **(zusammenfassend) dargestellt** werden. Danach ist eine **Freihändige Vergabe zulässig**, wenn 80

- nach Aufhebung einer Öffentlichen oder Beschränkten Ausschreibung deren Wiederholung **kein wirtschaftliches Ergebnis** verspricht,
- es sich um bestimmte **Anschlussaufträge an Entwicklungsleistungen** oder um Aufträge mit spezifischem Bezug zu wissenschaftlich-technischen Fachaufgaben oder zu **Forschung, Entwicklung und Untersuchung** handelt,
- geringfügige **Anschlussbestellungen** an Bestandsverträge vorliegen oder **Ersatzteile** bzw. Zubehörstücke beschafft werden sollen, sofern bestimmte Voraussetzungen erfüllt sind,
- es aus Gründen der **Geheimhaltung** erforderlich ist,
- die Leistung aus nicht selbst verschuldeten Gründen **besonders dringlich** ist,
- eine eindeutige und **erschöpfende Leistungsbeschreibung nicht möglich** ist,
- eine bundesministerielle Zulassung bis zu einem bestimmten Höchstwert vorliegt,
- eine Auftragsvergabe ausschließlich an **Werkstätten für behinderte Menschen** oder an **Justizvollzugsanstalten** (sogenannte „bevorzugte Bewerber") erfolgen soll,
- die Leistung aus besonderen Gründen **nur von einem Unternehmer** erbracht werden kann sowie
- bei **Direktkäufen** bis zu einem voraussichtlichen Auftragswert von 500 € netto bei wirtschaftlicher und sparsamer Mittelverwendung.

Teilweise entsprechen die Ausnahmetatbestände denen des Verhandlungsverfahrens im Oberschwellenbereich, so dass insofern auf die dortigen Ausführungen verwiesen werden kann.[22] **Abweichend geregelt** ist im Unterschwellenbereich z.B. der Komplex der **Zusatzleistungen** des ursprünglichen Auftragnehmers. Eine klare Regelung zu echten Nachträgen fehlt; stattdessen kann eine Freihändige Vergabe bei „geringfügigen" Nachbestellungen bis zu einer **Grenze von 20 vom Hundert** des Wertes der ursprünglichen Leistung stattfinden. 81

Eine erhebliche Rolle in der Praxis spielt der Ausnahmetatbestand der **„besonderen Dringlichkeit"** in § 3 Abs. 5g) VOL/A. Gefordert wird insoweit, dass der Auftraggeber die betreffenden Umstände, welche die (besondere) Dringlichkeit begründen, nicht vorhersehen konnte und diese Umstände auch nicht seinem eigenen Verhalten zuzuschreiben sind. Es muss also ein **unvorhergesehenes Ereignis** vor- 82

---

**22** Oben Rn 59 ff.

liegen, welches die Vergabe **objektiv derart eilbedürftig** macht, dass selbst für eine Beschränkte Ausschreibung die Zeit fehlt.[23]

---

**Beispiel**
Eine „besondere Dringlichkeit" im vorbeschriebenen Sinne liegt etwa vor bei **nicht beherrschbaren Naturereignissen** oder vergleichbaren Katastrophenfällen, die ein sofortiges Handeln zwingend erfordern. Dies trifft z.B. zu bei **schweren Sturmschäden** oder bei **Hochwasserereignissen**, die umgehende Maßnahmen notwendig machen.[24]
Auch der **Insolvenzantrag** eines bereits beauftragten Unternehmers kann eine Freihändige Vergabe rechtfertigen, wenn der Auftragnehmer insolvenzbedingt nicht mehr leistungsbereit oder leistungsfähig ist und deswegen eine **Vertragskündigung** durch den Auftraggeber notwendig wird. In diesem Fall muss der Auftraggeber aber die Vorschrift des § 3 Abs. 1 Satz 4 VOL/A beachten, wonach auch bei Freihändiger Vergabe mehrere, grundsätzlich **mindestens drei Bewerber** zur Angebotsabgabe aufgefordert werden sollen. Daher sind zumindest auch die bei der ursprünglichen Ausschreibung **zweit- und drittplatzierten Bieter** zu beteiligen.[25]

---

83 Im Bereich der **Daseinsvorsorge** sind Freihändige Vergaben ausnahmsweise auch dann zulässig, wenn die Gründe für die eingetretene Dringlichkeit dem Auftraggeber zuzurechnen sind, etwa nach einer Kündigung des mit dem bisherigen Arzneimittellieferanten bestehenden Vertrags durch einen öffentlich-rechtlichen Klinikbetreiber.[26] In derartigen Fällen kommt aber ausschließlich eine **Interimsvergabe** für den **Überbrückungszeitraum** bis zur ordnungsgemäßen Auftragserteilung im vorgeschriebenen Vergabeverfahren in Betracht.[27]

---

**Fettnapf**
Das drohende **Verfallen von Haushaltsmitteln** zum Jahresende oder von Fördermitteln zu einem bestimmten Termin stellt **keinen legitimen Grund** für eine Freihändige Vergabe aufgrund (vermeintlicher) besonderer Dringlichkeit dar. Eine schlechte zeitliche Ablaufplanung von Projekten ist stets als **selbst verursachte Dringlichkeit** anzusehen.

---

### 3. Die Ausnahmetatbestände der VOB/A

84 Die in § 3 Abs. 5 VOB/A aufgeführten Zulässigkeitsgründe für eine Freihändige Vergabe enthalten keine neuen Gesichtspunkte. Es wird ausdrücklich daran angeknüpft, dass eine Öffentliche Ausschreibung oder eine Beschränkte Ausschreibung **unzweckmäßig** sein muss. Das ist namentlich dann der Fall, wenn

---

23 OLG München, Beschl. v. 5.10.2012 – Verg 15/12.
24 Siehe hierzu etwa VK Brandenburg, Beschl. v. 19.12.2012 – VK 41/12.
25 VK Bund, Beschl. v. 29.6.2005 – VK 3-52/05.
26 Fallkonstellation nach OLG München, Beschl. v. 21.2.2013 – Verg 21/12.
27 OLG München, Beschl. v. 21.2.2013 – Verg 21/12, Rn 71; KG, Beschl. v. 29.2.2012 – Verg 8/11.

- die Leistungen aus besonderen Gründen (z.B. Patentschutz, besondere Erfahrung oder Geräte) **nur von einem bestimmten Unternehmen** erbracht werden kann,
- die Leistung **besonders dringlich** ist,
- eine eindeutige und **erschöpfende Leistungsbeschreibung nicht erstellt** werden kann, so dass keine hinreichend vergleichbaren Angebote zu erwarten sind,
- nach Aufhebung einer Öffentlichen oder Beschränkten Ausschreibung deren Wiederholung **kein wirtschaftliches Ergebnis** verspricht,
- es aus Gründen der **Geheimhaltung** erforderlich ist,
- sich eine **kleine Leistung** von einer vergebenen größeren Leistung **nicht ohne Nachteile trennen** lässt oder
- der **Auftragswert höchstens 10.000 €** netto beträgt.

Die Formulierung der Ausnahmetatbestände in § 3 Abs. 5 VOB/A ist **nicht abschließend**, wie sich dem der Aufzählung voran gestellten Wort „besonders" entnehmen lässt. Demnach können diejenigen Umstände, die in der VOL/A als Zulässigkeitsgründe für eine Freihändige Vergabe angeführt werden, auch im Geltungsbereich der VOB/A eine Freihändige Vergabe rechtfertigen, sofern eine Öffentliche Ausschreibung oder eine Beschränkte Ausschreibung bei einer **Gesamtbetrachtung** unzweckmäßig erscheinen. 85

**Praxistipp** !

Die Regelung in **§ 3 Abs. 5 Nr. 6 VOB/A** bezieht sich wiederum in erster Linie auf **Nachträge**, ist aber im Gegensatz zur Parallelvorschrift für den Oberschwellenbereich in § 3 EG Abs. 5 Nr. 5 VOB/A ausgesprochen knapp gehalten. Insbesondere wird für den Unterschwellenbereich **keine feste Wertgrenze** für die maximale Höhe des Nachtrags/Anschlussauftrags angegeben. Ob auf die im Oberschwellenbereich geltende Wertgrenze – höchstens die Hälfte des Wertes des ursprünglichen Auftrags – zurückgegriffen werden kann, ist **umstritten.**

Die Formulierung in § 3 Abs. 5 Nr. 6 VOB/A („kleine Leistung" gegenüber einer „größeren Leistung") sowie der Umstand, dass die in § 3 EG Abs. 5 Nr. 5 VOB/A aufgestellten weiteren Voraussetzungen im Unterschwellenbereich fehlen, sprechen eher für einen niedrigeren Ansatz der Wertgrenze. Es dürfte **in der Regel sachgerecht** sein, sich an der in § 3 Abs. 5d) VOL/A enthaltenen Wertgrenze von **höchstens 20 vom Hundert des Wertes der ursprünglichen Leistung** – zu orientieren.

# D. Sonderfall: Wahlrecht des Auftraggebers im Anwendungsbereich der SektVO und der VSVgV

## I. Die zulässigen Verfahrensarten im Anwendungsbereich der SektVO

Bei Auftragsvergaben im **Sektorenbereich** statuieren § 101 Abs. 7 Satz 2 VgV sowie § 6 Abs. 1 SektVO ein **Wahlrecht** des öffentlichen Auftraggebers zwischen offenem Verfahren, nicht offenem Verfahren und Verhandlungsverfahren mit Bekannt- 86 machung (= Teilnahmewettbewerb). Es liegt also im **freien Ermessen** des Sektorenauftraggebers, welche Vergabeart er bei der Vergabe eines konkreten Auftrags anwenden will.[28] Das Wahlrecht des Auftraggebers erstreckt sich aber nur auf **Verfahrensarten mit öffentlicher Bekanntmachung**. Hierdurch wird dem Transparenzgebot Rechnung getragen.

87 Die Entscheidung hierüber sollten Sektorenauftraggeber vom konkreten **Beschaffungsgegenstand** sowie von den **Rahmenbedingungen** der Auftragsvergabe abhängig machen. Nicht immer ist das Verhandlungsverfahren als „vergaberechtliches Minimalprogramm" sachgerecht.

88 Unter bestimmten Bedingungen erklärt § 6 Abs. 2 SektVO ein **Verhandlungsverfahren ohne Bekanntmachung** für zulässig. Die dort **aufgelisteten Ausnahmetatbestände** Nr. 1 bis 8 sowie Nr. 10 bis 12, die **wiederum eng auszulegen** sind, entsprechen im Wesentlichen den in § 3 EG Abs. 4 VOL/A und in § 3 EG Abs. 5 VOB/A enthaltenen Regelungen, so dass auf die diesbezüglichen Darstellungen verwiesen werden kann.[29]

89 Eine **Sonderregelung** beinhaltet § 6 Abs. 2 Nr. 9 SektVO. Danach kann ein Verhandlungsverfahren ohne Bekanntmachung durchgeführt werden, wenn **Aufträge aufgrund einer** nach den Bestimmungen der SektVO geschlossenen **Rahmenvereinbarung** vergeben werden sollen. § 4 EG Abs. 5 VOL/A enthält eine vergleichbare Vorschrift, die sich aber im Kontext der dortigen Vorschriften über die Rahmenvereinbarung findet.

## II. Die zulässigen Verfahrensarten im Anwendungsbereich der VSVgV

90 Die Regelungen für Auftragsvergaben in den Bereichen Verteidigung und Sicherheit ähneln denjenigen in der Sektorenverordnung. Sie finden sich für Liefer- und Dienstleistungsaufträge ausschließlich in der VSVgV selbst und für **Bauaufträge ergänzend** im dritten Abschnitt der VOB/A (**VOB/A-VS**), sind aber hinsichtlich der zulässigen Verfahrensarten im Wesentlichen identisch.

### 1. Zwingender Ausschluss des offenen Verfahrens

91 Aufträge in den Bereichen Verteidigung und Sicherheit dürfen in keinem Fall im offenen Verfahren vergeben werden. Dies ist zwar in der VSVgV und der VOB/A-VS nicht ausdrücklich bestimmt, ergibt sich aber zwanglos aus einem Umkehrschluss

---

28 Die Ermessensausübung des Auftraggebers muss noch nicht einmal in der Dokumentation des Vergabeverfahrens näher begründet werden, OLG München, Beschl. v. 11.4.2013 – Verg 3/13.
29 Vgl. oben Rn 65 ff. sowie Rn 75 f.

aus den für zulässig erklärten Verfahrensarten und stellt eine Umsetzung einer entsprechenden **europarechtlichen Vorgabe** dar.[30]

Diese auf den ersten Blick überraschende Regelung erklärt sich aus der **„Sensibilität“ der Bereiche Verteidigung und Sicherheit.**[31] Es soll vermieden werden, dass alle Bewerber, die Interesse an einem Auftrag bekunden, die detaillierten Vergabeunterlagen erhalten, was beim offenen Verfahren ja der Fall ist. Dadurch, dass eine **vorgelagerte Eignungsprüfung** stattfindet und zudem die §§ 6 bis 8 und 22 bis 27 VSVgV Auftraggebern das Anfordern **umfangreicher Eignungsnachweise** ermöglicht, soll sichergestellt werden, dass Informationen, die sensible Sicherheitsinteressen betreffen, nicht in „falsche Hände“ geraten.[32] 92

## 2. Die Regelverfahrensarten: Nicht offenes Verfahren und Verhandlungsverfahren mit Teilnahmewettbewerb

§ 11 Abs. 1 VSVgV und § 3 VS Abs. 2 Satz 1 VOB/A bestimmen, dass die Vergabe von 93
Liefer- und Dienstleistungsaufträgen sowie von Bauaufträgen in den Bereichen Verteidigung und Sicherheit grundsätzlich im **nicht offenen Verfahren** und im **Verhandlungsverfahren mit Teilnahmewettbewerb** stattfindet. Zwischen diesen beiden Verfahrensarten steht dem Auftraggeber ein **echtes Wahlrecht** zur Verfügung. In dem auch bei Vergaben in den Bereichen Verteidigung und Sicherheit zu führenden **Vergabevermerk** (§§ 43 Abs. 1 VSVgV, 20 VS Abs. 1 VOB/A) ist die Wahl der Verfahrensart jedoch zu begründen.

§ 11 Abs. 3 VSVgV stellt für sicherheits- und verteidigungsrelevante Liefer- und 94
Dienstleistungsaufträge klar, dass **im nicht offenen Verfahren Verhandlungen unzulässig** sind. Entscheidet sich der Auftraggeber für das nicht offene Verfahren, muss er die diesbezüglichen Verfahrensregeln auch einhalten.

Für **Bauaufträge** schreibt § 6 VS Abs. 2 Nr. 1 und 2 VOB/A vor, dass bei den bei- 95
den Regelverfahrensarten **mindestens drei Bewerber** zur Angebotsabgabe bzw. zu Verhandlungen aufgefordert werden sollen, wobei dies im Verhandlungsverfahren mit Teilnahmewettbewerb unter der Voraussetzung steht, dass eine hinreichende Anzahl geeigneter Bewerber vorhanden ist.

Ebenso wie im Anwendungsbereich der SektVO ist auch für Vergaben in den Be- 96
reichen Verteidigung und Sicherheit in begründeten **Ausnahmefällen** das **Verhandlungsverfahren ohne Teilnahmewettbewerb** zulässig. Die umfangreichen, wiederum abschließend aufgeführten Ausnahmetatbestände greifen die entspre-

---

**30** Art. 25 der Richtlinie 2009/81/EG.

**31** So ausdrücklich die Gesetzesbegründung zu § 101 Abs. 7 GWB.

**32** Besonders streng sind die Eignungsanforderungen an die Bewerber bei sogenannten „Verschlusssachen“, wobei die Anforderungen sich am jeweiligen Grad der Vertraulichkeit orientieren, vgl. näher § 7 VSVgV.

chenden Regelungen in der VOL/A und der VOB/A auf. So entsprechen die in **§ 3 VS Abs. 3 VOB/A** aufgelisteten Ausnahmetatbestände für **Bauaufträge** im Verteidigungs- und Sicherheitsbereich nahezu wortgleich der „allgemeinen" Regelung für Bauvergaben im Oberschwellenbereich in § 3 EG Abs. 5 VOB/A.[33]

97 Die Regelungen in **§ 12 VSVgV** enthalten für **Liefer- und Dienstleistungen** einige formale Modifikationen. Es wird unterschieden zwischen Ausnahmetatbeständen, die für sämtliche Auftragsarten gelten (§ 12 Abs. 1 VSVgV), sowie solchen, die nur auf Lieferaufträge bzw. nur auf Dienstleistungsaufträge (§ 12 Abs. 2 und 3 VSVgV) Anwendung finden. Inhaltliche Besonderheiten sind mit diesem Gliederungsaufbau jedoch nicht verbunden; die Ausnahmetatbestände entsprechen im Wesentlichen denen der allgemeinen Regelungen in § 3 EG Abs. 4 VOL/A.[34]

98 § 11 Abs. 1 Satz 2 VSVgV und § 3 VS Abs. 2 Satz 2 VOB/A erklären bei begründeten Ausnahmefällen für Liefer- und Dienstleistungsaufträge auch einen **wettbewerblichen Dialog** für zulässig. Die in § 13 VSVgV und in § 3 VS Abs. 5 VOB/A aufgeführten Voraussetzungen für den Einsatz dieser speziell für die **Vergabe hoch komplexer Aufträge** eingeführten Verfahrensart entsprechen den allgemeinen Regelungen in der VOL/A und der VOB/A. Insofern erfolgt eine zusammenfassende Darstellung nachstehend unter E.

## E. Sonderfall: Der wettbewerbliche Dialog

99 Der wettbewerbliche Dialog wurde vom deutschen Gesetzgeber im Zuge der Umsetzung einer **europarechtlichen Vorgabe** aus der so genannten Vergabekoordinierungsrichtlinie eingeführt. Durch diese **neue Verfahrensart** soll Auftraggebern für besonders komplexe Aufträge im Oberschwellenbereich ein Instrumentarium an die Hand gegeben werden, gemeinsam mit entsprechend qualifizierten Bewerbern zunächst **im Dialog** eine Lösung für seine Bedürfnisse zu entwickeln, also in einer Art Vorverfahren **den Auftragsgegenstand zu konkretisieren** bzw. zu bestimmen.[35] Anschließend werden dann die Bewerber zur Abgabe von Angeboten aufgefordert.

### I. Die Zulässigkeit des wettbewerblichen Dialogs

100 Die Verfahrensart des wettbewerblichen Dialogs steht nach § 101 Abs. 4 GWB **allen öffentlichen Auftraggebern** gemäß § 98 GWB offen, **soweit diese nicht** Sektoren-

---

33 Näher oben Rn 75 f.

34 Siehe hierzu oben Rn 65 ff.

35 VK Brandenburg, Beschl. v. 8.4.2009 – VK 17/09.

auftraggeber nach § 98 Nr. 4 GWB sind oder als Auftraggeber nach § 98 Nr. 1 bis 3 GWB im konkreten Fall **im Sektorenbereich tätig** sind. Ebenfalls nicht zugelassen ist der wettbewerbliche Dialog für **Baukonzessionäre** nach § 98 Nr. 6 GWB.

Hintergrund der Ausnahme für den Sektorenbereich ist der Umstand, dass die **101**
**Sektorenverordnung** die Vergabeart des **wettbewerblichen Dialogs nicht kennt** und Auftraggeber im Anwendungsbereich der SektVO in der konkreten Ausgestaltung des Verhandlungsverfahrens frei sind. Sie können dieses daher im Bedarfsfall ähnlich wie einen wettbewerblichen Dialog führen.[36]

Die Legaldefinition des § 101 Abs. 4 GWB beschreibt den wettbewerblichen Dia- **102**
log (lediglich) als

> „ein Verfahren zur Vergabe **besonders komplexer Aufträge**",

ohne gleichzeitig seine **Voraussetzungen** anzugeben. Dies erfolgt in den einzelnen Vergabe- und Vertragsordnungen. Nach § 3 EG Abs. 7 VOL/A, § 3 EG Abs. 7 VOB/A, § 3 VS Abs. 5 VOB/A und § 13 VSVgV dürfen **Auftraggeber objektiv nicht in der Lage** sein,

- die **technischen Mittel** anzugeben, mit denen ihre Bedürfnisse und Anforderungen erfüllt werden können, oder
- die **rechtlichen oder finanziellen Bedingungen** des Vorhabens **anzugeben.**

Die Wahl einer anderen Verfahrensart muss also daran scheitern, dass der Auftrag- **103**
geber eine Leistungsbeschreibung, welche den Bewerbern die Erstellung und Kalkulation eines Angebots ermöglichen würde, nicht definieren kann. Die **Gründe hierfür müssen objektiv vorliegen**, also dem Auftraggeber nicht in irgendeiner Weise anzulasten sein.

Dadurch wird eine **erhebliche Hürde** für die zulässige Durchführung eines **104**
wettbewerblichen Dialogs aufgestellt, die allerdings **gerechtfertigt** ist. Eine zu „laxe" Handhabung dieser Verfahrensart könnte dazu führen, dass öffentliche Auftraggeber sich von den Kosten und Mühen der Erstellung einer ordnungsgemäßen Ausschreibung zu befreien versuchen und die **Ermittlung und Präzisierung der konkreten Aufgabenstellung** – und damit ihres Beschaffungsbedarfs – **auf die Bieter verlagern.**

Der auf das objektive Vorliegen von Gründen abstellende Wortlaut hat zur Fol- **105**
ge, dass die **individuelle Leistungsfähigkeit des Auftraggebers irrelevant** ist. Es genügt nicht, dass der Auftraggeber aus seiner subjektiven Sicht den Auftragsgegenstand bzw. die Formulierung seines Beschaffungsbedarfs für besonders kom-

---

36 Dieser Gesichtspunkt wird in der Gesetzesbegründung ausdrücklich angeführt; vgl. BT-Drucks. 15/5668, S. 11.

pliziert erachtet. Fehlen dem Auftraggeber entsprechende Kenntnisse oder Mittel, muss er sich diese eben anderweitig beschaffen und ggf. **auf externen Sachverstand zurückgreifen.** Anderes gilt nur dann, wenn hierfür unverhältnismäßig hohe Investitionen erforderlich werden würden.

106 Ob die Wahl des wettbewerblichen Dialogs als Verfahrensart zutreffend war oder nicht, ist in einem etwaigen vergaberechtlichen Nachprüfungsverfahren **vollständig überprüfbar.** Eine Einschränkung der Kontrollbefugnisse der Vergabekammern und der Vergabesenate besteht nicht.[37]

107 Konzipiert wurde die Verfahrensart des wettbewerblichen Dialogs insbesondere für **ÖPP-Vorhaben** – also öffentlich-private Partnerschaften, bei denen staatliche Stellen und privatwirtschaftliche Unternehmen bei dem Betrieb staatlicher Einrichtungen oder bei der **Konzeptionierung, Finanzierung oder Erbringung** bislang staatlich erbrachter **öffentlicher Leistungen zusammenarbeiten.**

---

**Beispiel**

Typischerweise soll ein wettbewerblicher Dialog z.B. bei **integrierten Verkehrsinfrastrukturprojekten** oder bei **großen Computernetzwerken** Anwendung finden können.[38] Es ist aber stets im konkreten Einzelfall zu prüfen, ob die vorgeschriebenen Voraussetzungen für den wettbewerblichen Dialog tatsächlich gegeben sind.

---

108 Bislang hat der wettbewerbliche Dialog in der Praxis jedoch nahezu **keinen nennenswerten Niederschlag** gefunden, was auch daran liegen könnte, dass die Teilnahme an einem solchen Verfahren für Bieter wegen der damit verbundenen hohen Kosten und des ungewissen Ausgangs häufig nur mäßig attraktiv ist.

## II. Der Ablauf des wettbewerblichen Dialogs

109 Der wettbewerbliche Dialog kann als **„umgekehrtes Verhandlungsverfahren"** beschrieben werden, weil hier im Gegensatz zum Verhandlungsverfahren zunächst ein Dialog mit den beteiligten Unternehmen stattfindet, bevor diese anschließend ihre Angebote abgeben. Im Gegensatz zum Verhandlungsverfahren wird beim wettbewerblichen Dialog allerdings gerade **nicht über die Angebote der Bieter, sondern über den** (nicht vorab definierten) **Auftragsgegenstand verhandelt.**

110 Die – im Wesentlichen gleichlautenden – **Verfahrensregeln im Detail** finden sich in § 3 EG Abs. 7 VOL/A, § 3 EG Abs. 7 VOB/A, § 3 VS Abs. 5 VOB/A und § 13

---

37 VK Düsseldorf, Beschl. v. 11.8.2006 – VK-30/2006-L.

38 So der 31. Erwägungsgrund der VKR; ebenso die Gesetzesbegründung zu § 101 GWB, vgl. BT-Drucks. 15/5668, S. 11.

Abs. 2 VSVgV. In der VOF wird der wettbewerbliche Dialog zwar nicht erwähnt; dennoch kann das dort vorgeschriebene Verhandlungsverfahren als wettbewerblicher Dialog ausgestaltet werden.

### 1. Die erste Phase: Dialog zur Ermittlung von Lösungsvorschlägen für die Bedürfnisse des Auftraggebers

Der wettbewerbliche Dialog beginnt mit der Veröffentlichung einer **europaweiten** 111
**Bekanntmachung**, durch welche Interessenten zur Teilnahme am Verfahren aufgefordert werden (§ 3 EG Abs. 7 S. 2 lit. a) VOL/A, § 3 EG Abs. 7 Nr. 2 VOB/A, § 3 VS Abs. 5 Nr. 2 VOB/A sowie § 13 Abs. 2 Nr. 1 VSVgV). Diese Bekanntmachung muss grundsätzlich folgenden **Mindestinhalt** aufweisen:

- Beschreibung und Erläuterung der **„Bedürfnisse und Anforderungen“** des Auftraggebers,
- Mindestanforderungen an die wirtschaftliche und technische Leistungsfähigkeit der Bewerber (**Eignungskriterien**),[39]
- sämtliche vorgesehenen **Zuschlagskriterien einschließlich deren Gewichtung** oder mindestens der ihnen zuerkannten Bedeutung in absteigender Reihenfolge[40] sowie
- **fakultativ**: Angabe der **Höchstzahl der Unternehmen** (in jedem Fall mindestens drei!), die zur Teilnahme am Dialog aufgefordert werden sollen.

Die Bedürfnisse und Anforderungen sowie die Zuschlagskriterien nebst Gewichtung 112
können jedoch statt bereits in der Bekanntmachung auch in einer separaten **Leistungsbeschreibung** angegeben (und erläutert) werden (§ 3 EG Abs. 7 S. 2 lit. a) und e) VOL/A, § 3 EG Abs. 7 Nr. 2 und 8 VOB/A, § 3 VS Abs. 5 Nr. 2 und 8 VOB/A sowie § 13 Abs. 2 Nr. 1 und 5 VSVgV). Diese Leistungsbeschreibung kann zwangsläufig nicht ansatzweise einen Detaillierungsgrad aufweisen wie im offenen Verfahren und im nicht offenen Verfahren, da der Leistungsgegenstand erst **während des Dialogs konkretisiert** und festgelegt wird.

---

**Praxistipp** !

Es ist in der Regel **nicht zweckmäßig**, dass Auftraggeber ihre Bedürfnisse und Anforderungen **erst in einer „nachgeschobenen“ Leistungsbeschreibung** angeben und erläutern. Der Sinn der Bekanntmachung besteht schließlich darin, potenziellen Dialogpartnern die Teilnahme an dem wettbewerblichen Dialog „schmackhaft zu machen“. Dieses Ziel wird am ehesten erreicht, wenn die Bekanntmachung insofern bereits einen aussagekräftigen Inhalt aufweist.

---

39 Diese Vorgabe findet sich weder in der VOL/A noch in der VOB/A noch in der VSVgV, resultiert aber aus entsprechenden Erläuterungen der Europäischen Kommission.

40 Die bloße Angabe der Zuschlagskriterien ohne nähere Konkretisierung genügt nicht den Anforderungen des Transparenzgebots, vgl. VK Lüneburg, Beschl. v. 26.11.2012 – VgK 40/2012.

Die Angabe der Zuschlagskriterien kann hingegen ohne Weiteres erst in der Leistungsbeschreibung erfolgen. Diese Informationen beeinflussen Bewerber in der Regel nicht bei ihrer Entscheidung über eine (Nicht-)Teilnahme am Vergabeverfahren.

113 An die Bekanntmachung schließt sich ein **Teilnahmewettbewerb** an, in welchem der Auftraggeber die aus seiner Sicht **geeigneten Unternehmen auswählt**, mit denen der wettbewerbliche Dialog geführt werden soll. Die bereits erwähnte Mindestzahl von drei Dialogteilnehmern ist dabei zu beachten, weil ansonsten ein sinnvoller Wettbewerb nicht möglich ist.

114 Mit den ausgewählten Unternehmen tritt der Auftraggeber dann in den eigentlichen **Dialog** ein, in dem sie ermitteln und festlegen sollen, wie seine **Bedürfnisse am besten erfüllt** werden können, und in welchem alle Einzelheiten des Auftrags erörtert werden können. Bei der konkreten Ausgestaltung des Dialogs ist der Auftraggeber weitgehend frei, er muss jedoch das **Gleichbehandlungsgebot** beachten und Lösungsvorschläge einzelner Unternehmen vertraulich behandeln (näher § 3 EG Abs. 7 S. 2 lit. b) VOL/A, § 3 EG Abs. 7 Nr. 3 und 4 VOB/A, § 3 VS Abs. 5 Nr. 3 und 4 VOB/A sowie § 13 Abs. 2 Nr. 2 VSVgV).

115 Der Dialog kann in verschiedenen aufeinander folgenden **Phasen** abgewickelt werden, in deren Verlauf die zu erörternden **Lösungen und die Zahl der Dialogteilnehmer reduziert** werden können. Dabei ist zwingend zu beachten, dass das Ausscheiden von teilnehmenden Unternehmen nur anhand der (zuvor bekanntgemachten) **Zuschlagskriterien** erfolgen darf[41] (§ 3 EG Abs. 7 S. 2 lit. c) VOL/A, § 3 EG Abs. 7 Nr. 5 VOB/A, § 3 VS Abs. 5 Nr. 5 VOB/A sowie § 13 Abs. 2 Nr. 3 VSVgV).

116 Sobald eine oder mehrere geeignete **Lösungen gefunden** worden sind, hat der Auftraggeber den **Dialog für abgeschlossen zu erklären** (§ 3 EG Abs. 7 S. 2 lit. d) VOL/A, § 3 EG Abs. 7 Nr. 6 VOB/A, § 3 VS Abs. 5 Nr. 6 VOB/A sowie § 13 Abs. 2 Nr. 4 VSVgV). Hierüber sind die beteiligten Unternehmen zu informieren.[42] Wird keine Lösung gefunden, ist nicht nur der Dialog, sondern das gesamte Verfahren beendet.

### 2. Die zweite Phase: Angebotsabgabe und Auftragsvergabe

117 Der Auftraggeber fordert diejenigen Bewerber, die noch „im Rennen" sind, also nicht während der Dialogphase ausgeschieden wurden, nunmehr auf der Grundlage der erarbeiteten (geeigneten) Lösung(en) zur **Abgabe ihres endgültigen Angebots** auf. Bedeutsam ist, dass in dieser zweiten Phase des wettbewerblichen Dialogs keine Verhandlungen mehr zulässig sind – die Dialogs- bzw. Verhandlungsphase ist

41 VK Düsseldorf, Beschl. v. 11.8.2006 – VK-30/2006-L.

42 Zwar schreiben diese Informationspflicht nur die VOB/A EG und VS bindend vor; sie gilt aber aufgrund einer entsprechenden europarechtlichen Vorgabe auch im Anwendungsbereich der VOL/A und der VSVgV.

endgültig abgeschlossen. Der weitere Verfahrensablauf entspricht vom Grundsatz her dem des nicht offenen Verfahrens, so dass auch das **Nachverhandlungsverbot** gilt.

Schließlich erfolgt die **Bewertung der Angebote** nach den zuvor festgelegten 118
Zuschlagskriterien – die im Verlauf des Dialogs nicht mehr geändert werden dürfen[43] – sowie die **Zuschlagserteilung** auf das wirtschaftlichste Angebot (§ 3 EG Abs. 7 S. 2 lit. e) VOL/A, § 3 EG Abs. 7 Nr. 8 VOB/A, § 3 VS Abs. 5 Nr. 8 VOB/A sowie § 13 Abs. 2 Nr. 5 VSVgV).

**43** VK Lüneburg, Beschl. v. 26.11.2012 – VgK 40/2012.

# Kapitel 6
# Wie bereitet man ein Vergabeverfahren zielgerichtet und rechtssicher vor?

## A. Vorbemerkung

Vergabeverfahren lassen sich in verschiedene, immer wiederkehrende und **aufeinander aufbauende Phasen** unterteilen. An die interne **Vorbereitung des Vergabeverfahrens** (dazu sogleich unter B.–K.) schließt sich die **Ausschreibungsphase** (Kapitel 7 A.) als externe Umsetzung an, die – je nach Vergabeart – mit der Bekanntmachung oder der direkten Aufforderung zur Angebotsabgabe beginnt. 1

Am Ende der Angebotsfrist werden die eingegangenen Angebote geöffnet. Dieser sog. **Eröffnungs- oder Submissionstermin** (Kapitel 7 B.) bildet – sieht man von nur ausnahmsweise zulässigen Verhandlungs- bzw. Freihändigen Vergabeverfahren ab – eine Zäsur im Vergabeverfahren. Ab diesem Zeitpunkt gilt das **Nachverhandlungsverbot**. Der Inhalt der Angebote darf ab jetzt nicht mehr verändert, sondern nur noch aufgeklärt[1] werden. 2

Daran schließt sich die **Prüfungs- und Wertungsphase** (Kapitel 8) an. Hier überprüft der Auftraggeber im Wesentlichen die Angebote auf Vollständigkeit, fordert ggf. fehlende Nachweise und Erklärungen nach, prüft die Eignung der Bieter und ermittelt unter den danach in der Wertung verbliebenen Angeboten das wirtschaftlichste, das den Zuschlag erhalten soll. 3

Dabei hat der Auftraggeber die **zuvor** von ihm wirksam **festgelegten Kriterien**, insbesondere die Eignungs- und Zuschlagskriterien (dazu näher unter G.–H.), **als Prüfmaßstab** zugrunde zu legen. Sie dürfen aus Gründen der Verfahrenstransparenz im Nachhinein, also nach der Öffnung der Angebote nicht mehr ohne weiteres abgeändert werden. Ihre Festlegung bedarf daher einer entsprechenden Sorgfalt, weil mit ihnen eine **wesentliche Weiche** für das Vergabeverfahren gestellt wird. 4

Das **Vergaberecht setzt den rechtlichen Rahmen** für diese Phasen. Es regelt u.a. wie und in welchem Verfahren die Beschaffung zu erfolgen hat und unter welchen Voraussetzungen ein Verfahren aufgehoben werden kann. Innerhalb dieses Rahmens hat der Auftraggeber jedoch gleichwohl Ermessens- und Beurteilungsspielräume und einen **nicht unerheblichen Gestaltungsspielraum.** 5

Das Vergaberecht regelt beispielsweise nicht, was der Auftraggeber zu beschaffen hat oder wann ein Bieter als geeignet anzusehen und am Wettbewerb zu beteili- 6

---

1 Näher zur Aufklärung von (vermeintlichen) Unterkostenangeboten Kap. 8 Rn 180ff. sowie allgemein zur Aufklärung Kap. 8 Rn 227ff.

gen ist. Auch findet sich keine Vorgabe, anhand welcher konkreten **Zuschlagskriterien** das zu beauftragende Angebot auszuwählen ist.

7 Bei der Festlegung des Beschaffungs- oder Leistungsgegenstandes billigt die Vergaberechtsprechung dem Auftraggeber ein sog. **Leistungsbestimmungsrecht** zu. Der Auftraggeber allein entscheidet, was er beschaffen möchte und anhand welcher Auswahlkriterien er das wirtschaftlichste Angebot auswählt.

8 Der Auftraggeber legt ferner fest, welche unternehmens- und personenbezogenen **Eignungskriterien** maßgeblich und von interessierten Unternehmen nachzuweisen sind, um überhaupt als geeigneter Bieter am Wettbewerb teilnehmen zu können. Er kann **technische Mindestanforderungen** bestimmen[2] oder, um innovative Lösungen zur Bedarfsdeckung zuzulassen, neben der Ausführung auch die Planung der Leistung teilweise oder insgesamt dem Bieter übertragen (**Funktionalausschreibung**).

9 Mit einer ähnlichen Zielrichtung kann der Auftraggeber von der geforderten Leistung abweichende Bietervorschläge,[3] sog. **Nebenangebote** bzw. Alternativangebote, zulassen[4] oder solche gerade ausschließen und lediglich Angebote für die von ihm definierte Leistung akzeptieren.

10 Auch die Auswahl und Festlegung der Kriterien, anhand derer das wirtschaftlichste Angebot auswählt werden soll (Zuschlagskriterien), ist Sache des öffentlichen Auftraggebers. Er entscheidet, ob für die Auswahlentscheidung allein der niedrigste Angebotspreis oder das beste Preis-Leistungs-Verhältnis maßgeblich sein soll. Bei der Festlegung und Wertung **nichtmonetärer Zuschlagskriterien**, wie beispielsweise der Qualität der angebotenen Leistung, verfügt der Auftraggeber über einen recht weiten Spielraum. In der Praxis werden diese **Gestaltungsmöglichkeiten** häufig unzureichend genutzt.

11 Das **Vergaberecht** wiederum regelt, wann, wie und unter welchen **Voraussetzungen diese Festlegungen** zu erfolgen haben und welche Begründungs- und Dokumentationsanforderungen bestehen. All dies hat der Auftraggeber daher frühzeitig bei der Vorbereitung des eigentlichen Vergabeverfahrens in den Blick zu nehmen.

12 Versäumnisse und Fehler, die in einer früheren Phase begangen wurden, lassen sich später regelmäßig nur mit erheblichem zeitlichen und personellen Aufwand beseitigen. Dies ergibt sich bereits aus den allgemeinen Vergabegrundsätzen. Ein transparentes, auf Gleichbehandlung aller Bieter beruhendes Vergabeverfahren setzt voraus, dass das **Verfahren** bei vergaberechtlich relevanten Fehlern zumindest ab dem Zeitpunkt **wiederholt** wird, in dem der Fehler begangen wurde.

13 Manche **Fehler** können das gesamte **Verfahren „infizieren“** und im schlimmsten Fall eine Aufhebung, d.h. Wiederholung des gesamten Vergabeverfahrens erfor-

2 Vgl. z.B. OLG Brandenburg, Beschl. v. 30.1.2014 – Verg W 2/14.
3 OLG Düsseldorf, Beschl. v. 9.3.2011 – Verg 52/10.
4 Näher zu Nebenangeboten Rn 270 ff.

dern („Zurück-auf-Los"). Dies kann beispielsweise bei einer **fehlerhaften Bekanntmachung** oder unwirksam formulierten Eignungskriterien der Fall sein.

Andererseits bezwecken Vergabeverfahren letztlich nichts anderes als den Abschluss eines zivilrechtlichen Vertrages zur Beschaffung bestimmter Waren oder Dienstleistungen. Wurden die Vertragsbedingungen oder die Leistung fehlerhaft definiert, wirken sich diese Fehler nicht nur im Vergabeverfahren, sondern auch im **gesamten Beschaffungsvorgang** aus. 14

Ein einmal eingeleitetes Vergabeverfahren kann nur durch **Beauftragung** (sog. Zuschlag) oder durch **Aufhebung** des Vergabeverfahrens beendet werden. Daneben besteht zwar als „Weniger" oder „Minus" im Vergleich zur Aufhebung die in der Praxis bedeutsame Möglichkeit, das **Verfahren** als weniger einschneidende Maßnahme **zur Fehlerkorrektur zurückzuversetzen.** Unabhängig vom Zeitbedarf und potentiellen Schadensersatzansprüchen der Bieter ist jedoch auch diese vergaberechtlich nicht ausdrücklich geregelte Möglichkeit an enge, von der Rechtsprechung entwickelte Voraussetzungen geknüpft.[5] 15

Dementsprechend ist der Auftraggeber gut beraten, wenn er, bevor das eigentliche Vergabeverfahren mit der Bekanntmachung oder der Aufforderung zur Angebotsabgabe eingeleitet wird, alle relevanten Punkte sorgfältig abklärt. Mit einer **gründlichen Vorbereitung** des Vergabeverfahrens werden nicht **bedarfsgerechte Beschaffungen** und unnötige **Fehlerkorrekturen verhindert** und die wesentlichen Weichen für die Auswahl des Vertragspartners gestellt. 16

Der Auftraggeber hat in der Vorbereitungsphase, also bevor das eigentliche Vergabeverfahren eröffnet wird, allgemeine, tatsächliche, rechtliche und vergaberechtliche **Voraussetzungen zu klären** und zahlreiche **Festlegungen** und **Entscheidungen** zu treffen. Insofern kommt dem Auftraggeber die Aufgabe zu, die sog. **Vergabereife** herbeizuführen. 17

Fehler in der Vorbereitungsphase können sich durch das ganze Verfahren ziehen und zu Schadensersatzforderungen führen. Sie binden unnötig Personal und kosten Zeit, Geld und Nerven. Eine gründliche Vorbereitung des Verfahrens kann negative Effekte zumindest erheblich reduzieren. 18

## B. Feststellung der einschlägigen Vergabeordnung

Zunächst muss der Auftraggeber die zu beschaffende **Leistung** der einschlägigen Auftragsart bzw. **Vergabeordnung zuordnen**, da hier jeweils **unterschiedliche Schwellenwerte und Regeln** gelten.[6] 19

5 Dazu im Einzelnen Kap. 9 Rn 118 ff.
6 Näher zur Abgrenzung der unterschiedlichen Auftragsarten bzw. Vergabeordnungen Kap. 4.

20 Die **Regelungen für die Vergabe** von Bauleistungen (**VOB/A**) und die Vergabe von Liefer- und vorab eindeutig und erschöpfbar beschreibbaren Dienstleistungen (**VOL/A**) sind im Grunde **weitestgehend vergleichbar**.

21 Eine **Schnittmenge** bilden etwa die zulässigen **Arten der Vergabe** und deren Hierarchie. Auch die **Prüfung und Wertung der Angebote** läuft in den Regelvergabearten (Öffentliche Ausschreibung bzw. Offenes Verfahren) **nach** einem **vergleichbaren vierstufigen Prüfraster** ab.

22 Zugleich existieren jedoch auch **praxisrelevante Unterschiede** zwischen VOL/A und VOB/A. Dies betrifft beispielsweise einzelne Voraussetzungen für ein ausnahmsweise zulässiges Verhandlungsverfahren oder die im Anwendungsbereich der VOL/A vertretene Ansicht, dass §§ 8 Abs. 3, 9 EG Abs. 4 VOL/A den öffentlichen Auftraggeber zwingen, alle geforderten Nachweise noch einmal in einer abschließenden Liste zusammenzustellen. Fehle eine solche **abschließende „Checkliste“**, sei die Forderung der Nachweise unwirksam, so dass das bloße Fehlen verlangter Nachweise keinen Angebotsausschluss rechtfertige.[7]

23 Weitere **Unterschiede** zwischen VOL/A und VOB/A bestehen bei den Vorgaben zum **Umgang mit fehlenden Erklärungen oder Nachweisen.**[8] Nach der VOB/A sind fehlende Erklärungen mit einer verbindlich vorgegebenen Nachfrist von sechs Kalendertagen nachzufordern (Nachforderungspflicht). Demgegenüber stellt die VOL/A sowohl das „Ob“ der Nachforderung als auch die Länge der Nachfrist in das Ermessen der Vergabestelle.[9]

24 Auch der **Umgang mit fehlenden Preisangaben** ist in VOL/A und VOB/A unterschiedlich geregelt. Fehlt bei Bauvergaben mehr als eine einzige Preisangabe im Angebot, führt dies stets und zwingend zum Ausschluss, § 16 (EG) Abs. 1 Nr. 1c) VOB/A. Bei Vergaben nach der VOL/A können unter den in § 16 Abs. 2 S. 2 bzw. § 19 EG Abs. 2 S. 2 genannten Umständen auch Angebote gewertet werden, die mehrere Preisangaben nicht enthalten.

25 Grundlegende **Unterschiede bei den Verfahrensarten** bestehen zwischen **VOL/A bzw. VOB/A** einerseits und **VOF-Vergaben** andererseits.[10] Bei Vergaben nach VOL/A bzw. VOB/A kann die zu vergebende Leistung vorab eindeutig und erschöpfend beschrieben werden. Damit steht der **Preiswettbewerb** im Vordergrund. Das Regelverfahren ist hier die Öffentliche Ausschreibung bzw. – im Oberschwellenbereich – das offene Verfahren. Ausnahmen sind rechtfertigungsbedürftig.

26 Im Anwendungsbereich der **VOF**, also bei der Vergabe von vorab gerade nicht abschließend beschreibbaren Leistungen, steht der **Leistungswettbewerb im Vor-**

---

**7** Vgl. OLG Düsseldorf, Beschl. v. 3.8.2011 – Verg 30/11.

**8** Näher hierzu Kap. 8 Rn 73 ff.

**9** Vgl. § 16 (EG) Abs. 1 Nr. 3 VOB/A einerseits und §§ 16 Abs. 2 S. 1, 19 EG Abs. 1 S. 2 VOL/A andererseits.

**10** Vgl. dazu näher im Kap. 4.

**dergrund.** Die VOF kennt dementsprechend **nur Verhandlungsverfahren**, wobei das Regelverfahren einen vorgeschalteten Teilnahmewettbewerb vorschreibt. Die auf Verhandlung über die Angebote und Auftragsbedingungen angelegten **Vergabeverfahren** der VOF **unterscheiden sich** nicht nur graduell, sondern **prinzipiell** von den Regelverfahren der VOL/A bzw. VOB/A, bei denen solche Verhandlungen gerade unzulässig sind.

Die Auftragsvergabe im sog. Sektorenbereich richtet sich im Oberschwellenbereich unabhängig von der Auftragsart allein nach der **Sektorenverordnung**. Eine Abgrenzung zwischen den verschiedenen Auftragsarten ist hier nicht erforderlich. Vergaberechtliche Regelungen unterhalb des Schwellenwerts bestehen nicht. 27

Kurzum: Da die Verfahrensregeln der Vergabeordnungen unterschiedlich sind, wird mit der Ermittlung der zutreffenden Vergabeordnung eine **wesentliche Weiche für ein rechtssicheres Verfahren** gestellt. Dementsprechend sorgfältig ist in Zweifelsfällen die Entscheidung zu treffen. 28

## C. Schätzung des Auftragswerts

Die vergaberechtlichen **Regeln variieren** jedoch nicht nur zwischen den einzelnen Auftragsarten, sondern auch in **Abhängigkeit vom geschätzten Auftragswert**. Der Schwellenwert gibt an, ab welchen geschätzten Auftragswerten die europarechtlich überlagerten Wettbewerbsregeln gelten und das Vergabeverfahren europaweit durchgeführt werden muss. Die Schwellenwerte divergieren zwischen den einzelnen Auftragsarten.[11] 29

**Unterhalb der Schwellenwerte** finden weder das GWB noch die Vergabeverordnung noch die sog. EG-Paragraphen der VOB/A oder der VOL/A oder die VOF oder die Sektorenverordnung Anwendung. Stattdessen gilt bei Bauvergaben **ausschließlich** die **VOB/A**, bei der Vergabe von eindeutig und erschöpfbar beschreibbaren Liefer- und Dienstleistungen die **VOL/A**. 30

---

**Beispiel**
Eine Kommune will ihre Straßenbeleuchtung sanieren. Der geschätzte Auftragswert beträgt 1 Mio. €.
**Variante 1:** Die Beleuchtungsanlagen sollen auf ihre Funktionsfähigkeit überprüft, Beleuchtungskörper gereinigt, defekte Teile ausgetauscht und Leuchtmittel teilweise auf LED umgerüstet werden. Die Schätzkosten des Reparaturanteils machen weniger als 25% des geschätzten Auftragswerts aus.
**Variante 2:** Die alten Leuchtmasten sollen erhöht werden, um eine DIN-gerechte Ausleuchtung sicherzustellen. Dafür sind die alten Stromzuführungen zu entfernen, die Masten zu erhöhen, die Anlagen mit neuen LED-Leuchten zu versehen und die Stromzuführungen innerhalb der Lichtmasten unter Berücksichtigung der Kabelübergangskästen neu zu verlegen.

---

11 Hierzu näher Kap. 3 Rn 78 ff.

In beiden Varianten handelt es sich um sog. **typengemischte Verträge**, die zugleich Elemente eines Bauauftrags und solche eines Auftrags anderer Art aufweisen. Bei Mischverträgen bestimmt sich die Rechtsnatur des Vertrages nach seinem Hauptgegenstand.[12]
In der **Variante 1** liegt der Schwerpunkt des Auftrags im Bereich der Dienstleistungen.[13] Der Schwellenwert für Dienstleistungsaufträge liegt derzeit bei 207.000 €. Damit sind die Leistungen europaweit auszuschreiben. Es gelten u.a. längere Angebotsfristen, andere Regeln für Nebenangebote, andere Informations- und Bekanntmachungspflichten, und Bietern ist die Möglichkeit eröffnet, die Vergabeentscheidung im Wege eines Nachprüfungsverfahrens überprüfen zu lassen.
In der **Variante 2** ist der Schwerpunkt des Auftrags wegen der technischen und gestalterischen Veränderung am Baukörper durch Elemente eines Bauauftrags geprägt und als Bauauftrag zu qualifizieren.[14] Da der Auftragswert deutlich unterhalb des Schwellwerts für Bauaufträge von derzeit 5,186 Mio. € liegt, findet das nationale Vergaberecht (VOB/A) Anwendung. Es gelten damit u.a. kürzere Angebotsfristen, Nebenangebote sind grundsätzlich zugelassen[15] und der Primärrechtsschutz besteht nur sehr eingeschränkt.[16]

31 Für die Vergabe von **freiberuflichen Leistungen oder** Leistungen im **Sektorenbereich** unterhalb der Schwellenwerte existiert keine Vergabeordnung.[17] Der ermittelte Auftragswert entscheidet hier darüber, ob der Auftraggeber überhaupt vergaberechtlichen Regelungen unterworfen ist. Unterhalb der jeweiligen Schwellenwerte gelten „lediglich" die verwaltungsinternen bzw. haushaltsrechtlichen Vorgaben und etwaige landes(vergabe)rechtliche Regeln.

**Beispiel**
Ein öffentlicher Auftraggeber will **Vermessungsleistungen** mit einem geschätzten Auftragswert von 120.000 € vergeben. Lassen sich die Leistungen abschließend beschreiben, richtet sich die Vergabe nach der VOL/A. Sind die Leistungen nicht abschließend beschreibbar, ist die Vergabe – sofern keine speziellen (landesrechtlichen) Regelungen bestehen – grundsätzlich vergaberechtfrei, da die VOF erst ab einem Schwellenwert von 207.000 € (bzw. 134.000 € bei obersten Bundesbehörden) anwendbar ist.

12 Vgl. EuGH, Urteil vom 21.2.2008 – C-412/04 sowie § 99 Abs. 10 S. 2 GWB, wonach Verträge, die neben Dienstleistungen auch Bauleistungen umfassen, die im Verhältnis zum Hauptgegenstand Nebenarbeiten sind, als Dienstleistungsauftrag gelten.
13 VK Berlin, Beschl. v. 26.4.2011 – VK B 2-3/11.
14 Vgl. dazu VK Baden-Württemberg, Beschl. v. 18.6.2014 – 1 VK 21/14.
15 Anders im Anwendungsbereich der VOL/A: Hier bedürfen Nebenangebote auch im Unterschwellenbereich der Zulassung durch die Vergabestelle, § 8 Abs. 4 VOL/A.
16 Näher zum eingeschränkten Primärrechtschutz bei Vergaben im Unterschwellenbereich Kap. 12 Rn 10 ff.
17 Hierzu näher Kap. 4 Rn 24 f., 66 f.

# D. Festlegung der Vergabeart

Wurde der Beschaffungsgegenstand der einschlägigen Vergabeordnung zugeordnet, ist im nächsten Schritt die zulässige Vergabeart festzulegen.[18] 32

## I. Regel-Ausnahme-Verhältnis

Die **Öffentliche Ausschreibung bzw.** das **offene Verfahren** bilden – sieht man von speziellen Vergaberechtsregimen im Bereich Verteidigung und Sicherheit (VOB/A-VS), im Sektorenbereich (SektVO) bzw. für freiberufliche Leistungen (VOF) ab – die **Regelvergabeart.**[19] Abweichungen hiervon erfordern eine Rechtfertigung durch besondere Sachgründe. Diese sind in der jeweiligen Vergabeverordnung im Einzelnen aufgeführt.[20] 33

Ihr Vorrang vor anderen Vergabearten verfolgt den Zweck, einen möglichst breiten und transparenten Wettbewerb zu schaffen und damit sicherzustellen, dass der im Sinne der Ausschreibung günstigste Anbieter den Zuschlag erhält.[21] 34

## II. Sonderregelung im Sektorenbereich

Im Anwendungsbereich der SektVO hat der Auftraggeber im Grunde die **freie Wahl** zwischen den Vergabeverfahren. Allein das Verhandlungsverfahren ohne Bekanntmachung, also ohne vorgeschalteten Teilnahmewettbewerb, bedarf der Rechtfertigung durch einen besonderen Sachgrund. Die entsprechenden Sachgründe sind in § 6 Abs. 2 SektVO im Einzelnen aufgeführt. 35

## III. Risiken einer fehlerhaften Wahl der Vergabeart

Die Regeln, die das Vergaberecht an die einzelnen Vergabearten knüpft, weichen teilweise erheblich voneinander ab. Wird ohne hinreichende Rechtfertigung von den Regelverfahren (Öffentliche Ausschreibung bzw. offenes Verfahren) abgewichen, besteht die **Gefahr**, dass das Vergabeverfahren **komplett wiederholt** werden muss. 36

---

**18** Ausführlich zu den einzelnen Vergabearten Kap. 5.
**19** Vgl. § 3 Abs. 2 VOB/A, § 3 EG Abs. 1 S. 1 VOL/A.
**20** Vgl. etwa §§ 3, 3 EG VOB/A, §§ 3, 3 EG VOL/A.
**21** So etwa BVerwG, Beschl. v. 13.2.2013 – 3 B 58.12.

37 Insbesondere bei der fehlerhaften Wahl eines Verhandlungsverfahrens bzw. – im Unterschwellenbereich – einer Freihändigen Vergabe, sind Bieter der ansonsten wegen des Nachverhandlungsverbots nicht gegebenen Gefahr ausgesetzt, im Rahmen von Nachverhandlungen von einem Mitbewerber unterboten zu werden.

**Fettnapf**

Auftraggeber sollten das Vorliegen einer „besonderen" oder „zwingenden" Dringlichkeit zur Rechtfertigung eines **Verhandlungsverfahrens ohne Teilnahmewettbewerb** besonders sorgfältig prüfen und dokumentieren. Hierbei ist äußerste Zurückhaltung geboten.[22] Besonders risikobehaftet ist die Wahl eines Verhandlungsverfahrens ohne Bekanntmachung bei gleichzeitigem **Verzicht auf die Informations- und Wartepflicht** nach § 101a Abs. 2 GWB.

Stellt sich später heraus, dass ein dringender Grund für die Wahl eines Verhandlungsverfahrens ohne Teilnahmewettbewerb fehlte, liegt zugleich ein Verstoß gegen die dann geltende Informationspflicht des § 101a Abs. 1 GWB vor. Ein gleichwohl erteilter Zuschlag wäre nach § 101b Abs. 1 Nr. 1 GWB unwirksam, und zwar unabhängig davon, ob das Angebot desjenigen, der das Nachprüfungsverfahren eingeleitet hat, zuschlagsfähig war und ob der Auftraggeber tatsächlich Verhandlungen mit anderen Bietern geführt hat. Durch die fehlende Vorabinformation wird übergangenen Bietern die Möglichkeit genommen, Einwendungen gegen die Zuschlagsfähigkeit des ausgewählten Angebots rechtzeitig vor Zuschlagserteilung vorzubringen. Allein deshalb ist regelmäßig nicht auszuschließen, dass die Vergabestelle bei Kenntnis der Einwendungen Anlass gesehen hätte, diesen in der Sache nachzugehen, wodurch sich die Chancen des unterlegenen Bieters hätten verbessern können. In solchen Fällen ist das Vergabeverfahren bei fortbestehender Vergabeabsicht zu wiederholen.[23]

38 Eine **korrekte Auswahl** und Festlegung der Vergabeart ist daher aus Gründen der **Verfahrenssicherheit** wichtig. Die Vorschriften über die Auswahl der richtigen Verfahrensart sind **bieterschützend** und begründen subjektive Rechte im Sinne des § 97 Abs. 7 GWB.

39 Besondere Bedeutung erlangt die Wahl der richtigen Vergabeart im **Zuwendungsbereich**. Nach der Rechtsprechung des Bundesverwaltungsgerichts ist ein Verstoß gegen die Bestimmungen über die Vergabeart wegen der damit regelmäßig verbundenen Gefährdung der Wirtschaftlichkeit und Sparsamkeit im Regelfall als schwerwiegend einzuordnen.[24] Dies berechtigt den Zuwendungsgeber zum Widerruf des Zuwendungsbescheids und zur **Rückforderung der Zuwendung** samt Zinsen.

40 Eine **fehlerhafte Wahl der Vergabeart** kann in der Praxis allerdings **ausnahmsweise** auch **ohne Konsequenzen** bleiben. Dies ist etwa dann der Fall, wenn

22 Zu den hohen Anforderungen zur Bejahung einer besonderen Dringlichkeit näher Kap. 5 Rn 22, 82f.

23 Vgl. dazu etwa OLG Celle, Beschl. v. 24.9.2014 – 13 Verg 9/14.

24 BVerwG, Beschl. v. 13.2.2013 – 3 B 58.12, s.a. OVG Münster, Beschl. v. 14.8.2013 – 12 A 1751/12.

- zwischen der Wahl der falschen Vergabeart und dem behaupteten Schaden keine Kausalität besteht, weil sich die Zuschlagschancen auch bei der korrekten Vergabeart nicht verbessern würden,[25] oder
- Dritte schlicht keine Kenntnis vom Vergabeverstoß erlangen.

**Beispiel**

Der Auftraggeber ermittelt den Schwellenwert fehlerhaft und schreibt die zu vergebende Leistung national im Wege der Öffentlichen Ausschreibung aus. Ein Bieter, der nicht den Zuschlag erhalten soll, leitet ein Nachprüfungsverfahren ein und vertritt die Ansicht, die Leistung hätte europaweit im offenen Verfahren ausgeschrieben werden müssen.

Ein Verstoß gegen Vergabebestimmungen genügt für einen erfolgreichen Nachprüfungsantrag oder die Geltendmachung von Schadensersatz nicht. **Neben der Pflichtverletzung** muss dem Bieter durch den Vergaberechtsverstoß, hier die fehlerhafte Wahl der Vergabeart, auch ein **Schaden drohen**. Ist auszuschließen, dass sich ein Vergabeverstoß auf die Auftragschancen des Bieters ursächlich ausgewirkt haben kann, bleibt der Vergabeverstoß regelmäßig folgenlos.

Dies ist bei Bietern, die am falschen Verfahren teilgenommen haben, oft der Fall. Ist ihr Angebot in einer Öffentlichen Ausschreibung nicht das wirtschaftlichste oder wegen fehlender Erklärungen auszuschließen, hätte auch die Durchführung eines offenen Verfahrens hieran regelmäßig nichts geändert.

**Unzulässige Abweichungen vom Regelverfahren** (Öffentliche Ausschreibung bzw. offenes Verfahren) sind ungleich **riskanter**. 41

**Fettnapf**

Ein öffentlicher Auftraggeber führt – ohne Vorliegen der Voraussetzungen – eine Freihändige Vergabe bzw. ein Verhandlungsverfahren durch. Ändert sich nach den Verhandlungsrunden die Bieterreihenfolge, ist der Verfahrensfehler schadensursächlich. Weil bei allen anderen Vergabearten **Nachverhandlungen** unzulässig sind, wären die nicht nachverhandelten Angebote Grundlage der Angebotswertung gewesen. Durch die Wahl der falschen Vergabeart haben sich damit die **Zuschlagschancen** des zunächst Mindestbietenden **verschlechtert**. Der Bieter, der vor den Verhandlungsrunden das wirtschaftlichste bzw. günstigste Angebot abgegeben hatte, könnte nicht nur seine Angebotsbearbeitungskosten (negatives Interesse), sondern auch entgangenen Gewinn geltend machen (positives Interesse).

## E. Aufteilung der Leistung in sog. Lose

Ebenfalls vor Beginn des eigentlichen Vergabeverfahrens zu klären ist die Frage, 42
inwieweit die zu beschaffende Leistung nach **Menge und Fachgebiet** unterteilt zu

25 Vgl. zum generellen Erfordernis einer Verschlechterung der Auftragschancen durch einen Vergabeverstoß OLG Naumburg, Beschl. v. 12.4.2012 – 2 Verg 1/12; OLG Düsseldorf, Beschl. v. 3.8.2011 – Verg 6/11. Zur Verschlechterung der Auftragschancen durch die Vergabeart VK Bund, Beschl. v. 17.1.2006 – VK 3-163/05 und Beschl. v. 17.2.2014 – VK 1-2/14.

vergeben ist. Beim Zuschnitt der „**Vergabepakete**“ unterliegt der Auftraggeber vergaberechtlichen Bindungen, die eine Förderung des Wettbewerbs bezwecken.

## I. Mittelstands- und Wettbewerbsförderung als Zielrichtung

43 Zuschnitt und Aufteilung der Gesamtleistung beeinflussen den potentiellen Bieterkreis. Je größer und komplexer Vergabepakete gefasst werden, umso höher sind auch die Anforderungen an die technische und finanzielle Leistungsfähigkeit der Bieter. Dies führt zu einer Einschränkung des Bieterkreises, was sich negativ auf den Wettbewerb auswirkt.

44 Auftraggeber dürfen eine **Leistung** daher in der Regel **nicht als Gesamtpaket** ausschreiben und an einen Generalunternehmer vergeben. Aus politischer und wettbewerbsrechtlicher Sicht sollen Aufträge **quantitativ** (z.B. Streckenabschnitte, Reinigungsfläche) und **qualitativ** (z.B. Gewerke), also nach Menge bzw. Größe einerseits und Gegenstand, Art oder Fachgebiet andererseits **unterteilt**, vergeben werden, § 97 Abs. 3 GWB, § 2 (EG) Abs. 2 VOL/A, § 5 (EG) Abs. 2 VOB/A. Die Aufteilung der Leistung der Menge nach bezeichnet man als **Teillose**, nach Art und Fachgebiet als **Fachlose**.

45 Durch die Vergabe von Teilleistungen soll **mittelständischen Interessen** Rechnung getragen und der Wettbewerb auf eine breitere Basis gestellt werden. Die Vorschriften sollen eine **wirtschaftliche Leistungsbeschaffung** gewährleisten und insgesamt den **Wettbewerb** möglichst **fördern.**[26] Bei der Auslegung und Anwendung der Vorschriften ist diese **Zweckrichtung** zu berücksichtigen.

## II. Bildung von Teillosen

46 Größere Leistungen müssen grundsätzlich **in der Menge aufgeteilt** werden. Die Teillose sind so zuzuschneiden, dass auch kleinere und mittlere Unternehmen zur Auftragsdurchführung in der Lage sind und daher eine eigenständige chancenreiche Bewerbung abgeben können.[27] Nicht erforderlich ist, dass sich nach dem Loszuschnitt jedes am Markt tätige mittelständische Unternehmen auch tatsächlich bewerben kann. Der Loszuschnitt muss vielmehr nur eine generelle Wettbewerbsbeteiligung mittelständischer Unternehmen ermöglichen.[28]

**26** Vgl. OLG Düsseldorf, Beschl. v. 23.3.2011 – VII-Verg 63/10.

**27** OLG Düsseldorf, Beschl. v. 8. 9.2004 – Verg 38/04; VK Nordbayern, Beschl. v. 19.5.2009 – 21.VK-3194-13/09.

**28** OLG Karlsruhe, Beschl. v. 6.4.2011 – 15 Verg 3/11.

**Beispiel**[29]
Ein öffentlicher Auftraggeber will Dienstleistungen der Unterhaltsreinigung für eine Gesamtfläche von ca. 250.000 qm vergeben. Er teilt die Leistung in drei regionale Teillose mit je ca. 80.000 qm auf. Ein kleineres Unternehmen rügt, die Losaufteilung sei nicht mehr mittelstandsgerecht. Als mittelständisches Unternehmen könne er nur Losgrößen bis 35.000 qm bedienen.
Die Rüge ist erfolglos. Bieter haben keinen Anspruch darauf, dass sich der Loszuschnitt an ihrer persönlichen Leistungsfähigkeit orientiert. Auch gibt es keine einheitliche Definition des Mittelstandes.[30] Daher gibt es auch keine starre Grenze für „mittelstandskonforme" Losgrößen. Aus rechtlicher Sicht genügt grundsätzlich, dass die Leistung überhaupt in Teillose aufgeteilt wurde, die von mittelständischen Unternehmen grundsätzlich bewältigt werden können.

## III. Bildung von Fachlosen

Fachlose sind Gewerke bzw. **Leistungen verschiedener Handwerks- und Gewerbezweige**. Eine Leistung ist grundsätzlich als Fachlos zu qualifizieren und auszuschreiben, wenn sich für die spezielle Leistung ein **eigener Anbietermarkt mit spezialisierten Fachunternehmen** herausgebildet hat.[31] Die Beurteilung ist dabei nicht statisch anzustellen, sondern muss die aktuellen Marktverhältnisse in den Blick nehmen. 47

**Beispiel**
Existiert ein auf **Glasreinigung** spezialisierter Anbietermarkt, sind Leistungen der Glasreinigung einerseits und solche der Unterhaltsreinigung andererseits grundsätzlich in gesonderte Fachlose aufzuteilen.[32] Nichts anderes gilt etwa bei Parkettarbeiten einerseits und Estricharbeiten andererseits. Auch hier bestehen getrennte Anbietermärkte, so dass die Leistungen grundsätzlich getrennt auszuschreiben sind.
Sollen Baumaßnahmen mit vorgefertigten Modulen in **Modulbauweise** realisiert werden, ist hingegen keine weitere Aufteilung der Leistung in zusätzliche Fachlose (z.B. Elektroarbeiten, Malerarbeiten usw.) erforderlich, da sich insoweit ein eigenständiger Anbietermarkt etabliert hat.[33]

---

29 In Anlehnung an OLG Karlsruhe, Beschl. v. 6.4.2011 – 15 Verg 3/11.

30 Die EU-Kommission zählt Unternehmen mit weniger als 250 Mitarbeitern und einem Jahresumsatz von höchstens 50 Mio. € oder einer Jahresbilanzsumme von höchstens 43 Mio. € zu den kleineren und mittleren Unternehmen (KMU), vgl. Empfehlung 2003/361/EG der Kommission, ABl EG Nr. L 124 vom 20.5.2003, S. 36. Weitere Definitionen des Mittelstands finden sich auf der Homepage des Instituts für Mittelstandsforschung unter http://www.ifm-bonn.org.

31 Vgl. etwa VK Bund, Beschl. v. 9.5.2014 – VK 1-26/14.

32 Vgl. OLG Koblenz, Beschl. v. 30.3.2012 – 1 Verg 2/11; VK Köln, Beschl. v. 6.3.2012 – VK VOL 45/2011.

33 Dazu eingehend *Willner/Strohal*, Modulbau im Spannungsfeld von Leistungsbestimmungsrecht und Mittelstandsschutz, VergabeR 2014, S. 120 ff.

48 In Zweifelsfällen muss eine Klärung im Einzelfall erfolgen. **Indizien** für einen hinreichend spezialisierten Anbietermarkt sind etwa

- eine ausreichend große **Anzahl von Fachunternehmen**, um eine Vergabe im Wettbewerb zu ermöglichen,[34]
- eine **eigene Erwähnung** des Leistungsbereichs in den Gewerbeverzeichnissen der Handwerksordnung und/oder
- die Existenz einer einschlägigen **DIN- oder EN-Norm**.[35]

## IV. Losbündelung als Ausnahme

49 Die **gebündelte Vergabe** von Fach- und Teillosen oder gar die Gesamtvergabe ist nach dem Willen des Gesetzgebers nur **ausnahmsweise aus wirtschaftlichen oder technischen Gründen** zulässig. Im Oberschwellenbereich sind die Anforderungen an eine Bündelung besonders streng, da wirtschaftliche oder technische Gründe eine Zusammenfassung der Teil- und Fachlose **„erfordern"** müssen. Reine Zweckmäßigkeitserwägungen sind daher nicht ausreichend.

50 Die Verpflichtung zur Losaufteilung findet dort ihre **Grenze**, wo Art und Umfang des Loses **unwirtschaftliche Angebote oder** einen **unwirtschaftlichen Aufwand** für die Vergabestelle erwarten lassen. Dies gilt auch, wenn eine weitere Aufteilung der Lose zu einer starken Verzögerung des Vorhabens führen würde oder wegen Problemen bei der Abwicklung nicht vertretbar ist.[36]

51 Will der Auftraggeber ausnahmsweise Fach- und/oder Teillose zusammengefasst vergeben, erfordert dies eine **umfassende Abwägung** der widerstreitenden Belange. Die für eine zusammenfassende Vergabe sprechenden Gründe müssen im Ergebnis nicht nur anerkennenswert sein, sondern überwiegen.[37] Die Abwägung muss sich auf den konkreten Einzelfall beziehen und darf sich nicht in allgemeingültigen Argumenten erschöpfen.

52 Der typische Mehraufwand von Fachlosvergaben kann selbstverständlich keine gebündelte Vergabe rechtfertigen. Ansonsten würde die Ausnahme zur Regel. **Fachlosimmanente Mehraufwendungen** im Bereich der Ausschreibung, Prüfung und Koordinierung der Gewerke oder bei der Überwachung der Gewährleistungsfristen **rechtfertigen** daher für sich allein **keine Ausnahme**, sondern sind nach dem Zweck des Gesetzes grundsätzlich in Kauf zu nehmen.[38]

---

34 Verneint etwa für die Leistung des „Estrichschleifens" bei lediglich 20 gelisteten Fachunternehmen, vgl. VK Lüneburg, Beschl. v. 8.8.2014 – VgK-22/2014.
35 Anschaulich zum Ganzen VK Lüneburg, Beschl. v. 8.8.2014 – VgK-22/2014.
36 VK Nordbayern, Beschl. v. 19.5.2009 – 21.VK-3194-13/09.
37 OLG Düsseldorf, Beschl. v. 21.3.2012 – Verg 92/11.
38 VK Bund, Beschl. v. 9.5.2014 – VK 1-26/14.

Zu Gunsten potentieller Bieter bzw. mittelständischer Interessen ist bei der Frage der Losbildung u.a. zu berücksichtigen, dass ein **Mindestmaß an Wettbewerb** sichergestellt wird. Der Loszuschnitt darf angesichts der konkreten Marktverhältnisse nicht dazu führen, dass nur wenige Unternehmen in der Lage sind, Angebote einzureichen. 53

Zu Gunsten der Vergabestelle ist zu beachten, dass die **Vermeidung** einer **unwirtschaftlichen Zersplitterung** der Auftragsvergabe ein legitimes Ziel für eine Zusammenfassung sein kann.[39] Eine Unwirtschaftlichkeit liegt insbesondere dann vor, wenn der Aufwand für die gesonderte Wertung der Angebote, des Vertragsabschlusses sowie die Vertragsdurchführung in keinem Verhältnis zur Förderung des Wettbewerbs stünde. Anerkannt wurde insoweit etwa das Interesse des Auftraggebers, Straßenbauarbeiten und die Errichtung der Lärmschutzwände bei sehr beengten Platzverhältnissen und daraus resultierenden **bauablauftechnischen Verquickungen** gemeinsam zu vergeben.[40] 54

**Beispiel**[41]
Ein öffentlicher Auftraggeber schreibt die Beschaffung von EDV-Hardware und Software in einem Vergabeverfahren aus. Ein Bieter, der lediglich Hardware liefert, rügt die unterbliebene Losaufteilung. Für **Hard- und Software** bestehen getrennte Anbietermärkte. Grundsätzlich sind die Leistungen getrennt in verschiedenen Fachlosen auszuschreiben. Die gewählte Gesamtvergabe trotz getrennter Anbietermärkte bedarf der Rechtfertigung. Erforderlich ist, dass der Auftraggeber vertretbare, vernünftige technische, wirtschaftliche oder finanzielle Erwägungen anführen kann, die die Gesamtvergabe im Ergebnis als vertretbar erscheinen lassen. Ein anerkannter Grund für eine Gesamtvergabe ist die **Vermeidung von Kompatibilitätsproblemen** zwischen Hard- und Softwarekomponenten. Sind Kompatibilitätsprobleme, technische Schwierigkeiten und Verzögerungen erfahrungsgemäß nicht ausgeschlossen, muss sich der Auftraggeber nicht auf eine Losvergabe einlassen. Sollen Hardwarekomponenten bzw. Systembestandteile (beispielsweise Drucker) über eine einheitliche Software ansteuerbar sein, kann auch dieser Umstand eine Gesamtvergabe rechtfertigen. Ebenfalls anerkennenswert ist es, wenn mit einer Gesamtvergabe eine nachvollziehbare Kostenersparnis einhergeht.

Zudem erkennt die Rechtsprechung[42] **zu Gunsten des Auftraggebers** einen im Nachprüfungsverfahren nur beschränkt kontrollierbaren **Einschätzungsspielraum** an. Die Entscheidung, ob eine bestimmte Losaufteilung (un)wirtschaftlich ist oder dieser technische Gründe entgegenstehen, ist nur darauf zu prüfen, ob sie 55
- auf einer vollständigen und zutreffenden Tatsachengrundlage beruht und
- aus vernünftigen Erwägungen und mit vertretbarem Ergebnis getroffen wurde und

39 Vgl. OLG Düsseldorf, Beschl. v. 22.10.2009 – VII-Verg 25/09.
40 OLG Düsseldorf, Beschl. v. 25.11.2009 – Verg 27/09; siehe auch VK Sachsen, Beschl. v. 10.2.2012 – 1/SVK/050-11.
41 In Anlehnung an OLG Düsseldorf, Beschl. v. 25.4.2012 – Verg 100/11.
42 OLG Düsseldorf, Beschl. v. 25.4.2012 – Verg 100/11.

- der vollständig zugrunde gelegte Sachverhalt und die einzelfallbezogene Abwägung der Vergabestelle im Vergabevermerk plausibel und nachvollziehbar dokumentiert wurden.

---

**Checkliste Losaufteilung**

- Ist die **Leistung mengenmäßig und/oder inhaltlich-fachlich teilbar bzw. sachlich abgrenzbar**?
  - Der mengenmäßige Zuschnitt der Teillose muss lediglich eine generelle Verfahrensbeteiligung mittelständischer Unternehmen ermöglichen.
  - Die fachliche Teilbarkeit (Fachlos) ist zu bejahen, wenn es sich um unterschiedliche Gewerke oder um Leistungen verschiedener Fachgebiete handelt, für die sich ein eigener Anbietermarkt mit spezialisierten Fachunternehmen gebildet hat.
- Gibt es vernünftige **wirtschaftliche und/oder technische Gründe**, ggf. auch **zeitliche und finanzielle Aspekte**, die eine gebündelte Vergabe erfordern?
  - Falls nein, sind Fach- und ggf. Teillose zu bilden. Der Zuschnitt hat sich an der Leistungsfähigkeit typischer mittelständischer Unternehmen zu orientieren.
  - Falls ja, ist eine möglichst **umfassende Abwägung** zwischen den Gründen, die für und gegen eine zusammenfassende Vergabe sprechen, vorzunehmen. Sprechen die überwiegenden Gründe für eine gebündelte Vergabe ist eine Gesamtvergabe zulässig. Die in die Abwägung eingeflossenen Gesichtspunkte, der **Abwägungsvorgang und das Abwägungsergebnis** müssen plausibel **dokumentiert** werden.

---

## F. Herstellung der sog. Vergabereife

56 Um Schadensersatzansprüche von Wettbewerbsteilnehmern zu vermeiden, müssen Auftraggeber ferner das Vergabeverfahren so vorbereiten, dass die tatsächlichen und rechtlichen Voraussetzungen für den Beginn der Leistungsausführung gegeben sind, sog. **Vergabereife.**[43]

57 Zu den wesentlichen Vorbereitungen zählen unter anderem
- vollständig und widerspruchsfrei zusammengestellte Vergabeunterlagen,
- eine gesicherte Finanzierung und
- das Vorliegen der erforderlichen (öffentlichen-rechtlichen) Genehmigungen.

### I. Rechtlicher Hintergrund

58 Mit Einleitung eines Vergabeverfahrens durch den Auftraggeber und Bekundung des Teilnahmeinteresses durch den Bieter entsteht zwischen beiden ein **vorvertrag-**

---

43 Vgl. zur gesicherten Finanzierung etwa BGH, Urt. v. 8. 9.1998 – X ZR 48/97 sowie allgemein zu den rechtlichen und tatsächlichen Voraussetzungen OLG Düsseldorf, Beschl. v. 27.11.2013 – Verg 20/13.

**liches Vertrauens- bzw. Schuldverhältnis** mit bestimmten wechselseitigen **Rücksichtnahme- bzw. Schutzpflichten.**[44]

Aufgrund der Pflicht zur Rücksichtnahme dürfen Bieter u.a. darauf **vertrauen**, dass 59

- die jeweils einschlägigen Regeln der Vergabeordnung einhalten werden,
- soweit zuschlagsfähige Angebote vorliegen, ein einmal eingeleitetes Vergabeverfahren grundsätzlich auch durch Zuschlag an einen der Teilnehmer beendet wird und
- sie ihre Kapazitäten nicht unnötig lange für den Auftrag „blockieren" bzw. vorhalten müssen,

was wiederum voraussetzt, dass der öffentliche Auftraggeber

- die tatsächlichen und rechtlichen Voraussetzungen für eine **Vergabeentscheidung** (Zuschlag) **innerhalb überschaubarer Zuschlagsfristen** geschaffen hat.

Die Regelung in **§ 2 (EG) Abs. 5 VOB/A**, wonach der Auftraggeber erst ausschreiben soll, 60

> „wenn alle Vergabeunterlagen fertig gestellt sind und wenn innerhalb der angegebenen Fristen mit der Ausführung begonnen werden kann",

ist Ausdruck der bestehenden Pflicht zur Rücksichtnahme und vor diesem Hintergrund lediglich **klarstellender Natur**. Es handelt sich um eine **Schutzvorschrift** zu Gunsten der am Auftrag interessierten Unternehmen, die unabhängig von der jeweils einschlägigen Vergabe- und Vertragsordnung gilt.[45]

Wurden die tatsächlichen und rechtlichen Voraussetzungen nicht (rechtzeitig) vor Einleitung des Vergabeverfahrens geschaffen, trägt der **Auftraggeber** das damit einhergehende **Risiko**. Scheitert die Vergabe insgesamt, beispielsweise mangels eindeutiger Eignungskriterien, widerspruchsfreier Leistungsbeschreibung, öffentlich-rechtlicher Genehmigungsfähigkeit oder ausreichender Finanzierung, ist der Auftraggeber zum **Schadensersatz** verpflichtet. 61

Kann der Auftraggeber die Vergabereife nur verspätet herbeiführen und führt dies dazu, dass sich die **vertraglichen Leistungs- bzw. Ausführungsfristen** verschieben, kann der Auftragnehmer daraus resultierende Mehrkosten geltend machen.[46] 62

---

**44** Vgl. OLG Düsseldorf, Beschl. v. 15.10.2008 – 27 W 2/08; OLG Stuttgart, Urt. v. 9.2.2010 – 10 U 76/09; OLG Köln, Urt. v. 18.6.2010 – 19 U 98/09, Urt. v. 23.7.2014 – 11 U 104/13; BGH, Urt. v. 9.6.2011 – X ZR 143/10 Rn 11.

**45** BGH, Urt. v. 8.9.1998 – X ZR 48/97; OLG Düsseldorf, Beschl. v. 27.11.2013 – Verg 20/13.

**46** BGH, Urt. v. 10.9.2009 – VII ZR 82/08. Zu den mit einer verzögerten Zuschlagserteilung einhergehenden Risiken näher Kap. 9 Rn 12ff.

## II. Zusammenstellung der Vergabeunterlagen

63 Die Vergabeunterlagen umfassen alle Angaben, die erforderlich sind, um am Auftrag interessierten Unternehmen eine Entscheidung zur Teilnahme am Vergabeverfahren oder zur Angebotsabgabe zu ermöglichen.[47] Bieter müssen in die Lage versetzt werden, sich ein **vollständiges Bild** über Art und Umfang der geforderten Leistung und die rechtlichen und tatsächlichen Rahmenbedingungen zu machen. Hierzu bedarf es vollständiger, **eindeutiger und widerspruchsfreier** Vergabeunterlagen. Diese umfassen neben den Bewerbungsbedingungen insbesondere die Vertragsunterlagen, also die Leistungsbeschreibung und etwaige Vertragsbedingungen.[48]

### 1. Leistungsbeschreibung

64 Kernelement der Vergabeunterlagen ist die Leistungsbeschreibung. In ihr definiert der Auftraggeber das **Leistungssoll**, also Art und Umfang der vertraglich geschuldeten Leistung. Ihr vertragsrechtlicher Inhalt gelangt zwar im Wesentlichen erst nach Zuschlagserteilung im Rahmen der Bauphase oder Erbringung der Liefer- oder Dienstleistung zur Geltung. Gleichwohl bergen Defizite in der Leistungsbeschreibung auch **vergaberechtliche Risiken**.

#### a) Wesentliche Funktionen der Leistungsbeschreibung

65 Welche vergabe- und vertragsrechtlichen Risiken mit einer unvollständigen oder fehlerhaften Leistungsbeschreibung einhergehen, erschließt sich aus deren Funktion. Die wesentlichen Funktionen der Leistungsbeschreibung sind:
- Kalkulationsgrundlage für die Bieter,
- vergaberechtlicher Prüfungsmaßstab auf der ersten Wertungsstufe dahingehend, ob
  - alle geforderten Nachweise und Erklärungen vorliegen (z.B. im Leistungsverzeichnis abgeforderte Hersteller- und Typangaben) oder
  - im Angebot Änderungen an den Vergabeunterlagen vorgenommen wurden,
- Festlegung der vertraglich geschuldeten Leistung (Bau- bzw. Leistungssoll),
- Beurteilungsgrundlage bei der Abnahme und
- Abrechnungsgrundlage.

47 Vgl. §§ 8 Abs. 1 S. 1, 9 EG Abs. 1 S. 1 VOL/A.
48 Vgl. § 8 (EG) Abs. 1 VOB/A, §§ 8 Abs. 1, 9 EG Abs. 1 VOL/A.

### b) Verpflichtung zur eindeutigen und erschöpfenden Leistungsbeschreibung

Vollständige Vergabeunterlagen setzen zwingend eine Beschreibung der zu erbringenden Leistung voraus. Die Leistung ist **eindeutig und** so **erschöpfend** zu beschreiben, dass alle Bewerber die Beschreibung im gleichen Sinn verstehen müssen und ihre Preise ohne umfangreiche Vorarbeiten berechnen können, so dass **vergleichbare Angebote** zu erwarten sind, § 7 (EG) Abs. 1 VOB/A, §§ 7 Abs. 1, 8 EG Abs. 1 VOL/A. 66

Sinn und Zweck dieser Regelung erschließen sich unmittelbar aus den vergaberechtlichen Grundprinzipien der Transparenz und der Gleichbehandlung. Nur wenn die anzubietende Leistung eindeutig und erschöpfend beschrieben wurde, ist ein **transparenter Kalkulations- und Wertungsmaßstab** für einen fairen Wettbewerb gegeben. Nur bei klaren und widerspruchsfreien Vorgaben haben Bieter die **gleichen Chancen** bei der Abfassung ihrer Angebote, können Auftraggeber tatsächlich überprüfen, ob die Angebote die für den betreffenden Auftrag geltenden Kriterien erfüllen, und sind willkürliche Entscheidungen der Vergabestelle ausgeschlossen.[49] 67

Eine eindeutige Beschreibung der Leistung erfolgt durch 68
- individuelle, auf die konkrete Leistung bezogene Vorgaben des Auftraggebers und durch
- Bezugnahme auf sog. technische Spezifikationen (vgl. § 7 (EG) Abs. 3 bis 6 VOB/A, § 8 EG Abs. 2 VOL/A), also
  - entweder allgemeine technische Anforderungen an die Leistung, die in Regelwerken oder Normen (z.B. EN-Norm, DIN-Norm usw.) aufgestellt wurden oder
  - durch Vorgabe von Leistungs- oder Funktionsanforderungen.

Bieter dürfen nicht im Unklaren gelassen werden, welche Leistung von ihnen in welcher Form und unter welchen Bedingungen angeboten werden soll. Von daher ist eine Leistungsbeschreibung **nicht eindeutig**, wenn **unterschiedliche Auslegungsmöglichkeiten** in Betracht kommen.[50] 69

Dass eine Leistungsbeschreibung **auslegungsbedürftig** ist, stellt solange **keinen Verstoß** gegen die Verpflichtung zur eindeutigen und erschöpfenden Leistungsbeschreibung dar, wie sich der Leistungsinhalt durch Auslegung eindeutig bestimmen lässt.[51] **Erschöpfend** ist die Leistungsbeschreibung, wenn – und sei es nach Auslegung – keine Restbereiche verbleiben, die vom Auftraggeber nicht klar umrissen sind. 70

Nach ständiger Rechtsprechung[52] sind die bauvertraglichen Regelungen als **sinnvolles Ganzes** auszulegen. Maßgebend für die Auslegung ist der sog. objektive 71

49 Vgl. BGH, Urt. v. 22.7.2010 – VII ZR 213/08.
50 OLG Karlsruhe, Beschl. v. 25.7.2014 – 15 Verg 4/14.
51 OLG Karlsruhe, Beschl. v. 25.7.2014 – 15 Verg 4/14.
52 Vgl. nur BGH, Urt. v. 11.3.1999 – VII ZR 179/98; BGH, Urt. v. 5.12.2002 – VII ZR 342/01.

Empfängerhorizont, d.h. es ist zu fragen, wie die beteiligten Fachkreise die Ausschreibung im speziellen fachlichen Sinne verstehen müssen.

72 Da der Empfängerkreis abstrakt ist, kommt dem **Wortlaut** der Ausschreibung große Bedeutung zu.[53] Auslegungsgrundlage ist dabei der Wortlaut nach technischem Verständnis.

73 Einen grundsätzlichen Vorrang einzelner Teile der Vertragsunterlagen gibt es nicht.[54] Dementsprechend gibt es auch keinen Grundsatz, wonach Pläne dem Leistungstext oder der Leistungstext den Vorbemerkungen usw. vorrangig wären. Vielmehr findet bei der generellen Auslegung der Vertragsunterlagen als sinnvolles Ganzes der Grundsatz Anwendung, dass **spezielle Angaben** allgemeineren Ausführungen und Vorgaben vorgehen oder weniger konkrete gegenüber konkreteren unberücksichtigt bleiben.[55]

74 Verbleiben nach der Auslegung weiterhin **Widersprüche**, sind diese grundsätzlich dem Verfasser des Vertrages anzulasten, weil dieser den eigentlichen Vertrauenstatbestand geschaffen hat.[56]

---

**!** **Praxistipp**

Aufgrund der grundlegenden vergabe- und vertragsrechtlichen Bedeutung der Leistungsbeschreibung, ist Auftraggebern zumindest eine **Qualitätssicherung** durch **stichprobenhafte Überprüfung** anzuraten. Dies gilt erst recht, wenn die Leistungsbeschreibung durch Dritte erstellt wurde.

Die übergeordnete **Kontrollfrage** bei der Überprüfung einer Leistungsbeschreibung lautet: Ist für einen fachkundigen Bieter bei objektiver Auslegung der Leistungsbeschreibung eindeutig zu erkennen, welche Leistung gefordert ist?

Des Weiteren bietet es sich an, Leistungsbeschreibungen nach **typischen Fehlerquellen** zu durchsuchen. Liegt die Leistungsbeschreibung elektronisch vor, was inzwischen durchweg der Fall sein dürfte, hält sich der Aufwand bei Verwendung entsprechender Suchbegriffe und **individuell fortzuschreibender Checklisten** in Grenzen. Millimeter oder zentimetergenaue Maßangaben etwa können auf verdeckte Produktvorgaben hindeuten. Mit den Begriffen „vorzulegen", „abzugeben", „mit dem Angebot", „auf Verlangen", „Typ", „Hersteller", „Nachweis" usw. können Vergabestelle und Bieter gleichermaßen nach geforderten Erklärungen und Angaben suchen, um aus Auftraggebersicht deren Notwendigkeit, Zulässigkeit und inhaltliche Bestimmtheit und aus Bietersicht die Vollständigkeit des Angebots zu überprüfen. Wurde der Begriff „bauseits" benutzt, sollte überprüft werden, ob die benannte Leistung tatsächlich vom Auftraggeber beigestellt wird. Bei der Vergabe von Erdbauarbeiten kann eine Suche nach den Begriffen „LAGA", „Wiegeschein" oder „Entsorgungsnachweis" Sinn ergeben, z.B. um überprüfen zu können, ob benannte Abfallschlüssel zutreffend sind, die Massen ordnungsgemäß beprobt wurden und eine abfallrechtlich hinreichende Verbleibskontrolle der Ausbaumassen sichergestellt ist.

---

53 Dazu etwa OLG Koblenz, Urt. v. 19.5.2006 – 8 U 69/05.
54 BGH, Urt. v. 11.3.1999 – VII ZR 179/98.
55 BGH, Urt. v. 5.12.2002 – VII ZR 342/01.
56 OLG Koblenz, Urt. v. 12.1.2007 – 10 U 423/06.

### c) Leistungsbeschreibung mit Leistungsverzeichnis

Allgemeine Hinweise zur Leistungsbeschreibung mit Leistungsverzeichnis finden sich in §§ 4 (EG) Abs. 1, 7 (EG) Abs. 9 bis 12 des VOB/A. Danach soll die Leistung durch eine allgemeine Baubeschreibung und ein in **Teilleistungen** gegliedertes Leistungsverzeichnis beschrieben werden. Die Teilleistungen wiederum werden in **Positionen oder Ordnungsziffern** untergliedert, mit Mengenvordersätzen, Stückzahlen oder Gewichtsangaben versehen und textlich beschrieben. 75

Technische oder vertragsrechtliche Regelungen, die für alle oder mehrere Positionen gelten (sollen), können in **Vorbemerkungen** aufgenommen und den in der Regel zu Titeln zusammengefassten Teilleistungen vorangestellt werden. 76

Falls erforderlich, ist die Leistung auch durch Pläne, Zeichnungen, Probestücke Mengenberechnungen oder statische Berechnungen zu erklären, § 7 (EG) Abs. 10 VOB/A. 77

**Praxistipp** !

Die Leistungsbeschreibung muss **widerspruchsfrei und transparent** sein und ist als sinnvolles Ganzes auszulegen. Ergeben sich im Rahmen einer Zusammenschau der textlichen und planerischen Leistungsbeschreibung Widersprüche, etwa bei den Massenangaben, kann dies gegen die Verpflichtung zur eindeutigen und erschöpfenden Leistungsbeschreibung verstoßen.[57] Auftraggeber sollten daher vor dem Versand der Vergabeunterlagen auch die **Planunterlagen stichprobenhaft** prüfen. Ferner ist darauf zu beachten, dass
- Zeichnungen und Proben eindeutig bezeichnet werden, z. B. bei Plänen durch eine Plan-Nr.,
- Planunterlagen, soweit kalkulations- und/oder ausführungsrelevant, im Textteil der Leistungsbeschreibung durch entsprechender Verweise konkret in Bezug genommen werden und
- jederzeit nachvollzogen werden kann, welche Pläne oder sonstigen ergänzenden Kalkulationsunterlagen wann an die Bieter übergeben wurden.

Nach § 7 (EG) Abs. 11 VOB/A brauchen Leistungen, die nach den übrigen Vertragsbestandteilen oder der gewerblichen Verkehrssitte zur Vertragsleistung gehören, nicht eigens aufgeführt werden. Solche Leistungen sind v.a. sog. **Nebenleistungen**, die im jeweiligen Abschnitt 4.1 der **DIN 18299 ff.** aufgelistet sind. 78

Haben die Parteien die Geltung der VOB/B vereinbart, wozu öffentliche Auftraggeber nach § 8 (EG) Abs. 3 VOB/A verpflichtet sind, werden die Allgemeinen Technischen Bestimmungen für Bauleistungen (ATV = VOB/C = DIN 18299 ff.) unmittelbar Vertragsbestandteil, § 1 Nr. 1 Satz 2 VOB/B. Auf diesem Weg wird der jeweilige Abschnitt 4 der Allgemeinen Technischen Vertragsbestimmungen Vertragsbestandteil und ist bei der Auslegung der geschuldeten Leistung zu berücksichtigen.[58] 79

Allgemeine Technische Bestimmungen für Bauleistungen gibt es für eine Vielzahl von Bauarbeiten. Die ATV sind kein statisches Werk, sie werden vielmehr regelmäßig fortgeschrieben bzw. ergänzt. Sie enthalten allgemeine technische Rege- 80

57 Vgl. OLG Düsseldorf, Beschl. v. 12.1.2015 – Verg 29/14.
58 Vgl. BGH, Urt. v. 27.7.2006 – VII ZR 202/04.

lungen, die für Bauarbeiten jeder Art (DIN 18299) gelten sowie solche für spezielle Bauarbeiten, z.B. Erdarbeiten – DIN 18300, Mauerarbeiten – DIN 18330, Maler- und Lackierarbeiten – DIN 18363, Trockenbauarbeiten – DIN 18340 usw.

81 Die in der VOB/C normierten ATV unterscheiden u.a. in ihrem jeweiligen Abschnitt 4 zwischen Nebenleistungen und Besonderen Leistungen. Nach Ziff. 4.1 der allgemein für Bauarbeiten jeder Art gültigen DIN 18299 sind **Nebenleistungen** „Leistungen, die auch ohne Erwähnung im Vertrag zur vertraglichen Leistung gehören", also grundsätzlich **vergütungsfrei** zu erbringen sind.

**Beispiel**

Eine Malerfirma fordert im Rahmen einer Ausschreibung von Malerarbeiten die Vergabeunterlagen an. Zur Ausführung der Arbeiten sind **Gerüste notwendig**. Weder in der Leistungsbeschreibung, noch im Bauvertrag oder den besonderen oder zusätzlichen Vertragsbedingungen findet sich eine Aussage hierzu.

Der Auftragnehmer muss gleichwohl den Aufwand für das Aufbauen, Vorhalten und Abbauen der Gerüste in seine Einheitspreise **einkalkulieren** bzw. kann im Auftragsfall keine zusätzliche Vergütung verlangen, **sofern** die erforderlichen Gerüste als **Nebenleistungen** einzustufen sind.

Die Leistungsbeschreibung geht den ATV vor. Da sich hier keine vorrangige Regelung findet, gelangt über § 8 Abs. 3 VOB/A i.V.m. § 1 Nr. 1 Satz 2 VOB/B auch die DIN 18363 (Maler- und Lackierarbeiten) zur Anwendung. Nach Ziffer 4.1.1 ist das Auf- und Abbauen sowie Vorhalten der Gerüste, deren Arbeitsbühnen nicht höher als 2,00 m über Gelände oder Fußboden liegen, eine Nebenleistung. Damit besteht ein Anspruch auf zusätzliche Vergütung erst, wenn zur Ausführung der Arbeiten Arbeitsbühnen, die mehr als 2,00 m über Gelände oder Fußboden liegen, notwendig sind.

82 **Besondere Leistungen** sind demgegenüber nach der DIN 18299 Abschnitt 4.2 nur dann ohne **gesonderte Vergütung** zu erbringen, wenn sie im Vertrag (Leistungsverzeichnis) hinreichend klar und verständlich angeführt werden.[59] Werden Besondere Leistungen in der Leistungsbeschreibung nicht ausdrücklich erwähnt, sind sie auch nicht von der Vergütungsvereinbarung erfasst, sondern zusätzlich zu vergüten.

**Praxistipp**

Auftraggeber sollten bei der stichprobenhaften Überprüfung des Leistungsverzeichnisses auch die jeweils einschlägige Allgemeine Technische Bestimmung für Bauleistungen (= DIN 18299 ff.) mit in den Blick nehmen. Leistungen, die dort als Nebenleistungen aufgeführt sind, brauchen im Leistungsverzeichnis nicht aufgeführt werden. Sind **Besondere Leistungen** mit Sicherheit zu erwarten, sollten hierfür gesonderte **Positionen** ins Leistungsverzeichnis aufgenommen werden, um Wettbewerbspreise zu erzielen; besteht nur eine mehr oder weniger hohe Wahrscheinlichkeit, sind Bedarfspositionen sinnvoll. Dass bestimmte Besondere Leistungen einzukalkulieren sind, kann prinzipiell auch in Vorbemerkungen geregelt werden. Entscheidend ist, dass klar und verständlich geregelt wird, in welche Positionen welche Leistungserbringung einzurechnen ist.[60]

**59** Vgl. BGH, Beschl. v. 10.4.2014 – VII ZR 144/12; OLG München, Urt. v. 10.9.2003 – 27 U 802/98.

**60** Von der Rechtsprechung als hinreichend klar qualifiziert wurde etwa folgende Regelung in einer Vorbemerkung: „In die Positionen dieses Unterloses sind nachfolgende Leistungen einzurech-

### d) Leistungsbeschreibung mit Leistungsprogramm

Bei der Leistungsbeschreibung mit Leistungsverzeichnis plant der Auftraggeber die Gesamtleistung, gliedert diese in technisch gleichartige Teilleistungen (vgl. § 7 (EG) Abs. 12 VOB/A) und macht den Bietern detaillierte Leistungsvorgaben, die diese mit Einheitspreisen, also Preisen pro Mengeneinheit, zu versehen haben. 83

Demgegenüber bestimmt der Auftraggeber bei einer Leistungsbeschreibung mit Leistungsprogramm die Leistung nicht vollständig selbst, sondern überlässt dies mehr oder weniger den Bietern. Der Auftraggeber stellt nur das Leistungsprogramm auf, beschreibt also lediglich die **Bauaufgabe**, den **Zweck** der fertigen Leistung und die technischen, wirtschaftlichen, gestalterischen und funktionsbedingten **Mindestanforderungen**, § 7 (EG) Abs. 14 VOB/A. 84

Die **Planung und Lösung der Bauaufgabe** wird mehr oder weniger auf die **Bieter übertragen**, wodurch Spielräume bei der Erreichung des Leistungsziels bestehen und gleichsam die Bieter die Ausführungsplanung und das Leistungsverzeichnis selbst aufzustellen haben. 85

---

**Beispiel**

Eine Kommune muss möglichst schnell zusätzliche Kindergartenplätze schaffen. Wichtig ist ihr daher eine möglichst kurz bemessene Bauzeit. Hinsichtlich des äußeren Erscheinungsbildes, der Anzahl der Kindergartenplätze, der Funktionsbereiche und des Raumprogramms hat die Kommune konkrete Vorstellungen. Dagegen spielen andere Punkte, wie etwa die Art der Konstruktion (Stahlbau, Holzständerkonstruktion, Fertigteile, konventionelles Mauerwerk usw.) für die Kommune keine Rolle.

---

Das Leistungsprogramm kann sich auf den gesamten Vertrag beziehen (funktionale Leistungsbeschreibung) oder lediglich auf einzelne Gewerke oder Teilleistungen (teilfunktionale Leistungsbeschreibung). Es muss also nicht die komplette Bauleistung ergebnisorientiert ausgeschrieben werden, sondern auch lediglich einzelne Gewerke oder Teilleistungen (z.B. die Wasserhaltung, die Gerüstarbeiten, eine Behelfsbrücke usw.).[61] 86

---

**Beispiel**[62]

Ein öffentlicher Auftraggeber schreibt Bauarbeiten gegliedert in Teilleistungen mit Leistungsverzeichnis aus. Die **Gerüstbauarbeiten** beschreibt er lediglich **funktional** und lässt sich einen **Pauschalpreis** anbieten. In der Baubeschreibung heißt es:

„Für die Durchführung der Arbeiten werden Arbeitsgerüste sowie Einhausungen etc. benötigt. **Art und Konstruktion** der zur Anwendung kommenden Gerüste und Einhausungen nach **Wahl des AN**. ...

---

nen: ... bauzeitliche Verbaue ...", vgl. dazu BGH, Beschl. v. 10.4.2014 – VII ZR 144/12 bzw. vorhergehend KG, Urt. v. 4.5.2012 – 7 U 108/11.

**61** LG Köln, Urt. v. 12.6.2007 – 5 O 367/06; OLG Düsseldorf, Beschl. v. 11.12.2013 – Verg 22/13.

**62** Vgl. LG Köln, Urt. v. 12.6.2007 – 5 O 367/06.

Gerüste etc. müssen den Anforderungen der betreffenden DIN-Normen, techn. Merkblättern, Richtlinien und dgl. entsprechen."
„Arbeitsgerüste, einschließlich Gründung, **nach statischen, konstruktiven und sicherheitstechnischen Erfordernissen** herstellen und beseitigen, für den Zeitraum der eigenen Leistung vorhalten und unterhalten."
Bei der Durchführung der Baumaßnahme stellt sich heraus, dass das Gerüst nicht so errichtet werden kann, wie vom Auftragnehmer ursprünglich angenommen. Für die Änderung der Gerüstkonstruktion verlangt der Auftragnehmer eine Mehrvergütung in Höhe von rund 500.000 €.
Dies lehnt das LG Köln ab. Es führt zutreffend aus, dass ein Mehrvergütungsanspruch nach § 2 Abs. 5 und Abs. 6 VOB/B voraussetze, dass sich die Leistungspflichten verändert haben. Hinsichtlich des Herstellens der Baugerüste sei nicht nachträglich von der vereinbarten Leistungspflicht abgewichen worden. Die Gerüstarbeiten seien vielmehr ersichtlich funktional ausgeschrieben worden. Dadurch läge das Risiko des konkreten Leistungserfolges ebenso wie die Unsicherheit hinsichtlich des genauen Arbeitsumfanges beim Auftragnehmer.

87 Die funktionale Leistungsbeschreibung **kombiniert** damit einen **Wettbewerb**, der sowohl eine **Planung** und Konzeptionierung der Leistung als auch deren **Ausführung** beinhaltet.[63] Grundidee der Funktionalausschreibung ist es, dass ein Planungswettbewerb nicht mit der Auslobung eines Preisgeldes sondern mit der Auftragserteilung verbunden ist.

? **Checkliste Funktionalausschreibung**

Eine (teil)funktionale Ausschreibung setzt voraus,[64] dass
- der Auftraggeber zumindest teilweise planerische Vorarbeiten, wie die Erstellung von Vorentwürfen übernimmt,
- der Auftraggeber nicht von vornherein von jeder eigenen Planungstätigkeit abgesehen hat, sondern im Rahmen des ihm Möglichen selbst geplant und die notwendigen Festlegungen getroffen hat,
- insoweit zumindest die Zuschlagskriterien, das Leistungsziel, die Rahmenbedingungen und die wesentlichen Einzelheiten der Leistung in der Aufgaben- oder Leistungsbeschreibung angegeben wurden,
- neben der Bauleistung auch wesentliche Planungsleistungen auf den Bieter übertragen werden und hierüber ein Wettbewerb eröffnet wurde,
- neben dem Zuschlagskriterium „Preis" auch wirtschaftliche bzw. qualitative Zuschlagskriterien definiert und aufgenommen wurden und
- diese weiteren Zuschlagskriterien keine reine Alibifunktion haben,[65] also auf die Wertungsreihenfolge Einfluss haben können.

63 Vgl. OLG Düsseldorf, Beschl. v. 11.12.2013 – Verg 22/13.
64 Vgl. OLG Düsseldorf, Beschl. v. 12.6.2013 – Verg 7/13.
65 Siehe dazu auch Rn 226.

### e) Leistungsbestimmungsrecht und Grundsatz der produktneutralen Ausschreibung

In der Leistungsbeschreibung gibt der Auftraggeber vor, **was** er als Bau-, Dienst- oder Lieferleistung beschaffen möchte. Das Vergaberecht regelt demgegenüber in erster Linie, **wie** die öffentliche Beschaffung abzuwickeln und zu dokumentieren ist und nicht, was die öffentliche Hand zu beschaffen hat.[66] 88

Vor diesem Hintergrund billigt die Rechtsprechung öffentlichen Auftraggebern 89 bei der Festlegung des Beschaffungsgegenstands ein sog. Bestimmungsrecht bzw. eine **Bestimmungsfreiheit** zu. Danach ist es Sache des Auftraggebers zu bestimmen, ob und welchen Gegenstand er wie beschaffen will und welche technischen, qualitativen und ästhetischen Anforderungen er an den Beschaffungsgegenstand stellt.[67]

---

**Beispiel**

In einem unter Denkmalschutz stehenden Gebäude sollen vergoldete Wasserhähne und Türgriffe erneuert werden. Die Vergabestelle schreibt die Beschaffung vergoldeter Wasserhähne und Türgriffe aus. Ein Bieter hält dies für eine Verschwendung von Steuergeld und bietet die Leistung verchromt an.

Die produktneutral ausgeschriebene Leistung ist von der Bestimmungsfreiheit des Auftraggebers gedeckt. Das Angebot des Bieters ist wegen Änderung der Vergabeunterlagen auszuschließen, §§ 16 Abs. 1 Nr. 1 b), 13 Abs. 1 Nr. 5 S. 1 VOB/A. Das Gebot zur sparsamen und wirtschaftlichen Mittelverwendung ist nicht bieterschützend, sondern allein verwaltungsintern bzw. haushaltsrechtlich relevant.

---

Die Bestimmungsfreiheit ist allerdings nicht grenzenlos. Sie wird begrenzt durch 90 das vergaberechtliche Gebot der Gleichbehandlung und Transparenz und unterliegt im Interesse der Öffnung des öffentlichen Beschaffungswesens für den Wettbewerb und der effektiven Durchsetzung der Warenverkehrsfreiheit bestimmten, durch das Vergaberecht gezogenen Grenzen.

Die vergaberechtlichen **Grenzen der Bestimmungsfreiheit** des öffentlichen 91 Auftraggebers sind eingehalten, sofern

- die Bestimmung für ein bestimmtes Produkt, eine Herkunft, ein Verfahren oder dergleichen durch den Auftragsgegenstand **sachlich gerechtfertigt** ist,[68]
- vom Auftraggeber dafür **objektiv nachvollziehbare**, auftragsbezogene und tatsächlich vorhandene **Gründe** angegeben worden sind und
- mit der Bestimmung **keine Diskriminierung** anderer Wirtschaftsteilnehmer einhergeht.[69]

---

66 OLG Düsseldorf, Beschl. v. 22.5.2013 – Verg 16/12.
67 OLG Düsseldorf, Beschl. v. 27.6.2012 – Verg 7/12.
68 Vgl. § 7 (EG) Abs. 8 VOB/A, §§ 7 Abs. 3, 8 EG Abs. 7 VOL/A.
69 So OLG Düsseldorf, Beschl. v. 22.5.2013 – Verg 16/12.

92 Ob der Auftraggeber darüber hinaus verpflichtet ist, eine **Markterkundung** oder Markterforschung im Vorfeld durchzuführen, ist **umstritten**. Während die Oberlandesgerichte Jena[70] und Celle[71] dies für erforderlich erachten, lehnt das Oberlandesgericht Düsseldorf[72] eine generelle Verpflichtung zur Markterkundung zu Recht ab.

**Praxistipp**
Unabhängig von der Frage, ob eine Markterkundung erforderlich ist oder nicht, sollten Auftraggeber die sich in der Leistungsbeschreibung auf eine bestimmte technische Lösung oder gar auf ein bestimmtes Produkt festlegen wollen,
- positiv feststellen und im Vergabevermerk durch objektive, auf den konkreten Auftrag bezogene, plausible und notfalls belegbare Gründe **dokumentieren, warum** die gewählte technische Lösung, das gewählte Produkt und dergleichen **vorzugswürdig** ist bzw. andere technischen Lösungen, Produkte und dergleichen nicht geeignet erscheinen und
- darauf achten, dass die Begründung umso sorgfältiger ausfällt, je mehr der Wettbewerb eingeschränkt wird.

Als **legitimes Interesse** für die Auswahl eines bestimmten Produktes, einer Herkunft, eines Verfahrens oder dergleichen kommen beispielsweise – je nach Gewicht im Einzelfall – Kostengründe, die Vermeidung von Kompatibilitätsproblemen, technische Zwänge, gestalterische Gründe, die Einheitlichkeit der Konstruktion bei Um- und Erweiterungsbauten, ggf. auch die Zweckmäßigkeit einer einheitlichen Wartung, Ersatzteilbevorratung und Ähnliches in Betracht.

### f) Risiken fehlerhafter Leistungsbeschreibungen

93 Von **Nachtragsrisiken** in der Phase der Leistungserbringung abgesehen, kann eine fehlerhafte oder unvollständige Leistungsbeschreibung bereits im Vergabeverfahren zu Problemen führen.

94 So können Bieter erkannte Mängel für eine **spekulative Preisgestaltung** nutzen, die die Vergabestelle im Rahmen der Wertungsphase u.a. mit Blick auf die Angemessenheit der Preise,[73] das Sparsamkeitsgebot und eine etwaige Aufhebung oder Rückversetzung zur Fehlerkorrektur zu prüfen hat.

**Beispiel**
Bei der Erstellung der Leistungsbeschreibung werden 80% der Massen für Schalungsarbeiten „vergessen" oder versehentlich statt der Mengeneinheit „Tonne" die Einheit „kg" angegeben. Ein Bieter erkennt dies und trägt hier einen um 100% übersetzten Preis ein. Um als Mindestfordernder den Auftrag zu erhalten, bepreist er andere Positionen mit einem untersetzen Preis.

70 OLG Jena, Beschl. v. 26.6.2006 – Verg 2/06.
71 OLG Celle, Beschl. v. 22.5.2008 – 13 Verg 1/08.
72 OLG Düsseldorf, Beschl. v. 27.6.2012 – Verg 7/12.
73 Vgl. dazu OLG Naumburg, Beschl. v. 22.9.2005 – 1 Verg 7/05.

Die in der **Bauphase** dann tatsächlich anfallenden (höheren) Mengen führen nicht nur zu einer erheblichen Kostensteigerung, da die übersetzten Preise des Bieters in den einschlägigen Positionen grundsätzlich über § 2 Abs. 3 VOB/B fortgeschrieben werden.
Entsprechende Ausschreibungsfehler können auch dazu führen, dass sich bei korrekter Ausschreibung die **Bieterreihenfolge** geändert hätte, mithin das beauftragte Angebot unter Berücksichtigung der zutreffenden Mengenangaben gerade nicht das niedrigste bzw. wirtschaftlichste gewesen wäre.
**Wichtig**: Eine spekulative Preisgestaltung ist bei Bauvergaben **auch für Bieter nicht risikolos.** Nach der Rechtsprechung[74] besteht bei einem Bieter, der einen außerordentlich überhöhten Einheitspreis angibt, die widerlegbare Vermutung, dass er in dieser Position auf eine Mengenmehrung hofft und durch Preisfortschreibung auch für diese Mengenmehrung einen außerordentlich überhöhten Preis erzielen will. Dieses vertragsuntypische Verhalten begründe die **Vermutung**, der Auftraggeber solle aus sittlich **verwerflichem Gewinnstreben** übervorteilt werden. Gelingt es dem Auftragnehmer nicht, diese Vermutung zu widerlegen, ist die auf § 2 Nr. 3 oder § 2 Nr. 5 VOB/B gegründete **Preisfortschreibungsvereinbarung nichtig.** Die Mehrmengen sind dann nach den üblichen Einheitspreisen (analog § 632 Abs. 2 BGB) zu vergüten.
Erkennt der Auftraggeber die spekulative Preisgestaltung rechtzeitig **im Vergabeverfahren** hat er im Prinzip **drei Handlungsoptionen:**
- Falls die Leistung teilbar ist, **Zuschlagserteilung und Anordnung** (vgl. § 1 Abs. 3 VOB/B), dass ohne vorherige Preisvereinbarung lediglich 100% der Mengenvordersätze in der betroffenen Position auszuführen sind. Scheitert eine vernünftige Preisvereinbarung für die Abrechnung der Mehrmengen, ist zu prüfen, ob die Leistung insoweit an einen Dritten vergeben werden kann.[75]
- Korrektur der Mengenvordersätze in den betroffenen Positionen, Übersendung der korrigierten Passagen der Leistungsbeschreibung an alle Bewerber/Bieter und – je nach den Umständen des Einzelfalls[76] – **Rückversetzung** des gesamten Verfahrens oder beschränkt auf die betroffenen Positionen auf den Zeitpunkt vor Submission verbunden mit der Bitte, (insoweit) neue Angebote abzugeben.
- Bei eindeutiger Sittenwidrigkeit der Preise: Beauftragung des Angebots und anschließendes **Preisanpassungsverlangen** unter Berufung auf die Rechtsprechung zu Spekulationspreisen.

Die **sicherste Variante** ist im Regelfall die **Zurückversetzung** des Verfahrens verbunden mit der Möglichkeit, insgesamt neue Angebote abzugeben.

---

Versucht ein Bieter Unklarheiten in der Leistungsbeschreibung dadurch in den Griff 95
zu bekommen, dass er sein Verständnis der Leistungsbeschreibung offen legt, be-

---

**74** Vgl. dazu grundlegend BGH, Urt. v. 18.12.2008 – VII ZR 201/06. Im Anschluss etwa OLG Hamm, Urt. v. 13.3.2013 – 12 U 74/12: Sittenwidrigkeit bei 28-, 41- und 53-fach überhöhten Einheitspreisen; BGH, Urteil vom 7.3.2013 – VII ZR 68/10: je größer der absolute Betrag ist, desto kleiner kann die relative Überschreitung sein, bis zu der die Auswirkungen noch hingenommen werden können. Aufgrund der absoluten Höhe der Übervorteilung wurde die Sittenwidrigkeit im konkreten Fall bei 8-fach überhöhten Einheitspreisen im Vergleich zur ortsüblichen Vergütung bejaht.
**75** Vgl. dazu etwa OLG Hamm, Urt. v. 13.3.2013 – 12 U 74/12, wonach eine anderweitige Vergabe der Mehrmengen zulässig ist, wenn bei erheblichen Mengensteigerungen eine Preisvereinbarung scheitert und die Leistung teilbar ist.
**76** Vgl. dazu Kap. 9 Rn 112.

steht die Gefahr, dass das Angebot wegen **Änderung der Vergabeunterlagen** auszuschließen ist, sofern die Annahmen des Bieters nach Auslegung der Leistungsbeschreibung hiervon objektiv nicht (mehr) gedeckt sind.

96 Bieter können aber auch die **Unklarheiten** rechtzeitig vor Ablauf der Angebotsfrist **rügen oder** die Vergabestelle hierauf hinweisen und **um Klarstellung bitten**. Dies ist für beide Parteien die einfachste und sicherste Variante. Bieter vermeiden das Risiko, dass eine etwaige Spekulation später nicht aufgeht, sich andere Bieter einen Wettbewerbsvorteil verschaffen oder dass ihr Angebot wegen unzulässiger Änderung der Vergabeunterlagen ausgeschlossen wird. Die Vergabestelle erhält die **Möglichkeit zur Fehlerkorrektur**, indem sie die Unterlagen überprüfen und notwendige Klarstellungen oder Korrekturen im laufenden Verfahren vornehmen kann.

97 Unklare oder **widersprüchliche Leistungsbeschreibungen** können aber auch dazu führen, dass die Bieter bei ihren Angeboten von unterschiedlichen Annahmen ausgehen und es daher an der notwendigen **Vergleichbarkeit der Angebote** fehlt. Ohne vergleichbare Angebote ist eine transparente Wertung nicht möglich. Im Falle eines Nachprüfungsverfahrens müssten die fehlerhaften Verfahrensabschnitte nach Überarbeitung der Leistungsbeschreibung wiederholt, also das Verfahren zur Fehlerheilung auf den Zeitpunkt der Aufforderung zur Angebotsabgabe zurück versetzt werden.[77] Die damit einhergehenden Kosten, Risiken von **Schadensersatzforderungen** und zeitlichen Verzögerungen sind durch eine gründliche Vorbereitung vermeidbar.

---

**!** **Praxistipp**

**Rügen oder bloße Hinweise** der Bieter auf (vermeintliche) Unklarheiten vor Submission sollten Vergabestellen für eine ernsthafte, **kritische Selbstkontrolle** nutzen. Die finanziellen oder zeitlichen Auswirkungen auf das Beschaffungsverfahren halten sich bei einer **frühzeitigen Fehlerkorrektur** in Grenzen. Falls die Fragen kurz vor dem Eröffnungstermin eingehen, sollten die Leistungsbeschreibung und ggf. die Vertragsfristen soweit erforderlich angepasst und der Eröffnungstermin zur Gewährleistung angemessener Bearbeitungsfristen verschoben werden.

---

98 **Rügen** die Bieter die Defizite hingegen erst **mit Angebotsabgabe**, sind die dann verbleibenden Handlungsoptionen der Vergabestelle in der Regel zugleich mit potentiellen Schadensersatzansprüchen verknüpft. Notwendige Fehlerkorrekturen durch **Rückversetzung** des Verfahrens sind zwar grundsätzlich zulässig,[78] führen jedoch bei allen Beteiligten zu **Mehraufwendungen und zeitlichen Verzögerungen**, was die Ressourcenplanung länger als nötig blockiert.

---

77 Zur Rückversetzung des Verfahrens als Mittel der Fehlerheilung näher Kap. 9 Rn 108ff.

78 Vgl. dazu im Einzelnen Kap. 9 Rn 108ff.

Auch für die Bieter ist dieses Vorgehen **oft nachteilig**. Ein etwaiger Schadensersatzanspruch ist regelmäßig der Höhe nach auf den Ersatz der Angebotsbearbeitungskosten beschränkt und kann wegen Mitverschuldens gem. § 254 BGB herabzusetzen sein. 99

Hinzu kommen **Probleme**, die **Schadenshöhe nachzuweisen**. Nach mehreren obergerichtlichen Entscheidungen[79] zählen Personalkosten nur dann zum ersatzfähigen Vertrauensschaden, wenn der Bieter darlegen und nachweisen kann, dass die betroffenen Mitarbeiter alternativ anderweitig hätten eingesetzt werden können und in diesem Fall Gewinne erzielt worden wären. Ansonsten handele es sich um Kosten, die sowieso entstanden wären und daher nicht ersatzfähig seien. 100

Hebt die Vergabestelle das Vergabeverfahren auf, wird in der Regel kein normierter Aufhebungsgrund vorliegen, zumal die Ursache selbst verschuldet ist. Eine **Aufhebung** ist dann vergaberechtswidrig, aber bei Vorliegen eines sachlichen Grundes gleichwohl rechtswirksam. Der ansonsten erfolgreiche Bieter kann Schadenersatz, in der Regel allerdings beschränkt auf Erstattung der mit der Teilnahme am Verfahren verbundenen Aufwendungen, geltend machen.[80] 101

Im Falle einer **Rückversetzung** des Verfahrens auf den Zeitpunkt vor Angebotsabgabe, Korrektur der Fehler und Bestimmung einer neuen Angebotsfrist, ist das Risiko für die Vergabestelle, sich Schadensersatzansprüchen ausgesetzt zu sehen, zwar geringer. Ändert sich jedoch durch die Rückversetzung die Wertungsreihenfolge, könnte auch hier der ohne Rückversetzung erfolgreiche Bieter Ansprüche geltend machen.[81] 102

**Ohne Hinweis** der Bieter auf etwaige Fehler oder Unklarheiten, **verlagert** sich das **Problem**, ob und wenn ja welche Leistungen vom Vertrag inwieweit umfasst bzw. zusätzlich wie zu vergüten sind, in die anschließende Phase der **Bauausführung**. Auch hiermit ist erfahrungsgemäß keiner Vertragspartei gedient, da zusätzliche Meinungsverschiedenheiten die Vertragsabwicklung belasten und – soweit keine einvernehmliche Lösung erzielt wird – eine gerichtliche Klärung nicht nur langwierig, sondern häufig auch ergebnisoffen ist. 103

## 2. Aufstellung von Bewerbungsbedingungen

Zu den Vergabeunterlagen gehören auch etwaige Bewerbungsbedingungen, § 8 (EG) Abs. 1 Nr. 1 VOB/A, §§ 8 Abs. 1b), 9 EG Abs. 1b) VOL/A. Hierbei handelt es sich um vom Auftraggeber in der Regel **auftragsunabhängig** aufgestellte generelle **„Spielregeln" für die Teilnahme an Vergabeverfahren**. Im Anwendungsbereich des VHB Bund finden sich in den Bewerbungsbedingungen neben deklaratorischen 104

79 OLG Köln, Urt. v. 23.7.2014 – 11 U 104/13; OLG Naumburg, Urt. v. 27.11.2014 – 2 U 152/13.

80 Näher zu den Voraussetzungen und Rechtsfolgen einer Aufhebung Kap 9 Rn 34 ff.

81 Näher zur Rückversetzung Kap 9 Rn 108 ff.

Hinweisen auch geforderte Erklärungen, etwa von Bietergemeinschaften, deren Nichtvorlage zum Ausschluss führen kann.

105 Die Vergabeordnungen überlassen es den Auftraggebern, ob sie generelle Regeln, die die Bewerber bei der Bearbeitung ihrer Angebote beachten müssen, in sog. Bewerbungsbedingungen zusammenfassen oder nicht. Wegen des **fakultativen** Charakters von Bewerbungsbedingungen, kann ihr Fehlen sich nicht auf die Vergabereife auswirken. Auftraggeber müssen dementsprechend überhaupt keine Bewerbungsbedingungen aufstellen.

106 Entscheidet sich ein Auftraggeber jedoch für die Aufstellung von Bewerbungsbedingungen, müssen die dort getroffenen Regelungen vergaberechtlich zulässig und widerspruchsfrei sein. Eröffnet die jeweils einschlägige Vergabeordnung dem Auftraggeber **einzelfallunabhängige** Ermessensspielräume, kann beispielsweise die **Ermessensausübung** vorweggenommen und in Bewerbungsbedingungen geregelt werden.

**Beispiel**

Bei der Vergabe von Lieferungen und Dienstleistungen können Auftraggeber – im Gegensatz zu Bauvergaben – selbst entscheiden, ob sie Eignungsnachweise, die durch Präqualifizierungsverfahren erworben wurden, zulassen oder nicht.[82] Eine entsprechende Festlegung kann in Bewerbungsbedingungen für bestimmte oder alle Leistungsbereiche vorab getroffen werden.

107 Muss das **Ermessen im konkreten Einzelfall** ausgeübt werden, ist eine vom Einzelfall losgelöste Festlegung in Bewerbungsbedingungen nicht möglich. Das ist etwa bei der Frage der Fall, ob Bewerber, über deren Vermögen die Eröffnung des Insolvenzverfahrens beantragt wurde, ausgeschlossen werden oder nicht.

## III. Ist die Finanzierung gesichert?

108 Zur sog. Vergabereife gehört auch eine gesicherte Finanzierung.[83] Dies folgt u.a. aus den einschlägigen verwaltungsinternen und haushaltsrechtlichen Regelungen. Danach darf ein Vergabeverfahren erst eingeleitet werden, wenn die erforderlichen **Haushaltsmittel bereit gestellt** wurden **oder** zumindest sog. **Verpflichtungsermächtigungen** vorliegen.[84]

82 § 6 Abs. 4 bzw. § 7 EG Abs. 4 VOL/A. Zur Präqualifizierung näher Rn 141 ff.

83 Vgl. OLG Düsseldorf, Beschl. v. 27.11.2013 – Verg 20/13.

84 Vgl. etwa RBBau, Abschnitt G, Ziff. 1.2: „Die Aufforderung zur Angebotsabgabe kann erfolgen wenn: ... die haushaltsmäßigen Voraussetzungen getroffen sind (z.B. die gesetzliche Sperre nach § 24 Abs. 3 BHO aufgehoben wurde) und der Bauverwaltung die erforderlichen Haushaltsmittel von

### 1. Finanzierung von Anfang an unsicher

Aufgrund der vorvertraglichen Pflicht zur Rücksichtnahme[85] dürfen Bieter auf eine gesicherte Finanzierung vertrauen. Ist die Finanzierung (noch) nicht sichergestellt, können die Teilnehmer am Verfahren einen entsprechenden **Hinweis** erwarten.[86] Geschieht dies nicht und scheitert eine Vergabe sodann an der letztlich von Anfang an unsicheren Finanzierung, steht dem Bieter, der ansonsten den Zuschlag erhalten hätte, ein Schadensersatzanspruch zu. 109

---

**Praxistipp** !

**Bei ungesicherter Finanzierung** empfiehlt sich, sofern das Vergabeverfahren überhaupt eingeleitet werden soll, ein entsprechender **eindeutiger Hinweis in der Bekanntmachung** bzw. Aufforderung zur Angebotsabgabe. Der Hinweis könnte etwa wie folgt lauten:

*„Es wird ausdrücklich darauf hingewiesen, dass die erforderlichen Haushaltsmittel für die ausgeschriebene Baumaßnahme zur Zeit noch nicht im erforderlichen Umfang bereit stehen, so dass für die Bieter weder eine gesicherte Erwartung noch ein geschütztes Vertrauen auf die Zuschlagserteilung besteht."*

Um Bieter von der Verfahrensteilnahme nicht „abzuschrecken" und eine möglichst große Verfahrensbeteiligung zu erreichen, sollte ggf. ein Hinweis auf die Erstattung der Kosten für die Teilnahme am Vergabeverfahren angefügt werden:

*„Sollte es notwendig werden, das Vergabeverfahren wegen fehlender Haushaltsmittel aufzuheben, ohne dass zugleich ein Aufhebungsgrund in Sinne des § 17 VOB/A vorliegt, erhält der Bieter, der ansonsten den Zuschlag erhalten hätte, auf Wunsch Ersatz der durch die Beteiligung an der Ausschreibung entstandenen nachgewiesenen Schäden. Weitere Ansprüche, insbesondere auf entgangenen Gewinn aus dem Auftrag, sind ausgeschlossen."*

---

### 2. Angebotspreise übersteigen die verfügbaren Haushaltsmittel

In der Vergabepraxis bedeutsamer ist der Fall, dass die Finanzierung nicht dem Grunde nach unsicher ist, sondern die Preise der (zuschlagsfähigen) Angebote die verfügbaren Mittel überschreiten. Können die fehlenden Haushaltsmittel nicht kurzfristig beschafft werden, kommt eine **Rückversetzung oder** eine – allerdings nur unter sehr engen Voraussetzungen sanktionslose – **Aufhebung** in Betracht. 110

#### a) Sanktionslose Aufhebung nur in Ausnahmefällen

Welche Gründe eine sanktionslose Aufhebung des Vergabeverfahrens rechtfertigen, ist in § 17 (EG) Abs. 1 VOB/A, §§ 17, 20 EG Abs. 1 VOL/A im Ergebnis einheitlich geregelt.[87] 111

---

der mittelverwaltenden Dienststelle zugewiesen wurden oder erforderliche Verpflichtungsermächtigungen erteilt wurden ...".

85 Dazu näher Kap 9 Rn 54 ff.

86 BGH, Urt. v. 8.9.1998 – X ZR 48/97.

87 Ausführlich dazu Kap. 9 Rn 72 ff.

Ein schutzwürdiges Vertrauen der Bieter auf Zuschlagserteilung kann in den normierten Fällen nicht gebildet werden, da die einschlägige Vergabeordnung dem Auftraggeber gerade das Recht zur Aufhebung des Ausschreibungsverfahrens einräumt.[88]

112 Der Auffangtatbestand „andere schwer wiegende Gründe" kann zwar auch bei unzureichenden Haushaltsmitteln eine Aufhebung rechtfertigen.[89] Die Anforderungen sind jedoch erheblich. Erforderlich ist nach der Rechtsprechung des BGH,[90] dass

- der Auftraggeber vor der Ausschreibung eine **methodengerechte Kostenschätzung** vorgenommen hat, die ein „wirklichkeitsnahes Schätzungsergebnis" erwarten lässt,
- die **Kostenermittlung aktuell** ist, also in engem zeitlichen Zusammenhang erstellt wurde,
- der **Gegenstand** der Schätzung und der Ausschreibung **deckungsgleich** sind und
- das Ausschreibungsergebnis **ganz beträchtlich** über dem Ergebnis der Schätzung liegt, wobei sich allgemeinverbindliche Werte nach Höhe oder Prozentsätzen verbieten, sondern eine umfassende alle Umstände des Einzelfalls einbeziehende **Interessenabwägung** erforderlich ist.

113 Unzureichende Haushaltsmittel rechtfertigen danach jedenfalls **bei Erkennbarkeit** oder fehlerhafter Kostenermittlung **keine sanktionslose Aufhebung**. Hätte die unzureichende Finanzierung bei einer mit der gebotenen Sorgfalt durchgeführten Ermittlung des Kostenbedarfs unter Berücksichtigung der jeder Prognose immanenten Unsicherheit dem Ausschreibenden bekannt sein müssen, geht dies zu Lasten der Vergabestelle.

114 Die prognostischen Unsicherheiten einer Kostenprognose sind bei der Vergabe von standardmäßigen Lieferleistungen wegen der hohen Preistransparenz noch überschaubar. Anders ist dies bei umfangreichen Bauleistungen oder atypischen Liefer- oder Dienstleistungen. Dementsprechend billigt die Rechtsprechung Architekten bei der Kostenermittlung eine gewisse Toleranz zu.[91] Zwar existieren auch insoweit keine in der Rechtsprechung anerkannten festen Prozentsätze, da sich die Gerichte eine Entscheidung im jeweiligen Einzelfall vorbehalten. Gleichwohl kann als **Daumenregel** im Rahmen der Kostenberechnung von einem Toleranzrahmen von ca. 20% und im Rahmen des Kostenanschlags von ca. 10% ausgegangen werden.

---

**88** Vgl. etwa BGH, Urt. v. 8.9.1998 – X ZR 48/97.
**89** OLG Düsseldorf, Beschl. v. 8.6.2011 – Verg 55/10; OLG Naumburg, Urt. v. 27.11.2014 – 2 U 152/13.
**90** BGH, Urt. v. 20.11.2012 – X ZR 108/10.
**91** BGH, Urt. v. 7.7.1988 – VII ZR 72/87, Urt. v. 16.12.1993 – VII ZR 115/92.

Je individueller bzw. spezieller die zu beschaffende Leistung, je volatiler die 115
Preise für ggf. zu verarbeitende Rohstoffe und/oder je kleiner der Markt für entsprechende Leistungen ist, umso größer dürfte der anzuerkennende Toleranzrahmen ausfallen.

### b) Präventive Maßnahmen zur Risikominimierung

In diesen Fällen stehen Auftraggeber vor einem **Dilemma.** Einerseits soll der beste- 116
hende Bedarf im Rahmen der verfügbaren Haushaltsmittel durch die bestmögliche Leistung gedeckt werden. Andererseits tragen sie faktisch das **Prognoserisiko** im Rahmen der Kostenermittlung, weil eine Aufhebung der Ausschreibung bei unerwartet hohen Angebotspreisen an strenge Voraussetzungen geknüpft ist und damit die Gefahr besteht, ansonsten chancenreichen Bietern mindestens Aufwendungsersatz für die nutzlose Verfahrensteilnahme leisten zu müssen.

Zugleich sind viele Vergabestellen vergaberechtlich gehalten, grundsätzlich kei- 117
ne sog. **Bedarfs- oder Eventualpositionen**, also solche, bei denen sich der Auftraggeber das **„Ob"** (von Teilen) **der Leistung** einstweilen **offen halten** will, in die Leistungsbeschreibung aufzunehmen, § 7 (EG) Abs. 1 Nr. 4 S. 1 VOB/A.[92]

Bei **Bedarfspositionen** steht zum Zeitpunkt der Erstellung der Leistungsbe- 118
schreibung noch nicht fest, ob und ggf. in welchem Umfang sie tatsächlich zur Ausführung kommen werden. Solche Positionen enthalten nur eine im Bedarfsfall erforderliche Leistung, über deren Ausführung erst **nach Auftragserteilung** und nicht bereits bei Erteilung des Zuschlags entschieden wird.[93]

Dies gilt entsprechend für sog. **Wahl- bzw. Alternativpositionen,**[94] also sol- 119
che, bei denen sich der Auftraggeber die **Ausführungsvariante** (das **„Wie"**) einstweilen **offen halten** will. Wahlpositionen sind Leistungspositionen, bei denen der Auftraggeber mehrere Alternativen der Leistungserbringung ausschreibt und erst nach Kenntnisnahme der Angebotsinhalte entscheiden will, welche Alternative er für den Zuschlag auswählt.

---

**Beispiel**[95]

Eine Kommune muss Leistungen zum Einsammeln von Haushaltsabfällen neu vergeben. Der Abfuhrrhythmus beträgt aktuell eine Woche, soll jedoch ggf. auf eine zweiwöchentliche Leerung umgestellt werden. Die Stadt will sich beide **Varianten** anbieten lassen.

---

92 Im Anwendungsbereich des VHB Bund sind Wahl- und Bedarfspositionen unzulässig, vgl. VHB Bund, Ausgabe 2008, Stand August 2012, RL 100, Ziff. 4.6.

93 OLG Düsseldorf, Beschl. v. 13.4.2011 – Verg 58/10.

94 Obwohl Alternativpositionen in der VOB/A nicht ausdrücklich erwähnt werden, sind sie unter den gleichen Voraussetzungen wie Bedarfspositionen zulässig, vgl. VK Baden-Württemberg, Beschl. v. 9.6.2011 – 1 VK 26/11.

95 In Anlehnung an OLG Düsseldorf, Beschl. v. 13.4.2011 – Verg 58/10.

Um Manipulationen auszuschließen, genügt es nicht, die Bieter aufzufordern, ein Angebot für eine wöchentliche Leerung und alternativ für eine zweiwöchige Leerung zu unterbreiten. Schließlich ist es möglich, dass bei der Wertung eines einwöchigen Rhythmus Bieter A und bei Wertung einer zweiwöchigen Leerung Bieter B das günstigste Angebot abgibt. Insofern muss die Stadt aus Gründen der Verfahrenstransparenz und Gleichbehandlung in den Vergabeunterlagen bekannt geben,

- zu welchem **Zeitpunkt die Entscheidung**, welche Alternative beauftragt wird, erfolgt, d.h. mit dem Zuschlag (Wahl- oder Alternativposition) oder erst nach Auftragserteilung (Eventual- oder Bedarfsposition) und
- wie die **Wertung der Wahl- oder Eventualposition** erfolgt (z.B. Addition von Grund- und Wahlposition und Zuschlagserteilung auf den danach niedrigster Gesamtpreis) und
- welche **Kriterien für die Inanspruchnahme** der ausgeschriebenen Wahl- oder Eventualposition maßgebend sein sollen.

120 Ist den Vergabestellen durch verwaltungsinterne Regeln die Aufnahme von Bedarfs- und Wahlpositionen untersagt, sollte der physische Umfang der Leistung möglichst so festgelegt werden, dass zwischen der Kostenberechnung bzw. -prognose und den verfügbaren Haushaltsmitteln ein **Puffer** von 10–15% liegt.

121 Ohne entsprechende verwaltungsinterne Restriktionen, sollten Vergabestellen prüfen, ob die Aufnahme von **Bedarfs- oder Wahlpositionen** in die Vergabeunterlagen ausnahmsweise zulässig und zweckmäßig ist.

122 Vergaberechtlich sind Bedarfs- oder Wahlpositionen ausnahmsweise zulässig,

- wenn zum Zeitpunkt der Versendung der Vergabeunterlagen
  - für den Auftraggeber **nicht voraussehbar** sowie objektiv aufklärbar ist, **ob** und unter welchen Voraussetzungen die **Leistungen** bei der Auftragsausführung **erforderlich** werden (Bedarfsposition) und dementsprechend für die fehlende Eindeutigkeit der Leistungsbeschreibung ein objektiv anzuerkennendes Bedürfnis besteht[96] **oder**
  - ein sonstiges **berechtigtes Bedürfnis** des öffentlichen Auftraggebers besteht, die zu beauftragende **Leistung** in den betreffenden Punkten bis zum Zuschlag einstweilen **offen zu halten**[97] (Wahlposition) **und**
- die Bedarfs- bzw. Wahlpositionen in den Vergabeunterlagen hinreichend **deutlich** als solche **bezeichnet** und für einen fachkundigen Bieter als solche zu erkennen sind[98] **und**
- die maßgeblichen **Kriterien** für die **Wertung und Inanspruchnahme** der ausgeschriebenen Wahl- bzw. Bedarfsposition vom Auftraggeber vorab bekannt gegeben wurden.[99]

---

**96** OLG Düsseldorf, Beschl. v. 10.2.2010 – Verg 36/09.
**97** OLG Düsseldorf, Beschl. v. 13.4.2011 – Verg 58/10.
**98** So OLG Düsseldorf, Beschl. v. 10.2.2010 – Verg 36/09.
**99** OLG Düsseldorf, Beschl. v. 13.4.2011 – Verg 58/10.

**Praxistipp**

!

Liegen die zu erwartenden Kosten nach der Prognose weniger als 15% unter den verfügbaren Haushaltsmitteln und sind Bedarfs- oder Wahlpositionen nach den verwaltungsinternen Regeln nicht generell unzulässig,[100] empfiehlt sich die Aufnahme von **Bedarfs- oder Wahlpositionen als Kostenpuffer**. Damit können unnötige Aufhebungen bzw. Zurückversetzungen des Vergabeverfahrens und damit einhergehende Schadensersatzrisiken vermieden werden. Dabei ist Folgendes zu beachten:

- Aufnahme von Bedarfs- oder Wahlpositionen in die Leistungsbeschreibung im Umfang von **maximal 10–15 Prozent** des Auftragswerts,
- ausdrückliche **Kennzeichnung** der Bedarfs- und Wahlpositionen in den Vergabeunterlagen,
- Offenlegung in den Vergabeunterlagen, wie die **Wertung** der Bedarfs- oder Wahlpositionen erfolgt, z.B. dass alle Bedarfs- oder Wahlpositionen in die Wertung einfließen oder die kostengünstigste Alternative gewertet und bezuschlagt wird[101] oder die zu bezuschlagende Alternative bzw. Anzahl der Bedarfspositionen allein von den verfügbaren Haushaltsmitteln abhängt,
- Angabe des **Zeitpunkts der Auswahlentscheidung**, der bei Wahlpositionen mit der Zuschlagsentscheidung zusammen fallen sollte und
- ggf. Angabe der **Wertungsreihenfolge,** etwa durch Nummerierung, sofern mehrere Wahlpositionen vorhanden sind.

## G. Festlegung der Eignungshürde

Nach den allgemeinen Vergabegrundsätzen werden Aufträge nur an fachkundige, leistungsfähige und zuverlässige, kurzum geeignete Unternehmen vergeben.[102] Dies verpflichtet den Auftraggeber, die Eignung der Teilnehmer bzw. Bieter zu prüfen. Eine Verpflichtung, von Unternehmen bestimmte Eignungsnachweise zu fordern, besteht jedoch nicht. Mit der Pflicht des Auftraggebers, die Eignung der am Auftrag interessierten Unternehmen zu prüfen, korrespondiert aber das **Recht**, angemessene **Anforderungen an die Bietereignung zu definieren** (Eignungskriterien) und die Vorlage von entsprechenden Eignungsnachweisen zu fordern.[103] 123

Von diesem Recht sollten Auftraggeber auch, von der Vergabe kleinerer Standardleistungen abgesehen, dringend Gebrauch machen. Durch die Definition von Mindestanforderungen an die fachliche, technische und finanzielle Leistungsfähigkeit steht Auftraggebern ein **wichtiges Steuerungsinstrument** zur Verfügung. 124

100 Im Anwendungsbereich des VHB Bund beispielsweise sind Wahl- und Bedarfspositionen unzulässig, vgl. VHB Bund, Ausgabe 2008, Stand August 2012, RL 100, Ziff. 4.6.

101 Dies ist als berechtigtes Interesse des Auftraggebers, die Leistung einstweilen offen zu halten, anerkannt, vgl. OLG Düsseldorf, Beschl. v. 13.4.2011 – Verg 58/10.

102 Vgl. § 97 Abs. 4 S. 1 GWB, §§ 2 Abs. 1 Nr. 1, 2 EG Abs. 1 Nr. 1, 2 VS Abs. 1 Nr. 1 VOB/A, §§ 2 Abs. 1, 2 EG Abs. 1 S. 1 VOL/A, § 2 Abs. 1 S. 1 VOF.

103 Vgl. OLG Koblenz, Beschl. v. 4.10.2010 – 1 Verg 8/10.

125 Eignungskriterien können eine sachgerechte Steuerungswirkung aber nur entfalten, wenn sie
- wirksam aufgestellt wurden, also
  - durch den Auftragsgegenstand gerechtfertigt sind,
  - inhaltlich klar bestimmt wurde, welche Nachweise für welche Kriterien mit welchem Inhalt bis zu welchem Zeitpunkt vorzulegen sind,
  - formal zum richtigen Zeitpunkt bekannt gegeben wurden,
- eine sachgerechte Filterfunktion aufweisen,
- keine abschreckende Wirkung entfalten und
- hinsichtlich des Prüfaufwandes handhabbar sind.

## I. Unterschiedliche Regelungssystematik in VOB/A und VOL/A

126 Das Recht des Auftraggebers, Eignungsnachweise zu verlangen, ist in den Vergabeordnungen unterschiedlich geregelt. Bei Vergaben im Anwendungsbereich der **VOL/A** sind **grundsätzlich nur Eigenerklärungen** zu verlangen (vgl. §§ 6 Abs. 3, 7 EG Abs. 1 VOL/A). Die Forderung von anderen Nachweisen ist in der Vergabedokumentation zu begründen.

127 Demgegenüber sind bei **Bauvergaben grundsätzlich Eignungsnachweise** vorzulegen, es sei denn der Auftraggeber hat bloße Eigenerklärungen ausdrücklich zugelassen. Kommt ein Bieter in die engere Wahl, muss er sich die Eigenerklärungen durch Bescheinigungen der zuständigen Stellen bescheinigen lassen.[104]

## II. Bekanntmachungspflicht

128 Wenn bestimmte **Eignungskriterien** und Nachweise der späteren Wertung und Vergabeentscheidung zugrunde gelegt werden sollen, müssen die Kriterien **und** die insoweit von den Bietern vorzulegenden **Nachweise** (Art und Inhalt) **zwingend** bereits **in der Vergabebekanntmachung** selbst klar und unmissverständlich bezeichnet werden.[105] Die Vergabestelle muss sich also spätesten bei Versendung der Vergabebekanntmachung darüber im Klaren sein, ob und welche Nachweise sie von den Bietern verlangen will.

---

**104** Vgl. §§ 6 Abs. 3, 6 EG Abs. 3 Nr. 2 S. 4 VOB/A.

**105** Einhellige Rechtsprechung, vgl. etwa OLG Naumburg, Beschl. v. 29.10.2013 – 2 Verg 3/13; OLG München, Beschl. v. 15.3.2012 – Verg 2/12; OLG Düsseldorf, Beschl. v. 22.6.2011 – Verg 15/11. Dies ergibt sich im Übrigen für den Oberschwellenbereich aus § 12 EG Abs. 2 Nr. 2 VOB/A i.V.m. Ziffer III. 2 des EU-Standardformulars für Bekanntmachungen (Anhang II der Verordnung EU Nr. 842/2011), § 7 EG Abs. 5 S. 1 VOL/A, § 10 Abs. 2 VOF.

Ein Bieter, der die Bekanntmachung durchsieht, muss von den Anforderungen ohne Mitwirkung der Vergabestelle **unmittelbar Kenntnis** nehmen können. Er soll sofort erkennen können, ob er die Eignungsanforderung erfüllen kann, so dass es sich für ihn „lohnt", die Vergabeunterlagen überhaupt anzufordern.[106] 129

Ein bloßer **Verweis auf die Vergabeunterlagen** ist **nicht ausreichend**. Letztere können die Angaben in der Vergabebekanntmachung allenfalls in bestimmtem Umfange, z.B. des Vorlagezeitpunktes konkretisieren.[107] Das erstmalige Fordern von Eignungsnachweisen in den Vergabeunterlagen ist – jedenfalls im Oberschwellenbereich – unzulässig.[108] 130

Eignungsnachweise, die erst in den **Vergabeunterlagen** und damit **unwirksam** gefordert wurden, muss der Bieter nicht vorlegen. Dementsprechend darf die Vergabestelle deren Fehlen – entgegen §§ 16 EG Abs. 1 Nr. 3 S. 4, 16 VS Abs. 1 Nr. 3 S. 4 VOB/A bzw. §§ 16 Abs. 3a), 19 EG Abs. 3a) VOL/A – auch nicht ohne weiteres als Ausschlussgrund heranziehen. Eine Mitwirkungspflicht des Bieters kann in diesen Fällen allenfalls über ein gesondertes Aufklärungsverlangen ausgelöst werden. Erst wenn der Bieter zulässige Aufklärungen über seine Eignung trotz Fristsetzung und Hinweis auf die Ausschlussfolge verweigert, kann dies mit einem Angebotsausschluss sanktioniert werden.[109] 131

Auch der **pauschale Verweis** in der Bekanntmachung auf bestimmte Formblätter (FB) aus **Vergabehandbüchern** (hier: FB 124 des VHB Bund) stellt, jedenfalls gegenüber ausländischen Bietern,[110] weder eine wirksame Aufstellung von Eignungskriterien noch eine wirksame Forderung von Eignungsnachweisen dar.[111] Erforderlich ist zumindest, dass der Auftraggeber den Bietern in der Bekanntmachung die Möglichkeit eröffnet, vom Inhalt entsprechender Formblätter **ohne weiteres** Kenntnis zu erlangen. 132

Eine **Abrufmöglichkeit durch sog. Direktverlinkung** (im entschiedenen Fall auf die Internetseite der Vergabestelle) gewährleistet nach einer Entscheidung des OLG Düsseldorf[112] **freie Zugänglichkeit** der Informationen und ist daher mit Blick auf das Transparenzgebot ausreichend. 133

---

**106** VK Nordbayern, Beschl. v. 20.11.2014 – 21.VK-3194-33/14.

**107** OLG Düsseldorf, Beschl. v. 6.6.2007 – Verg 8/07; Beschl. v. 23.6.2010 – Verg 18/10; VK Bund, Beschl. v. 4.1.2013 – VK 1-133/12; VK Thüringen, Beschl. v. 12.4.2013 – 250-4002-2400/2013-E-008-SOK.

**108** Siehe aber auch OLG Hamm, Urt. v. 12.9.2012 – 12 U 50/12, das eine Bekanntmachungspflicht auch für den **Unterschwellenbereich** aus dem Transparenzgebot ableitet.

**109** Dazu im Einzelnen Kap. 8 Rn 257 ff.

**110** Vgl. OLG Dresden, Beschl. v. 17.1.2014 – Verg 7/13: Verweis auf Formblatt ausreichend, wenn dies dem beteiligten (inländischen) Bieterkreis bekannt ist.

**111** Vgl. etwa VK Bund, Beschl. v. 27.8.2012 – VK 1-88/12; VK Thüringen, Beschl. v. 12.4.2013 – 250-4002-2400/2013-E-008-SOK; VK Südbayern, Beschl. v. 10.9.2013 – Z3-3-3194-1-22-08/13.

**112** Beschl. v. 16.11.2011 – Verg 60/11, siehe auch VK Südbayern, Beschl. v. 10.9.2013 – Z3-3-3194-1-22-08/13.

**Praxistipp**
Öffentliche Auftraggeber sollten den sichersten Weg gehen und die Eignungskriterien sowie die hierzu geforderten Nachweise direkt im Bekanntmachungsformular benennen und auf Verlinkungen möglichst verzichten.

## III. Inhaltliche Anforderungen

134 Wie alle für die Vergabeentscheidung maßgeblichen Umstände[113] müssen auch die Eignungsanforderungen den Bietern so bekannt gemacht werden, dass sie bei Anwendung der üblichen Sorgfalt deren genaue **Bedeutung verstehen** und **in gleicher Weise auslegen** können und der Auftraggeber prüfen kann, ob die Bieter die geltenden Kriterien erfüllen.

135 Um Bieter im Vergabeverfahren mit Erklärungspflichten zu belasten, muss der Auftraggeber die Erklärungen in transparenter Weise **„fordern"**, das heißt für das konkrete Vergabeverfahren ausdrücklich verlangen und **eindeutig** bestimmen, **welche Erklärungen zu welchem Zeitpunkt** beizubringen sind. Unterlässt er dies, erwächst den Bietern im Vergabeverfahren ebenfalls keine Erklärungspflicht.[114]

136 Die hohen Anforderungen an die **inhaltliche Bestimmtheit** ergeben sich auch aus der mit dem Fehlen von Erklärungen und Nachweisen verbundenen schwerwiegenden Folge.[115] Fehlen geforderte Erklärungen und Nachweise, führt dies zwingend zum Angebotsausschluss.[116] Wäre es möglich, diese Rechtfolge an objektiv mehrdeutige Forderungen zu knüpfen, würde dies Manipulationsmöglichkeiten eröffnen.

## IV. Selbstbindung durch bekannt gegebene Kriterien

137 Wurden bestimmte Eignungsnachweise in der Bekanntmachung wirksam gefordert,[117] so führt dies zu einer Ermessens- bzw. **Selbstbindung.** Der öffentliche Auftraggeber ist dann aus Gründen der Verfahrenstransparenz und zum **Ausschluss von Manipulationsmöglichkeiten** an die Voraussetzungen gebunden und darf nicht nachträglich von ihnen abweichen.[118]

138 Eine **Abänderung** ist nur durch rechtzeitigen Hinweis an alle Teilnehmer vor Ablauf der Angebotsfrist oder – bei Vorliegen eines sachlichen Grundes und fehlen-

**113** Z.B. die Leistungsbeschreibung, die Zuschlagskriterien usw.
**114** OLG Düsseldorf, Beschl. v. 7.4.2005 – Verg 12/05.
**115** BayObLG, Beschl. v. 28.5.2003 – Verg 6/03.
**116** Vgl. etwa § 16 (EG) Abs. 1 Nr. 3 S. 4 VOB/A.
**117** Hierzu Rn 130 ff.
**118** Vgl. VK Lüneburg, Beschl. v. 23.2.2004 – 203-VgK-01/2004; VK Sachsen, Beschl. v. 6.5.2002 – 1/SVK/034-02.

der Willkür – ausnahmsweise auch nach Öffnung der Angebote durch Aufhebung oder Rückversetzung[119] des Verfahrens in den Stand vor Vergabebekanntmachung möglich.

Insofern sollten Auftraggeber darauf achten, ihren **Bewertungsspielraum** nicht durch das Aufstellen eines zu engen Anforderungskatalogs im Vorfeld unnötig einzuengen. Die **Eignungshürde** sollte quantitativ und qualitativ nur so hoch gelegt werden wie nötig. Über die materielle Eignung des Bieters kann sich der Auftraggeber in Zweifelsfällen auch noch im Rahmen der Aufklärung[120] Klarheit verschaffen. 139

Inhaltlich ist es regelmäßig sinnvoll, **Referenzen** über erbrachte vergleichbare Leistungen abzufordern und ggf. Mindestanforderungen an die Vergleichbarkeit zu definieren. Auch hier ist darauf zu achten, dass ggf. aufgestellte Mindestanforderungen den Wettbewerb nicht zu stark einengen, gleichzeitig jedoch die ihnen zugedachte Filterfunktion erfüllen. 140

**Praxistipp** !
Um ungeeignete Unternehmen auszufiltern, gleichzeitig jedoch eine hinreichende Wettbewerbsintensität zu erzielen, sollte von Auftraggebern an Eignungsnachweisen nur **so viel wie nötig und so wenig wie möglich** gefordert werden. Dabei sollte stets geprüft werden, ob es sinnvoll ist, Beurteilungsspielräume, etwa bei der Vergleichbarkeit von Referenzen durch entsprechende Festlegungen, im Vorfeld einzuengen.
Generell bietet sich die Forderung von mindestens drei **Referenzangaben** für vergleichbare Leistungen (einschließlich Benennung des jeweiligen Auftraggebers mit Fax- und Telefon-Nr.) und deren inhaltliche Prüfung durch Rücksprache als **einfaches und effektives Mittel** an.

## V. Allgemeine (auftragsunabhängige) Eignungskriterien

Die Vergabeordnungen unterscheiden zwischen allgemeinen und besonderen, auf den konkreten Auftrag bezogenen Eignungsnachweisen.[121] Allgemeine Eignungsnachweise dienen als **Nachweis der generellen, nicht speziell auftragsbezogenen Eignung** für die Erbringung von Leistungen der ausgeschriebenen Art. Besondere Eignungskriterien bzw. -nachweise berücksichtigen die Eigenheiten des konkreten Auftrags. 141

Zum Nachweis der generellen, nicht auf etwaige Besonderheiten des konkreten Auftrags bezogenen Eignung, können die in den Vergabeordnungen[122] genannten Nachweise von den Unternehmen gefordert werden, wie z.B. 142

119 Zu den Voraussetzungen und Rechtsfolgen einer Rückversetzung näher Kap. 9 Rn 108 ff.
120 Vgl. §§ 15 Abs. 1, 15 EG Abs. 1, 15 VS Abs. 1 VOB/A, §§ 15, 18 EG VOL/A sowie zur Aufklärung insgesamt Kap. 8 Rn 227 ff.
121 Vgl. z.B. § 6 (EG) Abs. 2 und 3 VOB/A, § 5 Abs. 2 VOF.
122 Vgl. etwa § 6 Abs. 3 Nr. 2a) bis i) VOB/A.

- Umsatzangaben,
- Referenzangaben,
- Angaben zu den beschäftigten Arbeitskräften,
- Eintragung ins Berufsregister,
- Erklärung, ob schwere Verfehlungen begangen wurden oder
- Angaben zur Solvenz.

143 Unternehmen steht es bei **Bauvergaben** frei, ob sie vorgenannte Angaben und damit ihre allgemeine Eignung bei jedem Vergabeverfahren gesondert oder auftragsunabhängig über eine **Eintragung in ein sog. Präqualifizierungsverzeichnis** nachweisen, § 6 (EG) Abs. 3 Nr. 2 VOB/A.

144 Die Präqualifikation soll den **Verwaltungsaufwand** für Bieter und öffentliche Auftraggeber gleichermaßen **reduzieren**, der dadurch entsteht, dass in Ausschreibungsverfahren regelmäßig eine Vielzahl verschiedenster Eignungsnachweise eingereicht werden müssen. Durch den reduzierten Nachweis- und Prüfaufwand sollen zudem das Vergabeverfahren beschleunigt und Ausschlussrisiken aufgrund der **fehleranfälligen Zusammenstellung** der Eignungsnachweise reduziert werden.

145 Wegen der von der konkreten Ausschreibung **abgekoppelten Prüfung**, erfolgt die Präqualifikation nicht durch die jeweilige Vergabestelle, sondern durch sog. **Präqualifizierungsstellen.** Bei Bauvergaben erkennt die VOB/A allerdings nur Eintragungen in die bundesweit einheitliche Liste des „Vereins für die Präqualifikation von Bauunternehmen e.V." an.[123] Unternehmen, die ihre generelle Eignung gegenüber dieser Stelle nachgewiesen haben, werden in sog. Präqualifizierungsverzeichnisse aufgenommen. Mit der Aufnahme in das entsprechende Verzeichnis gilt ein Unternehmen insoweit, also beschränkt auf **allgemeine** Eignungsmerkmale und den **geprüften Leistungsbereich**, als geeignet.

146 Unternehmen ist damit die Möglichkeit eröffnet, unabhängig von einem konkreten Vergabeverfahren **wesentliche Teile** geforderter Eignungsnachweise durch eine Präqualifikation zu ersetzen. Das nicht unerhebliche Risiko für Unternehmen, wegen fehlender Eignungsnachweise vom Vergabeverfahren ausgeschlossen zu werden, wird dadurch reduziert.

147 Die Präqualifikationsverzeichnisse untergliedern sich in einzelne **Leistungsklassen** (z.B. allgemeiner Tiefbau, Ingenieurbau und Tunnelbau, Verkehrswegebau usw.), die sich in **Gruppen** (z.B. Tunnelbau, Schienenwegebau usw.) untergliedern, die sich wiederum in einzelne **Leistungsbereiche** (z.B. Tunnelvortrieb mit Tunnel-

123 Einzelne Bundesländer haben ebenfalls PQ-Stellen eingerichtet, die eigene Präqualifikationsverzeichnisse führen. Ohne Zulassung durch den Auftraggeber (vgl. § 97 Abs. 4a GWB) hat eine Eintragung in diese Verzeichnisse jedoch keine Bedeutung. Dies folgt aus dem eindeutigen Wortlaut des § 6 (EG) Abs. 3 Nr. 2 S. 1 VOB/A sowie aus § 6 EG Abs. 3 Nr. 2 S. 5 VOB/A, der nur gleichwertige Verzeichnisse „anderer Mitgliedstaaten" zulässt.

bohrmaschinen, Schildmaschinen oder Gleisinstandhaltungsarbeiten usw.) unterteilen.

Während die Vergabestellen bei Bauvergaben Eignungsnachweise des Vereins 148
für Präqualifikation von Bauunternehmen e.V. anzuerkennen haben, § 6 (EG) Abs. 3 Nr. 2 VOB/A, stellt die **VOL/A** die Zulassung von Eignungsnachweisen, die durch Präqualifikation erworben wurden, in das **Ermessen** der jeweiligen Vergabestelle, §§ 6 Abs. 4, 7 EG Abs. 4 VOL/A.

Präqualifizierte Bieter ersetzen ihre **Nachweispflicht** im Einzelfall durch die 149
bloße **Angabe der Präqualifzierungsnummer**, unter welcher der Auftraggeber – nach vorheriger Registrierung – die hinterlegten Nachweise und Informationen zu Umsatz, Mitarbeiterzahl, Referenzen usw. direkt abrufen kann.

---

**Praxistipp** !

**Vergabestellen** sollten sich bei der Eignungsprüfung nicht blind auf angegebene Präqualifizierungsnummern verlassen, sondern zumindest stichprobenhaft und in Zweifelsfällen überprüfen, welche **Leistungsbereiche** von der Präqualifizierung tatsächlich abgedeckt werden. Wird die ausgeschriebene Leistung nicht erfasst, sind die in der Bekanntmachung genannten Nachweise nachzufordern.
**Bieter** müssen darauf achten, dass wirksam geforderte, **besondere**, auf den konkreten Auftrag zugeschnittene **Eignungsnachweise** stets gesondert vorzulegen sind, da sie von einer Präqualifizierung nicht erfasst sind.

---

Ist die Eintragung der Bieter in Präqualifikationsverzeichnisse als allgemeiner Eig- 150
nungsnachweis anzuerkennen, muss es aus Gründen der Gleichbehandlung **ausländischen Bewerbern** ebenfalls gestatten werden, auf gleichwertige Verzeichnisse ihrer Herkunftslandes zu verweisen. Bei Bauvergaben ist dies ausdrücklich geregelt. Nach § 6 EG Abs. 3 Nr. 2 S. 5 VOB/A ist

> „die Eintragung in ein gleichwertiges Verzeichnis anderer Mitgliedstaaten als Nachweis zugelassen".

## VI. Besondere (auftragsbezogene) Kriterien

Umsatzangaben, Mitarbeiterzahl, fehlende Einträge ins Gewerbezentralregister usw. 151
sagen oft wenig bis nichts darüber aus, ob ein Unternehmen oder sein Personal tatsächlich über die für die **Ausführung des konkret anstehenden Auftrags** erforderliche technische oder berufliche Leistungsfähigkeit oder Fachkunde verfügt.

Auch die **Aussagekraft des Umsatzes** allein ist sehr **begrenzt.** Für die Beurtei- 152
lung der finanziellen Leistungsfähigkeit eines Bieters dürfte weniger der Umsatz als das Betriebsvermögen insgesamt oder die in den jährlichen Bilanzen ausgewiesenen Gewinne und Ähnliches maßgeblich sein.

Auftraggeber können daher weitere, **auf den konkreten Auftrag bezogene** 153
**Angaben und Nachweise** zur Eignung verlangen. Dabei gilt es neben den bereits

aufgezeigten formalen Anforderungen (zweifelsfreie und unmittelbare Bezeichnung der geforderten Kriterien und Nachweise in der Bekanntmachung)[124] einige weitere inhaltliche Rahmenbedingungen zu beachten.

### 1. Rechtfertigung durch Auftragsgegenstand

154 Grundsätzlich liegt es im **Ermessen** des öffentlichen Auftraggebers, ob, und wenn ja, welche (weiteren) Eignungsnachweise er von den Bietern verlangt. Die geforderten Nachweise müssen allerdings stets

> „mit dem Auftragsgegenstand in sachlichem Zusammenhang stehen und dem Auftragsgegenstand angemessen sein“[125]

bzw. durch den Auftragsgegenstand gerechtfertigt sein.[126]

155 Daraus folgt nach der Rechtsprechung des EuGH,[127] dass geforderte Nachweise **objektiv geeignet** sein müssen, über die wirtschaftliche und finanzielle Leistungsfähigkeit eines Wirtschaftsteilnehmers **Auskunft zu geben**, ohne jedoch über das hierzu vernünftigerweise erforderliche Maß hinauszugehen. Kurzum: Es dürfen **keine** für die personelle oder unternehmensbezogene Eignung zur Ausführung der Leistung letztlich irrelevanten oder **unverhältnismäßigen Anforderungen** aufgestellt werden.

---

**Beispiel**

Der Auftraggeber verlangt zur Vergabe von **normalen Gebäudereinigungsleistungen** die Zusatzqualifikation **Meisterbrief** Gebäudereiniger-Handwerk.

Die Forderung des Meisterbriefs ist nach einer Entscheidung des OLG Düsseldorf[128] nicht durch den Gegenstand des Auftrags gerechtfertigt. Es sei nicht ersichtlich, wieso nur ein Gebäudereinigungsmeister in der Lage sein soll, Leistungen der laufenden Unterhaltsreinigung und Grundreinigung zu erbringen. Die Forderung des Meisterbriefs sei daher unwirksam. Unwirksam geforderte Nachweise müssen nicht vorgelegt werden, ihr Fehlen ist unschädlich und begründet keinen Angebotsausschluss.

---

### 2. Nachweise zur technischen Leistungsfähigkeit

156 Der **europarechtliche Rahmen** für die Forderung von Nachweisen zur technischen Leistungsfähigkeit einerseits und zur wirtschaftlichen und finanziellen Leistungsfähigkeit andererseits ist **unterschiedlich streng**.

---

124 Vgl. dazu näher Rn 130 ff.

125 § 6 EG Abs. 5 VOB/A. Vgl. auch Art. 44 Abs. 2 Unterabs. 2 der RL 2004/18/EG: „... Mindestanforderungen an die Leistungsfähigkeit müssen mit dem Auftragsgegenstand zusammenhängen und ihm angemessen sein.“

126 §§ 6 Abs. 3 S. 1, 7 EG Abs. 1 S. 1 VOL/A.

127 EuGH, Urt. v. 18.10.2012 – C-218/11 Rn 29.

128 OLG Düsseldorf, Beschl. v. 21.12.2011 – Verg 74/11.

Nach Ansicht des EuGH[129] wurde mit **Art. 48 der Richtlinie 2004/18/EG** ein **abschließendes System** eingeführt, das die Möglichkeiten des Auftraggebers zum Aufstellen von Anforderungen zum Nachweis der **technischen bzw. beruflichen Leistungsfähigkeit** begrenzt. 157

Folgende Nachweise können danach im Oberschwellenbereich zum Nachweis der fachlichen Eignung z.B. zulässigerweise gefordert werden: 158
- Referenzen über früher ausgeführte Aufträge,
- Angaben zum technischen Personal,
- Angaben zur technischen Ausstattung bzw. Ausrüstung,
- Angaben zu Maßnahmen der Qualitätssicherung,
- Studien- und Befähigungsnachweise,
- Angaben zu Umweltmanagementmaßnahmen.

---

**Beispiel**
In einer nationalen Ausschreibung:
„Der Bieter hat mit Angebotsabgabe nachzuweisen, dass er über den **Schweißnachweis** gemäß DIN 18800, Teil 7, Klasse C verfügt."
In einer europaweiten Ausschreibung:
„Zusatzqualifikation **Meisterbrief ... bzw. vergleichbarer Nachweis** nach Maßgabe der Rechtsvorschriften des Landes der Gemeinschaft oder des Vertragsstaates des EWR-Abkommens, in dem das Unternehmen ansässig ist."
Sowohl bei nationalen als auch bei europaweiten Ausschreibungen:
„**Referenzangaben** über die Ausführung von Leistungen in den letzten drei abgeschlossenen Geschäftsjahren, die mit der zu vergebenden Leistung vergleichbar sind".

---

### 3. Nachweise zur wirtschaftlichen und finanziellen Leistungsfähigkeit

**Demgegenüber** gewährt Art. 47 Abs. 4 der Richtlinie 2004/18/EG dem Auftraggeber relativ **viel Spielraum** bei der Festlegung, welche Nachweise Unternehmen zum Nachweis ihrer **wirtschaftlichen und finanziellen Leistungsfähigkeit** vorzulegen haben. 159

---

**Beispiel**[130]
Zum Nachweis der finanziellen Leistungsfähigkeit verlangt ein öffentlicher Auftraggeber von Bewerbern die Vorlage der Bilanzen für die letzten drei abgeschlossen Geschäftsjahre. Als **Mindestanforderung** gibt er vor, dass das jeweils ausgewiesene **Geschäftsergebnis** mindestens in zwei abgeschlossenen Geschäftsjahren **positiv** sein muss. Ein Bieter ist aufgrund eines Gewinnabführungsvertrags verpflichtet, seine Gewinne jährlich an die Muttergesellschaft abzuführen, so dass seine Bilanzergebnisse systematisch null oder negativ sind. Er hält die Vorgabe für diskriminierend.

---

129 EuGH, Urt. v. 18.10.2012 – C-218/11 Rn 28.
130 Vgl. EuGH, Urt. v. 18.10.2012 – C-218/11.

Der EuGH billigt die Eignungsanforderung. Art. 47 der Richtlinie 2004/18/EG gewähre dem Auftraggeber eine große Freiheit bei der Festlegung von Nachweisen für die wirtschaftliche und finanzielle Leistungsfähigkeit. Begrenzt werde diese Wahlfreiheit allein durch die Vorgabe, dass die Mindestanforderungen an die Leistungsfähigkeit mit dem Auftragsgegenstand zusammenhängen und ihm angemessen sein müssen.

### 4. Referenzen als Eignungs- bzw. Fachkundenachweis

160 Gibt es auftragsbezogene sachliche Gründe, von vornherein nur Referenzen über die Realisierung bestimmter Baumaßnahmen oder Leistungen als Fachkundenachweis anzuerkennen, kann der Auftraggeber direkt in der Bekanntmachung seine Anforderungen an die **Vergleichbarkeit definieren**.

**Beispiele**

1.

Ein Auftraggeber will ein Gebäude mit einem geschätzten Auftragswert von 6 Mio. € in 12 Monaten in **Modulbauweise** realisieren. Er hält die allgemeine Vorgabe

„Angabe von mindestens drei Baumaßnahmen der letzten drei abgeschlossenen Geschäftsjahre, die mit der zu vergebenden Leistung vergleichbar sind"

für unzureichend, weil er nur Unternehmen, die bestimmte Mindestanforderungen erfüllen, die Ausführung der Leistung in der verfügbaren Bauzeit zutraut. In solchen Fällen bietet es sich an, eine einzelfallbezogene **Konkretisierung** des normativen **Begriffs „vergleichbar"** anzufügen, z.B.:

„Eine Vergleichbarkeit der anzugebenden Bauaufträge ist insgesamt nur gegeben, wenn:

- die Referenzaufträge eine Bauausführung in Modulbauweise zum Gegenstand haben,
- mindestens ein Auftrag in Modulbauweise ein Auftragsvolumen von netto mehr als 3 Mio. € aufweist,
- mindestens ein Auftrag mit einem Bauvolumen über 1 Mio. € in einer Bauzeit von unter 12 Monaten realisiert wurde."

2.

Eine Vergleichbarkeit der drei einzutragenden **Dienstleistungsaufträge** im Hinblick auf die **Art der Leistung** ist nur gegeben, wenn ...

Eine Vergleichbarkeit der drei einzutragenden Dienstleistungsaufträge im Hinblick auf den **Umfang** ist insgesamt nur gegeben, wenn:

- ein Dienstleistungsauftrag mindestens 75% der Unterrichtsstundenzahl des/der jeweiligen Loses/Lose umfasst oder
- zwei Dienstleistungsaufträge jeweils mindestens 60% der Unterrichtsstundenzahl des/der jeweiligen Loses/Lose umfassen und
- alle drei einzutragenden Dienstleistungsaufträge zum Zeitpunkt des Ablaufs der Angebotsfrist mindestens ein Jahr angedauert haben."

161 Je enger die Anforderungen an die Vergleichbarkeit von Referenzen gesteckt werden, umso stärker **bindet sich** der **Auftraggeber** freilich selbst, da er im Nachhinein nicht von den eigenen Vorgaben abweichen darf. Ob dies im Einzelfall sinnvoll ist, muss daher sorgfältig geprüft werden. Darüber hinaus muss die **Verhältnismä-**

**ßigkeit** der aufgestellten Forderungen bezogen auf den Auftragsgegenstand gewahrt bleiben.

Will der Auftraggeber einen **weiten Rahmen für Referenzangaben** abstecken, etwa um einen breiten Wettbewerb zu gewährleisten und sich nicht unnötig im Vorfeld zu binden, könnte die Forderung in der Bekanntmachung etwa lauten: 162

**Beispiel**

**Variante 1:**

„Angaben zu Leistungen der letzten fünf abgeschlossenen Geschäftsjahre, die mit der zu vergebenden Leistung vergleichbar sind."

**Variante 2:**

Als Zusatz zu vorstehendem Satz:

„Sofern Sie nicht oder noch nicht über hinreichende Referenzen im Bereich von ... Leistungen verfügen, können Sie weitere Angaben machen, warum Sie sich/Ihr Unternehmen für ausreichend fachkundig und leistungsfähig für die Erbringung der abgefragten Leistungen halten. Bitte schildern Sie dies ausführlich, da Sie mit Ihren Angaben Ihre Fachkunde nachweisen müssen. In jedem Fall müssen dann aber die für die Durchführung des Auftrags verantwortlichen Personen über vergleichbare persönliche Referenzen verfügen, die die Referenzen des Bieters zu ergänzen oder zu ersetzen geeignet sind."

In der **Variante 1** ist die von den Bietern zu überwindende Hürde insoweit niedriger, als **keine Mindestzahl** vorzulegender Referenzen und ein **längerer Zeitraum** vorgegeben wurde, aus dem die Referenzen stammen müssen.

Mit der **Variante 2** könnten zusätzlich auch sog. **Newcomer** oder neugegründete Unternehmen, die jedoch zwingend über erfahrenes Leitungspersonal verfügen müssen, grundsätzlich als geeignet qualifiziert werden.

Legt sich der Auftraggeber im Vorfeld nicht fest, wann er Referenzen als vergleichbar einstuft, verfügt er bei deren Überprüfung und Beurteilung im Rahmen des Teilnahmewettbewerbs bzw. der späteren Angebotswertung über einen weiten bzw. nur eingeschränkt überprüfbaren **Beurteilungsspielraum.**[131] 163

Letztlich sind alle Abstufungen denkbar, solange keine Anforderungen aufgestellt werden, die durch die zu vergebende Leistung nicht gerechtfertigt sind. Die **Vergabekammern und -senate** sind nicht befugt, die Entscheidung des Auftraggebers, einen bestimmten Nachweis für erforderlich zu halten, durch eine eigene zu ersetzen oder Zweckmäßigkeitserwägungen anzustellen. Sie **dürfen nur eingreifen**, wenn 164

- eine **Forderung unverhältnismäßig oder unzumutbar** ist oder
- nicht mehr der Befriedigung eines mit Blick auf das konkrete Beschaffungsvorhaben berechtigten Informationsbedürfnisses des Auftraggebers dient, sondern

131 Vgl. etwa OLG München, Beschl. v. 12.11.2012 – Verg 23/12; OLG Hamm, Urt. v. 12.9.2012 – 12 U 50/12; OLG Frankfurt, Beschl. v. 8.4.2014 – 11 Verg 1/14 sowie Kap. 8 Rn 159 ff.

ohne jeden sachlichen Grund ausgrenzend und damit **wettbewerbsbeschränkend** wirkt.[132]

## VII. Sonderfall vorgelagerte Eignungsprüfung

### 1. Verfahren ohne Bekanntmachung bzw. Teilnahmewettbewerb

165 Bei Verfahren ohne Bekanntmachung oder ohne Teilnahmewettbewerb[133] erfolgt **keine Vergabebekanntmachung**. Dementsprechend werden auch die der Bieterauswahl zugrundegelegten Eignungskriterien und -nachweise nicht (öffentlich) bekannt gegeben.

166 Gleichwohl verlangt das **Eignungsprinzip**, dass Leistungen nur an geeignete Unternehmen vergeben werden.[134] Einer umfassenden Eignungsprüfung im Rahmen der späteren Angebotswertung stehen die vergaberechtlichen Regelungen entgegen. Danach muss bei Verfahren ohne Vergabebekanntmachung bzw. ohne vorgeschalteten Teilnahmewettbewerb die **Eignungsprüfung** der Bewerber **„vor der Aufforderung zur Angebotsabgabe“** erfolgen, § 6 (EG) Abs. 6 VOB/A. In der Wertungsphase dürfen folgerichtig nur noch solche Umstände berücksichtigt werden, die „nach Aufforderung zur Angebotsabgabe Zweifel an der Eignung des Bieters begründen“, § 16 (EG) Abs. 2 Nr. 2 VOB/A.

167 Die vorgelagerte Eignungsprüfung erfolgt in der Praxis oft anhand zuvor intern festgelegter Kriterien ohne vorherige Einbindung der Bieter, etwa durch **Rückgriff auf Präqualifikationsverzeichnisse**[135] oder auf Firmen, die regelmäßig für den Auftraggeber tätig sind („bekannt und bewährt“).

168 Alternativ kann der Auftraggeber potentiell geeignete Unternehmen im Vorfeld gezielt ansprechen und um Abgabe einer Bewerbung bitten. Bei **unbekannten und nicht präqualifizierte Unternehmen** bietet es sich an, nur solche Unternehmen zur Angebotsabgabe aufzufordern, die zuvor ihre Eignung **zumindest** durch entsprechende **Eigenerklärungen**[136] „nachgewiesen“ haben.[137]

---

132 OLG Koblenz, Beschl. v. 4.10.2010 – 1 Verg 8/10.

133 Verhandlungsverfahren ohne öffentliche Vergabebekanntmachung nach § 3 EG Abs. 5 VOB/A im Oberschwellenbereich bzw. Beschränkte Ausschreibung bzw. Freihändige Vergabe im Unterschwellenbereich.

134 Vgl. § 2 (EG) Abs. 1 VOB/A, § 2 (EG) Abs. 1 VOL/A.

135 Siehe hierzu Rn 145 ff.

136 Beispielsweise durch Rücksendung des ausgefüllten Formblatts 124 des VHB Bund.

137 So auch die Vorgabe des VHB Bund, RL zu 211, Ziff. 6.

**Praxistipp**

Sind **spezielle**, auf den jeweiligen Einzelfall bezogene **Fachkundenachweise** erforderlich oder zweckmäßig,[138] müssen diese von den ausgewählten Unternehmen gesondert und **vor der Aufforderung zur Angebotsabgabe** gefordert werden. Der allgemeine Eignungsnachweis durch Präqualifikation erfasst solche Eignungskriterien nicht und einer späteren Nachforderung im Rahmen der Angebotswertung steht der Umstand entgegen, das die vorgelagerte Eignungsprüfung grundsätzlich abschließend ist, § 16 (EG) Abs. 2 Nr. 2 VOB/A.

**Alternativ** sollten sich Auftraggeber eine **Nachforderung** durch expliziten Hinweis in der Aufforderung zur Angebotsabgabe zumindest für Angebote, die in die engere Wahl kommen, **vorbehalten.**

## 2. Verfahren mit Teilnahmewettbewerb

Bei Verfahren mit vorgeschaltetem Teilnahmewettbewerb erfolgt die Versendung 169 der Vergabeunterlagen erst nach Auswahl geeigneter Bieter im Rahmen des Teilnahmewettbewerbs (vorgelagerte Eignungsprüfung). Die in den Regelverfahren in gewissem Umfang zulässige **Konkretisierung** geforderter Eignungsnachweise **in den Vergabeunterlagen**, z. B. bezüglich des Vorlagezeitpunktes oder anzugebender Details zu Referenzaufträgen, ist hier **nicht möglich**. Der Maßstab für die Eignungsprüfung bei Vergabeverfahren mit Teilnahmewettbewerb ergibt sich daher **allein** aus der **Bekanntmachung**. Die Wertung der Teilnahmeanträge darf nur unter Berücksichtigung des Bekanntmachungstextes erfolgen.[139]

Auch **Aufklärungen** über die Eignung der Bewerber, die normalerweise im 170 Rahmen der Wertungsphase nach § 15 (EG) Abs. 1 VOB/A, §§ 15, 18 EG VOL/A erfolgen, müssen hier schon im Rahmen des vorgelagerten Verfahrens zur Bewerberauswahl stattfinden.

Für die Eignungsprüfung als solche gelten grundsätzlich keine Besonderheiten. 171 Sie findet ebenfalls in zwei Stufen statt, d.h. an die formale Eignungsprüfung schließt sich die materielle an.[140] Dem Auftraggeber ist jedoch die **Möglichkeit** eröffnet, die Zahl der **Teilnehmer** am eigentlichen Wettbewerb, also derjenigen Bewerber, die er zur Angebotsabgabe auffordert, **zu begrenzen.**

138 Beispielsweise bei Kanalarbeiten RAL-Gütezeichen Kanalbau GZ 961, bei Arbeiten an Trinkwasserleitungen Zertifikate nach den DVGW-Arbeitsblättern, bei Schweißarbeiten spezielle Schweißnachweise, bei Abbruch- oder Sanierungsarbeiten mit Asbest der Sachkundenachweis TRGS 519 usw. Soweit nicht DIN- oder EN-Normen in Bezug genommen werden, ist es sicherer, die hinter den Zertifikaten stehenden Kriterien konkret zu benennen. Handelt es sich um Vereine zur Gütesicherung ist eine **Öffnungsklausel** erforderlich, da Bieter nicht zu einer Mitgliedschaft gezwungen werden können. Im Oberschwellenbereich ist besondere Vorsicht geboten. Hier sollten stets die hinter den Fachkundenachweisen stehenden relevanten Kriterien unmittelbar benannt werden.

139 VK Bund, Beschl. v. 15.11.2013 – VK 1-97/13.

140 Dazu im Einzelnen Kap. 8 Rn 9, 127 ff., 141 ff.

### a) Pflichtangaben in Bekanntmachung

172 Für die Bewerberauswahl im Teilnahmewettbewerb sind Auftraggeber grundsätzlich lediglich verpflichtet,
- die der Auswahl zugrunde gelegten **Eignungskriterien** und
- die diesbezüglich erforderlichen **Nachweise** nach Art, Inhalt und Vorlagezeitpunkt bekannt zu geben.

173 Die **Gewichtung** der einzelnen Eignungskriterien muss grundsätzlich nur dann im Voraus bekannt gegeben werden, wenn
- sie vom Auftraggeber bereits vor der Veröffentlichung der Auftragsbekanntmachung festgelegt wurde oder
- sie sich nicht aus den Kriterien objektiv ableiten lässt.[141]

---

**!** **Praxistipp**
Auftraggeber sollten bei der Gewichtung der Kriterien zur Bewerberauswahl **kein Risiko** eingehen und bei Teilnahmewettbewerben neben den Kriterien und geforderten Nachweisen stets auch deren relative Gewichtung bekannt geben.

---

### b) Begrenzung der Teilnehmerzahl möglich

174 Will der Auftraggeber den Teilnahmewettbewerb nutzen, um die Anzahl der Unternehmen, die nach Abschluss der Eignungsprüfung zur Angebotsabgabe aufgefordert werden, zu begrenzen, so müssen nach § 6 EG Abs. 2 Nr. 4 VOB/A in der Bekanntmachung
- objektive, nicht diskriminierende und **auftragsbezogene Auswahlkriterien**,
- die vorgesehene **Mindestzahl**[142] und
- – sofern die Teilnehmerzahl auch „nach oben" begrenzt werden soll –, die **Höchstzahl** der aufzufordernden Bewerber angegeben werden.

175 Aus Gründen der Verfahrenstransparenz und -sicherheit sollten sich Vergabestellen auch im **Unterschwellenbereich** und bei VOL/A-Vergaben bei einer beabsichtigten Begrenzung der Teilnehmerzahl an diese Vorgaben halten.

176 Die **Auswahl** der Teilnehmer kann grundsätzlich **nicht durch** ein **Losverfahren** erfolgen, da Losverfahren dem Zufallsprinzip folgen und nicht objektiven, auf-

---

141 Vgl. OLG Saarbrücken, Beschl. v. 15.10.2014 – 1 Verg 1/14.

142 Die Mindestzahl der zur Angebotsabgabe aufzufordernden Bieter ist in den Vergabeordnungen in Abhängigkeit von der Vergabeart vorgegeben, vgl. § 6 EG Abs. 2 Nr. 2 VOB/A, § 3 EG Abs. 5 VOL/A für nicht offene Verfahren (mindestens fünf), § 6 EG Abs. 2 Nr. 3 VOB/A, § 3 EG Abs. 5 VOL/A für Verhandlungsverfahren und wettbewerbliche Dialoge (mindestens drei) sowie im Unterschwellenbereich § 6 Abs. 2 Nr. 2 VOB/A („echter Wettbewerb").

tragsbezogenen Kriterien.[143] Eine Auswahl durch Los liegt auch nicht im Interesse des Auftraggebers. Bei Verfahren mit Teilnahmewettbewerb haben Auftraggeber ausnahmsweise die Möglichkeit, nur die **geeignetsten Bieter** zur Angebotsabgabe aufzufordern. Diese Möglichkeit sollte genutzt werden.

Zweckmäßig ist es daher, Kriterien zu definieren, die eine Auswahl nach dem 177
**Prinzip der Bestenauslese** ermöglichen. Hierzu ist es erforderlich, Eignungskriterien so zu fassen, dass sie einen **Eignungswettbewerb der Teilnehmer** mit dem Ziel ermöglichen, nur die am besten geeigneten Bewerber zur Angebotsabgabe aufzufordern.

Um die Eignung der Bewerber vergleichend werten zu können, ist es sinnvoll, 178
neben Mindestkriterien (sog. K.o.-Kriterien) auch **Bewertungskriterien (Punktekriterien)** aufzustellen. Entsprechende Kriterien müssen im Einzelfall definiert und aus Gründen der Verfahrenstransparenz auch bekannt gegeben werden.

---

**Praxistipp**
Unabhängig vom Einzelfall bieten sich **Bewertungskriterien** an, die an das Maß der Kooperation des Bewerbers bei früheren Baumaßnahmen bzw. an die **Güte und/oder Anzahl vergleichbarer Referenzen** anknüpfen. Die Qualität der Referenzen lässt sich bei früheren Auftraggebern ohne weiteres telefonisch erfragen. Dabei ist wegen des Gleichbehandlungsgebots darauf zu achten, dass, z.B. anhand eines zuvor festgelegten **Fragenkatalogs**, stets die gleichen Fragen gestellt und dokumentiert werden, z.B.
- zur Kooperation bei Leistungsänderungen und bei Nachtragsverhandlungen,
- zur Qualität der Ausführung,
- ob bei der Abnahme (wesentliche) Mängel festgestellt wurden,
- inwieweit diese fristgerecht beseitigt wurden,
- ob der Auftragnehmer die Vertragsfristen eingehalten hat,
- ob eigenmächtig von der ausgeschriebenen Leistung abgewichen wurde oder
- ob es zu (verschuldeten) Leistungszögerungen kam, usw.

Eine Bewertung der Einzelfragen kann beispielsweise durch die Vergabe von Schulnoten oder Punkten erfolgen. Aus dem Notenschnitt bzw. der bei allen Kriterien erreichten Gesamtpunktzahl ergibt sich die Rangfolge der Bieter.

---

### c) Nichteinhaltung von Mindestvorgaben

Bei der Bewertung der Teilnahmeanträge kommt es in der Praxis immer wieder vor, 179
dass auch Nachweise, welche die Mindestvorgaben nicht erfüllen, **Wertungspunkte** erhalten. Dies ist **fehlerhaft**. Entsprechende Nachweise sind untauglich.

---

**Fettnapf**
Ist für Referenzen eine Mindestbausumme von beispielsweise 3 Mio. € vorgegeben, können Referenzen über Baumaßnahmen mit einem Auftragswert von unter 3 Mio. € nicht mit Punkten bewertet

---

**143** VK Bund, Beschl. v. 25.1.2012 – VK 1-174/11.

werden. Referenzen, die die bekannt gegebenen Mindestkriterien nicht erfüllen, sind vielmehr überhaupt nicht zu bewerten. Bewerber, die die in der Bekanntmachung geforderte Anzahl an Referenzen mit den erforderlichen Mindestkriterien nicht vorweisen können, sind vom Teilnahmewettbewerb auszuschließen.

---

**Checkliste**

- Aufstellen der **Eignungskriterien**: Welches Eignungsprofil ist erforderlich, um die Leistung ordnungsgemäß ausführen bzw. um geeignete Unternehmen auswählen und weniger oder ungeeignete Unternehmen ausschließen zu können?
- Welche **Eignungsnachweise** werden im konkreten Einzelfall tatsächlich benötigt?
- Erfordert die konkret ausgeschriebene Leistung besondere Zuverlässigkeit, Erfahrung oder technische Ausrüstung?
- Ist es ausreichend, besondere Anforderungen an die Firma zu stellen oder muss auch das Personal über besondere Zuverlässigkeit oder Fachkunde verfügen?
- Empfiehlt es sich, dass Bieter konkrete **Referenzobjekte** für vergleichbare Leistungen benennen (unter Angabe des jeweiligen Auftraggebers und einer Telefonnummer für Rückfragen)?
- Falls ja, ggf. Definition, wann Referenzen vergleichbar sind (Mindestinhalt)[144]
- Ist klar und unmissverständlich in der **Bekanntmachung** geregelt, welche **Eignungskriterien** gelten und welche **Nachweise** (Art und Inhalt) als Beleg gefordert werden?
- Bei offenen Verfahren und öffentlicher Ausschreibung spätestens in den Vergabeunterlagen: Bekanntgabe, zu welchem **Zeitpunkt** (Angebotsabgabe oder auf Verlangen) und in welcher **Form** (z.B. Kopie oder Original) Eignungsnachweise vorgelegt werden müssen.
- Sind die Mindestanforderungen an die Eignungsnachweise („Eignungshürde") eindeutig und erschöpfend definiert?
- Nur Kriterien mit Unternehmens- bzw. Bieterbezug (Abgrenzung zu Zuschlagskriterien)!
- Kriterien müssen mit **Auftragsgegenstand** zusammenhängen und ihm **angemessen** sein![145]
- Zusätzlich bei **Teilnahmewettbewerben**[146] mit beschränkter Höchstteilnehmerzahl:
  - Definition und Bekanntgabe von Punktekriterien (**Bewertungskriterien**), um Abstufungen bei der Eignung werten und danach die Auswahlentscheidung transparent vornehmen zu können.
  - **Bekanntgabe der Gewichtung** der Eignungskriterien zur Auswahl der zur Angebotsabgabe aufzufordernden Bieter.
- Bei Vergaben nach VOL/A oder VOL/A-EG: Falls andere Eignungsnachweise als Eigenerklärungen gefordert werden, wurde dies in der Vergabedokumentation begründet?

---

144 Hierdurch wird allerdings der Bewertungsspielraum bei der Angebotsprüfung eingeschränkt, vgl. Rn 164.

145 Vgl. Fallbeispiel Meisterbrief Gebäudereiniger Rn 155.

146 Also bei nicht offenen Verfahren, Verhandlungsverfahren bzw. – im Unterschwellenbereich – Beschränkten oder Freihändigen Vergaben mit vorgeschaltetem Teilnahmewettbewerb.

## H. Festlegung von Wertungs- bzw. Zuschlagskriterien

Vergabeverfahren zielen darauf ab, eine bestimmte definierte Leistung möglichst günstig oder zu einem optimalen Preis-Leistungs-Verhältnis,[147] also möglichst wirtschaftlich zu beschaffen. 180

Beim Niedrigstpreisprinzip entscheidet allein die Höhe der Angebotspreise über die Rangfolge der Bieter. Zuschlagskriterium ist allein der Preis. 181

Soll hingegen das wirtschaftlich günstigste Angebot den Zuschlag erhalten, müssen im Vorfeld **objektive Kriterien als Vergleichsmaßstab** festgelegt werden. Nur dann können die Angebote in der späteren Wertungsphase in transparenter Art und Weise miteinander verglichen und das wirtschaftlich günstigste Angebot ausgewählt werden. 182

### I. Der Zeitpunkt der Festlegung

Die Festlegung der **Zuschlagskriterien** muss – im Unterschied zu den Eignungskriterien – nicht zwingend in der Bekanntmachung erfolgen. Die Kriterien und ihre Gewichtung können ohne weiteres **auch** noch **in den Vergabeunterlagen** angegeben werden. 183

### II. Die Bestimmungsfreiheit des Auftraggebers

Auftraggeber können grundsätzlich wählen, ob sie ausschließlich das Kriterium des **niedrigsten Preises** ihrer Angebotswertung auf der vierten Wertungsstufe zugrunde legen **oder** ob sie dem (insgesamt) **wirtschaftlichsten Angebot** den Zuschlag erteilen und damit auch andere, nichtmonetäre Kriterien bei ihrer Zuschlagsentscheidung berücksichtigen wollen.[148] 184

Ob der Auftraggeber eine definierte Leistung möglichst günstig beschaffen möchte oder ob er das beste Preis-Leistungs-Verhältnis anstrebt, ist, ähnlich wie die Festlegung, was beschafft werden soll, eine dem **Vergaberecht vorgelagerte Fra-** 185

---

**147** Vgl. 5. Erwägungsgrund der Richtlinie 2004/18/EG.

**148** Nach § 97 Abs. 5 GWB wird der Zuschlag auf das „wirtschaftlichste Angebot erteilt". Gleichwohl ist auch das Zuschlagskriterium „niedrigster Preis" zulässig. Art. 53 Abs. 1 RL 2004/18/EG eröffnet dem öffentlichen Auftraggeber nämlich ausdrücklich ein Wahlrecht zwischen einer Entscheidung zugunsten des wirtschaftlich günstigsten Angebots oder des preislich niedrigsten Angebots. § 97 Abs. 5 GWB ist daher entweder richtlinienkonform auszulegen oder Art. 53 Abs. 1b Richtlinie 2004/18/EG ist unmittelbar anzuwenden (vgl. etwa OLG Frankfurt, Beschl. v. 5.6.2012 – 11 Verg 4/12). Siehe auch BGH, Urt. v. 15.4.2008 – X ZR 129/06 Rn 20.

**ge.**[149] Erst wenn der Auftraggeber sich für eine Variante entschieden hat, greifen die Regeln des Vergaberechts. Sie regeln nicht, was nach welchen Kriterien zu beschaffen ist, sondern das „Wie".

186 Die vergaberechtlichen **Grenzen der Bestimmungsfreiheit** bei nicht monetären Zuschlagskriterien sind gewahrt, sofern diese
- der Ermittlung des wirtschaftlichsten Angebots dienen,[150]
- so konkret formuliert sind, dass potentielle Bieter erkennen können, worauf es dem Auftraggeber bei der Zuschlagsentscheidung ankommt und dem Auftraggeber zugleich keine unbegrenzte Wahlfreiheit zukommt,
- einen konkreten sachlichen Bezug zum Auftragsgegenstand haben bzw. durch diesen sachlich gerechtfertigt sind,
- vom Auftraggeber dafür nachvollziehbare[151] objektive, auftragsbezogene und tatsächlich vorhandene Gründe angegeben worden sind und
- die Bestimmung andere Wirtschaftsteilnehmer nicht diskriminiert.[152]

187 Je detaillierter und erschöpfender die Leistung vom Auftraggeber vorgegeben ist, umso eher bestimmt sich das optimale **Preis-Leistungs-Verhältnis** letztlich nur durch den Preis. Umgekehrt ist eine Ermittlung des optimalen Preis-Leistungs-Verhältnisses durch zusätzliche Wirtschaftlichkeitskriterien sinnvoll und erforderlich, je zielorientierter die Leistung oder Teile davon ausgeschrieben wurden.

### III. Der Preis als alleiniges Zuschlagskriterium

188 Soll das beste Angebot allein nach dem niedrigsten Preis ausgewählt werden, was **auch im Oberschwellenbereich** bei richtlinienkonformer Auslegung des § 97 Abs. 5 GWB ohne weiteres **zulässig** ist,[153] erübrigen sich Überlegungen zu sinnvollen Wertungskriterien und deren Gewichtung. In der Vorbereitungsphase ist dann nichts weiter zu veranlassen.

189 Wurde der Preis als für die Zuschlagsentscheidung allein maßgeblich festgelegt, **fehlt** allerdings zugleich ein **transparenter Maßstab** für die **Wertung** von Angebo-

149 Vgl. dazu OLG Karlsruhe, Beschl. v. 25.7.2014 – 15 Verg 4/14; zum Leistungsbestimmungsrecht des Auftraggebers OLG Düsseldorf, Beschl. v. 1.8.2012 – Verg 10/12; Beschl. v. 22.5.2013 – Verg 16/12; OLG Brandenburg, Beschl. v. 30.1.2014, Verg W 2/14.

150 Vgl. zur damit einhergehenden Abgrenzung zu den Eignungskriterien Rn 216 ff. sowie aus der Rechtsprechung etwa OLG Karlsruhe, Beschl. v. 21.12.2012, Az.: 15 Verg 10/12.

151 Die Nachvollziehbarkeit begrenzt das dem Auftraggeber bei der Auswahl und Festlegung der Kriterien zugebilligte Ermessen.

152 OLG Düsseldorf, Beschl. v. 22.5.2013 – Verg 16/12.

153 Vgl. BGH, Urt. v. 15.4.2008 – X ZR 129/06 Rn 20; OLG Frankfurt, Beschl. v. 5.6.2012 – 11 Verg 4/12; OLG Düsseldorf, Beschl. v. 14.1.2009 – Verg 59/08.

ten, die sich qualitativ oder inhaltlich unterscheiden. In der Konsequenz sind vergaberechtliche Instrumente, die darauf abzielen, innovative und **qualitativ unterschiedliche Leistungen** angeboten zu bekommen, jedenfalls im Oberschwellenbereich, unzulässig.

### 1. Nebenangebote unzulässig

Fehlen nichtmonetäre Zuschlagskriterien, dürfen Nebenangebote im Oberschwellenbereich nicht gewertet werden. 190

Ein Nebenangebot liegt vor, wenn Gegenstand des Angebots ein von der ausgeschriebenen Leistung abweichender Bietervorschlag ist.[154] Während Hauptangebote die ausgeschriebene Leistung, den sog. „Amtsvorschlag" widerspiegeln, enthalten Nebenangebote einen Gegenvorschlag des Bieters zur Bedarfsdeckung. Damit werden **unterschiedliche Leistungen** angeboten. Wenn aber der eine Bieter, überspitzt formuliert, Äpfel anbietet und der andere Birnen, bedarf es für eine vergleichende Wertung außerpreislicher Vergleichskriterien, da eine **transparente Wertung** allein **anhand des angebotenen Preises unmöglich** ist.[155] 191

Will der Auftraggeber Nebenangebote zulassen, etwa um **innovative Lösungen** zu ermöglichen, muss er dementsprechend neben der Einhaltung weiterer Voraussetzungen[156] darauf achten, dass auch nichtmonetäre Zuschlagskriterien aufgestellt werden.[157] 192

### 2. Funktionalausschreibung nicht möglich

Auch bei einer **Leistungsbeschreibung mit Leistungsprogramm**[158] (funktionale Leistungsbeschreibung) vertreten Teile der Rechtsprechung die Ansicht, dass der **Preis als alleiniges Zuschlagskriterium unzulässig** ist.[159] Zur Begründung wird, wie bei Nebenangeboten auch, auf die unterschiedlichen Leistungsinhalte der Angebote verwiesen, die allein anhand des Preises nicht in transparenter Weise vergleichend zu bewerten seien. 193

Das Niedrigstpreisprinzip ist daher auch bei Funktionalausschreibungen riskant. Dem Zuschlagskriterium „Preis" sollten qualitative Zuschlagskriterien zur Sei- 194

---

**154** OLG Düsseldorf, Beschl. v. 9.3.2011 – Verg 52/10.

**155** Siehe dazu auch das Praxisbeispiel bei Rn 279.

**156** Im Oberschwellenbereich sind Nebenangebote nur zulässig, wenn diese in der Bekanntmachung ausdrücklich zugelassen wurden und spätestens im Anschreiben Mindestanforderungen an Nebenangebote bekannt gegeben wurden, vgl. etwa § 8 EG Abs. 2 Nr. 3 VOB/A, § 9 EG Abs. 5 VOL/A. Näher zu den formalen Voraussetzungen für die Zulassung von Nebenangeboten Rn 273ff.

**157** Vgl. dazu Rn 273ff.

**158** Vgl. zu dieser Form der Leistungsbeschreibung § 7 (EG) Abs. 13 bis 15 VOB/A sowie Rn 83ff.

**159** OLG Düsseldorf, Beschl. v. 11.12.2013 – Verg 22/13.

te gestellt werden. Dabei ist darauf zu achten, dass die Wirtschaftlichkeitskriterien keine reine Alibifunktion haben, also tatsächlich die Wertungsreihenfolge beeinflussen können.[160]

### 3. Vor- und Nachteile der Zuschlagsvariante „niedrigster Preis"

195 Beschränkt sich der Auftraggeber zur Ermittlung des wirtschaftlichsten Angebots allein auf den Preis als Zuschlagskriterium, so hat dies u.a. folgende **Vorteile**:
- kein Aufwand bei Festlegung und Gewichtung der Zuschlagskriterien,
- **keine Fehleranfälligkeit** des Wertungssystems, was wiederum
- eine **hohe Transparenz** der Wertungsentscheidung und
- ein geringes Streitpotential (Nachprüfungsrisiko) zur Folge hat.

196 Andererseits ergeben sich unter anderem folgende **Nachteile** gegenüber dem Zuschlagskriterium des wirtschaftlich günstigsten Angebots:
- Eine Berücksichtigung nichtmonetärer leistungsbezogener Kriterien, wie etwa der Produktionsbedingungen, des Energieverbrauchs, der angebotenen Qualität, der Folgekosten usw. ist nicht möglich,
- Nebenangebote, also alternative Angebote zur Bedarfsdeckungen, sind, jedenfalls im Oberschwellenbereich, unzulässig,[161]
- funktionale Ausschreibungen sind unzulässig, da eine Bewertung der unterschiedlichen Planungsansätze und Qualitäten allein anhand des Preises nicht möglich ist,
- ein **Leistungs- oder Qualitätswettbewerb** ist **nicht möglich**, d.h. innovative oder qualitätsorientierte Bieter haben gegenüber „Billigbietern" keine Chance,
- Steuerungsmöglichkeiten des Auftraggebers bei der Festlegung und Wertung der Zuschlagskriterien bleiben ungenutzt.

## IV. Zuschlagsvariante „wirtschaftlich günstigstes Angebot"

197 Anstatt allein auf den „niedrigsten Preis" als Zuschlagskriterium abzustellen, können diesem auch weitere, leistungs- bzw. **auftragsbezogene Kriterien** zur Seite gestellt werden. Der Zuschlag wird dann nicht auf das „billigste" Angebot erteilt, sondern auf das insgesamt wirtschaftlich günstigste Preis-Leistungs-Verhältnis. Der Wettbewerb verlagert sich so von einem reinen Preiswettbewerb hin zu einem **Preis-Leistungs-Wettbewerb**.

---

**160** OLG Düsseldorf, Beschl. v. 27.11.2013 – Verg 20/13.

**161** Ausführlich zu Nebenangeboten Rn 267 ff.

### 1. Sinn und Zweck nichtmonetärer Zuschlagskriterien

Werden Bau- oder Lieferleistungen an den „Billigstbieter“ vergeben, darf die Wirtschaftlichkeit oder Qualität des Angebots bei der Zuschlagsentscheidung keine Rolle spielen. Bieter haben daher keinen **Anreiz**, mit ihrem Angebot die Mindestvorgaben im Leistungsverzeichnis zu übertreffen. Ein **Leistungswettbewerb** findet nicht statt. 198

---

**Beispiel**

Bei einer Baumaßnahme wird im Leistungsverzeichnis u.a. ein Mindestschallschutz nach DIN 4109 gefordert. Die Fenster sollen eine Wärmedämmeigenschaft (Wärmedurchgangskoeffizient, sog. U-Wert in W/(m²K)) von mindestens 1,3 aufweisen. Alleiniges Zuschlagskriterium ist der Preis.

Obwohl die Höhe des **Schallschutzes** für die Wohnqualität bedeutsam ist und die **Wärmedämmeigenschaft** der Fenster die Heizkosten über die gesamte Nutzungsdauer von mindestens 20 Jahren beeinflusst, spielen diese Gesichtspunkte bei einer Niedrigstpreisvergabe keine Rolle. Ob ein Bieter mit geringen Mehrkosten einen besseren Schallschutz erreichen oder Fenster mit einem niedrigeren U-Wert und damit einer höheren Wärmedämmung anbieten kann oder nicht, ist irrelevant und wirkt sich auf seine Wettbewerbsposition nicht aus. Hat der Auftraggeber auf Mindestvorgaben verzichtet und stattdessen starre Leistungsvorgaben gemacht, sind sogar hiervon positiv abweichende Angebote wegen Änderung der Vergabeunterlagen auszuschließen.

---

Weil wirtschaftliche oder qualitative Elemente des Angebots keine Rolle spielen, 199
sondern allein die Höhe des Angebotspreises, kann dies – neben **Spekulationspreisen** und dem damit einhergehenden Kampf um Nachträge – auch zu hohen **Betriebs- und Folgekosten** führen, die die niedrigen Anschaffungskosten zunichtemachen oder erheblich relativieren.

Mit der Aufnahme zusätzlicher, nichtmonetärer, auf die jeweils zu vergebende 200
Leistung konkret zugeschnittener Zuschlagskriterien kann den **Besonderheiten eines Auftrags** in der Regel besser Rechnung getragen werden. Bieter haben dadurch einen **Anreiz**, nicht nur das günstigste Angebot abzugeben, sondern ein Angebot, dass – bezogen auf die vom Auftraggeber benannten Kriterien – ein **optimales Preis-Leistungs-Verhältnis** aufweist.

Wird beispielsweise ein Bauvorhaben für einen Nutzer geplant, der aktuell in 201
angemieteten Flächen untergebracht ist, so wirkt sich auch die **Dauer der Ausführungsfrist** auf die Wirtschaftlichkeit der Gesamtmaßnahme aus, da mit einer kürzeren Ausführungsfrist Mietkosten eingespart werden. Sollen Fahrzeuge oder energieintensive Geräte (z.B. Klimageräte, Drucker, Kopierer usw.) beschafft werden, ist nicht nur deren Anschaffungspreis, sondern auch ihr **Energieverbrauch**, der **Wartungsaufwand** und Ähnliches für die Wirtschaftlichkeit der Beschaffung relevant.

Dementsprechend schränkt § 4 Abs. 6b) VgV den grundsätzlich bestehenden 202
Ermessenspielraum der Vergabestelle zur Festlegung von Zuschlagskriterien partiell dahingehend ein, dass die **Energieeffizienz** bei bestimmten Vergaben, insbesondere der Beschaffung von „energieverbrauchsrelevanten Waren, technischen Geräten oder Ausrüstungen“ als Zuschlagskriterium angemessen zu berücksichtigen ist.

203 Für die Beschaffung von **Straßenfahrzeugen** gibt § 4 Abs. 7 bis 9 VgV konkrete Energie- und Umweltkriterien und deren Berücksichtigung als Zuschlagskriterium verbindlich vor.

204 Auch **unabhängig von** solchen **rechtlichen Mindestvorgaben** sind Auftraggeber gut beraten, wenn sie sich im Vorfeld der Ausschreibung gründlich überlegen, ob und welche **Zuschlagskriterien** im konkreten Einzelfall für eine möglichst wirtschaftliche Beschaffung **sinnvoll** sind.

205 Neben einer **Anreizfunktion** für innovative und qualitätsorientierte Bieter kommt nichtmonetären Zuschlagskriterien auch eine **Steuerungsfunktion** zu. Anstatt bestimmte Leistungskriterien oder Funktionen in der Leistungsbeschreibung strikt oder als Mindestkriterium vorzugeben, besteht die Möglichkeit, diese Aspekte durch Gewichtungsvorgaben und Punktekriterien o.Ä. in Relation zum Angebotspreis, also relativ, zu gewichten und so einen Leistungswettbewerb zu eröffnen.

206 Hierbei können auch **soziale und ökologische Aspekte** mit einfließen, wie beispielsweise leistungsbezogene Produktions- oder Entsorgungsbedingungen.[162] Erforderlich ist allerdings, dass sich die Kriterien auf die **Herstellung, Bereitstellung oder Entsorgung** der konkret nachgefragten Leistung beziehen und damit einen Bezug zum Auftragsgegenstand haben.

207 Zuschlagskriterien stehen mit dem Auftragsgegenstand des öffentlichen Auftrags in Verbindung, wenn sie sich in irgendeiner Hinsicht und in irgendeinem **Lebenszyklus-Stadium** auf die zu erbringenden Bauleistungen, Lieferungen oder Dienstleistungen beziehen. Ob sich die Kriterien auf die materiellen Eigenschaften des Auftragsgegenstandes auswirken, ist nicht maßgeblich.[163]

**Beispiel**
Öffentliche Auftraggeber können etwa in den **technischen Spezifikationen** (Leistungsbeschreibung) verlangen, dass bestimmte zu liefernde Erzeugnisse aus **ökologischer Landwirtschaft** oder **fairem Handel** stammen oder bei der Produktion bestimmte **soziale Standards** (z.B. keine Kinderarbeit) eingehalten wurden. Aus Gründen der Verfahrenstransparenz muss der Auftraggeber konkretisieren, was er unter „ökologischer Landwirtschaft", „fairem Handel" usw. versteht.
**Alternativ** können diese Aspekte auch als **Zuschlagskriterium** definiert werden, z.B. indem bestimmte ökologische oder soziale Mindestkriterien aufgestellt und deren Übererfüllung mit einem bestimmten Gewicht und durch Schulnoten oder Punkte bewertet in die Wertung einfließt.

## 2. Bekanntmachungspflicht

208 Wenn die Wertungskriterien und deren relative Bedeutung den Bietern nicht rechtzeitig vor dem Zeitpunkt der Angebotsabgabe bekannt gegeben werden, bleiben die

162 Vgl. Erwägungsgründe 92, 97–99, Art. 43, 67 Abs. 2 der RL 2014/24/EU.
163 Vgl. Art. 67 Abs. 3 RL 2014/24/EU.

**Wertungsmaßstäbe** des Auftraggebers im Dunkeln. Bieter können nicht erkennen, worauf es dem Auftraggeber letztlich ankommt und wo seine **Präferenzen** liegen. Dies widerspräche dem vergaberechtlichen **Transparenzgebot**.

Ein transparenter Wettbewerb setzt daher voraus, dass potenzielle Bieter in die 209
Lage versetzt werden, bei der Vorbereitung ihrer Angebote nicht nur vom Bestehen, sondern auch von der **Tragweite der Zuschlagskriterien** Kenntnis zu nehmen.[164] Dementsprechend dürfen bei der späteren Wertung der Angebote nur solche **Zuschlagskriterien** und deren **Gewichtung** berücksichtigt werden, die in der Bekanntmachung oder **spätestens** in den **Vergabeunterlagen** benannt wurden.[165]

## V. Festlegung der Zuschlagskriterien

Hat sich der Auftraggeber für die Aufnahme nichtmonetärer Zuschlagskriterien 210
entschieden, muss er bestimmte formale und inhaltliche Gesichtspunkte bei der näheren Definition und Festlegung beachten.

### 1. Allgemeine Anforderungen

Die Vergabe- und Vertragsordnungen benennen Zuschlagskriterien nur abstrakt 211
und beispielhaft.[166] Ihre **Aufzählung** ist daher **nicht abschließend**. Grundsätzlich kommen alle Kriterien in Betracht, die mit dem Auftragsgegenstand zusammenhängen. Bei der Auswahl, Konkretisierung und Gewichtung ist der Auftraggeber im Grunde relativ frei.[167]

Die **vergaberechtlichen Anforderungen** an Zuschlagskriterien leiten sich ab 212
aus
- den Vergabegrundsätzen,
- der erforderlichen Abgrenzung von den Eignungskriterien und
- ihrem Sinn und Zweck, der Ermittlung des wirtschaftlich günstigsten Angebots zu dienen.

Zuschlagskriterien müssen danach 213
- **leistungsbezogen** sein, wodurch sie sich von den bieter- oder unternehmensbezogenen Eignungskriterien abgrenzen,
- objektiv der Ermittlung des wirtschaftlich günstigsten Angebots dienen,

---

**164** So bereits EuGH, Urt. v. 17.9.2002 – C-513/99 Rn 62; Urt. v. 24.1.2008 – C-532/06 Rn 37.

**165** Vgl. § 9 EG Abs. 2 S. 1 VOL/A.

**166** Vgl. §§ 16 Abs. 6 Nr. 3 S. 2, 16 EG Abs. 7 S. 1 VOB/A.

**167** Vgl. EuGH, 4.12.2003 – C 448/01 Rn 37, 39: Gewichtung eines Umweltschutzkriteriums mit 45% gebilligt; VK Schleswig-Holstein, Beschl. v. 14.3.2012 – VK-SH 3/12.

- mit dem **Auftragsgegenstand** zusammenhängen,
- zur Gewährleistung eines transparenten Wettbewerbs **hinreichend bestimmt** sein und
- dürfen dem Auftraggeber bei der Vergabeentscheidung keine uneingeschränkte Entscheidungsfreiheit[168] einräumen.

214 Auch bei der **Beurteilung** bzw. Wertung der Zuschlagskriterien auf der letzten Wertungsstufe verfügt der öffentliche Auftraggeber nach ständiger Rechtsprechung des Gerichts der Europäischen Union über einen **gewissen Spielraum.**

215 Die **gerichtliche Kontrolle** beschränkt sich auf die Prüfung, ob
- die Verfahrensvorschriften und die Begründungs- und Dokumentationspflichten beachtet wurden,
- der Sachverhalt richtig ermittelt wurde und
- kein offensichtlicher Beurteilungsfehler oder Ermessensmissbrauch vorliegt.[169]

### 2. Strikte Trennung von Eignungs- und Zuschlagskriterien

216 Zuschlagskriterien müssen der Auswahl des wirtschaftlich günstigsten Angebots dienen. Sie grenzen sich dadurch von Eignungskriterien ab, die sich gerade nicht auf die angebotene Leistung, sondern auf die generelle Leistungsfähigkeit des Bieters beziehen. **Eignungsprüfung und Wirtschaftlichkeitsprüfung** sind **verschiedene Vorgänge**, für die unterschiedliche Regeln gelten.[170] Eignungs- und Zuschlagskriterien sind daher grundsätzlich strikt zu trennen.[171]

**Fettnapf**
Eine **unzulässige Vermischung** von Eignungs- und Wirtschaftlichkeitskriterien und damit der zweiten (Eignung) und vierten Wertungsstufe (Wirtschaftlichkeit) liegt etwa vor, wenn die „Anzahl der Referenzen", die „Beschreibung des Personalkonzepts"[172] oder das „Auftreten des Büroinhabers" als Zuschlagskriterien herangezogen werden.

217 Die **Eignungsprüfung** ist **personen- oder unternehmensbezogen.** Sie dient dazu, die Unternehmen zu ermitteln, die zur Erbringung der konkret nachgefragten Leistung nach Fachkunde, Leistungsfähigkeit und Zuverlässigkeit generell in Betracht kommen und die unzureichend qualifizierten Bieter auszusondern.

168 So EuGH, 4.12.2003 – C 448/01 Rn 37.
169 EuG, Urt. v. 29.1.2013 – T-532/10 Rn 54.
170 EuGH, Urt. v. 12.11.2009 – C-199/07 Rn 52.
171 BGH, Urt. v. 15.4.2008 – X ZR 129/06.
172 OLG Karlsruhe, Beschl. v. 20.7.2011 – 15 Verg 6/11.

Die **Wirtschaftlichkeitsprüfung** ist **demgegenüber leistungsbezogen.**[173] Sie bezieht sich nicht auf die konkurrierenden Unternehmen, sondern dient der Bewertung ihrer konkreten Angebote. 218

Als Zuschlagskriterien sind danach solche Kriterien „ausgeschlossen, die nicht der Ermittlung des wirtschaftlich günstigsten Angebots dienen, sondern die im Wesentlichen mit der Beurteilung der fachlichen Eignung der Bieter für die Ausführung des betreffenden Auftrags zusammenhängen."[174] Die Abgrenzung kann im Einzelfall schwierig sein. 219

### a) Abgrenzung

Zur Abgrenzung ist die Frage zu beantworten, ob ein Kriterium **schwerpunktmäßig („im Wesentlichen")** mit der Beurteilung der fachlichen Eignung der Bieter für die Ausführung vergleichbarer Aufträge oder mit der Ermittlung des wirtschaftlich günstigsten Angebots zusammenhängt.[175] Entscheidend ist, ob sich ein Wertungsaspekt in seinem **wesentlichen Kern** bzw. hinsichtlich seines Bewertungsschwerpunkts auf Angaben stützen soll, die **nur für den konkreten Auftrag Bedeutung** erlangen (z.B. bei einem einzelfallbezogenen Ausführungskonzept), oder auf Angaben zu den generellen Fähigkeiten und Fertigkeiten des Bieters.[176] Im letztgenannten Fall handelt es sich um Eignungskriterien. 220

### b) Keine Berücksichtigung eines „Mehr an Eignung"

In der Praxis gibt es gleichwohl gute Gründe, Angebote besonders fachkundiger oder zuverlässiger Unternehmen bei der Auswahlentscheidung zu bevorzugen. Je öfter und zufriedenstellender vergleichbare Leistungen bereits erbracht wurden, je besser entsprechende Referenzen sind und je qualifizierter das Personal ist, umso eher dürfte auch eine einwandfreie Erbringung der anstehenden Leistungen zu erwarten sein. 221

---

173 Vgl. zur Abgrenzung etwa OLG Naumburg, Beschl. v. 3.9.2009 – 1 Verg 4/09 und EuGH, Urt. v. 12.11.2009 – C-199/07 Rn 55.

174 So EuGH, Urt. v. 12.11.2009 – C-199/07 Rn 56.

175 So OLG Düsseldorf, Beschl. v. 17.1.2013 – Verg 35/12: Billigung des Zuschlagskriteriums „Darstellung des Schulungskonzepts", da hierbei kein allgemeines Konzept abgefragt wurde, sondern die konkrete Auseinandersetzung mit der ausgeschriebenen Leistung.

176 OLG Naumburg, Beschl. v. 12.4.2012 – 2 Verg 1/12: Billigung der Kriterien „Angaben zur Sicherstellung der personellen Verfügbarkeit", „Angaben zur geplanten Kommunikation mit dem Auftraggeber, zur Projektdokumentation, zu Statusberichten etc." wegen des dokumentierten eindeutigen Bezugs zur Erbringung der konkreten Vertragsleistung.

222 Insoweit steht der Auftraggeber, sofern kein Verfahren mit vorgeschaltetem Teilnahmewettbewerb zulässig[177] ist und die Ausnahmeregelung für bestimmte Dienstleistungen nach § 4 Abs. 2 S. 2 VgV nicht greift,[178] vor einem **Dilemma.** Die Anzahl an Referenzen, also das Maß an Erfahrung, oder die Beurteilung der Bieterleistung durch frühere Auftraggeber sind **nicht leistungsbezogen.** Durch bereits erbrachte Leistungen stellt der Bieter seine (persönlichen) Fähigkeiten allgemein unter Beweis. Für die Wirtschaftlichkeit der Leistung lässt sich daraus vergaberechtlich nichts ableiten.

223 Fasst der Auftraggeber wegen dieses Dilemmas die Eignungskriterien entsprechend eng, besteht die Gefahr, dass kein oder nur wenige Bieter die „Eignungshürde" nehmen. Legt er die Hürde niedriger, läuft er Gefahr, dass auch weniger geeignete Bieter im Wettbewerb verbleiben. So oder so sind die **Eignungskriterien** durch die Festlegung gleichsam **„verbraucht"** und dürfen in der sich anschließenden Stufe der Angebotswertung nicht mehr berücksichtigt werden.

224 Dem Auftraggeber bleibt nur die **Möglichkeit**, Eignungskriterien sorgfältig und mit Bedacht oder eine Vergabeart zu wählen, die es ermöglicht, das **Maß an Eignung der Bewerber** zu berücksichtigen. Entsprechendes ermöglichen allerdings nur **Vergabearten mit** vorgeschaltetem öffentlichem **Teilnahmewettbewerb.**[179] Hier besteht die Möglichkeit neben Mindestkriterien (sog. K.o.-Kriterien) auch Bewertungskriterien (Punktekriterien) aufzustellen und auf diese Weise nur die geeignetsten Bewerber des Teilnahmewettbewerbs zur Angebotsabgabe aufzufordern.

225 **Alternativ** kann der Auftraggeber allenfalls versuchen, **persönlichkeitsbezogene Kriterien** mit dem konkret auszuführenden **Auftrag** untrennbar zu **verknüpfen** und so als Zuschlagskriterium zu definieren.

---

**Beispiel**

Die Kriterien „Auftreten des Bauleiters" oder „Auftreten der vorgesehenen Projektleitung" bzw. „Form und Klarheit der Darstellung" sind für sich betrachtet persönlichkeitsbezogene Kriterien (Eignung) und damit als Zuschlagskriterien unzulässig.

Der für Zuschlagskriterien erforderliche **Leistungsbezug** lässt sich jedoch herstellen, indem eine untrennbare Verknüpfung mit **auftragsbezogenen konzeptionellen Gesichtspunkten** erfolgt, etwa

- bei Schulungsmaßnahmen: „Darstellung des geplanten Schulungskonzepts" oder
- bei Baumaßnahmen: „Darstellung der vorgesehenen Baustellenablaufplanung und des kritischen Wegs" oder
- bei Bauüberwachungsleistungen: „Darstellung des Konzepts/der Herangehensweise bei Nachträgen, Behinderungen oder Bauablaufstörungen".

---

177 Vorgeschaltete Teilnahmewettbewerbe ermöglichen ausnahmsweise eine Bewerberauswahl anhand des Eignungsniveaus („Bestenauslese"), vgl. dazu Rn 176 ff.

178 Danach können bei Dienstleistungen nach Anlage 1 Teil B zu EG VOL/A die Kriterien Organisation, Qualifikation und Erfahrung des Personals ausnahmsweise berücksichtigt werden, wenn sie Einfluss auf die Qualität der Leistung haben können. Die Gewichtung dieser Kriterien soll 25% der Gewichtung aller Zuschlagskriterien nicht übersteigen.

179 Vgl. BGH, Urt. v. 15.4.2008 – X ZR 129/06 Rn 12.

### 3. Keine Alibikriterien

Legt der Auftraggeber fest, dass der Zuschlag auf das wirtschaftlich günstigste Angebot erteilt werden soll, muss er sich hieran auch halten. Erforderlich ist dann, neben dem Preis weitere **entscheidungserhebliche Kriterien** zu benennen und zu gewichten. Die **nichtpreislichen Kriterien** müssen **wertungsrelevant** sein. Sie dürfen nicht derart marginal gewichtet werden, dass ihnen eine reine „Alibifunktion" zukommt und faktisch doch allein der Angebotspreis über den Zuschlag entscheidet.[180] 226

Auch wenn die Rechtsprechung keine pauschal zulässigen Prozentsätze benennt, um sich eine **Entscheidung im jeweiligen Einzelfall** offen zu halten, dürften Auftraggeber auf der sicheren Seite liegen, wenn sie das Zuschlagskriterium „Preis" mit mindestens 40% und höchstens 85% gewichten. 227

**Praxistipp** !

Für Auftraggeber empfiehlt es sich, das Zuschlagskriterium **„Preis"** mit **maximal 85%** zu gewichten und die restliche Wertungsmarge auf Wirtschaftlichkeitskriterien, wie etwa Qualität, Bauzeit, technischer Wert, Folge- und Betriebskosten, usw. zu verteilen.

Bei der Kombination von Prozentsätzen und Bewertungspunkten ist darauf zu achten, dass nicht durch eine geringe(re) Maximalpunktvergabe bei den niedriger gewichteten Kriterien, deren Relevanz für das Wertungsergebnis faktisch unter 15% herabgesetzt wird.

Fallen dem Auftraggeber keine geeignet(er)en Kriterien ein, bietet sich das Kriterium „Frist für Mangelansprüche" (früher Gewährleistungsfrist) als nichtmonetäres Zuschlagskriterium an.[181]

Als Muster kann das Formblatt 227 des VHB Bund herangezogen werden.

| Wertungskriterium | Gewichtung in % | Grundlage Punktebewertung | Punkte |
|---|---|---|---|
| Preis | 85 | Angebot mit dem niedrigsten Preis | 10 |
| | | Angebot mit dem 2-fachen des niedrigsten Preises | 0 |
| Dauer der angebotenen Frist für Mängelansprüche | 15 | Angebot wie LV (= 4 Jahre) | 4 |
| | | Besser als LV | pro Jahr zusätzlich 1 Punkt, max. 10 Punkte |

### 4. Konkretisierung unbestimmter Hauptkriterien durch Unterkriterien

In der VOB/A werden als zulässige (Haupt-)Kriterien für die Vergabe von Bauleistungen u.a. genannt: Qualität, Preis, technischer Wert, Folgekosten, Zweckmäßigkeit, Umwelteigenschaften, Liefer- oder Ausführungsfrist, Lebenszykluskosten usw. 228

**180** So OLG Düsseldorf, Beschl. v. 27.11.2013 – Verg 20/13.

**181** Das OLG Düsseldorf (Beschl. v. 30.6.2004 – Verg 22/04) hat Angaben zur Gewährleistungsfrist zutreffend als geeignetes Kriterien zur Ermittlung des wirtschaftlichsten Angebots gebilligt.

229 Das **hohe Abstraktionsniveau** der genannten Kriterien zeigt, dass deren alleinige Bekanntgabe keinen transparenten Wettbewerb gewährleisten kann. Auftraggeber müssen die jeweiligen Kriterien daher soweit **konkretisieren**, dass ein fachkundiger Bieter bei objektiver Betrachtung in der Lage ist, zu erkennen, **worauf es** dem Auftraggeber in welchem Maße **ankommt** und er seine Leistung dementsprechend anbieten kann.[182] Dies geschieht in der Regel durch Unterkriterien oder Beschreibungen.

---

**Beispiel**
Bei der Beschaffung von Fahrzeugen soll das Merkmal **„Qualität/technischer Wert"** ein Zuschlagskriterium sein. Erforderlich ist eine Konkretisierung durch Unterkriterien. In Betracht kommen etwa „Beschleunigung", „Innenraumschallpegel", „Wiederverkaufswert", „Inspektionsintervall", „Inspektionskosten" usw. Aber auch diese Unterkriterien bedürfen teilweise der weiteren Erläuterung in den Vergabeunterlagen, damit die Bieter erkennen können, worauf es der Vergabestelle, z.B. bei dem Unterkriterium „Beschleunigung" inwieweit ankommt. Daneben müssen die jeweiligen Gewichtungen der Ober- und Unterkriterien angegeben werden.

---

230 Welche **Anforderungen an die Bestimmtheit** der Zuschlagskriterien zu stellen sind, lässt sich nur **im konkreten Einzelfall** bestimmen. Hierbei spielen vor allem
- die Art der zu vergebenden Leistung,[183]
- der Detaillierungsgrad der Leistungsbeschreibung und
- der normative, subjektive oder situative Charakter der gewählten Zuschlagskriterien eine Rolle.

231 Daran anknüpfend muss im **Einzelfall** entschieden werden, **welcher Konkretisierungsgrad** aus dem vergaberechtlichen Transparenzgebot und dem Ziel, vergleichbare Angebote zu erhalten, abzuleiten und – gleichsam als Kehrseite – welcher Beurteilungsspielraum zugleich anzuerkennen ist.

232 Aus Gründen der Gleichbehandlung und zur Gewährleistung eines transparenten Verfahrens müssen Auftraggeber die gewählten Wertungskriterien so weit konkretisieren, dass die dahinterstehenden **Wertungspräferenzen** erkannt und die Angebote danach ausgerichtet werden können. Die Vergabestelle muss daher Wertungskriterien, deren Inhalt sich für die Bieter nicht von selbst erschließt, spätestens mit Übersendung der Vergabeunterlagen hinreichend konkretisieren.[184]

---

**182** OLG Dresden, Urt. v. 13.8.2013 – 16 W 439/13; VK Schleswig-Holstein, Beschl. v. 14.3.2012 – VK-SH 3/12; VK Südbayern, Beschl. v. 16.5.2011 – Z3-3-3194-1-09-03/11.

**183** Freiberuflichen Leistungen zeichnen sich etwa – im Gegensatz zu reinen Liefer- und Bauleistungen – dadurch aus, dass ihre Ausübung regelmäßig stark persönlich geprägt ist. Entsprechende Vergabekriterien lassen sich dementsprechend weniger scharf fassen.

**184** OLG Dresden, Urt. v. 13.8.2013 – 16 W 439/13.

Für den Bieter muss nachvollziehbar sein, worauf es dem Auftraggeber bei welchem Kriterium ankommt. Nur dann ist es ihm möglich, ein dem Beschaffungsbedarf und den Anforderungen entsprechendes Angebot zu erstellen. 233

### 5. Grenzen der Pflicht zur Konkretisierung

Die aus dem Transparenzgebot resultierende Verpflichtung, alle für die Zuschlagsentscheidung maßgeblichen Umstände den Bietern so bekannt zu machen, dass sie deren genaue Bedeutung verstehen und ihre Angebote hieran ausrichten können, kann nicht grenzenlos sein. 234

Ein System vollständiger Transparenz liefe nicht nur Gefahr, endlos und unpraktikabel zu werden. Es würde auch den auf der letzten Ebene der Angebotswertung zugunsten des Auftraggebers anerkannten **Wertungsspielraum** aushebeln.[185] 235

Dies gilt umso mehr bei **Funktionalausschreibungen** oder wenn **Nebenangebote** zugelassen wurden. In diesen Fällen kann ein Auftraggeber nicht jede denkbare Angebotsvariante antizipieren. Dementsprechend kann und muss er auch nur (hinreichend konkrete) **Zielkriterien** aufstellen, ohne die technischen Mittel bzw. notwendigen Schritte zur Zielerreichung im Einzelnen kennen und dementsprechend im Vorfeld der Vergabe in ein Wertungssystem abschließend überführen zu können. 236

Ein dezidiertes Wertungssystem samt detaillierter Bewertungsregeln hätte zur Folge, dass die Qualität eines einzelnen Angebots bzw. die besondere Kreativität eines Angebotskonzepts gewissermaßen vorgegeben ist und damit nicht mehr hinreichend gewürdigt und dementsprechend angemessen bepunktet werden kann.[186] 237

Die Anforderungen an den **Bestimmtheitsgrad** des jeweiligen Wertungskriteriums korrelieren dabei mit dem Detaillierungsgrad der Ausschreibung und dem zugunsten des Auftraggebers anzuerkennenden **Beurteilungsspielraum**. Der Beurteilungsspielraum der Auftraggeber ist umso größer, je mehr es um die Beurteilung subjektiver, also etwa geschmacklicher oder kreativer Aspekte geht, in die ohnehin die individuelle Einschätzung der Auftraggeber einfließt.[187] Je detaillierter die Leistungsvorgaben und je geringer der anzuerkennende Beurteilungsspielraum, umso höher sind die Anforderungen an die Konkretisierung des jeweiligen Zuschlagskriteriums und umgekehrt. 238

---

**Beispiel**

Bei situativ geprägten Zuschlagskriterien, wie beispielsweise „Angebotspräsentation", „Darstellung des geplanten Schulungskonzepts" o.Ä., spielt der **unmittelbare, subjektive Eindruck** des Wer-

---

**185** So OLG Düsseldorf, Beschl. v. 30.7.2009 – Verg 10/09.

**186** VK Bund, Beschl. v. 6.12.2013 – VK 1-103/13.

**187** Vgl. VK Bund, Beschl. v. 15.11.2013 – VK 1-97/13 zum Kriterium „gestalterisches Vermögen und Herangehensweise".

tungsgremiums eine Rolle. Ebenfalls subjektiv geprägt sind die Kriterien „Ästhetik" oder „Zweckmäßigkeit". Da ein Bieter bei dem Zuschlagskriterium „Ästhetik" nicht erkennen kann, worauf es dem Auftraggeber hier genau ankommt, ist eine **Konkretisierung**, etwa **durch Unterkriterien** erforderlich. Wegen des subjektiven Charakters muss der Vergabestelle gleichwohl ein Beurteilungsspielraum zuerkannt werden. Daher kann nicht zugleich ein vollständiges ausdifferenziertes Bewertungssystem verlangt werden.

Demgegenüber besteht für die Anerkennung eines Beurteilungsspielraums bei den Kriterien „Preis" oder „Folgekosten" nahezu kein Raum. Hier kann die Vergabestelle zwar die Gewichtung in einer gewissen Bandbreite bestimmen. Bei der eigentlichen Wertung, etwa durch Bepunktung, besteht jedoch nahezu kein Spielraum.

239 Weist ein Beschaffungsvorhaben auch **funktionale Elemente** in der Leistungsbeschreibung auf, sind an die Bestimmtheit der Zuschlagskriterien ebenfalls **geringere Anforderungen** zu stellen, als bei einem Beschaffungsvorhaben mit einem konkret umrissenen Leistungsprofil, bei dem die zu erbringende Leistung in jeder Hinsicht eindeutig und erschöpfend beschreibbar ist.[188]

240 Je größer der anzuerkennende Beurteilungsspielraum des Auftraggebers ist und je geringer tendenziell die Anforderungen an den Bestimmtheitsgrad der Wertungskriterien sind, umso höher sind die Anforderungen an eine ordnungsgemäße **Dokumentation** bei der Festlegung der Zuschlagskriterien und der späteren Wertung. Hier ist auf eine nachvollziehbare Dokumentation[189] des **Wertungsvorgangs** und der Vergabe der **Wertungspunkte** zu achten.

### 6. Konkretisierung durch Gewichtungsregeln

241 Um das Gewicht verschiedener Zuschlagskriterien zueinander und die Wertung der Angebote untereinander im Rahmen der vergleichenden Angebotswertung transparent zu gestalten, bedarf es der Angabe von **Gewichtungsregeln.**[190]

242 **Gewichtungen** geben den **Grad der Bedeutung** an, die ein Zuschlags- oder Unterkriterium im Rahmen der Angebotsbewertung zur Ermittlung des für den Zuschlag vorgesehenen Angebotes hat. Für die Bieter muss erkennbar sein, welches Kriterium für die **Wertungsentscheidung** inwieweit von Bedeutung ist.

243 Die Angabe der Gewichtung erfolgt in der Regel als **Faktor** (z.B. durch ganze Zahlen oder Prozentwerte), als **Marge** (Spanne von – bis oder Differenz zwischen (a–b)) **oder im Ausnahmefall**, wenn beides objektiv nicht möglich ist, ausschließlich **als Rangfolge** (absteigende Reihenfolge der Zuschlagskriterien).[191]

---

**188** So zutreffend OLG Düsseldorf, Beschl. v. 4.2.2013 – VII-Verg 31/12.

**189** Näher dazu und zu Möglichkeiten der Fehlerheilung Kap. 10 Rn 22ff.

**190** Vgl. z.B. § 16 EG Abs. 7 VOB/A, §§ 9 EG Abs. 1 S. 2b) und Abs. 2 VOL/A, § 11 Abs. 4 VOF.

**191** VK Thüringen, Beschl. v. 17.3.2009 – 250-4003.20-650/2009-003-EF. Siehe auch § 9 EG Abs. 2 VOL/A.

Die Gewichtung ist nicht nur für die (Haupt-)Zuschlagskriterien, sondern auch für sämtliche **Unterkriterien** anzugeben. 244

**Beispiel**
Bei einem Auftrag über einen Teilrückbau und Neubau eines Gebäudes werden folgende Zuschlagskriterien festgelegt (Kriterium: Gewichtung):
- Preis: 70%
- Ausführungsfrist: 20%
- Technisches Konzept: 10% mit
  - Unterkriterium 1 schlüssige Darstellung des Konzepts zur Baustellenlogistik: 33,3%
  - Unterkriterium 2 schlüssiges Konzept zum Qualitätsmanagement: 33,3%
  - Unterkriterium 3 schlüssige Darlegung des Konzepts zum Abfallmanagement: 33,3%

### 7. Überführung der Bieterangaben in ein Wertungssystem

Die prozentuale Gewichtung der Kriterien in ihrem Verhältnis untereinander sagt allerdings noch nichts darüber aus, wie die **Angebote** in ihrem **Verhältnis zueinander** bewertet werden und so das wirtschaftlichste Angebot tatsächlich ermittelt wird. 245

**Beispiel**
Das Zuschlagskriterium **„Ausführungsfrist"** soll mit **15%** gewichtet werden. Damit steht die **relative Gewichtung des Kriteriums** im Verhältnis zu den übrigen Kriterien (beispielsweise Preis, Qualität, usw.) fest.
Es bedarf noch einer Regelung, wie die **Angebotsinhalte untereinander** gewertet werden.

Um die Angebote bei mehreren Zuschlagskriterien vergleichbar zu machen, ist ein **gemeinsamer Vergleichsmaßstab** erforderlich. Die jeweiligen Bieterangaben müssen untereinander und bezogen auf die Haupt- und Unterkriterien durch **Noten oder Punkte** kompatibel gemacht werden. Die Gewichtungsregeln haben daher auch zu bestimmen, wie die (zu erwartenden) Angaben der Bieter zu den einzelnen Kriterien und Unterkriterien zu bewerten sind und wie beispielsweise eine **Umrechnung in Wertungspunkte** erfolgt.[192] 246

#### a) Punktesysteme

Bei den Wertungsmatrizen sind **Punktesysteme** weit verbreitet. Dabei werden die Wertungskriterien zur Abstufung der Wertungsrelevanz mit Faktoren sowie maximal zu erreichenden Punkten versehen. Die Faktoren spiegeln dabei die Bedeutung des jeweiligen Wertungskriteriums im Rahmen der Wertung wider. 247

192 OLG Düsseldorf, Beschl. v. 30.7.2009 – Verg 10/09.

248 Zugleich muss geregelt werden, wie die **Punktevergabe** bei dem jeweiligen Kriterium erfolgt, z.B. wie der Angebotspreis in Punkte umgerechnet wird. Dies kann, solange die Punktevergabe hinreichend transparent bleibt, mit Interpolationsformeln,[193] abstrakten Vorgaben oder konkreten Unterkriterien erfolgen.

**Beispiel**

- Kriterium 1 „Preis“: 70% (= Faktor 70)
- Kriterium 2 „Dauer der angebotenen Frist für Mängelansprüche (Gewährleistungsfrist)“: 15% (= Faktor 15)
- Kriterium 3 „Ausführungsfrist“: 15% (= Faktor 15)

**Punktevergabe Preis**: Angebot mit dem niedrigsten Gesamtpreis 10 Punkte; niedrigsten Gesamtpreis × 2 = 0 Punkte; dazwischen Punktebewertung im Wege linearer Interpolation. Die Maximalpunktzahl erhält das Angebot mit dem niedrigsten Preis. Dieses erreicht also 700 Wertungspunkte (Faktor 70 × 10 Punkte). Demgegenüber erhält das (fiktive) Angebot mit doppelten Preis des Mindestbieters[194] 0 Punkte. Die Punktevergabe für die dazwischen liegenden Angebotssummen erfolgt über eine lineare Interpolation.[195]

**Punktevergabe Gewährleistungsfrist**: Angebot wie LV (= 4 Jahre): 4 Punkte; besser als LV pro Jahr 1 Punkt zusätzlich, also bei einer angebotenen Gewährleistungsfrist von 6 Jahren 6 Punkte, bei 7 Jahren 7 Punkte, usw., max. 10 Jahre (= 10 Punkte). Die höchste zu erreichende Gesamtpunktzahl beträgt 150 (Faktor 15 × 10 Punkte).

**Punktevergabe Ausführungsfrist**: Die in den Vergabeunterlagen angegebene Höchstfrist ist zwingend einzuhaltend und wird mit 0 Punkten bewertet. Je Woche verbindlich angebotener Verkürzung der max. Ausführungsfrist erhält ein Bieter 0,5 Punkte. Es werden hierfür max. 10 Punkte und somit insgesamt höchstens 150 Punkte vergeben.

### b) Schulnotensystem

249 Da die Ausgestaltung des Bewertungssystems grundsätzlich dem Auftraggeber überlassen bleibt, kann er auch ein **Schulnotensystem** nutzen oder eine Kombination zwischen Schulnoten- und Punktesystem.[196] Wichtig ist bei der Festlegung mehrerer Zuschlagskriterien allein, dass die Kriterien durch Noten oder Punkte kompatibel gemacht werden und die Bewertung in transparenter Art und Weise erfolgt.

250 Hat der Auftraggeber seine Wertungspräferenzen durch Kriterien und ggf. Unterkriterien nach Art und Gewicht offengelegt, ist auch eine **Punktevergabe nach**

**193** Vgl. etwa OLG Düsseldorf, Beschl. v. 6.5.2011 – Verg 26/11 zur Zulässigkeit der Bewertung des Kriteriums „Bauzeit“ durch lineare Interpolation; OLG Bremen, Beschl. v. 6.1.2012 – Verg 5/11 zur Interpolationsmethode hinsichtlich der Kriterien „Preis“ und „Bauzeit“; VK Bund, Beschl. v. 24.10.2014 – VK 2-85/14 zur zulässigen Interpolation bei der Preiswertung.

**194** Vgl. zur Zulässigkeit einer solchen Methode VK Südbayern, Beschl. v. 22.4.2013 – Z3-3-3194-1-13-04/13; VK Bund, Beschl. v. 24.10.2014 – VK 2-85/14.

**195** Dieses System zur relativen Wertung wird von VK Bund, Beschl. v. 24.10.2014 – VK 2-85/14 ausdrücklich gebilligt.

**196** Vgl. VK Baden-Württemberg, Beschl. v. 4.6.2014 – 1 VK 15/14.

**Zielerfüllungsgraden** (z.B. „gering – durchschnittlich – hoch") grundsätzlich möglich.

---

**Beispiel**
Ein Auftraggeber schreibt Wartungsleistungen aus. Als Zuschlagskriterien benennt er „Konzept" und „Preis" mit der jeweiligen Gewichtung. Als Grundlage für die Konzeptbewertung fügt er ein vom jeweiligen Bieter auszufüllenden Fragenkatalog samt Gewichtungsangaben bei. Der Fragenkatalog umfasst Fragen, die mit einer konzeptionellen Beschreibung zu beantworten sind. Die Leistungspunkte sollen nach drei Erfüllungsgraden vergeben werden (gering – durchschnittlich – optimal).
- 10 Punkte, wenn die Angaben im Angebot aus Sicht des Auftraggebers eine optimale Erfüllung erwarten lassen,
- 7,5 Punkte, wenn die Angaben durchschnittliche Erfüllung erwarten lassen,
- 5 Punkte, wenn die Angaben lediglich die Erfüllung der Mindestvoraussetzungen erwarten lassen.

---

Soweit nicht selbsterklärend, ist auch anzugeben, wie sich die **Gesamtpunktzahl** eines Angebots und die letztlich ausschlaggebende **Rangfolge** ermittelt. 251

---

**Beispiel**
Im VHB Bund, Formblatt 227 „Gewichtung der Wertungskriterien" heißt es etwa:
„Für jedes in der Angebotsanforderung benannte Kriterium wird eine Punktezahl durch Multiplikation des v.H.-Satzes des Wertungskriteriums mit den im Rahmen der Angebotswertung für das jeweilige Angebot festgelegten Punkten ermittelt (z.B.: Der Mindestbieter erhält 10 Punkte, das Wertungskriterium Preis wird mit 70% gewichtet. Die Punktezahl des Mindestbieters beträgt somit 700).
Die Gesamtpunktzahl aller Kriterien eines Angebotes entscheidet über die Rangfolge."

---

Die für die Wertung von nicht monetären Zuschlagskriterien erforderlichen **Bieterangaben** werden häufig direkt im Leistungsverzeichnis abgefragt. Es handelt sich um **geforderte Erklärungen**, deren Fehlen zum Ausschluss führt.[197] 252

---

**Beispiel**
Zuschlagskriterium ist u.a. die angebotene Ausführungsfrist. Im Leistungsverzeichnis könnte folgende Regelung aufgenommen werden:
**„Ausführungszeit (vom Bieter anzugeben)**
Der Auftraggeber kalkuliert für ... als komplette, voll funktionsfähige, mängelfreie, schlüsselfertige Bauwerke eine Gesamtdauer nach Auftragserteilung für sämtliche im LV beschriebenen Arbeiten von maximal 50 Wochen.
Für die Ausführung und Fertigstellung der gesamten ausgeschriebenen Leistungen werden vom Bieter insgesamt
....................... **Wochen (Bietereintrag)**

---

197 Zum Ausschlussgrund des Fehlens geforderter Erklärungen im Einzelnen Kap. 8 Rn 73ff.

kalkuliert und als verbindlich begrenzter Ausführungszeitraum (Vertragsfrist) unter Berücksichtigung und Abwägung von Schlechtwettertagen und/oder Winterbau etc. angeboten und zugesichert. Bei der vom Bieter anzugebenden Frist handelte es sich um eine Vertragsfrist im Sinne des § 5 Abs. 1 Satz 1 VOB/B, deren schuldhafte Überschreitung nach den Besonderen Vertragsbedingungen eine Vertragsstrafe von 0,1% für jeden Werktag der Verspätung zur Folge hat.
Die vom Bieter verbindlich anzubietende Ausführungsfrist darf maximal 50 Wochen betragen; bei einer Überschreitung dieser Anzahl wird das Angebot des Bieters ausgeschlossen."

## 8. Vergaberechtliche Anforderungen an Bewertungssysteme

253 Um das beste Preis-Leistungs-Verhältnis in transparenter Weise ermitteln zu können, greift man in der Praxis häufig auf **Wertungsmatrizen oder Wertungsformeln** zurück. Die konkrete Ausgestaltung des Wertungssystems bleibt der Vergabestelle überlassen, solange das System

- vollständig bekannt gegeben wurde

**und** das System und dessen **Anwendung**

- der **Selbstbindung** an die gewählten und bekannt gegebenen Kriterien entspricht,[198]
- hinreichend **transparent und nachvollziehbar** ist,
- dem Zweck der Ermittlung des wirtschaftlichsten Angebots nicht zuwiderläuft und
- der relative Preis- oder Qualitätsabstand zwischen den Angeboten in angemessener Weise bei der Wertung zum Tragen kommt, d.h. sich bei der späteren Wertung **keine unerwarteten Effekte** ergeben, die zu einer Verzerrung der Wettbewerbsergebnisse führen.[199]

254 Aus Gründen der **Verfahrenstransparenz** ist der Auftraggeber an die bekannt gegebenen Wertungskriterien und Unterkriterien und deren Gewichtung rechtlich gebunden (**Grundsatz der Selbstbindung**). Die Anwendung des Wertungssystems darf dementsprechend nicht dazu führen, dass die selbst aufgestellten Parameter letztlich nicht zum Tragen kommen oder missachtet werden.

### a) Keine unerwarteten Effekte

255 Ein rechtssicheres Wertungssystem muss in allen **denkbaren Konstellationen** tragen, darf also nicht zu Ergebnissen führen, die mit der bekannt gegebene Gewichtung faktisch nichts mehr zu tun haben, also die Gewichtung maßgeblich verschieben.

**198** OLG Düsseldorf, Beschl. v. 22.1.2014 – Verg 26/13.

**199** Vgl. OLG Düsseldorf, Beschl. v. 22.1.2014 – Verg 26/13; VK Baden-Württemberg, Beschl. v. 4.6.2014 – 1 VK 15/14.

**Beispiel**

Der Zuschlag soll auf das wirtschaftlich günstigste Angebot erteilt werden. Zuschlagskriterien sind der „Preis“ und die „Qualität“. Die Gewichtung beträgt jeweils 50%.
Das Zuschlagskriterium „Qualität“ wird wie folgt gewertet: „100 Punkte erhält das Angebot mit der höchsten Wertungspunktzahl und null Punkte erhält das Angebot mit der niedrigsten Wertungspunktzahl“.
Werden nur **zwei Angebote** abgegeben, führen solche Wertungssysteme dazu, dass Angebote, die bei dem **Alles-oder-nichts-Kriterium** die Nase vorn haben, gleichheitswidrig und entgegen der bekannt gegebenen Gewichtung überbewertet werden. Ist ein Angebot qualitativ etwas schlechter als das andere, jedoch preislich deutlich günstiger, wäre es trotz des besseren Preis-Leistungs-Verhältnisses chancenlos, da die etwas geringere Qualität zu einer Wertung mit null Punkten führt. Die Qualität des schlechteren Angebots fällt damit vollständig „unter den Tisch“ und wird nicht in angemessener Relation zum Mitbewerberangebot gewertet. Ein solches **Wertungssystem** ist daher **riskant**, da seine Vergaberechtskonformität von der Anzahl der (wertbaren) Angebote abhängt.[200]

**Praxistipp**

Anhand von möglichen Angebotsvarianten sollten Vergabestellen die entwickelten Wertungssysteme testen und realistische Szenarien und **Angebotsvarianten „durchspielen“**, um **negative Überraschungen** in der Wertungsphase zu **vermeiden.** Hierdurch kann vermieden werden, dass sich bestimmte Kriterien nachträglich stärker oder schwächer auf die Wertungsreihenfolge auswirken als beabsichtigt. Dies gilt erst recht bei komplexen Wertungsmatrizen.

### b) Bekanntgabe des gesamten Wertungssystems

Die Pflicht zur **Bekanntmachung** der Wertungskriterien gilt nicht nur für die Zuschlagskriterien im engeren Sinne. Sie erfasst das **Wertungssystem insgesamt**, gilt also grundsätzlich **auch** für alle Unter- oder Unter-**Unterkriterien**, Bewertungsmatrizen, **Wertungsleitfäden**, die in die Wertung einfließen sollen,[201] oder **Umrechnungsformeln**[202] (z.B. zur Umrechnung der Angebotspreise in Punkte). 256

**Praxistipp**

Für Vergabestellen empfiehlt es sich zur Vermeidung unnötiger Nachfragen und Nachprüfungsanträge, die textlichen Darstellungen zur **„Übersetzung“ der Bieterangaben in Wertungspunkte** oder -noten, insbesondere beim Zuschlagskriterium Preis, durch **Bekanntgabe mathematischer Formeln** transparent und zweifelsfrei zu verdeutlichen.[203]

**200** Vgl. OLG Düsseldorf, Beschl. v. 22.1.2014 – Verg 26/13.
**201** OLG Düsseldorf, Beschl. v. 23.1.2008 – Verg 31/07; VK Bund, Beschl. v. 6.12.2013 – VK 1-103/13.
**202** Vgl. dazu etwa VK Bund, Beschl. v. 21.10.2014 – VK 2-81/14; VK Schleswig-Holstein, Beschl. v. 22.1.2010 – VK-SH 26/09. Siehe aber auch OLG München, Beschl. v. 21.5.2010 – Verg 2/10 zu einem Ausnahmefall, in dem die Bekanntgabe der Standardumrechnungsformel aus den Vergabehandbüchern ausnahmsweise als entbehrlich eingestuft wurde.
**203** Vgl. dazu anschaulich VK Bund, Beschl. v. 21.10.2014 – VK 2-81/14.

## VI. Änderungen am Wertungssystem im laufenden Verfahren

257 Um einen transparenten und fairen Wettbewerb zu gewährleisten, ist es unzulässig, bekannt gegebene Wertungssysteme (Kriterien und deren Gewichtung) nachträglich zu verändern, z.B. indem nachträglich **Gewichtungsregeln** oder (weitere) **Unterkriterien** festgelegt werden.[204]

---

**Fettnapf**[205]

Ein Auftraggeber benennt als Zuschlagskriterien u.a. das Kriterium „Konzept". Als Grundlage für die Konzeptbewertung fügt er den Vergabeunterlagen einen Fragenkatalog samt Gewichtungsangaben bei. Für die Angaben im Fragenkatalog sollen differenziert nach drei Erfüllungsgraden (gering – durchschnittlich – hoch) Leistungspunkte vergeben werden. **Im Nachhinein** wird ein Wertungsleitfaden erstellt, der **zusätzliche Unter-Unterkriterien** enthält. Die neuen Unter-Unterkriterien werden den Bietern nicht bekannt gegeben.

Hätte der Auftraggeber die allgemein angegebenen Zielerfüllungsgrade (gering – durchschnittlich – hoch) nicht nachträglich näher definiert, wäre hiergegen nichts einzuwenden gewesen. Durch den im Nachhinein aufgestellten Wertungsleitfaden ist jedoch nicht ausgeschlossen, dass Bieter in Kenntnis desselben chancenreichere Angebote abgegeben hätten. Zudem besteht bei nachträglich erstellten Wertungsmatrizen oder -leitfäden immer die Gefahr, dass diese auf bestimmte Bieter zugeschnitten wurden. Aus Gründen der **Verfahrenstransparenz** und zum **Ausschluss von Manipulationsmöglichkeiten** muss das Verfahren daher zumindest in den Stand vor Angebotsabgabe zurückversetzt sowie den Bietern die Wertungsregeln mitgeteilt und Gelegenheit gegeben werden, neue Angebote abzugeben.

---

258 Ohne vorherige Information der Bieter dürfen **weitere (Unter)Kriterien** während der Angebotsfrist **nur unter engen Voraussetzungen** aufstellt werden. Nach der Vergaberechtsprechung[206] dürfen nachträglich aufgestellte Kriterien

- die bekannt gegebenen Zuschlagskriterien nicht ändern,
- nichts enthalten, was, wenn es bei der Vorbereitung der Angebote bekannt gewesen wäre, diese Vorbereitung hätte beeinflussen können, und
- nicht unter Berücksichtigung von Umständen erlassen worden sein, die einen der Bieter diskriminieren konnten.

259 Grundsätzlich ist **jede nachträgliche Änderung** ohne gleichzeitige Bekanntgabe mit erheblichen **Risiken behaftet**, da die Möglichkeit, dass die Angebote in Kenntnis aller Wertungsgesichtspunkte anders ausgefallen wären, nahezu immer besteht.

---

**204** Vgl. EuGH, Urt. v. 24.1.2008 – C-532/06; OLG Düsseldorf, Beschl. v. 30.7.2009 – Verg 10/09; OLG Frankfurt, Beschl. v. 28.5.2013 – 11 Verg 6/13; VK Bund, Beschl. v. 6.12.2013 – VK 1-103/13.

**205** Beispiel nach VK Bund, Beschl. v. 6.12.2013 – VK 1-103/13.

**206** Vgl. EuGH, Urt. v. 24.11.2005 – C-331/04 Rn 28; OLG Düsseldorf, Beschl. v. 23.1.2008 – Verg 31/07.

**Praxistipp**

!

Für Vergabestellen empfiehlt es sich, stets das **vollständige Wertungssystem** allen Bewerbern rechtzeitig vor Ablauf der Angebotsfrist bekannt zu geben. Nachträgliche Ausdifferenzierungen des Wertungssystems sollten vermieden werden.

Sind vor Angebotseröffnung **Konkretisierungen** erforderlich, etwa aufgrund von Bieteranfragen, sind diese, ggf. verbunden mit einer Verlängerung der Angebotsfrist, allen Verfahrensteilnehmern gegenüber **bekannt** zu **geben**.

Wurden die Kriterien bereits in der Bekanntmachung genannt und ist nicht auszuschließen, dass **andere Unternehmen** in Kenntnis des gesamten Wertungssystems auch ein Angebot abgeben würden, besteht im Oberschwellenbereich der sicherste Weg in einer korrigierten Bekanntmachung unter Verwendung des Standardformulars 14.[207]

## VII. Korrektur fehlerhafter Zuschlagskriterien

Wurden Zuschlags- oder Unterkriterien fehlerhaft formuliert und sollen diese während der laufenden Angebotsfrist konkretisiert oder geändert werden, stellt sich die Frage, ob eine **Fehlerheilung** im laufenden Verfahren möglich oder eine Aufhebung und Neuausschreibung notwendig ist. Hier ist zunächst danach zu differenzieren, ob die Zuschlagskriterien in der Bekanntmachung oder den Vergabeunterlagen benannt wurden. 260

### 1. Korrekturbedarf hinsichtlich der Vergabeunterlagen

Wurden die **Zuschlagskriterien** erst in den **Vergabeunterlagen** genannt, waren also zum Zeitpunkt der Bekanntmachung noch unbekannt, können diese von vornherein für die Entscheidung der Bieter, am Verfahren teilzunehmen, nicht maßgeblich gewesen sein. Deshalb ist es ausreichend, wenn nur den **Verfahrensbeteiligten** die korrigierten Kriterien mitgeteilt werden, also den Unternehmen, die – je nach Vergabeart – sich am Verfahren durch Anforderung der Vergabeunterlagen beteiligt haben oder unmittelbar durch den Auftraggeber beteiligt wurden. Einer erneuten EU-weiten Bekanntmachung bedarf es nicht.[208] 261

---

207 Bekanntmachungen im Oberschwellenbereich müssen unter Verwendung der einheitlichen europäischen Standardformulare erfolgen, vgl. Verordnung (EG) Nr. 1564/2005 der Kommission vom 7. September 2005 zur Einführung von Standardformularen für die Veröffentlichung von Vergabebekanntmachungen auf dem Gebiet der öffentlichen Aufträge. Die Standardformulare sind im Internet unter www.simap.europa.eu abrufbar.

208 Zur Korrektur von Unterkriterien nach Angebotseröffnung OLG München, Beschl. v. 30.4.2010 – Verg 5/10, zur Zurückversetzung des Verfahrens s. VK Bund, Beschl. v. 6.12.2013 – VK 1-103/13 sowie ausführlich Kap. 9 Rn 108 ff.

#### a) Vor dem Eröffnungstermin

262 Hat der Termin zur Öffnung der Angebote noch nicht stattgefunden, genügt es, diesen zeitlich so zu verschieben, dass den Unternehmen ein angemessener Zeitraum zur Anpassung der Angebote an die geänderten Wettbewerbsbedingungen bleibt. Die **Fehlerheilung** erfolgt durch Übersendung der korrigierten Zuschlags- bzw. Unterkriterien[209] und Verlängerung der Angebotsfrist.[210]

#### b) Nach dem Eröffnungstermin

263 Wurde der Eröffnungstermin dagegen bereits durchgeführt, so

- sind den Bietern die korrigierten Vergabeunterlagen (z.B. neu formulierte Unterkriterien oder Fragenkataloge) zuzusenden,
- ist das **Verfahren** auf den Zeitpunkt vor Submission **zurückzuversetzen,**[211]
- ein neuer Submissionstermin festzulegen und
- den Bietern Gelegenheit zur Abgabe neuer Angebote zu geben.

### 2. Korrekturbedarf hinsichtlich der Bekanntmachung

264 Waren die defizitären oder zu korrigierenden Zuschlagskriterien bereits in der Bekanntmachung angegeben, ist eine Fehlerheilung durch bloße Beteiligung derjenigen Unternehmen, die die Vergabeunterlagen angefordert haben, regelmäßig nicht möglich bzw. risikobehaftet.[212] Es kann nämlich nicht ausgeschlossen werden, dass **bestimmte Unternehmen** allein wegen der fehlerhaften Bekanntmachung **von einer Angebotsabgabe abgesehen** haben bzw. in Kenntnis der geänderten Zuschlagskriterien ein Angebot abgeben würden.

265 Die Wettbewerbschancen potentieller Bieter wären ohne Korrektur der fehlerhaften Bekanntmachung beeinträchtigt und das Verfahren wäre für sie intransparent. Davon unabhängig wären Manipulationen durch Bekanntgabe falscher Zuschlagskriterien möglich. Die fehlerhafte Bekanntmachung muss daher durch **Neubekanntmachung** unter Verwendung des **Standardformulars 14** korrigiert werden.

266 In der Sache bleibt es der Vergabestelle überlassen, zu entscheiden, ob sie das Vergabeverfahren insgesamt aufhebt oder aber in den Stand vor Bekanntmachung und Versendung der Aufforderung zur Angebotsabgabe und der Verdingungsunterlagen zurückversetzt. Am Auftrag interessierten Unternehmen muss in jedem Fall Gelegen-

---

209 Vgl. VK Bund, Beschl. v. 6.12.2013 – VK 1-103/13.

210 Vgl. auch Art. 47 Abs. 3b) RL 2014/24/EU.

211 Näher zur Rückversetzung des Verfahrens Kap 9 Rn 108 ff.

212 Beteiligt der Auftraggeber bei der Korrektur von Bekanntmachungsfehlern nur Bewerber, die die Vergabeunterlagen abgefordert haben, könnten Unternehmen, die keine Vergabeunterlagen angefordert haben, geltend machen, sie seien gerade durch die Bekanntmachungsfehler von einer Verfahrensteilnahme abgehalten worden.

heit gegeben werden, nach **Bekanntgabe** der **neu festgelegten Zuschlagskriterien** und deren Gewichtung neue Angebote innerhalb angemessener Frist einzureichen.[213]

**Praxistipp** !
Für Auftraggeber empfiehlt es sich, die **Zuschlagskriterien** und deren Gewichtung **erst in den Vergabeunterlagen** und nicht schon in der Bekanntmachung bekanntzugeben. Dadurch verbleibt zum einen **mehr Zeit** für deren sachgerechte Definition und ggf. die Erstellung der Wertungsmatrix. Sollten sich **Fehler** eingeschlichen haben, **lassen sich** diese zum anderen unkomplizierter und **schneller bereinigen**. Zur Fehlerheilung muss das Verfahren nur auf den Zeitpunkt vor Submission zurückversetzt und den Bietern eine neue Angebotsfrist von ca. 2 Wochen gewährt werden. Eine fehlerhafte Benennung der Zuschlagskriterien in der Bekanntmachung würde dagegen eine Neubekanntmachung und damit letztlich eine Wiederholung des gesamten Vergabeverfahrens erfordern.

# I. Nebenangebote

Ebenfalls in der Phase der internen Vorbereitung des Vergabeverfahrens zu klären ist die Frage, ob und inwieweit **Abweichungen** von den auftraggeberseitigen Vorgaben zugelassen werden sollen. 267

Überblickt ein Auftraggeber nicht alle technischen Möglichkeiten zur Bedarfsdeckung oder für Teile der Leistung, kann es sinnvoll sein, den Wettbewerb auch für vom Amtsvorschlag (Leistungsbeschreibung) abweichende Nebenangebote zu eröffnen. 268

## I. Begriff

Als Nebenangebot werden Angebote bezeichnet, die in irgendeiner Form von der geforderten Leistung abweichen.[214] Die Abweichung kann in **technischer Hinsicht** durch die Verwendung anderer technischer Lösungen als in der Leistungsbeschreibung vorgegeben bestehen oder in **wirtschaftlicher** oder **rechtlicher Hinsicht** durch die Formulierung anderer Zahlungsbedingungen oder sonstiger vertraglicher Regelungen.[215] 269

Darüber hinaus werden Angebote als (nichttechnische) Nebenangebote eingestuft, die die Leistung als solche unverändert anbieten, ihre Ausführung hingegen von anderen als in den Vergabeunterlagen vorgesehenen vertraglichen Bedingungen abhängig machen, z.B. hinsichtlich der **Ausführungsfristen.**[216] 270

213 Vgl. dazu und zur Korrektur fehlerhafter Zuschlagskriterien aus der Bekanntmachung OLG Düsseldorf, Beschl. v. 14.1.2009 – Verg 59/08.

214 OLG Düsseldorf Beschl. v. 9.3.2011 – VII-Verg 52/10.

215 Vgl. etwa VK Nordbayern, Beschl. v. 11.6.2014 – 21.VK-3194-12/14.

216 VK Nordbayern, Beschl. v. 11.6.2014 – 21.VK-3194-12/14.

## II. Unerheblichkeit der Bezeichnung des Angebots

271 Ob Bieter ein Angebot als Haupt- oder Nebenangebot bezeichnen, ist rechtlich nicht relevant. **Entscheidend** ist der **Inhalt des Angebots**. Weicht das Angebot von der Ausschreibung bzw. den Vergabeunterlagen ab, liegt ein Nebenangebot vor.

272 An einer solchen Abweichung fehlt es von vornherein, wenn der Auftraggeber im Rahmen der Leistungsbeschreibung ein unverbindliches Planungs- oder **Leitfabrikat** mit dem Zusatz „oder gleichwertig" vorgibt und der Bieter ein **gleichwertiges Fabrikat** seinem Angebot zugrunde legt. Auch wenn Bieter entsprechende Angebote häufig als Nebenangebote bezeichnen, liegt mangels Abweichung von der ausgeschriebenen Leistung faktisch ein (ggf. zweites) Hauptangebot vor. Die Abgabe mehrerer Hauptangebote ist grundsätzlich zulässig, jedenfalls wenn diese sich technisch unterscheiden.[217]

**Fettnapf**[218]

Ein Auftraggeber gibt für die Ausführung eines Verblendmauerwerks ein **Leitfabrikat** an und eine Rohdichteklasse von 1,8 vor. Die Position im Leistungsverzeichnis enthielt den Zusatz **„oder gleichwertig"**. Alleiniges Zuschlagskriterium ist der günstigste Preis. Nebenangebote waren zugelassen, Mindestanforderungen vorgegeben.

Ein Bieter gibt ein Hauptangebot und zwei Nebenangebote ab. Im Hauptangebot bietet er Klinker mit einer Rohdichteklasse von 1,6 an, im Nebenangebot 1 das im Leitungsverzeichnis genannte Leitfabrikat und im Nebenangebot 2 benennt er gleichwertige Klinker. Die Vergabestelle schließt das „Hauptangebot" wegen unzulässiger Änderung der Vergabeunterlagen aus. Die „Nebenangebote" wertet sie nicht, weil nach der Rechtsprechung Nebenangebote unzulässig sind, wenn der Preis das alleinige Zuschlagskriterium ist.

Die Entscheidung ist fehlerhaft. Das „Hauptangebot" weicht von den Vorgaben der Ausschreibung ab und ist als unzulässiges Nebenangebot auszuschließen. Bei den **Nebenangeboten** handelt es sich **tatsächlich um zwei Hauptangebote**, da sie nicht von der geforderten Leistung abweichen.

## III. Nichtmonetäre Zuschlagskriterien erforderlich

273 Um eine transparente Vergabe und Gleichbehandlung der Bieter zu gewährleisten, muss erkennbar sein, worauf es dem Auftraggeber bei der Wertung von Nebenangeboten im Kern ankommt. Erforderlich ist daher die Festlegung **aussagekräftiger**, auf den jeweiligen Auftragsgegenstand und den mit ihm zu deckenden Bedarf zugeschnittener **Zuschlagskriterien**.[219]

217 Vgl. etwa OLG Düsseldorf, Beschl. v. 9.3.2011 – Verg 52/10; OLG München, Beschl. v. 25.11.2013 – Verg 13/13; OLG München, Beschl. v. 29.10.2013 – Verg 11/13.

218 In Anlehnung an OLG Düsseldorf, Beschl. v. 9.3.2011 – Verg 52/10.

219 Vgl. nun ausdrücklich Art. 45 Abs. 2 RL 2014/24/EU.

Die Zuschlagskriterien müssen es ermöglichen, das **Qualitätsniveau von Nebenangeboten** und ihren technisch-funktionellen und sonstigen sachlichen Wert **über die Mindestanforderungen hinaus** nachvollziehbar und überprüfbar mit dem für die Hauptangebote nach dem Amtsvorschlag vorausgesetzten Standard zu vergleichen. 274

Unterscheiden sich Angebote in qualitativer Hinsicht, wie dies bei Nebenangeboten regelmäßig der Fall ist, kann das wirtschaftlichste Angebot nur dann in transparenter Art und Weise ermittelt werden, wenn die Zuschlagskriterien eine **vergleichende Wertung** des jeweiligen Preis-Leistungs-Verhältnisses bzw. Qualitätsniveaus **ermöglichen.** 275

Die Zuschlagskriterien müssen daher eine **objektive Einschätzung** ermöglichen, ob ein preislich günstigeres Nebenangebot mit einem solchen Abstand hinter der Qualität eines dem Amtsvorschlag entsprechenden Hauptangebots zurückbleibt, dass es nicht als das wirtschaftlichste Angebot bewertet werden kann.[220] 276

**Beispiel**
In einer Kommune besteht ein unzureichendes Angebot an **Betreuungsplätzen.** Um dem Rechtsanspruch der Eltern möglichst schnell Rechnung tragen zu können, soll eine **zusätzliche Tageseinrichtung** gebaut werden. Entscheidend für die Kommune ist, dass die Baumaßnahme **möglichst schnell** realisiert wird. Insofern sollen auch Nebenangebote zugelassen werden.
Eine Vergabe allein nach dem niedrigsten Preis wäre unzulässig. Mithilfe des Preises allein lässt sich die Wirtschaftlichkeit von Angeboten, die beispielsweise qualitativ um 10 oder 20 Prozent auseinander liegen, nicht vergleichend und transparent bewerten. Ist ein Angebot wirtschaftlicher als ein anderes, wenn die **Qualität 20 Prozent niedriger** liegt, aber der **Preis nur 5 Prozent**? Bei welchen Mehrkosten ist ein Angebot wirtschaftlicher als ein anderes, wenn eine um 2 Monate verkürzte Bauzeit angeboten wird? Von daher müssen weitere Zuschlagskriterien, z.B. die angebotene Ausführungs- und/oder Gewährleistungsfrist, gebildet werden.

## IV. Definierte Mindestanforderungen erforderlich

Sollen Nebenangebote – bzw. in der Terminologie der Vergabekoordinierungsrichtlinie „Varianten“[221] – im Oberschwellenbereich zugelassen werden, muss der Auftraggeber die einzuhaltenden Mindestanforderungen **spätestens** in den Vergabeunterlagen bzw. der **Aufforderung zur Angebotsabgabe** vorgeben, § 8 EG Abs. 2 Nr. 3b) VOB/A, § 9 EG Abs. 5 VOL/A. 277

Bereits begrifflich können „Mindestanforderungen“ **nicht alle Details** der Ausführung erfassen, sondern dürfen Spielraum für eine hinreichend große Variations- 278

220 BGH, Beschl. v. 7.1.2014 – X ZB 15/13, Rn 24.
221 Vgl. Art. 24 RL 2004/18/EG; Art. 45 RL 2014/24/EU.

breite in der Ausarbeitung von Alternativvorschlägen lassen. Dies ergibt sich auch aus **Sinn und Zweck** der Zulassung von Nebenangeboten.

279 Nebenangebote sollen vom Amtsvorschlag abweichende Alternativvorschläge der Bieter zur Deckung des Beschaffungsbedarfs ermöglichen. Der Auftraggeber soll **Alternativlösungen** vorgeschlagen bekommen, auf die er selbst nicht gekommen wäre oder die er selbst nicht hätte ausarbeiten können, weil seine Mitarbeiter naturgemäß nicht in allen Bereichen über so weitreichende Fachkunde wie die Bieter verfügen können.[222]

280 Wegen dieser Zweckrichtung darf sich der Auftraggeber darauf beschränken, den Bietern in allgemeinerer Form den **Standard und** die **wesentlichen Merkmale** zu vermitteln, die eine Alternativausführung aufweisen muss.[223]

---

**Beispiel**[224]

Ein öffentlicher Auftraggeber schreibt Straßenbauarbeiten aus. In der Baubeschreibung werden die Oberbauquerschnitte vorgegeben. Nebenangebote für den Oberbau sind zugelassen. Der AG stellt folgende technischen Mindestbedingungen auf:

- Lage, Gradiente und Querschnitt der ausgeschriebenen Leistung sind beizubehalten,
- Änderungen gegenüber der Ausschreibung sind vom Bieter in einem maßstäblichen und vermassten Nebenangebotsplan darzustellen und in einem Erläuterungsbericht zu beschreiben sowie
- Nebenangebote im Oberbau müssen die ausgeschriebene Bauklasse gemäß RStO,[225] Fassung 2001, einhalten.

---

281 Nach der Rechtsprechung des BGH lässt sich nicht allgemein festlegen, wie eingehend und detailliert die **Anforderungen** an Nebenangebote in den Vergabeunterlagen beschrieben sein müssen. Wegen der Vielfältigkeit der auszuschreibenden Leistungen könne dies nur **im Einzelfall** unter Berücksichtigung von Sinn und Zweck der Regelung und der jeweiligen Gesamtumstände, insbesondere der Komplexität des einzelnen Vergabegegenstands, bestimmt werden.

---

**Praxistipp**

In der Praxis ist es sinnvoll, Mindestanforderungen an Nebenangebote durch **Verweis auf standardisierte technische Regelwerke** bzw. normierte anerkannte Regeln der Technik[226] vorzugeben **und** diese durch funktionale Elemente, also **Zielvorgaben**, zu ergänzen.

---

222 BGH, Beschl. v. 7.1.2014 – X ZB 15/13.

223 BGH, Beschl. v. 7.1.2014 – X ZB 15/13.

224 Nach OLG München, Beschl. v. 24.11.2008 – Verg 23/08.

225 Bei den RStO = Richtlinien für die Standardisierung des Oberbaus von Verkehrsflächen handelt es sich um ein technisches Regelwerk im Straßenbau.

226 Z.B. Flachdachrichtlinie, DIN-Normen; EN-Normen, zusätzliche technische Vertragsbedingungen, baufachliche Richtlinien u.a.

**Checkliste Zulassung von Nebenangeboten**

?

- Wurden Nebenangebote in der **Bekanntmachung zugelassen**?
- Wurden spätestens in den Vergabeunterlagen **Mindestanforderungen** definiert?
  - Entweder funktional oder
  - durch inhaltliche Auswahl technischer Vorgaben aus der Leistungsbeschreibung oder
  - durch Verweis auf technische Regelwerke oder die anerkannten Regeln der Technik, ggf. ergänzt durch funktionale Zielvorgaben
- Wurden aussagekräftige **nichtpreisliche Zuschlagskriterien** definiert, die eine vergleichende Bewertung (Preis-Leistungs-Verhältnis, Qualitätsvergleich) von Haupt- und Nebenangeboten ermöglichen?

## J. Sonstige Erklärungen und Angaben

### I. Allgemeines

Nach § 13 (EG) Abs. 1 Nr. 4 VOB/A müssen die Angebote die geforderten Erklärungen und Nachweise enthalten. Aber auch nach Angebotsabgabe können Auftraggeber nach § 15 (EG) Abs. 1 VOB/A von den Bietern zusätzliche Angaben oder Aufklärung zur Eignung, Kalkulation oder zum Angebot selbst verlangen, § 15 (EG) Abs. 1 VOB/A. 282

Legen Bieter berechtigterweise geforderte Unterlagen nicht, nicht rechtzeitig oder nicht so wie gefordert vor, kann dies zum Angebotsausschluss nach § 16 (EG) Abs. 1 Nr. 3 S. 4 VOB/A bzw. §§ 16 Abs. 3a), 19 EG Abs. 3a) VOL/A[227] oder – was im Ergebnis keinen Unterschied macht – zur Nichtberücksichtigung des Angebots im Rahmen der Aufklärung führen, § 15 (EG) Abs. 2 VOB/A[228]. 283

Je nach Erklärung bzw. Nachweis ist es aus Sicht des Auftraggebers sinnvoll, dies **vor Zuschlagserteilung** zu fordern. Zum einen ist die **Kooperationsbereitschaft** der Bieter zu diesem Zeitpunkt erfahrungsgemäß ausgeprägter. Zum anderen beziehen sich die sonstigen Erklärungen und Angaben auf den Angebotsinhalt selbst oder die zugrunde liegende Kalkulation, so dass deren Inhalt die Wirtschaftlichkeit des Angebotes beeinflussen kann. 284

Daher muss sich der Auftraggeber im Vorfeld der Vergabe auch Gedanken darüber machen, 285
- ob er neben Eignungsnachweisen auch **sonstige Angaben und Erklärungen** von den Bietern bereits im Vergabeverfahren verlangen will und
- – falls ja – zu welchem **Zeitpunkt** („mit dem Angebot“ oder „auf Verlangen“ sowie
- in welcher **Form**.

---

227 Dazu im Einzelnen unter Kap. 8 Rn 73 ff.
228 Näher dazu Kap. 8 Rn 257 ff.

286 In Betracht kommen beispielsweise bei Bauvergaben:
- Vorlage der Urkalkulation (zur Angebots- und Nachtragsprüfung),
- Angabe von sonstigen Kalkulationsdetails,
- Aufgliederung der umsatz-, mengen- oder zeitabhängig kalkulierten Kosten (zur Beurteilung von Nachträgen bei Massenmehrungen und Bauablaufstörungen),
- **produktkonkretisierende Angaben**, wie etwa Hersteller und Typ,
- Angabe eine verbindlichen Ausführungsfrist,
- Vorlage eines Bauablaufplans mit bestimmten Mindestinhalten, z.B. mit Darstellung der Abhängigkeiten der einzelnen Teilleistungen bzw. Gewerke bzw. des sog. kritischen Wegs[229] oder
- Angaben, die für die Wertung der Zuschlagskriterien erforderlich sind.

## II. Urkalkulation

287 Den **Preisermittlungsgrundlagen** der Angebote (Angebots- bzw. Urkalkulation) kommt im Rahmen der Wertung der Angebote, aber auch nach Auftragserteilung bei Mengenüber- oder -unterschreitungen (vgl. § 2 Abs. 3 VOB/B) oder Vergütungsanpassungen wegen geänderter (vgl. § 2 Abs. 5 VOB/B) oder zusätzlicher (vgl. § 2 Abs. 6 VOB/B) Leistungen, sog. Nachträge,[230] **erhebliche Bedeutung** zu.

288 Eine Urkalkulation belegt üblicherweise die dem Angebot zugrunde liegende Kalkulation der Preise. Wird sie in einem verschlossenen Umschlag hinterlegt, wird damit regelmäßig die bis zum Bedarfsfall geheimzuhaltende Preisermittlung offen gelegt. Werden im Rahmen der **Angebotswertung** auffällig **hohe oder niedrige Preise** festgestellt, liegt ein solcher Bedarfsfall vor. Nach Auftragserteilung können Nachträge, Mengenveränderungen oder andere Umstände, die dazu führen, dass der Vertragspreis verändert werden kann oder anzupassen ist, einen solchen Bedarfsfall darstellen.[231]

289 Dem Auftraggeber steht nach der Vergaberechtsprechung[232] das Recht zu, Urkalkulationen bereits **mit Angebotsabgabe** zu fordern, etwa um spätere Verzögerungen oder Manipulationen von vornherein auszuschließen. Ein unzumutbarer Aufwand für den einzelnen Bieter ist mit der vorsorglichen Einreichung der Urkal-

229 Der in der Baupraxis übliche Begriff des „kritischen Wegs“ bezeichnet die Verkettung derjenigen Vorgänge, bei deren zeitlicher Änderung sich der Endtermin aller Vorgänge verschiebt.

230 Vgl. zum einseitigen Anordnungsrecht des Auftraggebers § 1 Abs. 3 und 4 Satz 1 VOB/B, zur Vergütungsfolge solcher Anordnungen § 2 Abs. 5 und 6 VOB/B.

231 Vgl. OLG Naumburg, Urt. v. 2.11.2010 – 9 U 22/08.

232 OLG Karlsruhe, Beschl. v. 24.7.2007 – 17 Verg 6/07; OLG Düsseldorf, Beschl. v. 15.3.2010 – Verg 12/10.

kulation nicht verbunden, weil er diese zur Erstellung des Angebots ohnehin benötigt, so dass diese bei Einreichung des Angebots verfügbar sein muss.

**Fettnapf**

Fordert der Auftraggeber mit Angebotsabgabe oder im Rahmen der Aufklärung unter Fristsetzung die Vorlage der **Urkalkulation**, müssen Bieter darauf achten, dass sie nicht die seit Jahrzehnten üblichen, einschränkenden Zusätze auf dem Umschlag wie **„Darf nur im Beisein des Bieters geöffnet werden“** oder „Nur öffnen nach Rücksprache mit Bieter“ anbringen. Die Abgabe geforderter Angaben, Erklärungen oder Unterlagen mit entsprechenden **Bedingungen oder Vorbehalten** führt dazu, dass die davon betroffenen Unterlagen als nicht eingereicht gelten.[233] Waren die Unterlagen „auf Verlangen“ und unter Fristsetzung gefordert, droht ein **Angebotsausschluss** nach § 15 (EG) Abs. 2 VOB/A. Waren die Unterlagen „mit dem Angebot“ einzureichen, kann – je nach den Umständen des Einzelfalls – eine Nachforderung nach § 16 (EG) Abs. 1 Nr. 3 VOB/A in Betracht kommen oder ein zwingender Angebotsausschluss wegen Änderung der Vergabeunterlagen drohen. Bieter sollten daher die Abgabe geforderter Erklärungen und Angaben nicht unter eine **unzulässige Bedingung** stellen.

Angebote müssten dem Auftraggeber in jeder durch die Vergabebekanntmachung und die Verdingungsunterlagen vorgegebenen Hinsicht zur vorbehaltlosen Kenntnisnahme und Prüfung offen stehen. Durch **unzulässige Bedingungen** wird dem Auftraggeber die Möglichkeit genommen, die Urkalkulation einseitig zu öffnen und den Inhalt der Angebotswertung und Prüfung zugrundezulegen. Dadurch wird **verhindert**, dass in jeder Hinsicht vergleichbare Angebote gewertet werden und damit das Gebot der **Gleichbehandlung** der Bieter gewahrt wird. 290

**Praxistipp**

Will die **Vergabestelle** Urkalkulationen von den Bietern fordern und sich die Möglichkeit offen halten, diese ohne vorherige Rücksprache mit den Bietern zur Angebotswertung und späteren Nachtragsprüfung einsehen zu können, sollte sie

- in den Vergabeunterlagen (z.B. den Bewerbungsbedingungen) angeben, wann und wie diese vorzulegen sind[234] und
- definieren, welche **inhaltlichen Mindestanforderungen** an Urkalkulationen gestellt werden.[235]

**Bieter** sollten darauf achten, dass

- etwaige inhaltliche Anforderungen (Kalkulationsvorgaben) eingehalten werden und

233 OLG Düsseldorf, Beschl. v. 15.3.2010 – Verg 12/10 sowie v. 24.11.2010 – Verg 36/10.

234 Z.B. „Der Bieter hat mit seinem Angebot in verschlossenem Umschlag eine Urkalkulation vorzulegen. Einschränkende Zusätze oder Bedingungen des Bieters zur Öffnung der Urkalkulation können dazu führen, dass das Angebot unberücksichtigt bleibt oder wegen Änderung der Verdingungs-/ Vergabeunterlagen auszuschließen ist.“

235 Z.B. „Eine Urkalkulation liegt vor, wenn aus ihr hervorgeht, welche Teilkosten (Lohn, Stoffkosten, Gerätekosten, Sonstige Kosten, Zuschläge) für welche Tätigkeiten, welches Material, welche Betriebsstoffe, welche Geräte usw. kalkuliert wurden und/oder welche Kosten mengen-, umsatz- bzw. zeitabhängig kalkuliert wurden.“

- **keine** Bedingungen, Vorbehalte oder sonstigen **einschränkenden Zusätze** auf dem Umschlag angebracht werden, wie etwa „Darf nur im Beisein des Bieters geöffnet werden“.

## III. Produktkonkretisierende Angaben

291 In der Leistungsbeschreibung beschreibt der Auftraggeber die vertraglich geschuldete Leistung durch recht abstrakte textliche und/oder planerische Vorgaben, wie technische Spezifikationen, Leistungs- oder Funktionsanforderungen, Probestücke, Bauzeichnungen, Detailplanungen und Ähnliches. Bestimmte Produkte, Marken, Typen o.Ä. darf er in der Leistungsbeschreibung, von Ausnahmefällen abgesehen,[236] nicht vorgeben.

292 Im Regelfall tragen die Bieter bei den jeweiligen Ordnungsziffern bzw. Leistungspositionen lediglich die von ihnen angebotenen Einheits- oder Pauschalpreise ein. Welche Annahmen, Produkte, Typen und Ähnliches der Bieter seiner Kalkulation bzw. seinem Angebot zugrunde gelegt hat, bleibt ohne entsprechende Abfrage im Dunkeln.

293 Um **vertragskonforme Angebote sicherzustellen**, bestehen bei einem Einheitspreisvertrag **mehrere Möglichkeiten**:

- Das **Problem** kann **in die Ausführungsphase verlagert** werden, indem auf produktkonkretisierende Angaben der Bieter oder eine Aufklärung der angebotenen Produkte im Rahmen des Vergabeverfahrens verzichtet wird. Eine Prüfung erfolgt dann erst im Rahmen der Leistungserbringung bzw. bei der Abnahme. Diese Variante hat den Vorteil, dass **keine zusätzlichen Ausschlussrisiken** wegen unzulässiger Änderung der Vergabeunterlagen[237] oder Fehlens geforderter Erklärungen geschaffen werden. Erhebliche Nachteile drohen freilich dann, wenn Abweichungen vom Vertrag oder den Vorstellungen des Auftraggebers erst bei fortgeschrittener Ausführung erkannt werden.
- Alternativ können **Erklärungen und Angaben** der Bieter zu den angebotenen Produkten **im Leistungsverzeichnis** gefordert werden (z.B. zu Hersteller und Typ). Der Vorteil dieser Variante liegt darin, dass der **Vertragsinhalt** mit Zuschlagserteilung **klar umrissen** und damit in der Phase der Leistungserbringung recht einfach zu kontrollieren ist. Nachteilig ist allerdings, dass mit der Anzahl der Produktabfragen auch das Ausschlussrisiko wegen unzulässiger Änderung der Vergabeunterlagen zunimmt.
- Schließlich kann auf generelle produktkonkretisierende Abfragen im Leistungsverzeichnis verzichtet werden und stattdessen eine **Abfrage** der genauen Pro-

236 Hierzu näher Rn 90 ff.

237 Vgl. § 16 (EG) Abs. 1 Nr. 1b) VOB/A iVm. § 13 (EG) Abs. 1 Nr. 5 VOB/A. Zu diesem Ausschlussgrund ausführlich Kap. 8 Rn 34 ff.

duktbezeichnung anlassbezogen oder im Einzelfall **im Wege der Aufklärung** erfolgen.

---

**Praxistipp**

Vergabestellen sollten das Vergabeverfahren und die Bieter nicht mit **unnötigen Erklärungspflichten** belasten. Sofern die Bieterangaben im Rahmen der Zuschlagskriterien wertungsrelevant sind, führt freilich an einer Abfrage kein Weg vorbei. Darüber hinaus sollten Produktabfragen auf wesentliche Positionen beschränkt bleiben, dann aber auch mit Angebotsabgabe gefordert werden.

Bei Bedarf können **zusätzliche Angaben** im Rahmen der Wertungsphase verlangt werden. Vergabestellen haben das Recht, genaue Leistungsinhalte und Produktbezeichnungen **im Rahmen der Aufklärung** nach § 15 (EG) Abs. 1 VOB/A, §§ 15, 18 EG VOL/A abzufragen.[238] Hiervon sollten sie z.B. bei auffällig **niedrig kalkulierten** Positionen auch Gebrauch machen, um Streit und böse Überraschungen nach Auftragserteilung zu vermeiden. Um das Vergabeverfahren zügig abschließen und im Falle unzureichender Mitwirkung des Bieters das Angebot ausschließen zu können, empfiehlt es sich, produktkonkretisierende Angaben (Hersteller, Typ) oder Produktdatenblätter **unter Fristsetzung** anzufordern.

---

## K. Zeitliche Ablaufplanung

Alle Vergabeverfahren zielen letztlich auf die Beschaffung einer bestimmten Ware oder Dienstleistung zu einem bestimmten Zeitpunkt oder für einen bestimmten Zeitraum. Der Beschaffungszeitpunkt wird im Wesentlichen durch die Planungs- und Genehmigungsphase, die Erstellung der Vergabeunterlagen, das Vergabeverfahren und die sich anschließende Phase der Leistungserbringung bestimmt. Die Dauer der Verfahrensschritte bis zur Zuschlagserteilung wiederum richtet sich nach den notwendigen Klärungen, Festlegungen, Abläufen und Fristen. Hier bietet sich eine zeitliche Ablaufplanung an, die **alle notwendigen Schritte** und deren **Abhängigkeiten** erfasst. 294

Auch die **unterschiedlichen**, vergaberechtlich relevanten **Fristen** (Angebotsfrist, Zuschlags- bzw. Bindefrist und Ausführungsfrist) müssen aufeinander **abgestimmt** sein. In der Praxis ist immer wieder festzustellen, dass die vertragliche Frist zur Leistungserbringung (Ausführungsfrist)[239] vor Ablauf der Zuschlagsfrist beginnt, also beide Fristen nicht hinreichend aufeinander abgestimmt wurden. 295

Da jede Planung von der Wirklichkeit überholt werden kann, empfiehlt es sich, auch die Ablaufplanung parallel zum Vergabeverfahren im Blick zu behalten und bei Bedarf Anpassungen vorzunehmen. 296

---

**238** OLG München, Beschl. v. 10.4.2014 – Verg 1/14; VK Nordbayern, Beschl. v. 9.10.2014 – 21. VK-3194-30/14.

**239** Vgl. §§ 8 (EG) Abs. 6 Nr. 1d) VOB/A, 9 (EG) Abs. 1 bis 4 VOB/A, § 5 Abs. 1 bis 2 VOB/B.

297 Wird erkennbar, dass die vertraglich vorgesehene Vertrags- bzw. Ausführungsfrist nicht einzuhalten ist, etwa weil sich die Wertung der Angebote verzögert, sollte zu Vermeidung von Zusatzforderungen eine Anpassung erfolgen. Vor Submission erfordert dies lediglich eine entsprechende Information aller Verfahrensbeteiligten. Nach Submission ist die Möglichkeit einer Rückversetzung des Verfahrens zu prüfen und ggf. in Erwägung zu ziehen.[240]

---

? **Checkliste Vorbereitung des Vergabeverfahrens**
- Welches **Vergaberechtsregime** ist einschlägig?
- Schätzung des **Auftragswerts**: Gilt das nationale oder das europarechtlich überlagerte Vergaberecht?
- Festlegung der **Vergabeart**
- Zusammenstellung der **Vergabeunterlagen** (LV + Vertragsbedingungen)
- Ausreichende Haushaltsmittel? Haushaltsmäßige Voraussetzungen erfüllt?
- Wahlpositionen zulässig und sinnvoll, z.B. als Puffer für Unsicherheiten in der Kostenprognose (Vermeidung von Aufhebungen oder Rückversetzungen)?
- Festlegung der allgemeinen und ggf. besonderen **Eignungsnachweise**
- **Mindestanforderungen** an die Eignung (Kriterien und geforderte Nachweise) in Bekanntmachung aufnehmen
- Geforderte Erklärungen und Nachweise: Ist klar geregelt, was die Bieter wie und wann abzugeben haben?
- **Zuschlagskriterium** Preis oder Festlegung von Wertungs- bzw. Zuschlagskriterien sinnvoll?
- Sollen **Nebenangebote** zugelassen werden? Falls ja,
  - Bekanntgabe des „Ob“ in der Bekanntmachung
  - Festlegung von nichtmonetären Zuschlagskriterien und der Mindestanforderungen an Nebenangebote
- **Zeitliche Ablaufplanung**: Sind die unterschiedlichen Fristen realistisch und aufeinander abgestimmt?
- Bei **VOB/A zusätzlich**:
  - Liegen die erforderlichen öffentlich-rechtlichen Zulassungen (Genehmigungen) vor?
  - Liegt eine plausible Mengenermittlung vor?
  - Ist die Ausführungsplanung komplett?
  - Leistungsbeschreibung mit Leistungsverzeichnis oder mit Leistungsprogramm?
  - Ist es sinnvoll Teilleistungen teilfunktional auszuschreiben?
  - Sind verbindliche Zwischenfristen als Vertragsfristen zweckmäßig bzw. erforderlich?
- Bei **VOL/A zusätzlich**:
  - abschließende Liste mit allen geforderten Nachweise erstellen und den Vergabeunterlagen beigefügen

---

240 Vgl. zur Rückversetzung Kap. 9 Rn 108 ff. bzw. zur risikoreicheren Änderung der Ausführungsfristen im Zuschlagsschreiben Kap. 9 Rn 28 ff.

# Kapitel 7
# Von der Bekanntmachung bis zur Submission

## A. Ausschreibungs- und Angebotsphase

### I. Beginn des Vergabeverfahrens

Das eigentliche Vergabeverfahren beginnt, wenn der öffentliche Auftraggeber seinen **internen Beschaffungsentschluss** mit dem Ziel eines Vertragsabschlusses durch **nach außen** wirkende Handlungen **umsetzt.**[1] Die Schwelle rein vorbereitender Handlungen, wie etwa bloßen Markterkundungen oder internen Vorüberlegungen, zum Beginn eines formellen Vergabeverfahrens wird in den Regelverfahren[2] mit der **Bekanntmachung** überschritten. 1

Erst mit der nach außen wirkenden Umsetzung des internen Beschaffungsentschlusses, also Handlungen eines **nach außen** hin **auftretenden Organs** des Auftraggebers, die auf die Auswahl eines Auftragnehmers gerichtet sind (externe Umsetzung), besteht die Möglichkeit, das Vergabeverhalten zum Gegenstand eines **Nachprüfungsverfahrens** zu machen. 2

**Vor diesem Zeitpunkt** können sich Bieter, die den Verdacht von Vergaberechtsverstößen hegen, nur an die Vergabestelle selbst oder die **Fach- und Rechtsaufsicht** wenden. 3

### II. Bekanntmachung

#### 1. Allgemeines

Mit der Bekanntmachung stellt der Auftraggeber **erste** formale **Regeln und Verfahrensinformationen** bereit, etwa über Art, Umfang und Ausführungszeitraum des zu vergebenden Auftrags, und fordert eine unbeschränkte Anzahl von Unternehmen auf, am Wettbewerb teilzunehmen. 4

Die Bekanntmachung ist im Regelfall der erste nach außen wirkende Schritt, um einen transparenten Wettbewerb sicherzustellen. Zugleich soll die Bekanntmachung **Anstoßwirkung** entfalten, indem Unternehmen überhaupt Kenntnis von Art und Umfang der Beschaffungsabsicht der öffentlichen Hand erhalten. 5

Am Auftrag interessierte Unternehmen können jetzt die Vergabeunterlagen anfordern oder – bei Verfahren mit vorgeschaltetem Teilnahmewettbewerb – Teilnah- 6

---

1 Vgl. etwa EuGH, Urt. v. 11.1.2005 – C-26/03 – Stadt Halle; OLG München, Beschl. v. 19.7.2012 – Verg 8/12; OLG Düsseldorf, Beschl. v. 17.12.2014 – Verg 26/14.

2 Vgl. dazu Kap. 5 Rn 3ff.

meanträge stellen. Die Bekanntmachung **setzt** daher bei offenen Verfahren oder Öffentlicher Ausschreibung sog. **Vergabereife voraus.**[3] Die Vergabeunterlagen müssen fertig gestellt und die rechtlichen und tatsächlichen Voraussetzungen für den Beginn der Leistungsausführung gegeben sein.

7 Der Auftraggeber ist, von engen Ausnahmen abgesehen,[4] nach den Vergabeordnungen **zur Bekanntmachung verpflichtet.**[5] Damit werden eine gleichmäßige und transparente Erstinformation aller am Auftrag interessierten Unternehmen und letztlich ein ergebnisoffener Wettbewerb bezweckt.

8 Was, wo und wie bekanntzugeben ist, wird im Wesentlichen in der jeweils einschlägigen **Vergabeordnung explizit geregelt.** Ergänzend kann auf den Sinn und Zweck der Bekanntmachung (Wettbewerbseröffnung, Anstoßwirkung) und die Vergabegrundsätze abgestellt werden.

9 Die Bekanntmachungspflicht ist eine spezielle **Ausprägung des Transparenzgebots** und des Wettbewerbsprinzips und zielt auf die Gleichbehandlung aller am Auftrag interessierten Unternehmen und die Sicherung eines transparenten Wettbewerbs.

10 Werden **verschiedene Veröffentlichungsmedien** genutzt, müssen zur Vermeidung von Wettbewerbsverzerrungen **identische Inhalte zeitgleich,** also am selben Tag bekannt gegeben werden. Bei EU-weiter Ausschreibung darf die Bekanntmachung zusätzlich im Inland oder auf nationalen Internetportalen veröffentlicht werden. Nationale Bekanntmachungen dürfen allerdings keine anderen oder weitergehende Angaben enthalten als die an das Amt für amtliche Bekanntmachungen der EU abgesandte Bekanntmachung. Sie dürfen auch nicht vor dem Tag der Absendung an dieses Amt veröffentlicht werden.[6] Dies folgt bereits aus dem vergaberechtlichen Gleichbehandlungsgebot.

### 2. Nationale Ausschreibung

11 Nationale Ausschreibungen sind so bekannt zu geben, dass sie grundsätzlich von jedem Interessierten bundesweit zur Kenntnis genommen werden können. Als Veröffentlichungsmedien kommen **Tageszeitungen**, amtliche Veröffentlichungsblätter oder **Internetportale** in Betracht.[7]

3 Vgl. § 2 (EG) Abs. 5 VOB/A sowie zu den Anforderungen an die Vergabereife im Einzelnen Kap. 6 Rn 56 ff. Instruktiv dazu auch OLG Düsseldorf, Beschl. v. 27.11.2013 – Verg 20/13.

4 Zu den Verfahren ohne Vergabebekanntmachung siehe Kap. 5 Rn 41 ff., 65 ff., 75 ff.

5 Vgl. etwa §§ 12 Abs. 1 Nr. 1, 12 EG Abs. 2 Nr. 1 VOB/A, § 12 Abs. 1 Nr. 1 VOL/A.

6 Vgl. § 12 EG Abs. 2 Nr. 6 VOB/A, § 15 EG Abs. 4 VOL/A, § 9 Abs. 4 VOF.

7 Vgl. § 12 Abs. 1 Nr. 1 VOB/A, § 12 Abs. 1 Nr. 1 VOL/A.

In der Praxis üblich sind überregionale Zeitungen, **Vergabeportale** der Länder[8] oder eine Veröffentlichung im Internet, bei Vergaben des Bundes unter www.bund.de.[9] Aus Kostengründen werden häufig nur **Kurztexte** bekannt gegeben, die bezüglich des vollständigen Ausschreibungstextes auf die **Internetseite** des öffentlichen Auftraggebers verweisen. 12

Wegen des Wettbewerbsprinzips sind für einen **überregionalen Wettbewerb** geeignete Medien auszuwählen. Würde eine Ausschreibung ausschließlich in einer Lokalzeitung bekannt gegeben, läge darin eine unzulässige (mittelbare) Beschränkung des Bewerberkreises auf regionale Bewerber, was gegen § 6 (EG) Abs. 1 Nr. 1 VOB/A und das Wettbewerbsprinzip verstößt. 13

Die Bekanntgabe stellt für die Unternehmen die entscheidende Grundlage für die Teilnahmeentscheidung dar. Daher muss sie alle für den Entschluss zur Angebotsabgabe oder Einreichung eines Teilnahmeantrags erforderlichen Angaben enthalten. Sowohl § 12 (EG) Abs. 2 VOB/A als auch § 12 Abs. 2 VOL/A legen insoweit einen **Mindestinhalt** fest. Bei Bauvergaben können, wie sich aus § 8 Abs. 2 Nr. 1 VOB/A ergibt, einzelne Angaben jedoch auch noch im Anschreiben (Aufforderung zur Angebotsabgabe) nachgeholt werden. 14

**Praxistipp** !
Es empfiehlt sich, **bestehende Formblätter**, wie beispielsweise die Formblätter 121 und 122 des VHB Bund, **als Checkliste** zu **nutzen**. Dort finden sich auch Muster für EU-weite Bekanntmachungen sowie eine Anleitung zum Ausfüllen.

### 3. Europaweite Ausschreibung

Bei Vergaben im Oberschwellenbereich sind die Bekanntmachungen im **Amtsblatt der EU** zu veröffentlichen.[10] Dies kann postalisch oder – v.a. in Fällen des beschleunigten Verfahrens – per Telefax oder auf elektronischem Weg erfolgen. Für die Bekanntmachung sind die **europäischen Standardformulare** zu verwenden.[11] Die **amtlichen Muster** für die Bekanntmachungen sind im Internet abrufbar.[12] 15

8 Siehe etwa www.vergabe.hessen.de, www.vergabe.rlp.de, www.vergabe.bayern.de usw.

9 Siehe auch § 12 Abs. 1 S. 2 VOL/A, wonach Bekanntmachungen in Internetportalen zentral über die Suchfunktion des Internetportals www.bund.de ermittelt werden können.

10 Vgl. z.B. § 12 EG Abs. 2 Nr. 2 VOB/A, § 15 EG Abs. 3 VOL/A.

11 Z.B. ist für Regelvergaben das Standardformular 2, für Vergaben im Sektorenbereich das Standardformular 5, für Vergaben im Verteidigungs- und Sicherheitsbereich das Standardformular 17 usw. zu verwenden.

12 www.simap.europa.eu.

**Praxistipp**
Auftraggeber sollten zur Fehlervermeidung stets die **aktuellen Muster bzw. Standardformulare** für die Veröffentlichung von Vergabebekanntmachungen **verwenden**, da sie den aus den europäischen Richtlinien bzw. dem Anhang II der einschlägigen EU-Verordnung[13] resultierenden Mindestinhalt umfassen.

16 Bestimmte Kriterien und Angaben unterliegen der **Bekanntmachungspflicht. Fehler** oder Verstöße **führen zur Unwirksamkeit** der entsprechenden Regelung oder Forderung. Auftraggeber müssen daher u.a. vor der Bekanntmachung geklärt haben, ob

- eine **Losaufteilung** erforderlich ist,
- **Nebenangebote** zugelassen oder
- bestimmte formale Anforderungen an die **Eignung** der Bieter gestellt werden sollen.

### 4. Ausnahmen von der Bekanntmachungspflicht

17 Ausnahmen von der Bekanntmachungspflicht bestehen lediglich bei **Beschränkter Ausschreibung** und **Freihändiger Vergabe** ohne vorgeschalteten Teilnahmewettbewerb nach nationalem Recht bzw. im Oberschwellenbereich bei **Verhandlungsverfahren** ohne öffentliche Vergabebekanntmachung.

18 Bei diesen Vergabearten fordert der Auftraggeber ausnahmsweise geeignete Bieter **direkt zur Angebotsabgabe** auf. Wegen der damit einhergehenden Wettbewerbsbeschränkung, sind die Voraussetzungen für die Auswahl dieser Vergabearten entsprechend eng gefasst.[14]

### 5. Berichtigung fehlerhafter Bekanntmachungen

19 Die Berichtigung von Fehlern bei der Bekanntmachung erfordert aus Gründen der Verfahrenstransparenz regelmäßig eine **Neubekanntmachung**. Für die Veröffentlichung entsprechender Berichtigungen im Amtsblatt der EU ist das **Standardformular 14** zu verwenden.[15]

---

13 Durchführungsverordnung (EU) Nr. 842/2011 der Kommission vom 19.8.2011 zur Einführung von Standardformularen für die Veröffentlichung von Vergabebekanntmachungen auf dem Gebiet der öffentlichen Aufträge und zur Aufhebung der Verordnung (EG) Nr. 1564/2005, ABl. EU L 222/1 vom 27.8.2011.

14 Ausführlich zu den Vergabearten s. Kap. 5.

15 Vgl. dazu OLG Naumburg, Beschl. v. 30.4.2014 – 2 Verg 2/14.

---

**Fettnapf**

Ein öffentlicher Auftraggeber schreibt Kanalbauarbeiten aus. Als Fachkundenachweis fordert er in der Bekanntmachung den „Nachweis RAL[16] 961 Beurteilungsgruppe AK1".

Ein am Auftrag interessiertes Unternehmen rügt die Forderung als vergaberechtswidrig. Es macht geltend, die Forderung schränke den Wettbewerb ein. Im Übrigen könne von ihm nicht erwartet werden, dass es sich einer kostenpflichtigen Prüfung durch einen Verein unterziehe.

Das bekannt gegebene Eignungskriterium ist diskriminierend, weil es Bieter, die nicht über das RAL Gütezeichen verfügen, aber die **materiellen Anforderungen des Gütezeichens** erfüllen, ohne sachlichen Grund benachteiligt. Erforderlich ist grundsätzlich auch, dass die hinter einem Gütezeichen stehenden Kriterien vom Auftraggeber **offen gelegt** werden und es Bietern durch eine **Öffnungsklausel** ermöglicht wird, die erforderlichen Nachweise im Einzelfall, ggf. ergänzt durch eine Fremdüberwachung, zu erbringen.[17]

Der Auftraggeber muss dementsprechend den Bekanntmachungstext korrigieren. Eine Heilung durch entsprechende Klarstellung an alle Bieter vor Submission eliminiert die Rechtsverletzung nur diesen gegenüber, so dass sich Dritte, bislang unbeteiligte Bieter auf eine fehlerhafte Bekanntmachung berufen könnten.

---

### III. Versand der Vergabeunterlagen

Unternehmen, die aufgrund der bekannt gegebenen Kriterien und Informationen 20
Interesse am Auftrag haben, fordern bei der Vergabestelle die Vergabeunterlagen[18] an. Wo und wie die Unterlagen zu erhalten sind und welche Zahlungsmodalitäten gelten, ergibt sich aus der Bekanntmachung. Werden Unterlagen zum Download angeboten, ist dies in der Regel kostenlos über die ebenfalls in der Bekanntmachung angegebene Internetadresse oder das angegebene Internetportal möglich.

Die Vergabeunterlagen können **elektronisch**, z.B. über Vergabeplattformen, 21
oder (noch)[19] in **Papierform** zur Verfügung gestellt werden. Beim Postversand sind die Unterlagen unverzüglich, spätestens aber innerhalb von sechs Kalendertagen an die Bewerber zu versenden.

---

16 RAL-GZ 961 bezieht sich auf die Herstellung und Instandhaltung von Abwasserleitungen und -kanälen. Der RAL Deutsches Institut für Gütesicherung und Kennzeichnung e.V. prüft Produkte und Leistungen und verleiht RAL Gütezeichen unterschiedlichster Art an Firmen, die sich regelmäßigen Prüfungen unterziehen und sich verpflichten, die jeweils geltenden Güte- und Prüfbestimmungen einzuhalten.

17 Vgl. zu einer wirksamen Bekanntmachung mit Öffnungsklausel etwa OLG Naumburg, Beschl. v. 29.10.2013 – 2 Verg 3/13.

18 Teilweise auch als „Verdingungsunterlagen" oder, in den EU-Richtlinien, als „Auftragsunterlagen" bezeichnet.

19 Nach Art. 53 RL 2014/24/EU müssen Vergabeunterlagen (Auftragsunterlagen) ab dem 18.4.2016 (Ablauf der Umsetzungsfrist) elektronisch und unentgeltlich, uneingeschränkt und vollständig sowie direkt zugänglich sein.

! **Praxistipp**
Bei dringlichen bzw. zeitkritischen Vergaben empfiehlt sich eine **elektronische Bekanntmachung**, da in diesem Fall die **Bewerbungs- bzw. Angebotsfristen** um sieben Kalendertage **verkürzt** werden können.[20] Zu diesem Zweck muss die elektronische Bereitstellung der Vergabeunterlagen allerdings frei zugänglich, direkt und vollständig erfolgen. Dies erfordert, dass die Vergabeunterlagen über eine Internetadresse (z.B. eine Vergabeplattform oder die Homepage des öffentlichen Auftraggebers) zum Download bereitstehen.

22 Bei **Öffentlichen Ausschreibungen** oder offenen Verfahren findet vor dem Versand der Vergabeunterlagen **keine Vorauswahl** statt. Die Unterlagen sind vielmehr an alle anfordernden Unternehmen zu versenden.

23 Bei **Verfahren mit Teilnahmewettbewerb**, also solchen mit vorgelagerter Eignungsprüfung, sind die Vergabeunterlagen **allen geeigneten Bewerbern** zu übermitteln. Wurde die Teilnehmerzahl im Vorfeld durch Angabe einer Höchstzahl beschränkt, hat der Auftraggeber die Auswahlentscheidung in transparenter Weise anhand der bekannt gegeben Kriterien zu treffen.

24 Bei **Verfahren ohne Bekanntmachung**[21] werden die Unterlagen an die vom Auftraggeber ausgewählten und als geeignet qualifizierten Unternehmen versandt.

25 Erfolgt der Versand nach Vorauswahl des Auftraggebers, also nach Teilnahmewettbewerb, im sog. wettbewerblichen Dialog oder in Verfahren ohne Bekanntmachung (Verhandlungsverfahren, Beschränkte Ausschreibung oder Freihändige Vergabe), sind die Vergabeunterlagen aus Gründen der Gleichbehandlung am **selben Tag** zu versenden, § 12 EG Abs. 4 Nr. 2 VOB/A.

## IV. Angebotserstellung

### 1. Vergabeunterlagen sichten

26 Bevor ein Bieter entscheidet, ob er überhaupt ein Angebot abgeben möchte, sollten zunächst die Vergabeunterlagen insgesamt auf Vollständigkeit durchgesehen werden. **Fehlende Unterlagen** müssen umgehend bei der Vergabestelle nachgefordert werden.

! **Praxistipp**
Handelt es sich um eine Vergabe der Länder, des Bundes oder eines sonstigen öffentlichen Auftraggebers, der an Vorgaben eines Vergabehandbuchs (VHB) gebunden ist, eignet sich die den Vergabeunterlagen beigefügte Aufforderung zur Abgabe eines Angebots **(Formblatt 211) als Check-**

20 Vgl. etwa § 10 EG Abs. 1 Nr. 3, Abs. 2 Nr. 2 VOB/A bei offenen bzw. nicht offenen Verfahren.
21 Also bei Verhandlungsverfahren ohne Teilnahmewettbewerb im Oberschwellenbereich oder bei beschränkter Ausschreibung und Freihändiger Vergabe im Unterschwellenbereich.

**liste.** Das Formblatt listet die wesentlichen Bestandteile der Vergabeunterlagen in vier Rubriken unterteilt auf, nämlich Anlagen, die

- im Vergabeverfahren zu beachten sind,
- Vertragsbestandteil werden,
- ausgefüllt mit dem Angebot einzureichen sind und solche,
- die auf gesondertes Verlangen der Vergabestelle einzureichen sind.

Ergeben sich bei der späteren gründlichen Durchsicht Widersprüche oder **Unklarheiten**, sollte die Vergabestelle **unverzüglich** in Textform um Klarstellung bzw. **Aufklärung** gebeten werden. Die Übersendung der möglichst klar und präzise formulierten Rückfragen sollte per Fax oder E-Mail unter Verwendung der Funktion „Lesebestätigung“ erfolgen. 27

## 2. Bekanntmachung sichten

**Besondere Aufmerksamkeit** müssen Bieter dem Bekanntmachungstext widmen. 28
Dies gilt insbesondere für die Frage,

- ob Nebenangebote zugelassen wurden,[22]
- welche Eignungskriterien und -nachweise gelten und ob diese klar und unmissverständlich formuliert sind[23] oder
- ob die Bekanntmachung Verstöße gegen Vergabebestimmungen enthält[24].

## 3. Eignungskriterien und geforderte Eignungsnachweise prüfen

Bieter müssen, um als geeignet eingestuft zu werden, **alle** in der Bekanntmachung wirksam[25] geforderten **Eignungskriterien** erfüllen und die zugehörigen **Eignungsnachweise** vollständig und widerspruchsfrei vorlegen. 29

Kann ein Bieter nicht alle Anforderungen des Auftraggebers an die Leistungsfähigkeit selbst erfüllen, besteht die Möglichkeit der sog. **Eignungsleihe.** Eigene Eignungsdefizite können durch **Kooperation** mit anderen Unternehmen ausgeglichen werden. Ein bestimmter Eigenleistungsanteil kann, jedenfalls im Oberschwellenbereich, nicht gefordert werden. Unternehmen können sich daher zum Nachweis ihrer Leistungsfähigkeit und Fachkunde, also bezogen auf **alle Eignungskriterien**, der Fähigkeiten anderer Unternehmen bedienen, § 6 EG Abs. 8 VOB/A, § 7 EG Abs. 9 VOL/A. 30

22 Dazu näher Kap. 6 Rn 267 ff.
23 Dazu näher Kap. 6 Rn 128 ff.
24 Vgl. § 107 Abs. 3 Nr. 2 GWB. Zur Rügeobliegenheit bei aufgrund der Bekanntmachung erkennbaren Vergabeverstößen und den insoweit zu beachtenden Ausschlussfristen näher Kap. 12 Rn 114 ff.
25 Zu den Wirksamkeitsvoraussetzungen näher Kap. 6 Rn 129 ff.

31 Zur **Einbeziehung der Eignung eines Dritten** bestehen im Prinzip drei Möglichkeiten:
- Bildung einer **Bietergemeinschaft**[26] oder
- Angabe des Dritten als **Nachunternehmer** und/oder
- Vorlage einer sog. **Verpflichtungserklärung**.

32 Auf den rechtlichen Charakter der Verbindung zwischen dem Bieter und dem Dritten kommt es nicht an. Entscheidend ist allein, ob
- der Dritte die Eignungsdefizite des Bieters ausgleichen kann und
- gewillt ist, dem Bieter die dafür erforderlichen Mittel bei der Erfüllung des Auftrags zur Verfügung zu stellen.

Dies kann beispielsweise durch eine sog. **Verpflichtungserklärung des Dritten** nachgewiesen werden.

---

**Beispiel**
Bieter A kann bestimmte geforderte Nachweise zur wirtschaftlichen oder finanziellen Leistungsfähigkeit nicht erfüllen oder verfügt nicht über die geforderten Referenzen. Um gleichwohl alle Nachweise zu erbringen und als geeignet eingestuft zu werden, bezeichnet er in seinem Angebot alle Leistungsbereiche nach Art und Umfang, bei deren Erfüllung er sich der Fähigkeiten anderer Unternehmen bedienen will. Zugleich holt er bei allen Unternehmen, auf deren Fähigkeiten er sich zur Erfüllung der Eignungskriterien berufen will, folgende **Zusicherung** ein:
„Wir verpflichten uns, im Falle der Auftragsvergabe an den Bieter A diesem mit den Fähigkeiten ... (Angabe der Mittel/Kapazitäten) unseres Unternehmens für die Leistungsbereich(e) ... zur Verfügung zu stehen."

---

33 Bei der Benennung von Nachunternehmern für bestimmte Teilleistungen ist darauf zu achten, dass der **Nachunternehmer selbst geeignet** ist. Denn der Nachunternehmer hat für die von ihm zu übernehmenden Teile der Leistung in fachlicher, persönlicher und wirtschaftlicher Hinsicht denselben Eignungsanforderungen zu genügen wie der Bieter für seinen Leistungsteil.[27]

### 4. Zuschlagskriterien und Wertungssystem analysieren

34 Sofern nicht der Preis als alleiniges Zuschlagskriterium benannt wurde, muss der Bieter versuchen, die Wertungskriterien, Wertungsmatrix oder sonstige bekannt gegebenen **Wertungsregeln** (Umrechnungsformeln, Pflichtenheft, Kriterienkatalog usw.) **zu „verstehen"**. Nur dann kann er ein optimales Angebot abgeben.

---

26 Dazu sogleich näher unter Rn 41 ff.
27 OLG Düsseldorf, Beschl. v. 16.11.2011 – Verg 60/11.

Fehlen transparente, hinreichend bestimmte Angaben zu den Wertungskriterien, deren Gewichtung oder zu dem erforderlichen Vergleichsmaßstab,[28] sollte die Vergabestelle zunächst um Konkretisierung gebeten werden. Sind die Unterlagen danach immer noch intransparent oder fehlerhaft, ist zur Rechtswahrung eine **Rüge** erforderlich.[29] 35

**Praxistipp**

Wertungsrelevante Anforderungen sind häufig in den Vergabeunterlagen verstreut und können daher leicht übersehen werden. Auch hier ist **Gründlichkeit** gefragt!

Werden konzeptionelle Ausführungen, Präsentationen und ähnliche subjektiv situativen Aspekte bewertet, lohnen sich eine gründliche Vorbereitung und die Abgabe schlüssiger Konzepte besonders. Dadurch besteht die Möglichkeit, sich von Mitbewerbern abzuheben und zu punkten.

### 5. Formvorschriften einhalten

Ist die Entscheidung zur Angebotsabgabe getroffen, sollten sich Bieter eine **Liste** mit allen **geforderten Erklärungen und Nachweisen** zusammenstellen. Bei elektronisch vorliegenden Vergabeunterlagen empfiehlt es sich, diese mit entsprechenden Suchbegriffen zu durchsuchen. 36

Geforderte Erklärungen ergeben sich typischerweise insbesondere aus 37
- der Bekanntmachung (Eignungskriterien und -nachweise)
- der Bekanntmachung oder den Vergabeunterlagen (Zuschlagskriterien),
- den Bewerbungsbedingungen,
- dem Leistungsverzeichnis (Bieterangaben, Produktabfragen und Ähnliches),
- ggf. beigefügten Wartungsverträgen,
- ggf. beigefügten Fragenkatalogen,
- usw.

**Praxistipp**

Ein Vergabeverfahren ist zunächst einmal ein **Vollständigkeitswettbewerb**. Bietern nützt das beste Angebot nichts, wenn sie bereits an formalen Hürden scheitern. Von daher kommt es zunächst einmal auf **Pünktlichkeit und Vollständigkeit** an. Entscheidend ist daher, dass das Angebot
- form- und fristgerecht bei der Vergabestelle eingeht,
- unterschrieben ist,
- alle geforderten Preise, Nachweise, Erklärungen und sonstigen geforderten Angaben inhaltlich richtig, widerspruchsfrei und vollständig enthält und
- keine Änderungen oder Ergänzungen vorgenommen wurden.

**28** Vgl. dazu näher Kap. 6 Rn 212ff.

**29** Vgl. dazu Kap. 12 Rn 101ff.

38 Haben Bieter eine **Präqualifizierung**[30] durchlaufen, ist darauf zu achten, dass diese nur ihre allgemeine Eignung für die umfassten Leistungsbereiche abgedeckt. Eine Präqualifikationsurkunde belegt nur die Eignung bezogen auf die präqualifizierten Leistungsbereiche.[31] Wurden **besondere Eignungsnachweise** gefordert (Bekanntmachung), müssen diese gesondert vorgelegt werden. Soweit die zu vergebende Leistung von den präqualifizierten Leistungsbereichen nicht erfasst wird, müssen die geforderten Eignungsnachweise vollständig und rechtzeitig bei der Vergabestelle vorgelegt werden.

### 6. Keine Änderung oder Ergänzung der Vergabeunterlagen

39 Änderungen des Bieters an den Vergabeunterlagen führen zwingend zum **Ausschluss des Angebots.** Ob die vorgenommenen Änderungen zentrale oder wichtige oder eher unwesentliche Leistungspositionen betreffen oder ob die Abweichung letztlich irgendeinen Einfluss auf die Funktionalität des Angebots hat, ist nach der Rechtsprechung nicht entscheidend.[32] Bieter sollten daher **auf keinen Fall**

- **Anmerkungen**, Randnotizen **oder Streichungen** in den Unterlagen anbringen,
- eine **höherwertige Leistungen** anbieten,[33] es sei denn, es wurden lediglich technische Mindestanforderungen vorgegeben oder
- im Anschreiben oder an anderer Stelle (Briefpapier, Fußzeile usw.) auf **Allgemeine Geschäftsbedingungen** verweisen.[34]

40 Müssen **Schreibfehler** korrigiert werden, muss dies zweifelsfrei erfolgen, § 13 (EG) Abs. 1 Nr. 5 S. 2 VOB/A.[35] Benutzen Sie keinen Korrekturlack, sondern ändern Sie die Eintragung mit Datum und Paraphe ab!

### 7. Bildung einer Bietergemeinschaft

41 Angebote können grundsätzlich von einzelnen Unternehmen oder im **Zusammenschluss mit anderen Unternehmen** als Bietergemeinschaft abgegeben werden. Bietergemeinschaften sind nach den Vergabeordnungen Einzelbietern gleichzusetzen.[36]

42 Die an einer Bietergemeinschaft beteiligten Unternehmen verpflichten sich regelmäßig, von eigenen Angeboten abzusehen und mit anderen Unternehmen im

---

30 Dazu näher Kap. 8 Rn 130 ff.
31 VK Bund, Beschl. v. 30.11.2009 – VK 2-195/09.
32 Vgl. OLG Naumburg, Urt. v. 26.10.2004 – 1 U 30/04.
33 Vgl. OLG Frankfurt, Urt. v. 3.7.2007 – 11 U 54/06.
34 VK Bund, Beschl. v. 24.6.2013 – VK 3-44/13.
35 Dazu näher Kap. 8 Rn 45 ff.
36 Vgl. § 6 (EG) Abs. 1 Nr. 2 VOB/A, § 6 Abs. 1 S. 1 VOL/A, § 22 SektVO.

konkreten Vergabeverfahren nicht zusammenzuarbeiten. Das kann in Ausnahmefällen gegen die **gesetzlichen Kartellverbote** verstoßen und damit zum Angebotsausschluss führen.[37] Aus wettbewerbs- bzw. kartellrechtlicher Sicht werden Bietergemeinschaften daher teilweise kritisch betrachtet. Es wird zwischen folgenden **Fallgruppen** unterschieden:

### a) Unternehmen unterschiedlicher Branchen

Schließen sich Unternehmen unterschiedlicher Branchen zu einer Bietergemeinschaft zusammen, ist dies kartellrechtlich in der Regel **unbedenklich**, weil die Unternehmen in keinem potentiellen Wettbewerbsverhältnis zueinander stehen. 43

---

**Beispiel**
Ein Tiefbauer und ein Hochbauer geben als Bietergemeinschaft ein Angebot ab. Da es sich um unterschiedliche Gewerke mit unterschiedlichen Ausschreibungsmärkten handelt, **fehlt** es bereits an einem **potentiellen Wettbewerbsverhältnis.** Es liegt keine Wettbewerbsbeschränkung vor.

---

### b) Zusammenschluss branchenangehöriger Unternehmen

Kartell- und wettbewerbsrechtlich **problematischer** ist der Zusammenschluss von **Unternehmen der gleichen Branche.** Diese stehen zumindest potentiell in einem Wettbewerbsverhältnis zueinander, welches letztlich durch die Gründung einer Bietergemeinschaft bewusst eingeschränkt wird. 44

Ein Zusammenschluss branchenangehöriger Unternehmen ist jedoch nach der Rechtsprechung **nicht generell wettbewerbsschädlich.** Schließen sich etwa kleinere Firmen zur Angebotsabgabe zusammen, weil jedem Mitglied für sich betrachtet die erforderliche finanzielle und/oder technische Leistungsfähigkeit zur Teilnahme an der Ausschreibung fehlen würde, führt der Zusammenschluss gerade zur Ausweitung des Wettbewerbs. Ohne die Möglichkeit zur gemeinschaftlichen Angebotsabgabe wäre kein Mitglied in der Lage, ein eigenes aussichtsreiches Angebot abzugeben. 45

**Zulässig** ist daher der Zusammenschluss branchenangehöriger Unternehmen zu einer Bietergemeinschaft, wenn 46

- die beteiligten Unternehmen für sich betrachtet zu einer Teilnahme an der Ausschreibung mit einem eigenen Angebot auf Grund ihrer betrieblichen oder geschäftlichen Verhältnisse (z.B. mit Blick auf Kapazitäten, technische Einrichtungen und/oder fachliche Kenntnisse) mangels hinreichender Leistungsfähigkeit nicht in der Lage sind, also **nur** eine **gemeinsame Leistungsfähigkeit** gegeben ist, und

---

37 Vgl. auch § 16 (EG) Abs. 1 Nr. 1d) VOB/A, § 16 Abs. 3f) VOL/A usw., wonach Angebote auszuschließen sind, die auf einer unzulässigen wettbewerbsbeschränkenden Abrede beruhen.

- erst der Zusammenschluss zu einer Bietergemeinschaft sie in die Lage versetzt, sich (mit Aussicht auf Erfolg) am Wettbewerb zu beteiligen,
- wobei die Zusammenarbeit als eine im Rahmen wirtschaftlich zweckmäßigen und kaufmännisch vernünftigen Handelns liegende Unternehmensentscheidung zu erscheinen hat.[38]

### c) Keine automatische Aufklärungspflicht

47 Die Bildung von Bietergemeinschaften unterliegt **keinem Generalverdacht** einer Kartellrechtswidrigkeit.[39] Insofern besteht auch keine Pflicht der Unternehmen, von sich aus oder gar mit Angebotsabgabe, Umstände vorzutragen, die gegen einen Verstoß gegen § 1 GWB sprechen.

48 Erst wenn im Einzelfall **tatsächliche Anhaltspunkte** dafür vorliegen, dass die Bildung der Bietergemeinschaft eine Verhinderung, Einschränkung oder Verfälschung des Wettbewerbs bezweckt oder rein tatsächlich bewirkt, ist eine entsprechende **Nachfrage der Vergabestelle** erforderlich. Erst dann muss die Bietergemeinschaft aktiv werden.

---

**Beispiel**[40]
Zwei Unternehmen der gleichen Branche und mit vergleichbarem Tätigkeitsfeld geben als Bietergemeinschaft ein Angebot ab. Jedes Unternehmen wäre für sich betrachtet (Umsatz, Fachkunde, Mitarbeiterstamm usw.) objektiv in der Lage gewesen wären, ein eigenes Angebot abzugeben. Sind auch ansonsten objektiv keine Anhaltspunkte ersichtlich, die eine Zusammenarbeit als wirtschaftlich zweckmäßig und kaufmännisch vernünftig erscheinen lassen, muss die Bietergemeinschaft auf Nachfrage der Vergabestelle darlegen, dass ihre Bildung und Angebotsabgabe nicht gegen § 1 GWB verstößt.

---

**Checkliste Angebotsabgabe**
- Eignungskriterien in **Bekanntmachung durchsehen.**
  - Soweit diese klar und eindeutig formuliert und durch den Auftragsgegenstand gerechtfertigt sind, Vergabeunterlagen anfordern.
  - Bei **Unklarheiten** umgehend zumindest in Textform (E-Mail mit Übermittlungsbestätigung) nachfragen.
  - Etwaige **Vergabeverstöße** (Bezug zum Auftragsgegenstand, Angemessenheit) umgehend, spätestens mit Angebotsabgabe konkret rügen.
- Können Eignungsanforderungen nicht allein erfüllt werden: Prüfen, ob **Eignungsleihe** durch Nachunternehmer sinnvoll, Verpflichtungserklärung Dritter erforderlich oder Angebot als Bietergemeinschaft erfolgen soll.
- **Vergabeunterlagen** auf **Vollständigkeit** prüfen (Auflistung der Bestandteile oft im Formblatt Angebotsschreiben oder „Aufforderung zur Abgabe eines Angebots" = FB 211 VHB Bund). Fehlende Unterlagen umgehend nachfordern.

---

38 OLG Düsseldorf, Beschl. v. 9.11.2011 – Verg 35/11 und Beschl. v. 17.2.2014 – Verg 2/14.
39 Vgl. dazu insgesamt OLG Düsseldorf, Beschl. v. 17.12.2014 – Verg 22/14.
40 Vgl. OLG Düsseldorf, Beschl. v. 17.12.2014 – Verg 22/14.

- Vergabeunterlagen inhaltlich durchsehen. Bei Unklarheiten, Widersprüchen usw. schriftlich oder per E-Mail nachfragen. (Vermeintliche) Widersprüche und Ähnliches aufzeigen und um Klarstellung bitten. **Rückfragen** klar formulieren.
- Falls **Bewerbungsunterlagen** beigefügt sind, gründlich durchsehen und beachten. Etwaige Unklarheiten durch Nachfrage bei Vergabestelle aufklären.
- **Bei VOB/A-Vergaben:** Etwaige Nachunternehmerleistungen entweder (zunächst) überhaupt nicht (falls Forderung mit Angebotsabgabe = Nachforderungspflicht) oder nach Art und Umfang vollständig angeben.
- **Bei VOL/A-Vergaben:** Liegt abschließende Liste mit geforderten Nachweisen bei? Falls ja, akribisch und vollständig abarbeiten. Falls nein, nachfordern. Ggf. Rüge innerhalb der Frist zur Angebotsabgabe unter Verweis auf Entscheidung des OLG Düsseldorf, Beschl. vom 3.8.2011 – Verg 30/11.
- **Bei VOB/A- und VOF-Vergaben:** Liste mit allen geforderten Nachweise und Angaben erstellen. Liegen Unterlagen elektronisch vor, nach entsprechenden Begriffen suchen (Suchbegriffe: Typ, Hersteller, anzugeben, vorzulegen, mit Angebotsabgabe, auf Verlangen, Nachweis, nachzuweisen, Fabrikat, Angabe, angebot(enes), Produkt, verbindlich usw.).
- Geforderte **Nachweise und Erklärungen** zusammenstellen. Achtung: inhaltlich falsche Erklärung darf nicht nachgefordert werden und führt zum Ausschluss! Daher auf geforderten Inhalt achten. In Zweifelsfällen bei Vergabestelle schriftlich oder per E-Mail nachfragen.
- Angebot unterschreiben.
- Keine eigenen **AGB**, Lieferbedingungen o.Ä. beifügen, auch keine entsprechenden Erklärungen im Anschreiben (Fußzeile, Rückseite, usw.).
- Vordrucke, Formblätter, die zurückzugeben sind bzw. Bestandteil des Angebotes werden, vollständig und zutreffend ausfüllen.
- Alle geforderten Preisangaben tätigen (ggf. auch in Anlagen, wie etwa Wartungsvertrag).
- Nachträgliche Preisänderungen vermeiden, ansonsten durch Datum und Namenszeichen Verfasser kenntlich machen.
- Keine Änderung der Vergabeunterlagen durch
  - Anmerkungen oder Streichungen im LV,
  - Angabe/Benennung von Produkten, die nicht den Vorgaben der Leistungsbeschreibung entsprechen usw.

## V. Bieterfragen

### 1. Allgemeines

Schon in der Phase der **Vertragsanbahnung** sind die Anforderungen des redlichen Geschäftsverkehrs zu beachten. Hieraus können sich Pflichten zur wechselseitigen **Aufklärung und Rücksichtnahme** ergeben. Zwischen dem Ausschreibenden und den Bietern besteht daher während des Vergabeverfahrens ein **vertragsähnliches Vertrauensverhältnis**, das Grundlage von Schadensersatzansprüchen aus §§ 280 Abs. 1, 241 Abs. 2 BGB sein kann.[41] 49

**41** OLG Frankfurt, Urt. v. 22.3.2006 – 4 U 94/05.

50 Davon unabhängig ist die **Verpflichtung des Auftraggebers** zur Erteilung zusätzlicher (sachdienlicher) **Auskünfte** in § 12 (EG) Abs. 7 VOB/A, § 12 EG Abs. 8 VOL/A ausdrücklich geregelt. Um einen transparenten und fairen Wettbewerb zu gewährleisten, müssen Auftraggeber danach Auskünfte über die Vergabeunterlagen **unverzüglich** erteilen.

51 Unverzüglich erfolgt eine Auskunftserteilung, wenn sie „ohne schuldhaftes Zögern" (§ 121 Abs. 1 S. 1 BGB), also schnellstmöglich erfolgt. Der **angemessene Zeitraum** bestimmt sich im Einzelfall unter Abwägung der beiderseitigen Interessen. Während dem Auftraggeber eine gewisse Prüf- und Überlegungsfrist zuzubilligen ist, muss zugunsten des Bewerbers berücksichtigt werden, wie dringend er die Auskunft zur weiteren Angebotsbearbeitung benötigt und wann die Angebotsfrist endet.

52 Der **Auskunftsanspruch** setzt voraus, dass die **Unklarheit objektiv besteht**, sich also die erbetene Auskunft bzw. Aufklärung nicht bereits aus den Vergabeunterlagen ergibt.

53 **Fehler oder Unklarheiten**, die geeignet sind, bei einem Bieter ohne juristische Kenntnisse einen Irrtum über eine wesentliche Förmlichkeit des Vergabeverfahrens zu erwecken, dürfen nicht allein gegenüber dem fragenden Bieter bereinigt werden.[42] Aus Gründen der Verfahrenstransparenz und Gleichbehandlung sind Angebots- bzw. **kalkulationsrelevante Auskünfte**, beispielsweise zu einer unklaren Leistungsbeschreibung, vielmehr **allen Bewerbern** unverzüglich und in der gleichen Weise zu erteilen. In der VOB/A ist dies ausdrücklich klargestellt.

---

**Fettnapf**
Werden Bieterfragen per E-Mail beantwortet, was grundsätzlich ohne weiteres möglich ist, ist dringend darauf zu achten, dass an jeden Bewerber eine **gesonderte E-Mail** versandt wird. Sammel-E-Mails verstoßen nicht nur gegen den **Geheimwettbewerb**, sondern ermöglichen auch Bieterabsprachen. Daneben riskiert der Auftraggeber eine Aufhebung des Verfahrens.

---

54 Im Oberschwellenbereich sind **rechtzeitig** beantragte Auskünfte **spätestens sechs Kalendertage**, bei nicht offenen Verfahren und beschleunigten Verhandlungsverfahren **spätestens vier Kalendertage** vor Ablauf der Angebotsfrist „zu erteilen". Maßgebend für die Einhaltung der Frist ist nicht der Zugang beim Anfragenden, sondern die Abgabe bzw. die Versendung der Erklärung. Eine mündliche Auskunftserteilung ist möglich, empfiehlt sich aber aus Beweisgründen nicht.

55 Lässt sich eine für die Angebotserstellung relevante Auskunft nicht rechtzeitig vor Ablauf der Angebotsfrist erteilen, etwa weil eine nähere Prüfung oder Rücksprache mit dem Ersteller der Leistungsbeschreibung erforderlich ist, empfiehlt es sich,

42 OLG Koblenz, Beschl. v. 30.4.2014 – 1 Verg 2/14.

die **Angebotsfrist** entsprechend zu **verlängern** und dies allen Bewerbern mitzuteilen.

---

**Praxistipp Zugangsdokumentation** !

**Rechtserhebliche Erklärungen**, wie Nachfragen, das Nachfordern von Unterlagen, Klarstellungen o.Ä. sollten nicht nur per Fax oder einfacher E-Mail versandt werden. Der jeweilige Versender hat sicherzustellen – und notfalls zu belegen –, dass die Erklärung den Adressaten auch tatsächlich erreicht hat.

Bei **E-Mails** ist daher zunächst auf mögliche Beschränkungen der übermittlungsfähigen **Dateigröße** zu achten. Auch sollte unbedingt über die Optionsverwaltung des E-Mail-Programms die Möglichkeit genutzt werden, eine **Übermittlungs- und Lesebestätigung** vom Empfänger anzufordern. Nach einer Entscheidung der VK Bund besteht eine entsprechende Obliegenheit des Versenders.[43]

Bei einem Versand per **Telefax** ist es ratsam, sich die vollständige **Übermittlung** telefonisch kurz **bestätigen** zu lassen und dies mit Datum, Uhrzeit und Gesprächspartner (z.B. auf dem versandten Fax) zu notieren. Dies ist natürlich auch bei einer Übermittlung per E-Mail möglich.

---

## 2. Fehler in der Bekanntmachung

Sind bekannt gegebene oder bekanntmachungspflichtige Angaben, v.a. Eignungskriterien oder Mindestanforderungen an Nebenangebote, bei objektiver Auslegung aus Sicht eines fachkundigen Unternehmens **unklar oder mehrdeutig**, besteht der sicherste Weg der Fehlerheilung in der Berichtigung der Bekanntmachung. 56

Eine **Fehlerheilung im laufenden Verfahren** durch ausschließliche Information gegenüber den am Verfahren **beteiligten Unternehmen** ist demgegenüber für den Auftraggeber bei Bekanntmachungsfehlern **nicht risikolos**. 57

Die Korrektur heilt den Fehler zwar gegenüber den am Verfahren beteiligten Bietern, so dass es ihnen an der für einen erfolgreichen Nachprüfungsantrag erforderlichen Verletzung in eigenen Rechten fehlt.[44] **Dritte** könnten jedoch als **Rechtsverletzung** geltend machen, durch den Bekanntmachungsfehler von einer Beteiligung am Wettbewerb abgehalten worden zu sein. 58

Andererseits ist die Wahrscheinlichkeit gering, dass Bieter, die von einer Anforderung der Vergabeunterlagen bzw. der Einreichung eines Teilnahmeantrags abgesehen haben, einen Nachprüfungsantrag stellen. Heilt ein Auftraggeber etwaige Vergaberechtsverstöße (nur) gegenüber den Beteiligten im laufenden Verfahren und verlängert er, soweit erforderlich, zugleich die Teilnahme- oder Angebotsfristen angemessen, bleibt dies **in der Praxis häufig folgenlos**. 59

---

43 Vgl. VK Bund, Beschl. v. 3.2.2014 – VK 2-1/14: Benutzung der Funktion „Lesebestätigung" als Obliegenheit des Versenders.

44 Vgl. OLG München, Beschl. v. 10.12.2009 – Verg 16/09; OLG Düsseldorf, Beschl. v. 3.8.2011 – Verg 6/11.

### 3. Fehler in den Vergabeunterlagen

60 Beziehen sich Bieteranfragen ausschließlich auf Bestandteile der Vergabeunterlagen, kann eine **Korrektur** oder Fehlerheilung ohne weiteres **im laufenden Verfahren** und ausschließlich gegenüber den Verfahrensbeteiligten erfolgen. Eine Rechtsverletzung gegenüber Dritten ist hier, anders als bei Fehlern in der Bekanntmachung, ausgeschlossen.

61 Während bei Bekanntmachungsfehlern die Möglichkeit besteht, dass hierdurch potentielle Bieter von einer Teilnahme am Wettbewerb abgehalten wurden, können sich **fehlerhafte oder unklare Angaben in den Vergabeunterlagen** von vornherein nur bei den Unternehmen ausgewirkt haben, die diese erhalten haben.

62 Auftraggeber müssen bei einer Fehlerheilung allerdings darauf achten, dass den Unternehmen nach der Korrektur bzw. Klarstellung noch eine **angemessene** Teilnahme- oder **Angebotsfrist** verbleibt. Aus Gründen der Verfahrenssicherheit empfiehlt es sich in Zweifelsfällen, den Schlusstermin (Ablauf der Teilnahmefrist) bzw. den **Eröffnungstermin** (Ablauf der Angebotsfrist) zu **verschieben**.

63 Für die im jeweiligen Einzelfall zu bestimmende **Angemessenheit** der (verbleibenden) Teilnahme- oder Angebotsfrist nach der gebotenen Herstellung eindeutiger und transparenter Bedingungen kommt es nicht allein darauf an, ob in dieser Zeit die Erstellung eines Teilnahmeantrags oder Angebots rein „technisch" machbar ist. Vielmehr ist darauf abzustellen, ob die verbleibende Zeit auch genügt, einen Teilnahmeantrag oder ein **Angebot in hoher Qualität** mit **echten Auswahlchancen** zu erstellen.[45] Als Richtschnur für die Angemessenheit einer verbleibenden Frist können die Mindestfristen für beschleunigte Verfahren von mindestens 15 Tagen bzw. **mindestens 10 Tagen** bei elektronischer Übermittlung, jeweils gerechnet vom Tag der Absendung, herangezogen werden.

## VI. Hinweispflichten

64 Auskunfts- oder Aufklärungsbegehren der Bieter werden von manchem Auftraggeber als lästig empfunden. Bei verständiger Sicht **dienen** angebotsrelevante **Nachfragen** jedoch regelmäßig auch den **Interessen des Auftraggebers**. Sie geben ihm die Möglichkeit, die Vergabeunterlagen auf mögliche Unklarheiten hin zu überprüfen, ggf. erforderliche Korrekturen vorzunehmen und so für klare Wettbewerbs- und Vertragsverhältnisse zu sorgen.

65 Können widersprüchliche oder unklare Regelungen im laufenden Verfahren eliminiert werden, **ersparen** sich beide Parteien spätere **Auseinandersetzungen**, wie beispielsweise Nachprüfungsverfahren oder aufwendige und streitanfällige Nachtragsverhandlungen nach Auftragserteilung.

45 Insoweit zutreffend OLG Naumburg, Beschl. v. 30.4.2014 – 2 Verg 2/14.

Aus Bietersicht kann jedoch ein **wirtschaftliches Interesse** bestehen, Unklarheiten gerade nicht im Vorfeld aufzuklären, sondern Fehler und Unklarheiten in den Vergabeunterlagen für eine **spekulative Angebotsgestaltung** zu nutzen. Gerade bei reinen Preiswettbewerben erliegt mancher Bieter der Versuchung, sich auf diese Weise einen (vermeintlichen) Wettbewerbsvorteil zu verschaffen. 66

Eine spekulative Preis- oder Angebotsgestaltung ist im Ansatz von der Kalkulationsfreiheit gedeckt und grundsätzlich zulässig. Bieter können also erkannte Unstimmigkeiten im Leistungsverzeichnis im Rahmen der Kalkulation ausnutzen, ohne auf Fehler im Leistungsverzeichnis hinweisen zu müssen, soweit sich eine solche **Hinweispflicht** nicht aus den **Bewerbungsbedingungen** ergibt.[46] 67

---

**Praxistipp**

Auftraggeber sollten Bewerbern in ihren **Bewerbungsbedingungen** eine ausdrückliche **Hinweispflicht** für erkannte Unklarheiten oder Fehler auferlegen:

„Enthalten die Vergabeunterlagen nach Auffassung des Bewerbers Unklarheiten oder Fehler, so hat er die Vergabestelle hierauf unverzüglich in Textform hinzuweisen."

---

Fallen bestimmte Fehler erst im Rahmen der Angebotswertung auf, kann der Auftraggeber die Vergabe zur Fehlerheilung grundsätzlich zurückversetzen und die betroffenen und sich anschließenden Abschnitte des Verfahrens wiederholen.[47] 68

## B. Eröffnungs- bzw. Submissionstermin

### 1. Ablauf der Angebotsfrist

Die Angebote müssen zu einem bestimmten Zeitpunkt beim Auftraggeber eingegangen sein (Angebotsfrist). Den Zeitpunkt legt der Auftraggeber fest. Mit Ablauf der Angebotsfrist werden die Angebote geöffnet, sog. Eröffnungs- oder Submissionstermin. Der Termin ist in der Bekanntmachung oder spätestens in der Aufforderung zur Angebotsabgabe zu nennen. 69

Angebote, die nicht fristgerecht eingegangen sind, werden von der Wertung ausgeschlossen. Die **Angebotsfrist endet** bei Bauvergaben mit dem **Öffnen des ersten Angebots**, bei Vergaben nach der VOL/A zu dem benannten Zeitpunkt. 70

Bei Bauvergaben können Bieter oder Bevollmächtigte am Eröffnungstermin teilnehmen. Im Anwendungsbereich der anderen Vergaberechtsregime ist dies ausgeschlossen, vgl. etwa § 14 Abs. 2 S. 2 VOL/A. 71

---

46 Vgl. OLG München, Beschl. v. 4.4.2013 – Verg 4/13.

47 Zur Rückversetzung des Verfahrens näher im Kap. 9 Rn 108 ff.

### 2. Geheimwettbewerb

72 Die während der Angebotsfrist beim Auftraggeber postalisch eingehenden Angebote bleiben bis zum Eröffnungstermin ungeöffnet und sind mit **Eingangsvermerk** versehen unter **Verschluss** zu halten. Elektronische Angebote bleiben verschlüsselt und sind entsprechend zu kennzeichnen. Hierdurch wird der **Ausschluss von Manipulationen** bezweckt, etwa durch Weitergabe oder Änderung der Angebotspreise.

### 3. Nachverhandlungsverbot

73 Nach Öffnung der Angebote greift das vergaberechtliche **Nachverhandlungsverbot.**[48] Danach darf der Auftraggeber bis zur Zuschlagserteilung mit den Bietern nur noch den Angebotsinhalt aufklären. **Änderungen am Angebotsinhalt** sind **unzulässig**. Der Auftraggeber muss ein Angebot also so nehmen und werten, wie es in diesem Zeitpunkt vorliegt; Bieter dürfen keinerlei Änderungen mehr vornehmen.

74 Ergänzungen des Angebots durch **Nachreichen fehlender Erklärungen und Angaben** sind nur noch begrenzt nach Maßgabe der jeweils einschlägigen Vergabeordnung **möglich.**

---

**Beispiel**

Eine Vergabestelle schreibt eine bestimmte Leistung **produktneutral** aus. Produktkonkretisierende Angaben, wie etwa Hersteller und Typ, werden im Leistungsverzeichnis nicht abgefragt. Nach dem Eröffnungstermin fordert die Vergabestelle den Mindestbieter auf, verbindlich mitzuteilen, welches Produkt angeboten wurde und die Eigenschaften durch **Produktdatenblätter** nachzuweisen. Aus den vorgelegten Produktdatenblättern ergibt sich, dass das angebotene Produkt den Vorgaben der Leistungsbeschreibung nicht entspricht.

Das Angebot ist zwingend auszuschließen. Mit der Benennung des Herstellers und Typs oder Vorlage von Produktdatenblättern erfolgt eine verbindliche Festlegung und Konkretisierung des Angebots.[49] Ein nochmaliger Produktwechsel zur Korrektur der fehlerhaften Konkretisierung nach Ablauf der Angebotsfrist und damit eine Änderung von Angebotsbestandteilen ist unzulässig (Nachverhandlungsverbot).

---

75 Verfahrensfehler, die erst zum Zeitpunkt der Submission bekannt werden, etwa durch entsprechende Rüge der Bieter mit Angebotsabgabe, können nicht mehr im Verfahren durch Mitteilung an alle Bieter und ggf. Verschiebung des Eröffnungstermins geheilt werden. Dem Auftraggeber bleibt nur noch die Möglichkeit der ggf. schadensersatzpflichtigen Aufhebung oder, als milderes Mittel, der Zurückversetzung des Verfahrens.[50] Insoweit stellt der Eröffnungstermin eine **wesentliche Zäsur** des Vergabeverfahrens dar.

---

**48** Siehe hierzu auch bereits Kap. 2 Rn 9 ff. und Kap. 8 Rn 230 ff.

**49** Vgl. OLG München, Beschl. v. 10.4.2014 – Verg 1/14; VK Nordbayern, Beschl. v. 9.10.2014 – 21.VK-3194-30/14.

**50** Dazu näher im Kap. 9 Rn 37 f., 108 ff.

Das **Nachverhandlungsverbot gilt ausnahmsweise** in solchen Vergabeverfahren **nicht**, die gerade durch das fortlaufende Verhandeln mit allen Bietern charakterisiert werden. Im Oberschwellenbereich sind dies **Verhandlungsverfahren** und – durch § 3 EG Abs. 7 Nr. 7 S. 4 VOB/A eingeschränkt – wettbewerbliche Dialoge, im Unterschwellenbereich **Freihändige Vergaben**. Bei diesen Vergabearten werden die Inhalte zulässiger Nachverhandlungen grundsätzlich nur durch die Vergabegrundsätze beschränkt. 76

#### 4. Ablauf und Dokumentation des Eröffnungstermins

Aus Gründen der **Verfahrenstransparenz** und **Korruptionsprävention** wird die Öffnung der Angebote in der Praxis von mindestens zwei Vertretern des Auftraggebers gemeinsam wahrgenommen. In der VOL/A ist dies ausdrücklich geregelt, §§ 14 Abs. 2 S. 1, 17 EG Abs. 2 S. 1 VOL/A. 77

##### a) Verpflichtung zur Kennzeichnung der Angebote

Sodann werden die **Angebote** in allen wesentlichen Teilen **gekennzeichnet**. Für die Vergabe von Bauleistungen ist dies den Vergabestellen in § 14 (EG) Abs. 3 Nr. 2 S. 1 VOB/A ausdrücklich vorgegeben. Auf diese Weise sollen nachträgliche Änderungen oder Manipulationen ausgeschlossen werden. In der Praxis geschieht dies bei in Papierform vorliegenden Angeboten beispielsweise durch **Datierung und Stanzen** oder spezielles Lochen. 78

In der VOL/A ist eine vergleichbare Verpflichtung zur **Kennzeichnung** zwar nicht explizit vorgesehen. Als **Ausfluss des Transparenzgebots** gilt die Kennzeichnungspflicht jedoch bei allen Vergabeverfahren. Ohne Kennzeichnung aller wesentlichen Angebotsbestandteile ist nicht sichergestellt, dass die bei der Prüfung und Wertung der Angebote zugrunde liegenden Unterlagen tatsächlich alle rechtzeitig und mit dem bei der Prüfung festgestellten Inhalt vorgelegen haben.[51] 79

**Fettnapf**

Ein Öffentlicher Auftraggeber **versäumt** im Eröffnungstermin die **ordnungsgemäße Kennzeichnung** des Angebots des Bieters A. Auch der Eingangsvermerk ist unzureichend. Im Rahmen eines **Nachprüfungsverfahrens** weist die Vergabekammer darauf hin, dass die Wertung von Angeboten, für die nach Ablauf der Angebotsfrist Manipulationen nicht ausgeschlossen werden können, mit den Grundsätzen einer ordnungsgemäßen Auftragsvergabe nicht zu vereinbaren ist. Daraufhin hebt der Auftraggeber die Vergabe auf. Ein Bieter verlangt Schadensersatz für die nutzlosen Aufwendungen zur Angebotserstellung.

51 So im Anwendungsbereich der VOL/A OLG Naumburg, Urt. v. 1.8.2013 – 2 U 151/12.

Das OLG Naumburg[52] spricht dem Bieter **Schadensersatz** in Höhe der Kosten zur Vorbereitung des Angebots zu. Zeitlich umfasse dieser alle bis zum Ablauf der Angebotsfrist getätigten Aufwendungen. In sachlicher Hinsicht seien die zur Erstellung des konkreten Angebots erforderlichen Sach- und Materialkosten sowie Kosten für Vor-Ort-Besichtigungen oder für Verhandlungen mit Nachunternehmern umfasst.

### b) Dokumentation des Eröffnungstermins

80 In der Dokumentation über den Eröffnungstermin sind nur die **wesentlichen Eckdaten** festzuhalten. Dies sind gemäß § 14 (EG) Abs. 3 Nr. 2 VOB/A, §§ 17 EG Abs. 2, 14 Abs. 2 VOL/A:

- Name und Anschrift der Bieter,
- Endbeträge der Angebote und andere den Preis betreffende Angaben, wie insbesondere gewährte Preisnachlässe ohne Bedingung und
- ob und von wem Nebenangebote eingereicht wurden, bei Bauvergaben zudem die Anzahl der Nebenangebote.

81 Während bei Bauvergaben nach § 14 (EG) Abs. 3 Nr. 2 S. 4 VOB/A keine weiteren Inhalte mitgeteilt werden sollen, was sich mit der Anwesenheit der Mitbewerber und der **Geheimhaltung von Geschäftsgeheimnissen** erklärt, beschreiben vorgenannte Punkte bei Vergaben von Liefer- und Dienstleistungen den zu dokumentierenden Mindestinhalt, §§ 14 Abs. 2 S. 3, 17 EG Abs. 2 S. 3 VOL/A.

82 Für die Dokumentation über die Angebotseröffnung kann auf entsprechende **Formblätter** aus einschlägigen Vergabehandbüchern der Länder oder des Bundes zurückgegriffen werden.[53]

## 5. Verspätet eingegangene Angebote

83 Angebote, die zum Ablauf der Angebotsfrist (VOL/A) bzw. vor Öffnung des ersten Angebots (VOB/A) nicht vorgelegen haben, sind im Rahmen der späteren Wertung der Angebote auf der ersten Wertungsstufe **grundsätzlich auszuschließen**, vgl. etwa § 16 (EG) Abs. 1 Nr. 1a) VOB/A.

84 **Ausnahmen** gelten nur, soweit ein Bieter die **Verspätung nicht zu vertreten** hat. Entscheidend ist, ob der **Zugang** des Angebots rechtzeitig erfolgte. War ein Angebot nachweislich vor Ablauf der Angebotsfrist dem Auftraggeber zugegangen, wofür der Bieter darlegungs- und beweispflichtig ist, ist es ausnahmsweise unter den Voraussetzungen des § 14 (EG) Abs. 6 VOB/A zu werten.

52 OLG Naumburg, Urt. v. 1.8.2013 – 2 U 151/12. Zur eingeschränkten Ansatzfähigkeit von bietereigenen Personalkosten siehe OLG Naumburg, Urt. v. 27.11.2014 – 2 U 152/13 sowie Kap. 6 Rn 100.

53 Z.B. VHB Bund, Ausgabe 2008, Stand August 2012, Formblatt 313 – Niederschrift über die Öffnung der Angebote.

Ein Angebot muss aufgrund des eindeutigen Wortlauts der Vorschrift tatsächlich vor Ablauf der Angebotsfrist dem Auftraggeber „zugegangen“ sein und damit zugleich den Herrschaftsbereich des Bieters verlassen haben.[54] Daher sind Angebote, die während oder nach Beendigung des Submissionstermins eingehen in der Niederschrift bzw. einem entsprechenden Nachtrag besonders aufzuführen. 85

Versäumt ein Bieter die Angebotsfrist, ist eine sog. **Wiedereinsetzung** (Heilung der Verfristung) aus Gründen der Verfahrenstransparenz und zum Ausschluss von Manipulationsmöglichkeiten **nicht möglich**. Nichts anderes gilt bei verspätetem Zugang infolge überlanger Postlaufzeiten, also bei Verschulden des Postdienstleisters. 86

Verantwortlich für den rechtzeitigen Zugang des Angebots ist der jeweilige Bieter. Das sog. **Übersendungsrisiko** fällt in seine Risikosphäre.[55] Auch eine Anwendung der aus § 242 BGB entwickelten Grundsätze zur Zugangsfiktion wird zur Vermeidung von Manipulationsmöglichkeiten in der Vergaberechtsprechung abgelehnt.[56] 87

### 6. Unverschlossene oder unverschlüsselte Angebote

Der Verhandlungsleiter hat im Eröffnungstermin festzustellen, ob der Verschluss (Umschlag, Umverpackung) schriftlicher Angebote **unversehrt** ist und elektronische Angebote verschlüsselt sind, § 14 (EG) Abs. 3 Nr. 1 VOB/A. Entsprechende positive oder negative Feststellungen sind in die Niederschrift bzw. Dokumentation über den Eröffnungstermin aufzunehmen. 88

Allein die Tatsache, dass ein Umschlag unverschlossen war, rechtfertigt freilich **keinen reflexartigen Angebotsausschluss**. Die formalen vergaberechtlichen Vorgaben verfolgen keinen Selbstzweck. Von daher und zur Vermeidung einer bloßen „Förmelei“ muss stets gefragt werden, ob im jeweiligen Einzelfall trotz Verletzung einer Formvorschrift der hinter der Verfahrensvorschrift stehende **Schutzzweck** gewahrt wurde. 89

**Beispiel**

Bei einer Bauvergabe will der Verhandlungsleiter gerade das erste Angebot öffnen, als ein Bieter den Raum betritt und sein Angebot im **unverschlossenen Umschlag** überreicht.

Ein Angebotsausschluss wäre in diesem Fall unverhältnismäßig und vom Schutzzweck der vergaberechtlichen Vorschriften nicht gedeckt. **Manipulationen** sind im Beispielsfall **ausgeschlossen**, da noch keine Angebotspreise verlesen wurden. Anders ist der Fall dann zu bewerten, wenn sich das unverschlossene Angebot bereits im Machtbereich des Auftraggebers befand und Manipulationen daher gerade nicht ausgeschlossen sind.

---

54 OLG Koblenz, Beschl. v. 20.2.2009 – 1 Verg 1/09; VK Südbayern, Beschl. v. 7.7.2014 – Z3-3-3194-1-24-05/14.

55 Vgl. VK Südbayern, Beschl. v. 7.7.2014 – Z3-3-3194-1-24-05/14.

56 Vgl. OLG Koblenz, Beschl. v. 20.2.2009 – 1 Verg 1/09; VK Südbayern, Beschl. v. 7.7.2014 – Z3-3-3194-1-24-05/14.

# Kapitel 8
# Wie werden die Angebote geprüft und bewertet?

## A. Vorbemerkung

Nach dem Eröffnungstermin beginnt die Phase der Prüfung und Wertung der Angebote. **Handlungsspielräume**, die der Auftraggeber in früheren Phasen des Vergabeverfahrens hatte, etwa bei der Leistungsbestimmung oder der Festlegung von Eignungs- und Wertungskriterien, bestehen in der Wertungsphase **nahezu nicht mehr**. 1

2 Zur Wahrung der Vergabegrundsätze erfolgt die **Prüfung** recht **formal**. Dies betrifft vor allem die **erste Wertungsstufe** (formale Prüfung, Vollständigkeitsprüfung).

3 Gewisse **Spielräume** verbleiben den Vergabestellen allerdings immer dann, wenn sie **Prognose- oder Ermessensentscheidungen** zu treffen haben. Dies betrifft vor allem
- die materielle **Eignungsprognose**,[1] also die Frage, ob einem Bieter aufgrund der vorgelegten Unterlagen die Eignung zu oder abgesprochen wird,
- die im Rahmen der **Preisprüfung**[2] zu beantwortende Frage, ob trotz des niedrigen Angebotspreises eine einwandfreie Ausführung zu erwarten ist,
- die Bewertung der Angebote anhand der bekannt gegebenen nichtpreislichen **Wertungskriterien**,[3]
- die **Vergabeentscheidung** als solche, also die Frage, ob ein Zuschlag oder – sofern hierfür ein sachlicher Grund vorhandenen ist – eine Aufhebung der Vergabe oder eine Wiederholung einzelner Verfahrensabschnitte durch Rückversetzung erfolgen soll.[4]

## B. Wertungsmaßstab und Prüfstufen im Überblick

### I. Wertungsmaßstab

4 Der Wertungsmaßstab ergibt sich aus
- den Regelungen der einschlägigen Vergabeordnung,
- den vergaberechtlichen Grundprinzipien[5]

---

1 Dazu näher unter Rn 141 ff.
2 Näher unter Rn 195 f., 198 ff.
3 Näher dazu Kap. 6 Rn 214 f., 234 ff.
4 Siehe hierzu ausführlich im Kap. 9.
5 Transparenzgebot, Gleichbehandlungsgrundsatz und Wettbewerbsprinzip, dazu näher Kap. 2 Rn 3 ff., 19 ff., 34 ff.

sowie den Festlegungen
- in der Bekanntmachung und
- in den Vergabeunterlagen.

5 Der Auftraggeber darf die von ihm zuvor aufgestellten „Hürden" und „Spielregeln" im Nachhinein nicht mehr ändern, sondern hat sie seiner Prüfung und vergleichenden Wertung der Angebote zugrunde zulegen. Insbesondere dürfen ohne (Teil-)Aufhebung bzw. Zurückversetzung des Vergabeverfahrens **keine neuen Kriterien** für die Prüfung der Eignung, der Nebenangebote und die Zuschlagsentscheidung aufgestellt und der Wertung zugrunde gelegt werden.

## II. Wertung in vier Stufen

6 Die Wertung der Angebote erfolgt grundsätzlich in mehreren **aufeinander folgenden Stufen**. Die Abfolge der einzelnen Prüfungsschritte ist in § 16 (EG) VOB/A bzw. den entsprechenden Vorschriften der jeweils einschlägigen Vergabeordnung[6] folgerichtig festgelegt und deshalb grundsätzlich einzuhalten.[7]

7 Im **Regelfall**, also bei offenen Verfahren oder Öffentlicher Ausschreibung, unterteilt sich die Prüfung und Wertung in **vier Prüfstufen**.[8] Dementsprechend sind auch die jeweiligen Vorschriften zur Prüfung und Wertung der Angebote in den Vergabeordnungen aufgebaut,[9] so dass man sich an deren Gliederung orientieren kann.

8 – **1. Stufe: Ausschluss wegen inhaltlicher oder formaler Fehler:**
Zunächst ist zu untersuchen, welche Angebote aus den in § 16 (EG) Abs. 1 Nr. 1 und Nr. 3 VOB/A, §§ 16 Abs. 3, 19 EG Abs. 3 VOL/A im Einzelnen genannten formalen oder inhaltlichen Gründen **zwingend** ausgeschlossen werden müssen. Sodann sind, sofern entsprechende Anhaltspunkte bestehen, die in § 16 (EG) Abs. 1 Nr. 2 VOB/A bzw. § 16 Abs. 4 i.V.m. § 6 Abs. 5 VOL/A bzw. § 19 EG Abs. 4 i.V.m. § 6 EG Abs. 6 VOL/A genannten **fakultativen** bieter- bzw. unternehmensbezogenen Ausschlussgründe zu prüfen. Eine inhaltliche Wertung der Angebote ist bei diesem Prüfschritt noch nicht vorzunehmen.

9 – **2. Stufe: Eignungsprüfung:**
Dann ist zu prüfen, ob die verbliebenen Bieter für die Erfüllung der vertraglichen Verpflichtungen generell geeignet sind, § 16 (EG) Abs. 2 VOB/A, §§ 16 Abs. 5, 19 EG Abs. 5 VOL/A. Die Eignungsprüfung erfolgt in **zwei Schritten**.

6 Vgl. § 16 VS VOB/A, §§ 16, 19 EG VOL/A.
7 BGH, Urt. v. 15.4.2008 – X ZR 129/06.
8 Vgl. etwa OLG Celle, Beschl. v. 3.3.2005 – 13 Verg 21/04; VK Lüneburg, Beschl. v. 23.2.2004 – 203-VgK-01/2004.
9 Vgl. § 16 (EG) VOB/A, §§ 16, 19 EG VOL/A.

  - Schritt 1: Zunächst erfolgt eine **formale Vollständigkeitsprüfung**. Zu prüfen ist, ob die geforderten Eignungsnachweise vollständig sind und so wie gefordert vorgelegt wurden.
  - Schritt 2: Sofern alle geforderten Eignungsnachweise vorliegen muss der Auftraggeber auf dieser Basis eine Prognose anstellen, ob der Bieter **materiell** für die Ausführung der ausgeschriebenen Leistung voraussichtlich geeignet ist (Eignungsprognose).
- **3. Stufe: Angemessenheit der Preise:** 10
  In der nächsten Stufe sind die Angebote **rechnerisch**, technisch und **wirtschaftlich** nachzuprüfen und die Gesamtpreisangaben ggf. anhand der maßgeblichen Einheitspreise zu korrigieren, § 16 (EG) Abs. 3, 4 VOB/A, §§ 16 Abs. 1, 19 EG Abs. 1 VOL/A. Sind die danach festgestellten **Angebotsendpreise unangemessen** hoch oder niedrig, stehen also die angebotenen Preise in einem Missverhältnis zur Leistung, ist das Angebot auszuschließen, § 16 (EG) Abs. 6 Nr. 1 VOB/A, §§ 16 Abs. 6 S. 2, 19 EG Abs. 6 S. 2 VOL/A.[10]
- **4. Stufe: Ermittlung des wirtschaftlichsten Angebots:** 11
  In der letzten Stufe ist das **wirtschaftlich günstigste Angebot** auszuwählen, § 16 (EG) Abs. 6 Nr. 3 VOB/A. Zu prüfen sind nur noch die Angebote, die in die engere Wahl kommen, d.h. nicht auf einer früheren Stufe ausgeschlossen wurden. Unter diesen ist das – unter Berücksichtigung aller durch Wertungskriterien bekannt gegebenen Umstände – wirtschaftlichste Angebot zu ermitteln. Im Oberschwellenbereich dürfen nur die Kriterien berücksichtigt werden, die unter Angabe ihrer Gewichtung in der Bekanntmachung oder spätestens in den Vergabeunterlagen benannt wurden, § 16 EG Abs. 7 VOB/A, § 19 EG Abs. 8 VOL/A.

### III. Änderung oder Weglassen von Prüfstufen

Die Abfolge dieser Prüfstufen folgt im Ansatz sachlogischen Gründen. Eine **Änderung der Prüfungsreihenfolge** oder das (vorläufige) Weglassen einzelner Prüfschritte ist jedoch **grundsätzlich möglich**. Solange die Prüfschritte nicht untereinander vermengt werden, spricht in der Praxis nichts dagegen, einzelne Prüfschritte aus Gründen der Verwaltungsökonomie bzw. zur Reduzierung des Prüfaufwands vorzuziehen.[11] 12

---

10 Die Prüfung der Angemessenheit der Preise ist zwar seit der VOB/A 2009 in § 16 (EG) Abs. 6 VOB/A geregelt und gehört damit formal zur 4. Wertungsstufe. Es macht jedoch weiterhin Sinn, die Preisprüfung, auch wenn sie wertende Elemente umfasst, von der eigentlichen Angebotswertung anhand der bekannt gegebenen Wertungskriterien zu trennen.

11 Vgl. auch BGH, Beschl. v. 7.1.2014 – X ZB 15/13 Rn 34.

13 Die prinzipiell zulässige Veränderung der Prüfschritte folgt bereits daraus, dass die **Vergabeordnungen selbst keine strikte Trennung** einhalten. So setzt beispielsweise der formale Ausschlussgrund „Änderung der Vergabeunterlagen" in der ersten Prüfungsstufe (§ 16 (EG) Abs. 1 Nr. 1b) VOB/A i.V.m. § 13 (EG) Abs. 1 Nr. 5 VOB/A) eine technische Prüfung der Angebote, die eigentlich erst als dritte Prüfungsstufe in § 16 (EG) Abs. 3 VOB/A vorgesehen ist, voraus.[12] Auch der fakultative Ausschlussgrund eines beantragten oder eröffneten Insolvenzverfahrens auf der ersten Prüfungsstufe (vgl. § 16 (EG) Abs. 2 VOB/A, §§ 16 Abs. 4, 19 EG Abs. 4 VOL/A) weist Schnittmengen mit der materiellen Eignungsprognose im Rahmen der Eignungsprüfung auf der zweiten Prüfungsstufe (vgl. § 16 (EG) Abs. 2 VOB/A, §§ 16 Abs. 5, 19 EG Abs. 5 VOL/A) auf, setzt also eigentlich eine Verknüpfung mit der Eignungsprüfung voraus.

---

**Beispiel**
Wurde als Zuschlagskriterium allein der Preis benannt und liegt ein Angebot preislich mehr als 40 Prozent über mehreren vorplatzierten Angeboten und steht damit fest, dass das Angebot (zunächst) auf einem aussichtslosen Rang liegt bzw. mit großer Wahrscheinlichkeit auf der dritten Wertungsstufe wegen des unangemessen hohen Preises ausscheidet, empfiehlt es sich, entweder die Preisprüfung aus verwaltungsökonomischen Gründen vorzuziehen oder **zunächst** einmal nur die **aussichtsreich platzierten Angebote** zu prüfen. Sobald eines der vorplatzierten Angebote zuschlagsfähig ist, hat das hier in Rede stehende Angebot ohnehin keine Chance. Die Eignungsprüfung des Bieters sowie die weitere (inhaltliche) Prüfung des Angebots können dann (vorerst) unterbleiben.

---

14 Angebote, die bereits aus **formalen Gründen** rechtlich unwirksam sind und damit faktisch nicht vorliegen, etwa wegen fehlender Unterschrift, müssen selbstverständlich nicht preislich geprüft oder inhaltlich gewertet werden.

15 Generell entspricht es der Verwaltungspraxis, zur Schonung von Personalressourcen und aus **verwaltungsökonomischen Gründen**, Angebote, die preislich auf einem aussichtslosen Rang liegen, zunächst einmal überhaupt keiner näheren Prüfung, geschweige denn Wertung zu unterziehen. Schließlich wäre der durch die Prüfung, die Nachforderung von fehlenden Nachweisen und Erklärungen oder mögliche Aufklärungen verursachte beiderseitige Aufwand nutzlos, sobald ein vorplatziertes Angebot vollständig und zuschlagsfähig ist.

---

**Praxistipp**
Orientieren Sie sich als Auftraggeber auch bei Bauvergaben, an der in der **VOL/A vorgesehene Prüffolge**: Vollständigkeitsprüfung, rechnerische Prüfung, Nachforderung fehlender Nachweise

12 Die Systematik der §§ 16, 19 EG VOL/A ist besser gelungen. Danach erfolgt zunächst die fachliche Prüfung (vgl. §§ 16 Abs. 1, 19 EG Abs. 1 VOL/A) bevor der davon abhängige Prüfschritt und zwingende Ausschlussgrund einer unzulässigen „Änderung oder Ergänzung an den Vertragsunterlagen" genannt wird, §§ 16 Abs. 3d), 19 EG Abs. 3d) VOL/A.

und Erklärungen. Dies gilt vor allem wenn der Preis als alleiniges Zuschlagskriterium festgelegt wurde.
Ziehen Sie die rechnerische Prüfung der **Angebotsendsummen** der formal fehlerfreien Angebote (vgl. § 16 (EG) Abs. 3 VOB/A) vor, korrigieren Sie etwaige Rechenfehler (vgl. § 16 (EG) Abs. 4 VOB/A) und prüfen Sie nur die danach auf aussichtsreichen Rängen liegenden Angebote näher.
In einem weiteren Schritt empfiehlt es sich, alle **fehlenden**, wirksam mit Angebotsabgabe geforderten **Nachweise und Erklärungen** von den – nach überschlägiger Beurteilung – aussichtsreich platzierten Bietern **nachzufordern**. Legen die Bieter die nachgeforderten Nachweise und Erklärungen nicht fristgerecht vor, sind deren Angebote zwingend auszuschließen, so dass sich die anderen Prüfschritte erübrigen.

### IV. Nachfordern von fehlenden Unterlagen

16 Beim **Nachfordern fehlender Unterlagen**[13] ist es zur Vermeidung von Vergabeverzögerungen sinnvoll, die Bieter nicht nacheinander, sondern mindestens **paarweise oder in Dreiergruppen** zeitgleich zur Vorlage aufzufordern. Bei einem schrittweisen Nachfordern besteht die Gefahr, dass Nachforderungen bei mehreren Bietern erforderlich sind, um ein vollständiges und damit zuschlagsfähiges Angebot zu erhalten. Dadurch summieren sich die Nachforderungsfristen auf. Die Zuschlagsfrist, also die dem Auftraggeber gewährte Frist für die Wertung der Angebote, kann dann oft nicht eingehalten werden.[14]

17 Die Zuschlagsfrist kann zwar im Einverständnis mit den Bietern verlängert werden. Führt dies jedoch dazu, dass auch die Ausführungsfrist angepasst werden muss, kann der Bieter, der den Zuschlag erhält, die dadurch bedingten Mehrkosten geltend machen.[15]

## C. Ausschluss wegen inhaltlicher oder formaler Fehler

### I. Allgemeines

18 Wie sich aus den jeweiligen Formulierungen („Auszuschließen sind“ bzw. „Ausgeschlossen werden“ einerseits und „außerdem können ... ausgeschlossen werden ...“

13 Vgl. § 16 (EG) Abs. 1 Nr. 3 VOB/A, §§ 16 Abs. 2 S. 1, 19 EG Abs. 2 S. 1 VOL/A; dazu ausführlich Rn 73 ff.

14 Die Zuschlagsfrist soll nicht mehr als 30 Kalendertage (KT) betragen, § 10 Abs. 6 VOB/A, § 10 EG Abs. 1 Nr. 10 VOL/A. Zieht man von der Sollfrist die Dauer der im Oberschwellenbereich erforderlichen Spanne für die Vorinformation (mind. 10 KT) und das Nachfordern von fehlenden Unterlagen (6 KT) ab, verbleiben noch 14 KT für die Wertung.

15 Vgl. dazu etwa OLG Düsseldorf, Urt. v. 20.7.2011 – U (Kart) 11/11; BGH, Urt. v. 10.9.2009 – VII ZR 82/08. Zur Verlängerung der Zuschlagsfrist und damit einhergehenden Risiken ausführlich Kap. 9 Rn 12 ff.

andererseits) ergibt, unterscheiden VOB/A und VOL/A[16] zwischen **zwingenden** Ausschlussgründen ohne Wertungsmöglichkeit **und fakultativen Ausschlussgründen**.

19 Praxisrelevant sind vor allem die **zwingenden Ausschlussgründe**. Diese **gelten strikt**, folgen einem Wenn-dann-Schema und räumen den Vergabestellen dementsprechend **keinerlei Ermessen** ein. Liegen die jeweils genannten Voraussetzungen vor, besteht kein Recht des Auftraggebers zu einer wie auch immer gearteten großzügigen Handhabe. Vielmehr ist er gezwungen, das betreffende Angebot bei Vorliegen der jeweiligen Tatbestandsvoraussetzungen aus der Wertung zu nehmen.[17]

20 Auch die vom Auftraggeber selbst vor Submission getroffenen Festlegungen stehen nicht (mehr) zur Disposition. Nachdem der Auftraggeber sein Leistungsbestimmungsrecht wahrgenommen, Eignungsanforderungen und Zuschlagskriterien definiert, ggf. Bewerbungsbedingungen aufgestellt, kurzum die vergaberechtlichen Regeln im Rahmen des rechtlich Zulässigen durch **Festlegungen** konkretisiert und das Vergabeverfahren in Gang gesetzt hat, ist er hieran auch **selbst gebunden**.[18]

## II. Zwingende Ausschlussgründe ohne Wertungsmöglichkeit

21 Unter welchen Voraussetzungen Angebote zwingend auszuschließen sind, folgt letztlich bereits aus den **vergaberechtlichen Grundprinzipien**. Ein faires und transparentes Verfahren, in dem alle Bieter gleich behandelt werden, setzt voraus, dass nur Angebote gewertet werden, die form- und fristgerecht eingehen, und ausschließlich den geforderten Inhalt haben, um inhaltlich vergleichbar zu sein.[19] Daneben müssen Manipulationen am Wettbewerbsergebnis ausgeschlossen sein, was entsprechende Absprachen im Vorfeld ausschließt und nachträglichen Änderungen am Angebotsinhalt außerhalb eines Wettbewerbs entgegensteht.

22 In der Sache sind die **zwingenden Ausschlussgründe in VOB/A und VOL/A** daher **nahezu inhaltsgleich**, wobei sich der Aufbau der Vorschriften und deren innere Systematik unterscheiden. Während die zwingenden Ausschlussgründe im Anwendungsbereich der VOL/A direkt benannt werden (vgl. §§ 16 Abs. 3, 19 EG

16 Vgl. § 16 (EG) Abs. 1 Nr. 1 VOB/A bzw. §§ 16 Abs. 3, 19 EG Abs. 3 VOL/A einerseits und § 16 (EG) Abs. 1 Nr. 2, §§ 16 Abs. 4, 19 EG Abs. 4 VOL/A andererseits.

17 BGH, Beschl. v. 18.2.2003 – X ZB 43/02.

18 BGH, Beschl. v. 18.2.2003 – X ZB 43/02; Urt. v. 16.3.2004 – X ZR 23/03.

19 Die VOF enthält z.B., anders als VOL/A und VOB/A, keine explizite Regelung, wonach verspätet eingegangene Angebote bzw. Teilnahmeanträge nicht mehr berücksichtigt werden dürfen. Gleichwohl müssen Angebote, die nach Ablauf der Frist zur Abgabe eingehen, aufgrund des Grundsatzes der Gleichbehandlung auch im Anwendungsbereich der VOF vom weiteren Verfahren ausgeschlossen werden, vgl. VK Sachsen, Beschl. v. 4.9.2014 – 1/SVK/026-14.

Abs. 3 VOL/A), wird bei der Aufzählung des § 16 (EG) Abs. 1 Nr. 1 VOB/A überwiegend auf Bestimmungen des § 13 (EG) Abs. 1 VOB/A verwiesen.

Bei den fakultativen Ausschlussgründen verhält es sich genau andersherum. 23
Hier benennt § 16 (EG) Abs. 1 Nr. 2 VOB/A die Gründe unmittelbar, während VOL/A und VOL/A-EG die Verweisungstechnik nutzen.

Diese **Regelungssystematik** erschwert die Verständlichkeit für den Anwender. 24
Auftraggeber sollten sich daher eine **eigene Checkliste** zur Angebotswertung fertigen, die dann sowohl als Grundlage für die Prüfung als auch für die Dokumentation dient.[20]

Aus § 16 (EG) Abs. 1 Nr. 1 VOB/A, §§ 16 Abs. 3, 19 EG Abs. 3 VOL/A ergeben sich 25
folgende **zwingenden Ausschlussgründe**:

### 1. Eingang eines Angebots nach Ablauf der Angebotsfrist

Die Angebotsfrist endet mit Ablauf des bekannt gegebenen Zeitpunkt, bei Bauver- 26
gaben mit der **Öffnung des ersten Angebots**, §§ 10 Abs. 2, 10 EG Abs. 2 Nr. 8 VOB/A. Angebote, die nach diesem Zeitpunkt und damit verspätet eingehen, sind auszuschließen, es sei denn, der verspätete Zugang ist dem Bieter nicht zuzurechnen, § 16 (EG) Abs. 1 Nr. 1a) VOB/A, §§ 16 Abs. 3e), 19 EG Abs. 3e) VOL/A.

Die strengen Vorgaben, die zum Ausschluss eines Angebots wegen Fristver- 27
säumung führen, haben den Sinn und Zweck, **Manipulationsmöglichkeiten einzuschränken**. Daher setzt § 14 Abs. 6 VOB/A auch voraus, dass das Angebot mit Ablauf der Angebotsfrist dem Zugriff des Bieters entzogen war.[21]

---

**Beispiel**

Der Verhandlungsleiter prüft am Eröffnungstermin die vorliegenden Angebote auf Unversehrtheit. Sodann setzt er die Schere an, um den ersten Umschlag zu öffnen.

- Variante 1: **Bevor** der Versammlungsleiter das erste Angebot aus dem Umschlag nimmt, betritt Unternehmer A den Raum und übergibt sein Angebot in einem verschlossenen Umschlag.
- Variante 2: **Nachdem** der Versammlungsleiter die Angebotsendsumme des ersten Angebots verlesen hat, erscheint Unternehmer B und gibt sein Angebot ab.
- Variante 3: Das am vorangegangenen Tag zugegangene Angebot des Unternehmers C ist irrtümlich bei der **Poststelle** des Auftraggebers **liegengeblieben**.

Variante 1: Das Angebot des A ist zur Wertung **zuzulassen**, da es bei der Öffnung des ersten Angebots vorgelegen hat. Verspätet geht ein Angebot erst ein, wenn der Umschlag soweit geöffnet ist, dass zumindest die Möglichkeit eines Blickes auf die erste Seite des Angebotes und einen dort unter Umständen befindlichen Preis gegeben ist. Das Ansetzen der Schere ist nicht entscheidend.

---

20 Eine entsprechende, bei Bedarf auf die individuellen Verhältnisse des Auftraggebers anzupassende Checkliste findet sich nach Rn 104.

21 VK Sachsen-Anhalt, Beschl. v. 2.8.2013 – 3 VK LSA 33/13.

Dies ergibt sich auch aus **Sinn und Zweck** der Regelung. Manipulationsmöglichkeiten bestanden nicht.
Variante 2: Das Angebot des B ist nicht zur Wertung zuzulassen, da es **verspätet** vorgelegt wurde und Manipulationen in Kenntnis der Angebotspreise nicht auszuschließen sind.
Variante 3: Das Angebot des Unternehmers C lag im Eröffnungstermin nicht vor, so dass es nur unter den Voraussetzungen des § 14 Abs. 6 VOB/A zu werten ist. Das Angebot war hier dem Auftraggeber **nachweislich** vor Ablauf der Angebotsfrist **zugegangen**. Entscheidend für den Zugang gemäß § 130 BGB sind der Übergang in den Machtbereich des Empfängers und seine Möglichkeit, unter normalen Umständen hiervon Kenntnis erlangen zu können. Bieter C hat nicht die unzureichende Organisation der internen Abläufe des Auftraggebers zu vertreten. Wenn der Auftraggeber mit dem Eingang fristgebundener Sendungen rechnet bzw. rechnen muss, wie hier bei einem anstehenden Eröffnungstermin, ist nach der Verkehrsanschauung zu erwarten, dass die Post neben den üblichen Leerungen auch zum Zeitpunkt des Fristablaufs abgeholt wird.[22] Das Angebot des C ist daher zu werten.

28 Entscheidend ist der **tatsächliche Zugang** beim Auftraggeber und nicht, wann die Poststelle des Auftraggebers das Angebot mit dem Eingangsstempel versehen hat. Bei einer Zusendung per Post ist maßgeblich, wann das Angebot in den Postbriefkasten eingeworfen bzw. bei der Poststelle des Auftraggebers abgegeben wurde, **nicht** wann der zuständige Bedienstete hiervon **Kenntnis** erlangte. Dies gilt jedenfalls, soweit die Vergabestelle keine eindeutigen abweichenden Vorgaben gemacht hat.

! **Praxistipp**
Am sichersten ist die **Übermittlung des Angebots** durch eigene Mitarbeiter, die dann den Zeitpunkt der Übergabe bezeugen können. Kommt eine Direktzustellung, z.B. wegen der Entfernung zur Vergabestelle, nicht in Betracht, sollten Bieter eine Zustellart wählen, die eine **Sendungsverfolgung** ermöglicht. Die Sendungsverfolgung wird grundsätzlich als geeignetes **Beweismittel** (Urkundenbeweis) anerkannt.[23]
Vergabestellen sollten (vermeintlich) verspätet eingegangene Angebote **keinesfalls zurücksenden**, sondern ebenfalls gegen Veränderungen kenntlich machen, den Zugangszeitpunkt **nachweisbar** (ggf. unter Bezeichnung von Zeugen) **dokumentieren**. Das Originalangebot nebst Umschlag ist unter Verschluss zu nehmen, vgl. § 14 (EG) Abs. 5 VOB/A. Bei einer Zurücksendung droht die Aufhebung der Vergabe, da Manipulationsmöglichkeiten in der Regel nicht ausgeschlossen werden können.[24]

## 2. Fehlende Unterschrift, Verstoß gegen Datenintegrität oder gegen festgelegte Form

29 Der Auftraggeber kann festlegen, ob Angebote elektronisch oder schriftlich einzureichen sind. Anders als bei Vergaben im Anwendungsbereich der VOL/A, sind bei

22 So VK Sachsen-Anhalt, Beschl. v. 2.8.2013 – 3 VK LSA 33/13 in einem Fall, bei dem das Angebot eines Bieters im Postfach des Auftraggebers liegen geblieben war.
23 VK Sachsen-Anhalt, Beschl. v. 8.4.2014 – 3 VK LSA 13/14.
24 Vgl. VK Sachsen-Anhalt, Beschl. v. 8.4.2014 – 3 VK LSA 13/14.

**Bauvergaben** im **Unterschwellenbereich schriftliche Angebote** immer zugelassen, § 13 Abs. 1 Nr. 1 S. 2 VOB/A. Damit soll auch kleineren Unternehmen eine Wettbewerbsteilnahme ermöglicht werden.

Nach § 13 (EG) Abs. 1 Nr. 1 VOB/A, §§ 13 Abs. 1 S. 2, 16 EG Abs. 1 S. 2 VOL/A müs- 30
sen Angebote unterschrieben sein. Ohne **Unterschrift** liegt kein wirksames Angebot vor. Dieser Ausschlussgrund lässt sich einfach und schnell überprüfen und sollte daher am Beginn der Wertungsphase abgeprüft werden.

Elektronisch übermittelte Angebote sind auszuschließen, wenn sie nicht der 31
vom Auftraggeber gewählten Art der **elektronischen Signatur** Rechnung tragen. Der Auftraggeber kann hier zwischen einer fortgeschrittenen oder qualifizierten elektronischen Signatur wählen, § 13 (EG) Abs. 1 Nr. 1 S. 3 VOB/A, §§ 13 Abs. 1 S. 2, 16 EG Abs. 1 S. 2 VOL/A.

Problematisch kann im Einzelfall sein, ob die Unterschrift von dem **Vertre-** 32
**tungsberechtigten** stammt. Dies muss der Auftraggeber jedoch, soweit er in seinen Bewerbungsbedingungen keine entsprechende Vorgabe aufgestellt hat,[25] nicht (mehr) überprüfen. Denn die früher in VOB/A und VOL/A enthaltene Forderung nach einer „rechtsverbindlichen" Unterschrift ist gerade entfallen. Damit sollte der Auftraggeber von der nicht selten mit aufwändigen Nachforschungen verbundene Prüfung einer Bevollmächtigung des Angebotsunterzeichners entbunden werden.[26]

Ein weiterer formaler Ausschlussgrund liegt regelmäßig vor, wenn per Post 33
übermittelte Angebote **unverschlossen oder** elektronische Angebote **unverschlüsselt** eingereicht wurden. Ferner hat der Auftraggeber durch technische Lösungen sicherzustellen, dass die Verschlüsselung bis zum Eröffnungstermin bzw. Ablauf der Angebotsfrist aufrecht erhalten wird, § 13 (EG) Abs. 1 Nr. 2 VOB/A, §§ 13 Abs. 2 S. 3 bis 4, 16 EG Abs. 2 S. 3 bis 4 VOL/A.

---

**Beispiel**

Während der Versammlungsleiter das erste Angebot öffnet, betritt Unternehmer A den Raum und übergibt sein Angebot in einem **unverschlossenen Umschlag**.

Nach § 16 Abs. 1 Nr. 1 lit. b) iVm. § 13 Abs. 1 Nr. 2 VOB/A bzw. §§ 13 Abs. 2 S. 2, 16 EG Abs. 2 S. 2 VOL/A sind Angebote auszuschließen, die nicht in einem verschlossenen Umschlag eingereicht wurden. Hieraus folgt jedoch nicht zwingend, dass nicht verschlossene Angebote generell nicht zuzulassen sind. Die Regelung bezweckt den Ausschluss von Manipulationen. Ist ausgeschlossen, dass das nicht verschlossene Angebot noch auf Grund von Informationen nachgebessert wurde, welche der Anbieter erst im Eröffnungstermin erlangt hat, würde eine Zurückweisung des Angebotes keinen **schützenswerten Zweck** verfolgen und wäre unverhältnismäßig.[27] Sofern der Unternehmer A den Raum vor Verlesung des ersten Angebots betreten hat, sind Manipulationen ausge-

---

25 Zur Zulässigkeit einer solchen Regelung etwa OLG Düsseldorf, Beschl. v. 22.12.2004 – VII – Verg 81/04.

26 OLG Düsseldorf, Beschl. v. 22.12.2004 – VII – Verg 81/04.

27 So OLG Naumburg, Urt. v. 18.11.1999 – 3 U 169/98.

schlossen. Daran ändert auch der unverschlossene Umschlag nichts. Das Angebot des A wäre **ausnahmsweise zu werten.**

### 3. Änderungen des Bieters an den Vergabeunterlagen

34 In der **Praxis** überaus **bedeutsam** sind Angebotsausschlüsse wegen Änderungen des Bieters an den Vergabeunterlagen. Denn nach § 13 (EG) Abs. 1 Nr. 5 VOB/A bzw. §§ 13 Abs. 4, 16 EG Abs. 4 VOL/A sind Änderungen an den Vergabeunterlagen unzulässig und führen nach § 16 (EG) Abs. 1 Nr. 1b) VOB/A bzw. §§ 16 Abs. 3d), 19 EG Abs. 3d) VOL/A zum Angebotsausschluss.

35 Die Vorschrift dient nicht nur dem **Schutz des Auftraggebers und** seinem Leistungsbestimmungsrecht, sondern auch dem **Wettbewerb** und damit den Mitbewerbern. Der Auftraggeber soll die ausgeschriebene (und keine andere) Leistung erhalten, die Angebote sollen vergleichbar sein.[28]

36 Zu den **Vergabeunterlagen** zählen gem. § 8 (EG) Abs. 1 VOB/A, §§ 8 Abs. 1, 9 Abs. 1 EG VOL/A insbesondere

- die Leistungsbeschreibung,
- die Aufforderung des Auftraggebers zur Angebotsabgabe mit den darin enthaltenen Vorgaben,
- etwaige Bewerbungsbedingungen und darin enthaltene Vorgaben,
- VOB/B bzw. VOL/B und
- etwaige Vertragsbedingungen.

37 Eine unzulässige Änderung kann sich auf alle vorgenannten Bestandteile der Vergabeunterlagen, d.h. auf den Inhalt der nachgefragten **Leistung oder** die **Vertragskonditionen** beziehen. Änderungen sind alle unmittelbaren Eingriffe, wie Streichungen, Hinzufügungen oder sonstige Abänderungen an den verbindlichen Vorgaben der Vergabestelle.

**Fettnapf**

Bieter sollten wegen des Ausschlussrisikos auf **Anmerkungen oder Streichungen** im Leistungsverzeichnis verzichten.

Vergabestellen müssen darauf achten, dass **nicht jede Anmerkung** eines Bieters im Leistungsverzeichnis oder den Vergabeunterlagen per se eine **unzulässige Änderung** darstellt. Möglich ist auch, dass es sich um eine vorweggenommene Konkretisierung des Angebots handelt, die sich im Rahmen des Zulässigen bewegt.

Ist beispielsweise bei der Ausführung einer bestimmten Metallkonstruktion im Leistungsverzeichnis vorgegeben, dass ein Blech in einer Stärke von „ca. 3 mm nach statischen Erfordernissen" und „perforiert zur Ventilation" ausgeführt werden soll, so führt die Anmerkung eines Bieters „Lochblech, 2,5 mm" nur dann zum Ausschluss, wenn hierdurch den statischen Erfordernissen nicht

**28** OLG Jena, Beschl. v. 16.9.2013 – 9 Verg 3/13.

Rechnung getragen werden kann. Auch insoweit kann vor einem reflexartigen Angebotsausschluss nur gewarnt werden. In jedem Fall sollte zuvor eine Aufklärung dahingehend stattfinden, wie der Bieter sicherstellt, dass die statischen Vorgaben eingehalten werden.

Voraussetzung für einen Angebotsausschluss wegen Änderung der Vergabeunterlagen ist des Weiteren, dass sich die Änderung auf eine **verbindliche und vergaberechtlich zulässige Vorgabe** des Auftraggebers bezieht. 38

**Beispiel**

Ein Auftraggeber beschreibt in einer Ordnungsziffer des Leistungsverzeichnisses die auszuführende Leistung und gibt gleichzeitig ein oder mehrere **Leitfabrikat(e)** mit dem **Zusatz „oder gleichwertig"** an. Ein Bieter legt seinem Angebot ein abweichendes Fabrikat zugrunde. Liegt eine unzulässige Abänderung der Vergabeunterlagen vor?

Dies wäre nur dann der Fall, wenn

- es sich bei dem vom Auftraggeber benannten Fabrikat überhaupt um eine verbindliche Festlegung auf ein bestimmtes Produkt handelt und nicht lediglich um eine beispielhafte Vorgabe zur Erleichterung der Angebotsbearbeitung,[29]
- das angebotene Fabrikat überhaupt von den Vorgaben des Auftraggeber abweicht, also nicht gleichwertig ist und
- die Vorgabe des Leitfabrikats zulässig war, also „der Auftragsgegenstand nicht hinreichend genau und allgemein verständlich (abstrakt) beschrieben werden" konnte, § 7 (EG) Abs. 8 VOB/A, §§ 7 Abs. 4, 8 EG Abs. 7 S. 2 VOL/A.

Auftraggeber nutzen sog. Planungs-, Leit- bzw. Richtfabrikate häufig, um den Bietern die Angebotserstellung zu erleichtern. Eine verbindliche Produktvorgabe wird damit in der Regel jedoch gerade nicht bezweckt.

Ergibt die Auslegung der Ordnungsziffer, dass nur eine unverbindliche **„unechte Produktvorgabe"** vorliegt, können Abweichungen nicht per se als Änderung der Vergabeunterlagen qualifiziert werden.

Ergibt die Auslegung hingegen, dass eine **verbindliche Produktvorgabe** beabsichtigt war, wäre weiter zu prüfen, ob die Vorgabe nach § 7 (EG) Abs. 8 VOB/A, §§ 7, Abs. 3–4, § 8 EG Abs. 7 VOL/A vergaberechtlich überhaupt **zulässig** war. Ist die Vorgabe eines Leitfabrikats wegen Verletzung des Grundsatzes produktneutraler Ausschreibung und unzulässiger Bevorzugung der Leitprodukte unwirksam, kann der Auftraggeber hieran keine Ausschlussfolge knüpfen. Mangels wirksamer Vorgabe läge dann auch keine unzulässige Änderung der Vergabeunterlagen vor.

**Jede Änderung** an den Vergabeunterlagen bewirkt letztlich, dass keine vergleichbaren Angebote mehr vorliegen, was Grundvoraussetzung einer transparenten und fairen Wertung ist. Sobald an den Vergabeunterlagen Änderungen vorgenommen wurden, sind **Art und Ausmaß** daher **unerheblich**. Ob die vorgenommene Ände- 39

29 Vgl. OLG Düsseldorf, Beschl. v. 9.1.2013 – Verg 33/12: „unechte" und damit zulässige Produktorientierung, wenn Produktbezeichnungen laut Leistungsbeschreibung nur als Qualitätsbeispiele gelten und im Positionstext alle wesentlichen technischen Merkmale gesondert angegeben sind.

rung zentrale oder wichtige oder eher eine unwesentliche Leistungsposition betrifft oder ob die Abweichung letztlich irgendeinen Einfluss auf die Funktionalität des Angebots hat, ist nicht entscheidend.[30]

40 Eine unzulässige Änderung ist auch durch eine nachträgliche Erklärung des Bieters, beispielsweise seine Allgemeinen Geschäftsbedingungen doch nicht einbeziehen zu wollen, nicht mehr **heilbar.**[31]

---

**Beispiel**
Ein Bieter übersendet sein Angebot mit einem Begleitschreiben. Das **Begleitschreiben** enthält u.a. den Passus „Gewährleistung: 24 Monate". Diese Erklärung kann nur so verstanden werden, dass sämtliche Mängelansprüche nach Ablauf von 24 Monaten verjähren sollen.
Sollen nach den Vergabeunterlagen die Vorschriften der VOB/B als Vertragsbedingungen gelten, was wegen § 8 (EG) Abs. 3 VOB/A regelmäßig der Fall sein dürfte, gehört dazu auch die Regelung des § 13 Abs. 4 VOB/B zur Verjährung von Mängelansprüchen. Danach gilt für Bauwerke eine Verjährungsfrist von vier Jahren. Das Angebot ist wegen Änderung der Vergabeunterlagen zwingend auszuschließen.

---

41 Eine Änderung der Vergabeunterlagen liegt vor allem auch dann vor, wenn der Bieter mit seinem Angebot die zu erbringende **Leistung abändert** und eine andere als die ausgeschriebene Leistung anbietet.[32]

---

**Beispiel**
Im Zuge der Instandsetzung eines Spielplatzes sollen auch die Fallschutzplatten erneuert werden. In der Leistungsbeschreibung ist neben den Abmessungen und der Fallhöhe vorgegeben, dass die Fallschutzplatten werksseitig mit einer sog. EPDM-Beschichtung versehen sein müssen. Von den Bietern werden in der betroffenen Position konkretisierende Angaben zum angebotenen Produkt (Hersteller und Typ) verlangt.
Trägt ein Bieter ein **Produkt** ein, das auch nur in einem verbindlich vorgegebenen Punkt **von der Leistungsbeschreibung abweicht** (z.B. fehlende EPDM-Beschichtung), ist sein Angebot wegen unzulässiger Änderung der Vergabeunterlagen zwingend auszuschließen, § 16 (EG) Abs. 1 Nr. 1b) i.V.m. § 13 (EG) Abs. 1 Nr. 5 VOB/A. Eine Wertung als Nebenangebot scheitert bereits daran, dass das Angebot nicht auf besonderer Anlage gemacht wurde, vgl. § 13 (EG) Abs. 3 S. 2 VOB/A.

---

42 Auch Erklärungen im **Angebotsbegleitschreiben** können, wenn sie als vertragsrelevante Willenserklärungen einzustufen sind, zu einer Änderung der Verdingungsunterlagen und damit zum zwingenden Angebotsausschluss führen.

30 OLG Naumburg, Urt. v. 26.10.2004 – 1 U 30/04.
31 VK Bund, Beschl. v. 24.6.2013 – VK 3-44/13.
32 OLG Düsseldorf, Beschl. v. 20.5.2005 – Verg 19/05.

**Beispiel**

Ein Bieter versieht eine LV-Position, in der ein bestimmtes Gebäudemodell gefordert wird, mit den geforderten Angaben. Gleichzeitig teilt er im **Begleitschreiben** mit, dass er das Ergebnis der Position „3 D-Gebäudemodell" in einer wesentlich **höheren Qualität** als gefordert liefern werde.
Das Angebotsbegleitschreiben enthält vertragsrelevante Erklärungen, die das Angebot konkretisieren. Die Ankündigung, eine höhere Qualität zu liefern, führt zu einer Änderung der Vergabeunterlagen, wenn in der Leistungsbeschreibung, wie hier, nicht lediglich eine Mindestqualität gefordert war. Mit der Erklärung des Bieters, eine höhere Qualität zu liefern, erklärt der Bieter zugleich, dass er gerade nicht die geforderte, sondern eine **abweichende Leistung** erbringen werde. Dass der Auftraggeber ggf. etwas Besseres erhält, ist nicht entscheidend. Nur wenn alle Bieter die ausgeschriebene Leistung anbieten, ist die Vergleichbarkeit der Angebote gewährleistet. Das Angebot ist zwingend auszuschließen.

Ein hohes **Ausschlussrisiko** gehen Bieter ein, die ihrem Angebot eigene **Allgemeine Geschäftsbedingungen** (AGB) beifügen. Denn darin finden sich nahezu immer einseitige Vorgaben, die zu einer Änderung der Vergabeunterlagen führen. 43

**Fettnapf**

Ein Bieter fügt seinem Angebot eigene Allgemeine Geschäftsbedingungen (ABG) bei. Darin heißt es: „Der **Gerichtsstand** für alle Streitigkeiten aus dem Vertrag richtet sich nach dem Sitz der Firma ...".
Ist in den Vergabeunterlagen, wie bei öffentlichen Auftraggebern üblich (vgl. auch § 8 (EG) Abs. 3 VOB/A, §§ 9 Abs. 1 S. 1, 11 EG Abs. 1 S. 1 VOL/A), die Geltung der VOB/B vorgegeben, richtet sich nach **§ 18 Abs. 1 VOB/B bzw. § 19 Nr. 2 VOL/B** der Gerichtsstand für alle Streitigkeiten aus dem Vertrag **ausschließlich**[33] nach dem Sitz der für die Prozessvertretung des Auftraggebers zuständigen Stelle. Die AGB ändern den damit verbindlich vorgegebenen Gerichtsstand ab, so dass ein Angebotsausschluss wegen Änderung der Vergabeunterlagen droht.

Die Entscheidungspraxis der Vergabekammern ist hier sehr unterschiedlich. Rechtlich **entscheidend** ist nicht der Wille des Erklärenden, sondern der durch Auslegung zu ermittelnde **objektive Erklärungswert** seines Verhaltens.[34] Aus diesem Blickwinkel dürften selbst auf der Rückseite eines Angebotsbegleitschreibens abgedruckte AGB regelmäßig als Angebotsbestandteil zu werten sein. Die Vergabestelle kann ohne konkrete Anhaltspunkte nicht unterstellen, dass ein Bieter Erklärungen irrtümlich abgegeben oder Unterlagen versehentlich beigefügt hat.[35] 44

33 § 18 Abs. 1 VOB/B und § 19 Nr. 2 VOL/B normieren zu Gunsten des öffentlichen Auftraggebers einen ausschließlichen Gerichtsstand, regeln also, an welchem Ort im Streitfall zu klagen ist, vgl. zur VOB/B etwa OLG Frankfurt, Beschl. v. 10.1.2012 – 11 AR 140/11; OLG Nürnberg, Beschl. v. 13.12.2006 – 3 AR 2517/06.

34 OLG München, Beschl. v. 21.2.2008 – Verg 1/08.

35 OLG München, Beschl. v. 21.2.2008 – Verg 1/08.

**Praxistipp**

**Bieter** sollten unbedingt auf **äußerste Genauigkeit** bei der Ausarbeitung ihrer Angebote achten. Von Begleitschreiben zum Angebot sollte möglichst abgesehen werden. Auch sollte, soweit nicht ausdrücklich durch entsprechende relativierende Formulierungen wie „ca.", „mindestens" usw. zugelassen, keine höherwertige Leistung angeboten werden. Erkennt ein Bieter Fehler in den Mengenvordersätzen, dürfen auch diese nicht eigenmächtig angepasst werden.[36]

Sind die Vergabeunterlagen für den Bieter nicht eindeutig oder objektiv mehrdeutig, sollte **sicherheitshalber** die Vergabestelle schriftlich oder in Textform (E-Mail) um **Klarstellung** gebeten werden.

**Alternativ** können für jede Auslegungsvariante gesonderte **„Nebenangebote"** eingereicht werden. Soweit das dem jeweiligen „Nebenangebot" zugrunde gelegte Verständnis des Bieters der objektiv vom Auftraggeber nachgesuchten Leistung entspricht, handelt es sich mangels Abänderung der ausgeschriebenen Leistung letztlich um kein Nebenangebot, sondern um ein Hauptangebot. Insofern kommt es auch nicht darauf an, ob Nebenangebote zugelassen sind.

### 4. Nicht zweifelsfreie Eintragungen des Bieters

45 Sind Änderungen des Bieters an seinen Eintragungen nicht zweifelsfrei, ist das Angebot ebenfalls auszuschließen, § 13 (EG) Abs. 1 Nr. 5 S. 2 VOB/A, §§ 13 Abs. 4 S. 2, 16 EG Abs. 4 S. 2 VOL/A. Dabei müssen die Änderungen nicht nur als solche eindeutig, sondern auch als vom Bieter stammend erkennbar sein. Dies ist bei der bloßen Verwendung von **„Tipp-Ex"** oder **Korrekturrollern** ohne namentliche Abzeichnung der Änderungen samt Datumsangabe in der Regel nicht der Fall.[37]

46 Mit der Regelung sollen im Sinne eines transparenten und fairen Wettbewerbs nachträgliche **Manipulationen verhindert** werden. Denn geänderte Angebotsinhalte ohne Angabe von Zeit und Verfasser bergen die Gefahr, dass diese nachträglich in Kenntnis der Wettbewerbsergebnisse angebracht wurden.

47 Unter Manipulations- und Korruptionsgesichtspunkten sowie unter Berücksichtigung der vergaberechtlichen Grundprinzipien ist die insoweit von der Vergaberechtsprechung als Maßstab herangezogene **streng formale Sichtweise**[38] nachvollziehbar. „Tipp-ex"-Eintragungen sind in der Regel nicht zweifelsfrei, weil sich die darunter befindliche, ursprüngliche Eintragung durch Ablösen des Korrekturlacks reaktivieren lässt.

48 Eine allzu **schematische Vorgehensweise verbietet sich** jedoch auch hier. Sind theoretisch denkbare Manipulationsmöglichkeiten nach den Umständen des Einzelfalls ausgeschlossen, ist ein Angebotsausschluss unzulässig.

36 VK Sachsen, Beschl. v. 13.6.2003 – 1/SVK/053-03.

37 Vgl. VK Schleswig-Holstein, Beschl. v. 5.1.2006 – VK-SH 31/05.

38 VK Südbayern, Beschl. v. 14.12.2004 – 69-10/04.

Die Vergaberechtsprechung[39] billigt die Verwendung von Korrekturlack als zweifelsfreie Eintragung etwa unter folgenden Voraussetzungen: 49

- Das Korrekturband lässt sich „selbst bei intensiver mechanischer Behandlung nicht ablösen, ohne das darunter befindliche Papier mit abzulösen" und
- die Handschrift auf dem Korrekturband stimmt „mit großer Sicherheit" mit den übrigen Preiseintragungen überein und/oder
- die auf dem Korrekturband angebrachten Zahlen stehen rechnerisch mit den – unveränderten – (Titel-)Summen oder Einheits- oder Gesamtpreisen in Einklang.

Die Entscheidung zeigt, dass das Ergebnis letztlich von einer wertenden Entscheidung des zuständigen Gerichts abhängt. Hierauf sollten es Bieter nicht ankommen lassen und unvermeidbare Änderungen zweifelsfrei vornehmen. 50

---

**Praxistipp** !

Bieter, die ein bereits ausgearbeitetes Angebot in bestimmten Punkten vor Angebotsabgabe noch ändern oder korrigieren möchten (z.B. Preisangaben, Typangaben usw.), sollten kein Korrekturband („Tipp-Ex") verwenden. Stattdessen sollte die zu ändernde Eintragung gestrichen und die Neueintragung daneben vorgenommen werden. Besonders wichtig ist es, die Änderung zumindest mit einer **Paraphe** des Verfassers sowie einer **Datumsangabe** zu versehen, damit klar ist, wer die Änderung wann vorgenommen hat.

---

### 5. Fehlende Preisangaben

Nach § 13 (EG) Abs. 1 Nr. 3, §§ 13 Abs. 3, 16 EG Abs. 3 VOL/A müssen Angebote die geforderten Preise enthalten. Angebote, die dieser Bestimmung nicht entsprechen, sind nach § 16 (EG) Abs. 1 Nr. 1c) VOB/A, §§ 16 Abs. 3a), 19 EG Abs. 3a) VOL/A zwingend auszuschließen. 51

Auch diese Regelung dient dazu, die Grundsätze der Gleichbehandlung und der Transparenz durchzusetzen. Eine **vergleichende Angebotswertung** ist nur möglich, wenn in jeder sich aus den Verdingungsunterlagen ergebenden Hinsicht ohne weiteres vergleichbare Angebote abgegeben werden. Bei unvollständigen Preisangaben ist eine vergleichende Wertung nicht möglich. 52

**Preisangaben** können auch **nicht nachträglich vervollständigt** werden. Dies widerspräche einem transparenten, auf Gleichbehandlung aller Bieter beruhenden Vergabeverfahren. Damit ein Angebot gewertet werden kann, ist deshalb jeder in der Leistungsbeschreibung vorgesehene Preis so wie gefordert vollständig und mit dem Betrag anzugeben, der für die betreffende Leistung beansprucht wird.[40] 53

---

**39** OLG Schleswig, Beschl. v. 11.8.2006 – 1 Verg 1/06; OLG München, Beschl. v. 23.6.2009 – Verg 8/09.

**40** So etwa BGH, Urt. v. 24.5.2005 – X ZR 243/02 mwN.

54 Diese streng formale Sichtweise führte in der **früheren Vergabepraxis** dazu, dass betroffene Angebote schon bei einer einzigen fehlenden Preisangabe ohne jedwedes Ermessen der Vergabestelle auszusortieren waren. Auf die Bedeutung der Position im Gesamtgefüge kam es ebenso wenig an wie auf die Frage, ob sich die fehlende Preisangabe auf die Wertungsreihenfolge auswirkte.

55 Dies wurde als **unbillig empfunden**, da attraktive Angebote ohne Wenn und Aber auszuschließen waren. Eine ganz **zentrale Änderung** brachten insoweit die **VOB/A 2009** und die VOL/A 2009 mit sich. Zwar müssen Angebote nach § 13 (EG) Abs. 1 Nr. 3 VOB/A, §§ 13 Abs. 3, 16 EG Abs. 3 VOL/A weiterhin die geforderten Preise enthalten. Jedoch ist unter den in § 16 (EG) Abs. 1 Nr. 1c) VOB/A[41] normierten Voraussetzungen das Fehlen einer einzigen unwesentlichen Preisangabe ausnahmsweise unbeachtlich.

56 Angebote verbleiben **jetzt** im Anwendungsbereich der VOB/A in der Wertung, wenn

- nur ein **einziger Preis** fehlt und
- auch die rechnerische Ergänzung und Wertung mit dem höchsten von den Mitbewerbern in der betroffen Position angebotenen Preis keinen Einfluss auf die **Wertungsreihenfolge** hat und
- die fehlende **Preisangabe unwesentlich** ist.

57 Noch nicht abschließend geklärt ist der rechtliche Gehalt des Kriteriums der **Unwesentlichkeit**. Muss die (Un-)Wesentlichkeit rein monetär (quantitativ) oder auch inhaltlich (qualitativ) bestimmt werden?

58 **Teilweise** wird die Ansicht vertreten,[42] es komme nicht darauf an, ob die nicht bepreiste Leistungsposition mit Blick auf das Gesamtwerk (qualitativ) unwesentlich sei, sondern lediglich, ob die betroffene Preisposition wirtschaftlich (quantitativ) völlig unbedeutend sei. Für eine qualitative Beurteilung sei kein Raum. Etwas was der Bauherr laut Leistungsverzeichnis unbedingt haben will, könne nicht unwesentlich sein. Unwesentlich könne nur eine Preisposition sein, die **wirtschaftlich** völlig **unbedeutend** sei. Dies könne in der Regel nicht mehr angenommen werden, wenn sie unter fiktiver Berücksichtigung des höchsten Wettbewerbspreises mehr als **0,5% der Angebotssumme** ausmacht.

59 Die **VK Bund** stellt demgegenüber **auch** eine **qualitative Betrachtung** der betroffenen Position an. Komme einer Position (hier: Wartungsposition) vertragsrechtlich eine besondere Bedeutung zu, etwa weil mit ihrer Einbeziehung in die Beauf-

41 Zur etwas divergierenden Rechtslage im Anwendungsbereich der VOL/A bzw. VOL/A-EG s. Rn 61.

42 Vgl. Heiermann/Zeiss/*Summa*, juris PraxisKommentar Vergaberecht, 4. Auflage, Saarbrücken 2013, § 16 VOB/A Rn 119 f.

tragung eine Verlängerung der Gewährleistungsfrist verbunden ist, könne sie nicht als unwesentlich angesehen werden.

Fehlen **zwei oder mehr Preisangaben** im Anwendungsbereich der VOB/A, führt dies weiterhin zwingend zum **Ausschluss** des Angebots. Dies folgt aus dem eindeutigen Wortlaut des § 16 (EG) Abs. 1 Nr. 1c) VOB/A („... lediglich in einer einzelnen unwesentlichen Position ..."), der allenfalls das Fehlen eines einzigen unwesentlichen Preises toleriert. 60

Im Gegensatz dazu kann im **Anwendungsbereich der VOL/A** (§§ 16 Abs. 2, 19 EG Abs. 2 VOL/A) auch das Fehlen **mehrerer** Preisangaben folgenlos bleiben („... unwesentliche Einzelpositionen ..."). 61

### 6. Wettbewerbsbeschränkende Abrede

Treffen Bieter in Bezug auf die konkrete Vergabe eine unzulässige, wettbewerbsbeschränkende Abrede, sind ihre Angebote zwingend auszuschließen, § 16 Abs. 1 Nr. 1d) VOB/A, §§ 16 Abs. 3f), 19 EG Abs. 3f) VOL/A. Der Ausschlussgrund leitet sich aus dem **Wettbewerbsprinzip** und dem daraus abgeleiteten Gebot des **Geheimwettbewerbs** ab und gilt dementsprechend für alle Vergabeverfahren.[43] 62

Wettbewerbsbeschränkende Absprachen liegen nicht erst dann vor, wenn ein Verhalten gesetzeswidrig ist. Vielmehr werden **alle Absprachen und Verhaltensweisen** eines Bieters umfasst, **die mit** dem vergaberechtlichen **Wettbewerbsgebot unvereinbar** sind. 63

Der Ausschlussgrund beschränkt sich daher nicht auf Preisabsprachen, sondern ist in aller Regel schon dann verwirklicht, wenn ein Angebot in **Kenntnis** der Bedingungen des **Konkurrenzangebots**, zumindest aber wesentlicher Angebotsgrundlagen, erstellt wird.[44] Ein echter Leistungswettbewerb wird dadurch ausgehebelt. 64

In der Vergabepraxis spielt dieser Ausschlussgrund v.a. eine Rolle bei 65

- **Preisabsprachen,**
- Verstößen gegen den **Geheimwettbewerb**, z.B. durch Austausch wesentlicher Angebotsteile in Kenntnis der Konkurrenzsituation,[45]
- sog. Doppelangeboten, etwa einmal als Einzelunternehmen und einmal als Mitglied einer Bietergemeinschaft oder
- bei Bietergemeinschaften, die aus branchenangehörigen Unternehmen bestehen.[46]

---

43 OLG Düsseldorf, Beschl. v. 4.2.2013 – Verg 31/12.
44 OLG Düsseldorf, Beschl. v. 4.2.2013 – Verg 31/12 und Beschl. v. 27.7.2006 – VII-Verg 23/06.
45 Vgl. OLG München, Beschl. v. 11.8.2008 – Verg 16/08.
46 Siehe dazu Kap. 7 Rn 44 ff.

66 Der **Nachweis** einer wettbewerbsbeschränkenden Abrede **obliegt** dem **Auftraggeber**. Dies ist in der Praxis nicht unproblematisch. Zwar kann sich der Auftraggeber bei typischen oder aufgrund von allgemeinen Erfahrungssätzen naheliegenden Geschehensabläufen auf den sog. Anscheinsbeweis berufen.

67 Aus Gründen der **Verhältnismäßigkeit** muss dem betroffenen Bieter jedoch die **Möglichkeit des Entlastungsnachweises** im Rahmen einer Anhörung eingeräumt werden.[47] Es ist dann Sache des Bieters, Umstände darzulegen, die geeignet sind, die Vermutung eines wettbewerbswidrigen Verhaltens mit dem Angebot ausräumen.

### 7. Nebenangebote[48]

68 Wann Nebenangebote zugelassen sind, ist bei **Bauvergaben** im Unter- und Oberschwellenbereich **unterschiedlich** geregelt:

#### a) Die Regelungen im Oberschwellenbereich

69 Bei **europaweiten** Verfahren muss der Auftraggeber zunächst die Einreichung von Nebenangeboten in der **Bekanntmachung** überhaupt zugelassen. Nicht zugelassene Nebenangebote sind zwingend von der Wertung auszuschließen, § 16 (EG) Abs. 1 Nr. 1e) VOB/A, §§ 16 Abs. 3 g), 19 EG Abs. 3 g) VOL/A. Weitere Wertungsvoraussetzung ist, dass spätestens in der Aufforderung zur Angebotsabgabe auch einzuhaltende **Mindestanforderungen** definiert wurden, § 8 EG Abs. 2 Nr. 3 VOB/A, § 9 EG Abs. 5 S. 3 VOL/A. Daneben darf nicht der **Preis** das alleinige Zuschlagskriterium sein.[49]

#### b) Die Regelungen im Unterschwellenbereich

70 Bei **nationalen Bauvergaben** sind Nebenangebote **generell zugelassen**, es sei denn, der Auftraggeber hat in der Bekanntmachung bzw. in der Aufforderung zur Angebotsabgabe erklärt, dass er Nebenangebote ausnahmsweise nicht gestattet, § 8 Abs. 2 Nr. 3 VOB/A.

71 Im Anwendungsbereich der **VOL/A** bedürfen Nebenangebote demgegenüber auch im Unterschwellenbereich der **ausdrücklichen Zulassung** durch die Vergabestelle, § 8 Abs. 4 S. 2 VOL/A.

---

47 Vgl. etwa EuGH, Urt. v. 23.12.2009 – C-376/08.

48 Zum Begriff näher Kap. 6 Rn 191, 269 ff.

49 BGH, Beschl. v. 7.1.2014 – X ZB 15/13. Siehe auch Art. 24 VKR. Hierzu näher Kap. 6 Rn 190 ff.

### c) Sonderregel für Bauvergaben

Seit Inkrafttreten der **VOB/A 2009** sind Nebenangebote, die nicht auf **besonderer Anlage** gemacht und als solche **gekennzeichnet** wurden, zwingend auszuschließen, § 16 (EG) Abs. 1 Nr. 1f) iVm. § 13 (EG) Abs. 3 S. 2 VOB/A. Bis zum Inkrafttreten der VOB/A 2009 am 11.6.2010 stellte dies nur einen fakultativen Ausschlussgrund dar. Eine vergleichbare Regelung findet sich weder in der VOL/A noch in der VOL/A-EG. 72

---

**Checkliste Nebenangebote** ?

Nebenangebote sind im Oberschwellenbereich nur zulässig, wenn der **Auftraggeber**
- in der **Bekanntmachung** Nebenangebote zugelassen hat und
- spätestens in der Aufforderung zur Angebotsabgabe **Mindestanforderungen** an Nebenangebote vom Auftraggeber definiert wurden und
- diese Mindestanforderungen[50] zumindest den Standard und die wesentlichen (technischen, gestalterischen, funktionsbedingten) Merkmale verdeutlichen, die Nebenangebote erfüllen müssen und
- das **Zuschlagskriterium** nicht ausschließlich der Preis ist,[51]
- sondern daneben aussagekräftige, auf den Auftragsgegenstand bezogene Zuschlagskriterien definiert wurden (z.B. Qualität, technischer Wert, Betriebs- und Folgekosten nebst Unterkriterien), die eine vergleichende, über die Mindestanforderungen hinausgehende Bewertung des Qualitätsniveaus zwischen Nebenangebot und Amtsvorschlag ermöglichen

und – bei Bauvergaben – der **Bieter**
- sein Nebenangebot auf **besonderer Anlage** gemacht und
- als solches gekennzeichnet hat.

---

## III. Fehlen geforderter Erklärungen und Nachweise

### 1. Vorbemerkung

Auftraggeber könnten das Wettbewerbsergebnis beeinflussen, wenn es ihnen überlassen wäre, im Nachhinein auf geforderte Erklärungen und Nachweise zu verzichten. Auch die **Gleichbehandlung** aller Bieter ist nur gewährleistet, soweit nur Angebote gewertet werden, die alle geforderten Erklärungen enthalten. 73

Da der öffentliche Auftraggeber sich durch die Ausschreibung dem Gleichbehandlungsgebot unterworfen hat, darf die Vergabestelle nach ständiger Rechtsprechung nur solche Angebote werten, die **alle geforderten Erklärungen und Angaben** beinhalten und in jeder sich aus den Verdingungsunterlagen ergebenden Hinsicht vergleichbar sind.[52] 74

---

**50** Siehe dazu Kap. 6 Rn 277 ff.
**51** Näher dazu Kap. 6 Rn 273 ff.
**52** BGH, Beschl. v. 18.2.2003 – X ZB 43/02.

75 Bis zum Inkrafttreten der VOB/A 2009 im Jahr 2010 galt die strikte Ausschlussfolge bereits, wenn nur eine einzelne mit dem Angebot geforderte Erklärung fehlte. Schon kleinere Nachlässigkeiten bei der Angebotserstellung führten zum zwingenden Ausschluss. Dies wurde als unbillig empfunden.

76 Mit der Neufassung der VOB/A wurde den Vergabestellen daher in § 16 (EG) Abs. 1 Nr. 3 S. 1 VOB/A die **Pflicht**[53] auferlegt, **fehlende Erklärungen** und Nachweise bei den Bietern **nachzufordern**.

77 **Ziel der Neuregelung** ist es, Ausschlüsse aus formalen Gründen zu vermeiden, und damit günstige Angebote im Wettbewerb zu halten. Erst wenn die geforderten Erklärungen und Nachweise auch nach der verbindlich vorgegebenen **Nachfrist** von maximal 6 Kalendertagen weiterhin fehlen, ist das Angebot auszuschließen.

78 Ob fehlende Erklärungen nachgefordert werden, steht dagegen im Anwendungsbereich der **VOL/A im Ermessen** der Vergabestelle, §§ 16 Abs. 2 S. 1, 19 EG Abs. 2 S. 1 VOL/A. Nach Ansicht der VK Bund[54] muss dieses Nachforderungsermessen unter Berücksichtigung der Umstände des Einzelfalls ausgeübt werden. Es kann demzufolge nicht pauschal vorweggenommen werden, indem im Vorfeld, etwa in Bewerbungsbedingungen oder in der Bekanntmachung, jegliche Nachforderung von fehlenden Erklärungen und Nachweisen generell ausgeschlossen wird.

## 2. Erklärungen und Nachweise

79 Die Nachforderungspflicht gilt für fehlende „geforderte Erklärungen oder Nachweise". Was unter „Erklärungen" und „Nachweisen" zu verstehen ist, wird nicht (legal-) definiert. Die verwendeten Begriffe sind inhaltlich unbestimmt.

### a) Nachforderungspflicht nur für erläuternde und außerhalb des Vertrags stehende Umstände?

80 Nach teilweise vertretener Ansicht soll die **Nachforderungspflicht** nur solche Erklärungen und Nachweise erfassen, die nicht Vertragsgegenstand werden. Zulässig sollen nur Nachforderungen sein, die **lediglich** der Erläuterung des Vertragsinhaltes dienen bzw. außerhalb des Vertrages stehende Umstände beschreiben.

81 Nach dieser **Ansicht**[55] dürfen Angaben, die Vertragsgegenstand werden oder die die vertragsgegenständliche Leistungen bestimmen, nicht gemäß § 16 Abs. 1 Nr. 3 VOB/A nachgefordert werden. Insbesondere sei das Fehlen geforderter Fabrikats-,

53 Anders im Bereich der VOL/A: Hier steht die Nachforderung im pflichtgemäßen Ermessen der Vergabestelle.

54 Beschl. v. 5.3.2015 – VK 2-13/15.

55 VK Sachsen-Anhalt, Beschl. v. 13.8.2014 – 3 VK LSA 75/14; VK Thüringen, Beschl. v. 12.4.2013 – 250-4002-2400/2013-E-008-SOK; VK Südbayern, Beschl. v. 7.3.2014 – Z3-3-3194-1-02-01/14.

Erzeugnis- und Typangaben **nicht heilbar**, da es sich um **integrale Angebotsbestandteile** handele. Fehlten solche Erklärungen führe dies zwingend zum Angebotsausschluss.

### b) Umfassende Nachforderungspflicht

Die wohl **vorherrschende Meinung** fasst die Begriffe „Erklärungen" und „Nachweise" hingegen entsprechend der Intention des Verordnungsgebers recht weit. Weder der Wortlaut der § 13 (EG) Abs. 1 Nr. 4 VOB/A, §§ 13 Abs. 3, 16 EG Abs. 3 VOL/A noch – dem folgend – der Wortlaut der § 16 (EG) Abs. 1 Nr. 3 VOB/A bzw. §§ 16 Abs. 3a), 19 EG Abs. 3a) VOL/A differenziere zwischen Erklärungen und Nachweisen mit Leistungsbezug und solchen mit Bieterbezug.[56] 82

Nach dieser Auffassung können **sämtliche fehlenden Angaben** nachgefordert werden.[57] Umfasst werden **neben Eignungsnachweisen**, wie technischen Nachweisen, Referenzen, Registerauszügen, Verpflichtungserklärungen, etc., **auch kalkulationsrelevante Angaben**, wie Hersteller- und Typangaben, Fabrikatsangaben, Nachunternehmerbenennungen, Kalkulationsangaben, Erläuterungen zur Mengenkalkulation bei Nebenangeboten,[58] Ablaufkonzepte, Skizzen, Muster[59] und Ähnliches. 83

**Ausgenommen** seien lediglich fehlende **Preisangaben**, da die vergaberechtlichen Konsequenzen von den spezielleren Regelung in § 16 (EG) Abs. 1 Nr. 1c) VOB/A, §§ 16 Abs. 2 S. 2, 19 EG Abs. 2 S. 2 VOL/A erfasst würden. 84

---

**Praxistipp** !

Bieter müssen in **Thüringen, Sachsen-Anhalt und Südbayern** darauf achten, dass sie alle mit Angebotsabgabe **geforderten Erklärungen**, insbesondere geforderte Fabrikats- und/oder Typangaben unmittelbar **mit dem Angebot abgeben**. Die dortigen Vergabekammern vertreten die strikte Auffassung, dass eine Nachforderung sog. integraler Angebotsbestandteile nach § 16 (EG) Abs. 1 Nr. 3 VOB/A nicht in Betracht kommt.

---

## 3. Grenze der Nachforderungspflicht

Das Recht bzw. die Pflicht zur Nachforderung endet bei fehlenden Angaben, die nicht mehr Erklärungen oder Nachweise zum Angebot darstellen, sondern notwen- 85

56 OLG Naumburg, Beschl. v. 23.2.2012 – 2 Verg 15/11 mwN.

57 OLG Celle, Beschl. v. 14.1.2014 – 13 Verg 11/13; OLG Naumburg, Beschl. v. 23.2.2012 – 2 Verg 15/11; OLG Karlsruhe, Beschl. v. 23.3.2011 – 15 Verg 2/11; OLG Dresden, Beschl. v. 17.1.2014 – Verg 7/13.

58 OLG Naumburg, Beschl. v. 23.2.2012 – 2 Verg 15/11.

59 VK Lüneburg, Beschl. v. 3.2.2014 – VgK-48/2013.

dige **Kernbestandteile des Angebots** selbst im engeren Sinn betreffen.[60] Ist das Angebot selbst inhaltlich unvollständig und ist somit schon gar **kein wirksames Angebot** abgegeben worden, so handelt es sich nicht um das Fehlen von Erklärungen oder Nachweisen i.S.d. § 16 Abs. 1 Nr. 3 VOB/A, §§ 16 Abs. 2 S. 1, 19 EG Abs. 2 S. 1 VOL/A. Das Angebot ist auszuschließen, ohne dass dem Bieter Gelegenheit gegeben werden darf, sein Angebot nachzubessern.[61]

86 Dies gilt erst recht, wenn das **Angebot** selbst **nicht unterschrieben** ist. Hier fehlt kein bieterbezogener Nachweis oder eine leistungsbezogene Erklärung, sondern es liegt überhaupt kein wirksames Angebot vor. Im Übrigen greifen hier die spezielleren Ausschlusstatbestände des § 16 Abs. 1 Nr. 1b) i.V.m. § 13 Abs. 1 Nr. 1 S. 2 VOB/A. bzw. der §§ 16 Abs. 3e), 19 EG Abs. 3e) i.V.m. §§ 13 Abs. 1, 16 EG Abs. 1 VOL/A.

87 Schließlich werden nach zutreffender Auffassung nur solche Erklärungen und Nachweise erfasst, die **„mit dem Angebot"**, d.h. innerhalb der Angebotsfrist vorzulegen waren.[62]

88 Bei **„auf Verlangen"** vorzulegenden Nachweisen, also solchen, die zum Zeitpunkt der Angebotsabgabe **noch** gar nicht gefordert waren, kann es sich **nicht** um **„geforderte" Erklärungen** und Nachweise im Sinne des § 16 (EG) Abs. 1 Nr. 3 VOB/A handeln. Diese fallen in den **Anwendungsbereich des § 15 (EG) Abs. 2 VOB/A.** Hier hat der Auftraggeber nach pflichtgemäßem Ermessen zu entscheiden, ob er unter Fristsetzung angeforderte Angaben ein weiteres Mal nachfordert oder ob er das Angebot direkt ausschließt. Bei der zu treffenden Entscheidung sind alle Bieter gleich zu behandeln. Ein Ausschluss setzt den fruchtlosen Ablauf einer zuvor gesetzten, angemessenen Frist und den Hinweis auf die Ausschlussfolge voraus.

#### 4. Erklärungspflicht nur bei wirksamer Forderung

89 Die Nachforderungspflicht greift weiter nur bei wirksam geforderten Erklärungen. War die **Forderung** des Auftraggebers bereits **unwirksam**, trifft den Bieter keine Erklärungspflicht. Der Auftraggeber darf an das Fehlen nicht wirksam geforderter Erklärungen und Nachweise **keine Ausschlussfolge** knüpfen.

---

**60** Ingenstau/Korbion/Kratzenberg/Leupertz/*Kratzenberg*, VOB Teile A und B Kommentar, 18. Auflage, Neuwied 2013, § 16 VOB/A Rn 66.

**61** OLG Dresden, Beschl. v. 21.2.2012 – Verg 1/12: Bieter füllt Arbeitskarten über anzubietende Wartungsarbeiten nicht aus, so dass die vertragsgegenständlichen Leistungen gänzlich offen blieben.

**62** OLG Naumburg, Beschl. v. 23.2.2012 – 2 Verg 15/11; VK Nordbayern, Beschl. v. 27.6.2013 – 21.VK-3194-28/13; OLG Koblenz, Beschl. v. 19.1.2015 – Verg 6/14; näher *Bode*, IBR 2012, 1229; a.A. wohl OLG Dresden, Beschl. v. 17.1.2014 – Verg 7/13.

**Beispiel**
Bestimmte Eignungsnachweise wurden erst in den Vergabeunterlagen und damit unwirksam[63] gefordert. Gibt ein Bieter die fehlerhaft geforderten Nachweise nicht ab, darf die Vergabestelle sein Angebot nicht ausschließen. Dies ist allenfalls dann möglich, wenn die Nachweise ein weiteres Mal unter Fristsetzung und Androhung der Ausschlussfolge (vgl. § 15 (EG) Abs. 2 VOB/A) angefordert wurden.

Des Weiteren können Bieter nur dann mit Erklärungspflichten belastet werden, wenn **Auftraggeber** die Erklärungen „fordern", das heißt, für das konkrete Vergabeverfahren ausdrücklich verlangen und **eindeutig bestimmen**, dass und zu welchem Zeitpunkt sie beizubringen sind.[64] 90

Aus der Bekanntmachung (Eignungsnachweise) oder spätestens den Vergabeunterlagen (Erklärungen) muss unzweideutig hervorgehen, 91
- welche Erklärungen und Nachweise,
- mit welchem Inhalt und
- bis zu welchem Zeitpunkt

vorzulegen sind.

Genügen die Vergabeunterlagen dem nicht, darf der Auftraggeber ein Angebot nicht ohne weiteres wegen Fehlens einer entsprechenden Erklärung aus der Wertung nehmen, sondern er muss dieses **Defizit der Vergabeunterlagen** ausgleichen und den Bietern Gelegenheit geben, die fraglichen Erklärungen nachzureichen. 92

Will die Vergabestelle an einer **unklar geforderten Erklärung** festhalten, muss sie also die Unklarheit durch Klarstellung oder Konkretisierung und ggf. Rückversetzung des Verfahrens beseitigen und den Bietern konkret mitteilen, welche Erklärung bis wann abzugeben ist. Erst wenn die fraglichen Erklärungen oder Nachweise auch nach Ablauf der **Nachfrist** weiterhin fehlen, kann das Angebot ausgeschlossen werden. 93

### 5. Wann fehlt eine Angabe?

Geforderte Nachweise oder Erklärungen fehlen unproblematisch, wenn sie gar **nicht vorgelegt** wurden. Nach teilweise vertretener Ansicht soll die Nachforderung auch hierauf beschränkt bleiben und weder eine inhaltliche noch eine formelle Nachbesserung erlauben. Von der Korrektur offensichtlicher Irrtümer oder Schreibversehen abgesehen, sei die Abänderung einmal eingereichter Nachweise unzulässig.[65] 94

Die derzeit **herrschende Meinung** lässt ein **Nachfordern** allerdings **auch bei formalen Fehlern** zu. Der Auftraggeber habe im Rahmen der Prüfung, ob die Angebote formal vollständig sind, keine materiell-rechtliche Prüfung der mit dem Ange- 95

63 OLG Düsseldorf, Beschl. v. 23.6.2010 – Verg 18/10; Beschl. v. 17.1.2013 – Verg 35/12.
64 OLG Düsseldorf, Beschl. v. 7.4.2005 – Verg 12/05.
65 Vgl. OLG München, Beschl. v. 15.3.2012 – Verg 2/12.

bot vorgelegten Unterlagen vorzunehmen. Daraus folge, dass eine Nachforderungspflicht des Auftraggebers auch im Hinblick auf körperlich vorhandene Erklärungen oder Nachweise bestehe, wenn diese in formaler Hinsicht von den Anforderungen abwichen.[66]

96 Ein Nachweis fehlt daher, wenn er entweder nicht vorgelegt worden ist oder formale Mängel aufweist, d.h. nicht so vorgelegt wurde, wie der öffentliche Auftraggeber sie gefordert hatte.[67] **Unvollständige, unleserliche oder ungültige** und deshalb unbrauchbare Erklärungen oder Nachweise stehen fehlenden gleich.

97 Zeigt sich dagegen erst im Rahmen einer inhaltlichen (materiellen) Prüfung formal korrekt (lesbar, vollständig und formgerecht) abgegebener Erklärungen, dass diese **inhaltlich fehlerhaft** oder unzulänglich sind, ist eine **Nachforderung** in jedem Fall **unzulässig**. Die Erklärungen fehlen nicht, sondern sind unzutreffend. Änderungen an bereits vorhandenen inhaltlichen Angaben sind jedoch unzulässig. Eine solche „Nachbesserung" ist von den Nachforderungsregelungen nicht mehr abgedeckt.[68]

**Beispiel**

In der Bekanntmachung wird als Eignungsnachweis u.a. die Angabe des Umsatzes des Unternehmens bezogen auf die letzten drei abgeschlossenen Geschäftsjahre gefordert. Ein Bieter gibt als **Einzelfirma** ein Angebot ab. Bei den mit Angebotsabgabe zu benennenden Umsatzangaben für die letzten drei Jahre gibt er die Umsätze der **Firmengruppe** und nicht der Einzelfirma an.

Eine Nachforderung scheitert daran, dass die geforderten Umsatzangaben formal nicht fehlen, sondern bezogen auf den Bieter (Einzelfirma) materiell unrichtig, also schlicht falsch sind.

### 6. Auch leere Formblätter können einen Erklärungswert haben

98 Es gibt **Formblätter** in den Vergabehandbüchern des Bundes und der Länder, die, auch wenn sie leer abgegeben werden, einen bestimmten Erklärungsgehalt aufweisen können. Es kann daher nur davor gewarnt werden, leere Formblätter ohne Prüfung dem Angebot beizufügen. Die Annahme, man könne die Formblätter später, falls das eigene Angebot in die enge Wahl kommt, noch ausfüllen, kann sich als Trugschluss herausstellen. Hier ist zu unterscheiden:

99 Sind Formblätter erst **auf Verlangen** der Vergabestelle auszufüllen bzw. abzugeben, ist die leere Abgabe ohne vorheriges Verlangen **unschädlich**. Die Abgabe des leeren Formblattes hat grundsätzlich keinen Erklärungswert. Gleichwohl sollte davon abgesehen werden, da auch ungefragt bzw. verfrüht abgegebene Unterlagen, je nach Auslegung im Einzelfall als Erklärung gewertet werden können.

---

66 OLG Düsseldorf, Beschl. v. 17.12.2012 – Verg 47/12; VK Sachsen, Beschl. v. 6.12.2013 – 1/SVK 037-13; VK Lüneburg, Beschl. v. 11.3.2013 – VgK-03/2013 und Beschl. v. 3.2.2014 – VgK-48/2013; OLG Brandenburg, Beschl. v. 30.1.2014, Verg W 2/14; OLG Koblenz, Beschl. v. 19.1.2015 – Verg 6/14.

67 OLG Düsseldorf, Beschl. v. 12.9.2012 – Verg 108/11; VK Bund, Beschl. v. 3.6.2014 – VK 2-37/14.

68 VK Bund, Beschl. v. 25.3.2014 – VK 1-16/14.

Bei Formblättern die **mit Angebotsabgabe** vorzulegen sind, also „geforderte Erklärungen und Nachweise" darstellen, kann die Abgabe des leeren Formblattes aus Sicht der Vergabestelle einen Erklärungswert haben, so dass keine Nachforderung nach § 16 (EG) Abs. 1 Nr. 3 VOB/A, §§ 16 Abs. 2 S. 1, 19 EG Abs. 2 S. 1 VOL/A erfolgt und auch nicht erfolgen darf (Nachverhandlungsverbot). 100

---

**Fettnapf**

Bieter A gibt bei einer Ausschreibung des Bundes ein Angebot ab. Das Formblatt 233 (Nachunternehmerverzeichnis) fügt er leer seinem Angebot bei. Auf dem Formblatt heißt es:
„Zur Ausführung der im Angebot enthaltenen Leistungen benenne ich Art und Umfang der durch Nachunternehmer auszuführenden Teilleistungen der Leistungsbeschreibung und auf Verlangen der Vergabestelle die Namen der Nachunternehmer:" Sodann folgt eine Tabelle, in der die Teilleistungen und die Ordnungszahlen der Positionen zu nennen sind, die an Nachunternehmer vergeben werden.
Die Erklärung zum Nachunternehmereinsatz liegt formal vor und kann vom Empfänger nur so verstanden werden kann, dass der Bieter alle Leistungen selbst ausführt. Ergibt sich aus einer ggf. vorliegenden Urkalkulation oder aus nachträglichen Erklärungen des Bieters, dass er einen bestimmten Nachunternehmeranteil kalkuliert hat, wäre sein Angebot wegen widersprüchlicher Angaben auszuschließen.

---

Bieter müssen ihrem Angebot nicht nur alle geforderten Erklärungen und Nachweise beifügen. Diese müssen auch **widerspruchsfrei** sein. Ist aus der Erklärung des Bieters nicht ersichtlich, welcher **Nachunternehmer** für welchen Leistungsbereich eingesetzt werden soll, ist das Angebot zwingend auszuschließen.[69] 101

---

**Praxistipp**

Um die erste, formale Hürde der Angebotswertung zu nehmen, müssen Bieter bei der Angebotserstellung äußerst sorgfältig vorgehen. Dies gilt auch beim Ausfüllen etwaiger Formblätter. Wird die Zeit knapp, sollten Bieter **in Zweifelsfällen** geforderte Erklärungen **bei Bauvergaben**, sofern sie nicht Kernbestandteil des Angebots sind, gar **nicht abgeben**, da diese im Anwendungsbereich der VOB/A ohnehin nachzufordern sind.
Wegen der kurzen Nachfrist (sechs Kalendertage ab dem Tag nach der Absendung, nicht Zugang) sollten jedoch in jedem Fall entsprechende Vorbereitungen für eine zügige Bearbeitung getroffen werden. Angebotsbestandteile, wie etwa Wartungsverträge oder die dazugehörigen Arbeitskarten, sind jedoch in jedem Fall direkt mit dem Angebot abzugeben.

---

### 7. Nachfrist

Fehlende Erklärungen oder Nachweise sind bei **Bauvergaben** spätestens innerhalb von 6 Kalendertagen nach Aufforderung durch den Auftraggeber vorzulegen, § 16 (EG) Abs. 1 Nr. 3 S. 2 VOB/A. Die **Nachforderungsfrist** ist den Vergabestellen **verbindlich vorgegeben**. Sie steht nicht zur Disposition des Auftraggebers. Nach dem 102

---

69 VK Brandenburg, Beschl. v. 9.7.2014 – VK 7/14.

Wortlaut kann die Frist **weder verkürzt** („innerhalb von 6 Kalendertagen") **noch verlängert** („spätestens") werden.

103 Die fehlende Verlängerungsmöglichkeit bei Bauvergaben ergibt sich neben dem Wortlaut auch aus einem Vergleich mit der entsprechenden Regelung der §§ 16 Abs. 2 S. 1, 19 EG Abs. 2 S. 1 **VOL/A.** Dort ist die **Bemessung der Frist** zur Nachforderung von fehlenden Erklärungen und Nachweisen in das **Ermessen des Auftraggebers** gestellt („bis zum Ablauf einer zu bestimmenden Nachfrist"). Von einer Regelungslücke der VOB/A kann daher auch insoweit nicht ausgegangen werden.

104 Die **Nachforderungsfrist** beginnt bei Bauvergaben am Tag „nach der Absendung der Aufforderung" durch den Auftraggeber, § 16 (EG) Abs. 1 Nr. 3 S. 3 VOB/A. Aus dem Wortlaut („Absendung") ergibt sich, dass die Nachforderung schriftlich oder zumindest in Textform (Telefax oder E-Mail) erfolgen muss.

---

**Beispiel**

Ein Auftraggeber fordert fehlende Erklärungen nach. Das entsprechende Schreiben versendet er am Dienstag, den 12.8.2014. Die sechstägige Nachfrist beginnt am Mittwoch, den 13.8.2014 und endet am Montag den 18.8.2014 um 24.00 Uhr.

---

**Checkliste Zwingende Ausschlussgründe**

- Sind Angebote nicht **unterschrieben** oder nicht in der vorgegeben Form elektronisch signiert?
- Gingen Angebote nicht fristgerecht ein, lagen also beim Öffnen des ersten Angebots (VOB/A) bzw. zum benannten Zeitpunkt (VOL/A) nicht vor und hat der Bieter die Verspätung zu vertreten?
- Sind Angebote unverschlüsselt?
- Wurden schriftliche Angebote in einem **unverschlossenen Umschlag** abgegeben und lassen sich nachträgliche **Manipulationen** in Kenntnis des Submissionsergebnis durch den Bieter oder Dritte (z.B. Mitarbeiter des Auftraggebers) nicht ausschließen?
- Hat der Bieter **Änderungen an den Vergabeunterlagen** vorgenommen (z.B. Produktangaben des Bieters entsprechen nicht den Vorgaben, Streichungen, eigene ABG, Anmerkungen oder Hinzufügungen und Ähnliches in der Leistungsbeschreibung, Angaben im Begleitschreiben, usw.)?
- Liegen Änderungen an den Eintragungen des Bieters vor und ist nicht erkennbar, dass der Bieter diese Änderungen vor dem Eröffnungstermin vorgenommen hat?
- Fehlt im Angebot mehr als ein einzelner **unwesentlicher Preis** (VOB/A) oder handelt es sich nicht um unwesentliche Einzelpositionen (VOL/A)?
- Ändert sich die Wertungsreihenfolge, wenn man bei der Position mit fehlendem Preis (VOB/A) bzw. bei den Positionen mit fehlenden Preisangaben (VOL/A) die höchsten Mitbewerberpreise einsetzt?
- Liegen alle wirksam und unzweideutig **mit Angebotsabgabe** vorzulegenden **Erklärungen und Nachweise** vor?
- Falls nein:
- Wurden die Erklärungen und Nachweise **wirksam gefordert**? (war in der Bekanntmachung widerspruchsfrei und klar geregelt, was wann wie vorzulegen ist?)
- **Fehlen** diese überhaupt (= körperlich nicht vorhanden oder formal fehlerhaft, dann Nachforderung) oder sind sie inhaltlich falsch (dann Ausschluss)?

- Wurden fehlende Erklärungen nicht, unvollständig oder fehlerhaft **innerhalb der Nachfrist** eingereicht? Falls ja, Angebotsausschluss.
- Falls **Nebenangebote** wirksam zugelassen sind:
- Handelt es sich überhaupt um ein Nebenangebot (= vom Amtsvorschlag abweichende Leistung)?
- Wird das Nebenangebot auf besonderer Anlage angeboten?
- Erfüllt das Nebenangebot die vorgegebenen Mindestanforderungen?

## IV. Fakultative Ausschlussgründe

Ausweislich des Wortlauts („können") stellen § 16 (EG) Abs. 1 Nr. 2 VOB/A[70] bzw. §§ 16 Abs. 4, 19 EG Abs. 4 VOL/A den Ausschluss von Angeboten unter den dort genannten bzw. in Bezug genommenen Voraussetzungen in das pflichtgemäße **Ermessen der Vergabestelle.** 105

Nach diesen Bestimmungen dürfen Angebote von Bietern v.a. ausgeschlossen werden, wenn 106

- ein **Insolvenzverfahren** eröffnet oder beantragt oder ein entsprechender Antrag abgelehnt worden ist (nach Auftragsvergabe stellt dies zugleich einen Kündigungsgrund dar, vgl. § 8 Abs. 2 Abs. 1 VOB/B, § 8 Nr. 1 VOL/B),
- sich das **Unternehmen in Liquidation** befindet,
- nachweislich eine **schwere Verfehlung** begangen wurde, die die Zuverlässigkeit als Bewerber in Frage stellt,
- die **Verpflichtung zur Zahlung von Steuern und Abgaben** sowie der Beiträge zur gesetzlichen Sozialversicherung nicht ordnungsgemäß erfüllt wurde,
- im Vergabeverfahren **vorsätzlich unzutreffende Erklärungen** in Bezug auf Fachkunde, Leistungsfähigkeit und Zuverlässigkeit abgegeben wurden oder
- – bei Bauvergaben zusätzlich – sich das Unternehmen nicht bei der Berufsgenossenschaft angemeldet hat.

Wichtig ist in der Praxis, dass die damit eröffnete **Ermessensentscheidung**, ihre Wahrnehmung und die maßgeblichen Gründe für die jeweilige Entscheidung im Vergabevermerk **nachvollziehbar dokumentiert** werden. 107

Da es sich um typisierende Tatbestandsmerkmale handelt, ist eine konkrete **einzelfallbezogene Überprüfung** erforderlich, ob das betroffene Unternehmen nicht dennoch geeignet ist. Der pauschale Verweis auf einen fakultativen Ausschlussgrund ohne nähere Prüfung, Dokumentation und Begründung rechtfertigt keinen Angebotsausschluss. 108

---

70 Im Anwendungsbereich der VOL/A gilt Entsprechendes vgl. §§ 19 EG Abs. 4, 6 EG Abs. 6, 16 Abs. 4, 6 Abs. 5 VOL/A.

**Praxistipp**[71]

Das Angebot eines Bieters, über dessen Vermögen ein **Insolvenzverfahren** beantragt oder eröffnet wurde, kann **nicht reflexartig** ausgeschlossen werden. Vielmehr hat die Vergabestelle im Rahmen der Eignungsprüfung die finanzielle, technische und persönliche Leistungsfähigkeit des Bieters zu überprüfen und positiv oder negativ festzustellen. Im Rahmen einer **Aufklärung** nach § 15 (EG) Abs. 1 VOB/A, §§ 15, 18 EG VOL/A bietet es sich an, von dem betroffenen Bieter neben den üblichen Angaben (Referenzen, Umsatz, usw.) unter Fristsetzung z.B. folgende **zusätzliche Angaben** zu fordern:

- Angabe des aktuellen Personalbestandes,
- Angaben zum aktuellen Stand des Maschinen- und Werkzeugparks,
- Liquiditätsnachweis im Hinblick auf die üblichen Vorleistungen im Rahmen der Leistungserbringung,
- Vorlage eines etwaigen Insolvenzplans bzw. – falls kein Insolvenzplan vorliegt – anderer vergleichbarer Angaben zu Betriebsvermögen, Verbindlichkeiten sowie Art und Höhe bestehender Insolvenzforderungen,
- Angaben zum Verfahrensstand etwaiger Auseinandersetzungen mit Gläubiger und deren Bezeichnung.

Erst wenn sich der Auftraggeber solchermaßen um möglichst vollständige Aufklärung des Sachverhalts bemüht hat, darf er auf Basis des sich danach ergebenden Sachverhalts die erforderliche **Eignungsprognose** erstellen. Hierbei ist auf Grundlage der vorliegenden Informationen zu fragen, ob der Bieter mit seiner personellen, sachlichen und finanziellen Ausstattung die Gewähr für eine fachgerechte und reibungslose Abwicklung des Auftrags bietet. Bei der Prognose steht Auftraggebern ein **Beurteilungsspielraum** zu. Dabei muss der Auftraggeber kein Risiko eingehen. Solange keine sachfremden Erwägungen angestellt und die Gründe für die Bejahung oder Verneinung der Eignung objektiv vertretbar sind und ausreichend dokumentiert werden, ist das Ergebnis der Eignungsprüfung vergaberechtlich unangreifbar.

109 Die fakultativen Ausschlusstatbestände betreffen durchweg Umstände, bei deren Vorliegen die Bietereignung fraglich ist. Die Eignungsprüfung findet jedoch auf der zweiten Wertungsstufe statt. Die **systematische Platzierung** der Ausschlusstatbestände im Rahmen des § 16 (EG) Abs. 1 VOB/A bzw. der §§ 16 Abs. 4, 19 EG Abs. 4 VOL/A deutet darauf hin, dass Auftraggeber zunächst prüfen sollen, ob die aufgeführten Umstände vorliegen und ggf. so schwer wiegen, dass der Bieter noch nicht einmal die zweite Wertungsstufe (Eignungsprüfung) erreicht.[72]

110 Wegen des direkten Eignungsbezugs der genannten Tatbestände dürften die entsprechenden Tatbestände in der Praxis nicht im Rahmen der ersten Wertungsstufe, sondern im Rahmen der eigentlichen **Eignungsprüfung** näher zu prüfen sein. Hier wird den Vergabestellen zudem bei der vorzunehmenden Prognose, ob aufgrund der festgestellten Sachverhalte davon ausgegangen werden kann, dass der

**71** Vgl. VK Brandenburg, Beschl. v. 19.12.2013 – VK 23/13.

**72** Heiermann/Zeiss/*Summa*, juris PraxisKommentar Vergaberecht, 4. Auflage, Saarbrücken 2013, § 16 VOB/A Rn 239 f.

Bieter die vertraglichen Verpflichtungen einwandfrei und vertragsgerecht erfüllen wird, ein **Beurteilungsspielraum** zugestanden.[73]

Bei schweren Verfehlungen oder Verstößen gegen die Verpflichtung zur Zahlung von Steuern und Abgaben ist zudem zu beachten, dass dem **Bieter** zuvor die **Gelegenheit zur sog. Selbstreinigung** einzuräumen ist. Dabei ist zu klären, ob es dem betroffenen Bieter im Rahmen eines Selbstreinigungsprozesses gelungen ist, durch personelle und/oder organisatorische Maßnahmen seine Zuverlässigkeit wiederherzustellen und künftig (wieder) zu gewährleisten. 111

Gelingt es dem Bieter dabei nicht, konkrete und substantiierte Maßnahmen, insbesondere zu den organisatorischen und gegebenenfalls personellen Konsequenzen darzustellen, können **verbleibende Zweifel** je nach Schwere des Pflichtenverstoßes im Rahmen der gerichtlich nur eingeschränkt überprüfbaren Prognoseentscheidung des Auftraggeber **zulasten des Bieters** gehen.[74] Diese Prognoseentscheidung ist allerdings der materiellen Eignungsprüfung und damit der nachfolgend dargestellten 2. Wertungsstufe zuzuordnen. 112

## D. Eignungsprüfung

Es ist grundsätzlich **Sache des Auftraggebers** zu entscheiden, 113
- **welche** Eignungskriterien er seiner Beschaffungsentscheidung zugrunde legen will,
- **ob** er überhaupt Eignungsanforderungen aufstellt[75] oder
- wie **weit oder eng** er das Anforderungsprofil fasst.

Ohne Bekanntgabe fehlt einer formalen Eignungsprüfung allerdings jeder transparente Maßstab. Die Vergabestelle kann daher den Zuschlag nicht im Nachhinein mit der Nichtvorlage bestimmter Nachweise begründen. 114

Will der Auftraggeber jedoch seiner Eignungsprüfung bestimmte Kriterien zugrunde legen, was in einem bestimmten Maß stets sinnvoll ist, und den Bietern insofern **Nachweispflichten** auferlegen, dann hat er diese **Kriterien** bereits in der **Bekanntmachung** anzugeben.[76] 115

---

**73** Vgl. etwa OLG Frankfurt, Beschl. v. 30.3.2004 – 11 Verg 4/04; KG, Beschl. v. 27.11.2008 – 2 Verg 4/08; OLG Düsseldorf v. 29.4.2009 – Verg 76/08; OLG München, Beschl. v. 22.11.2012, Verg 22/12; VK Bund, Beschl. v. 4.10.2012 – VK 2-86/12.

**74** Vgl. etwa OLG Düsseldorf, Beschl. v. 9.6.2010 – Verg 14/10.

**75** OLG Düsseldorf, Beschl. v. 1.2.2006 – Verg 83/05; OLG Jena, Beschl. v. 18.5.2009 – 9 Verg 4/09; VK Bund, Beschl. v. 23.12.2013 – VK 1-105/13; a.A. VK Thüringen, Beschl. v. 12.4.2013 – 250-4002-2400/2013-E-008-SOK: ohne veröffentlichte Eignungskriterien fehle Grundlage für Eignungsprüfung.

**76** Siehe hierzu näher Kap. 6 Rn 128ff.

## I. Zeitpunkt der Prüfung

116 Die Prüfung der Bietereignung erfolgt **je nach Vergabeart zu unterschiedlichen Zeitpunkten.** Bei Verfahren ohne Vergabebekanntmachung oder solchen mit vorgeschaltetem Teilnahmewettbewerb werden nur geeignete Bieter zur Angebotsabgabe aufgefordert. Die Eignungsprüfung erfolgt in diesen Verfahren bereits vor der Aufforderung zur Angebotsabgabe. In der Wertungsphase hängen **Umfang und Inhalt** der materiellen Eignungsprüfung daher von der Vergabeart ab. Für Bauvergaben ist dies in § 16 (EG) Abs. 2 VOB/A ausdrücklich geregelt.

### 1. Regelverfahren

117 Beim **offenen Verfahren** bzw. bei **Öffentlicher Ausschreibung** (Regelverfahren) „sind anhand der vorgelegten Nachweise die Angebote der Bieter auszuwählen, deren Eignung die für die Erfüllung der vertraglichen Verpflichtungen notwendigen Sicherheiten bietet ...“, § 16 (EG) Abs. 2 Nr. 1 VOB/A. Die Eignungsprüfung erfolgt also **nach Angebotsabgabe** im Rahmen der Angebotswertung (Wertungsphase).

### 2. Verfahren ohne Bekanntmachung oder mit Teilnahmewettbewerb

118 Beim nicht offenen Verfahren, Verhandlungsverfahren und beim wettbewerblichen Dialog sind demgegenüber nach Angebotsabgabe „nur Umstände zu berücksichtigen, die nach Aufforderung zur Angebotsabgabe Zweifel an der Eignung des Bieters begründen“, § 16 (EG) Abs. 2 Nr. 2 VOB/A.

119 Hierin liegt weder ein Widerspruch noch unterscheiden sich die Eignungsprüfungen inhaltlich. Beim nicht offenen Verfahren, Verhandlungsverfahren und beim wettbewerblichen Dialog (bzw. im Unterschwellenbereich bei Beschränkter Ausschreibung und Freihändiger Vergabe) fordert der Auftraggeber nur geeignete Unternehmen zur Angebotsabgabe auf. Ihre **Eignung** wurde daher **bereits vor der Aufforderung zur Angebotsabgabe** geprüft und **bejaht.**

120 Die **vorgelagerte Eignungsprüfung** soll aus Gründen des Vertrauensschutzes **grundsätzlich abschließend** sein. Durch die Einbeziehung der Bieter in den Wettbewerb, wird nach der Rechtsprechung des BGH[77] ein **Vertrauenstatbestand** begründet. Bieter müssen in diesen Verfahren nicht damit rechnen, dass der ihnen durch die Erstellung der Angebote und Teilnahme am Wettbewerb entstandene Aufwand nachträglich nutzlos wird, weil der Auftraggeber die Eignung auf gleichbleibender tatsächlicher Grundlage abweichend beurteilt.

---

77 BGH, Beschl. v. 7.1.2014 – X ZB 15/13 Rn 33.

Bei den genannten Vergabearten dürfen daher bei der Angebotsprüfung nur noch solche Umstände berücksichtigt werden, die nach Aufforderung zur Angebotsabgabe Zweifel an der Eignung begründen. Bei den **Regelverfahren** hingegen findet **keine Vorauswahl** der Bieter statt, so dass deren Eignung insgesamt zu prüfen ist. 121

### 3. Keine Bindungswirkung bei neuen Erkenntnissen

Die Vergabestelle ist allerdings nicht per se an die einmal bejahte Eignung eines Bieters gebunden. Das positive Ergebnis der vorgelagerten Eignungsprüfung kann bei **neuer Tatsachengrundlage** nachträglich wieder in Frage gestellt werden. Erforderlich sind neue, nach der ursprünglichen Eignungsprüfung bekannt gewordene Umstände. 122

Bei neuen Erkenntnissen kann (und muss) **selbst in einem Nachprüfungsverfahren** die Bietereignung hinterfragt werden. Stellt der Auftraggeber indes die einmal bejahte Eignung später wieder in Frage, so gibt dies regelmäßig Anlass, besonders kritisch zu prüfen, ob der Entscheidung sachwidrige Erwägungen zugrunde liegen.[78] 123

Begründet wird dies damit, dass die Bieter den mit der Erstellung des Angebots verbundenen **Aufwand in den Regelverfahren bereits** vor der Eignungsprüfung durch die Vergabestelle **erbracht** haben. Korrigiert die Vergabestelle nachträglich ihre Entscheidung, einem Bieter die Eignung zu- oder abzusprechen, entsteht den Bietern dadurch kein wesentlich höherer Aufwand. Entsprechend gering wertet die Rechtsprechung das Bedürfnis, die Bieter vor einer nachträglich abweichenden Entscheidung zu schützen. 124

## II. Prüfungssystematik

Die Prüfung der Eignung erfolgt **zweistufig** bzw. in zwei Schritten.[79] Im **ersten Schritt** ist zu prüfen, ob die wirksam geforderten Eignungsnachweise vollständig, rechtzeitig und formgerecht vorgelegt wurden, also rein formal den in der Vergabebekanntmachung aufgestellten Anforderungen entsprechen (**formale Prüfung**).[80] 125

Erst wenn ein Angebot die formale Hürde der ersten Prüfstufe genommen hat, ist in einem **zweiten Schritt** zu prüfen, ob anhand der vorliegenden Nachweise und sonstiger bei der Vergabestelle vorhandener Informationen, z.B. eigener Erfahrun- 126

---

**78** BGH, Beschl. v. 7.1.2014 – X ZB 15/13 Rn 34.

**79** Anschaulich dazu am Beispiel der Prüfung von Referenzen OLG Düsseldorf, Beschl. v. 2.6.2010 – Verg 7/10.

**80** Dazu im Einzelnen sogleich Rn 127 ff.

gen mit dem Bieter, die Eignung des jeweiligen Bieters positiv festgestellt werden kann, also eine einwandfreie Ausführung des Auftrages zu erwarten ist oder nicht (**materielle Prüfung**).[81]

### III. Formale Eignungsprüfung

127 Bei der formalen Eignungsprüfung wird (noch) nicht die Bietereignung positiv oder negativ festgestellt. Es findet auch **keine inhaltliche Prüfung** der Eignungsnachweise z.B. dahingehend statt, ob benannte Referenzprojekte mit der ausgeschriebenen Leistung vergleichbar sind. Die Vergabestelle prüft vielmehr zunächst rein formal, ob die Bieter die geforderten Nachweise formal vollständig vorgelegt haben oder nicht.

**Beispiel**
Laut Vergabebekanntmachung ist mit Angebotsabgabe der Umsatz der letzten drei abgeschlossenen Geschäftsjahre anzugeben. Ein Bieter gibt für das vorletzte und vorvorletzte Geschäftsjahr jeweils 0 €, für das letzte Geschäftsjahr ca. 100.000 € als Umsatz an.
Die Angaben sind formal vollständig. Es liegen die geforderten Umsatzangaben für die letzten 3 Jahre vor. Auch die Eintragung „0 €" ist eine Umsatzangabe. Ob dem Bieter auf Basis dieser Angaben die Eignung zu oder abgesprochen werden kann, ist eine Frage der inhaltlichen Prüfung und Bewertung (Prognose: Kann er oder kann er nicht?).

128 Letztlich erschöpft sich die formale Prüfung überspitzt ausgedrückt in dem bieterbezogenen **„Abhaken" der Forderungsliste**. Die Prüfung folgt einem **Ja-Nein-Schema** ohne inhaltliche Prüfung der vorgelegten Nachweise und Unterlagen.

129 Den **Prüfungsmaßstab** bilden allein die in der **Bekanntmachung** veröffentlichten Eignungskriterien und dort geforderten Eignungsnachweise. Eine nachträgliche Veränderung oder Verschärfung ist grundsätzlich nicht zulässig.[82]

130 **Fehlen einzelne Nachweise** nach dem Eröffnungstermin, liegen diese also körperlich nicht vor oder sind sie unvollständig, unleserlich oder weisen lediglich formale Mängel auf, **können** (vgl. §§ 16 Abs. 2 S. 1, 19 EG Abs. 2 S. 1 **VOL/A**) **bzw. müssen** (siehe § 16 (EG) Abs. 1 Nr. 3 **VOB/A**) diese nachgefordert werden.

**Beispiel**
Ein Auftraggeber fordert als Eignungsnachweis in der Bekanntmachung die Angabe von mindestens 3 Referenzen aus den letzten drei abgeschlossenen Geschäftsjahren, die mit der zu vergebenden

**81** Dazu im Einzelnen Rn 141 ff.
**82** OLG Düsseldorf, Beschl. v. 14.10.2005 – Verg 40/05. Möglich ist es allerdings, Eignungskriterien im Rahmen einer Rückversetzung zu korrigieren oder zu ergänzen. Dazu näher Kap. 9 Rn 108 ff.

Leistung vergleichbar sind. Für die Referenzbescheinigungen hat der Auftraggeber folgenden Mindestinhalt vorgegeben:

- Bezeichnung des Auftraggebers,
- Benennung eines Ansprechpartners des jeweiligen Auftraggebers, einschließlich Telefonnummer,
- Beschreibung der ausgeführten Leistung nach Bauvolumen und Gewerken,
- Angabe der Auftragssumme und
- Angabe des Ausführungszeitraums.

**Variante 1:** Bieter A benennt mit seinem Angebot nur 2 Referenzen und gibt keine Telefonnummern an.

Der Auftraggeber hat bei A die fehlende dritte Referenz und die fehlenden Telefonnummern nachzufordern, da diese nicht vorliegen.

**Variante 2:** Bieter B benennt 3 Referenzen, wobei eine 5 Jahre alt ist.

Eine Nachforderung bei B scheidet aus, da er formal vollständige Angaben gemacht hat. Die 5 Jahre alte Referenzangabe fehlt nicht, sie entspricht inhaltlich nicht den Vorgaben. Der Auftraggeber hat insoweit kein Nachforderungsrecht. Das Angebot des B ist auszuschließen.

Liegen innerhalb der Angebotsfrist vorzulegende Nachweise nach Ablauf der Nachfrist weiterhin unvollständig vor, ist der Bieter vom weiteren Verfahren auszuschließen, §§ 16 Abs. 3a), 19 EG Abs. 3a) VOL/A, § 16 (EG) Abs. 1 Nr. 3 S. 4 VOB/A. Der Vergabestelle steht insofern kein Ermessen zu. 131

Die Eignung kann durch Einzelnachweise oder – sofern der Auftraggeber Präqualifikationssysteme gem. § 97 Abs. 4a GWB eingerichtet oder zugelassen hat – mit Hilfe einer sog. Präqualifikation nachgewiesen werden. Unter **Präqualifikation** versteht man die **auftragsunabhängige** Prüfung der Eignungsnachweise entsprechend den z.B. in § 6 (EG) Abs. 3 Nr. 2 VOB/A definierten allgemeinen Eignungsanforderungen durch einen Dritten.[83] 132

Die **Prüftiefe** der Vergabestellen bei den allgemeinen, nicht auf den konkreten Auftrag bezogenen Nachweisen (vgl. § 6 (EG) Abs. 3 Nr. 2 VOB/A) unterscheidet sich je nachdem, ob ein Unternehmen präqualifiziert ist oder nicht. 133

### 1. Präqualifizierte Bieter

Die allgemeinen, in § 6 (EG) Abs. 3 Nr. 2 VOB/A bzw. § 7 EG Abs. 2 und 3 VOL/A genannten Eignungsnachweise (v.a. Umsatz, Referenzen, Anzahl der Arbeitskräfte, Eintragung ins Berufsregister, Angaben zur Solvenz und zum Ausschluss schwerer Verfehlungen) werden bei präqualifizierten Unternehmen durch bloße **Angabe der Präqualifikationsnummer** erbracht, § 6 (EG) Abs. 3 Nr. 2 VOB/A. Im Umfang ihrer Präqualifikation sind Bieter daher von der Vorlage von Eignungsnachweisen befreit. 134

83 Vgl. zur Präqualifizierung auch Kap. 6 Rn 143 ff.

135 Da die **VOB/A** diese Möglichkeit der **Nachweisführung** ausdrücklich eröffnet, steht sie bei Bauvergaben auch **nicht zur Disposition** des Auftraggebers. Einer ausdrücklichen Zulassung der Nachweisführung über die Liste des PQ-Vereins bedarf es daher nicht.

136 **Anders** ist dies bei Vergaben im **Anwendungsbereich der VOL/A** oder der SektVO. Hier ist es den Auftraggebern freigestellt, ob sie Eignungsnachweise, die durch Präqualifizierungsverfahren erworben wurden, zulassen. Fehlt es an einer entsprechenden **Zulassung** durch den Auftraggeber, müssen auch präqualifizierte Bieter sämtliche geforderten Nachweis und Erklärungen gesondert abgeben.

137 Durch die direkte Abrufmöglichkeit hat der Auftraggeber unmittelbaren Zugriff auf die beim PQ-Verein vorhandenen Eintragungen und hinterlegten Nachweise. Da es unterschiedliche Bereiche der Präqualifikation gibt, prüft der Auftraggeber in der Regel nur, für welchen Bereich der Bieter präqualifiziert ist.

138 Eine Präqualifizierungsurkunde belegt die Eignung nur bezogen auf die präqualifizierten Leistungsbereiche.[84] Stellt der Auftraggeber fest, dass die ausgeschriebene Leistung nicht (insgesamt) von der Präqualifizierung bzw. vom präqualifizierten Leistungsbereich erfasst wird, fehlen geforderte Nachweise. Diese sind bei Bauvergaben zwingend nach § 16 (EG) Abs. 1 Nr. 3 VOB/A, bei der Vergabe von Dienst- und Lieferleistungen fakultativ (§§ 16 Abs. 2 S. 1, 19 EG Abs. 2 S. 1 VOL/A) **nachzufordern.** Ist der Bieter **einschlägig präqualifiziert**, ist die formale Eignungsprüfung bezogen auf die allgemeinen Eignungsnachweise beendet. Bei Bedarf können auch die hinterlegten Nachweise selbst im Rahmen der materiellen Eignungsprüfung näher geprüft werden.

139 Wurden zusätzliche, **auftragsbezogene Nachweise** (vgl. § 6 (EG) Abs. 3 Nr. 3 VOB/A) gefordert, also solche, die **nicht Gegenstand** einer allgemeinen **Präqualifikation** sein können, weil sie sich auf den konkret zu vergebenden Auftrag beziehen, muss selbstverständlich auch der präqualifizierte Bieter diese ordnungsgemäß, d.h. vollständig, lesbar und formal korrekt innerhalb der Angebotsfrist, spätestens aber innerhalb einer gewährten Nachfrist vorlegen.

---

**Beispiel**

Eine Vergabestelle schreibt **Verkehrswegebauarbeiten** aus. In der Vergabebekanntmachung wird u.a. gefordert, dass die Bieter drei vergleichbare Maßnahmen aus den letzten drei Geschäftsjahren benennen. Ein Bieter gibt lediglich seine Präqualifizierungsnummer (PQ-Nummer) an.

**Variante 1:** Bei der Überprüfung stellt die Vergabestelle fest, dass sich die angegebene PQ-Nummer auf den Leistungsbereich „allgemeiner Tiefbau" und nicht auf die Untergruppe „Verkehrswegebau" bezieht. Damit fehlen die geforderten Nachweise. Der Bieter ist aufzufordern, innerhalb von sechs Kalendertagen (vgl. § 16 (EG) Abs. 1 Nr. 3 VOB/A) die fehlenden Referenzen nachzureichen. Fehlen diese auch nach Ablauf der Nachfrist, ist das Angebot zwingend auszuschließen.

---

84 VK Bund, Beschl. v. 30.11.2009 – VK 2-195/09.

**Variante 2:** Die angegebene PQ-Nummer bezieht sich auf Verkehrswegearbeiten. Es sind auch mehr als 3 Referenzen hinterlegt. Die formale Eignungsprüfung ist damit abgeschlossen. In einem zweiten Schritt (materielle Prüfung) ist zu fragen, ob die in den Referenzen aufgeführten Arbeiten „vergleichbar" bzw. „gleichwertig" sind und insgesamt, d.h. auch unter Berücksichtigung der ansonsten hinterlegten Nachweise zur finanziellen und technischen Leistungsfähigkeit, eine einwandfreie Ausführung des Auftrags zu erwarten ist (Eignungsprognose).

### 2. Nicht präqualifizierte Bieter

Bieter, die keine Präqualifikation vorweisen können, können und müssen die gefor- 140
derten Angaben in jedem Vergabeverfahren durch **Einzelnachweise** erbringen, § 6 (EG) Abs. 3 Nr. 2 S. 2 VOB/A. Liegen alle geforderten Nachweise rechtzeitig vor, schließt sich die inhaltliche bzw. materielle Eignungsprüfung an.

## IV. Materielle Eignungsprüfung

Die formale Eignungsprüfung bildet nur die Vorstufe der eigentlichen materiellen, 141
d.h. inhaltlichen Eignungsprüfung. Erst im zweiten Schritt werden die vorgelegten oder bei der Präqualifizierungsstelle vorliegenden **Nachweise inhaltlich ausgewertet.** Ziel ist es, die Unternehmen zu ermitteln, die zur Erbringung der konkret nachgefragten Leistungen nach Fachkunde, Leistungsfähigkeit und Zuverlässigkeit generell in Betracht kommen und die unzureichend qualifizierten Bieter auszusondern.[85]

Die Vergabestelle hat zu prüfen, ob auf Grundlage der vorliegenden Informatio- 142
nen, insbesondere der vorgelegten Eignungsnachweise (z.B. Umsatz, Bilanzen, Angaben zu Mitarbeitern und Gerät, Referenzen, usw.) und nach deren **inhaltlicher Prüfung** eine vertragsgerechte und einwandfreie Ausführung des Auftrags zu erwarten ist.

Bei der materiellen Eignungsprüfung handelt es sich um einen zukunftsgerich- 143
teten, wertenden Prüfvorgang. Wie bei allen **Prognoseentscheidungen** gibt es kein richtiges oder falsches Ergebnis, sondern kommt der zur Entscheidung berufenen Stelle ein **Bewertungsspielraum** zu. Als Ergebnis der Prognoseentscheidung muss die Bietereignung positiv oder negativ festgestellt werden.

Die **gerichtliche Kontrolle** beschränkt sich darauf, ob die Prognose eine 144
hinreichende **Tatsachengrundlage** hat und sich innerhalb des der Vergabestelle im Einzelfall zustehenden Spielraums bewegt. Der Ausschluss eines Bieters wegen fehlender Eignung vom Angebotsverfahren erfordert konkrete Anhaltspunkte, die **zuverlässige Rückschlüsse** auf dessen mangelnde Leistungsfähigkeit ermöglichen.

---

**85** BGH, Urt. v. 15.4.2008 – X ZR 129/06.

145 Die Vergabestelle muss nicht die Ungeeignetheit des Bieters nachweisen. Bestehen angesichts der personellen, technischen und finanziellen Ausstattung **begründete Zweifel**, dass der Bieter die von ihm zu erbringenden Leistungen ordnungsgemäß ausführen kann, so ist er wegen fehlender Leistungsfähigkeit als ungeeignet anzusehen und ist sein Angebot auszuschließen.[86] Begründete Zweifel gehen daher zu Lasten des Bieters.

146 Für **präqualifizierte Unternehmen** gelten im Prinzip keine Besonderheiten. Die Präqualifikation erfolgt auftragsunabhängig und kann von daher keine auftragsbezogene, materielle Eignungsprüfung und -prognose ersetzen. Die negative oder **positive Feststellung** der Eignung als materielle Prüfung im Einzelfall **obliegt allein** dem **Auftraggeber.**

147 Die in der Präqualifikation liegende **positive Eignungsaussage** ist allerdings bei der materiellen Eignungsprüfung **zu berücksichtigen** und schränkt den Bewertungsspielraum der Vergabestelle ein.[87] Es ist der Vergabestelle zwar nicht verwehrt, eigene negative Erfahrungen und sonstige Aspekte, die gegen die Eignung sprechen, in die Bewertung mit einzubeziehen. Eine negative Eignungsprognose setzt dabei allerdings gewichtige Argumente, die gegen die bereits festgestellte Eignung sprechen, und eine umfassende und gut dokumentierte Abwägungsentscheidung voraus.

148 Der **Dokumentation** der materiellen Prüfung im Vergabevermerk kommt eine besondere Bedeutung zu, da diese die Prüfgrundlage für die Nachprüfungsbehörden bildet.[88]

### 1. Grundlage der Prognose

149 Grundlage der Prognoseentscheidung sind alle dem Auftraggeber vorliegenden **einschlägigen Informationen.** Hierzu zählen beispielsweise

- bei präqualifizierten Bietern: Die bei der jeweiligen Präqualifizierungsstelle hinterlegten Dokumente und Nachweise sowie ggf. geforderte zusätzliche Angaben oder
- ansonsten: Die vorliegenden Eigenerklärungen und Einzelnachweise und
- die Ergebnisse der inhaltlichen (materiellen) Prüfung der **Eignungsnachweise** zur
  - Zuverlässigkeit (steuerliche Unbedenklichkeitsbescheinigung, Gewerbezentralregisterauszug usw.),
  - finanziellen Leistungsfähigkeit (Umsatzzahlen, z.B. der letzten drei Jahre usw.),

---

**86** OLG Düsseldorf, Beschl. v. 6.5.2011 – Verg 26/11.

**87** Vgl. dazu anschaulich VK Südbayern, Beschl. v. 11.9.2014 – Z3-3-3194-1-34-07/14.

**88** OLG Koblenz, Beschl. v. 15.10.2009 – 1 Verg 9/09.

  - technischen und fachlichen Leistungsfähigkeit (Referenzen über die Ausführung vergleichbarer Leistungen, Fachkundenachweise, großer Schweißnachweis, Entsorgungsfachbetrieb, usw.) und
- von dem Bieter im Rahmen der **Aufklärung** erteilte **Auskünfte**,
- vom Auftraggeber eingeholte **sonstige Informationen**, z.B. bei früheren Auftraggebern sowie
- **eigene Erfahrungen** aus der Abwicklung früherer Aufträge.[89]

## 2. Untersuchungstiefe

### a) Grundsatz

Der Auftraggeber kann, muss aber die inhaltliche Richtigkeit von **plausiblen Eigen-** 150
**erklärungen** im Regelfall **nicht überprüfen.**[90] Ohne konkrete gegenteilige Anhaltspunkte darf die Vergabestelle – zumindest bei Kriterien, die keine nachvollziehende wertende Prüfung voraussetzen – darauf vertrauen, dass die Angaben der Bieter zutreffend sind. Dies ist etwa bei Umsatzangaben, Erklärungen zur Eintragung in das Berufsregister, Angaben zu Insolvenzverfahren oder zu schweren Verfehlungen der Fall.

### b) Dokumentation von Nachforschungen

Stellt der Auftraggeber jedoch Nachforschungen an, so muss er die Ergebnisse auch 151
dokumentieren, werten und im Rahmen seiner Entscheidung berücksichtigen.[91]

---

**Beispiel**

Ein öffentlicher Auftraggeber schreibt Messebauarbeiten aus. In der Bekanntmachung fordert er u.a als Eignungsnachweis:

„Eigenerklärung und Nachweis des Bewerbers, dass der Bewerber über langjährige (mind. 5 Jahre) Erfahrungen im Umgang mit dem Messebausystem „XY“ verfügt.“

Ein Bewerber gibt eine entsprechende **Eigenerklärung** ab und gibt als Nachweis die **Kontaktdaten** einer dritten Person an.

Da der Auftraggeber die Möglichkeiten zum Nachweis über Erfahrungen im Umgang mit dem Messebausystem nicht näher konkretisiert hat, sind die Angaben des Bewerbers **formal vollständig.** Eine materielle Verifizierung muss der Auftraggeber nicht vornehmen.

In der Vergabedokumentation würde der Vermerk ausreichen:

„Der Bewerber X hat die geforderte Eigenerklärung sowie den geforderten Nachweis mit Schreiben vom ... vorgelegt. Es liegen keine Anhaltspunkte vor, an deren Richtigkeit zu zweifeln. Auf eine nähere Überprüfung wird daher verzichtet.“

---

**89** KG, Beschl. v. 27.11.2008 – 2 Verg 4/08: frühere Fehlleistungen, auch solche ohne Rechtsverletzungsbewusstsein.

**90** VK Bund, Beschl. v. 17.2.2014 – VK 1-2/14.

**91** VK Bund, Beschl. v. 17.2.2014 – VK 1-2/14.

### c) Begründungspflicht bei normativen Kriterien

152 Ist nach der Art der geforderten Nachweise eine **wertende Prüfung** erforderlich, kann sich der Auftraggeber dagegen nicht auf reine Ergebnissätze beschränken. Vielmehr muss neben dem Ergebnis auch dessen **Begründung** und die Ausübung des Beurteilungsspielraums zumindest im Kern nachvollziehbar im **Vergabevermerk** dokumentiert werden.

153 Dies ergibt sich aus dem Transparenzgebot und § 20 (EG) Abs. 1 S. 1 VOB/A, §§ 20, 24 EG Abs. 1 VOL/A, wonach die einzelnen Stufen des Vergabeverfahrens, die maßgeblichen Feststellungen sowie die Begründungen der einzelnen Entscheidungen in Textform zu dokumentieren sind. Dies betrifft etwa die im konkreten Einzelfall auftragsbezogen vorzunehmende Prüfung der **Vergleichbarkeit von Referenzen**, der technischen Leistungsfähigkeit **und ähnliche wertende Entscheidungen**.

---

**Beispiel**[92]

Im Rahmen einer Ausschreibung von Leistungen zur Abfallentsorgung für einen Landkreis mit rd. 125.000 Einwohnern werden in der Bekanntmachung als Nachweise der Eignung folgende Referenzen gefordert:

*„Die Angabe von Referenzen über vergleichbare für kommunale Auftraggeber erbrachte Leistungen mit folgendem Mindestumfang: die erbrachten Leistungen müssen in Bezug auf die Einwohner ein ähnliches Volumen aufweisen und über mindestens 3 Jahre erbracht worden sein."*

Der Auftraggeber beabsichtigt den Zuschlag auf das Angebot eines Bieters zu erteilen, der als Referenz Entsorgungsleistungen in einem Landkreis mit „nur" ca. 85.000 Einwohnern angegeben hat. Im **Prüfvermerk der Beratungsgesellschaft** des Auftraggebers heißt es lediglich:

*„Alle in der Wertung verbliebenen Bieter haben die Fachkundenachweise in dem vorgeschriebenen Mindestumfang erbracht."*

Hier sind dem Auftraggeber gleich mehrere Fehler unterlaufen:

- Die Prüfung des Externen ist unzureichend. Eine nachvollziehbare Begründung, wieso die vorgelegten Referenzen als vergleichbar eingestuft werden, fehlt. Auch ist nicht zu erkennen, auf welchen Feststellungen das Prüfergebnis basiert.
- Der Auftraggeber hat an keiner Stelle dokumentiert, inwieweit er sich das Prüfergebnis der Beratungsgesellschaft zu eigen macht.

Die Eignungsprüfung muss daher ordnungsgemäß nachgeholt und dokumentiert werden.

---

### d) Negative Eignungsprognose

154 Eine negative Eignungsprognose führt zum Angebotsausschluss. Wegen dieser für den Bieter gravierenden Rechtsfolge, zur Vermeidung einer Günstlingswirtschaft und aus Gründen der Verfahrenstransparenz, können **Gerüchte und Mutmaßungen keine taugliche Grundlage** für einen Angebotsausschluss sein.

155 Erforderlich ist eine **gesicherte Erkenntnislage** als Ausgangspunkt für die Prognose. Dabei sind jedoch auch das vergaberechtliche Beschleunigungsgebot, der

92 In Anlehnung an OLG Koblenz, Beschl. v. 15.10.2009 – 1 Verg 9/09.

für die Prüfung insgesamt verfügbare Zeitrahmen[93] und die begrenzten Personalressourcen des Auftraggebers zu berücksichtigen. Die zu fordernde Prüfungstiefe und der Grad der Erkenntnissicherheit werden daher unter dem Gesichtspunkt der Zumutbarkeit begrenzt.[94] Die Vergabestellen sind „nur" zur weitestgehenden **Aufklärung im Rahmen des Zumutbaren** verpflichtet.

Die Eignungsentscheidung ist nach der Vergaberechtsprechung hinzunehmen, 156
wenn
- sie methodisch vertretbar gewonnen worden ist,
- sich auf eine ausreichende, **gesicherte Erkenntnislage** stützt
- und die Prognose unter Berücksichtigung der durch zumutbare Aufklärung gewonnenen Erkenntnisse (noch) vertretbar erscheint.[95]

Bei der **Überprüfung früherer Fehlleistungen** einzelner Bewerber etwa können und 157
müssen die Vergabestellen **kein gerichtsähnliches Verfahren** zur Feststellung durchführen. Ausreichend ist es u.a., dass von der Vergabestelle eingeholte Referenzen auf **seriöse Quellen** zurückgehen und **keine bloßen Gerüchte** wiedergeben, sondern eine gewisse Erhärtung des Verdachts der Ungeeignetheit objektiv zulassen.[96]

Dabei genügt weder jede Unzulänglichkeit bei der Ausführung früherer Aufträ- 158
ge noch müssen diese das „Gewicht" einer schweren Verfehlung im Sinne des § 16 EG Abs. 1 Nr. 2c) VOB/A erreichen. Sie dürfen jedoch, wie dies etwa bei einer leicht verzögerten Fertigstellung oder geringfügigen Mängeln denkbar ist, für den jeweiligen Auftraggeber nicht nahezu folgenlos geblieben sein. Folgekosten und sonstige **Auswirkungen etwaiger Verfehlungen** sind daher stets mit in Blick zu nehmen. Je gravierender diese waren, umso eher wird dies die Verneinung der Eignung tragen.

### 3. Vergleichbarkeit von Referenzen

Der Vergabestelle kommt bei der Prüfung der Eignung eines Bieters grundsätzlich 159
ein weiter **Beurteilungsspielraum** zu. Dies gilt auch für die wertende Beantwortung der Frage, ob Referenzen vergleichbar sind. Die Nachprüfungsinstanzen nehmen auch insoweit keine eigene Eignungsprüfung vor, sondern überprüfen nur,
- ob der Eignungsprüfung der Vergabestelle ein **zutreffender, vollständig ermittelter Sachverhalt** zugrundegelegt wurde,
- allgemeine Bewertungsmaßstäbe eingehalten und
- **keine sachwidrigen Erwägungen** angestellt worden sind.[97]

---

93 Vgl. §§ 10 Abs. 6, 10 EG Abs. 11 VOB/A: so kurz wie möglich, zügige Prüfung und Wertung, Sollfrist 30 Kalendertage.

94 Vgl. OLG Düsseldorf, Beschl. v. 9.11.2011 – Verg 35/11.

95 So etwa OLG Düsseldorf, Beschl. v. 9.11.2011 – Verg 35/11.

96 KG, Beschl. v. 27.11.2008 – 2 Verg 4/08.

97 OLG München, Beschl. v. 12.11.2012 – Verg 23/12; OLG Frankfurt, Beschl. v. 8.4.2014 – 11 Verg 1/14.

160 Auftraggeber entscheiden mit der Bekanntmachung, ob sie die Anforderungen an die Vergleichbarkeit von Referenzen im Vorfeld durch entsprechende Konkretisierung einengen oder nicht. Sofern der Auftragsgegenstand die Konkretisierung rechtfertigt, ist dies ohne weiteres möglich.

161 Jede **Konkretisierung** im Vorfeld führt jedoch zu einer **Selbstbindung** und reduziert den Bewertungsspielraum im Rahmen der materiellen Eignungsprüfung. Bei der Wertung hat sich der Auftraggeber an den von ihm selbst gesetzten Rahmen zu halten. Je enger dieser im Vorfeld in der Bekanntmachung gesetzt wurde, umso geringer ist sein Beurteilungsspielraum.

162 Wäre es Auftraggebern möglich, von bekannt gegebenen Mindestanforderungen nachträglich in Kenntnis der Bewerbungen oder Angebotsinhalte abzuweichen, wäre dies intransparent und würde Manipulationen begünstigen. Kriterien könnten so abgesenkt werden, dass bestimmte Bewerber bevorzugt werden. Das Gleichbehandlungsgebot erfordert daher, dass sich Mitbewerber darauf verlassen können, dass sie sich nur solchen Konkurrenten im Wettbewerb zu stellen haben, die ihrerseits die Mindestkriterien erfüllen.

**Beispiel**

Ein Bauauftrag mit einem geschätzten Auftragsvolumen von 6 Mio. € ist zu vergeben. In der Bekanntmachung wird als Eignungsnachweis u.a. die „Angabe von mindestens 3 Referenzobjekten für den Bewerber im Bau von vergleichbaren Bauleistungen mit einer **Mindestbausumme** (geprüfter Schlussrechnungsbetrag) von 3 Mio. €" verlangt.

Mit der vorgegebenen Mindestbausumme hat sich der Auftraggeber selbst gebunden. Er hat seinen **Beurteilungsspielraum** bei der Bewertung der Vergleichbarkeit von Referenzobjekten bereits **im Vorfeld** der Angebotswertung im Umfang der vorgenommenen Konkretisierung **abschließend ausgeübt.** Im Rahmen der Eignungsprüfung kann er Referenzobjekte mit einer Bausumme unter 3 Mio. € nicht als taugliche Referenz bewerten. Bewirbt sich ein Bieter, der lediglich 2 Referenzen mit einer Bausumme von 10 Mio. € und eine weitere mit einer Bausumme von 2,8 Mio. € vorweisen kann, wäre sein Angebot zwingend auszuschließen.

163 Wurde hingegen auf nähere Vorgaben zur Vergleichbarkeit verzichtet, hat die Vergabestelle auftragsbezogen darüber zu urteilen, inwieweit die Vergleichbarkeit gegeben ist und ihre Entscheidung nachvollziehbar zu begründen. **Ohne nähere Vorgaben** des Auftraggebers **zur Vergleichbarkeit**, ist nach der Vergaberechtsprechung von einer Vergleichbarkeit auszugehen, wenn die Referenzleistung der ausgeschriebenen Leistung so weit ähnelt, dass sie einen **tragfähigen Rückschluss** auf die Leistungsfähigkeit des Bieters für die ausgeschriebene Leistung eröffnet.[98]

**98** OLG München, Beschl. v. 12.11.2012 – Verg 23/12; VK Arnsberg, Beschl. v. 25.11.2013 – VK 16/13; ähnlich bereits OLG Düsseldorf: „hinreichend sicherer Schluss" auf ordnungsgemäße Vertragsdurchführung.

**Beispiel**

Eine Vergabestelle schreibt die Einsammlung und den Transport von **Hausmüll** im Umfang von rund 21.000 to aus. In der Bekanntmachung war als Nachweis für die technische Leistungsfähigkeit lediglich gefordert:

„Liste der Referenzprojekte mit vergleichbaren Leistungen in den letzten 3 Jahren mit Angabe des Leistungsumfangs (Mengen), der Leistungszeit sowie der Auftraggeber mit Ansprechpartner".

Ein Bieter benennt Referenzen für die Sammlung und den Transport von **Leichtverpackungen** (LVP) im Umfang von rund 3.000 to. Im Hausmüllbereich verfügt er über keine Referenzen.

Das OLG München[99] billigt die Entscheidung der Vergabestelle, die Referenzangaben für LVP als vergleichbar einzustufen. Im Lichte des Wettbewerbsgrundsatzes könne das Merkmal der Vergleichbarkeit nicht zu restriktiv ausgelegt werden. Andernfalls bestehe die Gefahr, dass faktisch abgeschlossene Teilmärkte entstehen. Die LVP-Erfassung erfordere wie die Hausmüllbeseitigung eine geregelte Abfallsammlung von Haus zu Haus und eine in entsprechender Weise funktionierende **Logistik und Tourenplanung**. Trotz des geringeren Gewichts von LVP sei auch der logistische Aufwand aufgrund des größeren Volumens **vergleichbar**.

## V. Nachholung der Eignungsprüfung

Eine unzureichende Eignungsprüfung oder Dokumentation kann der Auftraggeber grundsätzlich auch noch in einem **Nachprüfungsverfahren** nachholen bzw. ergänzen.[100] Die ansonsten denkbare Verpflichtung, der Vergabestelle aufzugeben, das Vergabeverfahren zurückzuversetzen oder aufzuheben, wäre bloße „Förmelei". In der Sache würde die Vergabestelle verpflichtet, die Eignungsprüfung mit den im Nachprüfungsverfahren vorgetragenen Erwägungen nochmals vorzunehmen. Eine Wiederholung der Eignungsprüfung würde jedoch nichts am Ergebnis ändern. 164

Wichtig ist jedoch, dass die nachgeholte Eignungsprüfung von der **Vergabestelle selbst** vorgenommen wird. Ausführungen in Verfahrensschriftsätzen sind daher nicht ausreichend. 165

Auch ist eine Nachholung aus Transparenzgründen dann ausgeschlossen, wenn es um situationsgebundene Bewertungen geht, die nachträglich nicht rekonstruierbar sind, wie beispielsweise eine unzureichend dokumentierte „Präsentationen des Projektteams", „Beschreibung des Personalkonzepts" oder das „Auftreten des Büroinhabers" und Ähnliches.[101] 166

**Checkliste Eignungsprüfung**

Die Prüfung der Eignung erfolgt in zwei Stufen:

1. **Formale Eignungsprüfung**: kein Ermessen! Noch keine inhaltliche Prüfung.
   – Voraussetzung/Maßstab: wirksame Forderung der Nachweise

99 OLG München, Beschl. v. 12.11.2012 – Verg 23/12.
100 OLG Koblenz, Beschl. v. 15.10.2009 – 1 Verg 9/09.
101 Vgl. zur vergleichbaren Problematik bei der Angebotswertung Rn 223ff. sowie Kap. 10 Rn 25f.

   - Eignungsnachweise müssen auftragsbezogen und verhältnismäßig sein,[102]
   - sie müssen in der Bekanntmachung konkret bezeichnet oder durch Direktverlinkung o.Ä. für Bieter frei zugänglich sein und
   - inhaltlich muss (spätestens in den Vergabeunterlagen bzw. der Aufforderung zur Angebotsabgabe) klar bestimmt worden sein, was wann und in welcher Form vorzulegen ist.

   Andernfalls ist die Forderung bereits unwirksam und ein formaler Ausschluss allein wegen fehlender Nachweise nicht möglich. Die Bietereignung kann dann nur über eine Aufklärung hinterfragt werden.
 - Prüfung: Liegen wirksam geforderte Nachweise formal vollständig und leserlich vor oder nicht? („Ja-Nein-Prüfung“)
   - Falls alle Nachweise formal korrekt vorliegen oder – bei präqualifizierten Unternehmen – die Nachweise und der Leistungsbereich von der Präqualifikation umfasst werden, ist die formale Eignungsprüfung beendet.
   - Fehlen mit dem Angebot vorzulegende Nachweise, müssen diese nachgefordert werden:
   - Werden die Nachweise innerhalb der Nachfrist vollständig vorgelegt, ist die formale Eignungsprüfung beendet.
   - Verläuft die Nachfrist fruchtlos, ist das Angebot auszuschließen. Eine weitere Angebotsprüfung findet grundsätzlich nicht mehr statt.

2. **Materielle Eignungsprüfung**: Prognose-/Beurteilungsspielraum!
   - Auf Basis der wirksam geforderten bzw. nachgeforderten Nachweise, eigener Erfahrungen mit dem Bieter aus der Vergangenheit und/oder der im Wege der Aufklärung erlangten Informationen, ist die Eignung des Bieters (Zuverlässigkeit, Leistungsfähigkeit und Fachkunde) im Wege einer Prognose zu beurteilen. Dem Auftraggeber steht hier ein Beurteilungsspielraum zu. Die Prognose muss
   - auf ausreichend gesicherter Erkenntnislage beruhen (Sachverhalt zutreffend, keine bloßen Vermutungen),
   - methodisch und
   - unter Berücksichtigung zumutbarer Aufklärung noch vertretbar sein.
3. Nachvollziehbare **Dokumentation** im Vergabevermerk
   - aller wesentlichen Feststellungen der formalen und materiellen Eignungsprüfung,
   - im Kern nachvollziehbar **begründet**.

## E. Rechnerische, technische und wirtschaftliche Prüfung, Angemessenheit der Preise

167 Die **dritte Wertungsstufe** ist in § 16 (EG) Abs. 3 bis 5 VOB/A, §§ 16 Abs. 1 und 6, 19 EG Abs. 1 und 6 VOL/A geregelt. Angebote, die nicht bereits auf einer früheren Stufe aus formalen Gründen oder wegen fehlender Bietereignung ausgeschlossen wur-

102 Vgl. § 6 Abs. 3 Nr. 3 VOB/A („auf den konkreten Auftrag bezogene“) bzw. § 6 EG Abs. 5 VOB/A („mit dem Auftragsgegenstand in sachlichem Zusammenhang stehen und diesem angemessen sein“).

den, sind rechnerisch, technisch und wirtschaftlich zu prüfen, § 16 (EG) Abs. 3 VOB/A, §§ 16 Abs. 1, 19 EG Abs. 1 VOL/A.

In einem ersten Schritt sind **Rechenfehler** zu **korrigieren**. Bedeutsam ist dies 168
insbesondere bei Einheitspreisverträgen, bei denen letztlich allein die angegebenen Einheitspreise wertungsrelevant sind. Sind die danach festgestellten Angebotsendpreise unangemessen hoch oder unangemessen niedrig, ist das Angebot auszuschließen, § 16 (EG) Abs. 6 Nr. 1 VOB/A, §§ 16 Abs. 6, 19 EG Abs. 6 VOL/A.[103]

## I. Rechnerische Prüfung

Bei Bauaufträgen richtet sich die **Vergütung** des Auftragnehmers nach den vertrag- 169
lich vereinbarten **Einheitspreisen** und den tatsächlich ausgeführten Mengen, § 2 Abs. 2 VOB/B. Entscheidend für die Wirtschaftlichkeit eines Angebots sind daher nicht die vom jeweiligen Bieter positionsbezogen angegebenen Gesamtpreise bzw. der angegebene Angebotspreis, sondern letztlich allein die Einheitspreise und die ausgeführten Mengen.

Bewusste oder unbewusste **Rechenfehler** können sich auf die **Bieterreihen-** 170
**folge** und damit wettbewerbsverzerrend auswirken. Die Korrektur etwaiger Rechenfehler soll sicherstellen, dass das Angebot mit dem tatsächlich niedrigsten Gesamtpreis angenommen wird.

Da die tatsächlich ausgeführten Mengen im Vergabeverfahren noch nicht fest- 171
stehen (können), werden die in der Leistungsbeschreibung genannten Mengenangaben (sog. **Mengenvordersätze**) der Nachrechnung zugrunde gelegt. Bei Einheitspreisverträgen (vgl. § 4 (EG) Abs. 1 Nr. 1 VOB/A) ist daher zu prüfen, ob der jeweils angegebene Gesamtbetrag einer Leistungsposition der Multiplikation von Mengenvordersatz und eingetragenem Einheitspreis entspricht. Falls nicht, ist der **Einheitspreis maßgebend** und die Gesamtpreisangabe anhand der zutreffenden Multiplikation von Einheitspreis und Mengenansatz zu korrigieren, § 16 (EG) Abs. 4 VOB/A.

Der rechnerisch zutreffende Angebotspreis errechnet sich aus der Summe der 172
jeweils positionsbezogen gebildeten Produkte aus Mengenvordersatz und angebotenem Einheitspreis. **Bei Abweichungen** zwischen dem vom Bieter angegebenen

---

103 Orientiert man sich an den Zwischenüberschriften des § 16 (EG) VOB/A (Ausschluss, Eignung, Prüfung, Wertung) ist die Prüfung der Angemessenheit der Preise seit Inkrafttreten der VOB/A 2009 zwar in § 16 (EG) Abs. 6 VOB/A geregelt und gehört damit formal zur 4. Wertungsstufe. Es macht jedoch weiterhin Sinn, die Preisprüfung, auch wenn sie wertende Elemente umfasst, von der eigentlichen Angebotswertung anhand der bekannt gegebenen Wertungskriterien zu trennen. Auch der BGH (Beschl. v. 7.1.2014 – X ZB 15/13 Rn. 34) bezeichnet die „Aussonderung unangemessen hoher oder niedriger Angebote" als dritte Wertungsstufe.

Gesamtpreis und dem tatsächlich errechneten Gesamtpreis, gilt der **rechnerisch ermittelte Wert** für die weitere Angebotswertung.

## II. Unangemessen hohe oder niedrige Angebote

173 Der eigentliche **Prüfungsschwerpunkt** der dritten Wertungsstufe ist jedoch, Angebote mit **unangemessen hohen oder niedrigen Preisen** auszusondern.

### 1. Regelungszweck

174 Öffentliche Auftraggeber unterliegen dem haushaltsrechtlichen Gebot zur **sparsamen und wirtschaftlichen Mittelverwendung.**[104] Die Annahme von Angeboten mit unangemessen hohen Angebotssummen ist hiermit offenkundig unvereinbar. Aber auch Angebote mit einer unangemessen niedrigen Angebotssumme können zu einer unwirtschaftlichen Mittelverwendung führen, nämlich dann, wenn aufgrund eines unauskömmlichen Gesamtpreises keine einwandfreie Ausführung und Haftung für Mängelansprüche zu erwarten ist, § 16 (EG) Abs. 6 Nr. 3 VOB/A.

175 Davon unabhängig soll, wie die in § 16 (EG) Abs. 6 Nr. 2 VOB/A, §§ 16 Abs. 6 S. 1, 19 EG Abs. 6 S. 1 VOL/A normierte Aufklärungspflicht zeigt, auch der **Bieter selbst** vor den Folgen seines eigenen Unterkostenangebots geschützt werden. Es soll verhindert werden, dass der Bieter infolge von Fehlkalkulationen selbst in **wirtschaftliche Schwierigkeiten** oder Existenzgefahr gerät.

### 2. Drittschützende Wirkung?

176 Ob § 16 (EG) Abs. 6 Nr. 1 VOB/A bzw. §§ 16 Abs. 6 S. 1, 19 EG Abs. 6 S. 1 VOL/A in der Variante „unangemessen niedriger Preis" (sog. **Unterkostenangebote**) ausschließlich eine Schutzvorschrift für den betroffenen Bieter und den Auftraggeber darstellt oder auch Mitbewerber vor „frivol" kalkulierten Angeboten von Mitbewerbern schützen soll, ist **umstritten.**

177 In der Vergaberechtsprechung wird ein **drittbieterschützender Charakter** grundsätzlich verneint. In einer Ausnahmekonstellation erkennt die herrschende Meinung jedoch eine Schutzwirkung zugunsten von Mitbewerbern an:[105] Angebote, die mit der zielgerichteten Absicht abgegeben werden, Mitbewerber vom Markt zu verdrängen oder zumindest die Gefahr hierfür begründen.

---

104 Vgl. etwa § 7 BHO sowie die entsprechenden Vorschriften der Landeshaushaltsordnungen.

105 Vgl. etwa OLG München, Beschl. v. 21.5.2010 – Verg 02/10; OLG Düsseldorf, Beschl. v. 25.2.2009 – Verg 6/09: Bieterschutz, wenn wettbewerbsbeschränkende und unlautere Verhaltensweise Ausschluss durch Auftraggeber fordert; VK Berlin, Beschl. v. 2.6.2009 – VK-B2-12/09.

In der Praxis ist eine solche **Marktverdrängungsabsicht** oder eine sonstige unlautere Verhaltensweise regelmäßig nur schwer nachzuweisen. Mitbewerber können daher in der Regel nicht mit Erfolg geltend machen, das Angebot eines vorplatzierten Mitbewerbers sei wegen eines unangemessen niedrigen Preises auszuschließen. 178

### 3. Aufklärungspflicht bei Unterkostenangeboten

Vom Drittschutz abzugrenzen ist die Frage, inwieweit die Rechtsordnung den unangemessen **niedrig kalkulierenden Bieter selbst** schützt. Insoweit verpflichten § 16 (EG) Abs. 6 Nr. 2 VOB/A bzw. §§ 16 Abs. 6 S. 1, 19 EG Abs. 6 S. 1 VOL/A die Vergabestelle zur Aufklärung. Ist ein Angebot ungewöhnlich niedrig, verfügt die Vergabestelle über keinerlei Ermessen dahingehend, ob sie eine Überprüfung durchführt oder davon absieht. Die **Aufklärungspflicht** setzt ein, sobald die Vergabestelle Anhaltspunkte für einen ungewöhnlich niedrigen Angebotspreis hat.[106] 179

Anhaltspunkte, die zu einer Aufklärung Anlass geben, bestehen insbesondere dann, wenn der Bieter selbst die Vergabestelle auf einen **Kalkulationsirrtum** hingewiesen hat. Stehen Leistung und Gegenleistung aufgrund des Irrtums in keinem annähernd äquivalenten Verhältnis (Äquivalenzstörung) zueinander, kann die Erteilung des Zuschlags nach der neueren Rechtsprechung des BGH[107] einen Verstoß gegen die **Pflicht zur Rücksichtnahme** auf die Interessen des betreffenden Bieters darstellen. 180

### 4. Prüfungsmaßstab

Aus dem Wortlaut des § 16 (EG) Abs. 6 Nr. 1 VOB/A („Auf ein Angebot mit einem ... Preis ...") bzw. der §§ 16 Abs. 6, 19 EG Abs. 6 VOL/A ergibt sich, dass es nicht auf unangemessen hohe oder niedrige Einheitspreise oder Teilkostenansätze ankommt. **Ausgangspunkt** sind vielmehr grundsätzlich die **Angebotsendsummen.** 181

Zweifel an der Angemessenheit ergeben sich insbesondere, wenn die Angebotssummen 182
- eines oder einiger weniger Bieter erheblich geringer (oder höher) sind als die der übrigen und/oder
- erheblich von der aktuell zutreffenden Preisermittlung des Auftraggebers abweichen.[108]

---

**106** VK Bund, Beschl. v. 20.4.2005 – VK 1-23/05.
**107** BGH, Urt. v. 11.11.2014 – X ZR 32/14.
**108** Vgl. VHB Bund, RL 321, Ziff. 4.3.

183 **Maßstäbe für die Angemessenheitsprüfung** sind daher
- die Kostenermittlung und/oder
- die Angebotssummen der Mitbewerber und/oder
- Ergebnisse vergleichbarer Ausschreibungen und/oder
- übliche Marktpreise.[109]

184 Die **Kostenermittlung** kann jedoch nur dann einen tauglichen Maßstab bilden, wenn
- sie zeitnah und **methodengerecht** erstellt wurde und
- ihr Gegenstand mit der ausgeschriebenen Maßnahme deckungsgleich ist.[110]

185 Zweifel, die eine nähere Prüfung notwendig machen, sog. **Aufgreifschwelle**, sind grundsätzlich ab einer Abweichung von **mindestens 10 bis 20 Prozent**[111] zum nächsten Angebot oder zur Kostenermittlung anzunehmen. Die Rechtsprechung[112] gesteht dem Auftraggeber bei der Frage, ab welchem Abstand zwischen Angebotspreis und Prognose, Mitbewerberangeboten oder üblichen Marktpreisen ein Missverhältnis besteht, einen Beurteilungsspielraum zu.

186 Erst wenn der Abstand zwischen dem vom Ausschluss betroffenen oder bedrohten Angebot zum nächsthöheren Angebot bzw. zur Kostenprognose bei mindestens 10 Prozent oder darüber liege, müsse die Vergabestelle überprüfen, ob das Angebot im Verhältnis zu der zu erbringenden Leistung als ungewöhnlich niedrig einzustufen sei.

187 Umstritten ist, ob auch die **Angebotspreise von ausgeschlossenen Mitbewerbern** als Vergleichsmaßstab herangezogen werden können. Dies hat das OLG Koblenz[113] mit der Begründung verneint, Ausschlussgründe seien grundsätzlich kalkulationserheblich. Nach dieser Ansicht könnten ausgeschlossene Angebote generell nicht als Vergleichsmaßstab herangezogen werden.

188 Demgegenüber geht die wohl **herrschende Meinung**[114] zu Recht davon aus, dass auch ausgeschlossene Konkurrenzangebote als Vergleichsmaßstab mit herangezogen werden können, solange der konkrete Ausschlussgrund nicht die Kalkulation beeinflusst haben kann. Ziel des Vergabeverfahrens sei es, im Wettbewerb einen günstigen Preis zu erzielen. Diesem Ziel liefe es zuwider, wenn ausgeschlossene Konkurrenzangebote per se als Vergleichsmaßstab unzulässig wären.

---

**109** OLG München, Beschl. v. 2.6.2006 – Verg 12/06.

**110** Vgl. in anderem Zusammenhang BGH, Urt. v. 20.11.2012 – X ZR 108/10.

**111** So OLG Karlsruhe, Beschl. v. 6.8.2014 – 15 Verg 7/14.

**112** Vgl. OLG Celle, Beschl. v. 17.11.2011 – 13 Verg 6/11; OLG München, Beschl. v. 7.3.2013 – Verg 36/12; OLG Düsseldorf, Beschl. v. 25.4.2012 – Verg 61/11.

**113** Beschl. v. 23.12.2003 – 1 Verg 8/03.

**114** OLG München, Beschl. v. 2.6.2006 – Verg 12/06; OLG Karlsruhe, Beschl. v. 6.8.2014 – 15 Verg 7/14.

Sachgerecht ist es daher, auch ausgeschlossene Angebote als Vergleichsmaßstab heranzuziehen, solange der konkrete Ausschlussgrund **nicht preis- bzw. kalkulationsrelevant** ist. Angaben zum Einsatz von Nachunternehmern stuft die Rechtsprechung als kalkulationsrelevant ein.[115] Wäre also ein Angebot wegen widersprüchlicher Angaben zum Nachunternehmereinsatz auszuschließen, so wäre eine Heranziehung als Vergleichsmaßstab zumindest im Einzelfall zu begründen. Unterkostenangebote selbst können selbstverständlich ebenfalls nicht als Maßstab fungieren. 189

Alternativ bzw. ergänzend sind zur Feststellung eines unangemessen hohen oder niedrigen Angebotes auch die **Ergebnisse vergleichbarer Ausschreibungen** und übliche **Marktpreise** heranzuziehen. 190

---

**Praxistipp** !

Soll ein Angebot allein unter Verweis auf die deutlich niedrigeren Angebotssummen der Mitbewerber (als unangemessen hoch) ausgeschlossen werden, liegt die Vergabestelle auf der sicheren Seite, wenn nur solche Angebote als Vergleichsmaßstab herangezogen werden,

- bei denen keine kalkulationserheblichen Ausschlussgründe vorliegen,
- die bis zum Schluss durchgeprüft wurden und
- die – abgesehen vom konkreten Ausschlussgrund – für einen Zuschlag in Betracht kämen.

---

### 5. Verfahren bei Überschreiten der Aufgreifschwelle

Ein Preisabstand von 20 Prozent und mehr begründet allerdings keinen automatischen Angebotsausschluss. Hinzu kommen muss, dass der **Abstand** zu einem angemessenen Preis sachlich und **wettbewerblich nicht zu begründen** ist. 191

Die Vergabestelle ist dementsprechend nach § 16 Abs. 6 Nr. 2 VOB/A verpflichtet, vor einer etwaigen Ablehnung eines (vermeintlichen) Unterkostenangebots 192

- zu prüfen, welche Bestandteile des Angebots im Einzelnen Ursache für den niedrigen Preis sind,[116]
- den Bieter zur Ermittlung der Preise in Textform **anzuhören** und
- bei ihrer Beurteilung die **Erklärungen** und Nachweise des Bieters sowie dessen Begründungen zur Preisbildung **zu berücksichtigen**.

Um die Angebotspreise in Zweifelsfällen näher beurteilen zu können, kann die Vergabestelle beispielsweise Bezugsquellen oder die Wirtschaftlichkeit des Fertigungsverfahrens, gewählte technische Lösungen oder Lieferbedingungen usw.[117] hinterfragen, die Urkalkulation anfordern und Einsicht in diese nehmen **oder** sonstige **Angaben zur Kalkulation** verlangen. 193

---

115 BayObLG, Beschl. v. 28.8.2002 – Verg 20/02.

116 OLG Frankfurt, Beschl. v. 6.3.2013 – 11 Verg 7/12.

194 Im Anwendungsbereich des VHB Bund sind ohnehin „mit dem Angebot“ Angaben zur Preisermittlung entsprechend Formblatt 221 oder 222 zu machen.[118] Diese können und müssen[119] in Zweifelsfällen ebenfalls als Beurteilungsgrundlage herangezogen werden.

195 Dabei obliegt es dem **Bieter**, auf entsprechende Nachfrage die Seriosität der betreffenden Preisbestandteile nachzuweisen bzw. den Anschein der **Unauskömmlichkeit** zu **widerlegen**.

196 Kann der Bieter in der Aufklärung alle Unklarheiten ausräumen, verbleibt das betreffende Angebot in der Wertung. Gelingt es ihm nicht, kann das Angebot im Rahmen der vorzunehmenden Prognose von der weiteren Wertung ausgeschlossen werden. Der Nachweis eines angemessenen Angebotspreises ist dann nicht erbracht, wenn der Bieter keine, nur pauschale oder keine plausiblen Erklärungen für sein Angebot abgibt.[120]

**!** **Praxistipp**

Um Vergabeverfahren zügig abschließen zu können, empfiehlt es sich, Bitten um **Aufklärung mit** einer **Fristsetzung** zu verbinden. Bei unzureichender Mitwirkung des betroffenen Bieters kann das Angebot ausgeschlossen werden. Hierauf sollten die Bieter im Anschreiben hingewiesen werden.

Will die Vergabestelle das Angebot in der Wertung halten, empfiehlt es sich, die auffällig kalkulierten Preise zu bezeichnen und lediglich allgemein um Erklärung zu bitten, ob und inwieweit das Angebot auskömmlich kalkuliert wurde. Sieht die Vergabestelle konkrete Vertragsrisiken, empfehlen sich konkretere, ggf. auch positionsbezogene Rückfragen.

### 6. Aufklärungsverlangen unterhalb der Aufgreifschwelle

197 Wird die Aufgreifschwelle von mindestens 10% nicht erreicht, liegen die gesetzlichen Voraussetzungen für ein Aufklärungsverlangen der Vergabestelle gemäß § 16 (EG) Abs. 6 Nr. 2 VOB/A, §§ 16 Abs. 6, 19 Abs. 6 Satz 1 EG VOL/A nicht vor. Ein **Aufklärungsverlangen** wegen eines vermeintlich unangemessen niedrigen Angebotspreises ist in diesen Fällen grundsätzlich **vergaberechtswidrig.**[121] An eine unzureichende Mitwirkung des Bieters bei einer überflüssigen und rechtswidrigen Aufklärung dürfen **keine Ausschlussfolgen** geknüpft werden.[122]

---

**117** Vgl. dazu auch die in Art. 69 Abs. 2 RL 2014/24/EU beispielhaft genannten Punkte bei ungewöhnlich niedrigen Angeboten.

**118** Vgl. VHB Bund, Formblatt 211 (Aufforderung zur Abgabe eines Angebots).

**119** Dies ergibt sich aus dem Verhältnismäßigkeitsgrundsatz. Verfügt der Auftraggeber über entsprechende Informationen, hat er diese vorrangig auszuwerten. Siehe auch VHB Bund, RL zu 211, Ziff. 1.

**120** OLG Frankfurt, Beschl. v. 6.3.2013 – 11 Verg 7/12.

**121** OLG Karlsruhe, Beschl. v. 6.8.2014 – 15 Verg 7/14.

**122** OLG Koblenz, Beschl. v. 19.1.2015 – Verg 6/14.

### 7. Prognoseentscheidung

Bei der **Bewertung** der abgegebenen **Antworten** handelt es sich um eine Prognoseentscheidung, die der Auftraggeber aufgrund des Angebots und der hierzu erteilten Auskünfte zu treffen hat. Dabei steht ihm ein Beurteilungsspielraum zu, der nur einer eingeschränkten Überprüfung durch die Nachprüfungsinstanzen unterliegt. 198

Eine **Verletzung des Beurteilungsspielraums** liegt nur vor, wenn die von der Vergabestelle getroffene Entscheidung oder die Anwendung vergaberechtlicher Rechtsbegriffe auf willkürlichen und **sachwidrigen Erwägungen** beruhen.[123] 199

Gelangt der Auftraggeber im Rahmen einer sachlich fundierten, vertretbaren Prognose zu dem Ergebnis, dass der Bieter die Leistung voraussichtlich zuverlässig und vertragsgerecht erbringen wird und fehlen konkrete Belege für ein wettbewerbsbeschränkendes oder unlauteres Unterangebot, darf der Zuschlag auch auf ein niedriges Angebot erteilt werden.[124] 200

### 8. Zuschlagsverbot bei unzumutbaren Folgen

Grundsätzlich haben Bieter das Risiko eigener Fehlkalkulationen selbst zu tragen, da die Risiken aus ihrem Verantwortungsbereich stammen.[125] Die Rechtsordnung schützt sie nur vor **unzumutbaren Folgen.** Eine bloße Fehlkalkulation oder ein **Kalkulationsirrtum** genügen für sich betrachtet nicht. 201

Eine **unzulässige Rechtsausübung** durch Zuschlagserteilung auf ein Unterkostenangebot ist erst gegeben, **wenn** der Auftraggeber ein Vertragsangebot annimmt, obwohl er wusste oder sich bewusst der Erkenntnis verschlossen hat, dass die Vertragsausführung für den Bieter **unzumutbar** ist.[126] Dies ist der Fall, 202

- wenn der Bieter im Auftragsfall in erhebliche **wirtschaftliche Schwierigkeiten** geraten würde oder
- – insofern ist die Schwelle niedriger – der angebotene Preis billigerweise nicht mehr als auch nur im Ansatz äquivalentes Entgelt für die zu erbringenden Bau-, Liefer- oder Dienstleistung angesehen werden kann (**Störung des Äquivalenzverhältnisses** zwischen Leistung und Gegenleistung).

Die in § 241 Abs. 2 BGB konstituierte **Rücksichtnahmepflicht** auf die Rechte, Rechtsgüter und Interessen des Anderen greift nach der Rechtsprechung des BGH[127] nicht erst ein, wenn dessen wirtschaftliche Existenz auf dem Spiel steht. Auf der 203

**123** OLG Frankfurt, Beschl. v. 6.3.2013 – 11 Verg 7/12 mwN.

**124** OLG München, Beschl. v. 21.5.2010 – Verg 02/10; OLG Düsseldorf, Beschl. v. 25.2.2009 – Verg 6/09.

**125** BGH, Urt. v. 7.7.1998 – X ZR 17/97; OLG Celle, Urt. v. 20.2.2014 – 5 U 109/13.

**126** BGH, Urt. v. 7.7.1998 – X ZR 17/97; OLG Celle, Urt. v. 20.2.2014 – 5 U 109/13.

**127** BGH, Urt. v. 11.11.2014 – X ZR 32/14 – Kalkulationsfehler.

anderen Seite kann **nicht jeder** noch so geringe **Kalkulationsirrtum** von Bietern als Hintertür genutzt werden, um sich von bewusst niedrig kalkulierten, verbindlichen Angeboten und dem damit einhergehenden Kalkulationsrisiko zu lösen. Entscheidend ist, was die Vergabestelle **im jeweiligen Einzelfall** zu prüfen hat, ob Leistung und Gegenleistung in einem unbilligen Verhältnis zueinander stehen, also Leistung und Gegenleistung schon im Ansatz in keinem vernünftigen Verhältnis mehr zueinander stehen (**Äquivalenzstörung**).

204 Die Prüfpflicht greift, wenn der Kalkulationsirrtum objektiv erkennbar ist und damit erst recht, wenn die Vergabestelle vom Bieter selbst vor Zuschlagserteilung auf einen Kalkulationsirrtum hingewiesen wurde.

---

**Praxistipp**

**Bieter** sollten sich zeitnah nach dem Eröffnungstermin über die **Submissionsergebnisse informieren.** Bei Bauvergaben haben sie die Möglichkeit, entweder selbst am Eröffnungstermin teilzunehmen oder einen Dritten zu bevollmächtigten, § 14 (EG) Abs. 1 S. 1 VOB/A. Alternativ kann dem Angebot ein Freiumschlag mit der Bitte beigefügt werden, die Submissionsergebnisse umgehend mitzuteilen.

Ergeben sich gravierende Abweichungen zu den Angebotspreisen der Mitbewerber, sollte das Angebot umgehend auf Kalkulationsfehler hin untersucht werden. Werden Kalkulationsfehler festgestellt und will sich der Bieter an seinem Angebot nicht mehr festhalten lassen, sollten die **Kalkulationsfehler** dem Auftraggeber umgehend und nachvollziehbar zumindest **in Textform aufgezeigt** werden. Sofern noch nicht alle geforderten Erklärungen und Nachweise abgegeben wurden, besteht bei Bauvergaben alternativ die Möglichkeit, einer diesbezüglichen Nachforderung nicht nachzukommen und sich auf diese Weise vom Angebot zu lösen, vgl. § 16 (EG) Abs. 1 Nr. 3 S. 4 VOB/A.

---

205 Für die Prüfung im Einzelfall, ob ein Zuschlag wegen **unbilliger Diskrepanz** zwischen Leistung und Gegenleistung nicht in Betracht kommt, also eine Äquivalenzstörung vorliegt, führt der BGH beispielhaft folgende **Indizien** auf, die in die Bewertung einzustellen sein können:

- Verhältnis zwischen Kalkulationsirrtum und kalkulierter Gewinnspanne,
- preislicher Abstand zum nächsthöheren Angebotspreis,
- Anzahl der betroffenen Positionen und Betroffenheit weiterer Teile des Angebots,
- das Auftragsvolumen, wobei der prozentuale Abstand zum nächstplatzierten Angebot umso niedriger liegen kann, je höher der absolute Auftragswert ist.

---

**Beispiel**[128]

Der Angebotspreis des Erstplatzierten A beträgt rd. 450.000 €, das nächsthöhere Angebot beläuft sich auf rd. 620.000 €. Bieter A hat einen Gewinn von 3% der Angebotssumme kalkuliert, was rund 13.000 € entspricht. In einer Position mit einem Mengenvordersatz von 4.125 to beträgt der von A

---

128 In Anlehnung an BGH, Urt. v. 11.11.2014 – X ZR 32/14.

angebotene Einheitspreis rd. 9 €, während die übliche Vergütung bei rd. 60 € liegt. Damit beläuft sich der Kalkulationsirrtum rechnerisch auf einen Fehlbetrag in Höhe von rund 210.000 €.
Nach der Submission teilt der A der Vergabestelle mit, dass ihm ein Kalkulationsirrtum unterlaufen sei. Er habe mit einem zu niedrigen Mengenvordersatz und nur mit einem Sechstel des üblichen Preises kalkuliert.
Ein Zuschlag auf das Angebot würde gegen die Pflicht zur Rücksichtnahme verstoßen. Erhält der Bieter gleichwohl der Zuschlag, steht ihm ein **Leistungsverweigerungsrecht** zu. Eine Auftragsausführung wäre aufgrund der unbilligen Diskrepanz zwischen der zu erbringender Leistung und der Gegenleistung für den Bieter nicht zumutbar. Der Kalkulationsirrtum macht wertmäßig das 16-fache des kalkulierten Gewinns aus. Darüber hinaus sind die Massivität des Irrtums und die daraus resultierende absolute Unterdeckung des Endpreises (27%) entscheidend.

### 9. Unangemessen niedrige oder hohe Einheitspreise

Obwohl die Angemessenheit der Preise für Teilleistungen (Einheitspreise) im Er- 206
gebnis eine untergeordnete Rolle spielt, da diese nicht für sich, sondern im Rahmen der **Angebotssumme** zu beurteilen sind, ist es für Auftraggeber sinnvoll, Positionen mit auffällig niedrigen oder hohen Einheitspreisen ebenfalls näher zu betrachten.

Zeigen sich bei einzelnen **Teilleistungen**, z.B. anhand eines erstellten Preis- 207
spiegels, erhebliche Abweichungen zu den Einheitspreisen der Mitbewerber, kann dies auf eine mangelhafte Leistungsbeschreibung bzw. auf Sonderwissen der Bieter hindeuten. Auffällig **niedrige Preise** können ein Indiz dafür sein, dass eine Leistung zwar ausgeschrieben, aber nicht erforderlich ist oder so voraussichtlich nicht anfallen wird.

**Hohe Einheitspreise** können ein Indiz für **Fehler in der Mengenermittlung** 208
sein. Ist der Mengenansatz zu niedrig gewählt, wirken sich die hohen Einheitspreise in der Angebotssumme und damit im Vergabeverfahren nicht entscheidend aus. Wegen der VOB/B-eigenen Preisfortschreibungssystematik[129] bergen auffällig hohe Preise jedoch konkrete Vertragsrisiken, insbesondere ein erhöhtes **Nachtragsrisiko** in der Phase der Bauausführung.

**Praxistipp** !
Auftraggeber sollten v.a. in Positionen mit **hohen Einheitspreisen** ihre **Mengenermittlung überprüfen.** Werden Mengenfehler festgestellt, ist das Kostenrisiko zu ermitteln. Liegt das Kosten- oder Nachtragsrisiko über den geschätzten Kosten, die für die Bearbeitung eines Angebots anzusetzen

129 Bei Mengen- oder Leistungsänderungen nach § 2 Abs. 3 und 5 VOB/B wird zur Ermittlung der Vergütung für die geänderte Leistung an die Kostenelemente der Auftragskalkulation angeknüpft, vgl. etwa OLG Düsseldorf, Urt. v. 25.10.2013 – 22 U 21/13; BGH, Urt. v. 18.12.2008 – VII ZR 201/06, auch zur möglichen Sittenwidrigkeit einer solchen Preisvereinbarung bei wucherähnlich übersetzten Einheitspreisen.

sind, ist es in der Regel wirtschaftlicher, das **Verfahren** in den Stand vor Versand der Vergabeunterlagen **zurückzuversetzen**, die Leistungsbeschreibung zu überarbeiten und den Bietern Gelegenheit zu geben, neue Angebote einzureichen. Dadurch werden auch die Preise für die vergessenen Mengen dem Wettbewerb unterstellt und Streitigkeiten über die Vergütungshöhe nach Auftragserteilung vermieden.

## F. Ermittlung des wirtschaftlichsten Angebots

### I. Allgemeines

209 Auf der vierten und letzten Wertungsstufe sind nur noch Angebote zu prüfen, die in die engere Wahl kommen, also nicht bereits auf einer vorangegangenen Stufe ausgeschieden wurden. Unter diesen ist das wirtschaftlichste Angebot auszuwählen.

### II. Maßstab

210 Die Ermittlung des wirtschaftlichsten Angebotes hat **ausschließlich** anhand der spätestens in den Vergabeunterlagen **bekannt gegebenen Zuschlagskriterien** und ihrer ebenfalls bekannt gemachten **Gewichtung** zu erfolgen, § 16 EG Abs. 7 VOB/A, §§ 16 Abs. 7 und 8, 19 EG Abs. 8 und 9 VOL/A.

211 Wurde der **Preis als alleiniges Zuschlagskriterium** festgelegt, gestaltet sich die Prüfung recht einfach. Das Angebot mit dem niedrigsten Angebotspreis ist zugleich das wirtschaftlichste. Eine vergleichende Wertung der Angebote im eigentlichen Sinn ist weder möglich noch zulässig.

212 Wurden neben dem Preis **auch nichtmonetäre Zuschlagskriterien** bekannt gegeben, ist anhand einer vergleichenden Wertung der Angebote das wirtschaftlichste Angebot zu ermitteln. Bei der **vergleichenden Wertung** dürfen nur die spätestens in den Vergabeunterlagen genannten Kriterien und deren Gewichtung als Maßstab herangezogen werden, § 16 EG Abs. 7 S. 1 VOB/A, §§ 16 Abs. 7, 19 EG Abs. 8 VOL/A.

213 Eine **nachträgliche Veränderung oder Ergänzung** der Kriterien, ihrer Gewichtung oder die Aufnahme neuer Unterkriterien, ist **unzulässig.**[130] Im Interesse einer möglichst rechtssicheren Vergabe (Transparenzgebot), sollte auch im Unterschwellenbereich dringend darauf geachtet werden, dass die Wertungskriterien **spätestens** in den **Vergabeunterlagen** nach Ihrer Gewichtungsreihenfolge, besser mit konkreten Gewichtungsangaben in Prozent angegeben werden.

130 EuGH, Urt. v. 24.1.2008 – C-532/06.

## III. Vergleichende Wertung

Alle in der Wertung verbliebenen **Angebote** müssen in Bezug auf jedes Zuschlags- 214
kriterium und alle etwaigen Unterkriterien **für sich und gegeneinander** bewertet werden. Grundlage der Angebotsbewertung bilden die jeweiligen Angebote in ihrer Gesamtheit, d.h. auch die jeweils von den Bietern mit dem Angebot vorzulegenden Nachweise, abzugebenden Erklärungen, Sachverhalte, Konzepte und deren Inhalte, die unter die Kriterien bzw. Unterkriterien zu subsumieren sind.

Die **Bieterangaben** zu den einzelnen Kriterien und Unterkriterien sind zu **be-** 215
**werten** und anhand des für die konkrete Vergabe gewählten Wertungssystems zu gewichten. Für eine rechtssichere Wertungsentscheidung muss die Gewichtung der Kriterien innerhalb des gewählten Systems methodengerecht, widerspruchsfrei und rechnerisch richtig umgesetzt werden.

**Beispiel**[131]

Eine Vergabestelle benennt die **„Qualitätssicherung bei** der **Leistungserbringung"** als Zuschlagskriterium. Bei der Wertung geht es nicht um Unterschiede bei der angebotenen Qualität selbst, da jeder Bieter die vertraglich geschuldete Qualität abliefern muss. Vielmehr geht es darum, die Angebote mit Blick auf die im jeweiligen Angebot vorgesehen Maßnahmen zur Qualitätssicherung zu werten. Folgende Prüfschritte sind erforderlich:

- Eignen sich die im jeweiligen Angebot genannten Maßnahmen überhaupt objektiv zur Qualitätssicherung?
- Einordnung der objektiv geeigneten Maßnahmen in das bekannt gegebene Wertungsschema.

Die Bewertung der Angebote erfolgt anhand der bekannt gegebenen Zuschlagskrite- 216
rien und deren Gewichtung, die normalerweise in eine **Bewertungsmatrix** überführt wurden. Die bei allen Kriterien erreichte **Gesamtpunktzahl** der Angebote entscheidet über deren Rangfolge.[132]

## IV. Dokumentation

Aus der Vergabedokumentation muss hervorgehen, dass das wirtschaftlichste An- 217
gebot in vergaberechtskonformer, transparenter Weise ermittelt wurde. Ist der **Preis** das **alleinige Zuschlagskriterium** kann auch die Dokumentation in der Regel recht knapp ausfallen, zumal ein Dokumentationsmangel wegen der geringen Manipulationsgefahr nachträglich ohne weiteres zu heilen ist.

131 Vgl. dazu OLG Koblenz, Beschl. v. 2.10.2012 – 1 Verg 4/12.

132 Beispiele dazu finden sich in Kap. 6 Rn 247ff.

218 Bei **mehreren Zuschlagskriterien** genügt es grundsätzlich nicht, lediglich die Wertungsmatrix dem Vergabevermerk beizufügen und den Punktestand festzuhalten. Auch die Noten- oder Punktevergabe selbst, also der **Wertungsvorgang** muss in transparenter Weise **nachvollziehbar** sein. Dies erfordert eine angemessene Begründung der jeweiligen Bewertungen.

219 Erfolgte die Bewertung etwa durch die Vergabe von Wertungspunkten, muss für einen Dritten **nachvollziehbar** sein, mit welcher Begründung die unterschiedliche **Punkteverteilung** vorgenommen wurde.[133] Im Vergabevermerk muss zumindest bei deutlichen Punkteabständen erläutert werden, worauf diese Bewertung zurückzuführen ist, d.h. welche konkreten Angebotsbestandteile aus welchen Gründen zu welchen **Auf- oder Abwertungen** führten.

### V. Nachholung einer Wertungsbegründung im Nachprüfungsverfahren

220 Wird eine Wertungsentscheidung zum Gegenstand eines Nachprüfungsverfahrens gemacht, stellt die Nachprüfungsinstanz bei der Überprüfung im Grundsatz auf das ab, was in der Vergabeakte dokumentiert ist.[134] Insofern sollten die Vergabestellen darauf achten, dass auch die vergleichende **Angebotswertung im Vergabevermerk** hinreichend **dokumentiert** wurde. In der Praxis finden sich häufig nur Ergebnissätze, während es an den entscheidenden Begründungen, v.a. zur Punktevergabe, mangelt.

#### 1. Fehlerheilung durch objektiv nachvollziehbare Begründung

221 **Unzureichende Wertungsbegründungen** können jedoch **ausnahmsweise** auch im Nachprüfungsverfahren noch **nachgeholt** werden, soweit es auf den Zeitpunkt der Dokumentation nicht ankommt. In diesen Fällen wäre es bloße Förmelei und mit dem vergaberechtlichen Beschleunigungsgrundsatz nicht zu vereinbaren, das Vergabeverfahren zurückzuversetzen, um dasselbe Wertungsergebnis mit den im Nachprüfungsverfahren vorgetragenen Erwägungen nochmals zu rechtfertigten.[135]

222 Auf den **Zeitpunkt der Dokumentation** kommt es ausnahmsweise dann nicht an, wenn

- feststeht, welche Unterlagen im Zeitpunkt der Wertungsentscheidung vorlagen (Stichwort: Kennzeichnung im Eröffnungstermin[136]),

---

133 VK Lüneburg, Beschl. v. 3.2.2014 – VgK-48/2013.

134 Vgl. auch § 20 EG Abs. 1 S. 1, S. 2 Nr. 7 VOB/A, § 24 EG Abs. 1, 2e) VOL/A.

135 So VK Bund, Beschl. v. 17.4.2014 – VK 1-18/14.

136 Vgl. § 14 (EG) Abs. 3 Nr. 2 S. 1 VOB/A. Zur Bedeutung einer ordnungsgemäßen Kennzeichnung der Angebote im Eröffnungstermin Kap. 7 Rn 78 ff.

- anhand dieser Unterlagen objektiv nachvollzogen werden kann, dass sich die nachgeschobene Begründung der Vergabestelle in den Grenzen des Beurteilungsspielraums bewegt und (damit)
- eine nachträgliche Manipulation des Wettbewerbsergebnisses durch den öffentlichen Auftraggeber ausgeschlossen ist.[137]

### 2. Keine Fehlerheilung bei subjektiv-situativer Bewertungssituation

**Unzulässig** ist hingegen eine nachgereichte Wertungsbegründung, wenn zu besorgen ist, die Vergabestelle könne dadurch die wettbewerbskonforme Auftragserteilung beeinträchtigen. Die VK Bund[138] hält mangels späterer Überprüfbarkeit durch die Vergabenachprüfinstanzen daher zu Recht das Nachschieben von Gründen zu Wertungskriterien für unzulässig, bei denen es auf die **konkrete Bewertungssituation ankommt**. 223

Wie bei Vorstellungsgesprächen im Zusammenhang mit Stellenbesetzungen, gibt es auch im Vergaberecht situationsunabhängige und situationsabhängige Wertungskriterien. Situationsunabhängige „harte" Kriterien, wie die Art des Schul- oder Hochschulabschlusses, Mindestanforderungen an die Abschlussnote und Ähnliches sind im Nachhinein anhand der Zeugnisse jederzeit überprüfbar. Bei diesen Punkten kann daher eine defizitäre Wertungsbegründung ohne Manipulationsgefahr nachgeschoben werden. 224

Ist eine Bewertung dagegen situationsabhängig, weil sie vom **unmittelbaren, spontanen**, unbeeinflussten **Eindruck des Bewertenden** abhängt, sind nachträgliche Korrekturen regelmäßig ausgeschlossen. Dies ist beispielsweise bei der Bewertung von Präsentationen, der Vorstellung von Konzepten oder wertungsrelevanten Teststellungen[139] (z.B. Vorführung einer Software, Durchführung von Testszenarien) der Fall. 225

Auch nach der Rechtsprechung des BGH soll die Wiederholung unzureichend dokumentierter Abschnitte des Vergabeverfahrens „Fällen vorbehalten bleiben, in denen zu besorgen ist, dass die Berücksichtigung der nachgeschobenen Dokumentation ... nicht ausreichen könnte, um eine wettbewerbskonforme Auftragserteilung zu gewährleisten".[140] 226

---

**Daumenregel** !

Je weniger sich Wertungsentscheidungen (z.B. wegen der Situationsgebundenheit) im Nachhinein objektiv überprüfen lassen, umso höher sind die Anforderungen an die inhaltliche und zeitgerechte Dokumentation und umso eher ist eine nachträgliche Fehlerheilung ausgeschlossen. Gerade bei sub-

---

**137** VK Bund, Beschl. v. 17.4.2014 – VK 1-18/14.
**138** VK Bund, Beschl. v. 17.4.2014 – VK 1-18/14.
**139** Vgl. VK Baden-Württemberg, Beschl. v. 4.6.2014 – 1 VK 15/14.
**140** BGH, Beschl. v. 8.2.2011 – X ZB 4/10.

jektiv geprägten und/oder situationsabhängigen Zuschlagskriterien ist daher in besonderem Maße auf eine zeitnahe, objektiv nachvollziehbare und in sich schlüssige Dokumentation zu achten.

## G. Aufklärung des Angebotsinhalts

### I. Allgemeines

227 Ergeben sich im Rahmen der Wertungsphase für die Angebotswertung relevante, aufklärungsbedürfte Punkte, kann die Vergabestelle diese mit dem jeweils betroffenen Bieter aufklären. Hierzu enthalten die Vergabeordnungen generelle Regelungen, die den Vergabestellen das **Recht zur Aufklärung** bestimmter **vergaberelevanter Sachverhalte** einräumen, vgl. §§ 15 (EG) Abs. 1, 15 VS VOB/A, §§ 15, 18 EG VOL/A.

228 Umfasst sind insbesondere Aufklärungen über die **Eignung** des Bieters, das **Angebot** selbst, etwaige Nebenangebote, Preisangaben und die Angebotskalkulation. Aus dem zulässigen Aufklärungsinhalt und der systematischen Stellung der Vorschrift folgt, dass Aufklärungen **grundsätzlich nur nach Submission** und bis zur Vergabeentscheidung (Zuschlag, Aufhebung oder Zurückversetzung) möglich sind.

229 Obwohl sich die vergaberechtlichen Vorschriften zur Aufklärung unmittelbar nur auf Angebotsinhalte beziehen, gelten sie nach Sinn und Zweck entsprechend bei vorgeschalteten **Teilnahmewettbewerben** (vgl. etwa § 3 Abs. 4 VOB/A). Ergibt sich im Rahmen der vorgelagerten Eignungsprüfung **wertungsrelevanter Aufklärungsbedarf**, sind die Regelungen zur Aufklärung auch hier anwendbar.

230 Bei den Bestimmungen zur Aufklärung handelt es sich um **Ausnahmevorschriften**, deren Grenzen aufgrund der Vergabegrundsätze und des daraus abgeleiteten Nachverhandlungsverbots **restriktiv** zu sehen sind.

231 Die Beantwortung der Frage, ob eine Aufklärung die **Grenzen des Nachverhandlungsverbots** überschreitet und damit unzulässig ist, muss stets unter Berücksichtigung der Zweckrichtungen des Vergaberechts, ein faires und transparentes Verfahren zu gewährleisten und nachträgliche Veränderungen bzw. Manipulationen am Wettbewerbsergebnis auszuschließen, erfolgen.

232 Nachträgliche **Verhandlungen** mit einzelnen Bietern über den Angebotsinhalt oder dessen Vervollständigung sind **unzulässig**, § 15 (EG) Abs. 3 VOB/A, §§ 15 S. 2, 18 S. 2 VOL/A. Dadurch würden Sinn und Zweck des Submissionstermins und die Formstrenge des Vergabeverfahrens ad absurdum geführt. Die Angebote und die Angebotsbedingungen wären letztlich nicht mehr miteinander vergleichbar.

### II. Sachlicher Anwendungsbereich

233 Die durch das Nachverhandlungsverbot begrenzten vergaberechtlichen Regelungen zur Aufklärung gelten für solche Vergabearten nicht, die von vornherein auf (Nach-)

Verhandlungen angelegt sind. **Nicht** umfasst sind daher **Freihändige Vergaben** und sonstige **Verhandlungsverfahren.**

Bei diesen auf Verhandlungen angelegten Vergabearten kann der **Angebotsinhalt** ausnahmsweise auch nach Angebotsabgabe nicht nur aufgeklärt, sondern **sogar verändert** werden, indem beispielsweise über den Leistungsinhalt und die angebotenen Preise verhandelt wird. Ob der Auftraggeber allerdings nach der Angebotseröffnung überhaupt in Verhandlungen einsteigt und wenn ja, wie viele Verhandlungsrunden er durchführt, bleibt diesem überlassen. 234

Aus Gründen der **Gleichbehandlung** müssen die Bieter im Rahmen von Verhandlungen jedoch gleich behandelt und Verhandlungsgegenstand, -inhalt und -ergebnis zumindest im Kern nachvollziehbar dokumentiert werden. Wird einem Bieter die Gelegenheit gegeben, fehlende Erklärungen zu vervollständigen, Preise zu ändern oder nachträglich geänderte Leistungen neu zu bepreisen, ist diese Möglichkeit allen Bietern einzuräumen, die im Falle einer Beteiligung an den Verhandlungen zumindest theoretisch ein Chance haben, den Zuschlag zu erhalten. 235

### III. Ermessen

Ansonsten haben Bieter weder einen Anspruch auf Aufklärung noch sind Vergabestellen hierzu generell verpflichtet. Ob eine Vergabestelle Aufklärung betreibt, steht vielmehr grundsätzlich in ihrem pflichtgemäßen **Ermessen.** 236

Die Vergabestelle kann dementsprechend etwa Bezugsquellen, die geplante Art der Durchführung oder Referenzangaben weiter aufklären und hinterfragen oder im Rahmen der Preisprüfung Einsicht in Kalkulationsunterlagen verlangen, muss dies aber nicht. Wegen des vergaberechtlichen **Gleichbehandlungsgebots** muss das Ermessen allerdings im jeweiligen Vergabeverfahren einheitlich ausgeübt werden. Die Vergabestelle muss daher **einheitliche Maßstäbe** anlegen und darf nicht einzelne Bieter bevorzugen oder durch strengere Maßstäbe benachteiligen. 237

### IV. Aufklärungspflicht als Ausnahme

Davon abzugrenzen sind Konstellationen, in denen die Vergabestelle ausnahmsweise zur Aufklärung verpflichtet ist. Eine entsprechende **Aufklärungspflicht** folgt beispielsweise aus § 16 (EG) Abs. 6 Nr. 2 VOB/A, §§ 16 Abs. 6 S. 1, 19 EG Abs. 6 S. 1 VOL/A, wonach bei preislich (vermeintlich) unangemessen **niedrige Angeboten** vom Bieter Aufklärung zu verlangen ist.[141] 238

---

**141** Dazu näher Rn 179 ff.

239 Eine Pflicht zur vorherigen Aufklärung besteht auch dann, wenn die Vergabestelle einen bestimmten **unklaren Sachverhalt** zu Lasten eines Bieters als **Ausschlussgrund** werten will.

## V. Zulässiger Inhalt

240 Das allgemeine **Recht zur Aufklärung** umfasst lediglich die Bietereignung und das Angebot selbst. Der Inhalt zulässiger Aufklärungen ist in der jeweiligen Vergabeordnung **abschließend geregelt.**[142] Nach Sinn und Zweck muss sich die Aufklärung auf einen wertungsrelevanten Punkt beziehen.

241 Zur **Bietereignung** zählen sämtliche Umstände, die für eine Beurteilung der technischen und wirtschaftlichen Leistungsfähigkeit sowie der Zuverlässigkeit des Bieters relevant sind.

242 Aus den Vergabegrundsätzen im Allgemeinen und dem Nachverhandlungsverbot im Besonderen folgt, dass Aufklärungen sich auf **rein Informatorisches** beschränken müssen.[143] Von Verhandlungsverfahren und den in § 15 (EG) Abs. 3 VOB/A genannten engen Ausnahmen bei Nebenangeboten und Funktionalausschreibungen abgesehen, sind daher Verhandlungen über Preise oder das Angebot selbst regelmäßig unzulässig. Aufklärungen dürfen nicht zu einer Änderung des Angebotsinhalts führen[144] oder das Angebot durch Ergänzungen erst wertbar machen.

243 Voraussetzung einer Aufklärung ist, dass vollständige Teilnahmeanträge oder Angebote vorliegen. Zulässig ist **lediglich** eine Präzisierung oder **Konkretisierung**. Dementsprechend dürfen vorliegende Eignungsnachweise oder Angebotsinhalte durch Rückfragen aufgeklärt bzw. hinterfragt, nicht jedoch geändert oder (nach)verhandelt werden.

244 In der Regel dient die Aufklärung dazu, geforderte Eignungsnachweise, insbesondere Referenzen zu hinterfragen, technische oder wirtschaftliche Ausdrucksweisen abzuklären oder (zusätzliche) Angaben eines Bieters zu angebotenen Produkten oder zu auffällig hohen oder niedrigen Einheitspreisen zu fordern.

**Beispiel**

Es ist vergaberechtlich zulässig, die Leistung in der Form auszuschreiben, dass keine Typen und Fabrikate abgefragt werden. Bieter können bei einer **produktneutralen Ausschreibung** ein Produkt von mittlerer Art und Güte anbieten und liefern.[145] Die gewählten Produkte müssen allerdings in jedem Punkt den vertraglichen Anforderungen entsprechen. Um vor der Beauftragung Klarheit über den Angebotsinhalt zu erhalten, kann die Vergabestelle Bieter im Rahmen der **Aufklärung zur Kon-**

142 Vgl. §§ 15 (EG) Abs. 1, 15 VS VOB/A, §§ 15, 18 EG VOL/A.
143 Vgl. VK Lüneburg, Beschl. v. 26.7.2005 – VgK-31/2005.
144 Vgl. OLG München, Beschl. v. 2.9.2010 – Verg 17/10.
145 Vgl. etwa OLG Düsseldorf, Beschl. v. 25.4.2012 – Verg 61/11.

**kretisierung** ihres Angebots durch Vorlage der entsprechenden Produktdatenblätter auffordern. Wird die Aufforderung mit einer Fristsetzung verbunden, kann das Angebot bei unzureichender Mitwirkung ausgeschlossen werden.

Lässt sich bei wertungsrelevanten Angaben des Bieters trotz Auslegung **kein eindeutiger Erklärungswert** ermitteln, sollten Vergabestellen sicherheitshalber **beim Bieter nachhaken**, wie die Erklärung zu verstehen ist. Damit vermeiden Vergabestellen böse Überraschungen, etwa wenn der vorschnell ausgeschlossene Bieter später nachweist, dass die Vorgaben der Leistungsbeschreibung ohne weiteres eingehalten wurden. Um zügig die Wertung abschließen zu können, sollte eine Fristsetzung erfolgen und auf die Ausschlussfolgen hingewiesen werden. 245

**Beispiel**

In einer Leistungsbeschreibung werden bestimmte Leistungsmerkmale für ein anzubietendes Produkt beschrieben. Im Anschluss haben die Bieter Hersteller und Typ des angebotenen Produkts einzutragen.

Im Rahmen der Angebotswertung führt der zuständige Mitarbeiter der Vergabestelle eine **Internetrecherche** zum angebotenen Produkt durch. Nach den im Internet verfügbaren Angaben des Herstellers werden die im Leistungsverzeichnis vorgegebenen Leistungsmerkmale nicht erfüllt.

Allein hierauf einen **vorschnellen Angebotsausschluss** wegen vermeintlicher Änderung der Vergabeunterlagen zu stützen, wäre **riskant**. Schließlich ist nicht auszuschließen, dass etwas übersehen wurde. Sicherheitshalber sollte Bietern in Zweifelsfällen immer Gelegenheit gegeben werden, den Angebotsinhalt aufzuklären.

## VI. Unzulässiger Inhalt

### 1. Keine überflüssige Aufklärung

Das Recht der Vergabestellen, von den Bietern unter Fristsetzung Aufklärung zu verlangen und an das fruchtlose Verstreichen der Antwortfrist eine **Ausschlussfolge** zu knüpfen, kann im Lichte der Vergabegrundsätze nur dann bestehen, wenn es einen vergaberechtlich **begründeten Aufklärungsgrund** gibt. 246

Auch darf das Recht, Aufklärung zu verlangen, nicht dazu führen, **zusätzliche** oder nachträglich verschärfte **Anforderungen** an das Angebot und den Bieter zu stellen. Das Vergabeverfahren würde ansonsten unvorhersehbar und **intransparent**. Ein Auftraggeber könnte versuchen, Bieter dadurch auszuschließen, dass er überflüssige oder unzulässige Aufklärungsverlangen stellt, die dieser vermeintlich nicht erfüllt oder erfüllen kann, und so einen ihm genehmen, aber in der Wertung nicht an erster Stelle liegenden Bieter unberechtigt zu bevorzugen.[146] 247

146 So OLG Karlsruhe, Beschl. v. 6.8.2014 – 15 Verg 7/14.

248 Insofern kann Aufklärung nur zu solchen Punkten verlangt werden, die entweder in den Vergabeordnungen **ausdrücklich vorgesehen**[147] oder **wertungsrelevant** sind.

### 2. Keine Vervollständigung des Angebots

249 Die Gleichbehandlung aller Bieter ist nur gewährleistet, wenn lediglich Angebote gewertet werden dürfen, die alle zu einem bestimmten Zeitpunkt geforderten Erklärungen und Angaben enthalten. Mit diesem Grundsatz unvereinbar wäre es, wenn einzelne Bieter fehlende (insbesondere kalkulationsrelevante) Erklärungen, Nachweise oder sonstige Angebotsdefizite **nach Ablauf der Angebots- bzw. „Nachforderungsfrist"** des § 16 (EG) Abs. 1 Nr. 3 VOB/A bzw. einer vom Auftraggeber nach §§ 16 Abs. 2 S. 1, 19 EG Abs. 2 S. 1 VOL/A bestimmten Nachfrist nachbessern könnten und damit eine Vergleichbarkeit bzw. Wertbarkeit der Angebote erst hergestellt würde.

250 Nach Ablauf der Nachfrist ist daher die Vervollständigung oder **Ergänzung zwingender Angebotsbestandteile** durch Nachreichen von geforderten, also mit Angebotsabgabe vorzulegenden Erklärungen, Nachweisen oder sonstigen Angaben per se unzulässig.

251 Ein Nachfordern bzw. **Nachreichen von Unterlagen** ist **nur** dann **ausnahmsweise** möglich, wenn der Vorlagezeitpunkt aus den Vergabeunterlagen nicht eindeutig hervorging oder eine Vorlage erst **„auf Verlangen der Vergabestelle"** gefordert war. Das geltende Recht enthält nämlich für Unterlagen, die erstmals nach Ablauf der Angebotsfrist angefordert worden waren, aber nicht oder nicht rechtzeitig vorgelegt wurden, keine Norm, die einen Angebotsausschluss vorsieht. Anders verhält es sich aber dann, wenn die Vergabestelle die erstmalige Forderung nach Ablauf der Angebotsfrist mit einer Fristsetzung und Ausschlussandrohung versehen hat.[148]

### 3. Keine Änderung des Angebots

252 Die Grenze zur zulässigen Konkretisierung ist ebenfalls überschritten, wenn zwingende Angebotsbestandteile oder Eignungsnachweise im Wege der Aufklärung geändert werden. Dies ist unzulässig.

253 Unzulässig sind danach insbesondere die Änderung oder Ergänzung von Preisen, Vertragsfristen, geforderten Erklärungen und Nachweisen, der Person des Vertragspartners, gewährter Nachlässe oder die Verringerung, Erweiterung oder sonstige **Änderung von Leistungsinhalten**.

254 Dementsprechend darf auch der Auftraggeber bei erkannten Fehlern in den Vergabeunterlagen oder geänderter Beschaffungsabsicht nicht einfach die Angebots-

---

**147** Vgl. §§ 15 (EG) Abs. 1, 16 (EG) Abs. 6 Nr. 2 VOB/A sowie §§ 15, 16 Abs. 6, 18 EG, 19 EG Abs. 6 VOL/A.
**148** Dazu näher sogleich Rn 257 ff.

aufklärung nutzen, um mit einzelnen Bietern den Vertragsgegenstand nachträglich abzuändern. Ein solches Vorgehen wäre intransparent und mit einem fairen, auf Gleichbehandlung aller Bieter angelegten Wettbewerb nicht in Einklang zu bringen.

**Beispiel**
Nach den Vergabeunterlagen haben Bieter **mit Angebotsabgabe** Art und Umfang der Leistungen, die sie an Nachunternehmer (NU) vergeben wollen, anzugeben. Im entsprechenden Formblatt trägt der Bieter A bestimmte NU-Leistungen ein. Die Vergabestelle hat Zweifel, ob der Bieter die damit als Eigenleistung verbleibenden Leistungen selbst erbringen kann. Auf Rückfrage erklärt Bieter A, er habe versehentlich vergessen, für eine weitere Teilleistung einen NU anzugeben und benennt diesen zugleich. Mit der **nachträglichen Benennung** eines weiteren NU **verändert** der Bieter kalkulations- und für die Eignungsprüfung relevante Bestandteile seines Angebots bzw. Erklärungen. Unter Erklärungen im Sinne des § 13 (EG) Abs. 1 Nr. 4 VOB/A sind nicht nur Angaben zu verstehen, die die ausgeschriebene Leistung selbst betreffen, sondern auch Angaben zur Kalkulation und zum Nachunternehmereinsatz.[149] Die Verschiebung von Leistungsanteilen zwischen Haupt- und Nachunternehmer stellt nach der Vergaberechtsprechung einen tiefgehenden Eingriff in die Angebotsgestaltung dar und ist unzulässig.[150]

### 4. Alternativen für den Auftraggeber

Liegen nur unvollständige, auszuschließende oder unangemessen hohe Angebote 255
vor oder hat der Auftraggeber nach Submission erkannt, dass ihm erhebliche Fehler in der Leistungsbeschreibung unterlaufen sind oder sich sein Beschaffungsbedarf geändert hat, besteht für unzulässige „Aufklärungen" auch kein Erfordernis.

Denn in diesen Fällen wird regelmäßig entweder ein in der jeweils einschlägi- 256
gen Vergabeordnung normierter Aufhebungsgrund[151] oder zumindest ein sachlicher Aufhebungsgrund vorliegen, so dass eine **Aufhebung**, und damit als milderes Mittel zugleich auch eine **Rückversetzung** des Verfahrens, möglich ist.[152]

## VII. Unzureichende Mitwirkung als Ausschlussgrund

Verweigert ein Bieter die Mitwirkung bei berechtigten Aufklärungen oder lässt er eine 257
ihm gesetzte angemessene Frist unbeantwortet verstreichen, kann sein Angebot unberücksichtigt bleiben, § 15 (EG) Abs. 2 VOB/A. Obwohl die anderen Vergabeordnungen keine vergleichbaren Regelungen vorsehen, gilt auch hier Entsprechendes.[153]

149 BGH, Urt. v. 18.9.2007 – X ZR 89/04 unter Verweis auf Beschl. v. 16.3.2004 – X ZR 23/03.
150 Vgl. etwa VK Nordbayern, Beschl. v. 9.8.2005 – 320.VK-3194-27/05.
151 Vgl. § 17 (EG) VOB/A, § 17 VS VOB/A, §§ 17, 20 EG VOL/A.
152 Zur Aufhebung und Rückversetzung im Einzelnen Kap. 9 Rn 34 ff., 108 ff.
153 Vgl. etwa für den Anwendungsbereich der VOL/A: OLG Frankfurt, Beschl. v. 12.11.2013 – 11 Verg 14/13.

258 Die Entscheidung über den Ausschluss eines Angebots wegen verweigerter oder nicht fristgerechter Aufklärung ist von der Vergabestelle im Wege einer pflichtgemäßen **Ermessensentscheidung** unter Beachtung des Grundsatzes der **Verhältnismäßigkeit** zu treffen.

259 Die Voraussetzungen für einen rechtmäßigen Ausschluss sind[154]
- das Bestehen eines objektiven, für die Vergabeentscheidung erheblichen Aufklärungsbedarfs,
- die Eignung der geforderten Informationen zur Befriedigung des Informationsinteresses,
- die Unmöglichkeit, die benötigten Informationen auf einfachere Weise zu erlangen und
- die Verweigerung der Aufklärung durch den Bieter oder das Verstreichen einer ihm gesetzten angemessenen Frist.

### 1. Aufklärungsbedarf bzw. Informationsbedürfnis

260 Nicht jedes Informationsbedürfnis der Vergabestelle rechtfertigt ein entsprechendes Aufklärungsverlangen. Wegen des auch im Vergabeverfahren geltenden Verhältnismäßigkeitsgrundsatzes und des möglichen Angebotsausschlusses bei unzureichender Mitwirkung des Bieters, muss ein objektiv nachvollziehbares, **für die Angebotswertung relevantes** Informationsbedürfnis der Vergabestelle bestehen. Können sich geforderte Auskünfte auf die Vergabeentscheidung nicht auswirken, sind sie von vornherein unverhältnismäßig.

261 Will die Vergabestelle überprüfen, ob eine angebotene Leistung die vorgegebenen technischen Leistungsmerkmale oder sonstige vorgegebene Merkmale (z.B. GS-Siegel, Blauer Engel usw.) erfüllt, muss sie sich nicht auf Zusicherungen des Bieters verlassen, sondern kann im Rahmen der Aufklärung Nachweise verlangen, die eine zuverlässige Beurteilung ermöglichen.

262 Das Informationsbedürfnis muss von daher im **Zusammenhang mit** einem konkreten **Ausschlussgrund oder** mit der Prüfung eines zuvor bekannt gemachten **Zuschlagskriteriums** stehen.[155] Darüber hinaus müssen die geforderten Angaben geeignet sein, das Informationsbedürfnis der Vergabestelle überhaupt zu befriedigen. Ansonsten wäre die Forderung überflüssig, so dass hieran keine Mitwirkungspflichten, geschweige denn ein Angebotsausschluss geknüpft werden können.[156]

---

**154** Vgl. VK Bund, Beschl. v. 14.11.2003, VK 1 – 109/03; OLG Frankfurt, Beschl. v. 12.11.2013 – 11 Verg 14/13.

**155** OLG Naumburg, Beschl. v. 22.9.2005 – 1 Verg 8/05.

**156** Vgl. OLG Karlsruhe Beschl. v. 6.8.2014 – 15 Verg 7/14; OLG Koblenz, Beschl. v. 19.1.2015 – Verg 6/14: überflüssige Aufklärung vermeintlich unangemessen niedriger Preise.

Schließlich darf im Sinne der Verhältnismäßigkeit kein „milderes Mittel" zur Aufklärung zur Verfügung stehen. Dies ist dann der Fall, wenn die Vergabestelle sich die erforderlichen **Informationen auf einfachere Weise** beschaffen kann. 263

**Beispiel**
Der Vergabestelle liegt die Urkalkulation eines Bieters vor. Ergeben sich bei der Prüfung der **Angemessenheit der Preise** Fragen zu den Grundlagen der Preisermittlung oder will die Vergabestelle beispielsweise eine unzulässige Preisverlagerung überprüfen, hat sie zunächst **Einsicht in die Urkalkulation** zu nehmen. Erst wenn danach weiterer Aufklärungsbedarf besteht, sind Rückfragen an den Bieter zulässig.

### 2. Angebotsausschluss bei Aufklärungsverweigerung

Für einen Angebotsausschluss wegen verweigerter Aufklärung ist keine vollständige Verweigerung des Bieters, an der Aufklärung mitzuwirken, erforderlich. Auch unzureichende Angaben können den Ausschluss des Bieters rechtfertigen, jedenfalls wenn die Angaben **unbrauchbar, unvollständig oder nicht plausibel** sind.[157] 264

Denn es macht keinen Unterschied, ob ein Bieter sich einem berechtigten Aufklärungsersuchen des Auftraggebers durch Nichtreagieren vollständig verschließt oder dem Aufklärungsersuchen durch unzureichende Angaben nicht nachkommt. Andernfalls hätte es ein Bieter in der Hand, durch unzureichende Mitwirkung das Vergabeverfahren unnötig in die Länge zu ziehen.[158] Dies stünde in Widerspruch zu dem berechtigten Interesse der Vergabestelle, das Beschaffungsverfahren zügig zum Abschluss zu bringen. 265

### 3. Verstreichenlassen einer angemessenen Frist

Während § 16 Abs. 1 Nr. 3 VOB/A für das Nachfordern bereits mit dem Angebot abzugebender Erklärungen und Nachweise eine verbindliche Nachfrist von sechs Kalendertagen vorgibt, sieht § 15 Abs. 2 VOB/A vor, dass die Vergabestelle im Rahmen von Aufklärungen eigenständig angemessene Fristen bestimmen darf. Im Anwendungsbereich der VOL/A ist die Festlegung angemessener Fristen, auch für das Nachfordern von fehlenden Erklärungen, generell den Vergabestellen überlassen. 266

Die **Länge einer „angemessenen" Frist** zur Vorlage noch nicht mit Angebotsabgabe vorzulegender Nachweise oder zur sonstigen Aufklärung, kann nur im **Einzelfall** entschieden werden. 267

Zur Festlegung einer dem jeweiligen Einzelfall angemessenen, d.h. verhältnismäßigen Frist, sind das Interesse des Auftraggebers an einer **zügigen Vergabeent-** 268

157 OLG Frankfurt, Beschl. v. 12.11.2013 – 11 Verg 14/13.
158 So zu Recht VK Bund, Beschl. v. 14.11.2003, VK 1 – 109/03.

**scheidung** (vgl. etwa § 10 EG Abs. 1 Nr. 10 VOB/A) einerseits und die berechtigten **Interessen der Bieter** andererseits zu berücksichtigen.

269 Bieter dürfen ohne zumutbare gegenteilige Regelung in den Vergabeunterlagen, zunächst abwarten, ob sie überhaupt zur Aufklärung oder Vorlage von weiteren, **auf Verlangen** vorzulegenden Nachweisen aufgefordert werden. Es wäre unverhältnismäßig, wenn alle Bieter alle denkbaren, möglicherweise vorzulegenden Nachweise gleichsam auf Vorrat vorhalten müssten.

270 Dabei sind auch einschlägige Regelungen in den Bewerbungsbedingungen und die Platzierung des Bieters zu berücksichtigen. Ist beispielsweise in den Bewerbungsbedingungen geregelt, dass Bieter auf Verlangen der Vergabestelle die Urkalkulation zu dem von der Vergabestelle bestimmten Zeitpunkt vorzulegen haben und befindet sich ein Bieter nach dem Submissionsergebnis auf einem aussichtsreichen Rang, muss er grundsätzlich jederzeit mit einer entsprechenden Forderung rechnen.

271 Der jeweils angemessene Zeitraum kann **kürzer oder länger** als die sechskalendertägige Nachfrist des § 16 (EG) Abs. 1 Nr. 3 VOB/A sein. Die sechskalendertägige Nachfrist des § 16 Abs. 1 Nr. 3 VOB/A bezieht sich auf Nachweise, die ausweislich der Vergabeunterlagen schon dem Angebot beizufügen waren. Folglich musste der Bieter über diese Nachweise schon bei Angebotsabgabe verfügen. Mit einer Aufklärung sonstiger Punkte kann und muss ein Bieter jedoch grundsätzlich nicht rechnen. Insofern sollte eine Aufklärungsfrist von **sechs Kalendertagen** nur unterschritten werden, wenn die Angaben nach ihrer Art beim Bieter bereits vorhanden sein müssen.

**Beispiel**

In den Bewerbungsbedingungen ist geregelt, dass Bieter **auf Verlangen** der Vergabestelle die **Urkalkulation** vorzulegen haben. Der Auftraggeber ist der Ansicht, einzelne Einheitspreise seien auffällig hoch kalkuliert. Er setzt einem Bieter, dessen Angebot preislich an erster Stelle liegt, eine Frist von 3 Kalendertagen, um die Kalkulation für fünf Einheitspreise (untergliedert in Lohn-, Stoff-, Geräte- und sonstige Kosten) offen zu legen.

Die kurz bemessene Frist ist (ausnahmsweise) angemessen. Der Bieter muss sich nicht erst irgendwelche Informationen bei Dritten besorgen, sondern verfügt unmittelbar über die erforderlichen Informationen. Mit entsprechenden Nachfragen muss er sowohl nach den Bewerbungsbedingungen als auch nach § 15 VOB/A bzw. §§ 15, 18 EG VOL/A rechnen. Danach darf der Auftraggeber die Angemessenheit der Preisangaben hinterfragen und ist der Bieter zugleich verpflichtet, Preisermittlungen bzw. Kalkulationen vorzulegen.

### 4. Eindeutige Formulierung als Ausschlussfrist

272 Die Vergabestellen sind wegen des Beschleunigungsgebots (vgl. etwa § 10 EG Abs. 2 Nr. 11 VOB/A) gehalten, die Prüfung und Wertung der Angebote zügig zum Abschluss zu bringen. Von daher kann die Bitte um Aufklärung mit einer **Antwortfrist** verknüpft werden, § 15 (EG) Abs. 2 VOB/A. Lässt ein Bieter diese Frist unbeantwortet

verstreichen, kann die Vergabestelle das Angebot ausschließen. Will die Vergabestelle ihre Frist als **Ausschlussfrist** verstanden wissen, sollte dies im Aufklärungsschreiben auch unmissverständlich zum Ausdruck gebracht und ein **Hinweis** auf die **Ausschlussfolge** erfolgen.

---

**Beispiel**
Eine **Ausschlussandrohung** könnte wie folgt formuliert werden:
„...Bitte lassen Sie uns die erbetenen ergänzenden Angaben bzw. Klarstellungen bis spätestens ... zukommen, da ihr Angebot andernfalls unberücksichtigt bleibt bzw. von der weiteren Wertung ausgeschlossen wird."

---

## VIII. Form

Die Aufklärung kann grundsätzlich **mündlich oder schriftlich** erfolgen. Die vergaberechtlichen Bestimmungen geben entweder überhaupt keine bestimmte Form der Aufklärung vor (§§ 15, 18 EG VOL/A) oder empfehlen lediglich, die Ergebnisse in Textform festzuhalten (§§ 15 Abs. 1, 15 EG Abs. 1, 15 VS VOB/A). 273

Eine Ausnahme bildet § 16 (EG) Abs. 6 Nr. 2 VOB/A, der zur Aufklärung eines preislich unangemessen niedrigen Angebots ausdrücklich eine Aufklärung in „Textform", also zumindest per E-Mail, verlangt. 274

---

**Praxistipp**
In der Praxis empfiehlt es sich für Vergabestellen, die **Aufklärung stets** in **Textform** vorzunehmen oder zumindest die Ergebnisse einer mündlichen Aufklärung in einem **Vermerk** schriftlich festzuhalten und diesen vom betroffenen Bieter gegenzeichnen zu lassen. Dies gilt nicht nur aus Gründen der Verfahrenstransparenz, sondern vor allem weil ein Angebot wegen unzureichender Mitwirkung an der Aufklärung ausgeschlossen werden kann. Die unzureichende Mitwirkung (Verfristung oder Verweigerung) muss die Vergabestelle im Streitfall darlegen und beweisen.

---

## IX. Dokumentation

Die Ergebnisse von Aufklärungen sind nach § 15 (EG) Abs. 1 Nr. 2 VOB/A geheim zu halten und sollten in Textform dokumentiert werden. 275

Die Ermessensentscheidung der Vergabestelle, ein Angebot nach § 15 (EG) Abs. 2 VOB/A auszuschließen, muss in der Vergabeakte nachvollziehbar begründet werden. Aus der Vergabeakte muss zu entnehmen sein, wie viele und welche Fragen gestellt wurden und warum bestimmte Antworten des Bieters auf der Grundlage der in den Verdingungsunterlagen enthaltenen Bedingungen nicht überzeugt haben.[159] 276

---

159 VK Bund, Beschl. v. 16.1.2005 – VK 1- 219 – 219/04.

## H. Einschaltung Externer

277 Die Vergabestelle kann sich ohne weiteres bei der Durchführung der Ausschreibung, insbesondere der Prüfung und Wertung der Angebote, **sachverständiger Hilfe** bedienen. Bei kleineren Vergabestellen oder speziellen Leistungsbereichen ist dies auch üblich und teilweise unumgänglich. Dementsprechend sieht auch das Preisrecht für Architekten und Ingenieure in der HOAI mit der Leistungsphase 7 eine „Mitwirkung bei der Vergabe" vor und listet bestimmte Grundleistungen und Besondere Leistungen auf.

278 Zu beachten ist jedoch, dass die (externe) Verantwortung für die **Vergabeentscheidung** oder die letztverbindliche Ausfüllung von **Wertungs- und Beurteilungsspielräumen** nicht an Dritte übertragen werden darf. Selbstverständlich bleibt der Sachverständige oder Mitwirkende im Innenverhältnis zum Auftraggeber und im Rahmen der vertraglich übertragenen Pflichten für etwaige Fehler verantwortlich. Im Außenverhältnis jedoch ist und bleibt es die ureigene **Pflicht** und Verantwortung **des öffentlichen Auftraggebers**, die Wertungs- und Zuschlagsentscheidung selbst zu treffen.[160]

279 Vergaberechtlich **wesentliche Letztentscheidungen**, wie die endgültige Eignungs-, Auswahl- und Wertungsentscheidung, sind von daher **nicht delegierbar.** Die Genehmigung der Wertung durch Dritte muss die Vergabestelle daher zumindest durch einen billigenden Prüfungsvermerk mit verantwortlicher Unterschrift zum Ausdruck bringen.[161]

---

**!** **Praxistipp**

Auftraggeber sollten die Eignungs-, Auswahl- und Wertungsentscheidung des Externen zumindest **nachvollziehend überprüfen**. Im Falle einer Billigung könnte ein **Zustimmungsvermerk** wie folgt aussehen:

„Die Eignungsprüfung und Angebotswertung sowie der Vergabevorschlag bzw. Vorschlag für das weitere Vorgehen des Ingenieurbüros wurden geprüft und nachvollzogen. Die Vergabestelle schließt sich dem Vorschlag (ggf. mit nachfolgenden Ergänzungen/Änderungen) an."

Wurde die Erstellung eines solchen Zustimmungsvermerks versäumt, genügt es in einem Nachprüfungsverfahren nicht, dass eine entsprechende Billigung in den anwaltlichen Schriftsätzen zum Ausdruck gebracht wird. Vielmehr kann und sollte die Vergabestelle selbst Entsprechendes nachholen.

---

**160** So OLG München, Beschl. v. 29.9.2009 – Verg 12/09; OLG Naumburg, Beschl. v. 26.2.2004 – 1 Verg 17/03; vgl. auch VK Rheinland-Pfalz, Beschl. v. 26.4.2013 – VK 1-34/12.

**161** OLG München, Beschl. v. 29.9.2009 – Verg 12/09.

# Kapitel 9
# Vergabeentscheidung

Ist die **Prüfungs- und Wertungsphase abgeschlossen**[1] und sind verbliebene Unklarheiten des Angebotsinhalts mit den Bietern aufgeklärt[2] worden, ist die Vergabeentscheidung zu treffen. 1

Es bestehen – je nach Prüfergebnis – grundsätzlich **drei Handlungsoptionen:** 2
- Zuschlagserteilung,
- Aufhebung des Vergabeverfahrens oder
- Rückversetzung (Teilaufhebung).

Liegt ein vollständiges, annahmefähiges Angebot vor, so ist dieses grundsätzlich durch **Zuschlag** zu beauftragen (dazu sogleich unter A.). Alternativ kann das Ausschreibungsverfahren bei Vorliegen eines vergaberechtlich geregelten (normierten)[3] oder zumindest sachlichen Grundes durch **Aufhebung** beendet werden (B.). 3

Schließlich besteht die Möglichkeit, das **Vergabeverfahren** bei festgestellten Fehlern in den Verfahrensstand **zurückzuversetzen** (C.), in dem der Fehler aufgetreten ist, und unter strikter Beachtung des Gleichbehandlungsgrundsatzes teilweise zu wiederholen. Entsprechendes gilt, wenn sich der Beschaffungsbedarf zwischenzeitlich verändert hat, da der öffentliche Auftraggeber nicht gehalten ist, etwas zu beschaffen, was er so nicht (mehr) benötigt. Bei einer teilweisen Rückversetzung des Verfahrens handelt es sich **letztlich** um eine **Teilaufhebung** der Ausschreibung.[4] 4

Bei einer Aufhebung mit bzw. ohne normierten Aufhebungsgrund oder einer Rückversetzung sind bestimmte Voraussetzungen zu beachten. Die Ermessensentscheidung muss hinreichend dokumentiert werden und es sind v.a. auch die Rechtsfolgen, insbesondere mögliche Schadensersatzansprüche der Bieter mit in den Blick zu nehmen. 5

## A. Zuschlag

Vergabeverfahren zielen letztlich auf den **Abschluss eines zivilrechtlichen Vertrages**. Das Zustandekommen eines Vertrages, der auf der Grundlage einer öffentli- 6

1 Siehe dazu Kap. 8.

2 Zur Aufklärung näher Kap. 8 Rn 227 ff.

3 Vgl. § 17 (EG) Abs. 1 VOB/A, §§ 17 Abs. 1, 20 EG Abs. 1 VOL/A.

4 Eine teilweise Zurückversetzung des Verfahrens stellt zugleich eine Teilaufhebung dar. Die Begriffe werden daher synonym verwendet, vgl. etwa OLG Düsseldorf, Beschl. v. 12.1.2015 – Verg 29/14.

chen Ausschreibung geschlossen wird, bestimmt sich nach den Vorschriften des Bürgerlichen Gesetzbuches.[5] Verträge kommen durch Angebot und Annahme zustande. Bei Vergabeverfahren bezeichnet man die **Angebotsannahme** als **Zuschlag**, §§ 18 Abs. 1, 18 EG Abs. 1 VOB/A, §§ 18 Abs. 1, 21 EG Abs. 1 VOL/A.

7 Ein wirksamer **Zuschlag beendet das Vergabeverfahren**, § 114 Abs. 2 Satz 1 GWB. Ab jetzt gelten ausschließlich die zivil- und vertragsrechtlichen Regeln. Diese ergeben sich im Wesentlichen aus dem geschlossenen Vertrag und dem BGB. Je nach Vertragsart gelten (vorrangig) die Vertragsordnung für Bauleistungen (VOB/B) oder die Vertragsordnung für Leistungen (VOL/B), die jeweils allgemeine Vertragsbedingungen für die Ausführung der Leistung enthalten.

## I. Zuschlag innerhalb der Zuschlagsfrist

8 Die **Zuschlags- oder Bindefrist**[6] bezeichnet den Zeitraum, der dem Auftraggeber für die Prüfung und Wertung der Angebote zur Verfügung steht und in dem die Bieter an ihre Angebote gebunden sind.

9 Solange das Angebot des Bieters in allen Teilen **unverändert und innerhalb** der vorgesehenen **Zuschlagsfrist** angenommen wird, bedarf es keiner Rückäußerung des Bieters. Ein **Vertrag** kommt **durch** die **einseitige Annahme** des Angebots durch die Vergabestelle zustande.

10 Die Annahme (Zuschlag) kann auch **mündlich** erfolgen, was jedoch unter Beweis- und Dokumentationsgesichtspunkten nicht sinnvoll ist. Allenfalls in Eilfällen sollte daher der Zuschlag zunächst mündlich oder fernmündlich erteilt und sodann unverzüglich schriftlich bestätigt werden.

## II. Zuschlag nach Ablauf der Zuschlagsfrist

11 Erfolgt der **Zuschlag nach Ablauf der Zuschlagsfrist**, ist der Bieter ohne vorherige, einvernehmliche Zuschlagsfristverlängerung nicht mehr an sein Angebot gebunden. Er kann frei entscheiden, ob er den „Zuschlag“, der letztlich nicht als Annahme seines Angebots, sondern als **neues**, annahmebedürftiges **Angebot des Auftraggebers** zu qualifizieren ist (vgl. § 150 BGB), annimmt oder nicht. Dieses Problem wird durch rechtzeitige Verlängerung der Zuschlagsfrist umgangen.

5 BGH, Urt. v. 24.2.2005 – VII ZR 141/03.
6 Vgl. etwa § 10 EG Abs. 1 Nr. 9 bis 11 und Abs. 2 Nr. 10 bis 12 VOB/A.

**Praxistipp**

Um über einseitig annahmefähige Angebote zu verfügen, empfiehlt es sich für **Auftraggeber**, den in der Ausschreibung vorgesehenen Zeitpunkt für den Zuschlag im Wege der **Fristenkontrolle** im Auge zu behalten. Ist absehbar, dass die Angebotswertung nicht fristgerecht abgeschlossen werden kann, sollte **rechtzeitig** vor Fristablauf die **Zuschlagsfrist verlängert** werden. Hierbei sind alle Bieter einzubeziehen, deren Angebote noch in die engere Wahl kommen. Zur Vermeidung von Mehrvergütungsansprüchen des künftigen Auftragnehmers sollte die verlängerte Zuschlagsfrist möglichst vor der vertraglich vereinbarten Ausführungsfrist enden[7].

## III. Verlängerung der Zuschlagsfrist

### 1. Zustimmungserfordernis

Will der Auftraggeber die Zuschlagsfrist verlängern, ist hierfür die **Zustimmung der Bieter erforderlich**. Die Zustimmung sollte aus Beweis- und Dokumentationsgründen **schriftlich** oder zumindest in Textform (per E-Mail) eingeholt werden. 12

Verweigert ein Bieter die Zustimmung, ist er mit Ablauf der ursprünglichen Bindefrist nicht mehr an sein Angebot gebunden. Zugleich kann der betroffene Bieter auch keine weitere Prüfung und Wertung seines Angebots mehr durchsetzen. 13

Gleichwohl kann der öffentliche Auftraggeber aus haushaltsrechtlichen Gründen (Sparsamkeitsgebot) gehalten sein, das Angebot weiter zu prüfen und ggf. auch nach Ablauf der Bindefrist zu bezuschlagen. Ein Anspruch des Bieters hierauf besteht freilich nicht. Auch setzt ein wirksamer Vertrag in diesem Fall die Annahme des verspäteten Zuschlags durch den Bieter voraus.[8] 14

**Fettnapf**

**Bieter** sollten bei fortbestehendem Interesse am Auftrag darauf achten, dass sie einer Fristverlängerung **innerhalb der alten Bindefrist** zustimmen. Denn eine Zustimmung nach Ablauf der Zuschlagsfrist könnte als unzulässige Abgabe eines neuen Angebots gewertet werden.[9] Um keinen Angebotsausschluss zu riskieren, sollten Bieter die Zustimmung nicht an **Bedingungen** knüpfen oder **geänderte Preise** nennen. Führt die Zuschlagsfristverlängerung zu einer Verschiebung der Ausführungsfrist, kann der künftige Auftragnehmer ohnehin die durch diese Verschiebung verursachten Mehrkosten geltend machen.[10]

7 Näher dazu sogleich unter Rn 18.

8 Vgl. OLG Düsseldorf, Beschl. v. 20.2.2007 – Verg 3/07 sowie Rn 12.

9 Vgl. OLG Jena, Beschl. v. 30.10.2006 – 9 Verg 4/06.

10 Vgl. dazu grundlegend BGH, Urt. v. 11.5.2009 – VII ZR 11/08 sowie zum Nachweis der Mehrkosten etwa OLG Dresden, Urt. v. 28.6.2012 – 16 U 831/11; OLG Düsseldorf, Urt. v. 23.11.2011 – U (Kart) 12/11.

### 2. Preisanpassungsanspruch des späteren Auftragnehmers

15 Vergabeverfahren zielen auf den Abschluss gegenseitiger zivilrechtlicher Verträge. Die Angebotspreise als vereinbartes Entgelt und die zu erbringende Bau-, Liefer- oder Dienstleistung stehen in einem Gegenseitigkeitsverhältnis. Jeder Vertragspartner leistet, damit er die Gegenleistung erhält.

#### a) Voraussetzung: Anpassung der Ausführungszeit infolge Zuschlagsverzögerung

16 Kommt es in laufenden Vergabeverfahren **nach dem Eröffnungstermin** zu tatsächlichen Änderungen der ausgeschriebenen Leistung, ist eine Anpassung der angebotenen Preise (Gegenleistung) wegen des **Nachverhandlungsverbots** nicht möglich.

17 Eine Preisanpassung können Bieter nach der Rechtsprechung des BGH[11] nur **nach Zuschlagserteilung** und auch nur dann geltend machen, wenn sich Leistungspflichten bzw. **Vertragsbestandteile geändert** haben. Der in der Ausschreibung vorgesehene Zeitpunkt des Zuschlags wird – im Gegensatz zur Ausführungsfrist – nicht Vertragsbestandteil. Bleiben die Ausführungsfristen von der Verlängerung der Zuschlagsfrist unberührt, besteht kein Preisanpassungsanspruch.

18 Ist aufgrund der Fristverlängerung eine **Anpassung der Ausführungsfristen** erforderlich, kann der Bieter als späterer Auftragnehmer dadurch bedingte tatsächliche Mehrkosten geltend machen. Dem Auftragnehmer steht ein **Anspruch auf Vertrag- bzw. Preisanpassung** zu.

---

**Beispiel**

In einer Ausschreibung ist ein Ausführungszeitraum vom 1.1.2016 bis 31.12.2016 vorgegeben. Als Bindefrist für die Angebote und Zuschlagstermin ist der 31.10.2015 genannt. Es kommt zu Verzögerungen bei der Angebotswertung.

**Variante 1:** Die Vergabestelle bittet um Verlängerung der Zuschlagsfrist bis 31.11.2015. Ein Preisanpassungsanspruch der Bieter besteht nicht. Die verlängerte Zuschlagsfrist endet vor der geplanten Ausführungsfrist und lässt die im Vertrag festgelegten Leistungspflichten daher unberührt.

**Variante 2:** Die Zuschlagsfrist soll bis zum 31.1.2016 verlängert werden. Hier endet die Zuschlagsfrist rund einen Monat nach dem ursprünglich vorgesehenen Beginn der Leistungsausführung. In dieser Konstellation – verzögerter Zuschlag verursacht Verschiebung der im Vergabeverfahren vorausgesetzten Bauzeit und diese Verschiebung verursacht Mehrkosten – kann der spätere Auftragnehmer Vergütung seiner Mehraufwendungen verlangen.

---

19 Eine Verlängerung der Zuschlagsfrist kann **für Bieter problematisch** werden, **wenn** dadurch nicht kalkulierte Kosten entstehen und die in den Vergabeunterlagen genannte **Ausführungsfrist unberührt bleibt**.

11 BGH, Urt. v. 10.9.2009 – VII ZR 82/08, Urt. v. 8.3.2012 – VII ZR 202/09.

**Praxistipp**

Bieter sollten vor einer Zustimmung zu einer Bindefristverlängerung, die nicht zugleich zu einer Änderung der Ausführungsfristen führt, stets prüfen, inwieweit dies ihre **Preiskalkulation beeinflusst**. Sind beispielsweise Nachunternehmer oder Lieferanten zwischenzeitlich abgesprungen oder machen ihrerseits Preiserhöhungen geltend, gab es nicht kalkulierte Tariferhöhungen o.ä. und führt dies zur Unwirtschaftlichkeit des Angebots, sollte die **Bindefrist nicht verlängert** werden.

### b) Höhe des Mehrkostenanspruchs

Der Preisanpassungs- bzw. Mehrkostenanspruch umfasst **nur tatsächliche Mehrkosten** (z.B. zwischenzeitliche Tariferhöhungen oder Materialpreissteigerungen und Ähnliches), die ursächlich auf die Verschiebung der Ausführungsfrist zurückzuführen sind.[12] An der erforderlichen Kausalität fehlt es etwa bei unterdeckt kalkulierten Preisen, da der unterdeckt kalkulierte Kostenanteil auch bei Einhaltung der geplanten Bau- bzw. Leistungszeit angefallen wäre („Sowieso-Kosten"). Das mit Fehlkalkulationen einhergehende Kostenrisiko verbleibt beim Auftragnehmer. 20

Die Kalkulation des Bieters spielt bei der Ermittlung etwaiger Mehrkosten keine Rolle. **Gegenüberzustellen** sind vielmehr die Kosten mit und ohne Bauzeitverschiebung, also die tatsächlichen **Ist-Kosten** für die tatsächliche Bauzeit **und** die **hypothetischen Ist-Kosten** für die Sollbauzeit. 21

**Beispiel**

Ein Generalunternehmer (GU) bietet Nachunternehmerleistungen für 50.000 € an. Ein preisgebundenes Nachunternehmerangebot lag ihm zum Zeitpunkt der Angebotsabgabe nicht vor. Die Leistungen hätten in der geplanten Bauzeit Kosten in Höhe von 60.000 € verursacht. Aufgrund der verschobenen Bauzeit entstehen dem GU Kosten in Höhe von 65.000 €.

Der GU kann zusätzlich zu dem vereinbarten Werklohn von 50.000 € lediglich die Differenz zwischen den Kosten, die ihm für die Ausführung der Leistung tatsächlich angefallen sind (65.000 €) und den Kosten, die er bei Erbringung der Bauleistung in dem nach der Ausschreibung vorgesehenen Zeitraum hätte aufwenden müssen (60.000 €), also Mehrkosten in Höhe von 5.000 € geltend machen.

Der **Nachweis** der Mehrkosten **obliegt** nach allgemeinen Beweisgrundsätzen dem **Auftragnehmer**. Er muss deshalb konkret vortragen, welche Preise er bei Einhaltung der geplanten Bauzeit gehabt hätte und diese hypothetischen Kosten den nachgewiesenen tatsächlichen Kosten gegenüberstellen. 22

12 Vgl. nur OLG Dresden, Urt. v. 28.6.2012 – 16 U 831/11; OLG Düsseldorf, Urt. v. 23.11.2011 – U (Kart) 12/11.

### 3. Mehrkostennachweis bei Nachunternehmerleistungen

23 Bei Nachunterleistungen kann der Mehrvergütungsanspruch nachgewiesen werden, indem die Differenz zwischen den tatsächlich Nachunternehmerkosten und denjenigen Kosten gebildet wird, die bei Einhaltung der ursprünglichen Bauzeit durch die Annahme des bindenden Angebots eines günstigeren Nachunternehmers entstanden wären.

24 Entscheidend für den Nachweis von **Mehrkosten bei Nachunternehmerleistungen** ist, dass
- die Preise des tatsächlich beauftragten Nachunternehmers über den Preisen des für die ursprüngliche Bauzeit nachweislich **preisgebundenen Nachunternehmerangebots** liegen,
- im Rahmen einer hypothetischen Betrachtungsweise davon ausgegangen werden kann, dass der Auftragnehmer das preisgebundene Angebot des Nachunternehmers auch **angenommen hätte**, was wiederum voraussetzt, dass
  - die **Preisbindung** des ursprünglichen Nachunternehmers bei Ablauf der nicht verlängerten Binde- bzw. Zuschlagsfrist **nicht bereits ausgelaufen** war oder
  - der **Auftragnehmer nicht über die Dauer der Preisbindung des Nachunternehmers hinaus** zunächst einer Verlängerung der Bindefrist bis zu einem Zeitpunkt **zustimmt hat**, der noch ohne Einfluss auf die Ausführungsfrist war.[13]

---

**!** **Praxistipp**

Bieter sollten **bei Nachunternehmerleistungen** darauf achten, dass sie bei der Einholung von Nachunternehmerangeboten die **gleichen Bindefristen vereinbaren**, wie sie den Vergabeunterlagen zugrunde liegen. Bittet der Auftraggeber um Verlängerung der Bindefrist, ist darauf zu achten, auch die Bindefristen der Nachunternehmerangebote entsprechend zu verlängern. Erst wenn eine (weitere) Bitte um Bindefristverlängerung dazu führt, dass die Ausführungsfristen überholt sind und dementsprechend angepasst werden müssen, ist eine ggf. nicht mehr zu erreichende Bindung des Nachunternehmers risikolos.

---

25 Lassen sich die hypothetischen Kosten, die beim Auftragnehmer in der geplanten Bauzeit angefallen wären, nicht zweifelsfrei ermitteln, muss **hilfsweise** auf **Marktpreise** zurückgegriffen werden. Diese sind notfalls mit sachverständiger Hilfe zu ermitteln.

### 4. Kostenrisiko von Bindefristverlängerungen für Auftraggeber

26 Im laufenden Vergabeverfahren ist eine Preisanpassung unter Wettbewerbsbedingungen nicht möglich, da dies gegen das **Nachverhandlungsverbot** verstoßen

13 Vgl. BGH, Urt. v. 8.3.2012 – VII ZR 202/09, insbesondere Rn 22.

würde. Der BGH[14] hat das dadurch für den Auftraggeber gegebene **Kostenrisiko** gesehen, jedoch in seiner Grundsatzentscheidung zugleich betont, dass der Auftraggeber diesem Risiko nicht schutzlos ausgeliefert sei. Sofern sich aufgrund von Vergabeverzögerungen gravierende Änderungen der Preisermittlungsgrundlagen abzeichneten, habe er die Möglichkeit, die Ausschreibung unter den Voraussetzungen des § 17 (EG) Abs. 1 Nr. 3 VOB/A aufzuheben.

Ein normierter Aufhebungsgrund wird aufgrund der hohen Anforderungen in 27 der Praxis jedoch allenfalls in extremen Ausnahmefällen vorliegen. Zur Folgenabschätzung und Risikominimierung sind daher neben der Möglichkeit zur **Aufhebung** des Vergabeverfahrens **alternativ** die Möglichkeiten der **Aufklärung** und der **Rückversetzung** mit in den Blick zu nehmen.

---

**Praxistipp** !

Kann der Zuschlag nicht rechtzeitig vor Beginn der vertraglich vereinbarten Ausführungsfristen erteilt werden, sollte die Vergabestelle, auch zur Überprüfung, ob die haushaltsrechtlichen Voraussetzungen für eine Vergabe noch vorliegen, vom Bieter **Aufklärung über die verzögerungsbedingten Mehrkosten** verlangen. Insoweit könnte aufgeklärt werden,

- inwieweit Teilkosten zeitabhängig kalkuliert wurden,
- inwieweit bei Nachunternehmerleistungen weiterhin preisgebundene Nachunternehmerangebote vorliegen bzw. Nachunternehmer wegen Bindefristverlängerung von ihren Angeboten Abstand genommen haben und
- inwieweit Mitarbeiter des Bieters zwischenzeitlich anderweitig eingesetzt werden konnten.

Sodann sollte geprüft werden, ob der danach mögliche Anspruch auf Preisanpassung die geschätzten Kosten der Angebotsbearbeitung als potentiellen Schadensersatzanspruch übersteigt. Falls dies in nicht unerheblichem Maß der Fall ist, ist eine **Rückversetzung des Verfahrens** auf den Zeitpunkt vor Submission in der Regel die wirtschaftlichere Lösung.

Durch die Rückversetzung wird sichergestellt, dass auch die verzögerungsbedingten Mehrkosten unter Wettbewerbsbedingungen zustande kommen und tatsächlich das wirtschaftlichste Angebot den Zuschlag erhält. Damit wird dem Sparsamkeitsgebot Rechnung getragen und der Auftraggeber ist dem Risiko nicht vorhersehbarer Gesamtkosten nicht schutzlos ausgeliefert. Darin liegt zugleich der für eine Rückversetzung erforderliche sachliche Grund.

---

## IV. Zuschlag mit Änderungen oder Ergänzungen

Wegen des Nachverhandlungsverbots muss ein Zuschlag (Angebotsannahme) 28 grundsätzlich auf das unveränderte Angebot erfolgen. Von der vergaberechtlichen Ebene zu trennen ist jedoch die zivilrechtliche.

---

**14** BGH, Urteil vom 11.5.2009 – VII ZR 11/08 Rn 56.

29 Hat der Auftraggeber im Zuschlagsschreiben **Änderungen oder Ergänzungen** vorgenommen (z.B. Ausführungsfristen verändert oder einzelne Leistungen nicht beauftragt), ist dies zwar nicht vergaberechtskonform. **Zivilrechtlich** sind solche Änderungen jedoch ohne weiteres **möglich**.

30 Nach § 150 Abs. 2 BGB gilt eine Annahme unter Erweiterungen, Einschränkungen oder sonstigen Änderungen (sog. **modifizierter Zuschlag**) als Ablehnung eines Angebots verbunden mit einem neuen Antrag. Ein Vertrag kommt in diesen Fällen (erst) zustande, wenn eine Partei das geänderte Angebot der anderen Partei (unverändert) annimmt. Daher verlangt § 18 (EG) Abs. 2 VOB/A, dass der Bieter in solchen Fällen aufzufordern ist, sich unverzüglich über die Annahme zu erklären. Erst mit der – ggf. konkludenten – **Annahmeerklärung des Bieters** werden etwaige Modifikationen Vertragsbestandteil.

31 Da (Willens-)Erklärungen im formalisierten Vergabeverfahren nach der Rechtsprechung des BGH im Zweifel so auszulegen sind, dass sie im Einklang mit den vergaberechtlichen Bestimmungen stehen, müssen Auftraggeber etwaige **Änderungen oder Ergänzungen unzweideutig und klar** im „Zuschlagsschreiben" zum Ausdruck bringen[15] und, weil es sich um ein annahmebedürftiges neues Angebot handelt, eine **Annahmeerklärung** durch den Bieter verlangen. Begriffe wie „Auftrag", „Zuschlag", „unverändertes Angebot", die auf eine einseitige Annahmeerklärung hindeuten, sollten vermieden werden.

---

**Fettnapf**[16]

Aufgrund mehrerer Nachprüfungsverfahren kommt es zu mehrfachen Bindefristverlängerungen. Die ursprünglich vorgesehene Ausführungsfrist ist lange überholt. Der Auftraggeber erteilt den „Auftrag" mit abgeänderten Ausführungsfristen. Eine Annahmeerklärung verlangt er nicht.

Das **bloße Erwähnen einer neuen Bauzeit** im Auftragsschreiben reicht **nicht aus**, um neue Ausführungsfristen vertraglich zu vereinbaren. Ohne unmissverständliche Regelung der neuen Vertragsfristen und Annahmeerklärung des Bieters, erfolgt der Zuschlag auf das ursprüngliche Angebot. Der Auftragnehmer kann alle nachweislich durch die Bauzeitverschiebung entstandenen tatsächlichen Mehrkosten geltend machen.

---

32 Auch eindeutig **modifizierte Zuschläge** sind für den Auftraggeber **nicht risikolos**. Während der Vertrag bei einem unveränderten Zuschlag unmittelbar zustande kommt, bedarf der modifizierte Zuschlag als neues Angebot der **Annahmeerklärung des Bieters**. Eine Verpflichtung des Bieters zur Annahme besteht nicht. Er kann das vom Auftraggeber abgegebene (neue) Angebot wegen der Veränderung(en) ablehnen oder eine preisliche Anpassung verlangen oder einen entsprechenden Vorbehalt erklären. Statt eines Vertragsschlusses läge wiederum nur ein neues, dieses Mal vom Bieter unterbreitetes Vertragsangebot vor.

**15** BGH, Urt. v. 6.9.2012 – VII ZR 193/10.

**16** Vgl. BGH, Urt. v. 22.7.2010 – VII ZR 129/09.

Auf diese Weise besteht das **Risiko**, dass beide Parteien **keine Übereinstimmung** erzielen und damit das Ziel des Vergabeverfahrens, ein sicherer Vertragsschluss, verfehlt wird.[17] 33

---

**Praxistipp**

!

Prüfen Sie als **Auftraggeber** stets vorrangig, ob eine Rückversetzung des Verfahrens möglich, wirtschaftlich(er) und gleich geeignet ist!

Soll gleichwohl das mit modifizierten Zuschlägen einhergehende Risiko eingegangen und ein vom Vertragsangebot des Bieters abweichender Vertrag geschlossen werden, muss dies klar und eindeutig zum Ausdruck gebracht werden. Ein modifizierter Zuschlag könnte etwa lauten:

*„Wegen des zwischenzeitlichen Zeitablaufs werden in Abweichung von den ursprünglichen Vertragsbedingungen folgende Termine Vertragsbestandteil: ...*

*Es gelten die ursprünglich angebotenen Preise. Bitte senden Sie uns umgehend die Zweitschrift dieses Schreibens mit Ihrer unterschriebenen Annahmebestätigung zurück.“*

**Bieter** sollten sich gut überlegen, ob sie einen modifizierten Zuschlag annehmen, ohne sich entsprechende Mehrvergütungsansprüche, z.B. wegen Verschiebung der Bauzeit, vorzubehalten oder direkt eine preisliche Anpassung zu verlangen.

**Auftraggeber** wiederum können bei fehlender Annahmeerklärung immer noch den Weg der Rückversetzung prüfen und ggf. wählen.

---

# B. Aufhebung

## I. Allgemeines

Eine **Beendigung des Vergabeverfahrens** kann nur durch **Zuschlag oder Aufhebung** erreicht werden. Der Zuschlagsentscheidung vorgelagert ist daher die Frage, ob die Ausschreibung ausnahmsweise (teilweise) aufgehoben werden muss oder soll. 34

### 1. Ermessensentscheidung

Nach dem Wortlaut („kann“ bzw. „können“) stellen § 17 (EG) Abs. 1 VOB/A bzw. §§ 17 Abs. 1, 20 EG Abs. 1 VOL/A die Aufhebungsentscheidung unter den dort genannten Gründen in das **Ermessen** der Vergabestelle.[18] Sind beispielsweise nur Angebote eingegangen, die den Ausschreibungsbedingungen widersprechen,[19] liegen damit zwar die Tatbestandsvoraussetzungen für eine Aufhebung vor. Es besteht allerdings weder eine Pflicht noch ein stets zu bejahendes Recht zur Aufhebung. 35

---

**17** Vgl. BGH, Urt. v. 6.9.2012 – VII ZR 193/10.

**18** Vgl. OLG Düsseldorf, Beschl. v. 4.7.2005 – Verg 35/05; VK Bund, Beschl. v. 10.4.2007 – VK 1-20/07.

**19** Vgl. zu diesem Aufhebungsgrund § 17 (EG) Abs. 1 Nr. 1 VOB/A, §§ 17 Abs. 1a), 20 EG Abs. 1a) VOL/A.

36 Erforderlich ist, dass die Vergabestelle ihr **Aufhebungsermessen** unter Beachtung des Grundsatzes der **Verhältnismäßigkeit** ausübt. Dabei sind insbesondere auch die **Interessen der Bieter** (Verfahrensdauer, Aufwand und Kosten der Teilnahme, Vertrauen in Verfahrensabschluss usw.) zu berücksichtigen.[20]

### 2. Vorrang der Teilaufhebung (Rückversetzung)

37 Besteht ein **milderes**, gleich geeignetes **Mittel**, um in einem transparenten und diskriminierungsfreien Verfahren wertbare Angebote zu erhalten, ist diesem der Vorzug zu geben.

---

**Praxistipp**

Können Verfahrensfehler durch teilweise Zurückversetzung[21], also **Teilaufhebung** geheilt werden, stellt dies gegenüber einer Aufhebung des gesamten Vergabeverfahrens regelmäßig das weniger einschneidende Mittel dar. Bei einer **Rückversetzung** sind nur diejenigen Verfahrensschritte zu wiederholen, auf die sich ein Fehler oder Vergabeverstoß ursächlich ausgewirkt hat. Auftraggeber sollten daher, soweit der Beschaffungsbedarf fortbesteht, immer **vorrangig prüfen**, ob sich eine komplette Aufhebung nicht durch eine Rückversetzung vermeiden lässt. Für die Vergabestellen führt eine Zurückversetzung regelmäßig zu einer nicht unerheblichen **Zeitersparnis**.

---

38 Ebenfalls vor jeder (Teil-)Aufhebungsentscheidung vorrangig zu prüfen ist, ob eine **Anpassung des Vertrages nach Zuschlagserteilung** ausreichend und geeignet ist.

---

**Beispiel**

Ein Auftraggeber schreibt Lieferleistungen mit einem Auftragsvolumen von 1.000.000 € aus. Bei der Angebotswertung stellt er **Fehler in der Leistungsbeschreibung** fest. Das Kostenrisiko einer Änderung nach Vertragsschluss beträgt rund 100.000 €.

Es liegt **kein normierter Aufhebungsgrund** vor. Die Fehler sind selbst verursacht. Auch eine „freie" Aufhebung wäre unverhältnismäßig.

Die Fehlerbehebung kann durch spätere **Anpassung des Vertrages** oder **Rückversetzung** des Verfahrens auf den Zeitpunkt vor Angebotsabgabe erfolgen. Beide Mittel sind zur Zielerreichung (Fehlerkorrektur) gleichermaßen geeignet, verursachen jedoch bei den Bietern geringeren Aufwand und niedrigere Kosten. Aus Gründen der Verhältnismäßigkeit ist daher eine Vertragsanpassung oder Rückversetzung zu wählen. Bei der Wahl zwischen beiden Varianten müssen die Rechtsfolgen (Nachtragsrisiko und Schadensersatz) gegeneinander abgewogen werden.

---

20 VK Bund, Beschl. v. 8.2.2011 – VK 2-134/10.

21 Zur Rückversetzung des Verfahrens näher sogleich Rn 108 ff.

### 3. Sinn und Zweck der normierten Aufhebungsgründe

Die Erstellung von Angeboten ist zeit- und kostenintensiv. Wäre es zulässig, Vergabeverfahren nach Belieben aufzuheben, könnten Vergabestellen sich kostenfrei von eingeleiteten Ausschreibungen loslösen. Die **Aufwendungen der Bieter** wären von vornherein nutzlos. Aufhebungen könnten auch zur Diskriminierung einzelner Bieter missbraucht werden, indem das Verfahren solange aufgehoben wird, bis der Auftrag einem „genehmen" Bieter erteilt werden kann. 39

Die abschließende Auflistung von vergaberechtlich zulässigen Gründen zur Aufhebung soll für die Bieter **Berechenbarkeit** gewährleisten und Willkür und Missbrauch verhindern, indem **sanktionslose Aufhebungen** nur in den genannten, engen Ausnahmefällen vergaberechtlich zulässig sind.[22] 40

### 4. Form und Inhalt

Über eine Aufhebungsentscheidung sind die Bieter **unverzüglich** unter Bekanntgabe der **Aufhebungsgründe** zu unterrichten. **Bei Bauvergaben** hat die **Unterrichtung in Textform** zu erfolgen, § 17 (EG) Abs. 2 VOB/A. Die Unterrichtung kann daher schriftlich, per E-Mail oder durch Telefax erfolgen. 41

Bei Vergaben nach der **VOL/A** bestehen **keine Formvorgaben** bzw. ist eine Unterrichtung in Textform nur bei entsprechendem Antrag vorgegeben, § 20 EG Abs. 3 S. 2 VOL/A. Gleichwohl empfiehlt sich auch hier aus Beweis- und Dokumentationsgründen eine Unterrichtung in Textform. 42

**Praxistipp** !

Eine ins Einzelne gehende Begründung der Aufhebung ist nicht erforderlich. Ausreichend ist eine im Kern nachvollziehbare Mitteilung des konkreten Aufhebungsgrundes, z.B. „Die Ausschreibung hatte kein wirtschaftliches Ergebnis, weil alle Angebote deutlich über der Kostenermittlung lagen." Liegen darüber hinaus bei dem jeweiligen Adressaten Ausschlussgründe vor, sollten auch diese kurz mitgeteilt werden. Nichts anderes gilt für die Frage, ob eine Neuausschreibung erfolgt oder hierauf wegen zwischenzeitlich entfallenem Beschaffungsbedarf verzichtet wird. Der Bieter wird damit in die Lage versetzt, die Rechtmäßigkeit der Aufhebungsentscheidung und die Erfolgsaussichten einer etwaigen Schadensersatzklage abzuschätzen.

### 5. Grundsatz der Vertragsfreiheit

Die abschließende Auflistung von Aufhebungsgründen in den Vergabeordnungen bedeutet freilich nicht, dass Auftraggeber außerhalb der genannten Gründe stets zur Auftragserteilung verpflichtet wären. Eine Pflicht zur Auftragserteilung wäre mit dem Grundsatz der Vertragsfreiheit unvereinbar. 43

22 Vgl. etwa BGH, Beschl. v. 18.2.2003 – X ZB 43/02.

44 Bieter haben nach der Rechtsprechung des BGH[23] zwar einen Anspruch auf vergaberechtskonformes Verhalten des Auftraggebers, also Einhaltung der Bestimmungen über das Vergabeverfahren. Es besteht jedoch grundsätzlich **kein Anspruch** der Bieter **auf Zuschlagserteilung**. Auch bei öffentlichen Beschaffungsverfahren, die ja letztlich auf den Abschluss zivilrechtlicher Verträge abzielen, besteht kein Zwang zum Vertragsschluss (Kontrahierungszwang).

45 Der Auftraggeber ist nicht verpflichtet, eine Lieferung oder Leistung zu beziehen, die nicht oder so nicht mehr seinen Bedürfnissen entspricht.[24] Er kann jederzeit von der Beschaffung ganz Abstand nehmen oder – unter bestimmten Voraussetzungen – den Fehler durch teilweise Rückversetzung im Verfahren heilen und das Vergabeverfahren fortsetzen.[25]

46 **Außerhalb** der in den Vertragsordnungen geregelten **Aufhebungsgründe**, hat der Ausschreibende allerdings **Schadensersatz** zu leisten. Liegen die weiteren Voraussetzungen des § 126 GWB oder für einen Anspruch wegen Verschuldens bei Vertragsschluss[26] vor, hat er die Kosten der Vorbereitung des Angebots oder der Teilnahme an den Vergabeverfahren zu tragen.[27]

### 6. Diskriminierungsverbot als Grenze

47 Wegen des Grundsatzes der Vertragsfreiheit können Bieter grundsätzlich keine **Aufhebung der Aufhebung** durchsetzen. Ein Anspruch auf Aufhebung der Aufhebung, also auf Fortsetzung des Verfahrens, besteht nur, wenn
- eine Scheinaufhebung vorliegt,
- die Aufhebung diskriminierend ist oder
- ohne erkennbaren sachlichen Grund erfolgt und deshalb als willkürlich erscheint.[28]

---

23 BGH, Urt. v. 5.11.2002 – X ZR 232/00, Beschl. v. 20.3.2014 – X ZB 18/13 Rn 20.

24 OLG Düsseldorf, Beschl. v. 30.11.2009 – VII-Verg 41/09; OLG Köln, Urt. v. 23.7.2014 – 11 U 104/13.

25 Vgl. BGH, Beschl. v. 20.3.2014 – X ZB 18/13 Rn 26, wonach die Verneinung eines schwerwiegenden Grundes zur Aufhebung die Frage nicht präjudiziert, ob und inwieweit das Vergabeverfahren teilweise aufgehoben bzw. zurückversetzt und sodann fortgeführt werden darf.

26 Ein Schadenersatzanspruch wegen Verschuldens bei Vertragsschluss (culpa in contrahendo) ergibt sich aus §§ 241 Abs. 2, 311 Abs. 2 Nr. 1, 280 Abs. 1 BGB. Nach der neueren Rechtsprechung des BGH (Urt. v. 9.6.2011 – X ZR 143/10) knüpft der Anspruch allein an die Verletzung von Rücksichtnahmepflichten durch Missachtung von Vergabevorschriften an. Der Anspruch ist nicht mehr daran geknüpft, dass der klagende Bieter auf die Einhaltung dieser Regelungen durch den Auftraggeber vertraut hat. Dazu sogleich unter Rn 54 ff.

27 BGH, Beschl. v. 18.2.2003 – X ZB 43/02.

28 OLG Karlsruhe, Urt. v. 4.12.2013 – 15 Verg 9/13.

Erst wenn eine Aufhebung in diskriminierender Absicht erfolgt, etwa um einen einzelnen Bieter gezielt zu bevorzugen oder zu benachteiligen, ist dies unzulässig. 48

---

**Beispiel**

Ein öffentlicher Auftraggeber hebt eine öffentliche Ausschreibung nach Abgabe der Angebote auf, um dann in unmittelbar zeitlichem Zusammenhang den inhaltlich (nahezu) unveränderten Auftrag ohne erneute Ausschreibung an einen Bieter zu vergeben, der im ersten Verfahren nicht das wirtschaftlichste Angebot abgegeben hatte.

---

Solche sog. **Scheinaufhebungen** können durch die Nachprüfungsinstanzen **rückgängig gemacht** und der Auftraggeber kann zur Fortsetzung des Verfahrens verpflichtet werden. Gegen das Vorliegen einer Scheinaufhebung bzw. das gezielte Zuschieben eines Auftrags spricht bereits, wenn ein öffentlicher Auftraggeber nach Aufhebung einer Ausschreibung kein Verhandlungsverfahren, sondern eine erneute öffentliche Ausschreibung durchführt bzw. durchführen will.[29] 49

### 7. Rechtsfolgen der Aufhebung

Welche **finanziellen Folgen** eine (Teil-)Aufhebung für den Auftraggeber hat, hängt v.a. vom Aufhebungsgrund ab. 50

#### a) Kein Schadensersatzanspruch bei normiertem Aufhebungsgrund

Liegt ein in der jeweiligen Vergabeordnung genannter **(normierter) Aufhebungsgrund** vor, steht die Aufhebung im Einklang mit dem Vergaberecht und bleibt sanktionslos. **Schadensersatzansprüche** sind **ausgeschlossen**. Die Vertragsfreiheit des Auftraggebers überwiegt den Vertrauensschutz der Bieter, die bei Vorliegen der genannten Gründe mit einer Aufhebung und damit mit der Nutzlosigkeit ihres Aufwands rechnen müssen. 51

#### b) „Freie" Aufhebung führt zu Schadensersatz

**Ohne normierten Aufhebungsgrund** ist eine (Teil-)Aufhebung zwar **vergaberechtswidrig**, wegen des Grundsatzes der Vertragsfreiheit jedoch – von engen Ausnahmen abgesehen – trotzdem **rechtswirksam**. 52

Den Auftraggeber trifft im **Grundsatz** auch bei selbstverschuldeten Aufhebungsgründen keine Pflicht 53

---

29 OLG Karlsruhe, Urt. v. 4.12.2013 – 15 Verg 9/13.

- etwas zu beschaffen, was er z.B. (so) nicht (mehr) benötigt oder teurer ist als erwartet, oder
- ein fehlerbehaftetes Vergabeverfahren ohne Fehlerkorrektur durch Zuschlag zu beenden.

#### aa) Verstoß gegen Pflicht zur Rücksichtnahme

54 Auftraggeber sind verpflichtet, die Vergabeunterlagen, das Vergabeverfahren und seine Beendigung vergaberechtskonform zu gestalten. Bieter haben ein subjektives **Recht auf Einhaltung der Vergabebestimmungen.** Eine zulässige Aufhebung außerhalb der in den Vertragsordnungen aufgelisteten Gründe ist daher vergaberechtswidrig.

55 Rechtswirksame, vergaberechtswidrige Aufhebungsentscheidungen verstoßen in der Regel zugleich gegen die Pflicht zur Rücksichtnahme auf die Interessen der Bieter. Verstöße gegen die aus dem vorvertraglichen Schuldverhältnis abgeleitete **Pflicht zur Rücksichtnahme** verpflichten den „Schädiger", den hierdurch entstandenen Schaden zu ersetzen.

#### bb) Kein zusätzliches Vertrauenselement (mehr) erforderlich

56 In früheren Entscheidungen hatte der BGH[30] die Gewährung von Schadensersatz noch zusätzlich davon abhängig gemacht, ob der jeweilige Bieter auf die Rechtmäßigkeit des Vergabeverfahrens bzw. die Einhaltung der Vergabebestimmungen in besonderer Weise vertraut hat. Einem Bieter, der Verstöße gegen Vergabebestimmungen „erkannt hat oder ohne weiteres hätte erkennen müssen und können",[31] fehlte es regelmäßig an dem notwendigen Vertrauen in ein mit Recht und Gesetz übereinstimmendes Verhalten der Gegenseite.

57 Dieses **zusätzliche Vertrauenselement** ist nach der neueren Rechtsprechung des BGH[32] **nicht mehr erforderlich.** Bieter können damit leichter Schadensersatzansprüche durchsetzen. Es genügt im Wesentlichen jedes vergaberechtswidrige Verhalten.

#### cc) Grundsatz: Beschränkung des Schadensersatzes auf das sog. negative Interesse

58 Sofern sich der Auftraggeber zumindest auf einen **sachlichen Grund** für die Aufhebung berufen kann **und**

**30** BGH, Urt. v. 8.9.1998 – X ZR 99/96; BGH, Urt. v. 27.11.2007 – X ZR 18/07.
**31** BGH, Urt. v. 12.6.2001 – X ZR 150/99.
**32** BGH, Urt. v. 9.6.2011 – X ZR 143/10.

- von der geplanten Beschaffung endgültig Abstand nimmt oder
- bei fortbestehender Beschaffungsabsicht nach Aufhebung und Neuausschreibung nicht den gleichen Auftrag später doch vergibt oder
- jedenfalls **keine Scheinaufhebung** vorliegt,

bleibt der zu leistenden Schadensersatz auf das **sog. negative Interesse** beschränkt.

Das negative Interesse beschreibt die Vermögenssituation, in der sich der Bieter befunden hätte, wenn er sich an dem Vergabeverfahren nicht beteiligt hätte. 59
Dem Bieter wären in diesem Fall keine **Aufwendungen** für die **Angebotsbearbeitung** bzw. **Verfahrensteilnahme** entstanden. Umfasst sind auch notwendige **Rechtsanwaltskosten**, etwa zur Prüfung der Vergabeunterlagen oder Rüge ihrer Vergaberechtswidrigkeit, soweit aufgrund objektiv gegebener Vergaberechtswidrigkeit der Vergabeunterlagen Anlass bestand, anwaltliche Hilfe in Anspruch zu nehmen.[33]

**Personalkosten** für eigene Mitarbeiter zählen allerdings nur dann zum ersatzfähigen Vertrauensschaden, wenn der Bieter darlegen und nachweisen kann, 60
dass die betroffenen Mitarbeiter alternativ anderweitig hätten eingesetzt werden können und in diesem Fall Gewinne erzielt worden wären. Ansonsten handelt es sich um Kosten, die **sowieso** entstanden wären und daher nicht ersatzfähig sind.[34]

Als **Anspruchsvoraussetzung** müssen Bieter nachweisen, dass 61

- eine ihren Schutz bezweckende **Vergabevorschrift verletzt** worden ist und
- dass sie ohne diesen Rechtsverstoß eine **echte Chance** auf Zuschlagserteilung gehabt hätten.

Für eine **echte Chance** auf Zuschlagserteilung genügt es nicht, dass ein Angebot 62
ohne den Vergaberechtsverstoß in die engere Wahl gelangt wäre oder dass es der Spitzengruppe angehörte. Erforderlich ist nach der Rechtsprechung des BGH[35] vielmehr, dass eine **Zuschlagsentscheidung vom Wertungsspielraum des Auftraggebers gedeckt** gewesen wäre.

### dd) Ausnahmsweise positives Interesse

Nur in Ausnahmefällen können Bieter über die Bewerbungskosten hinaus das sog. 63
positive Interesse geltend machen, also verlangen, so gestellt zu werden, als hätten sie den Auftrag erhalten. In diesen Fällen umfasst der Schadensersatzanspruch den

---

33 BGH, Urt. v. 9.6.2011 – X ZR 143/10 Rn 17.
34 Vgl. OLG Köln, Urt. v. 23.7.2014 – 11 U 104/13; OLG Naumburg, Urt. v. 27.11.2014 – 2 U 152/13.
35 BGH, Urt. v. 27.11.2007 – X ZR 18/07 Rn 27.

durch Nichterteilung des Auftrags **entgangenen Gewinn.**[36] Er kann auch **entgangene Deckungsbeträge** umfassen.[37]

64 Das positive Interesse kann grundsätzlich nur dann beansprucht werden, wenn

- **kein** in der Vergabeordnung **geregelter Aufhebungsgrund** gegeben ist,
- die Vergabestelle **schuldhaft** gehandelt hat,
- der Bieter bei einer rechtmäßigen Vergabeentscheidung den **Zuschlag** mit hoher Wahrscheinlichkeit **erhalten hätte** und
- das **Vergabeverfahren nicht endgültig aufgeben**, sondern ohne grundlegende Änderung fortgeführt und der ausgeschriebene oder ein diesem wirtschaftlich gleichzusetzender Auftrag („wirtschaftliche Identität") tatsächlich an einen anderen Bieter vergeben worden ist.

65 Liegt ein geregelter Aufhebungsgrund vor, ist die Aufhebung rechtmäßig. Schadensersatzansprüche scheiden damit aus.

66 Liegt lediglich ein objektiv nachvollziehbarer, sachlicher Grund für die Aufhebungsentscheidung vor, ist zu prüfen, ob die Vergabestelle schuldhaft gehandelt hat. Von einem schuldhaften Handeln ist auszugehen, wenn der Aufhebungsgrund von der Vergabestelle selbst verursacht wurde oder bei vergaberechtskonformen Verhalten nicht entstanden wäre.

67 Einen **Schaden** durch die Aufhebung kann grundsätzlich nur der erleiden, der ansonsten den Auftrag mit großer Wahrscheinlichkeit erhalten hätte. Dies hat der Bieter nachzuweisen. War sein Angebot aus zwingenden Gründen auszuschließen oder konnte es ermessensfehlerfrei unberücksichtigt bleiben, scheidet ein Schadensersatzanspruch nach der Rechtsprechung des BGH in der Regel ebenfalls aus.[38]

68 **Zwingende Ausschlussgründe** sind im Schadensersatzprozess unabhängig davon zu **berücksichtigen**, ob sich der Auftraggeber im Vergabeverfahren darauf berufen hat.[39] Auch ansonsten ist es der Vergabestelle nicht verwehrt, sich im Prozess auf die objektiv richtige Bewertung zu berufen und tatsächlich bestehende Ausschlussgründe nachzuschieben.

69 Wegen der Verpflichtung zum sparsamen und wirtschaftlichen Umgang mit öffentlichen Mitteln und mangels Kontrahierungszwangs können Bieter nicht darauf vertrauen, dass ein einmal eingeleitetes Vergabeverfahren in jedem Fall durch Zuschlag beendet wird. Gibt der Auftraggeber eine **Beschaffungsabsicht** daher aus sachlichen Gründen **endgültig auf**, können Bieter nur ihre nutzlosen Aufwendun-

---

**36** OLG Koblenz, Urt. v. 6.2.2014 – 1 U 906/13.

**37** OLG Saarbrücken, Urt. v. 18.6.2014 – 1 U 4/13.

**38** BGH, Urt. v. 1.8.2006 – X ZR 115/04 Rn 26.

**39** BGH, Urt. v. 1.8.2006 – X ZR 115/04, Urt. v. 8.9.1998 – X ZR 85/97.

gen für die Teilnahme am Verfahren, nicht jedoch entgangenen Gewinn geltend machen.[40]

Schließlich muss der **Auftrag** ohne grundlegende Veränderung des Auftragsgegenstands auch **tatsächlich** an einen Dritten **erteilt** worden sein. Erst durch die Erteilung des ausgeschriebenen oder eines diesem wirtschaftlich gleichzusetzenden Auftrags an einen anderen Bieter erweist es sich nach der Rechtsprechung des BGH als berechtigt, auf die eine Realisierung von Gewinn einschließende Durchführung der ausgeschriebenen Maßnahme vertraut zu haben.[41] 70

Um das positive Interesse geltend machen zu können, muss der später tatsächlich erteilte Auftrag **bei wirtschaftlicher Betrachtungsweise** zudem das **gleiche Vorhaben** und den **gleichen Auftragsgegenstand** betreffen.[42] Bestehen insoweit erhebliche Unterschiede, ist der ursprünglich ausgeschriebene Auftrag nicht zur Ausführung gelangt. Eine Identität des Auftragsgegenstands und damit in der Regel auch ein Anspruch auf Ersatz des positiven Interesses scheiden aus, wenn sich die Auftragsgegenstände in **wirtschaftlicher oder technischer Sicht** wesentlich unterscheiden. 71

---

**Beispiele**

1. Gegenstand einer Ausschreibung ist die einheitliche Belieferung eines Krankenhauses mit Wärme, Elektroenergie **und Kälte.** Nach Aufhebung der Ausschreibung vergibt der Auftraggeber die Belieferung von Wärme und Elektroenergie an einen Dritten. Die **Erzeugung von Kälte** erbringt er mithilfe der vorhandenen Aggregate **wie zuvor in Eigenleistung.** Ein Bieter verlangt entgangenen Gewinn (positives Interesse).
   Der BGH[43] lehnt den begehrten Ersatz des positiven Interesses ab. Die nach der Aufhebung der Ausschreibung geschlossenen Versorgungsverträge beträfen bei der gebotenen wirtschaftlichen Betrachtungsweise nicht den gleichen Auftragsgegenstand wie die ausgeschriebenen Leistungen.
2. Eine Vergabestelle schreibt Erd-, Maurer- und Betonarbeiten für die Errichtung eines Wohnheims öffentlich aus. Die Ausschreibung sah eine **Ziegelsteinverblendung** des Gebäudes vor. Nachdem alle Angebote mehr als 30% über der Kostenermittlung lagen, entscheidet der Auftraggeber keine Ziegelsteinverblendung, sondern ein **Wärmedämm-Verbundsystem** anbringen zu lassen. Der BGH[44] verneinte hier eine wirtschaftliche Identität des Auftragsgegenstandes mit der Begründung, die Änderung beträfe „eine wesentliche technische Beschaffenheit des Gebäudes ebenso wie sein äußeres Erscheinungsbild." Aus wirtschaftlicher Sicht werde die grundlegende Abweichung zudem durch die erzielte Kosteneinsparung belegt.

---

40 BGH, Urt. v. 16.12.2003 – X ZR 282/02.
41 BGH, Urt. v. 5.11.2002 – X ZR 232/00, Urt. v. 16.12.2003 – X ZR 282/02.
42 BGH, Urt. v. 5.11.2002 – X ZR 232/00.
43 BGH, Urt. v. 16.12.2003 – X ZR 282/02.
44 BGH, Urt. v. 5.11.2002 – X ZR 232/00.

## II. Normierte Aufhebungsgründe

### 1. Allgemeines

72 Nach § 17 (EG) Abs. 1 VOB/A bzw. den nahezu inhaltsgleichen Regelungen in § 17 Abs. 1 VOL/A bzw. § 20 EG Abs. 1 VOL/A kann die Ausschreibung aufgehoben werden, wenn
- kein Angebot eingegangen ist, das den Ausschreibungsbedingungen entspricht,
- die Vergabeunterlagen grundlegend geändert werden müssen oder
- andere schwerwiegende Gründe bestehen.

73 **Abschließend** sind die genannten Aufhebungsgründe nur insoweit, als sich der Auftraggeber bei Vorliegen der genannten Voraussetzungen von vornherein **nicht schadensersatzpflichtig** macht.[45]

#### a) Enge Auslegung

74 Nach ständiger Rechtsprechung des BGH sind die in den Vergabeordnungen normierten **Aufhebungsgründe** nach Sinn und Zweck **eng auszulegen.**[46] Dies folgt einmal aus dem Umstand, dass Vergabeverfahren nicht auf eine Aufhebung, sondern auf eine Zuschlagserteilung ausgerichtet sind, die Aufhebung also die Ausnahme darstellt und **Ausnahmeregelungen** generell eng auszulegen sind, um nicht zur Regel zu werden.

75 Zum anderen **dürfen Bieter**, jedenfalls ohne gegenteilige Hinweise, darauf **vertrauen**, dass
- im Zeitpunkt der Bekanntmachung alle Voraussetzungen für eine Ausschreibung und Vergabe vorliegen[47] und
- Auftraggeber die Bestimmungen über das Vergabeverfahren einhalten,[48] insbesondere die Vergabeunterlagen vergaberechtskonform erstellen.

76 Könnten Auftraggeber auch eigene Fehler oder im Vorfeld erkennbare Umstände als Aufhebungsgrund anführen, würde dieses berechtigte Vertrauen der Bieter ausgehöhlt.

77 Daneben verdeutlichen die jeweiligen Auffangtatbestände in § 17 (EG) Abs. 1 Nr. 3 VOB/A, § 17 VS Abs. 1 Nr. 3 VOB/A, § 17 Abs. 1d) VOL/A und § 20 EG Abs. 1d) VOL/A durch die Formulierung „**andere** schwer wiegende Gründe", dass auch

---

45 Vgl. etwa BGH, Urt. v. 8.9.1998 – X ZR 99/96, Beschl. v. 20.3.2014 – X ZB 18/13 Rn 21 sowie oben Rn 40, 51.

46 Vgl. nur BGH, Urt. v. 20.11.2012 – X ZR 108/10 und Urt. v. 8.9.1998 – X ZR 48/97.

47 OLG Düsseldorf, Beschl. v. 27.11.2013 – Verg 20/13. Zur Verpflichtung des Auftraggebers, die sog. Vergabereife herzustellen, näher Kap. 6 Rn 56 ff.

48 BGH, Urt. v. 9.6.2011 – X ZR 143/10 Rn 12.

die übrigen Aufhebungsgründe **von erheblichem Gewicht** sein müssen. Auch dies zeigt, dass die **Aufhebungsgründe restriktiv** auszulegen und **anzuwenden** sind.

### b) Grundsätzlich nur unverschuldete oder nicht erkennbare Gründe

Von der Rechtsprechung werden daher im Rahmen der Aufhebungsvorschriften nach § 17 (EG) Abs. 1 Nr. 2, Nr. 3 VOB/A, § 17 Abs. 1 Nr. 2, Nr. 3 VS-VOB/A, § 17 Abs. 1b), d) VOL/A und § 20 EG Abs. 1b), d) VOL/A grundsätzlich nur solche Aufhebungsgründe anerkannt, die trotz sorgfältiger Prüfung des Auftraggebers 78
- erst **nach Beginn** der Ausschreibung eingetreten sind oder dem Auftraggeber vorher **nicht bekannt** sein konnten,[49]
- vom Auftraggeber **nicht zu vertreten** sind[50] bzw. nicht selbst verursacht wurden[51] und
- die darüber hinaus ein solches Gewicht haben, dass dem Auftraggeber ein Festhalten an der Ausschreibung nicht zugemutet werden kann.

Hat der Auftraggeber die von ihm angeführten **Aufhebungsgründe selbst verursacht** oder sind die zugrunde liegenden Fehler oder Versäumnisse ihm zuzurechnen, ist eine sanktionslose Aufhebung grundsätzlich ausgeschlossen. Denn es wäre unbillig, den Auftraggeber von den Folgen seines eigenen unzureichenden Handelns frei zu stellen und diese zugleich den Bietern aufzubürden.[52] Vorhersehbare Gründe scheiden damit als taugliche Aufhebungsgründe im Sinne von § 17 (EG) Abs. 1 VOB/A, § 17 VS Abs. 1 Nr. 3 VOB/A, § 17 Abs. 1d) VOL/A und § 20 EG Abs. 1d) VOL/A von vornherein aus. Eine Aufhebung ist in diesen Fällen zwar trotzdem möglich, jedoch **nicht schadensersatzfrei**. 79

Ein von Anfang an bestehender bzw. dem Auftraggeber zuzurechnender Verfahrensmangel und damit **kein sanktionsloser Aufhebungsgrund** im Sinne der Vergabeordnungen liegt beispielsweise vor, wenn 80
- eine erforderliche Genehmigung vergessen wurde oder nicht erteilt wird,
- die Durchführbarkeit einer Baumaßnahme nicht hinreichend geprüft wurde,[53]
- ohne ausreichende Haushaltsmittel ausgeschrieben wird,

---

**49** Vgl. BGH, Urt. v. 24.4.1997 – VII ZR 106/95, Urt. v. 8.9.1998 – X ZR 48/97, Urt. v. 5.11.2002 – X ZR 232/00; VK Bund, Beschl. v. 11.6.2013 – VK 1-33/13; OLG Düsseldorf, Beschl. v. 10.11.2010, VII-Verg 28/10; OLG Zweibrücken, Urt. v. 1.2.1994, 8 U 96/93.

**50** VK Bund, Beschl. v. 11.6.2013 – VK 1-33/13.

**51** BGH, Beschl. v. 20.3.2014 – X ZB 18/13 Rn 26.

**52** BGH, Beschl. v. 20.3.2014 – X ZB 18/13 Rn 26.

**53** OLG Saarbrücken, Urt. v. 18.6.2014 – 1 U 4/13: Baudurchführungsvereinbarung mit der DB-Netz AG vor Ausschreibung einer Straßenbaumaßnahme vergessen.

- die Mittelbereitstellung auf Basis einer fehlerhaften Kostenermittlung erfolgte,[54]
- fehlerhafte Zuschlagskriterien aufgestellt wurden[55] oder
- die Leistungsbeschreibung fehlerhaft[56] oder unklar[57] erstellt wurde.

### c) Sonderregelung in Sektorenverordnung

81 Nach § 30 SektVO kann ein Vergabeverfahren „ganz oder bei Losvergabe für einzelne Lose aufgehoben werden". Im Gegensatz zu den anderen Vergabeordnungen enthält die Sektorenverordnung **keine** nähere Einschränkung durch **Aufzählung von Aufhebungsgründen**. Hieraus leitet die Vergaberechtsprechung ab,[58] dass bei der Aufhebung von Vergaben im Anwendungsbereich der SektVO ausnahmsweise ein **weiterer Prüfungsmaßstab** anzulegen ist.

82 Für eine sanktionslose Aufhebung sollen danach auch solche Aufhebungsgründe in Betracht kommen, die auch bei rein privaten Auftraggebern einen **Abbruch von Vertragsverhandlungen** ohne Verletzung des zwischen den Verhandlungsparteien bestehenden vorvertraglichen Vertrauensverhältnisses zulassen.

83 Eine rechtmäßige Beendigung von Vergabeverfahren im Sektorenbereich setzt danach voraus, dass

- entweder ein Aufhebungsgrund im Sinne des § 17 EG Abs. 1 VOB/A oder §§ 17 Abs. 1, 20 EG Abs. 1 VOL/A vorliegt (Erst-Recht-Schluss) **oder** zumindest
- ein **sachlicher Grund** für eine Verfahrensbeendigung vorliegt, der unter Berücksichtigung des Gebots zur Rücksichtnahme[59] die Interessen der Bieter an der Fortsetzung des Verfahrens überwiegt.

## 2. Kein wertbares Angebot

84 Wurde kein Angebot abgegeben oder verbleibt nach Abschluss der Wertungsphase **kein zuschlagsfähiges Angebot**, so liegt ein Aufhebungsgrund nach § 17 (EG) Abs. 1 Nr. 1 VOB/A vor. Inhaltsgleiche Aufhebungsgründe finden sich auch in VOL/A, VOL/A EG und VOB/A VS.[60]

85 Aus welchen **Gründen** bzw. auf welcher **Wertungsstufe** die Angebote auszuschließen sind, ist **unerheblich**. Insofern spielt es keine Rolle, ob die Angebote bei-

54 BGH, Urt. v. 8.9.1998 – X ZR 99/96.
55 BGH, Urt. v. 9.6.2011 – X ZR 143/10.
56 VK Bund, Beschl. v. 11.6.2013 – VK 1-33/13.
57 BGH, Beschl. v. 20.3.2014 – X ZB 18/13.
58 VK Sachsen, Beschl. v. 5.6.2012 – 1/SVK/012-12.
59 Vgl. dazu näher Rn 54 ff.
60 § 17 VS Abs. 1 Nr. 1 VOB/A, §§ 17 Abs. 1a), 20 EG Abs. 1a) VOL/A.

spielsweise trotz Nachforderung fehlender Erklärungen weiterhin formal unvollständig, die Bieter nicht geeignet oder die Preise unangemessen hoch oder niedrig sind.

**Kein Aufhebungsgrund** im Sinne dieser Bestimmung liegt vor, wenn auch nur **ein einziges fehlerfreies Angebot wertbar** ist. Dies gilt selbst dann, wenn es sich dabei, was in der Praxis aufgrund der streng formalen Prüfkriterien und der insoweit zwingenden Ausschlussfolge nicht selten vorkommt, um ein schlecht platziertes Angebot mit einem hohen, aber nicht unangemessen hohen Preis handelt. 86

**Beispiel**
Eine Vergabestelle schreibt Fensterarbeiten aus, die innerhalb von vier Wochen nach Zuschlagserteilung ausgeführt werden sollen. Alle Bieter weisen in ihren Angeboten oder Begleitschreiben darauf hin, dass sie die Leistung wegen der Produktions- und Lieferfristen **nicht in der vorgegeben Bauzeit** erbringen können.
Da alle Bieter durch ihren Hinweis (Nichteinhaltung der Ausführungsfrist) kein ausschreibungskonformes Angebot abgegebenen haben, liegt **kein wertbares Hauptangebot** vor, § 16 (EG) Abs. 1 Nr. 1 lit. b) i.V.m. § 13 (EG) Abs. 1 Nr. 5 S. 1 VOB/A.
Ob die Vergabe aufgehoben wird, steht im **Ermessen der Vergabestelle.** Wegen des Verhältnismäßigkeitsgrundsatzes hat die Vergabestelle zu prüfen, ob vorrangig eine Änderung der Ausführungsfrist und Rückversetzung des Verfahrens auf den Zeitpunkt vor Angebotsabgabe in Betracht kommt. Schadensersatz können die Bieter nicht mit Erfolg geltend machen, da mit § 17 (EG) Abs. 1 Nr. 1 VOB/A ein rechtfertigender Grund für eine sanktionslose Aufhebung vorliegt.
**Variante:** Die Lieferung und der Einbau der Fenster war in der vorgegebenen Bauzeit von vornherein **objektiv unmöglich.**
In dieser Konstellation hat der Auftraggeber den Aufhebungsgrund selbst verursacht, so dass eine Aufhebung nach § 17 (EG) VOB/A nicht in Betracht kommt. Gleichwohl liegt ein sachlicher Grund für eine „freie“ Aufhebung oder Rückversetzung (z.B. durch Änderung der Ausführungsfrist) vor. Einem auf das negative Interesse begrenzten Schadensersatzanspruch eines Bieters könnte die Vergabestelle wiederum ein Mitverschulden nach § 254 BGB entgegenhalten. Denn wer auf eine erkennbar unmögliche Leistung bietet, ohne dies während der Angebotsfrist zu rügen, verletzt eine im eigenen Interesse bestehende Obliegenheit.

### 3. Grundlegende Änderung der Vergabeunterlagen

Ein Vergabeverfahren kann ferner aufgehoben werden, wenn die Vergabeunterlagen **grundlegend**[61] **oder wesentlich**[62] **geändert werden müssen.** Die **Änderung** darf also nicht bloß zweckmäßig sein und sie muss **Kernbereiche** der Vergabeunterlagen betreffen. 87

61 Vgl. §§ 17 (EG) Abs. 1 Nr. 2, 17 VS Abs. 1 Nr. 1 VOB/A.
62 Vgl. §§ 17 Abs. 1b), 20 EG Abs. 1b) VOL/A.

88 Eine grundlegende bzw. wesentliche Änderung liegt dann vor,
- wenn aus rechtlichen, technischen, zeitlichen oder wirtschaftlichen Gründen,
- die **während** der laufenden **Ausschreibung** aufgetreten sind,
- die unveränderte Durchführung des Auftrags nicht mehr möglich oder zumindest für den Auftraggeber **objektiv sinnlos oder unzumutbar** ist.[63]

89 Zur Beurteilung der Frage, ob Änderungen grundlegend oder wesentlich sind, kann auf die zivilrechtliche Figur der **Störung der Geschäftsgrundlage** nach § 313 BGB zurückgegriffen werden.[64]

90 Eine grundlegende Änderung der Vergabeunterlagen ist beispielsweise erforderlich, wenn **aufgrund nachträglich eingetretener Umstände**[65] eine Vielzahl von Positionen des Leistungsverzeichnisses überarbeitet werden müssen.[66] Ist dagegen nur eine Verlängerung der Bauzeit beabsichtigt und die Aufteilung der zu vergebenen Baumaßnahmen in Lose, soll keine wesentlichen Änderungen der Verdingungsunterlagen vorliegen.[67]

91 Wann der Auftraggeber den Änderungsbedarf tatsächlich erkannt hat, ist unerheblich. Entscheidend ist, ob dieser von Anfang an angelegt und damit objektiv vorhersehbar und vermeidbar war.

92 In der Praxis sind viele Ursachen für eine grundlegende Änderung der Vergabeunterlagen „hausgemacht". Eine sanktionslose Aufhebung scheitert dann an der **Vorhersehbarkeit oder dem Verschulden** der Vergabestelle. Dementsprechend fallen alle Folgen einer unzureichenden Vorbereitung des Vergabeverfahrens in die Risikosphäre des Auftraggebers.

**Beispiel**[68]

Eine Vergabestelle holt erst nach Versand der Vergabeunterlagen notwendige Genehmigungen ein oder kümmert sich um die erforderlichen Haushaltsmittel. Muss die Leistungsbeschreibung jetzt an genehmigungsrechtliche Auflagen oder die geringeren Haushaltsmittel angepasst werden, ist der Anpassungsbedarf selbst verschuldet.

Bei einer Aufhebung könnten ansonsten chancenreiche Bieter Schadensersatz, jedenfalls in Höhe ihrer nutzlosen Aufwendungen, verlangen. Vorrangig sollte daher die Möglichkeit einer Rückversetzung des Verfahrens geprüft werden. Dadurch wird der nutzlose Aufwand der Angebotsbearbeitung und Verfahrensteilnahme und somit der Umfang drohender Schadensersatzansprüche reduziert.

63 Vgl. OLG Düsseldorf, Beschl. v. 3.1.2005 – Verg 72/04.
64 So VK Bund, Beschl. v. 8.2.2011 – VK 2-134/10.
65 Dazu näher oben Rn 78 ff.
66 VK Bund, Beschl. v. 11.6.2013 – VK 1-33/13.
67 OLG Düsseldorf, Beschl. v. 26.1.2005 – Verg 45/04.
68 Weitere Beispiele unter Rn 80.

#### 4. Andere schwerwiegende Gründe

Nach § 17 (EG) Abs. 1 Nr. 3 VOB/A bzw. den vergleichbaren Vorschriften der VOL/A bzw. VOB/A VS[69] kann eine Ausschreibung auch dann aufgehoben werden, wenn „andere schwerwiegende Gründe" bestehen. Die Formulierung verdeutlicht, dass es sich um einen **Auffangtatbestand** handelt und es sich letztlich bei allen Aufhebungsgründen des § 17 (EG) VOB/A um solche von erheblichem Gewicht handeln muss. 93

Auch hier kommen grundsätzlich nur solche Gründe in Betracht, 94

- die **nicht** auf **eigene Fehler** der Vergabestelle zurückzuführen sind **oder**
- die **Durchführung des Verfahrens** und die **Vergabe des Auftrags selbst ausschließen.**

**Zusätzlich** bedarf es für die Feststellung eines anderen schwerwiegenden Grundes einer **Interessenabwägung**, für die die Verhältnisse des jeweiligen Einzelfalls maßgeblich sind. Dient die Aufhebung etwa der Korrektur eines eigenen vergaberechtlichen Fehlers der Vergabestelle (z.B. Korrektur einer mehrdeutigen Leistungsbeschreibung), wirkt sich dies im Rahmen der vorzunehmenden Interessenabwägung in der Regel zu Lasten der Vergabestelle aus; der Verursacher soll nicht von den Folgen seines eigenen Handelns freigestellt werden.[70] 95

Nach der Rechtsprechung des BGH sind grundsätzlich nur solche **Gesichtspunkte** oder Mängel zur Begründung einer sanktionslosen Aufhebung berücksichtigungsfähig, die die **Durchführung des Verfahrens** und die Vergabe des Auftrags **selbst ausschließen.**[71] 96

Ein rechtlicher Fehler des Vergabeverfahrens kann ausnahmsweise zu einem schwerwiegenden Mangel führen, wenn er von so **großem Gewicht** ist, dass eine Bindung des öffentlichen Auftraggebers mit Gesetz und Recht nicht zu vereinbaren wäre. Dies genügt jedoch nicht, um eine Rücksichtnahme der Bieter auf die Interessen des Auftraggebers zu begründen. Hinzukommen muss, dass auch von den teilnehmenden Unternehmen, insbesondere auch mit Blick auf die **Schwere dieses Fehlers**, erwartet werden kann, dass sie auf diese rechtlichen und tatsächlichen Bindungen des Ausschreibenden Rücksicht nehmen.[72] 97

Im Gegensatz zum Aufhebungsgrund der wesentlichen oder grundlegenden Änderung kommen bei den **Auffangtatbeständen** daher **auch verschuldete Gründe** in Betracht, wie etwa die unzureichende Bereitstellung öffentlicher Mittel durch den Haushaltsgesetzgeber oder eine generell unzureichende Finanzierung,[73] die Korrektur einer fehlerhaften Leistungsbeschreibung usw. Als **Korrektiv** dienen 98

69 § 17 Abs. 1 Nr. 1 VOB/A VS, §§ 17 Abs. 1d), 20 EG Abs. 1d) VOL/A.
70 Vgl. BGH, Beschl. v. 20.3.2014 – X ZB 18/13 Rn 26.
71 BGH, Beschl. v. 20.3.2014 – X ZB 18/13 Rn 25.
72 BGH, Urt. v. 12.6.2001 – X ZR 150/99.
73 BGH, Urt. v. 20.11.2012 – X ZR 108/10.

hier die erforderliche **Interessenabwägung** und das Kriterium, dass die Durchführung der Vergabe auf der vorhandenen Basis ausgeschlossen ist. Hat der Auftraggeber die Aufhebungsgründe selbst verursacht oder sind ihm diese zuzurechnen, wird dies zu Lasten der Vergabestelle in Rahmen der Interessenabwägung berücksichtigt.

**Beispiel**[74]
Eine Vergabestelle schreibt Bauleistungen mit einem geschätzten Auftragsvolumen von rund 7,5 Mio. € aus. Durch ein Nachprüfungsverfahren verzögert sich die Vergabe erheblich. Da Bieter bei geänderten Ausführungsfristen ihre tatsächlichen Mehrkosten in Anlehnung an § 2 Abs. 5 VOB/B geltend machen können, dem Auftraggeber mithin unbekannte, im Ergebnis nicht dem Wettbewerb unterstellte Mehrkosten drohen, hebt die Vergabestelle die Vergabe auf. Die Mehrkosten hat sie auf rund 500.000 € geschätzt.
Nach Ansicht des BGH stellt eine Verteuerung in dieser Größenordnung (rund 6,6%) keine grundlegende Änderung der Preisermittlungsgrundlagen dar.

99 Zusammenfassend ist festzuhalten, dass nur solche Gründe als schwerwiegend eingestuft werden können, die eine **Auftragserteilung** für den Auftraggeber **unzumutbar** oder mit **Recht und Gesetz unvereinbar** erscheinen lassen. Als Orientierungsmaßstab können auch hier die Voraussetzungen für die Störung der Geschäftsgrundlage (§ 313 BGB) herangezogen werden.[75]

**Beispiel**[76]
Ein öffentlicher Auftraggeber plant Mitte der 80er Jahre für die amerikanischen Gaststreitkräfte den Bau von Schutzbunkern. Der Auftrag hat ein Volumen von rund 50 Mio. €. Nach Einleitung des Ausschreibungsverfahrens kommt es zu einer grundlegenden **Veränderung der politischen Verhältnisse** (Öffnung der Mauer, sich abzeichnende Wiedervereinigung, Entspannung des Verhältnisses zwischen NATO und dem Bündnis des Warschauer Paktes usw.). Nach mehrfacher Verlängerung der Zuschlagsfrist entschließen sich die Gaststreitkräfte, aus militärischen Gründen von den geplanten Baumaßnahmen gänzlich Abstand zu nehmen. Damit liegt ausnahmsweise ein **schwerwiegender Grund** für eine Aufhebung vor. Die grundlegende Änderung der militärischen und politischen Verhältnisse war objektiv nicht vorhersehbar. Es wäre u.a. aus wirtschaftlicher Sicht unvertretbar, die unter anderen politischen Verhältnissen geplanten Baumaßnahmen, zumal in einer Größenordnung von 50 Mio. €, in die Tat umzusetzen.

74 In Anlehnung an BGH, Beschl. v. 20.3.2014 – X ZB 18/13.
75 Siehe Rn 89.
76 In Anlehnung an OLG Zweibrücken, Urt. v. 1.2.1994 – 8 U 96/93.

### III. Aufhebung ohne normierten Sachgrund

#### 1. Grundsatz der Vertragsfreiheit

Eine Aufhebung ist **auch ohne normierten Aufhebungsgrund** („freie" Aufhebung) 100 wegen des Leistungsbestimmungsrechts des Auftraggebers und des Grundsatzes der **Vertragsfreiheit** möglich, allerdings nicht „sanktionslos".[77]

#### 2. Sachlicher Grund erforderlich

Notwendige Voraussetzung für eine vollständige oder teilweise Aufhebung (Rück- 101 versetzung) einer Ausschreibung ist lediglich, dass der öffentliche Auftraggeber für seine (Teil-)Aufhebungsentscheidung einen sachlichen Grund[78] hat, so dass eine **Diskriminierung** einzelner Bieter **ausgeschlossen** und seine Entscheidung nicht willkürlich ist oder nur zum Schein erfolgt.[79]

Liegt ein normierter Sachgrund vor, ist zwar auch stets ein sachlicher Grund zu 102 bejahen, nicht jedoch umgekehrt. Ein sachlicher Grund für eine – gleichsam „freie" – Aufhebung ist **weniger als ein normierter** sanktionsfreier **Aufhebungsgrund**; die Schwelle der schwerwiegenden Aufhebungsgründe (§§ 17 Abs. 1, 17 EG Abs. 1 VOB/A, §§ 17 Abs. 1, 20 EG Abs. 1 VOL/A) muss nicht erreicht werden.

Für einen sachlichen Grund genügen alle sachlich begründeten, objektiv nach- 103 vollziehbaren Umstände, die nicht diskriminierend wirken und eine Aufhebung oder teilweise Wiederholung des Verfahrens zumindest als vertretbar erscheinen lassen.

#### 3. Schadensersatzpflicht

Die **Aufhebungsentscheidung** ist aus Gründen der Vertragsfreiheit zwar **rechts-** 104 **wirksam, aber** – weil es an einem vergaberechtlich normierten Sachgrund fehlt – materiell **vergaberechtswidrig**. Der Auftraggeber muss daher Schadensersatz leisten.

##### a) Grundsatz: negatives Interesse

Von Ausnahmefällen abgesehen, beschränkt sich ein etwaiger Schadensersatzan- 105 spruch auf das sog. negative Interesse, d.h. Bieter sind so zu stellen, als hätten sie sich nicht am Verfahren (nutzlos) beteiligt.[80]

---

77 Dazu näher oben unter Rn 45 ff. sowie etwa OLG München, Beschl. v. 4.4.2013 – Verg 4/13; VK Bund, Beschl. v. 4.3.2014 – VK 2-7/14.

78 Zu den bislang in der Rechtsprechung anerkannten sachlichen Gründen siehe Rn 123.

79 So etwa OLG Düsseldorf, Beschl. v. 12.1.2015 – Verg 29/14.

80 Zum negativen Interesse siehe auch Rn 58 ff.

### b) Einwand des rechtmäßigen Alternativverhaltens

106 Wird jemand auf Schadensersatz in Anspruch genommen, kann er sich grundsätzlich mit dem Argument verteidigen, der Schaden sei auch bei rechtmäßigem Verhalten ganz oder teilweise eingetreten (**Einwand des rechtmäßigen Alternativverhaltens**). Die **Beweislast** für den Einwand, der Schaden wäre auch bei rechtmäßigem Verhalten der Vergabestelle eingetreten bzw. das Angebot habe auch dann keine Chance auf Zuschlag gehabt, trägt allerdings nach allgemeinen Grundsätzen der **Auftraggeber**.

107 Nach der Rechtsprechung ist der Einwand ausgeschlossen, wenn der Auftraggeber gegen den **Schutzzweck der Norm** verstößt.[81] Einen solchen Verstoß bejaht der BGH, wenn auf Basis der Vergabeunterlagen überhaupt keine vergaberechtskonforme Angebotswertung möglich ist.[82]

---

**Beispiel**

Die Vergabestelle verwendet **vergaberechtswidrige Wertungskriterien**. Ein Bieter lässt die Vergabeunterlagen anwaltlich prüfen und rügt die unzulässigen Wertungskriterien. Sein Angebot geht **nach Ablauf** der Angebotsfrist ein. Nach Aufhebung des Vergabeverfahrens macht der Bieter **Rechtsanwaltskosten** als Schadensersatz geltend.

Der BGH[83] spricht dem Bieter die Anwaltskosten zu. Mit Überlassung der Unterlagen sei ein vorvertragliches Schuldverhältnis entstanden. Vergabestellen seien verpflichtet, sich vergaberechtskonform zu verhalten. Werde hiergegen verstoßen, stünden den Bietern Schadensersatzansprüche zu. Den Einwand, dass der Bieter wegen der verfristeten Angebotsabgabe den Auftrag ohnehin nie erhalten hätte, lässt der BGH wegen Verstoßes gegen den Schutzzweck des § 241 Abs. 2 BGB und weil eine fiktive Alternativbetrachtung angesichts der fehlerhaften Wertungskriterien nicht möglich sei, nicht gelten.

---

## C. Rückversetzung des Verfahrens

### I. Rückversetzung als milderes Mittel

108 Durch eine **Aufhebung** wird das Vergabeverfahren **beendet**. Besteht die Beschaffungsabsicht fort, muss ein **neues Vergabeverfahren** eingeleitet werden. Letztlich ist das komplette Vergabeverfahren zu wiederholen. Der bis dahin bei den Bietern und der Vergabestelle entstandene Aufwand ist im Wesentlichen nutzlos. Daneben verursacht die **komplette Wiederholung** des Vergabeverfahrens einen hohen Aufwand und verdoppelt nahezu die Verfahrensdauer.

---

81 BGH, Urt. v. 9.6.2011 – X ZR 143/10 Rn 19. Problematisch ist insoweit allerdings, dass sich in der Rechtsprechung keine klaren Abgrenzungskriterien finden, wann die Berufung auf ein rechtmäßiges Alternativverhalten gegen den Schutzzweck einer Norm verstößt.

82 Siehe BGH, Urt. v. 9.6.2011 – X ZR 143/10 Rn 19.

83 BGH, Urt. v. 9.6.2011 – X ZR 143/10.

Bei einer teilweisen **Rückversetzung** werden Fehler dadurch eliminiert, dass allein die fehlerbehafteten Verfahrensabschnitte nach Teilaufhebung wiederholt werden, das **Vergabeverfahren** insgesamt jedoch **fortgeführt** wird. 109

Eine **Rückversetzung** bietet daher gegenüber einer Aufhebung den **Vorteil**, dass **nur einzelne** korrekturbedürftige oder vergaberechtswidrige **Verfahrensschritte zu wiederholen** sind, was für alle Verfahrensbeteiligten **weniger Aufwand** verursacht und sich deutlich **schneller** bewerkstelligen lässt. 110

Die Zurückversetzung des Verfahrens ist daher in der Regel das weniger einschneidende bzw. mildere Mittel; es ist einer Aufhebung als „ultima ratio" aus Gründen der **Verhältnismäßigkeit** regelmäßig vorzuziehen. 111

## II. Ermessensentscheidung im Einzelfall

Es liegt – von Fällen der Ermessenreduzierung „auf Null" abgesehen – im pflichtgemäßen **Ermessen der Vergabestelle**, ob sie eine Ausschreibung fortsetzt, aufhebt oder das Verfahren im Wege der Rückversetzung teilweise wiederholt. 112

Jede Handlungsalternative hat spezifische Vor- und Nachteile, die es – freilich unter **Berücksichtigung der Bieterinteressen** – bei der Entscheidung zu berücksichtigen gilt. Zugleich ist der **Grundsatz der Verhältnismäßigkeit** zu beachten. In der Regel wird eine Rückversetzung das günstigste und effektivste Mittel zur Fehlerbereinigung und damit vorzugswürdig sein. Zwingend ist dies jedoch nicht. 113

**Beispiel**

An einer Öffentlichen Ausschreibung eines Bauauftrages beteiligen sich nur 3 Firmen. Eine Firma ist ungeeignet. Die Angebote der beiden verbleibenden Bieter sind unvollständig, weil nachgeforderte Erklärungen fehlen. Zugleich sind die Angebotspreise hoch, aber nicht unangemessen hoch.

**Rückversetzung**: Geht die Vergabestelle davon aus, dass die Bieter die fehlenden Erklärungen bei einer nochmaligen Aufforderung vorlegen werden, bestünde die Möglichkeit, das Verfahren auf den Zeitpunkt nach Submission zurück zu versetzen. Die Bieter hätten damit noch einmal die Chance, fehlende Erklärungen oder Eignungsnachweise innerhalb einer erneuten Nachfrist von sechs Kalendertagen (vgl. § 16 (EG) Abs. 1 Nr. 3 VOB/A) vorzulegen. Die zeitlichen Verzögerungen wären damit zu vernachlässigen. Die Preise blieben allerdings unverändert (hoch).

**Aufhebung**: Da keine wertbaren Angebote vorliegen, kann die Vergabe nach § 17 (EG) Abs. 1 Nr. 1 VOB/A grundsätzlich auch **sanktionsfrei** aufgehoben werden. Ist die Maßnahme nicht besonders eilbedürftig und geht die Vergabestelle davon aus, dass sich im Falle einer Neuausschreibung mehr Unternehmen beteiligen, könnte auch einer Aufhebung aus Wettbewerbsgründen und wegen des **Gebots der sparsamen Mittelverwendung** der Vorzug gegeben werden.

Bei der Ausübung des Ermessens im Rahmen der Vergabeentscheidung ist auch zu berücksichtigen, dass der Zeitgewinn durch eine Rückversetzung umso geringer ausfällt, je früher im Verfahren der Fehler unterlaufen ist. Je weniger sich Rückversetzung und Aufhebung in den Folgen (nutzloser Aufwand für die Bieter, Beschleuni- 114 gungsaspekt) unterscheiden, umso freier kann die Vergabestelle zwischen den beiden Varianten entscheiden. Sind der Vergabestelle bereits in der Bekanntmachung Fehler unterlaufen, verbleiben zwischen Rückversetzung und Aufhebung in zeitlicher und verfahrensmäßiger Hinsicht keine nennenswerten Unterscheide mehr.

**Beispiel**

Eignungsanforderungen (Kriterien und Nachweise) sind in der Vergabebekanntmachung festzulegen. Eine Vergabestelle benennt besondere Eignungsnachweise erst in den Vergabeunterlagen, was zur Unwirksamkeit der Forderung führt. Für das weitere Vorgehen ist entscheidend:

Variante 1: Ist ein **Verzicht** auf die unwirksam geforderten Nachweise möglich, etwa weil die Leistungsfähigkeit aller Bieter der Vergabestelle bekannt ist, kann die Vergabestelle das Vergabeverfahren ohne Aufhebung oder Rückversetzung fortsetzen. Die Bieter müssten dann aber auch keine besondere Eignungsnachweise vorlegen. An ihr Fehlen kann keine Ausschlussfolge geknüpft werden.

Variante 2: Hält die Vergabestelle die geforderten Nachweise zur Eignungsprüfung dagegen für **unverzichtbar**, will sie diese also weiterhin von den Bietern fordern und an das bloße Fehlen Ausschlussfolgen knüpfen, ist eine Fehlerheilung durch Bekanntgabe eines berichtigten Bekanntmachungstextes im Pflichtmedium erforderlich.[84]

115 Insbesondere folgende **Aspekte** sind bei der **Ermessenentscheidung** zu berücksichtigen:

- **Stand des Verfahrens**: Je weiter das Verfahren fortgeschritten ist, umso höher wiegt das Interesse der Bieter, dass ihre Aufwendungen nicht nutzlos waren.
- Vergleich des **Aufwands** der Bieter bei Aufhebung und Rückversetzung.
- Vergleich des Aufwands der Vergabestelle bei Aufhebung und Rückversetzung.
- **Sparsamkeitsgebot**: Gegenüberstellung der jeweils zu erwartenden finanziellen Vorteile bzw. Risiken.

**Beispiel**

Ein öffentlicher Auftraggeber stellt nach Submission fest, dass die verfügbaren Haushaltsmittel für eine Auftragserteilung unzureichend sind. Ihm bleiben im Prinzip drei Möglichkeiten:

1. Der Auftraggeber kann entweder versuchen, **zusätzliche Haushaltsmittel** zu erhalten und die Vergabeentscheidung solange hinauszögern, indem er die Bieter um Verlängerung der Zuschlagsfrist bittet. Problematisch ist dabei, dass dem späteren Auftragnehmer bei einer dadurch verursachten Bauzeitverschiebung ein Preisanpassungsanspruch zusteht. Besteht noch ein entsprechender zeitlicher Puffer bis zum Beginn der Vertragsfristen und ist eine zeitnahe Mittelaufstockung oder Verpflichtungserklärung realistisch, wäre diese Variante vorzugswürdig.

2. Möglich ist auch eine **Aufhebung**. Liegt kein schwerwiegender Grund im Sinne des §§ 17 Abs. 1d), 20 EG Abs. 1 lit. d) VOL/A oder § 17 (EG) Abs. 1 Nr. 3 VOB/A vor, was in der Regel bei fehlenden Haushaltsmitteln der Fall ist, können Bieter Schadensersatz, allerdings begrenzt auf das negative Interesse,[85] geltend machen.

**84** OLG Naumburg, Beschl. v. 30.4.2014 – 2 Verg 2/14.

**85** Vgl. Rn 59 ff.

3. Schließlich kann der Umfang der ausgeschriebenen **Leistung reduziert** und das Verfahren auf den Zeitpunkt vor Versendung der Vergabeunterlagen **zurückversetzt** werden. Auch hier riskiert der Auftraggeber freilich, auf Ersatz der Kosten für die fruchtlose Teilnahme am Vergabeverfahren in Anspruch genommen zu werden. Sind noch weitere kostenrelevante Fehler zu korrigieren (z.B. erkannte Mengenfehler o.ä.) oder müssen die Ausführungsfristen angepasst werden, kann dies die wirtschaftlichste Variante sein.

## III. Rückversetzung aus Zweckmäßigkeitserwägungen?

Liegen keine zu korrigierenden Vergaberechtsverstöße vor, sondern bemerkt die Vergabestelle, dass die beschriebene Leistung an ihrem Bedarf vorbeigeht, stellt sich die Frage, ob eine Berichtigung der Ausschreibungsunterlagen **auch** aus reinen **Zweckmäßigkeitserwägungen** heraus erfolgen darf. 116

Nach Ansicht verschiedener Oberlandesgerichte[86] ist dies der Fall. Zur Begründung wird auf das **Leistungsbestimmungsrecht** des Auftraggebers und die Prinzipien der Vertragsfreiheit und Privatautonomie verwiesen. Von daher sei es – innerhalb der vergaberechtlichen Grenzen – allein Sache des Auftraggebers zu bestimmen, ob, wann und mit welchem Inhalt er einen Auftrag vergebe. Insofern könne die Vergabestelle nicht nur rechtliche oder technische Mängel beseitigen, sondern auf Grund ihres Bestimmungsrechts auch aus sonstigen sachlichen Gründen die Leistungsbeschreibung ändern.[87] 117

Eine Rückversetzung erfolgt jedoch auch in dieser Konstellation (erst recht) ohne normierten Aufhebungsgrund. Bieter können daher auf das negative Interesse[88] gerichtete Schadensersatzansprüche geltend machen.

## IV. Voraussetzungen

Eine teilweise **Zurückversetzung** des Vergabeverfahrens ist zweckmäßig und **zulässig**, wenn 118

- die Beschaffungsabsicht fortbesteht,
- zumindest ein **sachlicher Grund** für eine Aufhebung vorliegt,
- die Rückversetzung **zur Fehlerkorrektur ausreicht**,
- **keine willkürlichen Änderungen** in der Absicht vorgenommen werden, einen oder mehrere Bieter einseitig zu belasten bzw. zu begünstigen und

**86** Vgl. OLG Düsseldorf, Beschl. v. 30.11.2009 – VII-Verg 41/09, Beschl. v. 23.12.2009 – VII-Verg 30/09; OLG Köln, Urt. v. 23.7.2014 – 11 U 104/13.

**87** Vgl. auch VK Bund, Beschl. v. 11.8.2014 – VK 1-54/14: geänderter Beschaffungsbedarf als sachlicher, jedoch nicht per se sanktionsfreier Aufhebungsgrund.

**88** Dazu näher Rn 59 ff.

- die Korrektur in einem **transparenten und diskriminierungsfreien Verfahren** erfolgt.

### 1. Fortbestand der Beschaffungsabsicht

119 Eine Rückversetzung und (teilweise) Wiederholung des Verfahrens macht nur bei fortbestehender Beschaffungsabsicht Sinn. Will der Auftraggeber von der Beschaffung endgültig Abstand nehmen, etwa weil der Bedarf entfallen ist, bleibt ihm nur eine Beendigung des Verfahrens durch Aufhebung.

### 2. Vorliegen eines sachlichen Grundes

#### a) Normierte Aufhebungsgründe

120 Sind die Voraussetzungen für eine sanktionslose Aufhebung des Vergabeverfahrens nach **§ 17 (EG) Abs. 1 VOB/A** bzw. §§ 17 Abs. 3, 20 (EG) Abs. 1 VOL/A gegeben, liegt erst recht ein sachlicher Grund für das weniger einschneidende Mittel der Zurückversetzung vor. Dies ist insbesondere der Fall, wenn kein Angebot eingegangen ist, das den Ausschreibungsbedingungen entspricht, etwa weil alle Angebote wegen formaler Mängel auszuschließen sind.[89] Der Vergabestelle steht es in dieser Konstellation im Grunde frei, das Verfahren aufzuheben oder zurückzuversetzen.

**Beispiel**

Nach Submission stellt die Vergabestelle im Rahmen der ersten Wertungsstufe fest, dass **kein Angebot vollständig** ist. Die Vergabestelle fordert fehlende Erklärungen und Nachweise, die mit dem Angebot abzugeben waren, bei allen Bietern nach. Auch nach Ablauf der sechskalendertägigen Nachfrist des § 16 (EG) Abs. 1 Nr. 3 VOB/A liegen keine wertbaren Angebote vor. Damit liegen zugleich die Voraussetzungen für eine Aufhebung vor.

Ob die Vergabestelle das Verfahren aufhebt, steht in ihrem Ermessen („kann"). Möglich ist auch eine Rückversetzung als milderes Mittel.

**Variante 1:** Sind die **Angebote** der Bieter mit den fehlenden Nachweisen für die Vergabestelle interessant und **annehmbar**, könnte die Vergabestelle, um wertbare Angebote zu erhalten, das Verfahren auf den **Zeitpunkt nach Submission** zurückversetzen und nur von den betroffenen Bietern, fehlende Nachweise ein weiteres Mal nachverlangen.

**Variante 2:** Im Rahmen der Angebotswertung hat die Vergabestelle **zusätzlich** festgestellt, dass die **Leistungsbeschreibung** in bestimmten Punkten **fehlerhaft** ist. Handelt es sich um Fehler geringeren Umfangs, kann auch hier eine Rückversetzung sinnvoll sein. Dafür müsste jedoch eine Übersendung der korrigierten Leistungsbeschreibung und eine Rückversetzung auf den **Zeitpunkt vor Angebotsabgabe** erfolgen, damit alle geeigneten Bieter die Möglichkeit haben, neue Angebote abzugeben.

**Variante 3:** Wegen der langen Wertungsphase sind zwischenzeitlich auch die **Vertragsfristen überholt.** Die aus den geänderten Vertragsfristen resultierenden tatsächlichen Mehrkosten kann der

89 OLG Düsseldorf, Beschl. v. 27.5.2013 – Verg 9/13, Beschl. v. 27.11.2013 – Verg 20/13.

künftige Auftragnehmer nach Auftragserteilung geltend machen.[90] Will die Vergabestelle die damit einhergehenden Nachtragsrisiken dem Wettbewerb unterstellen, muss sie die Ausführungs- bzw. **Vertragsfristen anpassen**, dies allen geeigneten Bietern mitteilen und durch Rückversetzung auf den **Zeitpunkt vor Angebotsabgabe** neue Angebote mit neu festgelegten Angebotsfristen einholen.

### b) Nicht normierte, aber sachliche Gründe

**Mindestvoraussetzung** für eine Fehlerheilung durch Zurückversetzung des Verfahrens in einen früheren Stand ist, wie für eine „freie" Aufhebung auch, das **Vorliegen eines sachlichen Grundes.**[91] Ob der Auftraggeber den Grund mit verursacht hat – wie dies etwa bei Mängeln in den Vergabeunterlagen, bei unklaren oder fehlerhaften Eignungskriterien oder Leistungsbeschreibungen regelmäßig der Fall ist – spielt keine Rolle. 121

Zwar schließen eigene Fehler oder im Vorfeld erkennbare und vermeidbare Mängel grundsätzlich eine sanktionslose Aufhebung aus. Ein sachlicher Grund für eine „freie" Aufhebung kann aber **auch bei vermeidbaren** oder selbst verursachten Fehlern des Auftraggebers gegeben sein.[92] 122

Als Rechtfertigung für eine „freie" Aufhebung oder Rückversetzung anerkannte **sachliche Gründe** sind etwa: 123

- Korrektur unzulässiger Eignungskriterien (Beschränkung der Referenzenanzahl),[93]
- Korrektur unwirksam geforderter Eignungsnachweise,[94]
- Korrektur unzulässiger Produktvorgaben,
- Korrektur und Klarstellung mehrdeutiger LV-Positionen,[95]
- Überarbeitung bzw. Bekanntgabe von Unterkriterien,[96]
- Bekanntgabe einer nachträglich erstellten Bewertungsmatrix,[97]
- Heilung eines Verstoßes gegen § 12 Abs. 7 VOB/A (Erteilung kalkulationsrelevanter Auskünfte nur an einen Bieter) durch Information aller Bieter,[98]

---

**90** Vgl. dazu näher Rn 15 ff.

**91** OLG Düsseldorf, Beschl. v. 27.11.2013 – Verg 20/13; Beschl. v. 12.1.2015 – Verg 29/14; OLG Koblenz, Beschl. v. 30.4.2014 – 1 Verg 2/14: sachlicher Grund für eine – ggf. auch sanktionierte – Aufhebung.

**92** Vgl. etwa OLG Koblenz, Beschl. v. 30.4.2014 – 1 Verg 2/14.

**93** OLG Düsseldorf, Beschl. v. 12.9.2012 – Verg 108/11.

**94** VK Südbayern, Beschl. v. 12.9.2013 – Z3-3-3194-1-21-08/13.

**95** Vgl. OLG Düsseldorf, Beschl. v. 12.1.2015 – Verg 29/14; OLG Köln, Urt. v. 23.7.2014 – 11 U 104/13 sowie VK Arnsberg, Beschl. v. 12.3.2014 – VK 1/14: fehlender Vergleichbarkeit der Angebote durch unklare und widersprüchliche Vorgaben im Leistungsverzeichnis bzw. den Planunterlagen, vgl. auch mit Einschränkungen OLG Dresden, Beschl. v. 23.7.2013 – Verg 2/13.

**96** OLG München, Beschl. v. 30.4.2010 – Verg 5/10; OLG Düsseldorf, Beschl. v. 5.5.2008 – Verg 5/08.

**97** OLG Düsseldorf, Beschl. v. 21.5.2008 – Verg 19/08.

**98** VK Sachsen, Beschl. v. 7.12.2006 – 1/SVK/100-06.

- Heilung eines Verstoßes gegen die Kennzeichnungspflicht der Angebote bei Submission nach § 14 EG Abs. 3 Nr. 2 Satz 1 VOB/A,[99]
- haushaltsrechtliche Restriktionen oder Sperrung von Haushaltsmitteln,[100]
- Änderung des Beschaffungsbedarfs[101] oder
- Korrektur fehlerhafter Mengenvordersätze.[102]

---

**Beispiel**[103]

Ein Auftraggeber schreibt Stahlbetonarbeiten mit einem geschätzten Auftragswert von rund 1 Mio. € aus. Bei der Angebotswertung fallen beim erstplatzierten Bieter **auffällig niedrige Einheitspreise** in den Positionen „Bewehrung aus Spannstahl herstellen“ und „Betonstahl einbauen“ auf. Im Rahmen der Aufklärung erklärt der Bieter, er habe einen Subventionsabschlag kalkuliert. Der Auftraggeber überprüft die Mengenvordersätze der betroffenen Positionen und stellt **Fehler in seiner Mengenermittlung** fest. Mit den nachermittelten Mengen wäre das Angebot des Erstplatzierten rund 44.000 € teurer und nicht mehr das günstigste.

Die Fehler in der Leistungsbeschreibung wurden vom Auftraggeber verursacht. Aufgrund der geringen Auswirkungen (4,4% des Auftragswerts) liegt auch keine Störung der Geschäftsgrundlage vor. Eine rechtmäßige Aufhebung nach § 17 (EG) VOB/A ist daher nicht möglich.

Will der Auftraggeber die Fehler korrigieren, wofür das Wettbewerbsprinzip und das Gebot zur sparsamen und wirtschaftlichen Mittelverwendung sprechen, bilden folgende Schritte den **sichersten Weg**:

- Änderung der Leistungsbeschreibung,
- **Rückversetzung des Verfahrens** auf den Zeitpunkt **vor Submission** (Angebotseröffnung),
- Bekanntgabe eines neuen Eröffnungstermins,
- Bekanntgabe der Änderungen gegenüber allen (geeigneten) Bietern und
- Aufforderung an alle (geeigneten) Bieter, **neue Angebote** abzugeben.

**Alternativ** kann die **Zurückversetzung** auch auf die geänderten **Teilpositionen beschränkt** werden.[104] Diese Variante ist riskanter, weil sie nur dann zulässig ist, wenn die geänderten Teilpositionen keinen relevanten Einfluss auf die Preisstruktur der Gesamtangebote haben. In Zweifelsfällen sollte den Bietern daher die Möglichkeit eingeräumt werden, insgesamt neue Angebote abzugeben.

---

### 3. Rückversetzung erforderlich und ausreichend

#### a) Nachholung statt Wiederholung

124 Nicht jeder Verfahrensmangel bedarf unabhängig von seinem Gewicht und Stellenwert der Fehlerheilung durch Rückversetzung.[105] Eine Wiederholung der betroffenen

---

99 VK Südbayern, Beschl. v. 9.10.2013 – Z3-3-3194-1-27-08/13.

100 VK Arnsberg, Beschl. v. 30.6.2014 – VK 10/14.

101 VK Bund, Beschl. v. 29.8.2011 – VK 1-105/11, Beschl. v. 11.8.2014 – VK 1-54/14.

102 OLG München, Beschl. v. 4.4.2013 – Verg 4/13.

103 In Anlehnung an OLG München, Beschl. v. 4.4.2013 – Verg 4/13.

104 Vgl. dazu näher unter Rn 133 f., 146 sowie OLG Düsseldorf, Beschl. v. 12.1.2015 – Verg 29/14; kritisch zur Zulässigkeit einer auf bestimmte Einzelpositionen beschränkten Rückversetzung, letztlich aber offen gelassen OLG Dresden, Beschl. v. 23.7.2013 – Verg 2/13.

105 So BGH, Beschl. v. 8.2.2011 – X ZB 4/10 Rn 73: Heilung von Dokumentationsmängeln.

Abschnitte des Vergabeverfahrens ist nur erforderlich, wenn der Mangel nicht nachträglich **einseitig** durch die Vergabestelle in **transparenter** Art und Weise beseitigt werden kann.

125 Sobald sich ein Mangel auf die Erstellung der Angebote oder das Wettbewerbsergebnis ausgewirkt haben kann oder aufgrund widersprüchlicher oder unvollständiger Vergabeunterlagen keine vergleichbaren Angebote vorliegen, führt an der Wiederholung der betroffenen Verfahrensabschnitte allerdings kein Weg vorbei.

126 Sind hingegen ausschließlich formale, an die Vergabestelle gerichtete Verfahrensvorgaben betroffen und ist eine **Fehlerheilung durch Nachholung** in einem transparenten Verfahren möglich, kann in **Ausnahmefällen** sogar auf eine Rückversetzung verzichtet werden.

127 Die Möglichkeit zur Fehlerheilung durch Nachholung (statt Wiederholung) beschränkt sich jedoch weitestgehend auf **Dokumentationsmängel**[106] oder Verstöße gegen die **Kennzeichnungspflicht**. Voraussetzung jeder Fehlerbehebung durch Nachholung ist jedoch, dass aus objektiver Sicht trotz des nachgeholten Verfahrensschritts eine wettbewerbskonforme Auftragserteilung gewährleistet ist.

---

**Beispiel**

Eine Vergabestelle versäumt es, die Angebote direkt im Eröffnungstermin zu kennzeichnen. Der Kennzeichnungsmangel (vgl. § 14 (EG) Abs. 3 Nr. 2 VOB/A) kann grundsätzlich durch Rückversetzung des Verfahrens auf den Zeitpunkt vor Submission oder durch Nachholung der Kennzeichnung eliminiert werden. Ist durch andere geeignete Maßnahmen sichergestellt gewesen, dass die Inhalte der Angebote nicht verändert werden konnten (Vieraugenprinzip, Verschluss, usw.) und wird die Kennzeichnung umgehend nach Submission nachgeholt, kann dies zur Gewährleistung eines ordnungsgemäßen Wettbewerbs ausreichen.[107]

---

### b) Heilungsmöglichkeit durch Rückversetzung

128 Grundvoraussetzung für eine Rückversetzung ist ferner, dass sich die Defizite, Verfahrensfehler oder Verstöße gegen Vergabebestimmungen durch Wiederholung einzelner Verfahrensschritte überhaupt heilen lassen.

129 Eine Korrektur im Verfahren kann ausnahmsweise dann **nicht möglich bzw. unzureichend** sein, wenn das Vergabeverfahren **von Beginn an fehlerhaft** ist, also insbesondere

- die falsche Vergabeart gewählt wurde,
- die Bekanntmachung fehlerhaft war (falsche Medien, falscher oder unklarer Inhalt) oder
- eine Losaufteilung vergaberechtswidrig unterblieben ist.

---

106 Zur Heilung von Dokumentationsmängeln im laufenden Verfahren näher Kap. 10 Rn 22ff.

107 Dazu etwa VK Südbayern, Beschl. v. 9.10.2013 – Z3-3-3194-1-27-08/13.

130 Eine transparente Fehlerkorrektur ist in diesen Fällen in der Regel nur durch Einleitung eines neuen Verfahrens oder Rückversetzung auf den Zeitpunkt vor der Bekanntmachung und Neubekanntmachung möglich. Letzteres kommt einer Aufhebung gleich.

**Beispiel**
Eine Vergabestelle schreibt eine Leistung rechtsfehlerhaft im Wege eines Verhandlungsverfahrens aus. Eine Rückversetzung kann diesen Fehler nicht beseitigen. Um das richtige Vergabeverfahren einleiten zu können, muss das unzulässige Verhandlungsverfahren beendet werden. Die Beendigung eines Vergabeverfahrens ist nur im Wege der Aufhebung möglich.

### 4. Transparentes und diskriminierungsfreies Verfahren

131 So wie der öffentliche Auftraggeber nach einer Verfahrensaufhebung nur unter Berücksichtigung der vergaberechtlichen Bestimmungen und Grundsätze ein neues Vergabeverfahren einleiten kann, ist seine **Gestaltungsfreiheit** im Falle einer Rückversetzung **nicht grenzenlos**. Vergaberechtliche Schranken bilden die **vergaberechtlichen Grundprinzipien**, also das Transparenzgebot, der Grundsatz der Gleichbehandlung und das Wettbewerbsprinzip.

132 Nicht nur das „Ob" der Rückversetzung, sondern auch das „Wie" muss daher in einem fairen, transparenten und diskriminierungsfreien Verfahren erfolgen. Dies setzt voraus, dass
- die **vollständigen Änderungen** grundsätzlich allen (betroffenen) Bewerbern bzw. Bietern **bekannt gegeben** werden und
- die Bieter **ausreichend Zeit** erhalten, ihre Angebote zu überarbeiten und an die Änderungen anzupassen und
- die Änderungen und das Verfahren so ausgestaltet werden, dass **Wettbewerbsverzerrungen ausgeschlossen** sind, insbesondere keine Bieter gezielt belastet oder begünstigt werden.

#### a) Beschränkung der Rückversetzung auf Teilpositionen

133 Wie und in welchem Umfang der Auftraggeber einen erkannten Ausschreibungsfehler behebt, unterliegt seiner **Gestaltungsfreiheit**.[108] Von daher kann eine Zurückversetzung auch auf einzelne Positionen beschränkt werden, solange die vergaberechtlichen Grundprinzipien für ein transparentes und faires Verfahren gewahrt bleiben.

134 Ein fairer Wettbewerb ist nach einhelliger Meinung nicht mehr gewährleistet, wenn die von der Änderung betroffenen Positionen die **Preisstruktur der Gesamt-**

108 So OLG Düsseldorf, Beschl. v. 12.1.2015 – Verg 29/14.

**angebote** mitbestimmen und das Preisgefüge des Angebots in relevanter Weise berühren.[109] Kann nicht ausgeschlossen werden, dass die von den Änderungen betroffenen Positionen das Preisgefüge der Angebote insgesamt beeinflusst haben, ist den Bietern Gelegenheit zu geben, **insgesamt neue Angebote** abzugeben.

### b) Adressaten bzw. Teilnehmerkreis einer Rückversetzung

Zu wiederholen sind nur die Abschnitte des Verfahrens, auf die sich der Fehler ausge- 135
wirkt hat. Welche Unternehmen an der Rückversetzung zu beteiligen sind, bestimmt sich daher **nach dem zu heilenden Fehler**, dem daraus resultierenden Zeitpunkt der erforderlichen Rückversetzung und dem damit gegebenen Verfahrensstand.

**Ausschlussgründe**, die von der konkreten Rückversetzung unberührt bleiben 136
und durch diese nicht geheilt werden können, wie etwa eine festgestellte Unzuverlässigkeit oder fehlende technische Leistungsfähigkeit, bleiben bestehen. Vermag die Rückversetzung an den Ausschlussgründen nichts zu ändern, sind die betroffenen Bieter hieran auch nicht zu beteiligen.

Werden beispielsweise im Rahmen der dritten Wertungsstufe (Preisprüfung) 137
Fehler in der Leistungsbeschreibung festgestellt, ist das korrigierte Leistungsverzeichnis verbunden mit der Festlegung einer neuen Angebotsfrist **allen geeigneten Bietern** zur Neubepreisung zur Verfügung zu stellen.

**Angebotsbezogene Ausschlussgründe** des ersten Verfahrens spielen bei einer 138
Rückversetzung auf den **Zeitpunkt vor Angebotsabgabe** und der damit bestehenden Möglichkeit zur Neuabgabe eines Angebots bei der Auswahl der an der Rückversetzung zu beteiligenden Unternehmen **keine Rolle**. Fehlerhaft wäre es daher, von Fällen einer ausnahmsweise zulässigen, auf einzelne Positionen beschränkten Möglichkeit zur Neubepreisung abgesehen, Bieter an der Rückversetzung nicht zu beteiligen, die im ersten Verfahren Angebote mit unangemessen hohen Angebotsendpreisen oder mehr als einem fehlenden Einheitspreis abgegeben haben. Durch die Möglichkeit, insgesamt neue Angebote abzugeben, erhalten auch diese die **Chance, die Fehler zu heilen** und ein wertbares Angebot abzugeben.

Es sind nur die Bieter an der Rückversetzung zu beteiligen, bei denen sich der 139
zu korrigierende Fehler negativ ausgewirkt haben kann. Bezieht sich ein Ausschlussgrund hingegen auf einen Mangel, der auch durch die Rückversetzung des Verfahrens nicht beseitigt werden kann, ist der betroffene Bieter nicht zu beteiligen.

**Beispiel**

Eine Vergabestelle stellt nach Auswertung des Preisspiegels und Überprüfung der Mengenermittlung im Rahmen der dritten Wertungsstufe Mengen- und Ausschreibungsfehler in mehreren Positionen fest. Die erforderlichen Korrekturen führen zu einer Veränderung der ausgeschriebenen

109 OLG Dresden, Beschl. v. 23.7.2013 – Verg 2/13; OLG Düsseldorf, Beschl. v. 12.1.2015 – Verg 29/14.

Mengen um rund 15%. Die preislichen Auswirkungen liegen bei rund 10%. Eine **fiktive Wertung** mit den korrigierten Mengen würde zu einer Verschiebung der Bieterreihenfolge führen.
Die fehlerhafte Leistungsbeschreibung fällt in den Verantwortungsbereich des Auftraggebers. Eine rechtmäßige Aufhebung ist daher ausgeschlossen. Gleichwohl liegt ein sachlicher Grund für eine Rückversetzung vor. Der Korrekturbedarf ist nicht von untergeordneter Bedeutung. Angesichts des Umfangs kann nicht ausgeschlossen werden, dass die Bieter mit den zutreffenden Mengenangaben ihre Angebote anders kalkuliert und ihre Deckungsbeiträge insgesamt anders zugeordnet hätten. Daher ist allen geeigneten Bietern im Rahmen einer Rückversetzung auf den Zeitpunkt vor Angebotsabgabe Gelegenheit zu geben, neu kalkulierte Angebote abzugeben.

140 In der Praxis beteiligen die Vergabestellen häufig nur die Unternehmen an einer Zurückversetzung, die auch ein Angebot abgeben haben. Dies ist dann risikobehaftet, wenn nicht ausgeschlossen werden kann, dass Unternehmen nur deshalb kein Angebot abgegeben haben, weil sie die ursprünglich (fehlerhaft) gestellten Bedingungen nicht erfüllen konnten.

141 Fehlerhafte Ausschreibungen bergen das **Risiko einer bewussten Manipulation** der Wettbewerbsbedingungen. Aus Gründen der Verfahrenstransparenz und Gleichbehandlung, aber auch um auszuschließen, dass Auftraggeber fehlerhafte Ausschreibungen bewusst initiieren, um bestimmte Bieter von einer Angebotsabgabe abzuhalten, muss daher stets geprüft werden, ob ausgeschlossen werden kann, dass Bieter durch die zu korrigierenden Vergabebedingungen von einer Verfahrensteilnahme abgehalten wurden.

**Beispiel**

Bei einem **Verfahren mit vorgeschaltetem Teilnahmewettbewerb** soll ein Fehler der Leistungsbeschreibung geheilt werden. Da der Teilnahmewettbewerb (Eignungsprüfung) durch den **Fehler in der Leistungsbeschreibung** nicht tangiert wird, muss die Vergabestelle die korrigierten Vergabeunterlagen nur an Bieter übersenden, deren Eignung im Teilnahmewettbewerb positiv festgestellt worden ist. Insofern ist auch **objektiv ausgeschlossen**, dass sich Unternehmen wegen der fehlerhaften Leistungsbeschreibung nicht am Teilnahmewettbewerb beteiligt haben. Schließlich kennen die Unternehmen zu diesem Zeitpunkt die Leistungsbeschreibung noch gar nicht.
An einer Rückversetzung sind allerdings alle Bewerber zu beteiligen, die zur **Angebotsabgabe aufgefordert wurden**, auch solche, die dieser Aufforderung nicht nachgekommen sind. Schließlich ist nicht ausgeschlossen, dass Unternehmen durch die fehlerhafte Leistungsbeschreibung von einer Angebotsabgabe abgehalten wurden. Eine **Beschränkung** auf Unternehmen, die tatsächlich ein Angebot abgegeben haben, wäre aus Rechtsgründen **unzulässig**. In der Praxis bleibt dies jedoch häufig folgenlos, da die beteiligten Bieter nicht in ihren Rechten verletzt wurden und die nicht beteiligten von der Rückversetzung oft nichts mitbekommen.

142 Muss die **Bekanntmachung korrigiert** werden, stellt sich das Problem der Festlegung des Teilnehmerkreises einer Rückversetzung nicht, da bei einer Rückversetzung des Verfahrens auf den Zeitpunkt vor der Bekanntmachung, alle am Auftrag interessierten Unternehmen die geänderten Bedingungen erfahren und sich am Wettbewerb beteiligen können. Die zur Fehlerheilung erforderlichen Maßnahmen unterscheiden sich letztlich nicht von einer Aufhebung.

#### c) Keine Wettbewerbsverzerrung oder manipulativen Umstände

Die konkrete Ausgestaltung des Verfahrens zur Fehlerbehebung darf **nicht in diskriminierender Absicht** erfolgen, also wettbewerbsverzerrend wirken oder dazu genutzt werden, das Wettbewerbsergebnis gezielt zu beeinflussen. Ist aufgrund der Umstände des Einzelfalls zu besorgen, dass mit der konkreten Ausgestaltung der Rückversetzung die formalen Voraussetzungen geschaffen werden sollen, um einen oder mehrere Bieter zu begünstigen oder zu benachteiligen, läge eine unzulässige **sog. Scheinaufhebung** vor. 143

Gerade **nachträgliche Änderungen** an den bekannt gegebenen **Eignungs- oder Zuschlagskriterien** oder den Vergabeunterlagen (Leistungsbeschreibung) bergen die Gefahr, dass ihnen sachwidrige Erwägungen zugrunde liegen. Dies gilt umso mehr, wenn sie in Kenntnis der Teilnahmeanträge oder Angebotsinhalte erfolgen. Die Änderungen selbst müssen daher sachlich gerechtfertigt sein und dürfen nicht in manipulativer Absicht vorgenommen werden. 144

Ohne sachlichen Grund dürfen einzelne Bieter nicht nachträglich einseitig belastet oder bevorzugt werden. Zum **Ausschluss von Manipulationsmöglichkeiten** ist daher nicht nur für das „Ob" der Aufhebung oder Zurückversetzung ein **sachlicher Grund** erforderlich **und** müssen die **Vergabegrundsätze** beachtet werden. **Auch** das „Wie", also die **konkrete Art und Weise der Fehlerheilung** und Verfahrensgestaltung, muss sachlich begründet sein und in einem fairen und transparenten Verfahren erfolgen. 145

Eine wettbewerbsverzerrende Verfahrensgestaltung wird allgemein angenommen, wenn die Rückversetzung auf einzelne Teilpositionen beschränkt wird und diese das Preisgefüge insgesamt beeinflussen. Eine unzulässige Beeinflussung der Preisstruktur der Gesamtangebote hat das OLG Dresden[110] in einem Fall angenommen, in dem die Vergabestelle den Bietern nach Submission die Gelegenheit gab, ihre Ursprungsangebote **lediglich in bestimmten geänderten Positionen** zu überarbeiten, obwohl deren Anteil ca. 15% der Angebotssumme entsprach. 146

**Praxistipp** !

Lässt sich das Leistungssoll nach Auffassung der Vergabestelle durch Auslegung der Vergabeunterlagen insgesamt zweifelsfrei ermitteln, sollte **zunächst der Angebotsinhalt** bzw. die Kalkulationsgrundlage des für den Zuschlag ansonsten vorgesehenen Angebots **aufgeklärt werden.**

Wird danach oder nach Auswertung der Angebote insgesamt festgestellt, dass die Angebote aus Gründen, die auf einem unklaren oder mehrdeutigen Text der Ausschreibung beruhen, einen unterschiedlichen Inhalt haben, ist zu prüfen, ob eine Rückversetzung des Vergabeverfahrens erforder-

110 Nach OLG Dresden, Beschl. v. 23.7.2013 – Verg 2/13 sollen Teilpositionen jedenfalls dann die Preisstruktur des Gesamtangebots beeinflussen und damit einer auf Teilpositionen beschränkten Rückversetzung entgegenstehen, wenn der Anteil dieser Positionen ca. 15% der Angebotssumme beträgt. Eine solche prozentuale Erheblichkeitsschwelle lehnt das OLG Düsseldorf im Beschl. v. 12.1.2015 – Verg 23/14 ab.

lich ist. Dies kann etwa zur Erlangung vergleichbarer Angebote oder zur Reduzierung erheblicher Nachtragsrisiken der Fall sein.
Im Falle einer Rückversetzung sollte die Vergabestelle das Verfahren in den Stand vor Submission zurückversetzen und den Bietern in **Zweifelsfällen** die Möglichkeit einräumen, **insgesamt neue Angebote** einzureichen.
Nur wenn die von den Änderungen betroffenen Positionen von untergeordneter Bedeutung sind[111] oder eine Beeinflussung der Preisstruktur der Angebote durch die partielle Änderung ausgeschlossen ist,[112] kann eine hierauf beschränkte Überarbeitungsmöglichkeit erwogen werden.

## V. Bestimmung des Zeitpunkts der Rückversetzung

147 Der **vergaberechtliche Beschleunigungsgrundsatz** verpflichtet die Vergabestellen[113] und Vergabekammern[114] bei ihrer gesamten Tätigkeit darauf zu achten, dass der Ablauf des Vergabeverfahrens nicht unangemessen beeinträchtigt wird.[115] In Fällen fortbestehender Vergabeabsicht soll die zeitaufwendige Aufhebung und Neudurchführung eines Vergabeverfahrens nach Möglichkeit vermieden werden.[116]

148 Sollen Verfahrensfehler durch Rückversetzung geheilt werden, so ist das Verfahren in das **Stadium direkt vor Begehung des Verstoßes** zurückzuversetzen. Bei einer Rückversetzung wegen geändertem Beschaffungsbedarf aus sonstigen sachlichen Gründen, richtet sich der Zeitpunkt nach dem Rückversetzungsgrund und dem dadurch bedingten Korrekturbedarf des Verfahrens.

## VI. Sonderfälle: Keine Rechtsverletzung durch beschränkte Rückversetzung

### 1. Kein annehmbares Angebot

149 Liegen nach Abschluss der Wertungsphase zugleich die Voraussetzungen für eine Beschränkte Ausschreibung oder ein Verhandlungsverfahren ohne öffentliche Vergabebekanntmachung vor, so kann die Vergabestelle auch ohne Aufhebung und Neuausschreibung direkt das laufende Verfahren unter **Beteiligung ausgewählter Bieter** zurückversetzen.

---

111 Etwa weil die preislichen Auswirkungen der geänderten Positionen so gering sind, dass sich die Bieterreihenfolge von vornherein nicht ändern kann.

112 Z.B. infolge von Kalkulationsvorgaben der Vergabestelle oder infolge von Kalkulationsangaben des Bieters im Rahmen der Aufklärung oder nach Auswertung der angeforderten Urkalkulation.

113 Vgl. etwa § 10 EG Abs. 1 Nr. 10 VOB/A: „Die Zuschlagsfrist soll so kurz wie möglich und nicht länger bemessen werden, als der Auftraggeber für eine zügige Prüfung und Wertung ... benötigt."

114 Vgl. § 110 Abs. 1 Satz 4 GWB.

115 Vgl. BGH, Beschl. v. 8.2.2011 – X ZB 4/10.

116 VK Südbayern, Beschl. v. 9.10.2013 – Z3-3-3194-1-27-08/13.

Im Unterschwellenbereich ist dies bereits dann der Fall, wenn die Ausschreibung **kein annehmbares Ergebnis** hatte. Ob die Angebote der Bieter formal unvollständig oder unangemessen hoch oder niedrig oder die Bieter als ungeeignet auszuschließen sind, ist unerheblich. 150

Betrifft der zu korrigierende **Fehler** etwa die **Leistungsbeschreibung**, so könnte der Auftraggeber **mindestens 3 geeignete Bieter** auswählen und die geänderten Passagen nur diesen mit der Aufforderung zukommen lassen, insgesamt oder bezogen auf die geänderten Positionen ihr Angebot zu überarbeiten. Mitbewerber werden dadurch regelmäßig nicht in ihren Rechten verletzt. Hätte der Auftraggeber das Vergabeverfahren aufgehoben, wäre er berechtigt gewesen, eine Beschränkte Ausschreibung unter Beteiligung von mindestens drei Bewerbern durchzuführen, §§ 3 Abs. 3 Nr. 2, 6 Abs. 2 Nr. 2 VOB/A. Das Ergebnis ist hier wie dort dasselbe, nur dass der Zwischenschritt der Aufhebung ausbleibt. 151

### 2. Fehlen nachgeforderter Erklärungen oder Nachweise

Fehlen bei **allen** geeigneten Bietern wirksam[117] nachgeforderte („auf Verlangen der Vergabestelle") Erklärungen und Nachweise, spricht ebenfalls grundsätzlich nichts dagegen, diesen durch Rückversetzung nochmals die Gelegenheit zu geben, fehlende Unterlagen einzureichen. Eine **Rückversetzung in den Stand nach Submission** ist ausreichend, da es sich um nachgeforderte Erklärungen handelt. Den Bietern muss keine Überarbeitung ihrer Angebote insgesamt gestattet werden. 152

### 3. Rückversetzung gegenüber einzelnen Bietern

Eine Rückversetzung des Verfahrens unter Beteiligung einzelner Bieter ist unter Gleichbehandlungsaspekten **auf den ersten Blick bedenklich**. Andererseits macht es wenig Sinn, Bieter an der Rückversetzung zu beteiligen, die von vornherein keine reelle Chance auf Zuschlagserteilung haben. 153

Kann die Gleichbehandlung aller Bieter von vornherein keine positiven Auswirkungen auf deren Wettbewerbsposition haben, wäre ein Beteiligungspostulat **reiner Formalismus**. 154

---

**Beispiele**

- Die Vergabestelle fordert – im Wege der Rückversetzung – (zunächst) nur von den drei bestplatzierten Bietern fehlende Erklärungen nach. Gibt einer von ihnen die Erklärungen vollständig ab, haben nachplatzierte Bieter ohnehin keine Chance.
- Die Vergabestelle stellt fest, dass einzelne LV-Positionen fehlerhaft sind und am Bedarf vorbeigehen. Das Volumen der von den Änderungen betroffenen Positionen ist so gering, dass die

117 Die Forderung muss inhaltlich hinreichend bestimmt und die Frist angemessen sein.

Rückversetzung ausnahmsweise auf die Neubepreisung dieser Positionen beschränkt werden darf. Hier wäre es zulässig, diejenigen Bieter an der Rückversetzung (zunächst) nicht zu beteiligen, die aufgrund des preislichen Abstands zu vorplatzierten Bietern auch im Falle einer Bepreisung mit 0 € keine Chance hätten, das preisgünstigste Angebot abzugeben.

- Die Vergabestelle beschränkt die zu berücksichtigende Anzahl an Referenzen in den Vergabeunterlagen in unzulässiger Weise auf drei Stück.[118] Die Mindestbieterin A gibt eine Referenz ab, die nicht den wirksam bekannt gegebenen Mindestanforderungen genügt. Die Vergabestelle gibt ihr die Möglichkeit eine andere Referenz nachzureichen.
  Die Korrektur der rechtsfehlerhaften nachträglichen Beschränkung der Referenzanzahl stellt einen sachlichen Grund für eine Rückversetzung dar. De facto wurde das Verfahren, ob bewusst oder unbewusst, zurückversetzt. Eine Rechtsverletzung der Mitbewerber liegt nicht vor. Wäre das Vergabeverfahren in transparenter Weise zurückversetzt worden, hätten sich die Mitbewerber in der gleichen Situation befunden. Bieterin A hätte die noch fehlende vergleichbare Referenz nachreichen können, allen Bietern wäre die geforderte Eignung zuerkannt worden, und Bieterin A hätte den Zuschlag erhalten müssen, weil sie das preisgünstigste Angebot abgegeben hatte.

---

**!** **Praxistipp**

Bevor Sie als **Vergabestelle** den konkreten Weg einer partiellen Rückversetzung erwägen, sollten sie als **Kontrollüberlegung** die Frage aufwerfen, ob einzelne Bieter im Falle einer Rückversetzung unter Beteiligung aller Bieter eine bessere Rechtsposition oder **bessere Auftragschancen** hätten. Lässt sich dies ausschließen, kann auch eine auf einzelne Teile oder Bieter beschränkte Rückversetzung erfolgen.

---

## VII. Im Nachprüfungsverfahren: Keine Wiederholung bei auszuschließender Ergebnisrelevanz

155 Das Vergabeverfahren ist nur insoweit zu wiederholen, wie sich ein Vergabefehler auf das Ergebnis des Vergabeverfahrens **ausgewirkt haben kann.**[119] Sobald zumindest theoretisch die Möglichkeit besteht, dass sich ein Verfahrensverstoß auf das Ergebnis des Vergabeverfahrens ausgewirkt haben kann, sind die betroffenen Verfahrensabschnitte zu wiederholen. Verbleibende Zweifel gehen zu Lasten der Vergabestelle.

156 Im Nachprüfungsverfahren muss **zusätzlich** eine **Rechtsverletzung des Antragstellers** gegeben sein. Potentielle Rechtsverletzungen gegenüber Dritten führen aber nicht zur Verletzung eigener subjektiver Rechte des Antragstellers. Ist auszuschließen, dass sich ein Vergabeverstoß auf die Auftragschancen des Antragstellers ursächlich ausgewirkt haben kann, sind die Vergabenachprüfungsinstanzen grundsätzlich nicht berechtigt, in das Vergabeverfahren einzugreifen.[120]

118 In Anlehnung an OLG Düsseldorf, Beschl. v. 12.9.2012 – Verg 108/11.
119 OLG München, Beschl. v. 21.5.2010 – Verg 2/10.
120 OLG Naumburg, Beschl. v. 12.4.2012 – 2 Verg 1/12; OLG Düsseldorf, Beschl. v. 3.8.2011 – Verg 6/11.

Steht fest, dass ein Bieter auch bei Vermeidung des Vergabefehlers keine Aussicht auf den Zuschlag hat, ist sein Nachprüfungsantrag unbegründet. Ein Eingreifen der **Nachprüfungsinstanzen**, etwa durch die Anordnung, Teile des Verfahrens zu wiederholen, ist dann nicht nur nicht erforderlich, sondern liegt auch außerhalb ihres **Kompetenzbereichs.**[121] 157

121 Vgl. OLG Naumburg, Beschl. v. 12.4.2012 – 2 Verg 1/12.

# Kapitel 10
# Der Vergabevermerk

## A. Sinn und Zweck

Der Vergabevermerk dient der Dokumentation des Vergabeverfahrens und damit der **Absicherung des Transparenzgebots.** Die zeitnahe Erstellung des Vergabevermerks soll die Transparenz des Vergabeverfahrens schützen und **Manipulationsmöglichkeiten entgegenwirken.**[1] 1

Diese Zweckrichtung und die Vergabegrundsätze gelten **unabhängig vom Schwellenwert.** Dementsprechend wurden die vormals unterschiedlichen Dokumentationsanforderungen für Bauvergaben im Unter- und Oberschwellenbereich mit Inkrafttreten der VOB/A 2009 vereinheitlicht. 2

**Ziel** ist es, die Transparenz und **Nachprüfbarkeit** für Bieter, Rechnungshöfe, Vergabekammern, Gerichte und Behörden der Fachaufsicht auch unterhalb der Schwelle **zu erhöhen** und Manipulationsmöglichkeiten durch einheitliche, im Unterschwellenbereich verstärkte Dokumentationspflichten einzuengen. Auch sollen „Vergabevermerke zweiter Klasse" im Unterschwellenbereich vermieden werden. 3

Aus dem Transparenzgebot folgt, dass öffentliche Auftraggeber die einzelnen Phasen des Vergabeverfahrens und die insoweit maßgeblichen Feststellungen und Entscheidungen **für Dritte nachvollziehbar**, also transparent gestalten sollen. 4

## B. Begründungs- und Dokumentationspflicht

**Entscheidungstransparenz** lässt sich verfahrensrechtlich **durch** Begründungs- und **Dokumentationspflichten** sicherstellen. Dementsprechend verlangen § 20 (EG) VOB/A, §§ 20, 24 EG VOL/A und § 12 VOF inhaltlich übereinstimmend, dass über die Vergabe ein Vermerk zu fertigen ist, in dem 5

- die einzelnen Stufen des Verfahrens,
- die einzelnen Maßnahmen,
- die maßgebenden Feststellungen sowie
- die Begründung der einzelnen Entscheidungen

festgehalten werden.

---

1 BGH, Beschl. v. 8.2.2011 – X ZB 4/10.

## I. Fortlaufend und zeitnah

6 Der Vergabevermerk ist zeitnah zu erstellen und laufend fortzuschreiben. Dies soll eine Überprüfung des jeweils aktuellen Vergabeverhaltens zu jedem gewünschten Zeitpunkt ermöglichen. Dokumentationsmängel können sich im Falle eines Nachprüfungsverfahrens nachteilig auswirken. Dies betrifft unvollständige Vermerke ebenso wie fehlerhafte. Kommt es zu einem Nachprüfungsverfahren, sind die Vergabeakten in der Regel innerhalb weniger Tage bei der Nachprüfungsinstanz vorzulegen. Auch insoweit kann von einer nachträglichen Erstellung nur abgeraten werden.

7 Der Vergabevermerk ist **chronologisch** zu fassen und sollte sich an den aus der jeweils einschlägigen Vergabeordnung resultierenden Abläufen und Prüfschritten orientieren.

## II. Mindestinhalt

8 Mit Ausnahme der VOL/A geben alle Vergabeordnungen den Vergabestellen vor, welche Feststellungen und Begründungen mindestens zu dokumentieren sind. Die Vorgaben stimmen weitestgehend überein, wobei Besonderheiten der jeweils zu vergebenden Leistung berücksichtigt werden.

9 Bei **Bauvergaben** muss die Dokumentation nach § 20 (EG) Abs. 1 S. 2 und Abs. 2 VOB/A mindestens folgende Punkte umfassen:

- Name und Anschrift des Auftraggebers,
- Art und Umfang der Leistung,
- Wert des Auftrags,
- Namen der berücksichtigten Bewerber oder Bieter und Gründe für ihre Auswahl,
- Namen der nicht berücksichtigten Bewerber oder Bieter und die Gründe für ihre Ablehnung,
- Gründe für die Ablehnung von ungewöhnlich niedrigen Angeboten,
- Name des Auftragnehmers und Gründe für die Erteilung des Zuschlags auf sein Angebot,
- Anteil der beabsichtigten Weitergabe an Nachunternehmen, soweit bekannt,
- sofern vom Regelverfahren (Öffentliche Ausschreibung, offenes Verfahren) abgewichen wurde die Gründe für die Wahl der Vergabeart,
- gegebenenfalls die Gründe, aus denen der Auftraggeber auf die Vergabe eines Auftrags verzichtet hat sowie
- gegebenenfalls die Gründe, wieso auf die Vorlage zusätzlich mit dem Angebot verlangter Unterlagen und Nachweise verzichtet wurde.

10 Wegen des Auffangtatbestands in § 20 (EG) Abs. 1 S. 1 VOB/A bzw. § 24 Abs. 1 EG VOL/A, wonach aus der Dokumentation des Vergabeverfahrens die Stufen, Maßnah-

men, maßgebenden Feststellungen sowie v.a. die Begründungen hervorgehen müssen, reicht der Mindestinhalt für eine **transparente Vergabedokumentation** im Regelfall nicht aus. Das Vergabehandbuch des Bundes[2] ordnet daher als innerdienstliche Weisung an, dass **darüber hinaus** auch

- die Ermittlung des voraussichtlichen Auftragswertes,
- die Wertungskriterien,
- die Gewichtung der Wertungskriterien in EU-Verfahren,
- die Zusammenfassung von Fachlosen,
- die Gründe für eine Leistungsbeschreibung mit Leistungsprogramm,
- die Gründe für eine Abweichung vom Grundsatz der produktneutralen Ausschreibung,
- bei Vergabeverfahren nach der VOL/A: die Gründe für die Forderung von über Eigenerklärungen hinausgehende Eignungsnachweise,
- die besonderen Umstände für die Vereinbarung einer von der (in § 16 Abs. 3 Nr. 1 VOB/B festgelegten) Regelfrist abweichenden Frist für die Schlusszahlung sowie die Festlegung dieser Frist,
- das Ergebnis der Prüfung und Wertung der Angebote und Nebenangebote und
- der Anlass für eine Aufhebung

zu dokumentieren und zu begründen sind.

## C. Folgen von Dokumentationsmängeln

11 Eine unzureichende Dokumentation und Begründung der einzelnen Stufen und Entscheidungen des Vergabeverfahrens verletzt das **Transparenzgebot**. Dies gilt insbesondere bei Entscheidungen im Vergabeverfahren, bei denen den Vergabestellen ein **Ermessens- oder Beurteilungsspielraum** zuerkannt wird[3] oder die wegen der Ausschlussfolge gravierende Rechtsfolgen für den betroffenen Bieter haben.

12 Vergabestellen sollten daher die Ausübung des Leistungsbestimmungsrechts, etwaige Ausschlussgründe, die materielle Eignungsprognose, das „Ob“ und „Wie“ einer Aufklärung nach §15 (EG) Abs.1 VOB/A, §§15, 18 EG VOL/A und die Gründe für eine Aufhebung oder Rückversetzung zumindest im Kern nachvollziehbar begründen und dokumentieren.

2 VHB Bund, Ausgabe 2008 – Stand August 2012, RL 100, Ziff. 5.3., RL zu 111, Ziff. 3.
3 VK Lüneburg, Beschl. v. 20.3.2006 – VgK-04/2006.

### I. Subjektives Recht

13 Besondere Bedeutung hat der Vergabevermerk **im Oberschwellbereich**, weil den Bietern hier ein **subjektives Recht auf ordnungsgemäße** und ausreichende **Dokumentation** der wesentlichen Entscheidungen im Vergabeverfahren zuerkannt wird.

### II. Negative Auswirkung auf Auftragschancen

14 Die Dokumentation verfolgt allerdings keinen Selbstzweck. Daher führen Dokumentationsmängel auch **nicht automatisch** zu einer **Verletzung von Bieterrechten** bzw. zu einem erfolgreichen Nachprüfungsantrag. Dies ist erst dann der Fall, wenn sich ein Verstoß gegen die Dokumentationspflichten auch auf die **Auftragschancen** des Bieters **ursächlich ausgewirkt** haben kann. Nur dann sind die Vergabenachprüfungsinstanzen berechtigt, in das Vergabeverfahren einzugreifen.

15 Ist dagegen sicher auszuschließen, dass sich ein festgestellter Vergabeverstoß auf die Auftragschancen des Antragstellers negativ ausgewirkt haben kann, so bedarf es nicht nur keines Eingreifens der Nachprüfungsstelle, sondern ihr fehlt auch die Kompetenz, auf das Vergabeverfahren einzuwirken.[4] **Ohne Ergebniskausalität** bleiben Dokumentationsmängel daher in der Regel für die Vergabestelle **folgenlos**.[5]

16 Ist dagegen nicht auszuschließen, dass sich eine mangelhafte Dokumentation auf die Rechtsstellung eines Bewerbers oder Bieters negativ ausgewirkt haben kann, ist das Vergabeverfahren grundsätzlich ab dem Zeitpunkt zu wiederholen, in dem die Dokumentation unzureichend wird.[6]

---

**Beispiel**

Bei der Vergabe von IT-Leistungen will sich eine Vergabestelle nicht auf nachträgliche „Bemusterungen" einlassen, sondern vor Auftragserteilung Klarheit über die angebotene Leistungen erhalten. Zu diesem Zweck nimmt sie das Wertungskriterium „Teststellung" mit einer Gewichtung von 20% auf. Es können maximal 20 Punkte erreicht werden. Im Rahmen der Teststellung sollen anhand bestimmter Testszenarien Leistungspunkte vergeben werden. Die von der Vergabestelle für die Teststellungen der einzelnen Bieter vergebenen Schulnoten sind objektiv nicht nachvollziehbar.

Eine Verletzung von Bieterrechten infolge der fehlerhaften Dokumentation ist nicht bereits ausgeschlossen, wenn ein Bieter auch bei Erzielung der vollen Punktzahl in der Teststellung nicht

---

4 OLG Naumburg, Beschl. v. 12.4.2012 – 2 Verg 1/12; OLG Düsseldorf, Beschl. v. 3.8.2011 – Verg 6/11.

5 Vgl. etwa VK Bund, Beschl. v. 17.4.2014 – VK 1-18/14: unzureichende Dokumentation der Wertung.

6 VK Rheinland-Pfalz, Beschl. v. 4.5.2005 – VK 20/05; VK Sachsen-Anhalt, Beschl. v. 25.4.2006 – 1 VK LVwA 8/06; zur Fehlerheilung durch Wiederholung einzelner Verfahrensabschnitte näher Kap. 9 Rn 108 ff.

an der Gesamtbewertung eines Mitbieters vorbeiziehen könnte. Auch bei einem Abstand von mehr als 20 Punkten zwischen zwei Bietern kann eine Neuwertung der Teststellung die Bieterreihenfolge beeinflussen, wenn auch Abwertungen der Mitbewerber denkbar sind. Erst wenn aufgrund der Vergabeunterlagen und trotz der (unzureichenden) Dokumentation ausgeschlossen werden kann, dass die maximal mögliche Abwertung des einen und die gleichzeitig maximal mögliche Aufwertung des anderen die Wertungsreihenfolge unberührt lassen und damit die Auftragschancen des Antragsstellers nicht verbessern können, ist der Nachprüfungsantrag zurückzuweisen.

---

Zeigt sich das Nichterreichen des Schwellenwerts o.Ä. mangels Dokumentation im Vergabevermerk erst im – deshalb unzulässigen – Nachprüfungsverfahren, kann dies eine Kostentragungspflicht der Vergabestelle nach § 128 Abs. 3 GWB i.V.m. § 155 Abs. 4 VwGO analog nach sich ziehen.[7] 17

---

**Beispiel**[8]

Eine **Vergabestelle** schreibt Bodenbelagsarbeiten aus. Im Rahmen der materiellen Eignungsprüfung **überprüft** die Vergabestelle die **Referenzangaben** eines Bieters durch telefonische Nachfragen bei früheren Auftraggebern. Im Vergabevermerk hält sie fest:

„Referenzauskünfte ergaben, dass die Firma den ausgeschriebenen Belag noch nicht verlegt hat und die Verlegetechniken für Sockel und Sockelecken nicht kennt. In allen Fällen wurde von einer Beauftragung dringend abgeraten, die Zusammenarbeit wurde teilweise als große Katastrophe bezeichnet."

Dies ist unzureichend. Aus dem Vermerk geht noch nicht einmal hervor, welcher Mitarbeiter der Vergabestelle wann mit wem gesprochen hat.

---

Im Beispielsfall hätte der Auftraggeber dokumentieren müssen, welche Referenzen 18 er in welcher Art und Weise überprüft hat. Hat der Auftraggeber von den Bietern zum Nachweis ihrer Eignung die Angabe von Referenzen oder Referenzobjekten verlangt und will er auf die **Ergebnisse von Referenzabfragen** im Rahmen der Eignungsprüfung abstellen, so erfordert die Transparenz des Verfahrens die Nachvollziehbarkeit solcher Prüfungsschritte aus der Vergabeakte.

Ausreichend, aber auch erforderlich sind formlose **Telefonvermerke**, aus de- 19 nen zumindest

- der Gesprächszeitpunkt,
- der Gesprächspartner,
- stichwortartig der Gesprächsgegenstand und
- vor allem das Ergebnis der Nachfrage

hervorgehen.

---

7 Vgl. OLG Rostock, Beschl. v. 20.9.2006 – 17 Verg 8/06.

8 Beispiel nach VK Lüneburg, Beschl. v. 5.7.2005 – VgK-26/2005.

### III. Eigene Entscheidung der Vergabestelle

20 Des Weiteren muss anhand der Vergabeakte nachvollziehbar sein, dass der Auftraggeber die wesentlichen Entscheidungen selbst getroffen hat. Dies gilt jedenfalls **bei nicht delegierbaren Entscheidungen**, **Ermessensentscheidungen** und solchen, bei denen der Vergabestelle ein **Beurteilungsspielraum** zuerkannt wird.

21 Der Öffentliche Auftraggeber kann sich zwar zur ordnungsgemäßen Durchführung und Dokumentation des Vergabeverfahrens eines Sachverständigen oder der Hilfe eines Ingenieurbüros oder eines sonstigen fachkundigen Dritten bedienen. Er ist jedoch gehalten, die auf Prüfungen und Vorschlägen des Dritten beruhenden Entscheidungen selbst zu treffen und dies in der Vergabeakte zu dokumentieren.[9]

## D. Heilung von Dokumentationsmängeln

22 Eine nachträgliche **Heilung** von Dokumentationsmängeln ist **nicht generell ausgeschlossen**. Auch kann nicht generell und unabhängig vom Gewicht des Dokumentationsmangels eine Wiederholung der betroffenen Verfahrensabschnitte angeordnet werden. Dieser Schritt soll nach der Rechtsprechung des BGH vielmehr Fällen vorbehalten bleiben,

> „in denen zu besorgen ist, dass die Berücksichtigung einer nachgeschobenen Dokumentation lediglich im Nachprüfungsverfahren nicht ausreichen könnte, um eine wettbewerbskonforme Auftragserteilung zu gewährleisten."[10]

23 Dabei differenziert die Rechtsprechung zwischen zu dokumentierenden Mindestinhalten einerseits und Umständen oder Gesichtspunkten, mit denen die sachliche Richtigkeit einer angefochtenen Vergabeentscheidung nachträglich verteidigt werden soll.

24 Daneben ist zu differenzieren, ob es auf den Zeitpunkt der Dokumentation überhaupt ankommt. **Sind Manipulationen** auch bei einer nachträglichen Begründung **ausgeschlossen**, etwa weil die Gründe aus dem schriftlichen Angebot des Bieters selbst abgeleitet werden, kann diese nachgeholt werden.[11] Denn es wäre unsinnig, den Auftraggeber zur Wiederholung von Verfahrensabschnitten zu verpflichten, damit dieser die im Nachprüfungsverfahren nachgeschobenen Gründe

---

9 VK Lüneburg, Beschl. v. 23.2.2004 – 203-VgK-01/2004.
10 BGH, Beschl. v. 8.2.2011 – X ZB 4/10.
11 VK Bund, Beschl. v. 17.4.2014 – VK 1-18/14.

noch einmal im Vergabevermerk dokumentiert. Dies wäre reine „Förmelei" und mit dem vergaberechtlichen Beschleunigungsgrundsatz[12] nicht zu vereinbaren.

Kommt es dagegen auf den Zeitpunkt der Dokumentation aus Transparenz- 25
gründen maßgeblich an, weil es um eine bestimmte, **nachträglich nicht rekonstruierbare Situation** oder mündliche Einlassungen (z.B. im Rahmen einer Aufklärung) geht, ist eine nachträgliche **Heilung grundsätzlich ausgeschlossen.**

Die VK Bund hat dementsprechend eine **nachgeschobene Wertungsbegrün-** 26
**dung** zu einer **Angebotspräsentation** für **unzulässig** erachtet, da es hier regelmäßig auf den unmittelbaren, spontanen Eindruck vom Bewerber ankomme. Auch könne nicht ausgeschlossen werden, dass der öffentliche Auftraggeber seinen unmittelbar in der Präsentation gewonnenen, der Wertung zugrunde zu legenden Eindruck im Nachhinein nicht objektiv und unbeeinflusst von späteren Erkenntnissen durch weitere Erwägungen ergänzt oder sogar abändert.[13]

---

12 Dieser wird aus § 110 Abs. 1 Satz 4 GWB abgeleitet, wonach die Vergabekammer bei ihrer Tätigkeit darauf zu achten hat, dass der Ablauf des Vergabeverfahrens nicht unangemessen beeinträchtigt wird, vgl. BGH, Beschl. v. 8.2.2011 – X ZB 4/10.
13 VK Bund, Beschl. v. 17.4.2014 – VK 1-18/14.

# Kapitel 11
# Rahmenverträge und dynamische elektronische Verfahren – Möglichkeiten zur Vereinfachung von Beschaffungsvorgängen

1 Die Durchführung förmlicher Vergabeverfahren verursacht sowohl bei öffentlichen Auftraggebern als auch bei den beteiligten Bietern einen z.T. nicht unerheblichen Aufwand. Das Vergaberecht gibt Auftraggebern einige **Gestaltungsmöglichkeiten** an die Hand, um regelmäßig benötigte sowie marktübliche Waren und Dienstleistungen **auf vereinfachtem Wege beschaffen** zu können.

## A. Die Rahmenvereinbarung als Instrument zur Bündelung des Beschaffungsbedarfs

2 Nach den vergaberechtlichen Vorschriften ist **jeder neue öffentliche Auftrag** im Rahmen eines **gesonderten Vergabeverfahrens** zu vergeben. Wie vorstehend in Kapitel 3 dargestellt wurde, gilt dies z.B. auch für inhaltliche Modifikationen oder Verlängerungen von Bestandsverträgen. Soweit Auftraggeber **regelmäßig wiederkehrenden Bedarf** an bestimmten Gütern und Dienstleistungen haben, ist es wenig ökonomisch, bei jeder Einzelbeschaffung ein neues Vergabeverfahren durchzuführen.

3 In der Praxis besteht daher ein erhebliches **Bedürfnis**, durch eine **Bündelung des Beschaffungsbedarfs** den mit zahllosen Einzelvergaben verbundenen Verwaltungsaufwand einzuschränken. Das Vergaberecht stellt hierfür das Institut der **Rahmenvereinbarung** zur Verfügung, nach derzeitiger Rechtslage allerdings nur für die Vergabe von Liefer- und Dienstleistungen.

### I. Der Begriff und der Anwendungsbereich der Rahmenvereinbarung

#### 1. Was sind Rahmenvereinbarungen?

4 Rahmenvereinbarungen sind in §§ 4 Abs. 1, 4 EG Abs. 1 VOL/A definiert als

> „Aufträge, die **ein oder mehrere Auftraggeber** an **ein oder mehrere Unternehmen** vergeben können, um die **Bedingungen für Einzelaufträge**, die während eines bestimmten Zeitraums vergeben werden sollen, **festzulegen**, insbesondere über den in Aussicht genommenen Preis."

5 Rahmenvereinbarungen sollen also – wie aus dem Begriff selbst schon hervorgeht – einen **übergeordneten rechtlichen Rahmen** für Einzelaufträge darstellen und

die Bedingungen für deren Erteilung festlegen. Die **Vergabe der Einzelaufträge (= Leistungsabrufe)** erfolgt dann gewissermaßen auf der zweiten Stufe **innerhalb dieses Rahmens**. Dabei ist es möglich, dass die Bedingungen für den jeweiligen Einzelauftrag sich vollständig aus der Rahmenvereinbarung ergeben. Es ist aber auch denkbar, dass die dortigen Regelungen nicht abschließend sind.

6 Nach der vorzitierten Definition sind **Rahmenvereinbarung öffentliche Aufträge**. Daher unterliegt der Abschluss von Rahmenvereinbarungen in jedem Fall dem Vergaberecht, und zwar sowohl unterhalb als auch oberhalb der Schwellenwerte. Dass mit dem Abschluss der Rahmenvereinbarung als solcher noch nichts „beschafft" wird, ändert an ihrer Einstufung als „echter" öffentlicher Auftrag im Sinne von § 99 GWB nichts.[1] Auch ohne unmittelbaren Austausch von Leistung und Gegenleistung kommt einer Rahmenvereinbarung eine **konkrete wettbewerbliche Gestaltungswirkung** zu.

7 Dies rechtfertigt eine Einstufung als vergaberechtlich relevanter Vorgang umso mehr, weil die Vergabe der „eigentlichen" **Einzelaufträge** nach Abschluss der Rahmenvereinbarung zwar auf deren Grundlage, aber **ohne ein erneutes förmliches Vergabeverfahren** und zudem in einem **geschlossenen System** erfolgt. Mit dem Abschluss der Rahmenvereinbarung ist somit die vergaberechtliche Seite abgeschlossen, auch wenn § 4 EG Abs. 5b) und 6 VOL/A konkrete Verfahrensregeln für die Vergabe der Einzelaufträge aufstellt. Die Einzelheiten hierzu werden nachfolgend unter Rn 57 ff. näher dargestellt.

8 Da Rahmenvereinbarungen letztlich „normale" öffentliche Aufträge sind, gelten im Hinblick auf das einzuhaltende **Vergabeverfahren** die **allgemeinen Regelungen**. Liegen keine Ausnahmetatbestände vor, ist das offene Verfahren zu wählen. Die allgemeinen Verfahrensgrundsätze gelten uneingeschränkt.

9 Die **Abgrenzung** zwischen einer „echten" Rahmenvereinbarung und einer **Dienstleistungskonzession** kann gelegentlich problematisch sein; hier kommt es auf den Einzelfall an. Eine (derzeit noch vergabefreie) Dienstleistungskonzession liegt dann vor, wenn das Betriebsrisiko jedenfalls in erheblichem Umfang vom Auftragnehmer getragen wird.

**Beispiel**

Wählt eine Kommune für die Vergabe eines Auftrags zur Essensversorgung für Kindertagesstätten und Schulen ein Vertragsmodell, demzufolge der Betreiber seine **Vergütung nicht von der Kommune** als öffentlichem Auftraggeber, sondern von den Personensorgeberechtigten der jeweiligen Nutzer erhält, so ist dieses als Vergabe einer **Dienstleistungskonzession** einzustufen. Der Betreiber trägt dann nämlich das wirtschaftliche Risiko, ob seine Leistung überhaupt (in ausreichendem Umfang) nachgefragt wird.

Dies soll sogar dann gelten, wenn der Betreiber nach der bisherigen vertraglichen Regelung seine Vergütung durch den öffentlichen Auftraggeber erhielt – also ein vergabepflichtiger Dienstleis-

1 Allgemeine Auffassung, vgl. etwa OLG Düsseldorf, Beschl. v. 13.8.2014 – VII Verg 13/14.

tungsauftrag vorlag – und die Kommune das Vergütungssystem nun für die Zukunft umstellen möchte. Der Auftraggeber ist nicht für alle Zeit an eine frühere Vertragsgestaltung gebunden, sondern verfügt grundsätzlich über ein Wahlrecht. Die **bloße Umstellung der Vertragsmodalitäten** allein begründet noch **keine unzulässige Umgehung des Vergaberechts.**[2]

Während der gesamten Laufzeit der Rahmenvereinbarung findet **nur eine vergaberechtlich relevante Auftragsvergabe** statt, nämlich der Abschluss der Rahmenvereinbarung selbst. Damit ist die **Vertragspartnerwahl des öffentlichen Auftraggebers abgeschlossen.** Im Umkehrschluss bedeutet dies, dass diejenigen Bewerber, die beim Abschluss der Rahmenvereinbarung nicht zum Zug gekommen sind, für die Laufzeit der Rahmenvereinbarung von den hierunter fallenden Beschaffungsvorgängen des Auftraggebers vollständig ausgeschlossen sind. 10

Der Abschluss von Rahmenvereinbarungen weist somit eine gewisse **wettbewerbsbeschränkende Komponente** auf. Dies stellt die **Kehrseite der Erhöhung der Beschaffungseffizienz** auf Seiten des öffentlichen Auftraggebers dar. 11

### 2. Der Anwendungsbereich für Rahmenvereinbarungen

Die Zulässigkeit von Rahmenvereinbarungen ist nach der bislang geltenden Regelung grundsätzlich **auf Liefer- und Dienstleistungsaufträge beschränkt.** Während § 4 EG VOL/A für den Oberschwellenbereich eine ausführliche und § 4 VOL/A für den Unterschwellenbereich immerhin noch eine knappe Regelung enthalten, findet sich in der VOB/A und der VOF zu Rahmenvereinbarungen nichts. Dies erscheint **schwer verständlich**, weil nach den europarechtlichen Vorgaben insofern keine Differenzierung geboten ist. 12

Da bei der Formulierung der VOB/A und der VOF bewusst darauf verzichtet wurde, eine Regelung zur Zulässigkeit von Rahmenvereinbarungen aufzunehmen, liegt **keine planwidrige Regelungslücke** vor, so dass auch keine analoge Anwendung der Regelungen aus den §§ 4, 4 EG VOL/A in Betracht kommt. Nach derzeitiger Rechtslage sind somit **im Geltungsbereich der VOB/A und der VOF Rahmenvereinbarungen unzulässig.** 13

Die **VSVgV** übernimmt für Aufträge in den Bereichen Verteidigung und Sicherheit im Wesentlichen die vorstehend beschriebene Systematik, allerdings mit einer Modifizierung. Zu den sicherheits- und verteidigungsrelevanten Liefer- und Dienstleistungsaufträgen, auf welche die VSVgV nach § 2 Abs. 1 VSVgV uneingeschränkt Anwendung findet, gehören nach der Verordnungsbegründung **auch freiberufliche Leistungen.** Daher können diese im Verteidigungs- und Sicherheitsbereich auch Gegenstand von Rahmenvereinbarungen sein. 14

2 Fallkonstellation nach OLG Dresden, Beschl. v. 8.10.2009 – WVerg 0005/09.

15 Die Regelung über Rahmenvereinbarungen in § 14 VSVgV gilt hingegen nach § 2 Abs. 2 VSVgV ausdrücklich nicht für die Vergabe von sicherheits- und verteidigungsrelevanten Bauaufträgen. Da auch der dritte Abschnitt der VOB/A **Rahmenvereinbarungen über sicherheits- und verteidigungsrelevante Bauaufträge** nicht vorsieht, sind diese **unzulässig**.

16 Lediglich **im Sektorenbereich** können **für alle Auftragsarten Rahmenvereinbarungen** abgeschlossen werden. § 9 SektVO enthält insofern keine Einschränkung auf Liefer- und Dienstleistungsaufträge, sondern regelt die Zulässigkeit von Rahmenvereinbarungen einheitlich und abschließend. Daher können im Sektorenbereich auch Rahmenvereinbarungen über Bauleistungen und freiberufliche Leistungen geschlossen werden.

### 3. Die Bedeutung von Rahmenvereinbarungen in der Praxis

17 Seit der „flächendeckenden" Einführung von Rahmenvereinbarungen über Liefer- und Dienstleistungen im Zuge der Vergaberechtsreform 2006[3] hat dieses Steuerungsinstrument für effiziente Beschaffungen eine **erhebliche Verbreitung** erfahren. Es bietet sich in allen Bereichen an, in denen **bestimmte Güter** im Laufe eines Haushaltsjahrs oder auch für einen längeren Zeitraum **regelmäßig und meist in großer Menge beschafft** werden müssen. Rahmenvereinbarungen werden daher häufig für den Einkauf von Massenartikeln geschlossen; ihr Einsatz ist aber keineswegs notwendig auf die Beschaffung geringwertiger Güter beschränkt.

18 Durch die Bündelung des Beschaffungsvorgangs ermöglichen Rahmenvereinbarungen für Auftraggeber eine deutliche **Verwaltungsvereinfachung**. Sie bewirken darüber hinaus eine größere **Flexibilisierung** auf Seiten des Auftragsgebers im Hinblick auf Umfang und Zeitpunkt der einzelnen Leistungsabrufe.[4]

19 Die flexible Handhabung von Beschaffungen, die Rahmenvereinbarungen ermöglichen, ist auch der Grund dafür, dass es „die" typische Rahmenvereinbarung nicht gibt. Entscheidend sind immer die **konkreten Bedürfnisse des Auftraggebers**. Grundsätzlich kommen alle regelmäßig in nennenswertem Umfang benötigten Waren und Dienstleistungen als Gegenstand einer Rahmenvereinbarung in Frage.

20 Nachfolgend sollen einige Beispiele aus der Rechtsprechung die **breit gestreuten Anwendungsfelder** von Rahmenvereinbarungen in der Praxis illustrieren:

- Kauf und Lieferung von **Büroartikeln**,[5]
- Lieferung von Streusalz,[6]

---

3 Vor diesem Zeitpunkt waren Rahmenvereinbarungen nur im Sektorenbereich zulässig und spielten demnach zwangsläufig nur eine geringe Rolle.

4 VK Münster, Beschl. v. 6.3.2013 – VK 2/13; VK Hessen, Beschl. v. 5.11.2009 – 69d VK-39/2009.

5 VK Schleswig-Holstein, Beschl. v. 22.4.2008 – VK-SH 03/08.

6 OLG Jena, Beschl. v. 22.8.2011 – 9 Verg 2/11.

- Planung, Auswahl, Installation und Wartung von **IT-Komponenten**,[7]
- Versorgung der Versicherten mit ableitenden Inkontinenzartikeln,[8]
- Leasing von **Kraftfahrzeugen**,[9]
- Ablese- und Abrechnungsdienstleistungen zur Verbrauchserfassung bei kommunalen Wohnungen.[10]

Besondere wirtschaftliche Bedeutung haben Rahmenvereinbarungen im Bereich des **Abschlusses von Rabattverträgen** durch gesetzliche Krankenkassen nach dem SGB V. Solche Rabattverträge werden von den Krankenkassen mit Leistungserbringern über die **Lieferung von Arzneimitteln** geschlossen. Durch die Verträge wird noch keine Lieferverpflichtung begründet; es werden lediglich die Liefer- und insbesondere Abrechnungsbedingungen für spätere Leistungsabrufe geregelt. 21

Es ist mittlerweile anerkannt, dass derartige Rabattverträge als Rahmenvereinbarungen im vergaberechtlichen Sinn einzustufen sind.[11] Im Gegensatz zu „normalen" Rahmenvereinbarungen besteht hier allerdings die Besonderheit, dass die **Vertragspartner** der Rahmenvereinbarung einerseits und der auf deren Grundlage geschlossenen Einzelverträge andererseits **nicht identisch** sind. Letztere werden nämlich unmittelbar zwischen den Krankenkassen als Auftraggebern und den Apotheken geschlossen. Sie sind aber dennoch als wirtschaftliche Einheit anzusehen, weil sie z.B. durch die Direktzahlung des Auftraggebers an das pharmazeutische Unternehmen als Auftragnehmer **funktional eng miteinander verknüpft** sind.[12] 22

**Vergaberechtlich zweifelhaft** erscheint in diesem Zusammenhang das von den gesetzlichen Krankenkassen angewandte **„Open-House-Modell"**. Damit gemeint ist eine Vertragskonstellation, bei der der Auftraggeber nach einem bloßen Zulassungsverfahren mit allen interessierten pharmazeutischen Unternehmen Rahmenvereinbarungen über die **Einräumung faktisch „diktierter" Rabatte** schließt.[13] Hier findet nämlich überhaupt **keine Auswahlentscheidung** statt, die konstitutive Voraussetzung jedes Vergabeverfahrens ist.[14] 23

7 VK Münster, Beschl. v. 6.3.2013 – VK 2/13.
8 VK Bund, Beschl. v. 17.4.2014 – VK 1-22/14.
9 VK Bund, Beschl. v. 21.6.2010 – VK 2-53/10.
10 VK Brandenburg, Beschl. v. 3.4.2009 – VK 8/09.
11 VK Bund, Beschl. v. 6.7.2011 – VK 3-80/11.
12 Näher zum Ganzen z.B. VK Bund, Beschl. v. 6.7.2011 – VK 3-80/11.
13 Lassen sich Auftragnehmer auf ein solches Zulassungsverfahren nicht ein, werden die von ihnen angebotenen Heil- und Arzneimittel in der Regel durch Produkte von Mitbewerbern ersetzt.
14 Mit guten Gründen für eine vergaberechtliche Unzulässigkeit dieser Praxis VK Bund, Beschl. v. 20.2.2014 – VK 1-4/14. Das OLG Düsseldorf hat das Beschwerdeverfahren ausgesetzt und dem EuGH zur Beantwortung diverser streitiger Fragen vorgelegt, Beschl. v. 13.8.2014 – VII-Verg 13/14.

## II. Die Zulässigkeit von Rahmenvereinbarungen

24 § 4 EG VOL/A enthält eine ausführliche Regelung dazu, unter welchen Voraussetzungen Rahmenvereinbarungen zulässig sind und was bei der späteren Vergabe der hierauf basierenden **Einzelaufträge** zu beachten ist. Letzteres ist in § 4 VOL/A für den **Unterschwellenbereich nicht explizit geregelt**. Jedoch sind auch dort die allgemeinen rechtsstaatlichen Anforderungen zu beachten, so dass ohne Weiteres in der Praxis auf die Regelungen in § 4 EG Abs. 3 bis 6 VOL/A zurückgegriffen werden kann.

### 1. Der Grundsatz: Beachtung des Missbrauchsverbots

25 Auch wenn das in der VOL/A 2006 statuierte Missbrauchsverbot nicht mehr ausdrücklich in § 4 EG VOL/A enthalten ist, gilt weiterhin, dass Auftraggeber Rahmenvereinbarungen **nicht missbräuchlich oder in wettbewerbswidriger Weise** einsetzen dürfen. Diese Selbstverständlichkeit ist europarechtlich verankert, ergibt sich aber auch aus den allgemeinen vergaberechtlichen Grundsätzen, wonach Auftragsvergaben **transparent und diskriminierungsfrei** erfolgen müssen.[15]

26 Rahmenvereinbarungen dürfen daher inhaltlich nicht so ausgestaltet werden, dass in ihnen für Auftragnehmer **unstatthafte Bedingungen** enthalten sind, z.B. im Hinblick auf das dem Auftragnehmer aufgebürdete Mengenrisiko. Dies muss bei dem verständlichen Bestreben von Auftraggebern, die Flexibilisierungsmöglichkeiten von Rahmenvereinbarungen optimal auszunutzen, berücksichtigt werden. Auch eine Bündelung von Auftraggebern in einer Rahmenvereinbarung, die faktisch zur Bildung eines „**Einkaufskartells**" führen würde, kann gegen das Missbrauchsverbot verstoßen.[16]

**Beispiel**

Eine Straßenbauverwaltung schreibt die **Lieferung von Streusalz** als Rahmenvereinbarung für einen Zeitraum von zwei Wintern aus. Die Rahmenvereinbarung enthält **keine Abnahmeverpflichtung** des Auftraggebers. Der Auftragnehmer hingegen soll verpflichtet werden, binnen 48 Stunden eine Mindestmenge von 125 t Streusalz liefern zu können. Die Nichteinhaltung dieser Frist ist mit einer **Vertragsstrafe** bewehrt. Ein Bieter beschwert sich über diese aus seiner Sicht nachteilige Vertragsgestaltung. Die Vergabestelle argumentiert damit, dass die Bieter ja auf eine Teilnahme an der Ausschreibung verzichten könnten, wenn sie mit den Vertragsbedingungen nicht einverstanden seien.

Das OLG Dresden gibt dem Bieter Recht, da dem Bieter ein **ungewöhnliches Wagnis aufgebürdet** würde. Auch wenn dies nach dem Text der aktuellen VOL/A nicht mehr ausdrücklich verboten sei,

15 Hierzu z.B. OLG Düsseldorf, Beschl. v. 24.11.2011 – Verg 62/11.

16 Siehe hierzu (im konkreten Fall allerdings verneinend) VK Bund, Beschl. v. 23.1.2009 – VK 3-194/08.

dürfe ein Auftraggeber nicht die vertraglichen Risiken unangemessen auf den Bieter abwälzen.[17] Hinzukommt, dass dem Bieter kein Ausgleich für die ihm wegen der vorgeschriebenen kurzen Lieferfrist entstehenden **Vorhaltekosten** zusteht.[18]

## 2. Die Vertragspartner der Rahmenvereinbarung

Nach §§ 4 Abs. 1, 4 EG Abs. 1 VOL/A sowie den korrespondierenden Regelungen in 27 § 9 Abs. 1 SektVO und § 4 Abs. 2 VSVgV können Rahmenvereinbarungen geschlossen werden zwischen **einem oder mehreren Auftraggebern** und **einem oder mehreren Auftragnehmern**.

Es gibt also vier mögliche Vertragskonstellationen: 28
- Rahmenvereinbarungen zwischen einem Auftraggeber und einem Auftragnehmer,
- Rahmenvereinbarungen zwischen einem Auftraggeber und mehreren Auftragnehmern,
- Rahmenvereinbarungen zwischen mehreren Auftraggebern und einem Auftragnehmer sowie
- Rahmenvereinbarungen zwischen mehreren Auftraggebern und mehreren Auftragnehmern.

Der Vertragsschluss zwischen einem Auftraggeber und einem Auftragnehmer ist die in 29 Vergabeverfahren **typische Konstellation** – das Vergabeverfahren endet mit der Zuschlagserteilung auf den (einen) Mindestbietenden. Eine **Mehrheit von Auftraggebern** wird zwar in den vergaberechtlichen Regelungen ansonsten nicht erwähnt, allerdings existieren **Auftraggebergemeinschaften und Einkaufskooperationen** in der Praxis schon seit langem.[19] Diese Bündelung der Nachfrage ist darauf gerichtet, im Vergleich zu einer Einzelbeschaffung bessere Einkaufsbedingungen und insbesondere Preisvorteile zu erzielen, und ist **vergaberechtlich grundsätzlich zulässig.**[20]

---

17 OLG Dresden, Beschl. v. 2.8.2011 – WVerg 4/11. – Allerdings ist klarzustellen, dass auch Rahmenvereinbarungen, die **keine Abnahmeverpflichtung** des Auftraggebers vorsehen, **grundsätzlich zulässig** sind; vgl. VK Bund, Beschl. v. 29.7.2009 – VK 2-87/09. Ablehnend zur Annahme einer Unzumutbarkeit in solchen Fällen OLG Düsseldorf, Beschl. v. 19.10.2011 – Verg 54/11.

18 Zu diesem Gesichtspunkt VK Bund, Beschl. v. 24.5.2011 – VK 1-45/11.

19 **Zentrale Beschaffungsstellen** gehören meist nicht hierzu, weil sie zwar den Beschaffungsbedarf verschiedener Behörden bündeln, bei Auftragsvergaben aber in der Regel als **ein** Auftraggeber – häufig als nicht rechtsfähige Einrichtung eines Trägers – nach außen auftreten. Andere Konstruktionen sind aber denkbar, so z.B. die Durchführung des Vergabeverfahrens durch eine gesonderte Vergabestelle im Namen und auf Rechnung einzelner Kommunen, vgl. hierzu etwa OLG Schleswig, Beschl. v. 30.10.2012 – 1 Verg 5/12; OLG Schleswig, Beschl. v. 25.1.2013 – 1 Verg 8/12.

20 OLG Schleswig, Beschl. v. 30.10.2012 – 1 Verg 5/12. – Ob eine derartige Nachfragebündelung kartellrechtlich zulässig ist, ist eine andere Frage. Kommunale Einkaufsgemeinschaften können

30 Der bei Rahmenvereinbarungen mögliche Vertragsschluss mit einer Mehrzahl von Auftragnehmern stellt eine Besonderheit im Bereich des Vergaberechts dar. Ob Auftraggeber eine Rahmenvereinbarung **mit einem oder mehreren Auftragnehmern** schließen wollen, können sie **frei entscheiden**. Diese beiden in §§ 4, 4 EG VOL/A eröffneten Möglichkeiten stehen alternativ und somit gleichwertig nebeneinander.[21]

---

**!**

**Praxistipp**

Ob eine Rahmenvereinbarung mit einem Auftragnehmer oder mit mehreren Auftragnehmern sinnvoll ist, hängt vom Einzelfall und insbesondere vom **Beschaffungsgegenstand** ab. Ist dieser klar umrissen und sind hinsichtlich der Leistungen, die Vertragsgegenstand werden sollen, keine auf unterschiedlichen Kalkulationsansätzen beruhenden signifikanten **Preisschwankungen** zwischen den einzelnen Angeboten zu erwarten, bietet sich eine Individual-Rahmenvereinbarung an. Gleiches gilt, wenn bei Vertragsschluss mit mehreren Bietern **Abwicklungsschwierigkeiten** zu befürchten sind.[22]

Es kann aber auch angezeigt erscheinen, während der Laufzeit der Rahmenvereinbarung bei der Vergabe der Einzelaufträge ein Auswahlverfahren und somit einen **Wettbewerb durchzuführen**. Dies bietet sich insbesondere dann an, wenn die **Bedingungen für die Einzelaufträge** in der Rahmenvereinbarung **nicht (weitgehend) abschließend geregelt** werden können. Verfügt der öffentliche Auftraggeber in einer solchen Konstellation nur über einen Vertragspartner, kann sich die Preisfindung für eine nicht klar aus der Rahmenvereinbarung abzuleitende Einzelleistung schwierig und für den Auftraggeber nachteilig gestalten. Der Auftragnehmer verfügt dann faktisch über eine **Monopolstellung**. Liegt hingegen bei der Vergabe des Einzelauftrags eine Konkurrenz- und somit Wettbewerbssituation auf Auftragnehmerseite vor, ist für den Auftraggeber ein besserer Angebotspreis zu erwarten.

Darüber hinaus kann es für Auftraggeber schlicht **praktischer** sein, auf eine **Mehrzahl von Auftragnehmern** zurückgreifen zu können. Dies kann z.B. der Fall sein, wenn die Rahmenvereinbarung sich auf bestimmte Dienstleistungen erstrecken soll, die – möglicherweise zeitgleich – in einem größeren Gebiet zu erbringen sind. Alternativ kann hier aber auch die Bildung von (Gebiets-)Teillosen, für die jeweils Individual-Rahmenvereinbarungen geschlossen werden, in Betracht kommen.

---

31 Eine nachträgliche Auswechselung oder Erweiterung der Vertragspartner der Rahmenvereinbarung ist unzulässig. §§ 4 Abs. 2, 4 EG Abs. 2 VOL/A schreiben vor, dass die Erteilung von Einzelaufträgen nur zwischen den **ursprünglichen Beteiligten** der Rahmenvereinbarung erfolgen darf.[23] Ein **nachträglicher „Beitritt“** zu einer be-

---

sich insofern regelmäßig auf den Privilegierungstatbestand des § 3 GWB (vormals § 4 Abs. 2 GWB) stützen, der Mittelstandskartelle unter bestimmten Bedingungen zulässt. Die Vorschrift ist gemäß BGH, Urt. v. 12.11.2002 – KZR 11/01, auch auf Einkaufsgemeinschaften kleinerer und mittlerer Gemeinden anwendbar.

**21** VK Bund, Beschl. v. 25.11.2011 – VK 1-135/11.

**22** Zu Letzterem VK Bund, Beschl. v. 29.9.2009 – VK 2-162/09.

**23** Die Formulierung im Normtext, wonach nur die Auftraggeber abrufberechtigt sind, „die ihren voraussichtlichen Bedarf für das Vergabeverfahren gemeldet haben“, ist allerdings unglücklich

stehenden Rahmenvereinbarung ist sowohl auf Auftraggeber- als auch auf Auftragnehmerseite **unstatthaft**. Ausnahmen können bestehen im Fall einer Rechtsnachfolge bei einem Auftragnehmer[24] oder bei Gebietszusammenschlüssen von Auftraggebern.

### 3. Die notwendigen Mindestfestlegungen in Rahmenvereinbarungen

§§ 4 Abs. 1, 4 EG Abs. 1 VOL/A sowie § 9 Abs. 1 SektVO und § 4 Abs. 2 VSVgV schreiben vor, dass die **Bedingungen für die Einzelaufträge** – insbesondere der in Aussicht genommene Preis – in der Rahmenvereinbarung bereits **festgelegt werden müssen**. Der Sinn dieser Vorgabe erschließt sich auf Anhieb: Eine Rahmenvereinbarung ist in der Praxis unbrauchbar, wenn sie für die Einzelaufträge nichts „hergibt“. 32

#### a) Die Festlegung des Vertragsgegenstands

Auch wenn es in den vorgenannten Vorschriften nicht eigens erwähnt wird, ist es 33 unabdingbar, dass der Auftraggeber den Vertragsgegenstand so genau angibt, dass er **ohne wesentliche Änderung Grundlage** für den Abruf der Einzelaufträge sein kann. Für die Bieter muss **erkennbar** sein, was er im Rahmen der (späteren) Leistungsabrufe erbringen soll. Ansonsten ist das Vergabeverfahren intransparent und damit ist den Bietern eine seriöse **Kalkulation ihrer Angebotspreise** nicht möglich.

Die Verpflichtung, den Vertragsgegenstand für die Bieter transparent zu be- 34 schreiben, folgt wiederum aus §§ 7 Abs. 1, 8 EG Abs. 1 VOL/A, wonach die Leistung **eindeutig und erschöpfend** zu beschreiben ist. Nur so kann sichergestellt werden, dass die Bieter die Leistungsbeschreibung im gleichen Sinne verstehen und der Auftraggeber **inhaltlich vergleichbare Angebote** erhält.[25]

Allerdings kann der Leistungsgegenstand von Rahmenvereinbarungen in den 35 meisten Fällen **nicht so konkret gefasst** werden, wie dies bei einem „normalen“ Einzelauftrag möglich ist. Typischerweise stehen bei einer Rahmenvereinbarung jedenfalls nicht alle potenziell zu erbringenden Bestandteile der Einzelleistungen von vornherein fest. Rahmenvereinbarungen sollen zumeist auch **unvorhergesehene Leistungselemente** einbeziehen.

Daher sind die **Anforderungen an die Leistungsbeschreibung** hinsichtlich ih- 36 res eindeutigen und erschöpfenden Inhalts bei Rahmenvereinbarungen **weniger**

---

gewählt. Entscheidend ist, dass der Kreis der abrufberechtigten Auftraggeber aus der Rahmenvereinbarung hervorgeht und dort abschließend festgelegt wird.

24 Vgl. EuGH, Urt. v. 19.6.2008 – C-454/06.

25 Näher zu dieser Thematik vorstehend in Kap. 6 Rn 68 ff.

**streng.**[26] Dies darf allerdings nicht dazu führen, dass Auftraggeber sich auf mehr oder weniger floskelhafte allgemeine Beschreibungen oder die Wiedergabe eines aktuell vorhandenen Bestands beschränkt. Die **wesentlichen Leistungsparameter** müssen aus der Leistungsbeschreibung hervorgehen.[27]

### b) Preisangaben

37 Nach §§ 4 Abs. 1, 4 EG Abs. 1 VOL/A sowie § 9 Abs. 1 SektVO und § 4 Abs. 2 VSVgV müssen in der Rahmenvereinbarung insbesondere Preisregelungen getroffen werden. Zwar ist es nicht zwingend notwendig, bereits in der Rahmenvereinbarung abschließende Preisvereinbarungen zu treffen; jedoch müssen zumindest die **preislichen Rahmenbedingungen** als taugliche Berechnungsgrundlage **für die Preise der Einzelverträge** feststehen.[28]

38 Die Preisermittlung für die einzelnen Leistungsabrufe darf also nicht gänzlich frei erfolgen, sondern muss auf die in der Rahmenvereinbarung **festgelegten Bedingungen zurückgeführt** werden können. Aus den in der Rahmenvereinbarung definierten Parametern (z.B. Einheitspreise für bestimmte Leistungen, Höhe des Stundenlohns für die vom Auftragnehmer eingesetzten Kräfte) muss sich daher die **spätere Vergütungsermittlung** der Einzelaufträge **zumindest ableiten lassen.**

---

! **Praxistipp**

Bieter kalkulieren Preise für bestimmte Leistungen in der Regel gerade bei der Lieferung von Waren nach dem **Umfang der Leistungserbringung**. Größere Mengen können günstiger angeboten werden als kleine Mengen. Welche **Liefermengen** – z.B. von Druckerzeugnissen, Verpackungsgegenständen oder IT-Soft- und Hardware – bei den Leistungsabrufen während der Laufzeit einer Rahmenvereinbarung anfallen, kann aber im Vorfeld **oft nur grob geschätzt werden**[29] und zudem von Leistungsabruf zu Leistungsabruf **stark variieren**.

Daher bietet es sich an, bei solchen Bedarfskonstellationen **Staffelpreise** vorzusehen, von den Bietern also unterschiedliche Preise für unterschiedliche Liefermengen abzufragen. Dies erleichtert auch den Bietern ihre Kalkulation, da sie ansonsten über die voraussichtlichen Liefermengen spekulieren müssten.

Je nach der vorgesehenen Laufzeit der Rahmenvereinbarung empfehlen sich auch **Preis- und Materialgleitklauseln**. Dies gilt insbesondere für Leistungen und Stoffe, die erfahrungsgemäß Preisschwankungen unterliegen.

---

26 OLG Düsseldorf, Beschl. v. 30.11.2009 – VII-Verg 43/09.

27 Siehe hierzu etwa VK Münster, Beschl. v. 6.3.2013 – VK 2/13.

28 VK Bund, Beschl. v. 20.5.2003 – VK 1-35/03.

29 Zu den notwendigen Festlegungen im Hinblick auf den voraussichtlichen Bedarf des Auftragnehmers und erforderliche Mengenangaben nachfolgend Rn 39 ff.

### c) Die Angabe des voraussichtlichen Bedarfs des Auftraggebers

Neben dem Preis für die abzurufende Einzelleistung sind auch das **voraussichtliche Auftragsvolumen** bzw. die voraussichtlichen **(Abnahme-)Mengen** so genau wie möglich zu ermitteln und den Bietern bekannt zu geben (§§ 4 Abs. 1 S. 2, 4 EG Abs. 1 S. 2 VOL/A, § 9 Abs. 1 S. 3 SektVO, § 4 Abs. 2 S. 3 VSVgV). Diese Vorgabe ist eine Ausprägung des allgemeinen Transparenzgrundsatzes[30] und soll wiederum dazu dienen, den Bietern eine **belastbare Kalkulation** zu ermöglichen. Ihre Beachtung liegt aber auch im eigenen Interesse des Auftraggebers, da **Unsicherheiten** hinsichtlich des Auftragsvolumens das Risiko der Bieter erhöhen und in der Regel zu **Preisaufschlägen** führen. 39

Allerdings sind **Ungewissheiten über den Umfang** des Abrufs von Einzelleistungen auf Seiten des Auftraggebers zumeist ein **typisches Merkmal von Rahmenvereinbarungen**. Es ist Auftraggebern nicht möglich, ihren konkreten Bedarf bis ins Detail festzulegen. Dies wird ihnen von der Rechtsprechung daher auch nicht zugemutet.[31] 40

Dieser Unsicherheit trägt die Formulierung in §§ 4 Abs. 1, 4 EG Abs. 1 VOL/A Rechnung, wonach (nur) das **„in Aussicht genommene" Auftragsvolumen** anzugeben ist. Hierdurch wird der Auftraggeber zu einer **sorgfältigen Bedarfsermittlung** verpflichtet, die sich insbesondere an **Erfahrungswerten** aus der Vergangenheit orientiert, aber auch **Prognosen** über künftige Entwicklungen – z.B. bevorstehende Projekte, den Zufluss von Fördermitteln oder absehbare Gesetzesänderungen – berücksichtigen kann. 41

**Praxistipp** !

Auftraggeber sind vom Grundsatz her **nicht verpflichtet, Mindestabnahmemengen vorzusehen**, den Bietern also eine bestimmte Abnahmegarantie einzuräumen.[32] Es ist ihnen allerdings versagt, den Ausschluss einer Abnahmeverpflichtung mit weiteren Vertragsbedingungen zu kombinieren, die in ihrer Gesamtschau dazu führen würden, dass die Vereinbarung für die Bieter schlechthin unzumutbar würde. Dann wäre die **Grenze zum Rechtsmissbrauch überschritten** und die vorgesehene Rahmenvereinbarung ausnahmsweise als vergaberechtlich unzulässig anzusehen.[33]

Soweit Auftraggeber jedoch mit hoher Wahrscheinlichkeit oder gar mit Sicherheit einen Mindestbeschaffungsbedarf festgestellt haben, kann die Angabe von **Mindestabnahmemengen unter Umständen sinnvoll** sein. Sie führt nämlich voraussichtlich zu günstigeren Angebotspreisen, weil das Kalkulationsrisiko der Bieter verringert wird.

---

**30** VK Bund, Beschl. v. 17.3.2014 – VK 2-13/14.

**31** OLG Düsseldorf, Beschl. v. 28.3.2012 – VII-Verg 90/11; OLG Jena, Beschl. v. 22.8.2011 – 9 Verg 2/11; VK Bund, Beschl. v. 17.3.2014 – VK 2-13/14.

**32** OLG Jena, Beschl. v. 22.8.2011 – 9 Verg 2/11; VK Bund, Beschl. v. 21.6.2010 – VK 2-53/10; VK Bund, Beschl. v. 29.7.2009 – VK 2-87/09.

**33** Vgl. hierzu das vorstehende Beispiel bei Rn 26.

### d) Die Angabe von Regeln für den Leistungsabruf durch Einzelverträge

42 Die Rahmenvereinbarung bildet die Grundlage für die zu vergebenden Einzelaufträge, deren „Bedingungen" sie schließlich festlegen muss. Das bedeutet nicht nur, dass der **Gegenstand der Einzelverträge** aus der Rahmenvereinbarung abzuleiten, dort also hinreichend bestimmt beschrieben sein muss, sondern dass dort bereits bestimmte **weitere Grundentscheidungen getroffen** werden müssen.

43 Der Auftraggeber muss zum einen schon in der Ausschreibung mitteilen, ob die Rahmenvereinbarung **mit einem Auftragnehmer oder mit mehreren Auftragnehmern** geschlossen werden soll. Dies kann er nach freiem Ermessen festlegen.[34] Wenn der Auftraggeber die Rahmenvereinbarung mit mehreren Auftragnehmern schließen will, muss er gemäß § 4 EG Abs. 4 VOL/A und § 14 Abs. 4 VSVgV **mindestens drei** Unternehmen beteiligen. Für den Unterschwellenbereich enthält § 4 VOL/A insofern keine ausdrückliche Vorgabe.

44 Zum anderen muss der Auftraggeber im Vorfeld entscheiden und in die Rahmenvereinbarung aufnehmen, wie die **Vergabe der Einzelaufträge** erfolgen soll. Nur wenn eine Individual-Rahmenvereinbarung vorliegt, die alle Vergabebedingungen bereits abschließend festlegt, besteht auf der zweiten Stufe kein **Konkretisierungsbedarf**, sondern die Leistung kann einfach durch den Auftraggeber abgerufen werden. In allen anderen Konstellationen greift dieser Automatismus nicht, so dass auf Vorgaben in der Rahmenvereinbarung selbst oder in der VOL/A bzw. der VSVgV zurückgegriffen werden muss.

45 Der Auftraggeber hat es dabei in der Hand, das Prozedere für die Vergabe der Einzelaufträge **selbst zu bestimmen**. Innerhalb der allgemeinen Verfahrensregeln und unter Beachtung der vergaberechtlichen Grundprinzipien kann er vorschreiben, **nach welchen Regeln** die Vergabe der Einzelaufträge erfolgen soll. Soweit die Rahmenvereinbarung keine Vorgaben hierfür enthält, muss auf die Vorschriften in § 4 EG Abs. 3 bis 6 VOL/A bzw. in § 14 Abs. 3 bis 5 VSVgV zurückgegriffen werden.

### e) Die Angabe der Laufzeit der Rahmenvereinbarung

46 **Zwingend erforderlich** ist es vorab festzulegen, **für welchen Zeitraum** die Rahmenvereinbarung gelten soll. Das ergibt sich aus §§ 4 Abs. 1 Satz 1, 4 EG Abs. 1 Satz 1 VOL/A sowie § 9 Abs. 1 Satz 2 SektVO und § 4 Abs. 2 Satz 1 VSVgV, wo im Rahmen der Begriffsdefinition der Rahmenvereinbarung jeweils die Geltung für einen „bestimmten Zeitraum" angegeben wird. **Unbefristete Rahmenvereinbarungen sind unzulässig.**

47 Grundsätzlich kann der Auftraggeber die Laufzeit der Rahmenvereinbarung nach freiem Ermessen festlegen. §§ 4 Abs. 1 Satz 4, 4 EG Abs. 7 VOL/A statuieren jedoch eine **Regelhöchstlaufzeit von vier Jahren**, die nur überschritten werden

---

34 Siehe oben Rn 30.

darf, wenn der Auftragsgegenstand oder andere **besondere Umstände** eine Ausnahme rechtfertigen. Hinter dieser Befristung steht die Überlegung, dass Rahmenvereinbarungen während ihrer Laufzeit den **Wettbewerb einschränken** bzw. ganz ausschließen, was nur für eine bestimmte Dauer hingenommen werden soll.

**Fettnapf**
Auftraggeber müssen beachten, dass Ausnahmen, die eine Überschreitung dieser Regelhöchstlaufzeit begründen, **nur in eng zu begrenzenden Sonderfällen** in Betracht kommen können. Wirtschaftlichkeitserwägungen oder steuerliche Gründe genügen hierfür nicht.[35]
Die Gründe, die in einem solchen Sonderfall eine längere Laufzeit der Rahmenvereinbarung als vier Jahre rechtfertigen sollen, müssen **im Vergabevermerk dokumentiert** werden. Geschieht dies nicht oder unzureichend, riskieren Auftraggeber schon aus diesem Grund ein Unterliegen in einem möglichen **Nachprüfungsverfahren**, weil das Vorliegen eines Ausnahmefalls dort **voll überprüfbar** ist.[36]

Ein besonderer Umstand, der eine längere Laufzeit einer Rahmenvereinbarung 48
rechtfertigt, kann darin bestehen, dass die Entwicklung des Vertragsgegenstands mit **erheblichen Aufwendungen** verbunden ist und dem Auftraggeber mit Rücksicht hierauf eine **Amortisation** zugestanden werden soll.[37] Auch die an die Länge einer Wahlperiode gekoppelte fünfjährige Laufzeit eines Rahmenvertrags über Postdienstleistungen für sämtliche Wahlen und Abstimmungen in einem Bundesland kann wegen des notwendigen **hohen Maßes an Kontinuität** gerechtfertigt sein.[38]

§ 14 Abs. 6 VSVgV trifft eine abweichende Regelung dahingehend, dass bei 49
Rahmenvereinbarungen in den **Bereichen Verteidigung und Sicherheit** eine Laufzeit von bis zu **sieben Jahren** zulässig ist. Außerdem ist die Ausnahmeregelung für **Sonderfälle weiter gefasst** als in den Vorschriften der VOL/A. Längere Laufzeiten als sieben Jahre sind danach zulässig, wenn dies aufgrund der zu erwartenden Nutzungsdauer gelieferter Güter, Anlagen oder Systeme und der durch einen Wechsel des Unternehmens entstehenden technischen Schwierigkeiten gerechtfertigt ist.

#### 4. Der Leistungsabruf bei Rahmenvereinbarungen

Hinsichtlich der Erteilung der Einzelaufträge ist zu **differenzieren**, ob die Rahmen- 50
vereinbarung mit einem oder mit mehreren Unternehmen geschlossen wird. Im ersten Fall sind § 4 EG Abs. 3 VOL/A bzw. § 14 Abs. 3 VSVgV, im zweiten Fall § 4 EG Abs. 4 bis 6 VOL/A bzw. § 14 Abs. 4 und 5 VSVgV anwendbar.

---

35 Siehe hierzu OLG Düsseldorf, Beschl. v. 11.4.2012 – Verg 95/11.
36 So OLG Düsseldorf, Beschl. v. 11.4.2012 – Verg 95/11, das ausdrücklich die „schmale Begründung" im Vergabevermerk moniert hat.
37 OLG Düsseldorf, Beschl. v. 11.4.2012 – Verg 95/11; BayObLG, Beschl. v. 17.2.2005 – Verg 27/04.
38 VK Hessen, Beschl v. 19.2.2009 – 69d VK-01/2009.

### a) Der Leistungsabruf bei Individual-Rahmenvereinbarungen

51 Wird die Rahmenvereinbarung nur mit einem Auftragnehmer geschlossen, stehen die Vertragspartner der Einzelaufträge fest. § 4 EG Abs. 3 VOL/A und § 14 Abs. 3 VSVgV bestimmen insoweit, dass die Einzelaufträge **„entsprechend den Bedingungen der Rahmenvereinbarung“** vergeben werden. Enthält die Rahmenvereinbarung hinsichtlich des konkreten Einzelauftrags bereits abschließende Regelungen, genügt ein „einfacher“ Leistungsabruf durch den Auftraggeber.

52 Sofern die Rahmenvereinbarung jedoch **Lücken** aufweist und die Bedingungen für den konkreten Einzelauftrag nicht bruchlos aus ihr abgeleitet werden können, findet § 4 EG Abs. 3 Satz 2 VOL/A bzw. § 14 Abs. 3 Satz 2 VSVgV Anwendung. Danach können Auftraggeber vor der Vergabe der Einzelaufträge das an der Rahmenvereinbarung beteiligte Unternehmen in Textform **konsultieren** und dabei auffordern, sein **Angebot zu vervollständigen.** Unter Umständen können sich auch weitere Gespräche oder gar Verhandlungen über das konkrete Einzelangebot des Auftragnehmers anschließen; allerdings besteht grundsätzlich **kein Einigungszwang.**

---

**!** **Praxistipp**

Bei lückenhaften Rahmenvereinbarungen besteht also das **Risiko**, dass die Konsultation des Unternehmers nicht zum Erfolg führt und der **Einzelvertrag nicht zustande kommt.** Dies hätte zur Konsequenz, dass der Beschaffungsvorgang im konkreten Fall scheitert und der betreffende Auftragsgegenstand **außerhalb der Rahmenvereinbarung** unter Beachtung der vergaberechtlichen Regeln neu **beschafft werden muss.**

Um diese unerwünschte Rechtsfolge möglichst zu vermeiden, ist Auftraggebern anzuraten, bei der Formulierung der Rahmenvereinbarungen **konkrete Regelungen** über die Verständigung in derartigen Fällen, insbesondere **Vorgaben für die Angebotserstellung** aufzunehmen. Ein Anknüpfungspunkt kann etwa das **Preisniveau der Angebotspreise** aus dem Angebot des Unternehmens auf Abschluss der Rahmenvereinbarung sein, auf welches letztlich der Zuschlag erteilt wurde. Hierdurch wird sichergestellt, dass die Bedingungen der Rahmenvereinbarungen trotz deren Lückenhaftigkeit für die Beauftragung der Einzelaufträge fortgeschrieben werden.

---

### b) Der Leistungsabruf bei Mehrfach-Rahmenvereinbarungen

53 Das einzuhaltende Verfahren unterscheidet sich danach, ob in der Rahmenvereinbarung alle **Bedingungen** für den zu erteilenden Einzelauftrag **festgelegt** sind oder nicht. § 4 EG Abs. 5 und 6 VOL/A sowie (inhaltsgleich) § 14 Abs. 5 VSVgV enthalten hierzu nähere Vorgaben.

#### aa) Variante 1: Alle Bedingungen für den Einzelauftrag sind festgelegt

54 Unproblematisch erscheint die Auftragserteilung dann, wenn die Rahmenvereinbarung alle maßgeblichen Details für den Einzelauftrag enthält und keine zusätzlichen Regelungen über den Preis oder sonstige Leistungsmodalitäten mehr getroffen werden müssen. Die **Modalitäten des Einzelauftrags** ergeben sich in diesem Fall ge-

mäß § 4 EG Abs. 5a) VOL/A und § 14 Abs. 5 Nr. 1 VSVgV **ausschließlich** aus der **Rahmenvereinbarung** ohne erneuten Aufruf zum Wettbewerb.

Nicht geregelt ist allerdings, wie die **Auswahl des Vertragspartners** für den jeweiligen Einzelauftrag erfolgt. Die Bedingungen hierfür müssen Auftraggeber unter Beachtung der Vergabegrundsätze **selbst festlegen** und in der Bekanntmachung oder spätestens in den Vergabeunterlagen den Bietern **mitteilen**. Die Bieter müssen den Auswahlmodus bei ihrer Angebotskalkulation mit berücksichtigen können.[39] 55

**Praxistipp**

Auftraggeber sind auch bei der Vergabe der Einzelaufträge gehalten, den Wirtschaftlichkeitsgrundsatz zu beachten. Daher empfiehlt sich das **„Kaskadenverfahren"**, das die Europäische Kommission wie folgt beschrieben hat: Der Auftraggeber wendet sich zunächst an denjenigen Bieter, der für den anstehenden Einzelauftrag das **wirtschaftlichste Angebot** abgegeben hat. Nur wenn dieser nicht liefer- bzw. leistungsfähig ist, kann der zweitwirtschaftlichste Bieter angefragt werden usw.[40]

Zwingend zu beachten ist, dass **keine Preisverhandlungen** mehr stattfinden dürfen, wenn die Rahmenvereinbarung die konkrete Leistung abbildet und die Bieter hierfür in ihrem Angebot Preise abgegeben haben. § 4 EG Abs. 5a) VOL/A und § 14 Abs. 5 Nr. 1 VSVgV verbieten ausdrücklich einen erneuten Aufruf zum Wettbewerb. Der **Preiswettbewerb** hat schließlich im Vorfeld des Abschlusses der Rahmenvereinbarung **bereits stattgefunden**. 56

### bb) Variante 2: Nicht alle Bedingungen für den Einzelauftrag sind festgelegt

Fehlt es an einer abschließenden Festlegung sämtlicher Bedingungen für den zu vergebenden Einzelauftrag in der Rahmenvereinbarung, ist es unumgänglich, einen **erneuten Aufruf zum Wettbewerb** vorzunehmen. Wenn z. B. Preise für die konkret zu beauftragende Einzelleistung fehlen, müssen diese im Wege eines neuerlichen Wettbewerbs zwischen den Bietern ermittelt werden. 57

Die **Wettbewerbsbedingungen** müssen wiederum die Auftraggeber selbst festlegen. § 4 EG Abs. 5b) VOL/A und § 14 Abs. 5 Nr. 2 Satz 1 VSVgV sehen hierfür **zwei Gestaltungsmöglichkeiten** vor, zwischen denen Auftraggeber frei wählen können: Der Wettbewerb kann entweder nach denselben Vergabebedingungen ausgetragen werden wie die Rahmenvereinbarung selbst, erforderlichenfalls mit Präzisierungen, oder nach anderen Bedingungen, die in der Rahmenvereinbarung genannt werden müssen. 58

39 VK Bund, Beschl. v. 24.7.2009 – VK 3-1-136/09.

40 Näher hierzu z.B. OLG Düsseldorf, Beschl. v. 24.11.2011 – VII-Verg 62/11, Rn 65; VK Bund, Beschl. v. 24.6.2011 – VK 2-58/11, Rn 83.

59 Das bei der Durchführung des Wettbewerbs einzuhaltende **Verfahren** bestimmt § 4 EG Abs. 6a) bis d) VOL/A bzw. § 14 Abs. 5 Nr. 2 Satz 2a) bis d) VSVgV. Danach muss der Auftraggeber wie folgt vorgehen:
- **sämtliche Vertragspartner** der Rahmenvereinbarung sind in Textform zu **konsultieren**, ob sie in der Lage sind, den Einzelauftrag auszuführen,
- der Auftraggeber setzt eine dem Auftragsgegenstand **angemessene Frist** zur Angebotsabgabe,
- der Auftraggeber gibt an, **in welcher Form** die Angebote einzuhalten sind, und gewährleistet die **Geheimhaltung** des Inhalts der Angebote bis zum Ablauf der Angebotsfrist,
- die Vergabe des Einzelauftrags erfolgt anhand der in der Rahmenvereinbarung aufgestellten **Zuschlagskriterien** auf das **wirtschaftlichste Angebot**.

60 Von besonderer Bedeutung ist die letztgenannte Verfahrensvoraussetzung: Die Bieter müssen bereits bei der **Kalkulation** ihrer Angebote für den Abschluss der Rahmenvereinbarung wissen, nach welchen **Kriterien** die Einzelaufträge vergeben werden. Das ist eine zwingende Ausprägung des Transparenzgebots.

### 5. Die Sperrwirkung der Rahmenvereinbarung

61 §§ 4 Abs. 1 S. 3, 4 EG Abs. 1 S. 3 VOL/A sowie § 14 Abs. 1 S. 4 VSVgV verbieten es Auftraggebern, für **dieselbe Leistung** mehrere Rahmenvereinbarungen abzuschließen. Soweit eine Leistung unter den Inhalt einer Rahmenvereinbarung fällt, entfaltet diese somit eine **Sperrwirkung**: Auftraggeber sind gehalten, ihren Beschaffungsbedarf abschließend über die vorliegende Rahmenvereinbarung zu decken.

62 Wann es sich (noch) um „dieselbe Leistung" handelt, ist nicht immer klar zu bestimmen. Insofern ist eine **wertende Betrachtung** des Beschaffungsgegenstands der Rahmenvereinbarung vorzunehmen. Umfasst eine Rahmenvereinbarung eine bestimmte **Produktgruppe** wie z.B. „Bürobedarf", „EDV-Leistungen" oder „Druckerzeugnisse", so erstreckt sich die Sperrwirkung der Rahmenvereinbarung auf alle Waren bzw. Dienstleistungen, die sich unter die jeweilige Produktgruppe subsumieren lassen. Es kommt nicht darauf an, ob die konkrete Leistung ausdrücklich in der Rahmenvereinbarung aufgeführt ist.

63 Zu unterscheiden ist diese „horizontale" Sperrwirkung der Rahmenvereinbarung bezüglich des Beschaffungsgegenstands von der Frage, wie Auftraggeber mit einem sich abzeichnenden **Zusatzbedarf** vergaberechtlich umzugehen haben. Enthält die Rahmenvereinbarung **geschätzte Mengenangaben** für einzelne Leistungen, so sind Auftraggeber jedenfalls dann, wenn eine sorgfältige, objektiv **ordnungsgemäße Bedarfsermittlung** stattgefunden hat, grundsätzlich nicht gehindert, über diese Schätzwerte hinausgehende Leistungen abzurufen.

64 Enthält die Rahmenvereinbarung hingegen eine festgelegte **Höchstabnahmemenge**, so stellt diese eine zwingende Grenze dar, die wiederum eine **Sperrwirkung**

entfaltet. Mit dem Ausschöpfen dieser Grenze erlischt die Rahmenvereinbarung als Grundlage für weitere Leistungsabrufe, auch wenn die vereinbarte Laufzeit noch nicht verstrichen ist. Auftraggeber müssen ihren zusätzlichen Beschaffungsbedarf dann nach den allgemeinen vergaberechtlichen Regeln decken, indem sie einen Einzelauftrag oder den Abschluss einer neuen Rahmenvereinbarung ausschreiben.

Zeichnet sich eine **baldige Überschreitung** der vereinbarten Höchstabnahmemenge sicher ab, können Auftraggeber eine **weitere Rahmenvereinbarung** schließen. Sie sind nicht gezwungen, zunächst die bestehende Rahmenvereinbarung vollständig auszuschöpfen. 65

**Praxistipp** !

Auftraggeber sollten daher Höchstabnahmemengen nur nach reiflicher Überlegung vereinbaren. Erscheint dies nicht aus zwingenden Gründen geboten, sollte hiervon abgesehen werden. Sinn und Zweck von Rahmenvereinbarungen ist die **flexible Handhabung des Beschaffungsbedarfs.** Diese wird durch festgelegte Höchstabnahmemengen eingeschränkt.

Rahmenvereinbarungen können sehr unterschiedliche Inhalte aufweisen. Ein **Muster** für eine Rahmenvereinbarung über die Beschaffung von Büromaterial findet sich nachstehend. 66

**Vertragsmuster Rahmenvereinbarung**

**Präambel**

Der Auftraggeber hat im Rahmen seiner Tätigkeit immer wieder Bedarf an ______________. Die betreffenden Leistungen werden sukzessive während des Geschäftsbetriebs des Auftraggebers, nicht aber zu bestimmten bzw. bestimmbaren Zeitpunkten benötigt. Vielmehr wird der Bedarf über einen längeren Zeitraum jeweils kurzfristig entstehen und muss dann entsprechend gedeckt werden. Der hiesige Rahmenvertrag wird auf Grundlage einer öffentlichen Ausschreibung geschlossen. Der hiesige Auftragnehmer ist als einer der Mindestbieter aus dem Vergabeverfahren hervorgegangen.

**§ 1 Vertragsgegenstand**

1. Gegenstand dieser Rahmenvereinbarung ist der Bezug von ______________. Erfasst sind insbesondere diejenigen Produkte/Leistungen, die in dem im Vergabeverfahren abgegebenen Angebot des Auftragnehmers (Anlage Produktliste) mit entsprechenden Preisen aufgelistet sind.
   Auf Grundlage dieser Rahmenvereinbarung werden die Parteien im Bedarfsfall Einzelverträge schließen, die jeweils eine spezielle Produktvereinbarung enthalten
2. Der Einzelvertrag enthält die genauen Details des jeweiligen Auftrags, insbesondere Art und Umfang der zu liefernden Produkte einschließlich genauer Produktspezifikationen. Diese können über die in der Anlage Produktliste enthaltenen Spezifikationen hinausgehen.
3. Der Auftraggeber schließt über denselben Auftragsgegenstand weitere Rahmenvereinbarungen mit anderen Auftragnehmern. Der Auftragnehmer kann daher aus dieser Rahmenvereinbarung keinen Anspruch auf den Abschluss von Einzelverträgen ableiten.
   Entsteht beim Auftraggeber konkreter Bedarf an Produkten bzw. Leistungen, die unter die hiesige Rahmenvereinbarung fallen, aber nicht explizit in der Anlage Produktliste aufgeführt sind,

so wird der Auftraggeber bei den Auftragnehmern, mit denen er Rahmenvereinbarungen über den Vertragsgegenstand getroffen hat, Angebote einholen; es findet ein Preiswettbewerb statt. Der Auftragnehmer wird – sofern sein Betrieb auf die betreffende Leistung eingerichtet ist – seine Preise auf Grundlage des Preisniveaus der Anlage Produktliste ermitteln.

4. Die in der Anlage Produktliste angenommenen Mengen/Auflagen stellen unverbindliche Schätzungen auf Basis von Erfahrungswerten dar. Es wird ausdrücklich klargestellt, dass die entsprechenden Lieferungen/Chargen vollständig entfallen oder signifikant geringer ausfallen können. Das ist bei der Preisbildung ebenso einzukalkulieren wie die Möglichkeit sehr hoher Auflagen einzelnen Produkten.
5. Die Kommunikation zwischen den Vertragspartnern findet auf Deutsch statt.

**§ 2 Qualitätssicherung**

1. Die vom Auftragnehmer jeweils zu liefernden Produkte bzw. zu erbringenden Leistungen müssen den in der Bundesrepublik Deutschland marktüblichen Qualitätsanforderungen entsprechen. Die geltenden gesetzlichen (Sicherheits-)Bestimmungen sind einzuhalten.
2. Die für die Leistungserbringung des Auftragnehmers maßgeblichen Produktmerkmale sind in der dieser Rahmenvereinbarung als Anlage beigefügten Produktliste zu entnehmen. Die dortigen Vorgaben sind für den Auftragnehmer bindend.
3. Der Auftragnehmer stellt durch eine ordnungsgemäße Ausgangskontrolle sicher, dass nur solche Produkte versandt werden, die qualitativ mit den vertraglichen Vorgaben übereinstimmen.
4. Die vorstehende Qualitätssicherungsvereinbarung bezweckt die Verlagerung der Qualitätsprüfung auf den Auftragnehmer bzw. den in seinem Auftrag (§ 278 BGB) tätigen Lieferanten. Daher ist der Auftraggeber als Besteller von den Untersuchungs- und Rügepflichten des § 377 HGB befreit und muss die ansonsten üblichen Qualitätskontrollen bei Eingang der Ware nicht durchführen.
   Hiervon ausgenommen sind die Lieferung nicht bestellter Ware (Identitätsmängel), erkennbare Transportschäden sowie sonstige offensichtliche Mängel, die bereits bei Anlieferung der Produkte augenscheinlich wahrnehmbar sind. Derartige Mängel hat der Auftraggeber unverzüglich, jedenfalls aber innerhalb von 14 Kalendertagen ab Anlieferung, gegenüber dem Auftragnehmer zu rügen.

**§ 3 Lieferfristen und Verzug**

1. Der Auftragnehmer ist grundsätzlich verpflichtet, Bestellungen bzw. Auftragserteilungen des Auftraggebers auszuführen; er hat dem Auftraggeber möglichst kurzfristig, spätestens innerhalb von 3 Arbeitstagen eine schriftliche Auftragsbestätigung zukommen zu lassen. Eine Nichtannahme des Auftrags ist nur zulässig, sofern der Auftragnehmer innerhalb der genannten Frist schwerwiegende Gründe hierfür darlegt.
2. Ruft der Auftraggeber Preise für nicht ausdrücklich in der Anlage Produktliste enthaltene Produkte/Leistungen ab, so ist der Auftragnehmer verpflichtet, diese dem Auftraggeber ebenfalls innerhalb von 3 Werktagen zukommen zu lassen. Sofern der Betrieb des Auftragnehmers auf die betreffende Leistung nicht eingerichtet sein sollte, hat er dies dem Auftraggeber unverzüglich mitzuteilen.
3. Erteilte Einzelaufträge sind vom Auftragnehmer grundsätzlich unverzüglich auszuführen; vom Auftraggeber genannte Liefer- und Ausführungsfristen sind einzuhalten. Sollte das aus plausiblen Gründen nicht möglich sein, hat der Auftragnehmer dies unverzüglich mitzuteilen.
4. Bereits jetzt werden folgende verbindliche maximale Lieferfristen ab Freigabe (nach Begutachtung, Bemusterung oder Teststellung) festgelegt: _______________ Die vorstehenden Lieferfristen sind Vertragsfristen, deren Einhaltung verbindlich ist. Bei schuldhafter Überschreitung dieser Fristen wird die in den Besonderen Vertragsbedingungen vorgesehene Vertragsstrafe fällig.

**§ 4 Preise und Zahlungsregelungen**

1. Die Abrechnung der von der Auftragnehmerin aufgrund der zu schließenden Einzelverträge erbrachten Leistungen richtet sich nach den in der Anlage Produktliste zu dieser Rahmenvereinbarung festgehaltenen bzw. auf Grundlage einer nachträglichen Preisabfrage im Wettbewerb vereinbarten Preisen. Diese Preise enthalten die fix und fertige Leistung; Zahlungen sind nach Erhalt der vertragsgemäßen Leistung 30 Tage nach Zugang einer ordnungsgemäßen und prüffähigen Rechnung des Auftragnehmers fällig.
   Sofern in dem im Rahmen der Ausschreibung abgegebenen Angebot des Auftragnehmers Skonti und Nachlässe enthalten sind, gelten diese Regelungen für sämtliche auf Grundlage dieser Rahmenvereinbarung zustande kommenden Einzelverträge.
2. Die in der Anlage Produktliste festgelegten Preise sind Festpreise und werden für die Zeit bis zum ___________ fest vereinbart.
3. Sollten sich die Preisermittlungsgrundlagen z. B. durch erhebliche Herstellerkostenänderungen, gestiegene Rohstoffpreise, Tarifänderungen o.Ä. in einem Umfang von mehr als +/– 10% für einzelne Leistungen in unvorhergesehener Weise geändert haben, werden die Parteien für den Zeitraum nach dem ___________ in Preisverhandlungen eintreten. Unvorhergesehene Kostensteigerungen hat der Auftraggeber detailliert nachzuweisen. Kommt eine Einigung über eine verlangte Preisanpassung nicht zustande, so ist der Auftragnehmer verpflichtet, die Leistungen noch drei Monate nach dem endgültigen Scheitern der Verhandlungen zu den in der Anlage Produktliste vereinbarten Preisen auszuführen. Für den danach folgenden Zeitraum steht dem Auftragnehmer ein Sonderkündigungsrecht mit einem Vorlauf von sechs Wochen, gerechnet vom Zugang der Kündigung, zu.

**§ 5 Gewährleistung**

Es gelten die gesetzlichen Regelungen.

**§ 6 Vertragsdauer und Kündigung**

1. Die Laufzeit der hiesigen Rahmenvereinbarung ist bis zum __________ befristet. Der Auftraggeber hat jedoch die Option, die Laufzeit des Vertrages durch einseitige Erklärung um ein weiteres Jahr zu verlängern. Diese Option muss bis spätestens __________ ausgeübt werden.
2. Das den Vertragsparteien zustehende Recht zur Kündigung aus wichtigem Grund bleibt unberührt.
3. Eine Kündigung nach vorstehend Ziffer 2 ist erst dann zulässig, wenn dem Vertragspartner schriftlich eine angemessen Nachfrist zur Beseitigung der Folgen des Vertragsverstoßes (Abmahnung) gesetzt wurde und diese Frist fruchtlos verstrichen ist.

**§ 7 Schlussbestimmungen**

1. Etwaige Änderungen, Ergänzungen, Nebenabreden oder sonstige Erklärungen, die den Inhalt dieser Rahmenvereinbarung betreffen, bedürfen der Schriftform. Das gilt auch für die Abbedingung dieses Schriftformerfordernisses.
2. Sollte eine Bestimmung dieser Rahmenvereinbarung ganz oder teilweise unwirksam sein oder werden oder sich als undurchführbar erweisen, berührt dies die Wirksamkeit dieser Rahmenvereinbarung im Übrigen nicht. Die Parteien verpflichten sich im Rahmen der Zumutbarkeit nach Treu und Glauben, unwirksame bzw. undurchführbare Bestimmungen durch Regelungen zu ersetzen, die dem wirtschaftlichen Zweck der zu ersetzenden Bestimmungen so weit wie möglich entspricht.

(Unterschriften)

## B. Dynamische elektronische Verfahren – die Beschaffung marktüblicher Leistungen auf einem „elektronischen Marktplatz"

67 Das dynamische elektronische Verfahren ist ein relativ neues Verfahren, das Auftraggebern eine zügige Beschaffung wiederkehrender Leistungen ermöglichen soll. Es stellt jedoch keine eigenständige Vergabeart dar und ist zudem auf **Liefer- und Dienstleistungsaufträge** beschränkt.

### I. Begriff und Anwendungsbereich

68 Ein dynamisches elektronisches Verfahren ist nach der **Legaldefinition** in § 101 Abs. 6 S.2 GWB

> „ein zeitlich befristetes ausschließlich elektronisches **offenes Vergabeverfahren** zur Beschaffung **marktüblicher Leistungen**, bei denen die allgemein auf dem Markt verfügbaren Spezifikationen den Anforderungen des Auftraggebers genügen."

69 Nähere, im Wesentlichen identische Regelungen enthalten **§§ 5, 5 EG VOL/A** sowie § 10 SektVO. § 10 Abs. 1 Satz 1 SektVO beschränkt auch im **Sektorenbereich** die Zulässigkeit des dynamischen elektronischen Verfahrens auf die Beschaffung von Liefer- und Dienstleistungen. Die VOB/A, die VOF und die VSVgV enthalten derzeit keine entsprechenden Vorschriften; in ihrem Anwendungsbereich ist das dynamische elektronische Verfahren (noch) nicht vorgesehen.[41]

70 Zulässige Beschaffungsgegenstände sind ausschließlich marktübliche Leistungen, die **keine zusätzliche Spezifizierung** erfordern und somit auch keiner organisatorischen Vorbereitungen auf Seiten der Auftraggeber bedürfen. Das dynamische elektronische Verfahren ist somit für die **unkomplizierte Beschaffung gängiger Produkte** und Leistungen konzipiert worden. Aus diesem Grund ist das Verfahren für die Vergabe von Bauleistungen und von freiberuflichen Leistungen ohnehin kaum geeignet.

71 Die Bedeutung dynamischer elektronischer Verfahren ist derzeit in der Praxis noch überschaubar. Die weitere Entwicklung bleibt abzuwarten.

---

41 Es steht jedoch zu erwarten, dass sich dies in Zukunft ändern wird, weil Art. 34 der Richtlinie 2014/24/EU auch Bauleistungen in den Anwendungsbereich des dynamischen elektronischen Verfahrens einbezieht.

## II. Der Verfahrensablauf

### 1. Der allgemeine Grundsatz: Offenes Verfahren

§ 106 Abs. 1 S. 2 GWB definiert das dynamische elektronische Verfahren als ein ausschließlich offenes Vergabeverfahren. §§ 5 Abs. 1 S. 4, 5 EG Abs. 1 S. 3 VOL/A präzisieren diese Vorgabe dahingehend, dass das offene Verfahren bzw. die Öffentliche Ausschreibung **in allen Phasen** von der Einrichtung bis zur Vergabe des jeweils ausgeschriebenen Auftrags durchzuführen ist. 72

Das bedeutet, dass neben der Verpflichtung zur ordnungsgemäßen **Bekanntmachung** der beabsichtigten Auftragsvergabe auch die Vorgaben über den gesamten Verfahrensablauf und insbesondere über die **Prüfung und Wertung der Angebote** zu beachten sind. Neben diesen allgemeinen Vorschriften gelten die in der VOL/A bzw. in der SektVO enthaltenen spezifischen Verfahrensregelungen. 73

### 2. Die spezifischen Verfahrensregeln für das dynamische elektronische Verfahren

Die Besonderheit dieses Verfahrens besteht zum einen darin, dass es **ausschließlich elektronisch** geführt wird. Die **Informationsübermittlung** sowie die **Abgabe der Angebote** erfolgt ausschließlich durch elektronische Mittel, wie §§ 5 Abs. 1 S. 2, 5 EG Abs.1 S. 2 VOL/A durch Verweisung auf die entsprechenden Vorschriften anordnet. 74

Zum anderen handelt es sich um ein **zweistufiges Verfahren**, in welchem Bieter sich mit einem vorläufigen Angebot um die **Zulassung** zu dem auf eine bestimmte Laufzeit angelegten dynamischen elektronischen Verfahren und nach erfolgter Zulassung mit einem endgültigen Angebot um den **konkreten Einzelauftrag** bewerben. Im Einzelnen gestaltet sich der Ablauf gemäß §§ 5 Abs. 2 und 3, 5 EG Abs. 2 und 3 VOL/A sowie in § 10 Abs. 2 bis 8 SektVO wie folgt: 75

#### a) Einrichtung und Bekanntmachung des dynamischen elektronischen Verfahrens

Auftraggeber müssen in einem ersten Schritt das dynamische elektronische Verfahren einrichten, also die **institutionellen Rahmenbedingungen** für den „elektronischen Marktplatz“ herstellen. Es müssen die technischen Voraussetzungen dafür geschaffen werden, dass Bewerber ab dem Zeitpunkt der Bekanntmachung alle relevanten Verfahrensinformationen, insbesondere die **Vergabeunterlagen abrufen** können, und es muss eine reibungslose elektronische Kommunikation sichergestellt sein, §§ 5 Abs. 2c), 5 EG Abs. 2c) VOL/A sowie § 10 Abs. 3 Nr. 4 SektVO. 76

In einem zweiten Schritt ist die Einrichtung des dynamischen elektronischen Verfahrens nach Maßgabe der §§ 5 Abs. 2a) und c), 5 EG Abs. 2a) und c) VOL/A sowie des § 10 Abs. 3 Nr. 1 und 3 SektVO **bekanntzumachen.** Diese Bekanntmachung muss die **Internet-Adresse**, unter der die Vergabeunterlagen abgerufen werden 77 können, und außerdem bereits die **Zuschlagskriterien** für die Einzelaufträge enthalten.[42]

78 In den elektronisch abrufbaren **Vergabeunterlagen** müssen sodann gemäß §§ 5 Abs. 2b), 5 EG Abs. 2b) VOL/A, § 10 Abs. 3 Nr. 2 SektVO
- der **Gegenstand** der beabsichtigten Beschaffungen sowie
- alle **erforderlichen Informationen** zum dynamischen elektronischen Verfahren einschließlich der technischen Rahmenbedingungen

präzisiert werden.

79 Die **Laufzeit** dynamischer elektronischer Verfahren ist gemäß §§ 5 Abs. 2f), 5 EG Abs. 2 g) VOL/A sowie § 10 Abs. 7 SektVO grundsätzlich **auf vier Jahre begrenzt**. Eine Verlängerung ist nur in begründeten Ausnahmefällen zulässig, die im Vergabevermerk zu dokumentieren sind.

### b) Die Zulassung zum dynamischen elektronischen Verfahren

80 Interessierte Bewerber können sich **jederzeit** um die Zulassung zu einem laufenden dynamischen elektronischen Verfahren bewerben, indem sie **vorläufige Angebote** abgeben. Stehen diese im Einklang mit den Vergabeunterlagen und erfüllen die Bewerber die vom Auftraggeber aufgestellten Eignungskriterien, sind sie gemäß §§ 5 Abs. 1 S. 5, 5 EG Abs. 1 S. 4 VOL/A bzw. § 10 Abs. 2 S. 1 SektVO zur Teilnahme am Verfahren zuzulassen. Abgegebene vorläufige Angebote können von den Unternehmen jederzeit **nachgebessert** werden, §§ 5 Abs. 1 S. 6, 5 EG Abs. 1 S.5 VOL/A bzw. § 10 Abs. 2 S. 2 SektVO.

81 Auftraggeber haben eingehende vorläufige Angebote dann gemäß §§ 5 Abs. 2d), 5 EG Abs. 2d) VOL/A, § 10 Abs. 4 SektVO innerhalb einer angemessenen Frist, die im Oberschwellenbereich grundsätzlich höchstens 15 Kalendertage beträgt, zu **prüfen** und den Bewerbern unverzüglich **mitzuteilen**, ob sie zum dynamischen elektronischen Verfahren zugelassen werden. In diesem Rahmen findet eine **vorgelagerte Eignungsprüfung** statt.

### c) Die Vergabe der Einzelaufträge

82 Vor der Vergabe jedes Einzelauftrags findet ein **Aufruf zum Wettbewerb** statt, durch welchen die zum Beschaffungssystem zugelassen Bieter aufgefordert werden, ein **endgültiges Angebot** für den betreffenden Auftrag einzureichen, §§ 5 Abs. 2e), 5

42 In der neuen Richtlinie 2014/24/EU ist in Art. 34 Abs. 6 nunmehr vorgesehen, dass die Kriterien „gegebenenfalls in der Aufforderung zur Angebotsabgabe genauer formuliert werden können".

EG Abs. 2f) VOL/A, § 10 Abs. 6 SektVO.[43] Bei Vergaben im **Oberschwellenbereich** hat dieser Aufforderung gemäß § 5 Abs. 2e) VOL/A, § 10 Abs. 5 SektVO eine erneute (vereinfachte) europaweite **Bekanntmachung** vorauszugehen, durch welche allen interessierten Auftragnehmern nochmals Gelegenheit gegeben wird, ein vorläufiges Angebot abzugeben und die Zulassung zum Beschaffungssystem zu beantragen.

Der Einzelauftrag wird sodann nach Prüfung und Wertung der Angebote an 83
denjenigen Bewerber erteilt, welcher gemessen an den aufgestellten Zuschlagskriterien das **wirtschaftlichste Angebot** erteilt hat. Die Zuschlagskriterien können in der Aufforderung zur Abgabe des endgültigen Angebots im Übrigen noch präzisiert werden.

Im Oberschwellenbereich muss vor dem endgültigen Vertragsschluss über den 84
Einzelauftrag eine **Benachrichtigung** der unterlegenen Bieter erfolgen, wie sie § 101a Abs. 1 GWB generell vorsieht. Eine solche Benachrichtigung sollte aber auch im Unterschwellenbereich selbstverständlich sein.

43 Das unterscheidet dynamische elektronische Verfahren von elektronischen Beschaffungsplattformen wie zum Beispiel dem „Kaufhaus des Landes Rheinland Pfalz". Dieses ermöglicht den Bedarfsträgern eine unmittelbare Bestellung aus elektronisch hinterlegten Katalogen, die auf abgeschlossenen Rahmenvereinbarungen beruhen. Dieses Verfahren ist also nicht „dynamisch", sondern statisch.

# Kapitel 12
# Rechtsschutzmöglichkeiten der Bieter bei Vergaberechtsverstößen des Auftraggebers

Wie in Kapitel 1 dargestellt wurde, hatte das Vergaberecht bis zum Erlass der einschlägigen EU-Richtlinien den Status des reinen Haushaltsrechts. Vergaberecht war **staatliches Binnenrecht**. Dementsprechend gab es keine Rechtschutzmöglichkeiten für bei der Vergabe öffentlicher Aufträge nicht berücksichtigte Bieter. 1

Seit 1999 enthält das GWB jedoch in seinem 4. Teil konkrete Regelungen für ein **vergaberechtliches Nachprüfungsverfahren**. Wie sich aus § 100 Abs. 1 GWB ergibt, gilt der 4. Teil des GWB aber nur für Auftragsvergaben oberhalb der **Schwellenwerte**. Für Vergaben unterhalb der Schwellenwerte enthält das GWB keine Regelung, so dass der **Rechtsschutz zweigeteilt** ist. 2

Eine weitere Differenzierung ist im Hinblick auf das **Rechtsschutzziel** des Bieters vorzunehmen: Solange noch **keine (wirksame) Zuschlagserteilung** erfolgt ist, kann das Begehren des Bieters darauf gerichtet sein, den Auftrag (doch noch) zu erhalten und ggf. die beabsichtigte Auftragsvergabe an einen Mitbewerber zu verhindern. In diesem Fall strebt der Bieter **Primärrechtsschutz** gegen einen behaupteten Vergaberechtsverstoß an. 3

Ist hingegen der Zuschlag schon an einen Mitbewerber erteilt worden, kommt ein Primärrechtsschutz nicht mehr in Betracht. Der übergangene Bieter hat dann nur noch die Möglichkeit, **Schadensersatzansprüche** gegen den Auftraggeber geltend zu machen. In diesem Fall spricht man von **Sekundärrechtsschutz**. 4

## A. Rechtsschutzmöglichkeiten bei Auftragsvergaben unterhalb der Schwellenwerte

### I. Primärrechtsschutz

In den ersten Jahren nach Inkrafttreten des GWB ging die Rechtsprechung durchgängig davon aus, dass Bietern bei Vergaben unterhalb der Schwellenwerte überhaupt **kein Primärrechtsschutz** zur Verfügung stehe. Danach sollten Bieter lediglich die Möglichkeit haben, nach erfolgter Auftragserteilung an einen Mitbewerber Schadensersatzansprüche gegen den Auftraggeber geltend machen zu können. 5

Diese Auffassung ist seit Langem überholt. Heute geht die Rechtsprechung nahezu einhellig davon aus, dass auch bei Auftragsvergaben unterhalb der Schwellenwerte die **Möglichkeit eines Eilrechtsschutzes** gegen eine bevorstehende Zuschlagserteilung besteht. Gegenteiliges lässt sich nicht in einem Umkehrschluss daraus ableiten, dass für den Oberschwellenbereich ein spezifisch vergaberechtli- 6 ches Nachprüfungsverfahren (dazu nachfolgend unter Rn 79 ff.) zur Verfügung steht. Unterhalb der Schwellenwerte sollen die **„allgemeinen Rechtsschutzmöglichkeiten“** zur Verfügung stehen.[1]

### 1. Zuständigkeit der Zivilgerichte

7 Vor welcher Gerichtsbarkeit im Unterschwellenbereich Verstöße gegen vergaberechtliche Vorschriften im Wege des Primärrechtschutzes geltend zu machen sein sollten, war lange umstritten. Das OVG Rheinland-Pfalz hatte im Jahr 2005 ausgesprochen, dass sich Bieter zwar nicht auf spezifisches Vergaberecht berufen könnten, dass sie jedoch über Art. 3 Abs. 1 GG Verstöße gegen den Grundsatz der Chancengleichheit vor den Verwaltungsgerichten geltend machen könnten.[2]

8 Nach längerem Streit innerhalb der Verwaltungsgerichtsbarkeit hat das BVerwG die Frage dann abschließend dahingehend entschieden, dass für Streitigkeiten über die Vergabe öffentlicher Aufträge im Unterschwellenbereich der **Verwaltungsrechtsweg nicht eröffnet** sei. Bieter seien vielmehr auf den ordentlichen Rechtsweg zu verweisen, da das gesamte Vergabeverfahren als einheitlicher Vorgang dem **Privatrecht** zuzuordnen sei.[3]

9 Durch diese Klärung des Rechtswegs wird der Charakter des Vergaberechts als **Wettbewerbsrecht** bekräftigt.

### 2. Die Zuschlagsverhinderung durch einen Antrag auf Erlass einer einstweiligen Verfügung

10 Will ein Bieter sich gegen einen aus seiner Sicht vorliegenden Regelverstoß im laufenden Vergabeverfahren wehren, durch den er sich in seinen Rechten beeinträchtigt sieht, stehen ihm hierfür lediglich die **allgemeinen zivilprozessualen Instrumentarien** zur Verfügung. Da die Zuschlagserteilung an einen Mitbewerber droht und somit Eile geboten ist, besteht die einzige effektive Rechtsschutzmöglichkeit darin, beim zuständigen Gericht der Hauptsache einen Antrag auf Erlass einer **einstweiligen Verfügung** gemäß §§ 935 ff. ZPO zu stellen.[4]

---

1 So ausdrücklich BVerfG, Beschl. v. 13.6.2006 – 1 BvR 1160/03.

2 OVG Rheinland-Pfalz, Beschl. v. 25.5.2005 – 7 B 10356/05.

3 BVerwG, Beschl. v. 2.5.2007 – 6 B 10.07, mit dem zutreffenden Argument, dass staatliche Stellen bei der Auftragsvergabe als Nachfrager am Markt auftreten und sich insofern nicht grundlegend von anderen Bietern unterscheiden.

4 Die Möglichkeit eines solchen Antrags ist mittlerweile in der zivilgerichtlichen Rechtsprechung nahezu unumstritten. Gegenläufige Urteile sind vereinzelt geblieben; vgl. etwa LG Duisburg, Beschl. v. 12.8.2011 – 11 O 285/11; aufgehoben durch OLG Düsseldorf, Beschl. v. 19.10.2011 – 27 W 1/11.

Das Verfahren auf Erlass einer einstweiligen Verfügung stellt ein **zivilgerichtliches Eilverfahren** dar und ist auf die Sicherung vor nachteiligen Veränderungen gerichtet. Sofern dem Antrag stattgegeben wird, trifft das Zivilgericht eine **vorläufige Anordnung**, um dem Antragsteller drohende rechtliche **Nachteile abzuwenden**. 11

Der Antragsteller muss das Vorliegen eines Verfügungsanspruchs sowie eines Verfügungsgrunds glaubhaft machen. Ein **Verfügungsanspruch** besteht nur dann, wenn der Antragsteller über einen einklagbaren Anspruch verfügt, den er in einem Hauptsacheverfahren gerichtlich geltend machen kann. Darunter fallen auch Ansprüche auf Duldungen oder Unterlassungen. Demnach stellt die Beantragung eines **vorläufigen Zuschlagsverbots** vom Grundsatz her ein zulässiges Rechtsschutzziel dar.[5] 12

Ein **Verfügungsgrund** liegt vor, wenn die objektiv begründete unmittelbare Gefahr besteht, dass die Durchsetzung eines bestehenden Rechtsanspruchs durch die Veränderung des status quo verhindert oder erschwert werden könnte. Dies kann bei einer **drohenden Zuschlagserteilung** an einen Mitbewerber stets der Fall sein, weil eine erfolgte Zuschlagserteilung nicht rückgängig gemacht werden kann und der auf die Auftragserlangung gerichtete Primäranspruch des Bieters dann nicht mehr durchsetzbar wäre. 13

### 3. Voraussetzungen für die Anordnung eines vorläufigen Zuschlagsverbots

Unter welchen Voraussetzungen der Antrag eines Bewerbers auf vorläufige Untersagung der Zuschlagserteilung gegenüber der Vergabestelle Erfolg hat, ist in der Rechtsprechung **umstritten**. Obwohl sich in den letzten Jahren eine **bieterfreundliche Tendenz** zeigt, unterscheiden sich die von der Rechtsprechung aufgestellten Kriterien nach wie vor erheblich. Die Erfolgsaussichten hängen maßgeblich davon ab, in welchem Oberlandesgerichtsbezirk das Verfahren geführt wird, wobei teilweise sogar Senate desselben OLG unterschiedlich judizieren. 14

#### a) Restriktive Auslegung – Einstweiliger Rechtsschutz nahezu nur bei willkürlichem oder grob rechtswidrigem Handeln der Vergabestelle

Einige Gerichte stellen **hohe Anforderungen** an einen erfolgreichen Antrag auf Anordnung eines vorläufigen Zuschlagverbots. Dogmatischer Ausgangspunkt ist die 15

---

5 Weitergehende Ansprüche wie z.B. eine Zuschlagserteilung an den Antragsteller oder eine Unterbindung einer laufenden Ausschreibung können hingegen im Wege der einstweiligen Verfügung nicht geltend gemacht werden. Hierdurch würde nämlich keine vorläufige Regelung getroffen, sondern die Hauptsache in unzulässiger Weise vorweggenommen werden. Vgl. hierzu OLG Brandenburg, Beschl. v. 13.9.2011 – 6 W 73/11; OLG Düsseldorf, Beschl. v. 13.1.2010 – 27 U 1/09; OLG Brandenburg, Beschl. v. 29.5.2008 – 12 U 235/07.

Überlegung, dass der Antragsteller einen **Unterlassungsanspruch** als primäre Leistungspflicht geltend mache, den das Zivilrecht **nur in Ausnahmefällen** anerkenne. Allein das Vorliegen eines Verstoßes gegen das Regelwerk der VOL/A oder der VOB/A genügt danach nicht, um einen Unterlassungsanspruch auf Zuschlagserteilung zu begründen.

16 Nach der vorbeschriebenen Rechtsauffassung kommen Unterlassungsansprüche nur in folgenden Fällen in Betracht:[6]

- zum **Schutz absoluter Rechte**, wie sie in § 823 Abs. 1 BGB aufgeführt sind (Leben, Körper, Gesundheit, Freiheit, Eigentum oder sonstige vergleichbare Rechte),
- bei gesetzlich normierten zivilrechtlichen Unterlassungsansprüchen, z.B. Eigentumsbeeinträchtigungen (§ 1004 BGB) oder Besitzstörungen (§ 862 BGB),
- bei normierten wettbewerbsrechtlichen Unterlassungsansprüchen[7] oder
- bei **willkürlichem oder unredlichem Handeln** des Auftraggebers oder bei vorsätzlichem Rechtsbruch.

17 Bei derart strengen Maßstäben können Anträge von Bietern auf Erlass einer einstweiligen Anordnung nur in **engen Ausnahmefällen** Erfolg haben. Es muss ein **besonders evidenter Rechtsverstoß** vorliegen, ein „bloß rechtswidriges" Handeln der Vergabestelle genügt nicht. Die Verfahrensbehandlung oder die Rechtsanwendung durch den öffentlichen Auftraggeber muss „unter keinem denkbaren Aspekt mehr rechtlich vertretbar" sein.[8]

**Beispiel**

Der Erlass einer einstweiligen Anordnung auf vorläufige Untersagung der Zuschlagserteilung kann z.B. in Betracht kommen, wenn die **Leistungsbeschreibung derart fehlerhaft** ist, dass eingehende Angebote schlechthin nicht vergleichbar sein können,[9] oder wenn **Vergabekriterien willkürlich bestimmt** werden.[10]

6 Näher OLG Brandenburg, Beschl. v. 13.9.2011 – 6 W 73/11; OLG Stuttgart, Urt. v. 11.4.2002 – 2 U 240/01; LG Koblenz, Beschl. v. 18.1.2011 – 10 O 9/11; LG Frankfurt (Oder), Urt. v. 14.11.2007 – 13 O 360/07; LG Bad Kreuznach, Beschl. v. 24.10.2008 – 2 O 326/08; LG Bad Kreuznach, Beschl. v. 6.6.2007 – 2 O 198/07; LG Landshut, Urt. v. 11.12.2007 – 73 O 2576/07; ähnlich OLG Hamm, Beschl. v. 12.2.2008 – 4 U 190/07.

7 Dagegen: LG Koblenz, Beschl. v. 18.1.2011 – 10 O 9/11. Der Auftraggeber sei kein Wettbewerber des Bieters/Antragsstellers, daher kämen wettbewerbsrechtliche Ansprüche von vornherein nicht in Betracht.

8 So OLG Brandenburg, Beschl. v. 2.10.2008 – 12 U 91/08, mit der weiteren Formulierung, es müsse eine „krasse Fehlentscheidung" vorliegen.

9 So im Fall von LG Frankfurt (Oder), Urt. v. 14.11.2007 – 13 O 360/07.

10 So bei OLG Brandenburg, Beschl. v. 2.10.2008 – 12 U 91/08.

Nach der von den genannten Gerichten vertretenen Rechtsauffassung genügt grundsätzlich **jeglicher sachlicher Grund**, den die Vergabestelle für ihr konkretes Verhalten anführen kann, um die Ablehnung des Eilantrags eines Bieters zu rechtfertigen. Ein Verstoß gegen Vergabevorschriften schließt das Vorliegen eines sachlichen Grundes danach keineswegs aus.[11] Mit anderen Worten: **rechtswidriges Handeln** öffentlicher Auftraggeber im Unterschwellenbereich soll von Bietern (zunächst)[12] **hingenommen werden** müssen, solange irgendein Sachgrund besteht. Vor diesem dogmatischen Hintergrund bleiben **Eilanträge** von Bietern **in aller Regel erfolglos**. 18

**Beispiel**

Eine Kommune führt ein Auslobungsverfahren für den Neubau eines Rathauses durch. Das hierfür eingesetzte **Preisgericht** sprach sich **einstimmig** für den Entwurf eines Architekturbüros aus. Die Stadt beugte sich dann aber dem Druck eines „freiwilligen Bürgerentscheids", der sich deutlich gegen diesen Entwurf ausgesprochen hatte. Unter Berufung hierauf will die Stadt den Auftrag an ein anderes Büro vergeben.

Nach Auffassung des OLG Hamm ist dieses Vorgehen der Stadt nicht als willkürlich einzustufen, auch wenn sie den von ihr selbst aufgestellten Ausschreibungsbedingungen zuwider handelt. Die Berücksichtigung des **Votums des Bürgerentscheids** stelle einen **sachlichen Grund** dar, auch wenn das Verfahren des Bürgerentscheids rechtlich fragwürdig sei. In dem eingetretenen „Dilemma" habe die Stadt daher nicht unsachlich motiviert gehandelt.[13]

Bieter, die eine einstweilige Anordnung beantragen wollen, haben in diesen Fällen noch ein **weiteres Problem**: Im zivilrechtlichen Eilverfahren besteht **kein Recht auf Akteneinsicht**. Die Vergabeunterlagen lassen nur bei aus ihnen ersichtlichen groben Rechtsverstößen auf ein willkürliches Handeln des Auftraggebers schließen. 19

Häufig können Bieter ohne Einsicht in die Verfahrensakten des Auftraggebers überhaupt **nicht sicher beurteilen**, geschweige denn im Verfahren glaubhaft machen, ob Auftraggeber ohne rechtfertigenden Sachgrund gehandelt haben. Kann ein Bieter dies aber plausibel darlegen, trifft den Auftraggeber eine Pflicht, zu den Ausführungen des Bieters dezidiert (abweichend) vorzutragen (sog. **„sekundäre Darlegungslast"**).[14] 20

11 OLG Hamm, Beschl. v. 12.2.2008 – 4 U 190/07.

12 Scheitert ein Bieter mit einem Verfügungsantrag daran, dass der Auftraggeber einen sachlichen Grund für sein Handeln anführen kann, ist damit noch nichts darüber ausgesagt, ob der Auftraggeber rechtmäßig oder rechtswidrig gehandelt hat; OLG Hamm, Beschl. v. 12.2.2008 – 4 U 190/07; OLG Brandenburg, Beschl. v. 2.10.2008 – 12 U 91/08. Die Geltendmachung von Schadensersatzansprüchen im Wege des **Sekundärrechtsschutzes bleibt möglich**.

13 OLG Hamm, Beschl. v. 12.2.2008 – 4 U 190/07.

14 Zu den Darlegungsanforderungen des Antragsgegners im Eilverfahren unterhalb der Schwellenwerte näher OLG Düsseldorf, Beschl. v. 13.1.2010 – 27 U 1/09.

### b) Bieterfreundliche Auslegung – Vorläufiger Rechtsschutz als Ausprägung des Vertrauensschutzes

21 Andere Land- und Oberlandesgerichte nehmen eine **bieterfreundlichere Haltung** ein. Danach bestehen nicht nur in den Fällen von Willkür und rechtsmissbräuchlichem Verhalten Erfolgsaussichten für die Beantragung eines vorläufigen Zuschlagsverbots im Wege des zivilgerichtlichen Eilrechtsschutzes. Auch „bloßes" **(vergabe-) rechtswidriges Handeln** des Auftraggebers kann hierfür genügen.

22 Dogmatischer Anknüpfungspunkt für einen Anspruch gegen einen öffentlichen Auftraggeber auf vorläufige Untersagung des Vertragsschlusses mit einem anderen Bieter ist danach folgender: Durch die Ausschreibung entsteht zwischen dem Auftraggeber und den sich beteiligenden Bietern ein **vorvertragliches Schuldverhältnis**, aus dem sich wechselseitige **Rücksichtnahmepflichten** ergeben. Dies verpflichte den öffentlichen Auftraggeber u.a. dazu, rechtswidrige Handlungen zum Nachteil der Bieter zu unterlassen. Verstöße gegen diese Verpflichtung können Ansprüche auf Unterlassung eines (anderweitigen) Vertragsschlusses begründen und im Wege des einstweiligen Rechtsschutzes durchgesetzt werden.[15]

23 Danach kommen in erheblich weiterem Umfang Unterlassungsansprüche des Bieters in Betracht. Über den Grundsatz der Selbstbindung der Verwaltung an früheres tatsächliches Handeln können Verstöße gegen den **Gleichbehandlungsgrundsatz** geltend gemacht werden.[16] Außerdem in Betracht kommen Verstöße gegen Vergaberechtsgrundsätze, z.B. das **Transparenzgebot**.[17]

24 Die bieterfreundlichste Position hat bislang das OLG Düsseldorf eingenommen: Soweit der Auftraggeber dem Vergaberecht unterworfen ist, soll grundsätzlich **jeder Verstoß** gegen Bieter schützende **Vergaberechtsregeln** Ansprüche auf Unterlassung des (anderweitigen) Vertragsschlusses begründen können, weil Bieter aus dem bestehenden vorvertraglichen Schuldverhältnis einen Anspruch auf die Einhaltung dieser Regeln haben sollen.[18]

---

**15** OLG Düsseldorf, Urt. v. 19.10.2011 – 27 W 1/11; OLG Saarbrücken, Urt. v. 13.6.2012 – 1 U 357/11; OLG Düsseldorf, Beschl. v. 13.1.2010 – 27 U 1/09. – Das OLG Dresden, Urt. v. 13.8.2013 – 16 W 439/13, hat unter Berufung auf dieses vorvertragliche Vertrauensverhältnis auch einen vorläufigen Unterlassungsanspruch eines Bewerbers gegen die anstehende Zuschlagserteilung bei der Vergabe einer **Dienstleistungskonzession** bejaht.

**16** OLG Jena, Urt. v. 8.12.2008 – 9 U 431/08; OLG Brandenburg, Beschl. v. 2.10.2008 – 12 U 91/08; LG München, Beschl. v. 18.4.2012 – 11 O 7897/12.

**17** OLG Brandenburg, Beschl. v. 2.10.2008 – 12 U 91/08.

**18** OLG Düsseldorf, Beschl. v. 13.1.2010 – 27 U 1/09; OLG Düsseldorf, Urt. v. 19.10.1911 – 27 W 1/11; ebenso OLG Saarbrücken, Urt. v. 13.6.2012 – 1 U 357/11; ähnlich OLG Jena, Urt. v. 8.12.2008 – 9 U 431/08.

### c) „Echte Chance" des Bieters auf die Erteilung des Zuschlags

Allerdings besteht auch nach dieser Rechtsprechung **kein Automatismus**, der Eilanträgen von Bietern bei jedem Vergaberechtsverstoß zum Erfolg verhilft. Vielmehr ist angesichts des Umstands, dass im einstweiligen Rechtsschutzverfahren keine abschließende Klärung des Sachverhalts erfolgen kann, eine **Abwägung** vorzunehmen zwischen den Interessen des Auftraggebers und denen des Bieters.[19] 25

Nach § 940 BGB kommt der Erlass einer einstweiligen Verfügung zur **Abwendung wesentlicher Nachteile** oder zur Verhinderung drohender Gewalt in Betracht. Dies ist vom Antragsteller **glaubhaft zu machen.** Wesentliche Nachteile können einem Bieter aber nur dann entstehen, wenn er überhaupt eine **echte Chance** hat, den Zuschlag zu erhalten. 26

Demnach kann die vorzunehmende Abwägung auch bei Vorliegen eines schweren Vergaberechtsverstoßes und **selbst bei willkürlichem Handeln** des Auftraggebers zum Nachteil des Bieters ausfallen, wenn dessen **Zuschlagserlangung unwahrscheinlich** ist.[20] Eilanträge von Bietern können also wohl nur dann erfolgreich sein, wenn diese darlegen und glaubhaft machen können, dass sie zumindest die Chance gehabt hätten, den Zuschlag zu erhalten.[21] 27

Aus dem Vorstehenden folgt, dass einstweiliger Rechtsschutz für Bieter nur bei einem noch **laufenden Vergabeverfahren** möglich ist. Mit der Erteilung des Zuschlags endet das Vergabeverfahren. Erlangt der Bieter erst später von einem Vergabeverstoß Kenntnis, kommt die Geltendmachung von Primärrechtsschutz nicht mehr in Betracht.

### d) Pflicht zur rechtzeitigen Rüge erkannter Vergabeverstöße

Ein erfolgreicher Eilantrag auf Anordnung eines vorläufigen Zuschlagsverbots erfordert schließlich, dass der Bieter den von ihm erkannten Vergabeverstoß gegenüber der Vergabestelle **unverzüglich gerügt** hat. Auch diese Verpflichtung des Bieters ist Ausfluss der **gegenseitigen Rücksichtnahmepflichten**, die sich aus dem durch das laufende Ausschreibungsverfahren begründeten vorvertraglichen Schuldverhältnis ergeben.[22] 28

---

**19** Näher hierzu OLG Saarbrücken, Urt. v. 13.6.2012 – 1 U 357/11.

**20** OLG Düsseldorf, Beschl. v. 13.1.2010 – 27 U 1/09.

**21** OLG Brandenburg, Beschl. v. 29.5.2008 – 12 U 235/07. – Nach OLG Düsseldorf, Beschl. v. 13.1.2010 – 27 U 1/09, soll eine (echte) Chance auf Zuschlagserteilung nicht zwingend notwendig sein. Wie bei Fehlen einer solchen Chance aber die Zuschlagserlangung des Bieters nicht „unwahrscheinlich" sein soll, wird nicht recht deutlich.

**22** LG Bielefeld, Urt. v. 27.2.2014 – 1 O 23/14; LG Wiesbaden, Beschl. v. 12.7.2012 – 4 O 17/12; LG Berlin, Beschl. v. 5.12.2011 – 52/O 254/11.

29 Bieter müssen daher Auftraggebern die **Gelegenheit geben**, gerügte Vergaberechtsverstöße zu überprüfen und diesen **abzuhelfen**. Sofern die Vergabestelle auf die Rüge eines Bieters reagiert, diese Reaktion nach Auffassung des Bieters aber unzureichend ist, muss er dies nochmals ausdrücklich unverzüglich monieren.[23]

30 Unterlassen Bieter die unverzügliche Rüge des geltend gemachten Vergabeverstoßes, **fehlt** es an dem für den Erlass einer einstweiligen Verfügung erforderlichen **Verfügungsgrund**. Die einstweilige Verfügung ist dann nicht (mehr) zur Abwehr wesentlicher Nachteile des Bieters „geboten". Dadurch ist Bietern der **Weg versperrt**, die Geltendmachung erkannter Vergaberechtsverstöße „in der Hinterhand" zu behalten und **zunächst einmal abzuwarten**, ob sie sich mit ihrem Angebot auch in dem laufenden, als fehlerhaft festgestellten Vergabeverfahren durchsetzen können.

---

**!** **Praxistipp**

Die hohen Hürden für die Darlegung und Glaubhaftmachung eines Verfügungsgrunds müssen daher nach wie vor zu der Einschätzung führen, dass Eilanträge von Bietern bei Auftragsvergaben unterhalb der Schwellenwerte in aller Regel **kaum Erfolgsaussichten** aufweisen. Selbst wenn das Vergabeverfahren in einem Gerichtsbezirk mit bieterfreundlicher Rechtsprechung (vgl. oben Rn 21ff.) stattfindet und ein Vergaberechtsverstoß hinreichend sicher festgestellt wird, dürften Bieter nicht immer sicher einschätzen können, wie es um ihre Chance auf die Zuschlagserteilung bestellt ist. Das gilt insbesondere bei VOL/A- und VOF-Vergaben, wo es keine öffentliche Submission gibt. Daher sind substantiierter Vortrag hierzu und entsprechende Glaubhaftmachung im einstweiligen Verfügungsverfahren häufig nicht möglich.

Auch im Hinblick auf das Kostenrisiko bei einer Ablehnung eines Antrags auf Erlass einer einstweiligen Verfügung ist Bietern anzuraten, die Verfahrensvoraussetzung der unverzüglichen Rüge erkannter Vergaberechtsverstöße nicht nur als „notwendiges Übel", sondern als **Chance zur Beseitigung eines benachteiligenden Verfahrensfehlers** anzusehen. Es kann nämlich keineswegs generell davon ausgegangen werden, dass öffentliche Auftraggeber derartige Monierungen von Bietern übergehen bzw. sich nicht kritisch mit deren Inhalt auseinandersetzen. Vielmehr sollte unterstellt werden, dass Auftraggeber ein Interesse daran haben, ein formal korrektes Vergabeverfahren durchzuführen.

---

## II. Sekundärrechtsschutz – Die Geltendmachung von Schadensersatzansprüchen nach einem Vergaberechtsverstoß

31 Soweit Primärrechtsschutz nicht zu erlangen ist, was im Unterschwellenbereich der Regelfall ist, ist die Geltendmachung von **Schadensersatzansprüchen** im Wege des Sekundärrechtsschutzes die einzige Möglichkeit für Bieter, sich gegen einen Vergaberechtsverstoß des Auftraggebers zu wehren. Voraussetzung hierfür ist der Nachweis einer **schuldhaften Verletzung subjektiver Bieterrechte** durch den Auftraggeber.

---

23 LG Bielefeld, Urt. v. 27.2.2014 – 1 O 23/14.

### 1. Allgemeines

Es gibt im Wesentlichen drei Konstellationen, in welchen Schadensersatzansprüche von Bietern in Betracht kommen: 32
- Bieter sind mit einem Antrag auf Erlass einer **einstweiligen Anordnung gescheitert**,
- Bieter haben erst **nach erfolgter Zuschlagerteilung** an einen Mitbewerber **Kenntnis** von einem Vergabeverstoß erlangt oder
- der Auftraggeber **hebt die Ausschreibung auf, ohne** dass ein **Aufhebungsgrund** gemäß § 17 VOL/A oder § 17 VOB/A vorliegt.[24]

**Dogmatische Grundlage** für Schadensersatzansprüche von Bietern wegen behaupteter Vergaberechtsverstöße ist die Verletzung von **Rücksichtnahmepflichten**. Diese Pflichten ergeben sich aus dem vorvertraglichen Schuldverhältnis und somit aus § 280 Abs. 1 i.V.m. §§ 241 Abs. 2, 311 Abs. 2 BGB. Dies gilt für Auftragsvergaben oberhalb wie unterhalb der Schwellenwerte gleichermaßen.[25] 33

Zu beachten ist, dass **§ 97 Abs. 7 GWB**, der Bietern einen allgemeinen Anspruch darauf verleiht, dass Auftraggeber die Bestimmungen über das Vergabeverfahren einhalten, **im Unterschwellenbereich nicht** gilt. Der Anwendungsbereich der vorgenannten Regelung ist auf Auftragsvergaben oberhalb der Schwellenwerte beschränkt.[26] 34

In Betracht kommt insbesondere die Verletzung des **Transparenzgebots** und des **Gleichbehandlungsgrundsatzes**, die auch unterhalb der Schwellenwerte Geltung beanspruchen. Über Art. 3 Abs. 1 GG können auch Verstöße der Vergabestelle gegen ihre bisherige Verwaltungspraxis angeführt werden. Generell ist eine **weite Auslegung** geboten; die einschlägigen Regelungen der VOL/A und der VOB/A sind grundsätzlich als **bieterschützend** anzusehen, soweit sie nicht reine Ordnungsvorschriften darstellen oder lediglich haushaltsrechtliche Bedeutung haben.[27] 35

Schadensersatzansprüche von Bietern sind vor den **ordentlichen Gerichten**, also im Rahmen der Zivilgerichtsbarkeit, geltend zu machen. Ihr Bestehen hängt nicht mehr davon ab, ob die Bieter auf die Rechtmäßigkeit des Vergabeverfahrens 36

---

24 Kann sich der Auftraggeber hingegen auf einen solchen normierten Aufhebungsgrund stützen, scheiden Schadensersatzansprüche von vornherein aus, da Bieter mit einer solchen Aufhebung rechnen müssen und somit kein schutzwürdiges Vertrauen vorliegen kann. Hierzu bereits BGH, Urt. v. 8.9.1998 – X ZR 99/96.

25 BGH, Urt. v. 9.6.2011 – X ZR 143/10.

26 BVerfG, Beschl. v. 13.6.2006 – 1 BvR 1160/03, Rn 85.

27 Hinsichtlich der bieterschützenden Vorschriften gilt im Ober- und im Unterschwellenbereich im Wesentlichen dasselbe. Soweit gerügte Verstöße gegen Regelungen im Oberschwellenbereich eine **Antragsbefugnis im Nachprüfungsverfahren** begründen, sind die **korrelierenden Vorschriften** im 1. Abschnitt der VOL/A und der VOB/A als **bieterschützend** einzustufen, auch wenn dort § 97 Abs. 7 GWB nicht anwendbar ist. – Näher zu Fragen der Antragsbefugnis nachstehend in Rn 90ff.

vertraut haben. Der BGH hat seine diesbezügliche Rechtsprechung im Jahr 2011 geändert, so dass Bieter **auch bei erkannten oder erkennbaren Vergaberechtsverstößen** Sekundärrechtsschutz in Anspruch nehmen können.[28]

### 2. Ansprüche auf Ersatz des Vertrauensschadens

37 Wie vorstehend im Rahmen der Erläuterungen zu der Aufhebung eines Vergabeverfahrens ohne normierten Sachgrund bereits aufgezeigt wurde, beschränken sich die erlittenen Vermögensnachteile der Bieter und somit deren Schadensersatzansprüche in der Regel auf das sogenannte **negative Interesse**. Voraussetzung für das Bestehen solcher Ansprüche ist, dass der betroffene Bieter bei vergaberechtskonformem Handeln der Vergabestelle eine **echte Chance** auf die Erteilung des Zuschlags gehabt hätte.[29]

38 Erforderlich ist des Weiteren, dass der Vergaberechtsverstoß des Auftraggebers **schuldhaft** erfolgte.[30] Da das Vorliegen eines Pflichtverstoßes ein Verschulden indiziert (§ 280 Abs. 1 S. 2 BGB), ist diese Anspruchsvoraussetzung in aller Regel erfüllt. Die Vergabestelle kann sich nur in engen Ausnahmefällen mit Erfolg auf fehlendes Verschulden berufen.

---

**Praxistipp**

Bietern ist zur Wahrung ihrer Schadensersatzansprüche zu raten, im Vergabeverfahren **erkannte Vergaberechtsverstöße unverzüglich** gegenüber der Vergabestelle **zu rügen**. Dies ist nämlich nicht nur eine Bedingung für das Vorliegen eines Verfügungsgrunds im Rahmen eines mit dem Ziel der vorläufigen Zuschlagsverhinderung gestellten Antrags auf Erlass einer einstweiligen Verfügung. Das Unterlassen einer solchen Rüge stellt allgemein einen **Pflichtverstoß** des Bieters im Rahmen des bestehenden vorvertraglichen Schuldverhältnisses dar.[31]

Auch wenn zu dieser Frage die Rechtsprechung noch kein klares Bild abgibt, kann zumindest nicht ausgeschlossen werden, dass der in einer fehlenden Rüge der Vergaberechtsverletzung liegende Pflichtverstoß ein **Mitverschulden** gemäß § 254 BGB begründen kann. Dies kann zur Folge haben, dass Schadensersatzansprüche des betroffenen Bieters begrenzt oder sogar ausgeschlossen sein können.[32]

---

28 BGH, Urt. v. 9.6.2011 – X ZR 143/10. Zur früheren Rechtsprechung siehe BGH, Urt. v. 12.6.2001 – X ZR 150/99. Siehe auch die vorstehenden Ausführungen in Kap. 9 Rn 56f.

29 Näher hierzu oben in Kap. 9 Rn 61f.

30 OLG Koblenz, Urt. v. 6.2.2014 – 1 U 906/13.

31 Näher hierzu oben Rn 28.

32 Das Entfallen des bis 2011 von der Rechtsprechung geforderten „Vertrauenselements" ändert an der Rügeobliegenheit des Bieters bei erkannten Vergaberechtsverstößen nichts. Die Frage, unter welchen Voraussetzungen sich Bieter ein Mitverschulden entgegenhalten lassen müssen, hat der BGH nämlich ausdrücklich offen gelassen, vgl. BGH, Urt. v. 9.6.2011 – X 143/10, Rn 15 a.E.; ebenso bereits OLG Jena, Urt. v. 27.2.2002 – 6 U 360/01.

Der Bieter kann diejenigen Kosten ersetzt verlangen, die er für die Teilnahme am Vergabeverfahren **nutzlos aufgewendet** hat. In Betracht kommen in erster Linie die **Kosten für die Erstellung des Angebots**, die sich insbesondere bei umfangreich zu kalkulierenden Bauaufträgen auf einen beträchtlichen Betrag belaufen können. Auch aufgewendete **Rechtsanwaltskosten** für die Prüfung der (vergaberechtswidrigen) Vergabeunterlagen stellen regelmäßig einen ersatzfähigen Vermögensschaden dar.[33] 39

### 3. Ansprüche auf Ersatz des Erfüllungsschadens

Die Geltendmachung eines Geschädigten auf Ersatz seines Erfüllungsschadens, des sog. positiven Interesses, ist darauf gerichtet, so gestellt zu werden, wie er ohne die schuldhafte Pflichtverletzung des Vertragspartners stünde. Derartige Ansprüche von Bietern sind somit auf den **entgangenen Gewinn** sowie ggf. auf **entgangene Deckungsbeiträge** zu seinen Geschäftskosten gerichtet,[34] wobei den Bietern im Prozess die Beweiserleichterungen des § 287 ZPO zugutekommen.[35] 40

Derartige Ansprüche von Bietern kommen nur in eng begrenzten **Ausnahmefällen** in Betracht. Zwingende Voraussetzung hierfür ist, dass die Vergabestelle den ausgeschriebenen oder einen wirtschaftlich gleichzusetzenden Auftrag tatsächlich an einen Mitbewerber erteilt hat und dass der **Bieter nachweist**, dass er den **Auftrag** bei einer rechtmäßigen Vergabeentscheidung mit hoher Wahrscheinlichkeit **hätte erhalten müssen.**[36] 41

## B. Rechtsschutzmöglichkeiten oberhalb der Schwellenwerte

Die Rechtsschutzmöglichkeiten für Bieter bei Auftragsvergaben, welche die EU-Schwellenwerte überschreiten, reichen erheblich weiter als bei Vergaben unterhalb der Schwellenwerte. Im Oberschwellenbereich steht Bietern das vergaberechtliche **Nachprüfungsverfahren** und somit ein **effektiver Primärrechtsschutz** zur Verfügung. 42

Das Gebot eines effektiven Rechtsschutzes, welches ein vergaberechtliches Grundprinzip darstellt,[37] hat sich unter anderem auch in konkreten Vorgaben an ein ordnungsgemäßes **Vergabeverfahren** niedergeschlagen. Die Einzelheiten sind in **§§ 102ff. GWB** normiert und werden im Folgenden näher erläutert. 43

---

33 BGH, Urt. v. 9.6.2011 – X 143/10, Rn 17.

34 Vgl. OLG Saarbrücken, Urt. v. 18.6.2014 – 1 U 4/13.

35 BGH, Urt. v. 6.2.2002 – X ZR 185/99.

36 Zu den Einzelheiten siehe oben in Kap. 9 Rn 63ff.

37 Näher hierzu oben in Kap. 2 Rn 75ff.

## I. Primärrechtsschutz

### 1. Verfahrensrechtliche Ausformung – Informations- und Wartepflicht vor Zuschlagserteilung

44 Wie vorstehend näher dargestellt wurde, sind die auf die Erlangung von Primärrechtsschutz gerichteten Möglichkeiten für Bieter unterhalb der Schwellenwerte sehr beschränkt. Effektiver Primärrechtsschutz setzt voraus, dass Bieter, denen der Zuschlag nicht erteilt werden soll, **rechtzeitig wirksame rechtliche Maßnahmen** gegen die bevorstehende Zuschlagserteilung an einen Mitbewerber ergreifen können. Diese Möglichkeit liefe von vornherein leer, wenn der Bieter von den betreffenden Umständen keine **Kenntnis** erhielte.

45 Aus diesem Grund statuiert § 101a GWB eine **Informations- und Wartepflicht** des Auftraggebers. Nach § 101a Abs. 1 S. 2 GWB müssen Auftraggeber diejenigen Bieter, deren Angebote nicht berücksichtigt werden sollen, unverzüglich in Textform informieren über

- den **Namen des Bieters**, dessen Angebot angenommen werden soll,
- die **Gründe der Nichtberücksichtigung** des eigenen Angebots und
- den frühesten **Zeitpunkt der Zuschlagserteilung**.

46 § 101a Abs. 1 S. 3–5 GWB schreibt eine **verbindliche Wartefrist** für den Auftraggeber im Hinblick auf den Vertragsschluss durch Zuschlagserteilung vor. Der Vertrag darf **frühestens 15 Tage**, bei einer Übermittlung **per Fax oder auf elektronischem Wege 10 Tage nach Absendung** der Information an die nicht berücksichtigten Bieter geschlossen werden.

47 Die Informationsverpflichtung gemäß § 101a Abs. 1 GWB hat einen anderen Inhalt und eine **andere Zielrichtung** als die in § 19 VOL/A und in § 19 Abs. 2 VOB/A für den **Unterschwellenbereich** statuierten Informationspflichten. Diese sehen eine nur auf Antrag erfolgende **nachträgliche Information** der Bieter über die erfolgte Zuschlagserteilung vor. Sinn und Zweck dieser Regelung ist, dass Bieter Klarheit über eine erfolgte Auftragserteilung erhalten und über während des laufenden Vergabeverfahrens gebundene Kapazitäten wieder voll verfügen können sollen.

48 § 19 EG VOL/A, § 19 EG Abs. 4 VOB/A und § 14 Abs. 5 und 6 VOF enthalten auch für den **Oberschwellenbereich entsprechende Regelungen** über eine nachträgliche Informationspflicht. Diese **laufen** aber im Ergebnis wegen des bestehenden Anspruchs der Bieter und Bewerber auf vorherige Information über die beabsichtigte Zuschlagserteilung **leer**.

#### a) Persönlicher Anwendungsbereich

49 Die Regelung ist im Hinblick auf ihre überragende Bedeutung **weit auszulegen**. Sie gebietet die Berücksichtigung aller Bieter, die gegenüber dem Auftraggeber ein

förmliches Interesse am Erhalt des Auftrags bekundet haben, unter Umständen selbst dann, wenn sie letztlich kein Angebot abgegeben haben. Das kann etwa der Fall sein, wenn der Auftraggeber **ohne Durchführung eines förmlichen Verfahrens** Verhandlungen mit mehreren Bietern aufgenommen hat.[38]

Der Anwendungsbereich der Informations- und Wartepflicht erfasst gemäß 50 § 101a Abs. 1 S. 2 GWB darüber hinaus ausdrücklich auch **Bewerber**, denen **keine Information über die Ablehnung ihrer Bewerbung** zur Verfügung gestellt wurde, bevor die Mitteilung über die Zuschlagsentscheidung an die betroffenen Bieter ergangen ist. Damit sind diejenigen Bewerber gemeint, die in einem **zweistufigen Auswahlverfahren** auf der ersten Stufe ausgeschieden sind und daher nicht zur Angebotsabgabe aufgefordert wurden.

### b) Sachlicher Anwendungsbereich: Alle Verfahrensarten

Die Informations- und Wartepflicht des Auftraggebers besteht nicht nur im offenen 51 Verfahren und im nicht offenen Verfahren, sondern auch im **Verhandlungsverfahren**.[39] Sie ist vom Grundsatz her nicht auf Verhandlungsverfahren mit Teilnahmewettbewerb beschränkt. Insbesondere kann ein vergaberechtswidriges Absehen von einem **Teilnahmewettbewerb** nicht dazu führen, dass Auftraggeber sich hierdurch ihrer Informationspflicht nach § 101a GWB entziehen können. Ansonsten hätten die Auftraggeber es letztlich in der Hand, über die Reichweite der Vorschrift selbst disponieren zu können.[40]

Ob bei **Architektenwettbewerben** nach der VOF § 101a GWB anwendbar ist, ist 52 in der Rechtsprechung **umstritten**. Dies hängt im Ergebnis davon ab, ob man die Entscheidung des Preisgerichts einer förmlichen Zuschlagsentscheidung gleichstellt oder nicht.[41]

### c) Inhalt der Informationspflicht

Die Bieter sollen durch die ihnen gemäß § 101a GWB zu erteilende Information in die 53 Lage versetzt werden, beurteilen zu können, ob sich die Einleitung eines **Nach-**

38 BGH, Beschl. v. 1.2.2005 – X ZB 27/04.

39 Allgemeine Auffassung, vgl. etwa OLG Düsseldorf, Beschl. v. 24.5.2005 – Verg 85/04; OLG Schleswig, Beschl. v. 28.11.2005 – 6 Verg 7/05.

40 VK Hessen, Beschl. v. 1.6.2001 – 69d VK-17/2001; OLG Düsseldorf, Beschl. v. 30.4.2003 – Verg 67/02.

41 Bemisst man der Preisgerichtsentscheidung im Hinblick auf § 661 Abs. 2 S. 2 BGB Zuschlagsqualität zu, hat der Auftraggeber als Auslober des Wettbewerbs letztlich gar keine Möglichkeit, vorab eine Benachrichtigung der nicht berücksichtigten Bewerber vorzunehmen; so OLG Düsseldorf, Beschl. v. 31.3.2003 – Verg 4/04. Dagegen OLG Koblenz, Beschl. v. 26.5.2010 – 1 Verg 2/10; VK Sachsen, Beschl. v. 22.2.2013 – 1/SVK/047/12.

**prüfungsverfahren lohnt oder nicht.**[42] Inhalt und Umfang der mitzuteilenden Informationen müssen sich also am **Informationsinteresse der Bieter** orientieren.[43]

54 Vor diesem Hintergrund sind an den Inhalt der zu erteilenden Information **keine übertrieben hohen Anforderungen** zu stellen. Erforderlich ist eine **aussagekräftige und wahrheitsgemäße**[44] Begründung, die den Bietern vor Augen führt, warum diese den Auftrag nicht erhalten sollen. Die Verwendung von **Formblättern** z.B. aus dem Vergabe- und Vertragshandbuch für Bauvergaben des Bundes[45] ist ohne weiteres möglich, solange sich deren Inhalt nicht auf floskelhafte Angaben beschränkt.

55 Der **Name des Bieters**, dessen Angebot den Zuschlag erhalten soll, muss so genau angegeben werden, dass den nicht berücksichtigten Bietern dessen **Identifizierung möglich** ist.[46] Die Erfolgsaussichten eines Nachprüfungsantrags können von der Einschätzung des Angebots des Mindestbieters und dessen (fehlender) Eignung abhängen. Es empfiehlt sich, die korrekte handelsrechtliche Bezeichnung (falls vorhanden) sowie den Ort und die Postleitzahl des Firmensitzes anzugeben.

56 Bei der Angabe des Grunds bzw. der **Gründe der Nichtberücksichtigung** darf sich der Auftraggeber kurz fassen; er muss die Gründe aber **verständlich und präzise** benennen.[47] Daher verbieten sich floskelhafte und gänzlich pauschale Ausführungen, mit denen der Bieter letztlich nichts anfangen kann.

**Fettnapf**

**Nicht ausreichend** ist grundsätzlich die allgemein gehaltene Aussage, das Angebot des betreffenden Bieters sei **„nicht das wirtschaftlichste gewesen"**. Diese Information verschafft dem Bieter kaum Erkenntnisgewinn, da lediglich das Zuschlagskriterium der Wirtschaftlichkeit des Angebots wiederholt wird.[48]

Dies gilt insbesondere dann, wenn der Preis nicht das alleinige Wertungskriterium ist. Hat der Auftraggeber eine **Wertungsmatrix** erstellt, was nicht selten der Fall ist, und verwendet er diese Matrix bei der Angebotswertung, muss er dem Bieter nähere Informationen über das Wertungsergebnis zukommen lassen. Der Bieter muss der Information des Auftraggebers entnehmen können, wie sein Angebot im Vergleich liegt und wo es **„Wirtschaftlichkeitsdefizite"** aufweist. Insofern genügt die Mitteilung (wenn sie zutrifft), dass der Bieter bei sämtlichen Wertungskriterien **weniger Wertungspunkte erhalten** habe als der Mindestbieter.[49] Nähere Angaben darüber, wie viele Punkte der Bieter

42 OLG Karlsruhe, Beschl. v. 29.8.2008 – 15 Verg 8/08; VK Rheinland-Pfalz, Beschl. v. 22.6.2010 – VK 1 – 20/10; VK Südbayern, Beschl. v. 29.7.2013 – 1 VK 25/13.

43 EuGH, Urt. v. 28.1.2010 – C-406/08.

44 OLG Düsseldorf, Beschl. v. 6.8.2001 – Verg 28/01.

45 Vgl. das **Formblatt 334** („Informations-, Absageschreiben nach § 101a GWB") des VHB 2008 – Stand August 2012.

46 OLG Düsseldorf, Beschl. v. 16.6.2008 – Verg 13/08.

47 OLG Karlsruhe, Beschl. v. 29.8.2008 – 15 Verg 8/08; VK Hessen, Beschl. v. .31.3.2013 – 69d VK – 01/2013.

48 KG, Beschl. v. 4.4.2002 – KartVerg 5/02.

49 So OLG Dresden, Beschl. v. 7.5.2010 – WVerg 6/10.

für die einzelnen Wertungskriterien erhalten hat, wie groß der Abstand zum Mindestbieter ist und wie sich dieser Abstand zusammensetzt, sind regelmäßig nicht erforderlich, aber in jedem Fall ausreichend.[50]
Auf der anderen Seite ist es der Vergabestelle untersagt, den nicht berücksichtigten Bietern Einzelheiten des Konkurrenzangebots mitzuteilen, das bezuschlagt werden soll. Hierdurch würde der Geheimwettbewerb verletzt.[51]

Ist im Verfahren die Vorlage von Nebenangeboten zulässig und hat ein Bieter **Nebenangebote abgegeben**, so muss die Information nach § 101a GWB zumindest Angaben darüber enthalten, ob diese Nebenangebote gewertet wurden und warum diese nicht berücksichtigt werden konnten. Das gilt erst recht dann, wenn die Vergabestelle für die Information einen Vordruck verwendet, der für eine solche Angabe eine eigene Spalte vorsieht.[52] 57

Unentbehrlich ist schließlich die Angabe des **frühestmöglichen Zeitpunkts der Zuschlagerteilung**. Die nicht berücksichtigten Bieter müssen erfahren, bis wann sie ein etwaiges Nachprüfungsverfahren einleiten müssen. Das erfordert eine **exakte Datumsangabe** seitens des Auftraggebers, weil der Bieter sonst nicht wissen kann, wann die Wartefrist endet.[53] 58

#### d) Ausnahme: Besondere Dringlichkeit

**§ 101a Abs. 2 GWB** sieht eine Ausnahme von der in Abs. 1 statuierten Informations- und Wartepflicht vor. Diese Pflicht kann entfallen, wenn das **Verhandlungsverfahren ohne vorherige Bekanntmachung** wegen besonderer Dringlichkeit gerechtfertigt ist, also wenn ein Fall des § 3 EG Abs. 4d) VOL/A oder des § 3 EG Abs. 5 Nr. 4 VOB/A vorliegt.[54] 59

### 2. Rechtsfolge bei Verstößen

Während früher Verstöße gegen die Informations- und Wartepflicht nach der Vorgängerregelung in § 13 S. 6 VgV zwingend zur Nichtigkeit der daraufhin geschlossenen Verträge führten, sieht § 101b GWB nunmehr als Sanktion für derartige Verstöße 60

50 VK Nordbayern, Beschl. v. 24.4.2012 – 21.VK-3194-05/12.
51 OLG Düsseldorf, Beschl. v. 17.2.2010 – Verg 51/09.
52 Näher zu diesem Komplex VK Rheinland-Pfalz, Beschl. v. 22.6.2010 – VK 1 – 20/10; VK Sachsen, Beschl. v. 23.5.2003 – 1/SVK/030-03.
53 Die Wartefrist des § 101a Abs. 1 S. 3 und 4 GWB beginnt nämlich mit der **Absendung des letzten Informationsschreibens** und hängt zudem von der Versandart (Brief, Telefax oder E-Mail) ab; näher VK Südbayern, Beschl. v. 16.5.2011 – Z3-3-3194-1-09-03/11.
54 Zu den Einzelheiten siehe oben Kap. 5 Rn 65, 75.

nur noch die **schwebende Unwirksamkeit** der Verträge vor.[55] Sinn und Zweck dieser Regelung ist die Erlangung von **Rechtssicherheit**. Nach einer gewissen Zeit soll klar sein, dass ein vergaberechtliches Vorgehen nicht mehr zulässig ist und abgeschlossene Verträge wirksam sind.[56]

### a) Reichweite des § 101b GWB

61 § 101b Abs. 1 Nr. 1 GWB erfasst **jeden Verstoß** gegen die Regelung des § 101a GWB. Die Regelung greift also nicht nur dann ein, wenn es an einer (form- und fristgerechten) Information gänzlich fehlt, sondern bereits dann, wenn die erteilte **Information unvollständig oder inhaltlich unrichtig** ist. Es genügt, dass der Bieter in seinen Informationsrechten verletzt ist.

62 § 101b Abs. 2 GWB stellt klar, dass die Regelung sich auch auf so genannte **„De-facto-Vergaben“** erstreckt. Damit werden öffentliche Aufträge bezeichnet, die der Auftraggeber ohne gesetzliche Grundlage **unmittelbar an ein Unternehmen erteilt**, ohne andere Unternehmen am Vergabeverfahren zu beteiligen.

63 Unter die Vorschrift fallen zum einen **echte De-facto-Vergaben**, also Auftragserteilungen im Wege der Direktvergabe an ein Unternehmen, ohne dass überhaupt mit (einem) anderen Unternehmen verhandelt worden ist. Verträge, die Auftraggeber **ohne jegliche Einbeziehung von Konkurrenten** des Auftragnehmers und somit unter vollständiger Außerachtlassung des gebotenen Wettbewerbs schließen, sind daher schwebend unwirksam.

64 Die Rechtslage bei **unechten De-facto-Vergaben**, bei denen der Auftraggeber zwar mit mehreren Unternehmen verhandelt, aber kein förmliches Vergabeverfahren durchgeführt hat, ist teilweise streitig. Einigkeit besteht darüber, dass § 101b Abs. 1 Nr. 2 GWB greift, wenn **keine ordnungsgemäße Bekanntmachung** des Auftrags nach § 15 EG VOL/A bzw. § 12 EG VOB/A erfolgt ist.[57] Hierunter fällt auch die Konstellation, dass der Auftrag nicht wie geboten europaweit, sondern nur national ausgeschrieben wird,[58] oder dass der Bieter nur zufällig von der Vergabeabsicht des Auftraggebers Kenntnis erlangt hat.[59]

65 **Umstritten** ist die Anwendung des § 101b Abs. 1 Nr. 2 GWB in Fällen, in denen zwar eine formal ordnungsgemäße **Bekanntmachung erfolgte**, anschließend **je-**

---

55 So OLG Brandenburg, Beschl. v. 22.4.2010 – Verg W 5/10; zweifelnd und auch eine aufschiebende oder auflösende Bedingung in Betracht ziehend OLG Düsseldorf, Beschl. v. 3.3.2010 – Verg 11/10.

56 EuGH, Urt. v. 8.5.2014 – C-161/13.

57 OLG Naumburg, Beschl. v. 14.3.2014 – 2 Verg 1/14; OLG Saarbrücken, Beschl. v. 29.1.2014 – 1 Verg 3/13; OLG Düsseldorf, Beschl. v. 28.3.2012 – Verg 37/11.

58 OLG Saarbrücken, Beschl. v. 29.1.2014 – 1 Verg 3/13.

59 OLG Düsseldorf, Beschl. v. 28.7.2011 – Verg 20/11.

**doch kein förmliches Vergabeverfahren** durchgeführt wurde, z.B. weil der Auftraggeber dies für nicht erforderlich hielt. Hier nehmen Teile der Rechtsprechung eine **einschränkende Auslegung** des § 101b Abs. 1 Nr. 2 GWB vor,[60] was im Hinblick auf die weitreichende Rechtsfolge (= schwebende Unwirksamkeit der geschlossenen Verträge) sachgerecht erscheint.

§ 101b Abs. 1 Nr. 2 GWB bezweckt den **Schutz** von (potenziellen) Mitbewerbern 66
gegen eine **heimliche** bzw. nicht ausreichend transparent gemachte **Vergabe öffentlicher Aufträge**. Wenn aber eine (europaweite) Kenntniserlangung der beabsichtigten Auftragsvergabe möglich ist, bedürfen Bieter des sehr weitreichenden Schutzes durch § 101b Abs. 1 Nr. 2 GWB nicht: Ihnen steht die Möglichkeit offen, gegen die Nichtanwendung des Vergaberechts durch den Auftraggeber im Wege des „normalen" Nachprüfungsverfahrens vorzugehen.

**Praxistipp** !

Bietern ist daher anzuraten, sich bei Kenntniserlangung von einer unzulässigen De-facto-Vergabe nicht darauf zu verlassen, dass die Regelung des § 101b GWB eingreift und ihnen eine längere „Reaktionszeit" zur Einleitung eines Nachprüfungsverfahrens zubilligt. Es ist in jedem Fall **vorzugswürdig** (und rechtssicherer!), den in der De-facto-Vergabe liegenden Vergaberechtsverstoß gegenüber dem Auftraggeber **unverzüglich zu rügen** und bei Nichtabhilfe der Rüge sogleich ein **Nachprüfungsverfahren einzuleiten**, ohne die Fristen nach § 101b Abs. 2 GWB (dazu sogleich) auszureizen.

Unanwendbar ist § 101b Abs. 1 Nr. 2 GWB, wenn die Direktvergabe an ein Unter- 67
nehmen **aufgrund Gesetzes gestattet** ist. Dies ist der Fall, wenn ein Ausnahmetatbestand nach § 3 EG Abs. 4 VOL/A, § 3 EG Abs. 5 VOB/A vorliegt.

### b) Die schwebende Unwirksamkeit von Verträgen

Voraussetzung für eine Unwirksamkeit von Verträgen, die unter Verstoß gegen 68
§ 101a GWB oder im Wege einer unzulässigen De-facto-Vergabe geschlossen wurden, ist es, dass ein entsprechender Verstoß **in einem Nachprüfungsverfahren** nach § 101b Abs. 2 GWB **festgestellt** wird. Dort wird als Voraussetzung für die Feststellung der Unwirksamkeit eines Vertrags nach § 101b Abs. 1 GWB postuliert, dass
- das Nachprüfungsverfahren **innerhalb von 30 Kalendertagen ab Kenntnis** des Verstoßes,
- spätestens aber **sechs Monate nach** erfolgtem **Vertragsschluss**

geltend gemacht wird.

60 Z.B. VK Bund, Beschl. v. 20.2.2014 – VK 1-4/14. – Das Ausschlag gebende Argument für eine einschränkende Auslegung der Vorschrift dürfte darin bestehen, dass die förmliche Bekanntmachung nach den europarechtlichen Vorgaben bereits eine hinreichende Beteiligung darstellt.

69 Hierdurch werden eine „subjektive“, auf die positive Kenntniserlangung des Bieters abstellende und eine „objektive“, sich allein am Zeitpunkt des Vertragsschlusses orientierende Frist aufgestellt. Bei beiden Fristen handelt es sich um **zwingende Ausschlussfristen**, deren Ablauf den Rechtsverlust des Bieters zur Folge hat.[61] Wird auch nur eine der Fristen nicht eingehalten, ist der **Nachprüfungsantrag unzulässig** und ist der ursprünglich schwebend unwirksame **Vertrag bestandskräftig** geworden.

70 § 101b GWB ist also eine **„Alles-oder-nichts“**-Vorschrift. Nur wenn in einem rechtzeitig eingeleiteten Nachprüfungsverfahren ein Verstoß gegen § 101a GWB oder das Vorliegen einer unzulässigen De-facto-Vergabe festgestellt wird, führt dies zur **Unwirksamkeit** des Vertrages. Wird das Verfahren nicht rechtzeitig eingeleitet, erwächst der Vertrag auch dann in **Bestandskraft**, wenn die Voraussetzungen des § 101b Abs. 1 Nr. 1 und 2 GWB vorliegen.

### 3. Das Nachprüfungsverfahren im Überblick

71 Gemäß § 102 GWB unterliegt die Vergabe öffentlicher Aufträge – unbeschadet der Prüfungsmöglichkeiten von Aufsichtsbehörden – der Nachprüfung durch die Vergabekammern. Dadurch wird ein **umfassendes förmliches Rechtsschutzsystem** für Vergaben oberhalb der Schwellenwerte verankert.

72 Die verwaltungsinterne Nachprüfung auf Vergabefehler durch **Aufsichtsbehörden** ist in der Praxis außer bei Bauauftragsvergaben **kaum von Bedeutung**.[62] Gleiches gilt für die bis vor kurzem im GWB ausdrücklich erwähnte fakultative Möglichkeit, **Vergabeprüfstellen** anzurufen. Der Bund und einzelne Bundesländer haben solche Vergabeprüfstellen eingerichtet, an die sich Bieter auch nach wie vor wenden können.

73 Der vergaberechtliche Rechtsschutz ist **zweistufig ausgestaltet**. Für die Entscheidung über Nachprüfungsanträge sind zunächst die **Vergabekammern** zuständig, wie dies bereits in § 102 GWB ausdrücklich erwähnt wird. Dabei handelt es sich um **Verwaltungsbehörden**, deren Entscheidung gemäß § 114 Abs. 3 S. 1 GWB durch **Verwaltungsakt** ergeht.[63] Regelungen zum Ablauf eines Verfahrens vor der Vergabekammer finden sich in §§ 107 ff. GWB.

74 Die **Vergabekammern des Bundes** sind gemäß § 106 Abs. 1 GWB beim **Bundeskartellamt** und bei den **Ländern** nach deren autonomer Entscheidung (§ 106

---

61 OLG Frankfurt, Beschl. v. 24.9.2013 – 11 Verg 12/13.

62 Bei Bauauftragsvergaben stellt dies aber insbesondere im Unterschwellenbereich eine sinnvolle und gemäß § 21 VOB/A **kostenfreie Option** dar.

63 Die Vergabekammern sind institutionell und funktionell **keine Gerichte**, auch wenn sie gerichtsähnlich handeln. Ihre Entscheidungen sind daher keine Rechtsprechung im eigentlichen Sinne, sondern reines Verwaltungshandeln; OLG München, Beschl. v. 11.6.2008 – Verg 6/08, Rn 9.

Abs. 2 GWB) in der Regel bei einem **Ministerium** oder bei einer sonstigen höheren Verwaltungsstelle eingerichtet.[64] Die Vergabekammern bestehen gemäß § 105 Abs. 2 GWB aus einem Vorsitzenden und zwei Besitzern, von denen einer ehrenamtlich tätig sein muss.

Die weiteren Einzelheiten der Besetzung der Vergabekammern sind in § 105 Abs. 2 GWB geregelt. Nach dessen Satz 3 müssen der Vorsitzende oder der hauptamtliche Beisitzer die **Befähigung zum Richteramt** besitzen. 75

Gegen die Entscheidung der Vergabekammern kann die unterliegende Partei **sofortige Beschwerde** einlegen; hierüber entscheidet gemäß § 116 Abs. 3 GWB der **Vergabesenat** am für den Sitz der Vergabekammer zuständigen **Oberlandesgericht**, welcher mit drei Berufsrichtern besetzt ist. Vorschriften über das Beschwerdeverfahren finden sich in §§ 116 ff. GWB. 76

Das Nachprüfungsverfahren weist eine **Zwitterstellung** zwischen Zivilverfahrensrecht und Verwaltungsverfahrensrecht auf. Diese zeigt sich am deutlichsten im Aufbau des Instanzenzugs. Eine erstinstanzliche Entscheidung einer **Verwaltungsbehörde** wird durch ein (hochrangiges) **Zivilgericht** als Beschwerdeinstanz überprüft. Eine solche Kombination von Zivil- und Verwaltungsverfahren ist dem deutschen Rechtssystem ansonsten fremd, erscheint aber in einem an der Schnittstelle zwischen materiellem Zivilrecht und Verwaltungsrecht anzusiedelnden Rechtsgebiet plausibel. 77

Diesem „Dualismus" entsprechend ist das Verfahren vor der Vergabekammer verwaltungsverfahrensrechtlich ausgestaltet. Deutlichste Ausprägung ist der in § 110 Abs. 1 S. 1 und 2 GWB verankerte, aus dem allgemeinen Verwaltungsverfahrensrecht übernommene **Untersuchungsgrundsatz**, der die Vergabekammer zu einer (eingeschränkten) Sachverhaltsermittlung von Amts wegen verpflichtet. Zwar gilt der Untersuchungsgrundsatz über §§ 120 Abs. 2, 70 Abs. 1 GWB auch für das **Beschwerdeverfahren.** Dort gelten im Übrigen jedoch gemäß § 73 Abs. 2 GWB die einschlägigen **Regelungen der ZPO.** 78

## II. Ablauf eines Nachprüfungsverfahrens im Detail

### 1. Das Verfahren vor der Vergabekammer

Die §§ 107–115a GWB enthalten detaillierte Regelungen zum Verfahren und stellen Anforderungen an die Zulässigkeit von Nachprüfungsanträgen auf. 79

64 Eine **Übersicht** der eingerichteten Vergabekammern findet sich in nahezu allen einschlägigen Textsammlungen und Kommentaren, z.B. in der dtv-Textsammlung.

### a) Zulässigkeitsvoraussetzungen

#### aa) Antrag

80 Die Einleitung eines Nachprüfungsverfahrens bedarf gemäß § 107 Abs. 1 GWB des Antrags eines Bieters. Dieser Antrag muss nach § 108 Abs. 1 GWB **schriftlich** eingereicht[65] und unverzüglich, d.h. nach § 121 Abs. 1 BGB „ohne schuldhaftes Zögern" **begründet** werden. Es besteht **kein Anwaltszwang**.

81 Der Antrag soll gemäß § 108 Abs. 1 S. 2 GWB „ein **bestimmtes Begehren**" enthalten. Die Vergabekammer soll dem Antrag entnehmen können, worum es dem Antragsteller geht und welches **Rechtsschutzziel** er verfolgt.[66] Es ist unschädlich, wenn dieses Rechtsschutzziel erst in der Antragsbegründung „nachgeschoben" wird.[67]

82 Die weiteren **Begründungsvoraussetzungen** sind in § 108 Abs. 2 GWB aufgeführt. Danach muss die Begründung zwingend folgenden Inhalt aufweisen:
- Bezeichnung des Antragsgegners,
- Beschreibung der behaupteten **Rechtsverletzung** mit **Sachverhaltsdarstellung**,
- Bezeichnung der verfügbaren Beweismittel sowie
- Darlegung, dass der geltend gemachte **Vergaberechtsverstoß** gegenüber dem Auftraggeber **gerügt** wurde.

83 Eine **unzureichende Begründung** führt dazu, dass der Antrag einstweilen unzulässig ist, zieht aber nicht dessen sofortige Zurückweisung nach sich. Vielmehr hat die Vergabekammer den Antragsteller auf diesen Umstand **hinzuweisen** und ihm (kurzfristig) Gelegenheit zu geben, seine Begründung nachzubessern.[68]

**Fettnapf**
Auch wenn Begründungsmängel im Nachprüfungsantrag heilbar sind, sollten sich Bieter wegen der einstweiligen Unzulässigkeit des Antrags auf diese Option nicht verlassen. **Offensichtlich unzulässige Nachprüfungsanträge** werden nämlich nach § 110 Abs. 2 S. 3 GWB dem Auftraggeber zunächst nicht übermittelt. Das hat gemäß § 115 Abs. 1 GWB zur Folge, dass der Nachprüfungsantrag (noch) **kein Zuschlagsverbot** nach sich zieht.
Insbesondere dann, wenn der Nachprüfungsantrag erst kurz vor dem vom Auftraggeber gemäß § 101a Abs. 1 GWB mitgeteilten frühestmöglichen Zeitpunkt der Zuschlagserteilung eingereicht wird, ist aus Bietersicht **größte Sorgfalt** darauf zu verwenden, dass die **Begründungserfordernisse** des § 108 Abs. 2 GWB gewahrt werden und die Vergabekammer den Nachprüfungsantrag nicht als „offensichtlich unzulässig" einstufen kann.

84 Der Antrag ist bei der **zuständigen Vergabekammer** einzureichen. Dies bereitet in der Regel keine Probleme, weil gemäß den im Oberschwellenbereich zu verwen-

65 Die Einreichung per Telefax genügt, VK Bund, Beschl. v. 15.12.2011 – VK 3-155/11.
66 OLG Düsseldorf, Beschl. v. 18.7.2001 – Verg 16/01.
67 VK Bremen, Beschl. v. 1.3.2007 – VK 01/07.
68 OLG Jena, Beschl. v. 23.1.2003 – 6 Verg 11/02.

denden Formblättern (und auch nach § 21 EG VOB/A) die zuständige Stelle für Rechtsbehelfs-/Nachprüfungsverfahren bereits **in der Auftragsbekanntmachung anzugeben** ist. Im Übrigen ist nach § 106a Abs. 3 GWB grundsätzlich der **Sitz des Auftraggebers** maßgeblich.

Unter Umständen kann es jedoch schwierig sein zu beurteilen, ob es sich um eine **Bundes- oder eine Landesvergabe** handelt. Gemäß § 104 Abs. 1 GWB sind für Auftragsvergaben des Bundes dessen Vergabekammern und für Ländervergaben die jeweiligen Vergabekammern der Länder zuständig. Maßgeblich ist insoweit, welcher Gebietskörperschaft der jeweilige Auftrag zuzuordnen ist. **Abgrenzungsregeln** hierzu enthält **§ 106a GWB.** 85

**Praxistipp**

! Bietern ist in derartigen Zweifelsfällen anzuraten, bei der Vergabestelle **nachzufragen**, um kein unnötiges Risiko einzugehen. Die Vergabestelle dürfte aufgrund des bestehenden vorvertraglichen Schuldverhältnisses zu einer wahrheitsgemäßen Auskunftserteilung verpflichtet sein.

### bb) Laufendes Vergabeverfahren

Ein zulässiger Nachprüfungsantrag setzt ein laufendes Vergabeverfahren voraus, weil nur dort die Gewährung von Primärrechtsschutz in Betracht kommt. Das Vergabeverfahren muss **bereits begonnen** haben und darf **noch nicht wirksam beendet** sein. Ein wirksam erteilter Zuschlag kann nämlich gemäß § 114 Abs. 2 S. 1 GWB von der Vergabekammer nicht aufgehoben werden. 86

Die Unzulässigkeit eines Nachprüfungsantrags vor Beginn des Vergabeverfahrens ergibt sich zwingend daraus, dass die §§ 102ff. GWB abgesehen von seltenen, atypischen Ausnahmefällen **keinen vorbeugenden Rechtsschutz** gewähren.[69] In welchem Zeitpunkt ein Vergabeverfahren beginnt, kann aber im Einzelfall schwierig zu beurteilen sein. Eine **bloße Markterkundung** durch den öffentlichen Auftraggeber und rein vorbereitende Handlungen im Rahmen interner Überlegungen genügen jedenfalls noch nicht.[70] 87

Ein Vergabeverfahren hat dann begonnen, wenn bereits ein **Beschaffungsvorgang eingeleitet** wurde. Das ist in der Regel anzunehmen, wenn der Auftraggeber sich zur konkreten Bedarfsdeckung entschlossen und bereits **erste organisatorische Schritte** eingeleitet hat, denen sich Einzelheiten über die Art und Weise des geplanten Beschaffungsvorgangs entnehmen lassen.[71] Das ist z.B. anzunehmen, wenn der Auftraggeber bereits mit der **Zusammenstellung der Vergabeunterla-** 88

69 Allgemeine Auffassung; vgl. OLG Koblenz, Beschl. v. 15.8.2014 – 1 Verg 7/14; OLG Düsseldorf, Beschl. v. 9.1.2013 – Verg 26/12; BayObLG, Beschl. v. 22.1.2012 – Verg 18/01.

70 EuGH, Urt. v. 11.1.2005 – C-26/03.

71 BGH, Beschl. v 1.2.2005 – X ZB 27/04.

**gen** beschäftigt ist und schon Expertisen eingeholt hat. Auf die förmliche Bekanntmachung des Vergabeverfahrens kommt es nicht an.

---

**Beispiel**

Ein Landkreis erstellt unter Hinzuziehung gemeinnütziger Hilfsorganisationen einen Bedarfsplan für Rettungsdienst- und Krankentransportleistungen, der die Vergabe derartiger Leistungen an noch zu beauftragende Hilfsorganisationen vorsieht. Der Kreistag beschließt den Rettungsbedarfsplan dem Grunde nach, fordert aber die Vorlage einer detaillierten Kalkulation und überträgt die Umsetzung der Verwaltung. Ein Unternehmen, das an der Aufstellung des Bedarfsplans nicht beteiligt war, fürchtet eine unzulässige De-facto-Vergabe und leitet ein Nachprüfungsverfahren ein.

Der Antrag bleibt erfolglos, weil noch **kein Vergabeverfahren eingeleitet** wurde. Der Beschluss des Kreistags ist lediglich als **Maßnahme der internen Willensbildung** anzusehen und bedarf zudem noch der konkreten Umsetzung. Der Antrag ist auf die Erlangung vorbeugenden Rechtsschutzes gerichtet und daher unzulässig.[72]

---

89 Der Beginn eines Vergabeverfahrens setzt somit zweierlei voraus:
- einen **internen Beschaffungsentschluss**, einen gegenwärtigen oder künftigen Bedarf nicht (mehr) in Eigenleistung zu decken, und
- die **externe Umsetzung** dieses Beschlusses durch zweckbestimmt äußerlich wahrnehmbare Anstalten mit dem Ziel eines Vertragsabschlusses.[73]

---

**Praxistipp**

Um mit Aussicht auf Erfolg ein Nachprüfungsverfahren gegen eine drohende De-facto-Vergabe einzuleiten, müssen **klare Indizien** für einen bereits eingeleiteten Beschaffungsvorgang angeführt werden können. Wenden sich Bieter verfrüht an die Vergabekammer, droht ein mit der Auferlegung sämtlicher Verfahrenskosten verbundenes Scheitern.

In einer solchen Situation empfiehlt es sich daher für Bieter, zunächst den **Auftraggeber zu kontaktieren** und das eigene Interesse am Auftrag zu signalisieren. Bleibt danach der konkrete Verdacht eines vergaberechtswidrigen Handelns des Auftraggebers bestehen, besteht für Bieter die Möglichkeit, die **Fach- und Rechtsaufsicht einzuschalten** und eine Überprüfung zu veranlassen.[74] Bleibt auch dies erfolglos, kann immer noch ein Nachprüfungsverfahren eingeleitet werden.

---

### cc) Antragsbefugnis

90 § 107 Abs. 2 GWB postuliert Voraussetzungen für die Antragsbefugnis, an die jedoch keine übertriebenen Anforderungen zu stellen sind.[75] Antragsbefugt ist danach jedes Unternehmen, das

---

72 Fallbeispiel nach OLG Düsseldorf, Beschl. v. 17.12.2014 – Verg 26/14.

73 OLG Düsseldorf, Beschl. v. 17.12.2014 – Verg 26/14, mit vielen Rechtsprechungsnachweisen.

74 Diese zusätzliche Option führt § 102 GWB ausdrücklich an („unbeschadet ..."); vgl. Rn 71 f.

75 BVerfG, Beschl. v. 29.7.2004 – 2 BvR 2248/03.

- ein Interesse am Auftrag hat,
- eine Verletzung bieterschützender Rechte gemäß § 97 Abs. 7 GWB geltend macht und
- darlegt, dass durch die behauptete Verletzung von Vergabevorschriften ein Schaden entstanden ist oder zu entstehen droht.

Der Begriff des „**Unternehmens**“ ist **funktional zu verstehen.** Erfasst werden alle natürlichen und juristischen Personen, die sich gewerbsmäßig mit der Erbringung von Leistungen befassen, wie sie Gegenstand der Ausschreibung sind.[76] Grundsätzlich sind auch **Bietergemeinschaften** antragsbefugt.[77] 91

Die Voraussetzung eines **Interesses am Auftrag** wird von der Rechtsprechung weit ausgelegt. Es ist ohne weiteres anzunehmen, wenn der Antragsteller im Vergabeverfahren ein **Angebot abgegeben** hat. Hat der Bieter hiervon jedoch abgesehen, muss er im Rahmen der Antragsbegründung darlegen, dass dies auf ein vergaberechtswidriges Verhalten der Vergabestelle zurückzuführen war. 92

Ein rein faktisches bzw. wirtschaftliches Interesse an einer Auftragserteilung an einen Dritten begründet keine Antragsbefugnis, da der Antragssteller die **Zuschlagserteilung an sich selbst** begehren muss. Dementsprechend sind (potentielle) **Nachunternehmer**[78] **und Lieferanten**[79] **nicht antragsbefugt**, weil sie lediglich die Auftragserteilung an den in Aussicht genommenen Hauptauftraggeber erstreben. 93

Die Darlegung der **behaupteten Rechtsverletzung** erfordert keine konkrete Bezeichnung einer verletzten Norm. Es genügt die **Schilderung des Sachverhalts**, aus dem sich eine solche Rechtsverletzung ergeben soll; eine bloße Interessensbeeinträchtigung reicht jedoch nicht aus. 94

**§ 97 Abs. 7 GWB**, auf den sich das Postulat der Geltendmachung einer Verletzung in eigenen Rechten bezieht, gewährt Bietern einen Anspruch darauf, dass Auftraggeber die Bestimmungen über das Vergabeverfahren einhalten. Daraus folgt, dass **nur spezifische Vergaberechtsverstöße** die Antragsbefugnis begründen können. Sonstige Rechtsverletzungen können im Nachprüfungsverfahren nicht geltend gemacht werden.[80] 95

Hinzukommen muss, dass der gerügte Vergaberechtsverstoß objektiv geeignet sein muss, eine **Beeinträchtigung der Aussichten** des jeweiligen Antragsstellers **auf die Erteilung des Zuschlags** hervorzurufen.[81] Das Nachprüfungsverfahren dient 96

---

**76** VK Schleswig-Holstein, Beschl. v. 16.9.2005 – VK-SH 22/05.

**77** OLG Frankfurt, Beschl. v. 2.10.2013 – 11 Verg 10/13; OLG Düsseldorf, Beschl. v. 18.11.2009 – Verg 19/09.

**78** OLG Düsseldorf, Beschl. v. 29.10.2008 – Verg 35/08; VK Bund, Beschl. v. 9.5.2014 – VK 1-26/14.

**79** OLG Düsseldorf, Beschl. v 6.9.2006 – Verg 40/06.

**80** VK Münster, Beschl. v. 5.8.2014 – VK 10/14.

**81** OLG Naumburg, Beschl. v. 14.3.2013 – 2 Verg 8/12.

allein dem Schutz subjektiver Rechte und stellt kein objektives Beanstandungsverfahren dar.[82]

97 Das bedeutet, dass die **Verletzung bloßer Ordnungsvorschriften**, die nicht den Schutz von Bietern bzw. Mitbewerbern bezwecken, sondern Interessen der Allgemeinheit schützen sollen, **keine Antragsbefugnis** begründet. Das ist etwa der Fall bei bestimmten Bekanntmachungs- oder Meldepflichten nach erfolgter Auftragserteilung gemäß § 23 EG VOL/A oder § 14 Abs. 1 VOF.[83]

98 Nach herrschender, allerdings im Detail umstrittener Rechtsprechung sind die Regelungen über **Aufklärungspflichten bzw. Zuschlagsverbote** bei Angeboten mit ungewöhnlich bzw. **unangemessen niedrigen Preisen** (§ 19 EG Abs. 6 S. 1 und 2 VOL/A, § 16 EG Abs. 6 Nr. 1 VOB/A, § 27 Abs. 2 SektVO) **grundsätzlich nicht bieterschützend.** Diese Vorschriften sollen nämlich den Auftraggeber davor schützen, dass der Auftragnehmer aufgrund unauskömmlicher Preisgestaltung nicht zur ordnungsgemäßen Ausführung des Auftrags in der Lage ist. Ausnahmen kommen nur in Betracht, wenn der unangemessen niedrige Preis darauf gerichtet ist, Mitbewerber vom Markt zu verdrängen.[84]

99 Das Vorliegen eines drohenden oder ausnahmsweise bereits eingetretenen Schadens muss lediglich in einer Weise **schlüssig dargelegt** werden, dass nach den Ausführungen des Antragstellers ein **Schaden denkbar** erscheint.[85] Es genügt, dass der Antragsteller darlegt, dass die gerügten Vergabeverstöße seine Chancen im Vergabeverfahren beeinträchtigt haben könnten.[86]

100 Nur wenn **ganz offensichtlich** ist, dass der Antragsteller auch bei ordnungsgemäß durchgeführtem Vergabeverfahren **keine Chance** gehabt hätte, den Zuschlag zu erhalten, ist die Antragsbefugnis **ausnahmsweise zu verneinen.**[87] Alles Weitere ist in der Begründetheit zu prüfen.

#### dd) Die Rüge des behaupteten Vergaberechtsverstoßes

101 § 107 Abs. 3 Nr. 1–3 GWB knüpft die Zulässigkeit eines Nachprüfungsantrags an diverse Rügepflichten. Danach müssen Bieter

– im Vergabeverfahren **erkannte Verstöße** gegen Vergabevorschriften (Nr. 1) **unverzüglich** und

82 OLG Naumburg, Beschl. v. 14.3.2013 – 2 Verg 8/12; VK Sachsen, Beschl. v. 13.2.2002 – 1/SVK/002-02

83 LG Leipzig, Urt. v. 24.1.2007 – 06HK O 1866/06; OLG Thüringen, Beschl. v. 16.1.2002 – 6 Verg 7/01.

84 OLG Düsseldorf, Beschl. v. 31.10.2012 – Verg 17/12. – Siehe auch oben Kap. 8 Rn 173 ff.

85 BVerfG, Beschl. v. 29.7.2004 – 2 BvR 2248/03.

86 OLG München, Beschl. v. 21.11.2013 – Verg 09/13; OLG Thüringen, Beschl. v. 19.10.2010 – 9 Verg 5/10; OLG Karlsruhe, Beschl. v. 21.7.2010 – 15 Verg 6/10.

87 VK Baden-Württemberg, Beschl. v. 14.2.2014 – 1 VK 5/14; OLG Dresden, Beschl. v. 23.7.2002 – WVerg 0007/02.

– in der Bekanntmachung (Nr. 2) oder in den Vergabeunterlagen (Nr. 3) **erkennbare Verstöße** spätestens bis zum Ablauf der genannten **Angebots- oder Bewerbungsfrist**

gegenüber dem Auftraggeber **rügen.**

Die vorgenannte Regelung statuiert also **zwingende Mitwirkungspflichten** der Bieter bei erkannten oder zumindest erkennbaren Vergaberechtsverstößen. Bietern ist es dadurch verwehrt, in solchen Fällen das Vergabeverfahren in der Hoffnung, den Auftrag zu erhalten, zunächst laufen zu lassen und erst dann, wenn sich diese Hoffnung zerschlägt, ein Nachprüfungsverfahren einzuleiten. Hinter dieser Regelung steht der im Nachprüfungsverfahren geltende **Beschleunigungsgrundsatz**[88] und die gewünschte Möglichkeit der **Selbstkorrektur der Vergabestelle.**[89] 102

Die Rügepflicht nach **§ 107 Abs. 3 Nr. 1 GWB** greift nur bei Vergaberechtsverstößen, von denen Bieter **positive Kenntnis** erlangt haben. Das setzt voraus, dass die Bieter um diejenigen Tatsachen wissen, aus denen sich der geltend gemachte Vergabefehler ergibt, und dass sie aus diesem Wissen auch tatsächlich den (laienhaften) Schluss auf einen vorliegenden Rechtsverstoß ziehen.[90] Für das Vorliegen dieser Umstände trägt grundsätzlich der **Auftraggeber die Darlegungs- und Beweislast.**[91] 103

Die Umsetzung dieser Beweislastverteilung wirft **praktische Schwierigkeiten** auf, weil es sich um innere Umstände aus der Sphäre der Bieter handelt, in welche der Auftraggeber keinen Einblick haben kann. Als Bewertungsgrundlage muss daher die **objektive Sachlage bei lebensnaher Betrachtung** herangezogen werden. Bestehen Anzeichen für eine (frühzeitige) Kenntnis des betreffenden Bieters, muss er zu einem entsprechenden Vorhalt des Auftraggebers (oder des beigeladenen Mindestbieters) substantiiert Stellung beziehen.[92] 104

Ein **mutwilliges Sich-Verschließen** vor der Kenntnis eines Rechtsverstoßes steht einer Kenntnis gleich.[93] Dies ist etwa dann anzunehmen, wenn sich ein Vergabefehler einem verständigen und erfahrenen Bieter bei Durchsicht der Vergabeunterlagen **geradezu aufdrängt.** Allerdings ist bei derartigen Rückschlüssen Zurückhaltung geboten, weil selbst grob fahrlässige Unkenntnis einer positiven Kenntnis nicht gleichsteht und für die Anwendung des § 107 Abs. 3 Nr. 1 GWB nicht genügt.[94] 105

---

**88** OLG Brandenburg, Beschl. v. 30.4.2013 – Verg W 3/13.

**89** Hierzu etwa OLG München, Beschl. v. 29.7.2010 – Verg 9/10.

**90** BGH, Beschl. v. 26.9.2006 – X ZB 14/06; OLG Düsseldorf, Beschl. v. Beschl. v. 4.2.2013 – Verg 31/12; OLG Karlsruhe, Beschl. v. 21.12.2012 – 15 Verg 10/12.

**91** OLG München, Beschl. v. 20.3.2014 – Verg 17/13; KG Berlin, Beschl. v. 24.10.2013 – Verg 11/13; OLG Naumburg, Beschl. v. 18.7.2006 – 1 Verg 4/06.

**92** OLG München, Beschl. v. 20.3.2014 – Verg 17/13.

**93** BGH, Beschl. v. 26.9.2006 – X ZB 14/06; OLG Dresden, Beschl. v. 23.4.2009 – WVerg 0011/08.

**94** OLG Dresden, Beschl. v. 23.4.2009 – WVerg 0011/08: strenge Anforderungen.

106 Bei einer **schwierigen Rechtslage** oder einer komplizierten Rechtsprechung zu einer vergaberechtlichen Frage kann auch bei Großunternehmen nicht ohne Weiteres eine positive Kenntnis des Rechtsverstoßes angenommen werden.[95] Anders kann dies bei eindeutigen Verstößen sein, etwa wenn zu einer vergaberechtlichen Frage bekanntermaßen eine gefestigte Rechtsprechung besteht.[96]

**Beispiel**
Ein Bieter hat nach Durchsicht der Vergabeunterlagen **Zweifel**, ob die aufgestellten Eignungskriterien und die geforderten Eignungsnachweise durch den Auftragsgegenstand gerechtfertigt sind. Er beauftragt einen **Rechtsanwalt** mit der Prüfung des Sachverhalts, der ihm urlaubsbedingt erst nach 14 Tagen mitteilt, dass die Forderungen des Auftraggebers aus seiner Sicht vergaberechtswidrig seien. 2 Tage später rügt der Bieter diesen Umstand gegenüber der Vergabestelle.
Die erhobene Rüge ist hier unverzüglich erfolgt, weil (auch erhebliche) Zweifel an der Vergaberechtskonformität bestimmter Umstände einer positiven Kenntnis der Vergaberechtswidrigkeit **nicht gleichstehen.** Holt ein Bieter in einem solchen Fall Rechtsrat ein, beginnt die Rügefrist erst mit **Eingang der Rechtsauskunft** zu laufen.

107 Diese Rüge eines erkannten Vergaberechtsverstoßes muss **gegenüber dem Auftraggeber** erfolgen. Dem steht eine Monierung gegenüber Dritten wie z.B. Aufsichtsbehörden nicht gleich. Die Erhebung einer Rüge gegenüber einem Planungs- oder Ingenieurbüro kann ausreichen, wenn dieses als entsprechend **bevollmächtigter Vertreter** des Auftraggebers anzusehen ist.

**Praxistipp**
Bietern ist dringend anzuraten, Rügen zu Beweiszwecken **stets schriftlich** zu erheben. Bei nur mündlich erhobenen Rügen sollte unbedingt ein **Vermerk** erstellt werden, der das Datum, den Gesprächspartner und den groben Inhalt der vorgebrachten Beanstandung enthält. Insbesondere wenn es sich bei dem Auftraggeber um eine große Behörde mit vielen Mitarbeitern handelt, ist darauf zu achten, dass die Rüge gegenüber einem **zuständigen Mitarbeiter** erfolgt.[97]
Selbst wenn ein Planungsbüro oder eine Rechtsanwaltskanzlei die Organisation und Betreuung des Vergabeverfahrens übernommen hat und dieses im Außenverhältnis abwickelt, ist die Rüge an den Auftraggeber selbst zu richten, sofern er in den **Vergabeunterlagen** als maßgeblicher **Ansprechpartner benannt** ist. In Zweifelsfällen sollte die Rüge zumindest kenntnishalber auch gegenüber dem Auftraggeber selbst vorgenommen werden.

108 Die inhaltlichen Anforderungen an eine zu erhebende Rüge sind gering. Sie muss allerdings den geltend gemachten **Vergaberechtsverstoß klar und zweifelsfrei benennen** und den Auftraggeber zur Beseitigung dieses Verstoßes auffor-

95 OLG Frankfurt, Beschl. v. 15.7.2008 – 11 Verg 4/08; OLG Bremen, Beschl. v. 3.4.2007 – Verg 2/07.
96 VK Südbayern, Beschl. v. 20.12.2012 – Z3-3-3194-1-58-11/12.
97 Hierzu VK Brandenburg, Beschl. v. 9.2.2005 – VK 86/04.

dern.[98] Es muss deutlich werden, dass es sich um eine **rechtliche Beanstandung** und nicht nur um eine bloße Bitte oder eine Rückfrage handelt.[99]

Die Rüge erkannter Vergaberechtsverstöße muss gemäß § 107 Abs. 3 Nr. 1 GWB **„unverzüglich"**, d.h. ohne schuldhaftes Zögern (§ 121 Abs. 1 BGB) erfolgen. Welche Rügefrist sich hieraus für Bieter genau ergeben soll, geht aus dem Wortlaut der Vorschrift nicht hervor. Einigkeit besteht nur insoweit, als die **Umstände des Einzelfalls maßgeblich** sind. Unverzüglich ist eine Rüge dann, wenn sie so rechtzeitig erfolgt, wie dies im Hinblick auf Prüfung und Begründung der Rüge unter Berücksichtigung einer angemessenen Überlegungsfrist möglich und zumutbar ist.[100] 109

Die **Rechtsprechung** dazu, wann eine Rüge (noch) unverzüglich ist, ist **nicht einheitlich**. Bei einfach gelagerten Sachverhalten wird wohl überwiegend eine Rügefrist von lediglich **einem bis drei Tagen** für ausreichend erachtet;[101] für den Regelfall mit durchschnittlichem Schwierigkeitsgrad wird jedoch meist eine Rügefrist von bis zu einer Woche angenommen.[102] Längere Fristen werden Bietern nur in Ausnahmefällen mit extrem schwieriger Sach- und Rechtslage zugestanden; als Maximalfrist hat sich eine **Obergrenze von zwei Wochen** etabliert.[103] 110

**Praxistipp** !

Aus Bietersicht ist bei erkannten Vergaberechtsverstößen in jedem Fall **höchste Eile** geboten. Das gilt insbesondere vor dem Hintergrund, dass es für einen durchschnittlichen Bieter ohne Spezialkenntnisse auf dem Gebiet des Vergaberechts **kaum zu beurteilen** ist, wann ein einfacher, ein durchschnittlicher oder ein extrem schwieriger Fall vorliegt. Die subjektive Einschätzung kann insofern trügen. Im Zweifel gilt die Richtschnur, lieber eine unberechtigte Rüge zu erheben als mit einer (möglicherweise) berechtigten Rüge zu lange zuzuwarten. Es ist in jedem Fall darauf zu achten, dass der **Gegenstand der Beanstandung** deutlich gemacht wird; allgemeine Rügen „ins Blaue hinein" sind unbeachtlich.

Wegen der beschriebenen **Auslegungsunsicherheiten** bei der im Einzelfall geltenden Dauer der Rügefrist nach § 107 Abs. 3 Nr. 1 GWB bestehen **Bedenken**, ob die Regelung in der vorliegenden Form **europarechtskonform** ist. Der EuGH 111

98 OLG Brandenburg, Beschl. v. 16.3.2010 – Verg W 6/10.

99 OLG Celle, Beschl. v. 10.1.2008 – 13 Verg 11/07.

100 OLG Celle, Beschl. v. 10.1.2008 – 13 Verg 11/07; OLG Düsseldorf, Beschl. v. 7. 8. 2013 – Verg 14/13.

101 Vgl. aus der umfangreichen Kasuistik etwa OLG Frankfurt, Beschl. v. 6.6.2013 – 11 Verg 8/13; OLG Brandenburg, Beschl. v. 30.4.2013 – Verg W 3/13; OLG München, Beschl. v. 13.4.2007 – Verg 1/07. Etwas großzügiger ist die Handhabung bei VK Düsseldorf, Beschl. v. 27.4.2006 – VK-12/2006; VK Berlin, Beschl. v. 20.4.2009 – VK – B 2 – 10/09.

102 So etwa OLG Düsseldorf, Beschl. v. 7.8.2013 – Verg 14/13; OLG Brandenburg, Beschl. v. 30.4.2013 – Verg W 3/13; OLG München, Beschl. v. 19.1.2010 – Verg 1/10 (bei Einschaltung eines Anwalts, sonst regelmäßig drei bis fünf Tage).

103 Siehe hierzu statt vieler OLG München, Beschl. v. 20.3.2014 – Verg 17/13; OLG Thüringen, Beschl. v. 31.8.2009 – 9 Verg 6/09.

hat insofern moniert, dass eine nationale Ausschlussfrist, deren Verstreichen zu einer Unzulässigkeit des eingelegten Rechtsbehelfs führt, klare und vorhersehbare Fristen enthalten muss. Der Bieter muss seine Rechte und Pflichten erkennen können.[104]

112 Ob die Rechtsprechung des EuGH zur Folge hat, dass § 107 Abs. 3 Nr. 1 GWB als europarechtswidrig anzusehen ist, ist **in der nationalen Rechtsprechung umstritten**. Einige Vergabekammern und Oberlandesgerichte nehmen dies an mit der Folge, dass die in der Regelung enthaltene Forderung einer unverzüglichen Rüge wegen mangelnder Transparenz für unanwendbar erachtet wird.[105] Auch nach dieser Rechtsprechung ist eine **Rüge als solche** des geltend gemachten Vergaberechtsverstoßes **nicht verzichtbar.**

113 Die wohl überwiegende Rechtsprechung sieht **keine durchgreifenden europarechtlichen Bedenken**. Diese Auffassung überzeugt eher, weil der EuGH nicht schlechthin die Verwendung eines der Auslegung bedürftigen unbestimmten Rechtsbegriffs wie „unverzüglich" moniert hat, sondern nur das Vorliegen einer Fristbestimmung, deren Dauer in das freie Ermessen des zuständigen Richters gestellt wird. So verhält es sich im deutschen Recht aber gerade nicht, weil der Begriff der Unverzüglichkeit durch § 121 Abs. 1 BGB definiert und aufgrund der umfangreichen (wenn auch teilweise uneinheitlichen) Rechtsprechung **hinreichend konkretisiert** erscheint.[106]

---

**Beispiel**

Ein Auftraggeber schreibt die Lieferung von Löschfahrzeugen im offenen Verfahren aus. In den **Bewerbungsbedingungen** wird eine **Rügefrist von 7 Tagen** ab Kenntnis des Vergabeverstoßes festgelegt. Nach Angebotsabgabe mandatiert ein Bieter wegen Zweifeln an der Vergaberechtskonformität der Wertungskriterien einen Rechtsanwalt, der **8 Tage später** im Namen des Bieters die unterbliebene Bildung und Bekanntmachung von **Unter-Unterkriterien und Wertungsmatrizen** rügt. Im Nachprüfungsverfahren beruft sich der Auftraggeber auf eine Rügepräklusion des Bieters, da die vorgegebene Rügefrist verstrichen sei.[107]

Der Nachprüfungsantrag ist vorliegend **zulässig**. Die Festlegung der Rügefrist durch den Auftraggeber ist unwirksam, weil **§ 107 Abs. 3 Nr. 1 GWB** Mindeststandards aufstellt, die **nicht zur Disposition der Vergabestelle** stehen. Frühestens mit dem Zeitpunkt der Mandatierung des Rechtsanwalts kann vorliegend eine dem Bieter zuzurechnende Kenntnis vom Vorliegen eines Vergaberechtsverstoßes

---

**104** EuGH, Urt. v. 28.1.2010 – C-406/08.

**105** So z.B. OLG Koblenz, Beschl. v. 16.9.2013 – 1 Verg 5/13; OLG Celle, Beschl. v. 16.4.2010 – 13 Verg 4/10; VK Saarland, Beschl. v. 8.3.2010 – 1 VK 03/2010; jedenfalls **zweifelnd** OLG Karlsruhe, Beschl. v. 21.12.2012 – 15 Verg 10/12. Die Frage wird ausdrücklich **offengelassen** in OLG München, Beschl. v. 19.12.2013 – Verg 12/13; OLG Frankfurt, Beschl. v. 13.12.2011 – 11 Verg 8/11.

**106** OLG Brandenburg, Beschl. v. 30.4.2013 – Verg W 3/13; OLG Hamburg, Beschl. v. 2.10.2012 – 1 Verg 2/12; OLG Dresden, Beschl. v. 7.5.2010 – WVerg 6/10; VK Sachsen, Beschl. v. 9.12.2013 – 1/SVK/035/13; VK Bund, Beschl. v. 5.3.2010 – VK 1-16/10.

**107** Fallbeispiel nach OLG Düsseldorf, Beschl. v. 19.6.2013 – Verg 8/13.

angenommen werden. Bei einer derart komplexen Problematik wie der notwendigen Ausdifferenzierung gebildeter Unterkriterien ist eine Rüge nach 8 Tagen (noch) ausreichend.

**§ 107 Abs. 3 Nr. 2 und 3 GWB** verpflichtet Bieter, **erkennbare Verstöße** gegen vergaberechtliche Vorschriften, die sich aus **der Bekanntmachung oder den Vergabeunterlagen** entnehmen lassen, noch innerhalb der Angebotsfrist zu rügen. Diese Regelung stellt erhebliche Anforderungen an Bieter, die sich die Möglichkeit eines Nachprüfungsverfahrens offenhalten wollen. 114

Im Gegensatz zu § 107 Abs. 3 Nr. 1 GWB kommt es bei den Nr. 2 und 3 der Vorschrift nicht auf die subjektive Kenntnis, sondern auf eine **objektiv zu bestimmende Erkennbarkeit** an, die **in tatsächlicher und in rechtlicher Hinsicht** bestehen muss.[108] Fahrlässige Unkenntnis oder ein Irrtum über den Sachverhalt gehen in vollem Umfang zu Lasten des Bieters und führen zur Rügepräklusion und somit zur Unzulässigkeit eines Nachprüfungsantrags.[109] 115

Objektiv erkennbar sind solche Regelverstöße, die 116

- bei üblicher Sorgfalt und
- bei den üblichen Kenntnissen
- von einem durchschnittlichen Unternehmen

erkannt werden,[110] wobei die Anforderungen hieran nicht überspannt werden dürfen.[111] Einer Rechtsbehelfsbelehrung durch die Vergabestelle bedarf es allerdings nicht.[112]

**Praxistipp** !

Bieter sind gehalten, sowohl die **Bekanntmachung** als auch die **vollständigen Vergabeunterlagen**, insbesondere die Leistungsbeschreibung, gründlich auf etwaige Vergaberechtsverstöße **zu untersuchen**. Diese Obliegenheit trifft alle Bieter gleichermaßen, weil es wie beschrieben auf die subjektive Erkennbarkeit für den konkreten Bieter oder Bewerber nicht ankommt.

Soweit Bieter nur über geringe Kenntnisse und Erfahrungen im Hinblick auf das Vergaberecht und/oder Vergabeverfahren im Allgemeinen haben, sollten sie in Zweifelsfällen rechtlichen Rat einholen. Das **Unterlassen der Rüge** eines aus der Bekanntmachung oder den Vergabeunterlagen erkennbaren Vergaberechtsverstoßes ist **nicht heilbar**.

Im Übrigen gelten dieselben Anforderungen an Form und Inhalt der Rüge wie im Rahmen von § 107 Abs. 3 Nr. 1 GWB erörtert. 117

**108** OLG Düsseldorf, Beschl. v. 22.1.2014 – Verg 26/13.
**109** VK Hessen, Beschl. v. 13.5.2011 – 69d VK-14/2011.
**110** OLG Celle, Beschl. v. 16.6.2011 – 13 Verg 3/11.
**111** Hierzu etwa OLG Frankfurt, Beschl. v. 11.6.2013 – 11 Verg 3/13.
**112** OLG Koblenz, Beschl. v. 10.6.2010 – 1 Verg 3/10.

#### ee) Antragsfrist

118 Der Nachprüfungsantrag muss schließlich gemäß § 107 Abs. 3 Nr. 4 GWB **innerhalb von 15 Kalendertagen** nach Eingang der Mitteilung des Auftraggebers, einer Rüge nicht abhelfen zu wollen, eingereicht werden. Auch diese Regelung dient der zeitlichen **Straffung des Vergabeverfahrens**, wodurch ein längeres Abwarten und eine Spekulation auf eine Auftragserteilung trotz vorliegenden Vergaberechtsverstoßes seitens der Bieter verhindert werden soll.

119 Die durch das Vergaberechtsmodernisierungsgesetz 2009 neu eingeführte Regelung stellt eine **echte Rechtsbehelfsfrist** dar, weil sie eine zwingende Ausschlussfrist für Nachprüfungsanträge aufstellt, jedenfalls soweit diese auf die betreffende Rüge gestützt werden.[113] Daraus folgt, dass der Auftraggeber schon **in der Bekanntmachung** eine entsprechende **Rechtsbehelfsbelehrung** vornehmen muss. Fehlt diese oder ist sie unrichtig, ist die Frist des § 107 Abs. 3 Nr. 4 GWB unbeachtlich und ein Nachprüfungsantrag auch bei Überschreitung dieser Frist zulässig.[114]

120 Für die Einleitung eines Nachprüfungsverfahrens gegen **De-facto-Vergaben** oder gegen Verträge, die unter Verstoß gegen die Informations- und Wartepflicht geschlossen wurden, statuiert § 101b Abs. 2 GWB eine **gesonderte Antragsfrist**. Diese beträgt **30 Kalendertage ab Kenntnis** des Verstoßes bzw. ab ordnungsgemäßer Bekanntmachung der Auftragsvergabe im EU-Amtsblatt, **maximal 6 Monate** ab Vertragsschluss. Wird diese Frist nicht eingehalten, führt das materiell-rechtlich zur Beendigung der schwebenden Unwirksamkeit des vergaberechtswidrig geschlossenen Vertrags[115] und prozessual zur Unzulässigkeit des Nachprüfungsantrags.

### b) Die Rechtsfolgen eines zulässigen Nachprüfungsantrags und der weitere Verfahrensablauf

#### aa) Zuschlagsverbot

121 Sobald die Vergabekammer den öffentlichen Auftraggeber in Textform über einen Antrag auf Nachprüfung informiert, tritt gemäß § 115 Abs. 1 GWB ein **automatisches Zuschlagsverbot** in Kraft.[116] Dem Auftraggeber ist es dann verwehrt, vor einer rechtskräftigen Entscheidung der Vergabekammer, die mit Ablauf der Beschwerdefrist nach § 117 Abs. 1 GWB eintritt, den Zuschlag zu erteilen. Hierdurch wird der Grundsatz der Gewährleistung eines **effektiven Primärrechtsschutzes** abgesichert.

---

113 Allgemeine Auffassung, vgl. etwa OLG Celle, Beschl. v. 12.5.2010 – 13 Verg 3/10.
114 OLG Düsseldorf, Beschl. v. 12.6.2013 – Verg 7/13.
115 Näher hierzu oben Rn 60 ff.
116 OLG Frankfurt, Beschl. v. 24.9.2013 – 11 Verg 12/13.

In der Praxis läuft dies in der Regel so ab, dass die Vergabekammer den Antrag nach Eingang **unverzüglich per Telefax** an den Auftraggeber **übermittelt.**[117] Teilweise erfolgt zusätzlich eine vorherige telefonische Unterrichtung der Vergabestelle über den Eingang eines Nachprüfungsantrags, um zu verhindern, dass zwischenzeitlich (vermeintliche) Fakten geschaffen werden. Ein unter Verstoß gegen das Zuschlagsverbot **geschlossener Vertrag** ist gemäß § 134 Abs. 1 BGB **nichtig**, weil § 115 Abs. 1 GWB ein gesetzliches Verbot darstellt. 122

**Praxistipp** !
Zu beachten ist, dass § 115 Abs. 1 GWB nicht das gesamte laufende Vergabeverfahren „lahmlegt", sondern nur dessen Beendigung durch Zuschlagserteilung untersagt. Der Vergabestelle ist es unbenommen, ein laufendes **Verfahren fortzusetzen** oder möglicherweise vorliegende Fehler durch eine **Rückversetzung** des Verfahrens zu beseitigen,[118] solange kein Zuschlag erteilt wird. Eine planmäßige Fortsetzung des Verfahrens kommt allerdings nur dann in Betracht, wenn der Nachprüfungsantrag in einem relativ frühen Verfahrensstadium und nicht erst nach Eingang der Mitteilung über die beabsichtigte Zuschlagserteilung nach § 101a GWB gestellt wird.

#### bb) Beteiligte

§ 109 S. 1 GWB nennt folgende Verfahrensbeteiligte: 123
- den Antragsteller,
- den Auftraggeber und
- die Unternehmen, deren Interessen durch die Entscheidung schwerwiegend berührt werden und die deswegen von der Vergabekammer beigeladen worden sind.

Dass der Antragsteller und der Auftraggeber als Antragsgegner am Verfahren beteiligt sind, versteht sich von selbst. Das verwaltungsrechtliche Instrument der **Beiladung** soll sicherstellen, dass auch von der Entscheidung der Vergabekammer unmittelbar betroffene Unternehmen in das Nachprüfungsverfahren einbezogen werden und dort **rechtliches Gehör** finden sollen. Der Begriff des „Unternehmens" ist auch hier funktional zu verstehen und weit auszulegen.[119] 124

Das für die Beiladung erforderliche **Interesse** des Unternehmens muss sich auf den konkret zu vergebenden Auftrag beziehen. Beigeladen wird daher grundsätzlich derjenige Bieter, der nach der Mitteilung der Vergabestelle nach § 101a GWB den **Zuschlag erhalten soll**. Hat das Vergabeverfahren dieses Stadium noch nicht er- 125

**117** Dies unterbleibt nach § 110 Abs. 2 S. 3 GWB nur bei offensichtlich unzulässigen oder unbegründeten Anträgen; vgl. oben Rn 83.

**118** Ausführlich zu dieser Möglichkeit oben Kap. 9 Rn 108 ff.

**119** Vgl. oben Rn 91.

reicht, ist auch die Beiladung mehrerer beteiligter Bieter möglich, soweit deren Angebote in die **engere Wahl** kommen.

126 Hingegen können Bieter, deren Angebot von der Wertung auszuschließen ist, durch das Nachprüfungsverfahren nicht in ihren Rechten beeinträchtigt werden. Sie kommen daher für eine Beiladung von vornherein nicht in Betracht.[120]

127 Ein Beigeladener hat im Nachprüfungsverfahren **dieselben Verfahrensrechte** wie Antragsteller und Antragsgegner. Dazu gehören das Recht auf **Akteneinsicht** gemäß § 111 GWB sowie die Befugnis, Schriftsätze einzureichen und **Anträge** zu stellen.[121] Im Gegenzug wirkt eine Entscheidung der Vergabekammer auch unmittelbar zugunsten bzw. zulasten des Beigeladenen. Die Beiladung dient somit der **Verfahrenskonzentration.**

128 Die Vergabekammer entscheidet nach pflichtgemäßem Ermessen über die Beiladung. Ihre Entscheidung ist nach § 109 S. 2 GWB **unanfechtbar.** Das gilt auch dann, wenn die Vergabekammer aus Gründen der Verfahrensökonomie von der Beiladung eines Unternehmens abgesehen hat. Dem derart übergangenen Unternehmen steht aber die Möglichkeit zu, gegen die Entscheidung der Vergabekammer über den Nachprüfungsantrag **sofortige Beschwerde einzulegen.**[122] Dem Vergabesenat steht es ohnehin frei, ein von der Vergabekammer nicht beigeladenes Unternehmen im Beschwerdeverfahren beizuladen.[123]

### cc) Das Recht auf Akteneinsicht

129 Gemäß § 111 Abs. 1 GWB steht allen Verfahrensbeteiligten ein Recht auf Akteneinsicht zu. Diese können die Akten **bei der Vergabekammer einsehen** und sich durch die Geschäftsstelle auf ihre Kosten Ausfertigungen, Auszüge oder Abschriften erteilen lassen. Es besteht demnach **kein Anspruch auf Zusendung** der Akten.

130 Das Recht auf Akteneinsicht wird allerdings nach § 111 Abs. 2 GWB **beschränkt:** Danach hat die Vergabekammer die Einsicht in die Unterlagen zu versagen, soweit dies **aus wichtigen Gründen** geboten ist. Derartige Gründe liegen insbesondere vor im Fall von Geheimschutzinteressen oder wenn Betriebs- oder Geschäftsgeheimnisse zu wahren sind.

131 Betriebs- und **Geschäftsgeheimnisse anderer Bieter** sind in der Praxis der im Wettbewerbsrecht wurzelnde[124] Hauptgrund für eine Einschränkung des Akteneinsichtsrechts des Antragstellers. Diese Geschäftsgeheimnisse können sowohl unternehmens- als auch auftragsbezogen sein. Alle Unterlagen, die **Kalkulationsgrund-**

---

**120** OLG Rostock, Beschl. v. 9.9.2003 – 17 Verg 11/03.
**121** OLG Frankfurt, Beschl. v. 20.12.2000 – 11 Verg 1/00; VK Münster, Beschl. v. 13.3.2012 – VK 2/12.
**122** Näher hierzu nachstehend unter Rn 157 ff.
**123** OLG Karlsruhe, Beschl. v. 25.11.2008 – 15 Verg 13/08.
**124** Hierzu EuGH, Urt. v. 14.2.2008 – C-450/06.

**lagen** der Konkurrenten enthalten, also insbesondere Leistungsverzeichnisse nebst angebotener **Preise**, dürfen nicht eingesehen werden.[125]

**Betriebsgeheimnisse**, die im Rahmen der Akteneinsicht in der Regel nicht offenbart werden dürfen, betreffen **betrieblich-technische Vorgänge** und Erkenntnisse.[126] Hierunter fallen z.B. Bezugsquellen von Materialien oder sonstige produktionsbezogene Detailinformationen. Auch technische oder **kaufmännische Überlegungen der Vergabestelle** können relevante Betriebsgeheimnisse und daher dem Akteneinsichtsberechtigten vorzuenthalten sein.[127] 132

Das Recht auf Akteneinsicht wird außerdem **durch den Verfahrensgegenstand begrenzt.** Es erfasst also nur solche Unterlagen, die für das Nachprüfungsverfahren **tatsächlich relevant** sind. Nur insoweit können schließlich subjektive Rechte der Verfahrensbeteiligten vorliegen, die eine Einsicht in die Vergabeakte erfordern.[128] 133

Zumeist beschränkt sich die Akteneinsicht in der Praxis auf den **Vergabevermerk.** Dieser ist den Beteiligten, insbesondere dem Antragsteller, grundsätzlich zur Verfügung zu stellen.[129] Soweit der Vergabevermerk Betriebs- oder Geschäftsgeheimnisse von Bietern enthält, was z.B. durch dokumentierte Aufklärungsgespräche nach § 18 EG VOL/A, § 15 Abs. 1 EG VOB/A der Fall sein kann, sind entsprechende **Schwärzungen** vorzunehmen.[130] 134

### dd) Die maßgeblichen Verfahrensgrundsätze

Die das Nachprüfungsverfahren prägenden Verfahrensgrundsätze finden sich in den §§ 110 Abs. 1, 112 und 113 GWB, und zwar 135

- der **Untersuchungsgrundsatz**,
- der **Beschleunigungsgrundsatz** und
- der **Mündlichkeitsgrundsatz**.

Der in § 110 Abs. 1 GWB verankerte Untersuchungsgrundsatz einschließlich der **Einschränkung der Amtsermittlungspflicht** durch Satz 2 der Vorschrift wurde bereits erwähnt.[131] Die Vergabekammer ist nicht zu einer umfassenden Rechtmäßigkeitskontrolle verpflichtet, sondern kann sich darauf beschränken, was **von den Beteiligten vorgebracht wird** oder ihr sonst bekannt sein muss. 136

---

**125** OLG München, Beschl. v. 9.8.2012 – Verg 10/12; VK Sachsen, Beschl. v. 6.3.2014 – 1/SVK/047-13; VK Bund, Beschl. v. 4.9.2002 – VK 2-58/02.

**126** OLG Düsseldorf, Beschl. v. 28.12.2007 – Verg 40/07.

**127** OLG Düsseldorf, Beschl. v. 28.12.2007 – Verg 40/07.

**128** OLG Thüringen, Beschl. v. 11.1.2007 – 9 Verg 9/06.

**129** OLG München, Beschl. v. 9.8.2012 – Verg 10/12.

**130** Diese Notwendigkeit ergibt sich auch aus § 15 EG Abs. 1 Nr. 2 S. 1 VOB/A, wonach die Ergebnisse von Aufklärungen geheim zu halten sind.

**131** Näher oben Rn 78f.

137 Nach dem in § 113 Abs. 1 GWB normierten **Beschleunigungsgrundsatz** soll die Vergabekammer spätestens **binnen fünf Wochen** eine Entscheidung über den Nachprüfungsantrag treffen und diese auch innerhalb dieser Frist begründen. Hierdurch soll eine unnötig lange **Beschaffungsblockade verhindert** werden, weil der öffentliche Auftraggeber während des laufenden Nachprüfungsverfahrens an einer Zuschlagerteilung gehindert ist. Auch die Bieter sollen nicht über Gebühr lange an ihre Angebote gebunden sein.

138 Die Frist beginnt mit dem Eingang des Nachprüfungsantrags.[132] Sie kann gemäß § 113 Abs. 1 S. 2, Abs. 2 GWB **ausnahmsweise** „bei besonderen tatsächlichen oder rechtlichen Schwierigkeiten" durch schriftliche und begründete Mitteilung an die Beteiligten um den erforderlichen Zeitraum **verlängert** werden. Dieser Zeitraum soll nicht länger als **zwei Wochen** betragen.

139 Bei § 113 Abs. 1 GWB handelt es sich um eine **echte Entscheidungsfrist**. Lässt die Vergabekammer die (verlängerte) Frist verstreichen, **gilt der Nachprüfungsantrag** nach der zwingenden Fiktion des § 116 Abs. 2 GWB **als abgelehnt.** Ein Verstreichenlassen der Frist durch die Vergabekammer ist nicht heilbar;[133] eine nach Fristablauf ergehende Entscheidung der Vergabekammer ist unbeachtlich.

---

**!** **Praxistipp**

Der **Eintritt der Ablehnungsfiktion** des § 116 Abs. 2 GWB steht gemäß § 117 Abs. 1 GWB der Zustellung einer ablehnenden Entscheidung der Vergabekammer gleich. Das bedeutet, dass ab diesem Zeitpunkt die (zweiwöchige) **Frist für die Einlegung einer sofortigen Beschwerde** gegen die fiktive Ablehnungsentscheidung läuft.

**Bieter** müssen daher für eine **eigene Fristüberwachung** sorgen. Es ist sinnvoll, schon mit Einlegung des Nachprüfungsantrags die Fünf-Wochen-Frist des § 113 Abs. 1 GWB **zu notieren und** diese bei Zugang einer etwaigen Verlängerung der Entscheidungsfrist durch die Vergabekammer entsprechend **fortzuschreiben.** Liegt bei Fristablauf noch keine schriftliche Entscheidung der Vergabekammer vor, ist durch telefonische Nachfrage bei der Vergabekammer in Erfahrung zu bringen, ob eine fristgemäße Entscheidung bzw. eine Fristverlängerung verfügt wurde.[134] Falls das nicht der Fall ist, muss der Fristbeginn für die Einlegung der sofortigen Beschwerde entsprechend notiert werden.

---

140 Hat die Vergabekammer die **Entscheidungsfrist verlängert**, ist der Eintritt der Ablehnungsfunktion zunächst **suspendiert.** Es ist unerheblich, ob die Fristverlängerung bzw. deren Ausmaß materiell-rechtlich korrekt war. Dies wäre für Bieter auch überhaupt nicht rechtssicher zu überprüfen. Zum Schutz der Bieter kommt es allein auf das Vorliegen der **formalen Voraussetzungen** an.[135]

---

132 Wird der Nachprüfungsantrag vorab per Telefax eingereicht, ist dieses Datum maßgeblich; OLG Frankfurt, Beschl. v. 24.9.2013 – 11 Verg 12/13.

133 OLG Frankfurt, Beschl. v. 24.9.2013 – 11 Verg 12/13.

134 Hierzu OLG Düsseldorf, Beschl. v. 7.8.2013 – Verg 14/13.

135 KG, Beschl. v. 19.4.2912 – Verg 7/11; OLG Düsseldorf, Beschl. v. 7.3.2012 – Verg 82/11.

Nach § 112 GWB gilt außerdem der **Mündlichkeitsgrundsatz**. Grundsätzlich geht der Entscheidung der Vergabekammer eine mündliche Verhandlung voraus, in welcher alle Beteiligten **Gelegenheit zur Stellungnahme** haben. Hiervon kann nur mit Zustimmung der Beteiligten oder bei offensichtlicher Unbegründetheit des Nachprüfungsantrags abgesehen werden. Ist dies der Fall, kann die Vergabekammer nach Lage der Akten entscheiden. 141

#### ee) Die Entscheidung der Vergabekammer

Wie bereits erwähnt entscheidet die Vergabekammer als Verwaltungsbehörde durch **Verwaltungsakt**, ob der Antragsteller in seinen Rechten verletzt ist. Wird der Nachprüfungsantrag für **unzulässig oder unbegründet** befunden, wird er **abgelehnt. Ansonsten** trifft die Vergabekammer nach § 114 Abs. 1 GWB die 142

> „**geeigneten Maßnahmen**, um eine Rechtsverletzung zu beseitigen und eine Schädigung der betroffenen Interessen zu verhindern."

Der Wortlaut der Norm räumt der Vergabekammer einen beträchtlichen **Ermessensspielraum** ein, der nur durch den **Verhältnismäßigkeitsgrundsatz** begrenzt wird. Dieser Grundsatz gebietet, dass die Interessen der Verfahrensbeteiligten durch die Entscheidung der Vergabekammer möglichst wenig beeinträchtig werden sollen,[136] was in § 110 Abs. 1 S. 4 GWB auch für das gesamte Verfahren ausdrücklich vorgeschrieben ist. Maßgeblich sind die Art des konkreten Vergabeverstoßes und das **Verfahrensstadium**, in welchem der Verstoß begangen wurde. 143

Es kommt daher eine **Vielzahl von Entscheidungsmöglichkeiten** in Betracht. Die wichtigsten sind die folgenden: 144

- **Zurückversetzung** des Vergabeverfahrens in den Stand vor dem Vergabeverstoß zum Zweck der Beseitigung des Fehlers, z.B. in den Stand vor Angebotsabgabe,[137]
- Verpflichtung des Auftraggebers zur Neufestlegung der Eignungskriterien[138] oder zur **Überarbeitung der Leistungsbeschreibung**,[139]
- Verpflichtung des Auftraggebers zur **erneuten Angebotsprüfung**,[140]
- Verpflichtung des Auftraggebers zur Fortführung des Verfahrens in einer **anderen Vergabeart** nach Beseitigung des Vergabefehlers,[141]

---

**136** OLG Düsseldorf, Beschl. v. 30.4.2003 – Verg 64/02.
**137** OLG Düsseldorf, Beschl. v. 21.5.2008 – Verg 19/08; KG; Beschl. v. 13.3.2008 – 2 Verg 18/07.
**138** VK Bund, Beschl. v. 25.1.2012 – VK 1-174/11.
**139** VK Sachsen, Beschl. v. 20.6.2014 – 1/SVK/017-14; VK Arnsberg, Beschl. v. 12.3.2014 – VK 01/14.
**140** VK Südbayern, Beschl. v. 29.10.2013 – Z3-3-3194-1-25-08/13.
**141** VK Düsseldorf, Beschl. v. 30.9.2002 – VK-26/2002-L.

- Verpflichtung des Auftraggebers, das Vergaberecht anzuwenden,[142]
- **Untersagung der Zuschlagserteilung** und Verpflichtung der Vergabestelle, das Verfahren vergaberechtskonform fortzusetzen.[143]

145 In seltenen Ausnahmefällen sind auch folgende „**Extrementscheidungen**" der Vergabekammer denkbar:
- **Aufhebung der Ausschreibung** bei derart gravierenden Vergaberechtsverstößen, dass eine anderweitige Fehlerbehebung als milderes Mittel ausscheidet,[144] z.B. bei unterlassener Losaufteilung[145] oder bei einem Verstoß gegen den Grundsatz der Vertraulichkeit der Teilnahmeanträge,[146]
- **Aufhebung der Aufhebung** der Ausschreibung, wenn die Vergabeabsicht des Auftraggebers offensichtlich noch fortbesteht[147] oder gar eine „Scheinaufhebung" vorliegt,[148]
- Verpflichtung des Auftraggebers zur **Zuschlagserteilung** an einen bestimmten Bieter, wenn der Wertungs- und Beurteilungsspielraum der Vergabestelle auf null reduziert ist.[149]

146 Wird die Entscheidung der Vergabekammer (oder die Beschwerdeentscheidung des Vergabesenats) rechtskräftig, so entfaltet sie gemäß § 124 Abs. 1 GWB **Bindungswirkung** für einen sich anschließenden **Schadensersatzprozess**. Ein Zivilgericht prüft also nicht ein zweites Mal, ob ein Vergaberechtsverstoß vorgelegen hat oder nicht.

147 **Entscheidungen der Vergabekammer** sind gemäß § 114 Abs. 3 S. 2 GWB (auch gegen die Vergabestelle!) **vollstreckbar**. Die Vollstreckung richtet sich im Einzelnen nach den Verwaltungsvollstreckungsgesetzen des Bundes und der Länder.

#### c) Der Antrag auf vorzeitige Gestattung des Zuschlags

148 § 115 Abs. 2 GWB ermöglicht es dem **Auftraggeber oder** dem ausgewählten **Bieter**, der den Zuschlag erhalten soll, bei der Vergabekammer die vorzeitige Gestattung

142 Dies kommt in Betracht, wenn der Auftraggeber fälschlich davon ausgeht, der konkrete Auftrag unterfalle nicht dem Vergaberecht; vgl. nur VK Düsseldorf, Beschl. v. 2.8.2007 – VK 23/07.

143 BGH, Beschl. v. 26.9.2006 – X ZB 14/06; OLG München, Beschl. v. 29.9.2009 – Verg 12/09; OLG Koblenz, Beschl. v. 4.7.2007 – 1 Verg 3/07.

144 OLG Koblenz, Beschl. v. 8.12.2008 – 1 Verg 4/08.

145 VK Sachsen, Beschl. v. 30.4.2008 – 1/SVK/20-08.

146 VK Südbayern, Beschl. v. 29.7.2008 – Z3-3-3194-1-18-05/08.

147 OLG Karlsruhe, Beschl. v. 4.12.2013 – 15 Verg 9/13; OLG Frankfurt, Beschl. v. 3.7.2013 – 11 Verg 11/13.

148 OLG Karlsruhe, Beschl. v. 4.12.2013 – 15 Verg 9/13; OLG Düsseldorf, Beschl. v. 22.7.2005 – Verg 37/05.

149 KG, Beschl. v. 20.2.2014 – Verg 10/13.

der Zuschlagserteilung zu beantragen. Die Regelung eröffnet also die Option eines **Eilverfahrens innerhalb des Nachprüfungsverfahrens**, wenn Auftraggeber oder Bieter die normale Verfahrensdauer nicht abwarten, sondern vorher eine Entscheidung erzwingen wollen.

Wird ein solcher Antrag gestellt, so nimmt die Vergabekammer eine **Interessenabwägung** vor. Gegeneinander abzuwägen sind gemäß § 115 Abs. 2 S. 1 GWB die nachteiligen **Folgen einer Verzögerung** der Vergabe bis zum Abschluss des Nachprüfungsverfahrens einerseits und die damit verbundenen Vorteile andererseits, und zwar unter Berücksichtigung aller möglicherweise geschädigten Interessen sowie des Interesses der Allgemeinheit an einem raschen Abschluss des Vergabeverfahrens. 149

§ 115 Abs. 2 S. 2 GWB unterstreicht ergänzend, dass bei der vorzunehmenden Abwägung das **Interesse der Allgemeinheit** an einer **wirtschaftlichen Aufgabenerfüllung** durch den Auftraggeber zu berücksichtigen ist. Diese durch das Vergaberechtsmodernisierungsgesetz im Jahr 2009 neu eingeführte Regelung bezweckt, den bis dato selten gestellten Anträgen nach § 115 Abs. 2 GWB eher zum Erfolg zu verhelfen. Sie ändert aber nichts daran, dass eine vorzeitige Gestattung des Zuschlags weiterhin nach der gesetzlichen Systematik den **Ausnahmefall** darstellt.[150] 150

**Grundsätzlich nicht ausreichend** ist es, wenn der Auftraggeber sich allgemein darauf beruft, dass er durch das Nachprüfungsverfahren **Nachteile wegen eines Zeitverlusts oder finanzielle Einbußen** zu erleiden droht. Eine bloße zeitliche Verzögerung um den in § 113 Abs. 1 GWB vorgesehenen Entscheidungszeitraum ist nach der gesetzlichen Grundentscheidung für ein Zuschlagsverbot vom Auftraggeber im Regelfall hinzunehmen.[151] Auch mit der Verzögerung einhergehende finanzielle Nachteile rechtfertigen eine vorzeitige Gestattung des Zuschlags **allenfalls in ganz extremen Fällen**.[152] 151

Die Vergabekammer ist gemäß § 115 Abs. 2 S. 3 GWB gehalten, auch die **Erfolgsaussichten des Nachprüfungsantrags** zu berücksichtigen, die allerdings nach Satz 4 der Vorschrift nicht in jedem Fall Gegenstand der Abwägung sein müssen. Letzteres kann nach der Rechtsprechung aber nur ausnahmsweise in Betracht kommen, etwa wenn die Beschaffung der Leistung für den Auftraggeber besonders dringlich und die Klärung der Erfolgsaussichten zeitintensiv ist bzw. der Ausgang des Nachprüfungsverfahrens nicht prognostiziert werden kann.[153] 152

---

**150** VK Nordbayern, Beschl. v. 1.3.2013 – 21.VK-3194-08/13; VK Sachsen, Beschl. v. 17.8.2012 – 1/SVK/021-12.

**151** OLG München, Beschl. v. 9.9.2010 – Verg 16/10; VK Nordbayern, Beschl. v. 1.3.2013 – 21. VK-3194-08/13.

**152** OLG Dresden, Beschl. v. 14.6.2001 – WVerg – 0004/01.

**153** OLG Düsseldorf, Beschl. v. 9.5.2011 – Verg 42/11; VK Sachsen-Anhalt, Beschl. v. 27.3.2014 – 2 VK LSA 04/14.

153 Generell gilt im Hinblick auf die Grundentscheidung des § 115 Abs. 1 GWB, wonach ein nicht offensichtlich unzulässiger oder unbegründeter Nachprüfungsantrag ein Zuschlagsverbot nach sich zieht, dass das **Aussetzungsinteresse** des Antragstellers **im Regelfall** das Vollzugsinteresse des Auftraggebers **überwiegt**. Insbesondere dann, wenn der Nachprüfungsantrag voraussichtlich begründet ist, ist eine vorzeitige Gestattung des Zuschlags nur in extremen Ausnahmefällen denkbar.[154]

---

**!** **Praxistipp**

Auftraggeber sollten bei Stellung eines Antrags nach § 115 Abs. 2 GWB in Situationen, in welchen z.B. durch Auslaufen eines bestehenden Vertrags dringender Handlungsbedarf besteht, **hilfsweise** die Gestattung einer **zeitlich befristeten Auftragserteilung** bis zur (voraussichtlichen) Entscheidung über den Nachprüfungsantrag beantragen. Ob ein solcher Antrag zulässig ist, wird aber in der **Rechtsprechung uneinheitlich** beurteilt.[155]

Zusätzlich sollte daher die Möglichkeit einer zeitlich beschränkten **Interimsvergabe** im Wege eines **Verhandlungsverfahrens** ohne Teilnahmewettbewerb gemäß § 3 EG Abs. 4d) VOL/A, § 3 EG Abs. 5 Nr. 4 VOB/A, § 3 Abs. 4c) VOF außerhalb des laufenden Nachprüfungsverfahrens geprüft werden. Dies kann im Einzelfall vergaberechtlich zulässig sein, wenn ein vertragloser Zustand auch nur für einen vorübergehenden Zeitraum mit enormen Nachteilen verbunden wäre. Ein solches Vorgehen muss aber **im Vergabevermerk ausführlich begründet** werden.[156]

---

154 Sofern die Vergabekammer dem Antrag auf vorzeitige Gestattung des Zuschlags stattgibt, muss der Auftraggeber nach § 115 Abs. 2 S. 1 GWB eine **zweiwöchige Wartefrist** einhalten. Der Grund hierfür liegt ähnlich wie bei § 101a GWB darin, dass der Antragsteller zur Gewährung **effektiven Rechtsschutzes** die Möglichkeit haben soll, gegen die Entscheidung der Vergabekammer Rechtmittel einzulegen.

155 Gegen die Entscheidung der Vergabekammer kann nämlich nach § 115 Abs. 2 S. 5 und 6 GWB von der jeweils unterlegenen Partei das **Beschwerdegericht angerufen** werden.[157] Dieses nimmt auf entsprechenden Antrag hin eine **volle Überprüfung** der ergangenen Entscheidung vor. Der Antragsteller kann, wenn die Vergabekammer dem Antrag des Auftraggebers stattgegeben hat, die **Wiederherstellung des ursprünglichen Zuschlagsverbots** und der Auftraggeber im Fall der Ablehnung seines Antrags durch die Vergabekammer die **Gestattung des sofortigen Zuschlags** beantragen.

---

**154** VK Sachsen-Anhalt, Beschl. v. 27.3.2014 – 2 VK LSA 04/14.

**155** Dafür: OLG Düsseldorf, Beschl. v. 24.1.2014 – Verg 3/14; dagegen: VK Sachsen-Anhalt, Beschl. v. 18.12.2013 – 2 VK LSA 15/13.

**156** VK Sachsen-Anhalt, Beschl. v. 18.12.2013 – 2 VK LSA 15/13; VK Lüneburg, Beschl. v. 3.7.2009 – VgK-30/09.

**157** Eine sofortige Beschwerde gegen die Entscheidung der Vergabekammer ist hingegen gemäß § 115 Abs. 2 S. 8 GWB ausdrücklich nicht zugelassen.

Für das Verfahren vor dem Beschwerdegericht gilt gemäß § 115 Abs. 2 S. 7 GWB, § 121 Abs. 2 S. 1 und 2, Abs. 3 GWB entsprechend. Auf die diesbezüglichen Einzelheiten wird nachstehend unter Rn 182ff. näher eingegangen. 156

### 2. Das Beschwerdeverfahren vor dem Oberlandesgericht

Um das Gebot des effektiven Rechtsschutzes gemäß § 99 Abs.7 GWB angemessen umzusetzen, ist der **Rechtszug zweistufig** ausgestaltet. Die im Nachprüfungsverfahren unterlegene Partei hat die Möglichkeit, gegen die Entscheidung der Vergabekammer gemäß § 116 Abs. 1 S. 1 GWB sofortige Beschwerde einzulegen. Hierüber entscheidet der **Vergabesenat** bei dem für den Sitz der Vergabekammer zuständigen **Oberlandesgericht**, § 116 Abs. 3 GWB. 157

#### a) Zulässigkeitsvoraussetzungen

#### aa) Beschwerdebefugnis

Die sofortige Beschwerde steht nach § 116 Abs. 1 S. 2 GWB „den am Verfahren vor der Vergabekammer Beteiligten" zu. Dies schließt den im Nachprüfungsverfahren vor der Vergabekammer **Beigeladenen** ein, dem ein **eigenes Beschwerderecht** zusteht.[158] 158

Beschwerdebefugt sind die Beteiligten des vorangegangenen Nachprüfungsverfahrens nur dann, wenn und soweit sie durch die Entscheidung der Vergabekammer formell oder materiell beschwert, also **unmittelbar nachteilig betroffen** sind.[159] Durch eine dem Nachprüfungsantrag stattgebenden Entscheidung der Vergabekammer ist die beigeladene Partei schon dann formell beschwert, wenn sie die Zurückweisung des Nachprüfungsantrags beantragt hat.[160] 159

Eine Beschwerdebefugnis des Antragstellers ist auch dann gegeben, wenn die Vergabekammer nicht fristgerecht nach § 113 Abs. 1 GWB über den Nachprüfungsantrag entschieden hat und somit die **Ablehnungsfiktion** gemäß **§ 116 Abs. 2 GWB** eintritt. Die als abgelehnt fingierte Entscheidung steht einer tatsächlichen Ablehnung gleich. 160

#### bb) Form und Frist

Die sofortige Beschwerde ist gemäß § 117 Abs. 1 GWB binnen einer **Notfrist von zwei Wochen** bei dem Beschwerdegericht einzulegen.[161] Die Frist beginnt mit der 161

158 BGH, Beschl. v. 7.11.2006 – KVR 37/05, wo eine ergänzende Auslegung des inhaltlich gleichlautenden § 63 Abs. 2 GWB vorgenommen wird.

159 OLG Celle, Beschl. v. 10.6.2013 – 13 Verg 7/12.

160 OLG Frankfurt, Beschl. v. 16.10.2012 – 11 Verg 9/11.

161 Notfristen gelten absolut und sind auch in Ausnahmefällen nicht verlängerbar.

Zustellung der Entscheidung der Vergabekammer beim Beschwerdeführer.[162] Enthält diese Entscheidung entgegen §§ 114 Abs. 3 S. 3, 61 Abs. 1 GWB **keine Rechtmittelbelehrung**, so beginnt die vorgenannte Notfrist nicht zu laufen. In diesem Fall wendet die Rechtsprechung § 58 Abs. 2 VwGO analog an und geht von einer **Beschwerdefrist von einem Jahr** aus.[163]

162 Entscheidet die Vergabekammer nicht fristgerecht über den Nachprüfungsantrag, so dass die **Ablehnungsfiktion** des § 116 Abs. 2 GWB eingreift, ist der **Ablauf der Entscheidungsfrist** für den Fristbeginn maßgeblich.[164] Die Fristberechnung erfolgt nach den §§ 187 bis 193 BGB.[165]

163 Die Beschwerde muss des Weiteren **schriftlich**[166] eingereicht werden; die Beschwerdeschrift muss gemäß § 117 Abs. 3 S. 1 GWB durch einen Rechtsanwalt unterzeichnet werden. Die Einlegung der sofortigen Beschwerde unterliegt somit dem **Anwaltszwang**. Hiervon befreit sind gemäß § 117 Abs. 3 S. 2 GWB juristische Personen des öffentlichen Rechts.

---

**Fettnapf**

Der durch § 117 Abs. 3 S. 1 GWB statuierte Anwaltszwang stellt ein echtes „**K.O.-Kriterium**" dar und muss daher unbedingt beachtet werden. Verstöße hiergegen führen zwingend zur Unzulässigkeit der sofortigen Beschwerde; es gibt **keine nachträgliche Heilungsmöglichkeit**. Auch eine Wiedereinsetzung in den vorigen Stand ist nicht möglich.

---

164 § 117 Abs. 2 GWB fordert, dass die sofortige Beschwerde „zugleich mit ihrer Einlegung zu begründen" ist. Diese Regelung ist so zu verstehen, dass die **Beschwerdebegründung innerhalb der Beschwerdefrist** von zwei Wochen erfolgen muss.

### cc) Begründung der Beschwerde

165 Von dem vorgenannten formalen Begründungserfordernis ist die **materielle Begründungspflicht** der eingelegten Beschwerde zu unterscheiden. Nach § 117 Abs. 2 S. 2 Nr. 1 und 2 GWB muss die Beschwerdebegründung folgenden Mindestinhalt aufweisen:

- die **Erklärung, inwieweit** die Entscheidung der Vergabekammer **angefochten** und eine abweichende Entscheidung beantragt wird, und
- die Angabe der **Tatsachen und Beweismittel**, auf welche sich die Beschwerde stützt.

---

162 OLG Düsseldorf, Beschl. v. 8.7.2007 – Verg 18/07.
163 So OLG Düsseldorf, Beschl. v. 2.11.2011 – Verg 76/11.
164 KG, Beschl. v. 17.10.2013 – Verg 9/13.
165 Dies ergibt sich aus er Verweisungskette §§ 120 Abs. 2, 73 Abs. 2 GWB, § 222 ZPO.
166 Die Einlegung per Fax genügt zur Fristwahrung, BayObLG, Beschl. v. 19.12.2000 – Verg 7/00.

§ 117 Abs. 2 S. 2 Nr. 1 GWB verpflichtet den Beschwerdeführer, das von ihm verfolgte **Rechtsschutzziel** anzugeben. Aus der Beschwerdebegründung muss **hinreichend bestimmt** hervorgehen, welches Begehren verfolgt wird.[167] 166

Die Vorgaben des § 117 Abs. 2 S. 2 Nr. 2 GWB dienen der **Verfahrensbeschleunigung**, damit der Vergabesenat den streitigen **Tatsachenstoff aufbereitet** vorgelegt bekommt. Die Vorschrift findet zwangsläufig keine Anwendung, wenn die maßgeblichen Tatsachen als solche unstreitig sind und die Beschwerde auf eine von der Auffassung der Vergabekammer abweichende Beurteilung von **Rechtsfragen** gestützt wird.[168] 167

Ansonsten sind **keine übertrieben hohe Anforderungen** an den Umfang der Begründungspflicht zu stellen.[169] Erforderlich ist aber, dass sich der Beschwerdeführer **mit dem Inhalt** der angefochtenen Entscheidung **auseinandersetzt** und darlegt, worin deren Rechtsverstoß bestehen soll. Daher genügt es in der Regel nicht, lediglich pauschal auf frühere Schriftsätze aus dem Nachprüfungsverfahren Bezug zu nehmen.[170] Eine Bezugnahme genügt ausnahmsweise dann, wenn z.B. wegen des Eintritts der Ablehnungsfiktion des § 116 Abs. 2 GWB eine inhaltliche Befassung der Vergabekammer mit der Argumentation des Beschwerdeführers nicht stattgefunden hat.[171] 168

#### b) Rechtsfolgen der Beschwerdeeinlegung und das weitere Verfahren

Der sofortigen Beschwerde kommt gemäß § 118 Abs. 1 S. 1 und 2 GWB eine **beschränkte aufschiebende Wirkung** zu, die **zwei Wochen** nach Ablauf der Beschwerdefrist (nicht nach Einlegung der Beschwerde!) entfällt. Der vor der Vergabekammer unterlegene **Antragsteller** hat aber nach § 118 Abs. 1 S. 3 GWB die Möglichkeit, eine **Verlängerung** der aufschiebenden Wirkung bis zum Erlass der abschließenden Entscheidung über die Beschwerde **zu beantragen.** 169

Im Regelfall sind die **Antragsberechtigung** und das Vorliegen des notwendigen **Rechtsschutzinteresses** auf Seiten des Antragsstellers **unproblematisch** gegeben. Grundsätzlich nicht antragsbefugt ist hingegen der Beigeladene, der nach einer dem Nachprüfungsantrag stattgebenden Entscheidung der Vergabekammer sofortige Beschwerde hiergegen eingelegt hat. 170

---

**167** OLG Dresden, Beschl. v. 12.10.2010 – WVerg 009/10; OLG Frankfurt, Beschl. v. 18.4.2006 – 11 Verg 1/06.

**168** OLG Frankfurt, Beschl. v. 26.6.2012 – 11 Verg 12/11; OLG Düsseldorf, Beschl. v. 11.1.2012 – Verg 58/11.

**169** OLG Düsseldorf, Beschl. v. 11.12.2013 – Verg 22/13.

**170** Dies führt grundsätzlich dazu, dass die Beschwerde als unzulässig verworfen wird; vgl. OLG Koblenz, Beschl. v. 3.4.2008 – 1 Verg 1/08; OLG Brandenburg, Beschl. v. 5.1.2006.

**171** OLG Frankfurt, Beschl. v. 24.9.2013 – 11 Verg 12/13.

171 Hinsichtlich der zu treffenden Entscheidung bestimmt § 118 Abs. 2 S. 1 GWB, dass der Antrag abzulehnen ist, wenn unter Berücksichtigung aller möglicherweise geschädigten Interessen die **nachteiligen Folgen** einer Verzögerung der Vergabe bis zur Entscheidung über die Beschwerde die **damit verbundenen Vorteile** überwiegen. Es ist also eine **Abwägung** vorzunehmen, die in den Sätzen 2 und 3 der Vorschrift weiter konkretisiert wird und hinsichtlich des „Abwägungsprogramms" im Wesentlichen derjenigen, bei einem Antrag auf vorzeitige Gestattung der Zuschlagserteilung entspricht.[172]

172 Bei der Abwägung sind nach § 118 Abs. 2 S. 2 und 3 GWB zu berücksichtigen:
- das Interesse der Allgemeinheit an einer **wirtschaftlichen Erfüllung der Aufgaben** des Auftraggebers,
- die **Erfolgsaussichten** der eingelegten Beschwerde,
- die allgemeinen Aussichten des Antragstellers im Vergabeverfahren, den Auftrag zu erhalten, sowie
- das Interesse der Allgemeinheit an einer **raschen Aufgabenerfüllung.**

173 Aus der Formulierung der Vorschrift („lehnt den Antrag ... ab, wenn ...") ist abzuleiten, dass dem **Interesse des Antragstellers** als des übergangenen Bieters im Rahmen der Abwägung **besonderes Gewicht** zukommt. Demnach ist die Herstellung einer dauerhaften aufschiebenden Wirkung bis zur Endentscheidung grundsätzlich nur dann zu versagen, wenn eine summarische Überprüfung ergibt, dass **gewichtige Interessen der Allgemeinheit** einen raschen Abschluss des Verfahrens **erfordern.**[173]

174 Erweist sich die Beschwerde des Antragsstellers nach der summarischen Prüfung ihrer Erfolgsaussichten als mit hoher Wahrscheinlichkeit unzulässig oder unbegründet, überwiegen (ausnahmsweise) die Interessen der Allgemeinheit und des Auftraggebers an einem raschen Verfahrensabschluss. Ist der **Verfahrensausgang** hingegen **offen**, ist grundsätzlich die **„Entfristung" der aufschiebenden Wirkung anzuordnen.**[174]

**!** **Praxistipp**

Im Nachprüfungsverfahren unterlegenen Bietern ist dringend zu empfehlen, den **Antrag auf Verlängerung** der aufschiebenden Wirkung gemäß § 118 Abs. 1 S. 3 GWB im Beschwerdeverfahren **so früh wie möglich** zu stellen. Zwar ist der Antrag als solcher nicht fristgebunden. Allerdings ist zu bedenken, dass das Gericht einen gewissen **Prüfzeitraum** für die durchzuführende Interessenabwägung unter summarischer Berücksichtigung der Erfolgsaussichten der eingelegten Beschwerde benötigt.

---

172 Näher hierzu oben Rn 148 ff.

173 KG, Beschl. v. 1.9.2014 – Verg 18/13; OLG Düsseldorf, Beschl. v. 12.10.2011 – Verg 74/11.

174 Vgl. aus der umfangreichen Rechtsprechung hierzu OLG Düsseldorf, Beschl. v. 22.12.2010 – Verg 54/10; OLG Naumburg, Beschl. v. 13.5.2008 – 1 Verg 3/08.

Wird der Antrag daher erst kurz vor Ablauf des befristeten Zuschlagsverbots nach § 118 Abs. 1 S. 2 GWB gestellt, besteht die Gefahr, dass **keine rechtzeitige Entscheidung** des Vergabesenats mehr erfolgt. Dann kann die Vergabestelle unmittelbar nach Entfallen des vorläufigen Zuschlagsverbots **Fakten schaffen** und den **Zuschlag** (in der Regel an den beigeladenen Mindestbieter) **erteilen.**

Die **Verfahrensbeteiligten** des Beschwerdeverfahrens entsprechen nach § 119 GWB denjenigen des vorausgegangenen Nachprüfungsverfahrens vor der Vergabekammer. Durch § 120 Abs. 1 GWB wird ein **genereller Anwaltszwang** angeordnet, von dem wiederum juristische Personen des öffentlichen Rechts ausgenommen sind, die sich auch im Beschwerdeverfahren selbst vertreten dürfen. 175

Die **maßgeblichen Verfahrensvorschriften** sind in § 120 Abs. 2 GWB mittels einer etwas unübersichtlichen Verweisungstechnik aufgelistet. Die wichtigsten im Beschwerdeverfahren geltenden Verfahrensgrundsätze sind folgende: 176

- Notwendigkeit einer **mündlichen Verhandlung** vor dem Vergabesenat (Ausnahme: allseitiger übereinstimmender Verzicht), § 69 Abs. 1 GWB,
- **Amtsermittlungsgrundsatz**, § 70 Abs. 1 bis 3 GWB,
- Recht auf **Akteneinsicht**, § 111 GWB,[175]
- Entscheidung des Vergabesenats durch **Beschluss** nach seiner freien, aus dem Verfahrensergebnis gewonnenen Überzeugung, § 71 Abs. 1 S. 1 GWB.

**Ergänzend** gelten über § 73 Abs. 2 ZPO die **Vorschriften der ZPO**. Dies betrifft die Verfahrensgestaltung durch das Gericht im Übrigen, z.B. im Hinblick auf die Beweiserhebung oder die Anordnung des persönlichen Erscheinens der Parteien gemäß § 141 ZPO. 177

### c) Die Entscheidung des Beschwerdegerichts

Sofern das Gericht die Beschwerde für **begründet** erachtet, wird die Entscheidung der Vergabekammer gemäß § 123 S. 1 GWB **aufgehoben**. Gelangt das Gericht zu der gegenteiligen Einschätzung, wird die Beschwerde zurückgewiesen. 178

Ist die **Angelegenheit entscheidungsreif**, so kann das Gericht nach § 123 S. 2 GWB „durchentscheiden", also eine **abschließende Sachentscheidung** treffen. Im Hinblick auf das Beschleunigungsgebot stellt dieses Szenario den **Regelfall** dar. Hinsichtlich der zu treffenden Sachentscheidung hat das Beschwerdegericht dieselben Befugnisse wie die Vergabekammer, so dass ihm auch dieselbe Vielzahl an Entscheidungsmöglichkeiten zur Verfügung steht.[176] 179

175 Hierfür gelten dieselben Regeln wie im Nachprüfungsverfahren, so dass auf die dortigen Ausführungen unter Rn 129ff. verwiesen werden kann.

176 OLG Celle, Beschl. v. 10.1.2008 – 13 Verg 11/07. Näher hierzu oben Rn 142ff.

180 Demgegenüber stellt die zweite in § 123 S. 2 GWB genannte Option der **Zurückverweisung** an die Vergabekammer zur erneuten Verhandlung und Entscheidung unter Beachtung der Rechtsauffassung des Gerichts die klare **Ausnahme** dar. Zumeist sind keine Gründe dafür ersichtlich, die einer eigenen Sachentscheidung des Beschwerdegerichts entgegenstehen.

181 Wegen der in § 124 Abs. 1 GWB normierten **Bindungswirkung** rechtskräftiger Entscheidungen der Vergabekammer und des Beschwerdegerichts für die Geltendmachung von Schadensersatzansprüchen ermöglicht § 123 S. 3 GWB dem obsiegenden Antragsteller des Nachprüfungsverfahrens, einen Antrag auf **Feststellung einer Rechtsverletzung** zu stellen. Das erforderliche Feststellungsinteresse ist immer dann gegeben, wenn der Antragsteller darlegen kann, **Schadensersatzansprüche** gegen den Auftraggeber geltend machen oder vorbereiten zu wollen, oder wenn eine hinreichend konkrete Gefahr besteht, dass sich das rechtsverletzende Verhalten der Vergabestelle wiederholen könnte.[177]

### d) Die Vorabentscheidung über den Zuschlag

182 Wie schon im Ausgangsverfahren vor der Vergabekammer können der **Auftraggeber** sowie das **Unternehmen**, welches den Zuschlag erhalten soll und in der Vorinformation nach § 101a GWB entsprechend benannt ist, auch im Beschwerdeverfahren bei dem Beschwerdegericht eine Gestattung des weiteren Fortgangs des Vergabeverfahrens und der **Zuschlagserteilung beantragen**. Voraussetzung für den Erfolg eines solchen Antrags ist gemäß § 121 Abs. 1 S. 1 GWB wiederum, dass unter Berücksichtigung aller möglicherweise geschädigten Interessen die **nachteiligen Folgen einer Verzögerung** der Vergabe bis zur Entscheidung über die Beschwerde die damit verbundenen Vorteile **überwiegen**.

183 Das Beschwerdegericht hat wiederum eine Abwägung vorzunehmen, in welche **dieselben Abwägungsparameter** einzustellen sind wie bei der von der **Vergabekammer** zu treffenden Entscheidung gemäß § 115 Abs. 2 GWB.[178] Daher kann auf die diesbezüglichen Erläuterungen bei Rn 148 ff. verwiesen werden.

184 Zu beachten ist, dass gemäß § 122 GWB ein **erfolgloser Antrag des Auftraggebers** nach § 121 GWB zur Folge hat, dass das **Vergabeverfahren** nach Ablauf von 10 Tagen nach Zustellung der entsprechenden Entscheidung als **beendet** gilt. Diese für den Auftraggeber missliche Rechtsfolge tritt nur dann nicht ein, wenn er die Maßnahmen zur Herstellung der Rechtmäßigkeit des Verfahrens ergreift, die sich aus der (Eil-)Entscheidung des Beschwerdegerichts ergeben. Das wird dem Auftraggeber angesichts der Kürze der in § 121 GWB genannten Frist wohl nur selten gelingen.

---

177 Zu Letzterem OLG Düsseldorf, Beschl. v. 22.5.2002 – Verg 6/02.
178 OLG Düsseldorf, Beschl. v. 9.5.2011 – Verg 42/11.

Die Stellung eines Antrags des Auftraggebers auf eine Vorabentscheidung über den Zuschlag ist daher außerordentlich **risikobehaftet**. Der Auftraggeber muss das **vollständige Scheitern** des Vergabeverfahrens aufgrund einer lediglich vorläufigen Entscheidung des Beschwerdegerichts **nach summarischer Prüfung** in Kauf nehmen. 185

**Praxistipp**

Auftraggeber müssen sich daher gut überlegen, ob sie den **„Alles oder nichts"-Antrag** nach § 121 GWB stellen wollen. Dies empfiehlt sich zumeist nur, wenn jeder weitere Zeitverlust dazu führen würde, dass die Beschaffung insgesamt nicht mehr sinnvoll durchzuführen wäre. Bei **absolut fristgebundenen Maßnahmen**, die z.B. an den Beginn eines Schul- oder Haushaltsjahres gekoppelt sind, ist ein Antrag nach § 121 GWB jedoch die **letzte Chance**, die Beschaffung im bestehenden Zeitpunkt überhaupt noch umsetzen zu können.

Für **erfolglose Anträge von Beigeladenen** auf die Gestattung der vorzeitigen Zuschlagserteilung **gilt § 122 GWB** seinem Wortlaut zufolge **nicht**. Das ist folgerichtig, weil der Eintritt einer derart schwerwiegenden Rechtsfolge nicht an erfolglose prozessuale Maßnahmen Dritter geknüpft werden kann. Soweit die Interessen des Auftraggebers und des Beigeladenen deckungsgleich sind, was in der hier vorliegenden Konstellation in der Regel der Fall sein dürfte, kann es aus Sicht des Auftraggebers ein **probates Mittel** sein, den Beigeladenen zur Stellung eines Antrags nach § 121 GWB zu bewegen und selbst keine derartigen Maßnahmen zu ergreifen.

## III. Sekundärrechtsschutz

Wie bereits erwähnt kommen Schadensersatzansprüche nicht berücksichtigter Bieter oder Bewerber wegen begangener Rechtsverstöße im Vergabeverfahren sowohl **oberhalb als auch unterhalb der Schwellenwerte** in Betracht. Die Tatbestandsvoraussetzungen sind im Wesentlichen identisch. Daher kann insoweit auf die vorstehenden Ausführungen bei Rn 31ff. verwiesen werden. 186

Eine Besonderheit im Oberschwellenbereich stellt die Regelung des **§ 126 S. 1 GWB** dar, der nach seinem insofern eindeutigen Wortlaut einen **verschuldensunabhängigen**[179] Anspruch auf Ersatz des Vertrauensschadens bietet. Erforderlich ist hierfür, dass der Auftraggeber gegen eine bieterschützende Vorschrift verstoßen hat und der Bieter ohne diesen Verstoß bei der Wertung der Angebote eine **„echte Chance"** gehabt hätte, den Zuschlag zu erhalten. 187

Diese Tatbestandsvoraussetzungen unterscheiden sich im Ergebnis kaum von den Anforderungen an Ansprüche auf Ersatz des negativen Interesses im Unterschwellenbereich. Hat allerdings bereits ein **Nachprüfungsverfahren** stattgefunden, ist dessen **rechtskräftiges Ergebnis** gemäß § 124 Abs. 1 GWB im Oberschwellenbereich für einen anschließenden Schadensersatzprozess **bindend**. 188

179 Klargestellt durch BGH, Urt. v. 27.11.2007; bestätigt durch EuGH, Urt. v. 30.9.2010 – C-314/09.

189 Das Kriterium der „echten Chance“ ist wiederum so zu verstehen, dass der Auftraggeber das Angebot des Bieters ohne Verstoß gegen vergaberechtliche Vorschriften hätte beauftragen können, dass eine **Zuschlagserteilung** also noch **vom Wertungsspielraum** des Auftraggebers gedeckt **gewesen** wäre.[180]

190 Der Anspruch nach § 126 S. 1 GWB ist auf Schadensersatz für die Kosten der Vorbereitung des Angebots oder der Teilnahme an einem Vergabeverfahren gerichtet, beschränkt sich also auf das negative Interesse bzw. den **Vertrauensschaden** des Bieters.[181] Der etwas eng gefasste Wortlaut wird einhellig dahingehend ausgelegt, dass alle mit der Angebotsabgabe angefallenen Kosten von § 126 S. 1 GWB erfasst werden.[182]

191 § 126 S. 2 GWB stellt klar, dass neben dem in seinem Satz 1 statuierten verschuldensunabhängigen Anspruch **weiterreichende Ansprüche** auf Schadensersatz **unberührt** bleiben. Bietern bleibt es daher auch im Oberschwellenbereich unbenommen, einen **Erfüllungsschaden** geltend zu machen und ihren entgangenen Gewinn einzufordern, wenn sie nachweisen können, dass sie den Zuschlag bei vergaberechtskonformem Handeln des Auftraggebers hätten erhalten müssen.

192 Sämtliche Schadensersatzansprüche sind, auch soweit sie auf § 126 S. 1 GWB gestützt werden, ausschließlich vor den **ordentlichen Gerichten** geltend zu machen. Die vergaberechtlichen Nachprüfungsinstanzen sind hierfür nicht zuständig, § 104 Abs. 3 GWB.

**180** Siehe wiederum BGH, Urt. v. 27.11.2007.
**181** OLG Karlsruhe, Beschl. v. 17.4.2008 – 8 U 228/06.
**182** OLG Koblenz, Urt. v. 15.1.2007 – 12 U 1016/05.

# Stichwortverzeichnis

Printed and bound by CPI Group (UK) Ltd, Croydon, CR0 4YY
30/09/2026
14973061-0003